Jean-Paul BRUNET

DICTIONNAIRE DU RENSEIGNEMENT ET DE L'ESPIONNAGE

Français-Anglais

DICTIONARY OF INTELLIGENCE AND ESPIONAGE

English-French

La Maison du Dictionnaire

DANGER

LE PHOTOCOPILLAGE TUE LE LIVRE

Ce logo a pour objet d'alerter le lecteur sur la menace que représente pour l'avenir de l'écrit, tout particulièrement dans le domaine universitaire, le développement massif du « photocopillage ».

Cette pratique, qui s'est généralisée, notamment dans les établissements d'enseignement, provoque une baisse brutale des achats de livres, au point que la possibilité même pour les auteurs de créer des œuvres nouvelles et de les faire éditer correctement est aujourd'hui menacée.

Nous rappelons que la reproduction et la vente sans autorisation, ainsi que le recel, sont passibles de poursuites. Les demandes d'autorisations de photocopier doivent être adressées à l'éditeur ou au Centre français d'exploitation du droit de copie : 20, rue des Grands-Augustins, 75006 Paris. Tél : 01.44.07.47.70.

© LA MAISON DU DICTIONNAIRE PARIS 2000

Le code de la propriété intellectuelle du 1er juillet 1992 interdit en effet expressément la photocopie à usage collectif sans autorisation des ayants droit. Or cette pratique s'est généralisée notamment dans les établissements d'enseignement, provoquant une baisse brutale des achats de livres, au point que la possibilité même pour les auteurs de créer des œuvres nouvelles et de les faire éditer correctement est aujourd'hui menacée.

Dépôt légal : 2e trimestre 2000
ISBN : 2-85608-147-9
Code livre : 34.274.111
Imprimé en France

Jean-Paul BRUNET

DICTIONNAIRE DU RENSEIGNEMENT ET DE L'ESPIONNAGE

Français-Anglais

DICTIONARY OF INTELLIGENCE AND ESPIONAGE

English-French

La Maison du Dictionnaire
98, bd du Montparnasse - 75014 PARIS
Tél : 33.1.43.22.12.93 - Fax : 33.1.43.22.01.77

Du même auteur

Histoire et Dictionnaire de la Police française, collectif sous la direction de Jean TULARD, de l'Institut, coll. « Bouquins », éditions Robert Laffont, Paris, (sous presse).

Guide des films, collectif sous la direction de Jean TULARD de l'Institut, coll. « Bouquins », éditions Robert Laffont, Paris, 1997.

A Dictionary of Police and Underworld Language (English edition), éditions G. Vermette, Boucherville (Québec, Canada), 1991.

Dictionnaire de la Police et de la Pègre américain-français / français-américain, éditions de la Maison du Dictionnaire, Paris, 1990 (Seconde édition revue et corrigée à paraître en 2000)

Pour mes fils Emmanuel et Jérôme

ENGLISH-FRENCH DICTIONARY

"Therefore no one in the armed forces is treated as familiarly as are spies, no one is given rewards as rich as those given to spies, and no matter is more secret than espionage."

Sun Tzu, *The Art of War* (5 centuries B.C.)

An asterisk indicates colloquial or slang usage

A for Alpha (NATO phonetic alphabet) — A comme Alpha (alphabet phonétique de l'OTAN)

900 numbers. *n.pl.* — téléphone rose. *n.m.*

A bomb (USA: 1945; UK: 1952). *n.* — bombe A (France : 1960). *n.f.*

Abandon ship! — Évacuez le navire !

abduct (to). *v.t.* — enlever. *v.t.*

abduction. *n.* — enlèvement. *n.m.*

abductor. *n.* — ravisseur (-euse). *n.m.* (*f.*)

abeam. *adv.* - Bearing approximately 090° or 270° relative; at right angles to the longitudinal axis of a vehicle. [NATO] — par le travers. *adv.* - Gisement voisin de 090° ou 270°. C'est-à-dire : direction sensiblement perpendiculaire à l'axe longitudinal d'un élément mobile. [OTAN]

abort (mission) **(to).** *v.t.* — annuler (mission). *v.t.*

abortive. *adj.* — infructueux (-se). *adj.m.* (*f.*)

about-face. *n.* — revirement. *n.m.*

above suspicion. *n.* — insoupçonnable. *adj.m.* (*f.*)

abseil (scaling). *n.* — rappel (escalade). *n.m.*

abseil (to). *v.t.* — descendre en rappel. *v.t.*

absentia (in). *adv.* — contumace (par). *adv.*

access. *n.* — accès. *n.m.*

access to (to). *v.t.* — accéder (à). *v.t.*

access allowed. *n. n.* — accès autorisé. *n.m.*

access code. *n.* — code d'accès. *n.m.*

access denied. *n.* — accès refusé. *n.m.*

accomodation address*. *n.* — boîte aux lettres* (lieu de dépôt du courrier pour des agents d'un même réseau). *n.f.*

15

accomplish (to) (mission accomplished). *v.t.*

accountability. *n.*

accountable. *adj.*

accuracy
ACCURACY EVALUATION RATING
1 - Confirmed by other sources
2 - Probably true
3 - Possibly true
4 - Doubtfully true
5 - Improbable
6 - Truth cannot be judged. *n.*

accurate. *adj.*

achievable. *adj.*

achieve (to). *v.t.*

Achilles' heel. *n.*

acknowledgement. *n.* - A message from the addressee informing the originator that his communication has been received and is understood. [NATO]

acoustic intelligence. *n.* - Intelligence derived from the collection and processing of acoustic phenomena. [NATO]

acoustic warfare countermeasures. *n.pl.* - That aspect of acoustic warfare involving actions taken to prevent or reduce an enemy's effective use of the underwater acoustic spectrum. Acoustic warfare countermeasures involve intentional underwater acoustic emissions for deception and jamming. [NATO]

accomplir (mission accomplie). *v.t.*

responsabilité. *n.f.*

responsable. *adj.m.* (*f.*)

exactitude
TABLEAU D'ÉVALUATION D'EXACTITUDE :
1 - Confirmé par d'autres sources
2 - Probablement vrai
3 - Peut-être vrai
4 - Véracité mise en doute
5 - Improbable
6 - Véracité ne pouvant être estimée. *n.f.*

exact(e). *adj.m.* (*f.*)

réalisable. *adj.m.* (*f.*)

réaliser. *v.t.*

talon d'Achille. *n.m.*

aperçu. *n.m.* - Communication d'autorité indiquant que le message auquel elle se réfère a été reçu et compris par le destinataire. [OTAN]

renseignement acoustique. *n.m.* - Renseignement obtenu en recueillant et en exploitant des phénomènes acoustiques. [OTAN]

contre-mesures de guerre acoustique. *n.f.pl.* - Ce sont les mesures prises pour prévenir ou limiter l'emploi par l'ennemi du spectre acoustique sous-marin. Elles impliquent l'emploi délibéré d'émissions acoustiques sous-marines destinées à la déception et au brouillage. [OTAN]

acoustical vibrator. *n.*

act (to). *v.t.*

action. *n.*

Action Stations!

activate (to). *v.t.* - To put into existence by official order a unit, post, camp, station, base or shore activity which has previously been constituted and designated by name or number, or both, so that it can be organized to function in its assigned capacity. [NATO]

active. *adj.* - In surveillance, an adjective applied to actions or equipments which emit energy capable of being detected. [NATO]

active (e.g.: system active). *adj.*

active intelligence. *n.*

active measures (Russian synonym for "disinformation"). *n.pl.*

acts of violence. *n.pl.*

actuate (to). *v.t.* - To operate a mine-firing mechanism by an influence or a series of influences in such a way that all the requirements or the mechanism for firing, or for registering a target count, are met. [NATO]

adaptive. *adj.*

add fuel to the fire (to). *phr.*

add fuel to the flames (to). *phr.*

vibreur acoustique. *n.m.*

agir. *v.t.*

action. *n.f.*

Branle-bas de combat !

activer. *v.t.* - Mettre en activité, par une décision officielle, un organisme militaire terrestre, aérien ou naval, constitué préalablement et désigné par un nom, un numéro ou les deux à la fois afin de lui permettre d'exercer les fonctions pour lesquelles il a été créé. [OTAN]

actif (-ve). *adj.m.* (*f.*) - En surveillance du champ de bataille, adjectif s'appliquant à des méthodes ou à des équipements émettant une énergie susceptible d'être détectée. [OTAN]

armé(e) (ex. : système d'alarme armé). *adj. m.* (*f.*)

renseignement actif. *n.m.*

mesures actives (synonyme de « désinformation » en russe). *n.f.pl.*

exactions. *n.f.pl.*

déclencher. *v.t.* - Faire fonctionner la mise de feu d'une mine par action à distance, ou une série d'actions à distance, de manière à remplir toutes les conditions requises pour que cette mise de feu fonctionne ou que le compteur des objectifs avance d'un cran. [OTAN]

adaptable. *adj.m.* (*f.*)

jeter de l'huile sur le feu. *loc.*

jeter de l'huile sur le feu. *loc.*

addressee. *n.*

administration (e.g.: Drug Enforcement Administration; National Aeronautics and Space Administration). *n.*

admiral (USN). *n.*

Admiralty. *n.*

admit defeat (to). *v.t.*

admittance (e.g.: "positively no admittance"). *n.*

aerial refuelling. *n.*

aeronautic (al). *adj.*

aeronautics. *n.*

affair (the U-2 affair, 1960; the Profumo affair, 1963; the USS Pueblo affair, 1968). *n.*

Affirmative! (communications)

Affirmatory! (communications)

aft trim tanks (submarine). *n.pl.*

afterburning. *n.* - 1. The characteristic of some rocket motors to burn irregularly for some time after the main burning and thrust has ceased. - 2. The process of fuel injection and combustion in the exhaust jet of a turbojet engine (aft or to the rear of the turbine). [NATO]

agency. *n.*

agency. *n.* - In intelligence usage, an organization or individual engaged in collecting and/or processing information. [NATO]

destinataire. *n.m. (f.)*

administration (ex. : *Drug Enforcement Administration ; National Aeronautics and Space Administration*). *n.f.*

amiral (cinq étoiles). *n.m.*

Amirauté. *n.f.*

passer sous les Fourches Caudines. *loc.*

entrée (ex. : « entrée strictement interdite »). *n.f.*

ravitaillement en vol. *n.m.*

aéronautique. *adj.m. (f.)*

aéronautique. *n.f.*

affaire (l'affaire du *Rainbow Warrior*, 1985). *n.f.*

Affirmatif ! (transmissions)

Affirmatif ! (transmissions)

caisses d'assiette arrière (sous-marin). *n.f.pl.*

post-combustion. *n.f.* - 1. Le fait, pour certains moteurs-fusée, de continuer à fonctionner irrégulièrement pendant un certain temps après que la combustion principale a cessé. - 2. Procédé qui consiste à injecter et à faire brûler le carburant dans la tuyère d'échappement d'un turbo-réacteur (après le passage des gaz dans la turbine). [OTAN]

officine. *n.f.*

organisme de renseignement. *n.m.* - Organe ou organisation engagé(e) dans la recherche ou l'exploitation des renseignements bruts. [OTAN]

agency (*Agentura* in Russian). *n.*

agency (e.g.: Central Intelligence Agency; Defense Intelligence Agency; National Security Agency). *n.*

agenda (e.g.: "hidden agenda"). *n.*

agent. *n.*

agent. *n.* - In intelligence usage, one who is recruited, trained, controlled and employed to obtain and report information. [NATO]

agent. *n.* - usually a foreign national recruited by an intelligence officer and engaged in spying.

agent assessment. *n.*

agent development (development of a social relationship with an individual in order to establish his potential usefulness). *n.*

agent of influence. *n.* - individual who has access to influential officials and media executives, and is thus in a position to advance objectives of a foreign government.

agent provocateur. *n. (Fr.)* - agent who instigates incriminating overt acts by individuals or groups to help discredit them.

aggression. *n.*

aggressive. *adj.*

aggressiveness. *n.*

centrale (de renseignement). *n.f.*

agence (ex. : *Central Intelligence Agency ; Defense Intelligence Agency ; National Security Agency*). *n.f.*

ordre du jour (ex. : « non inscrit à l'ordre du jour »). *n.m.*

officier (civil). *n.m.*

agent. *n.m.* - En matière de renseignement, celui qui est recruté, instruit, contrôlé et employé pour obtenir des renseignements bruts. [OTAN]

agent. *n.m.* - personne, généralement de nationalité étrangère, qui espionne pour le compte d'un officier de renseignement qui l'a recrutée.

rendement (d'un agent). *n.m.*

contact social (relation sociale avec un individu susceptible d'être utilisable). *n.m.*

agent d'influence. *n.m.* - agent qui se sert d'une faille naturelle de l'adversaire pour le déstabiliser, la plupart du temps en utilisant des hommes de bonne foi.

agent provocateur. *n.m.* - individu incitant une personne, ou un groupe, à la violence ou à une action illégale dans l'intérêt du parti opposé.

agression. *n.f.*

agressif (-ve). *adj.m. (f.)*

agressivité. *n.f.*

aggressor. *n.*

agitprop [term coined by Trotsky (1879-1940): agitation + propaganda]. *n.*

agreement (tentative). *n.*

aide-de-camp. *n. (Fr.)*

air base. *n.*

air drop. *n.* - Delivery of personnel or cargo from aircraft in flight. In air armament, the intentional separation of a free-fall aircraft store, from its suspension equipment, for purposes of employment of the store. [NATO]

air interception. *n.* - An operation by which aircraft effect visual or electronic contact with other aircraft. [NATO]

air lift (Berlin, 1948-1949; Kosovo, 1999). *n.*

air picket. *n.* - An airborne early warning aircraft positioned primarily to detect, report and track approaching enemy aircraft or missiles and to control intercepts. [NATO]

air plot. *n.* - Within ships, a display which shows the positions and movements of an airborne object relative to the plotting ship. [NATO]

air space. *n.*

air strike. *n.*

agresseur. *n.m.*

agitprop [terme créé par Trotski (1879-1940) : agitation + propagande]. *n.f.*

accord (provisoire). *n.m.*

aide de camp. *n.m.*

base aérienne. *n.f.*

largage. *n.m.* - 1. Sortie hors d'un aéronef en vol des personnels ou des charges transportés. - 2. En termes d'armement aérien, séparation commandée d'une charge tombant par gravité de son système de suspension, dans le dessein de lui faire assurer sa fonction. [OTAN]

interception aérienne. *n.f.* - Opération par laquelle un (ou des) aéronef(s) établit (ou établissent) un contact visuel ou électronique avec un (ou plusieurs) autre(s) aéronef(s). [OTAN]

pont aérien (Berlin, 1948-1949 ; Kosovo, 1999). *n.m.*

avion piquet-radar. *n.m.* - Aéronef en vol chargé de l'alerte lointaine, placé de façon à détecter, signaler et suivre l'approche des aéronefs et des missiles ennemis ; certains peuvent contrôler des interceptions. [OTAN]

plot air. *n.m.* - À bord des bâtiments de guerre, tableau représentatif qui indique les positions et les déplacements des objets aériens par rapport au navire. [OTAN]

espace aérien. *n.m.*

frappe aérienne. *n.f.*

air strip. *n.* - An unimproved surface which has been adapted for take-off or landing of aircraft, usually having minimum facilities. [NATO]

air support. *n.* - All forms of support given by air forces on land or sea. [NATO]

air supremacy. *n.* - That degree of air superiority wherein the opposing air force is incapable of effective interference. [NATO]

air surveillance. *n.* - The systematic observation of air space by electronic, visual, or other means, primarily for the purpose of identifying and determining the movements of aircraft and missiles, friendly and enemy, in the air space under observation. [NATO]

air survey photography. *n.* - The taking and processing of air photographs for mapping and charting purposes. [NATO]

airborne. *adj.* - 1. Applied to personnel, equipment, etc., transported by air; eg., airborne infantry. - 2. Applied to material, being or designed to be transported by aircraft, as distinguished from weapons and equipment installed in and remaining a part of the aircraft. [NATO]

bande d'atterrissage. *n.f.* - Surface non améliorée qui a été adaptée au décollage ou à l'atterrissage des avions et qui dispose généralement d'un minimum d'installations. [OTAN]

appui aérien. *n.m.* - Toute forme d'appui fourni par des forces aériennes à des forces terrestres ou maritimes. [OTAN]

maîtrise de l'air. *n.f.* - Degré de supériorité aérienne à partir duquel les forces aériennes adverses sont incapables d'intervenir efficacement. [OTAN]

surveillance aérienne. *n.f.* - Observation systématique dans un espace aérien donné par des moyens électroniques, visuels ou autres, dans le but d'identifier et de déterminer dans cet espace aérien, les mouvements des aéronefs et missiles amis ou ennemis. [OTAN]

photographie topographique aérienne. *n.f.* - Prise de photographies aériennes et exploitation de ces photographies pour dresser des cartes. [OTAN]

aéroporté(e). *adj.m. (f.)* - 1. Appliqué au personnel, désigne les troupes spécialement entraînées pour effectuer, en fin de transport aérien, un débarquement d'assaut, soit par parachutage, soit par posé. - 2. Appliqué à certains équipements, désigne ceux qui ont été spécialement conçus pour être utilisés par les troupes aéroportées pendant, ou après un débarquement d'assaut. [OTAN]

airborne force. *n.* - A force composed primarily of ground and air units organized, equipped and trained for airborne operations. [NATO]

Airborne Warning And Control System (AWACS; Boeing E-767). *n.*

aircraft carrier. *n.*

airplane manufacturer. *n.*

airspace control authority. *n.* - The commander designated to assume overall responsibility for the operation of the airspace control system in the airspace control area. [NATO]

air-to-air guided missile. *n.* - An air-launched guided missile for use against air targets. [NATO]

air-to-surface guided missile. *n.* - An air-launched guided missile for use against surface targets. [NATO]

alert. *n.* - 1. Readiness for action, defence or protection. - 2. A warning signal of a real or threatened danger, such as an air attack. - 3. The period of time during which troops stand by in response to an alarm. [NATO]

algorithm. *n.*

algorithmic. *adj.*

alias. *n.*

all clear. *phr.*

allay suspicion (to). *v.t.*

allegation (groundless). *n.*

force aéroportée. *n.f.* - Formation de combat (avec son soutien logistique) organisée, équipée et instruite en vue d'effectuer des opérations aéroportées. [OTAN]

avion radar. *n.m.*

porte-avions. *n.m.*

avionneur. *n.m.*

autorité de contrôle de l'espace aérien. *n.f.* - Commandant désigné pour assurer la responsabilité d'ensemble du contrôle de l'espace aérien dans la zone contrôlée. [OTAN]

missile air-air. *n.m.* - Missile lancé d'un aéronef vers un objectif aérien. [OTAN]

missile air-surface. *n.m.* - Missile lancé à partir d'une plate-forme aérienne et utilisé contre des objectifs de surface. [OTAN]

alerte. *n.f.* - 1. État de préparation caractérisé par les mesures prises pour une action offensive ou défensive. - 2. Signal avertissant d'un danger réel ou menaçant, tel qu'une attaque aérienne. - 3. Période de temps pendant laquelle une unité est en état d'alerte. [OTAN]

algorithme. *n.m.*

algorithmique. *adj.m. (f.)*

pseudo(nyme). *n.m.*

fin d'alerte. *n.f.*

change (donner le). *loc.*

allégation (dénuée de tout fondement). *n.f.*

alleged. *adj.*
allegiance. *n.*
alliance. *n.*
allied commander. *n.* - A military commander in the NATO chain of command. Also called "NATO commander". [NATO]
ally / allies. *n.pl.*
altimeter. *n.* - **a. Barometric altimeter.** An instrument which displays the height of the aircraft above a specified pressure datum. The datum may be varied by setting the specified pressure on a sub scale on the instrument. **b. Barometric altimeter reversionary.** An altimeter in which the indication is normally derived electrically from an external source (central air data computer or altitude computer) but which, in the case of failure or by manual selection, can revert to a pneumatic drive. **c. Cabin pressure altimeter.** An instrument which measures the pressure within an aircraft cabin and gives an indication in terms of height according to the chosen standard atmosphere. **d. Radio altimeter.** An instrument which displays the distance between an aircraft datum and the surface vertically below as determined by a reflected radio/radar transmission. [NATO]

présumé(e). *adj.m. (f.)*
allégeance. *n.f.*
alliance. *n.f.*
commandant interallié. *n.m.* - Chef militaire au sein de la chaîne de commandement OTAN. Aussi appelé « commandant OTAN ». [OTAN]
allié(s). *n.m. (pl.)*
altimètre. *n.m.* - **a. Altimètre barométrique.** Instrument qui indique la hauteur d'un aéronef au-dessus d'un niveau barométrique donné. Ce niveau peut être changé en affichant une nouvelle pression donnée sur un cadran secondaire de l'instrument. **b. Altimètre barométrique réversible.** Altimètre dans lequel l'indication est normalement fournie par un signal électrique provenant d'une source extérieure (centrale aérodynamique ou calculateur d'altitude) mais qui, en cas de panne ou par commande manuelle, peut basculer à un fonctionnement par transmission pneumatique. **c. Altimètre cabine.** Instrument qui mesure la pression à l'intérieur de la cabine d'un aéronef et fournit une indication sous forme d'altitude calculée suivant les lois de l'atmosphère standard. **d. Altimètre radio.** Instrument qui indique la distance entre un aéronef et la surface terrestre située à la verticale de l'avion. Cette distance est déterminée par la réflexion d'une onde radio ou radar. [OTAN]

altimetric detonator. *n.*
amateur. *n.*
amateurism. *n.*
ambassador. *n.*
ambassadress. *n.*
ambush. *n.*
amid heavy security. *n.*

amnesia. *n.*
amnesic. *adj.*
amphibious. *adj.*
amphibious force. *n.* - 1. A naval force and landing force, together with supporting forces that are trained, organized and equipped for amphibious operations. - 2. In naval usage, the administrative title of the amphibious type command of a fleet. [NATO]
amphibious operation. *n.* - An operation launched from the sea by naval and landing forces against a hostile or potentially hostile shore. [NATO]

amphibious raid. *n.* - A type of amphibious operation involving swift incursion into or temporary occupation of an objective followed by a planned withdrawal. [NATO]
amplifier. *n.*
ampule (poison). *n.*
anagram. *n.*
analog. *adj.*

détonateur altimétrique. *n.m.*
amateur. *n.m.*
amateurisme. *n.m.*
ambassadeur. *n.m.*
ambassadrice. *n.f.*
embuscade. *n.f.*
entouré(e) de mesures de sécurité exceptionnelles. *p.p.*
amnésie. *n.f.*
amnésique. *adj.m.* (*f.*)
amphibie. *adj.m.* (*f.*)
force amphibie. *n.f.* - 1. Ensemble des forces navales, des troupes de débarquement et des forces de soutien, organisé, équipé et entraîné en vue d'opérations amphibies. - 2. Dans la marine : titre du commandement organique de la partie amphibie d'une flotte. [OTAN]
opération amphibie. *n.f.* - Opération conduite à partir de la mer, mettant en œuvre des forces maritimes et terrestres, exécutée sur une côte tenue par l'adversaire ou qui pourrait être le siège d'une menace. [OTAN]

raid amphibie. *n.m.* - Opération amphibie comportant une brève incursion en profondeur ou l'occupation temporaire d'un objectif, suivie d'un repli planifié. [OTAN]
amplificateur. *n.m.*
ampoule (poison). *n.f.*
anagramme. *n.m.*
analogique. *adj.m.* (*f.*)

analysis. *n.*
analyst. *n.*
analyze (to). *v.t.*
anarchist. *n.*
anarchy. *n.*
Angleton syndrome* [James A. Angleton (1917-1987) CIA counterintelligence specialist, from 1954 to 1974, who was obsessive about Soviet moles]. *n.*
Angleton syndrome* (overly security-conscious mentality). *n.*
annex (to). *v.t.*
annexation. *n.*
annexationism. *n.*
annihilate (to). *v.t.*
annihilation. *n.*
annuitant. *n.*
anonymity *(sub rosa).* *n.*

anonymous. *adj.*
anonymous tip*. *n.*
anonymously. *adv.*
answering machine (telephone). *n.*

antenna. *n.*
anthrax *(bacillus anthracis).* *n.*
antibody. *n.*
antidote. *n.*
antimissile missile. *n.*
antipersonnel mine. *n.*
antisubmarine action. *n.* - An operation by one or more antisubmarine ships or aircraft, or a

analyse. *n.f.*
analyste. *n.m.* *(f.)*
analyser. *v.t.*
anarchiste. *n.m.* *(f.)*
anarchie. *n.f.*
espionnite*(obsession de l'espionnage). *n.f.*

syndrome d'Angleton* (espionnite aiguë). *n.m.*
annexer. *v.t.*
annexion. *n.f.*
annexionnisme. *n.m.*
annihiler. *v.t.*
annihilation. *n.f.*
contractuel (-le). *n.m.* *(f.)*
anonymat (sous couvert de l'anonymat). *n.m.*

anonyme. *adj.m.* *(f.)*
tuyau* anonyme. *n.m.*
anonymement. *adv.*
répondeur automatique (téléphone). *n.m.*

antenne. *n.f.*
anthrax (bacille du charbon). *n.m.*
anticorps. *n.m.*
antidote. *n.m.*
missile antimissile. *n.m.*
mine antipersonnel. *n.f.*
action anti-sous-marine. *n.f.* - Opération que des bâtiments ou des avions anti-sous-marins, ou une

combination of both, against a particular enemy submarine. [NATO]

antisubmarine barrier. *n.* - The line formed by a series of static devices or mobile units arranged for the purpose of detecting, denying passage to, or destroying hostile submarines. [NATO]

antisubmarine patrol. *n.* - The systematic and continuing investigation of an area or along a line to detect or hamper submarines, used when the direction of submarine movement can be established.

antisubmarine search. *n.* - Systematic investigation of a particular area for the purpose of locating a submarine known or suspected to be somewhere in the area. Some types of search are also used in locating the position of a distress incident. [NATO]

anti-terrorist unit. *n.*

apocalyptic. *adj.*

apocalypse. *n.*

approach (controlled social relationship operation). *n.*

"Aquarium" (nickname for GRU HQ: *Steklyashka* in Russian, located in the Moscow suburb of Khodynke). *n.*

arch enemy. *n.*

combinaison bâtiments-aéronefs, mènent contre un sous-marin déterminé. [OTAN]

barrage anti-sous-marin. *n.m.* - Ligne formée par une série de dispositifs fixes ou d'unités mobiles disposées dans le but de détecter les sous-marins ennemis, de leur interdire le passage ou de les détruire. [OTAN]

patrouille anti-sous-marine. *n.m.* - Exploration systématique et ininterrompue d'une zone ou le long d'une ligne pour détecter ou gêner les sous-marins. On utilise les patrouilles anti-sous-marines lorsqu'il est possible de déterminer la direction de déplacement du sous-marin.

recherche anti-sous-marine. *n.f.* - Exploration systématique d'une zone particulière dans le but de localiser un sous-marin dont on connaît ou soupçonne la présence quelque part dans la zone. Certains types de recherche sont aussi utilisés pour la localisation d'un cas de détresse. [OTAN]

équipe d'intervention antiterroriste. *n.f.*

apocalyptique. *adj.m. (f.)*

apocalypse. *n.f.*

approche (opération de contact social sous surveillance). *n.f.*

« Aquarium » (*Steklyashka* en russe : surnom du QG du GRU, situé à Khodynke, banlieue de Moscou). *n.m.*

ennemi juré. *n.m.*

area code (3 numbers in North America). *n.*

area of intelligence responsibility. *n.* - An area allocated to a commander, in which he is responsible for the provision of intelligence, within the means at his disposal. [NATO]

area of responsibility. *n.*

Ariadnes's clew (vital lead). *n.*

arm (nation) **(to)**. *v.t.*

armada. *n. (Sp)*

arming pin. *n.* - A safety device which is inserted into a fuze to prevent the arming cycle from starting until its removal. [NATO]

armistice. *n.*

armor. *n.*

armored. *adj.*

arms deal. *n.*

arms dealer. *n.*

arms race. *n.*

army. *n.* - 1. A formation larger than an army corps but smaller than an army group. It usually consists of two or more army corps. - 2. In certain nations, "army" is the land component of the armed forces. - 3. In certain nations, *armée* covers all the armed forces. [NATO]

army corps. *n.* - A formation larger than a division but smaller than an army or army group. It usually consists of two

indicatif de zone (2 chiffres en France). *n.m.*

zone de responsabilité de renseignement. *n.f.* - Zone sur l'étendue de laquelle le chef est responsable du renseignement avec les moyens mis à sa disposition. [OTAN]

zone de responsabilité. *n.f.*

fil d'Ariane. *n.m.*

armer (nation). *v.t.*

armada. *n.f.*

goupille de sécurité. *n.f.* - Système de sécurité qui est placé dans une fusée pour empêcher le démarrage du cycle d'armement tant qu'il est en place. [OTAN]

armistice. *n.m.*

blindage. *n.m.*

blindé(e). *adj.m. (f.)*

trafic d'armes. *n.m.*

trafiquant d'armes. *n.m.*

course aux armements. *n.f.*

armée. *n.f.* - 1. Formation supérieure à un corps d'armée mais inférieure à un groupe d'armées comprenant généralement deux corps d'armée ou davantage. - 2. Dans certaines nations, *army* désigne la composante terrestre des forces armées. - 3. Dans certaines nations, « armée » désigne l'ensemble des forces armées. [OTAN]

corps d'armée. *n.m.* - Formation supérieure à une division mais inférieure à une armée ou un groupe d'armées, comprenant

or more divisions together with supporting arms and services. [NATO]

généralement deux divisions, ou davantage, avec des armes d'appui et des services. [OTAN]

arrest. *n.* — arrestation. *n.f.*

arrest (to). *v.t.* — arrêter. *v.t.*

arsenal (armament). *n.* — arsenal (armement). *n.m.*

articulate. *adj.* — éloquent (e). *adj.m. (f.)*

artillery. *n.* — artillerie. *n.f.*

as clear as mud. *adj.* — clair comme l'encre. *adj.*

As you were! — Repos !

ashcan*. *n.* — grenade sous-marine. *n.f.*

assailant. *n.* — assaillant. *n.m.*

assassination. *n.* — attentat. *n.m.*

assault. *n.* - 1. The climax of an attack; closing with the enemy in hand-to-hand fighting. - 2. A short, violent, but well-ordered attack against a local objective, such as a gun emplacement, a fort or a machine-gun nest. [NATO]

assaut. *n.m.* - 1. Point culminant d'une attaque ; abordage de l'ennemi en combat corps à corps. - 2. Attaque courte, violente et soigneusement organisée contre un objectif de faibles dimensions, par exemple un emplacement de pièce d'artillerie, un fort ou un nid de mitrailleuses. [OTAN]

assault (to). *v.t.* — donner l'assaut à. *v.i.*

assault craft. *n.* - A landing craft or amphibious vehicle primarily employed for landing troops and equipment in the assault waves of an amphibious operation. [NATO]

engin d'assaut. *n.m.* - Engin de débarquement ou véhicule amphibie utilisé principalement pour débarquer des troupes et du matériel dans les vagues d'assaut d'une opération amphibie. [OTAN]

assault shipping. *n.* - Shipping assigned to the amphibious task force and utilized for transporting assault troops, vehicles, equipment and supplies to the objective area. [NATO]

bâtiments d'assaut. *n.m. (pl.)* - Bâtiments affectés à la force opérationnelle amphibie et utilisés pour le transport des troupes d'assaut, des véhicules, de l'équipement et des approvisionnements jusqu'à la zone de l'objectif. [OTAN]

assault vest (tactical). *n.*
assault with a deadly weapon. *n.*
assembly shop. *n.*
assess (to). *v.t.*
assessment. *n.*
asset (source). *n.*
assign (phone number) **(to).** *v.t.*

assign (to) . *v.t.* - 1. To place units or personnel in an organization where such placement is relatively permanent, and /or where such organization controls and administers the units or personnel for the primary function, or greater portion of the functions, of the unit or personnel. - 2. To detail individuals to specific duties or functions where such duties or functions are primary and /or relatively permanent. [NATO]

assignment. *n.*
astute. *adj.*
asylum (political). *n.*
At ease!
atom. *n.*
atomic (*see* A bomb). *adj.*
atrocities. *n.pl.*
attaché case. *n.*
attack. *n.*
attack group. *n.* - A subordinate task organization of the navy forces of an amphibious task force. It is composed of assault shipping and supporting naval units designated to transport,

chasuble (d'intervention). *n.f.*
agression à main armée. *n.f.*
atelier. *n.m.*
évaluer. *v.t.*
évaluation. *n.f.*
atout (source). *n.m.*
attribuer (numéro de téléphone). *v.t.*

affecter. *v.t.* - 1. Intégrer, à titre relativement permanent, des unités ou du personnel à un organisme ; celui-ci peut les administrer et leur donner des ordres relatifs à leur tâche ou à la plus grande partie de leurs tâches. - 2. Confier à des individus des fonctions particulières constituant leur tâche principale ou une tâche relativement permanente. [OTAN]

mission. *n.f.*
astucieux (-euse). *adj.m.* (*f.*)
asile (politique). *n.m.*
Repos !
atome. *n.m.*
atomique (*voir* bombe A). *adj.m.* (*f.*)
atrocités. *n.f.pl.*
mallette (américaine). *n.f.*
attaque. *n.f.*
groupe d'assaut. *n.m.* - Groupement naval subordonné à l'intérieur d'une force opérationnelle amphibie. Il est composé de bâtiments d'assaut et unités d'appui, destinés au transport, à la pro-

protect, land and initially support a landing group. [NATO]

attempt. *n.*

attempt (to). *v.t.*

Attention!

attributes. *n.pl.*

attrition. *n.*

audibility. *n.*

audible spectrum. *n.*

aunt Minnie*. *n.* - an innocuous-looking photograph of a blurred individual standing in front of a sharp background revealing a facility of great interest to an intelligence agency.

authentic. *adj.*

authenticate (to). *v.t.*

authentication. *n.* - 1. Evidence by proper signature or seal that a document is genuine and official. - 2. A security measure designed to protect a communication system against fraudulent transmissions. [NATO]

authenticator. *n.* - A letter, numeral, or group of letters or numerals, or both, attesting to the authenticity of a message or transmission. [NATO]

authorities. *n.pl.*

tection, au débarquement et au soutien initial d'un groupement de débarquement. [OTAN]

tentative. *n.f.*

tenter. *v.t.*

Garde à vous !

attributs. *n.m. (pl.)*

usure. *n.f.*

audibilité. *n.f.*

gamme audible (de 20 à 20 000 Hz pour l'oreille humaine). *n.f.*

tante Minnie*. *n.f.* - photographie apparemment anodine dont le premier plan, en général flou, qui représente un quidam, mais dont l'arrière-plan net se révèle être une installation du plus haut intérêt pour un service de renseignement.

authentique. *adj.m. (f.)*

authentifier. *v.t.*

authentification. *n.f.* - 1. Garantie, par la signature ou le sceau voulus, qu'un document est authentique et officiel.
- 2. Mesure de sécurité destinée à protéger un système de transmission contre une utilisation irrégulière. [OTAN]

signe d'authentification. *n.m.* - Lettre, chiffre ou groupes de lettres ou de chiffres, ou les deux, certifiant l'authenticité d'un message ou d'une transmission. [OTAN]

pouvoirs publics. *n.m. pl.*

automatic¹. *n. / adj.*
(automatic) pager. *n.*
autonomist. *n.*
autonomous. *adj.*
autonomy. *n.*
avenge (to). *v.t.*
avionics (development and production of electrical and electronic devices for use in aviation and missilery). *n.*
awaken* (sleeper*) (to). *v.t.*
awkward position. *n.*
Aye! Aye! Sir! (USN)

automatique. *n.m. / adj.*
alphapage. *n.m.*
autonomiste. *n.m. (f.)*
autonome. *adj.m. (f.)*
autonomie. *n.f.*
venger. *v.t.*
avionique (électronique appliquée à l'aviation). *n.f.*

réactiver* (dormant*). *v.t.*
porte-à-faux. *adv.*
Bien, commandant ! (MN)

---

1 - See chapter III, D on Firearms in my *Dictionary of Police and Underworld Language.*

B

B for Bravo (NATO phonetic alphabet)
babysit* (bodyguard) (to). *v.t.*
babysit* (close protection) (to). *v.t.*
babysitter* (bodyguard; *byki* in Russian). *n.*
back burner (on the). *adv.*
back down (to). *v.t.*
back off (to). *v.i.*
back someone up (to). *v.t.*
backburner issue. *n.*
background check. *n.*
backing. *n.*
backlog (accumulation of unfinished work). *n.*
backtrack (to). *v.i.*
backup. *n.*

backup man. *n.*
bacteria. *n.*
bad faith. *n.*
bad faith (in). *adj.*
baksheesh*. *n.*
balaclava (made of Nomex). *n.*
balancing act. *n.*
bale out* (dash out from a vehicle) (to). *v.i.*

B comme Bravo (alphabet phonétique de l'OTAN)
chaperonner* (garde du corps). *v.t.*
chaperonner* (protection rapprochée). *v.t.*
ange gardien* (garde du corps ; *byki* en russe). *n.m.*
veilleuse (en). *adv.*
céder. *v.t.*
reculer. *v.i.*
couvrir quelqu'un. *v.t.*
problème secondaire. *n.m.*
enquête sur les antécédents. *n.f.*
aval (politique). *n.m.*
retard (accumulation de travail en retard). *n.m.*
revenir sur ses pas. *v.i.*
1. copie. *n.f.*
2. renfort. *n.m.*
renfort (agent). *n.m.*
bactérie. *n.f.*
mauvaise foi. *n.f.*
mauvaise foi (de). *adj.*
bakchich* (pot-de-vin). *n.m.*
cagoule (ignifugée). *n.f.*
numéro d'équilibriste. *n.m.*
gicler* (sortir d'un véhicule précipitamment). *v.i.*

Balkanisation. *n.*	balkanisation. *n.f.*
ball bearing. *n.*	roulement à billes. *n.m.*
ball park. *n.*	ordre de grandeur. *n.m.*
ball park (figure). *adj.*	approximatif(-ve) (chiffre). *adj.m. (f.)*
ballistic missile. *n.*	1. engin balistique. *n.m.*
	2. missile balistique. *n.m.*
ballsy* (intrepid). *adj.*	couillu* (intrépide). *adj.*
banana republic. *n.*	république bananière. *n.f.*
bandit* (Air Force slang). *n.*	bandit* (argot de l'Armée de l'air). *n.m.*
bank account. *n.*	compte en banque. *n.m.*
baptism of fire. *n.*	baptême du feu. *n.m.*
bargaining chips (hostage). *n.pl.*	monnaie d'échange (otage). *n.f.*
barracks. *n.pl.*	caserne. *n.f.*
barricade. *n.*	barricade. *n.f.*
barricade (to). *v.t.*	barricader. *v.t.*
barricade oneself (to). *v.pr.*	barricader (se). *v.pr.*
barricaded felon. *n.*	criminel barricadé. *n.m.*
base (telephone). *n.*	socle (téléphone). *n.m.*
base of operations. *n.*	base d'opération. *n.f.*
basic intelligence. *n.* - Intelligence, on any subject, which may be used as reference material for planning and in evaluation subsequent information. [NATO]	renseignement de base. *n.m.* - Renseignement sur tout sujet, pouvant permettre d'établir une documentation de référence, utilisable pour la planification et pour l'évaluation de renseignements bruts ultérieurs. [OTAN]
battering ram (forced entry). *n.*	bélier (servant à enfoncer une porte). *n.m.*
battery. *n.*	pile. *n.f.*
battle exhaustion. *n.*	psychose traumatique. *n.f.*
battle fatigue. *n.*	psychose traumatique. *n.f.*
battlefield. *n.*	champ de bataille. *n.m.*
battlefield psychological activities. *n.pl.* - Planned psychologi-	activités psychologiques du champ de bataille. *n.f.pl.* - Acti-

cal activities conducted as an integral part of combat operations and designed to bring psychological pressure to bear on enemy forces and civilians under enemy control in the battle area, to assist in the achievement of the tactical objectives. [NATO]

battle-hardened. *adj.*

be always at each other's throats (to). *phr.*

be dead on (to). *v.i.*

be hand and glove with (to). *phr.*

be in on it (to). *phr.*

be on the payroll (to). *v.t.*

be on to someone (to). *v.t.*

be out of favour (to). *phr.*

be out of line (to). *phr.*

be under oath (to). *v.t.*

beachhead. *n.* - An area of ground, in a territory occupied or threatened by the enemy, which must be held or at least controlled, so as to permit the continuous embarkation, landing or crossing of troops and materiel, and / or to provide manoeuvre space requisite for subsequent operations. A designated area on a hostile shore which, when seized and held, ensures the continuous landing of troops and material, and provides manoeuvre space requisite for subsequent projected operations ashore. It is the physical objective of an amphibious operation. [NATO]

vités psychologiques planifiées faisant partie intégrante des opérations de combat et visant à exercer une pression psychologique sur les forces ennemies et les populations civiles sous contrôle ennemi dans la zone de bataille, pour aider la réalisation des objectifs tactiques. [OTAN]

aguerri. *adj.m. (f.)*

panier de crabes (c'est un véritable). *loc.*

voir juste. *v.i.*

mèche (être de). *loc.*

être dans le secret. *loc.*

émarger. *v.t.*

lancer aux trousses de quelqu'un (se). *v.pr.*

ne pas être en odeur de sainteté. *loc.*

dépasser les bornes. *loc.*

prêter serment. *v.t.*

tête de pont. *n.f.* - Zone située en territoire occupé ou menacé par l'ennemi qui doit être tenue ou du moins contrôlée dans le but : – d'assurer la continuité d'un débarquement, d'un embarquement, d'un franchissement ; – de garantir l'espace de manœuvre nécessaire à la poursuite des opérations. [OTAN]

biological agent

beacon. *n.*	balise. *n.f.*
bearing. *n.*	azimut. *n.m.*
beat a hasty retreat (to). *phr.*	prendre ses jambes à son cou. *loc.*
beef up security (to). *v.t.*	renforcer les dispositifs de sécurité. *v.t.*
beeper. *n.*	1. bip*. *n.*
	2. mouchard* (balise). *n.m.*
bellicose. *adj.*	belliqueux (-euse). *adj.m. (f.)*
belligerence. *n.*	belligérance. *n.f.*
belligerent. *adj.*	belligérant(e). *adj.m. (f.)*
Berlin Wall (erected on June 12, 1961 and destroyed on November 9, 1989). *n.*	Mur de Berlin (érigé le 12 juin 1961 et détruit le 9 novembre 1989). *n.m.*
besiege (to). *v.t.*	assiéger. *v.t.*
besieger. *n.*	assiégeant. *n.m.*
best case scenario. *n.*	meilleur scénario. *n.m.*
betray (to). *v.t.*	trahir. *v.t.*
betrayal. *n.*	trahison (Code Pénal, IV, chap. 1er «de la trahison et de l'espionnage», art. 411-1 à 411-11). *n.f.*
Big Ears* (nickname of *Renseignements Généraux*, the French political police)	« Grandes oreilles* » (surnom donné aux Renseignements Généraux). *n.f.pl.*
Big Four*. *n.* - the only four pieces of information which, under the Geneva Convention, an enemy is allowed to ask for: serial number, rank, name, date of birth.	quatre grandes questions*. *n.f.pl.* - les quatre seules questions qui, d'après la Convention de Genève, peuvent être posées par l'ennemi : matricule, grade, nom, date de naissance.
binoculars (infrared). *n.pl.*	jumelles (à infra-rouge). *n.f.pl.*
biographic leverage*. *n.*	chantage. *n.m.*
biological agent. *n.* - A microorganism which causes disease in man, plants, or animals or causes the deterioration of materiel. [NATO]	agent biologique. *n.m.* - Micro-organisme qui provoque une maladie chez l'homme, chez les plantes et les animaux, ou qui s'attaque aux matières non-vivantes. [OTAN]

biological operation. *n.* - Employment of biological agents to produce casualties in man or animals and damage to plants or materiel; or defence against such employment. [NATO]

biological warfare. *n.*

bioterrorism. *n.*

bioterrorist. *n.*

bird* (plane). *n.*

bird-dog (to). *v.t.*

bit (computer: binary digit). *n.*

bit (group of binary digits). *n.*

bite the bait (to). *phr.*

black bag job* (breaking and entering; also known as surreptitious entry). *n.*

black bag job* (burglary). *n.*

black box*. *n.*

Black Chamber (1912-1929 in the US). *n.*

black forces. *n.pl.* - A term used in reporting of intelligence on Warsaw Pact exercises, to denote those units representing Warsaw Pact forces during such exercises. [NATO]

black list. *n.*

black*. *adj.*

opération biologique. *n.f.* - Emploi délibéré d'agents biologiques en vue de provoquer maladies ou décès parmi les êtres humains et les animaux, de détruire la végétation ou de détériorer certains matériels. Désigne aussi les mesures de défense contre l'emploi de tels agents. [OTAN]

1. guerre bactériologique. *n.f.*
2. guerre biologique. *n.f.*

bioterrorisme. *n.m.*

bioterroriste. *n.m. (f.)*

zinc* (avion). *n.m.*

1. suivre à la trace (pastille émettrice). *v.t.*
2. pister*. *v.t.*

binaire (ordinateur). *n.m.*

octet (groupe de binaires). *n.m.*

mordre à l'hameçon. *loc.*

fontaine* (vol de documents compromettants). *n.f.*

visite domiciliaire* (cambriolage). *n.f.*

boîte noire* (en fait de couleur orange). *n.f.*

cabinet noir (créé en France dès 1590 par Henri IV). *n.m.*

forces noires. *n.f.pl.* En matière de renseignement relatif aux exercices du Pacte de Varsovie, désignation conventionnelle des unités représentant les forces du Pacte. [OTAN]

liste noire. *n.f.*

fermé* (milieu). *n.m. / adj.*

black* (agent operating under deep cover*). *adj.*	noir* (agent travaillant en apnée*). *adj.m.*
Blackbird aircraft (American strategic reconnaissance aircraft topping Mach 3). *n.*	SR-71 *Habu* (avion de reconnaissance stratégique américain dépassant Mach 3). *n.m.*
blackmail (to). *v.t.*	faire chanter*. *v.t.*
blackmail scam*. *n.*	chantage. *n.m.*
blackmailee. *n.*	victime d'un chantage. *n.f.*
blackmailer. *n.*	maître chanteur. *n.m.*
blackmailing. *n.*	chansonnette* (chantage). *n.f.*
blackout. *n.*	obscurité totale. *n.f.*
blacksquaring* (technical surveillance). *n.*	technique de l'échiquier (filature en diagonale). *n.f.*
blast (bomb). *n.*	souffle (bombe). *n.m.*
blasting cap. *n.*	amorce. *n.f.*
blasting timer fuse. *n.*	cordeau détonant. *n.m.*
bleed* (every information that can be obtained) **(to).** *v.t.*	pomper* (tout renseignement utilisable). *v.t.*
blend in (to). *v.t.*	fondre (se). *v.pr.*
blind* (secret cache ; *dubok*, Russian for little oak). *n.*	boîte aux lettres morte* (BLM ; *dubok* en russe, pour « petit chêne »). *n.f.*
blindfold. *n.*	bandeau. *n.m.*
blindfold (to). *v.t.*	bander les yeux. *v.t.*
blind zone (radar). *n.*	zone d'ombre (radar). *n.f.*
blip. *n.* - The display of a received pulse on a cathode ray tube. [NATO]	blip. *n.m.* - Écho lumineux sur l'écran fluorescent d'un oscilloscope cathodique. [OTAN]
blip (computer). *n.*	signal erratique (ordinateur). *n.m.*
blister agent. *n.* - A chemical agent which injures the eyes and lungs, and burns or blisters the skin. Also called "vesicant agent". [NATO]	agent vésicant. *n.m.* - Agent chimique qui attaque les yeux et les poumons et qui inflige à la peau des brûlures ou des cloques. [OTAN]
blitz of bomb threats. *n.*	épidémie d'alertes à la bombe. *n.f.*

block (to). *v.t.*
block* (concealed microphone). *n.*
blockade. *n.*
blood bath. *n.*
blood feud. *n.*
bloody mess*. *n.*
blow below the belt. *n.*
blow bread* (to). *v.t.*
blow by blow. *adv.*
blow something up of all proportion (to). *phr.*
blow the whistle (voluntarily) **(to).** *phr.*
blow the whistle on (to). *v.t.*
blow up (to). *v.t.*
blow* (cover) **(to).** *v.t.*

blowback[1]. *n.* - Type of weapon operation in which the force of expanding gases acting to the rear against the face of the bolt furnishes all the energy required to initiate the complete cycle of operation. A weapon which employs this method of operation is characterized by the absence of any breech-lock or bolt-lock-mechanism. [NATO]

blowback* (an operation which ends up rebounding against its creator). *n.*

contrecarrer. *v.t.*
sucre* (microémetteur). *n.m.*
blocus. *n.m.*
bain de sang. *n.m.*
vendetta. *n.f.*
merdier*. *n.m.*
coup bas. *n.m.*
liasse facile* (avoir la). *loc.*
au coup par coup. *adv.*
monter quelque chose en épingle. *loc.*
vendre la mèche. *loc.*

dénoncer. *v.t.*
plastiquer. *v.t.*
griller* (couverture) [« Un agent grillé* n'a pas mérité d'exister » Beria (1899-1953), patron du NKVD, ancêtre du KGB]. *v.t.*

pression des gaz vers l'arrière. *n.f.* - Type de fonctionnement d'une arme dans lequel la force des gaz en expansion s'exerçant vers l'arrière contre la paroi de la culasse fournit toute l'énergie nécessaire pour amorcer le cycle complet de fonctionnement de l'arme. Une arme qui utilise ce mode de fonctionnement se caractérise par l'absence de tout mécanisme de verrouillage de culasse ou de culasse mobile. [OTAN]

retour de bâton* (opération qui se retourne contre celui qui l'a déclenchée). *n.m.*

---

1 - See chapter III, D on Firearms in my *Dictionary of Police and Underworld Language*.

blowgun. *n.*	sarbacane. *n.f.*
blown out of proportion. *adj.*	disproportionné(e). *adj.m. (f.)*
blue forces. *n.pl.* - Those forces used in a friendly role during NATO exercises. [NATO]	forces bleues. *n.pl.* - Forces jouant le rôle des alliés dans les exercices de l'OTAN. [OTAN]
blue-pencilling (censoring). *n.*	caviardage* (censure). *n.m.*
blueprint (plan). *n.*	bleu (plan). *n.m.*
bluff. *n.*	1. bluff. *n.m.*
	2. esbroufe. *n.f.*
bluff (to). *v.t.*	bluffer. *v.t.*
blunt refusal. *n.*	fin de non-recevoir. *n.f.*
board (a ship) **(to)**. *v.t.*	aborder (navire). *v.t.*
board and search (to). *v.t.*	arraisonner. *v.t.*
boarding. *n.*	abordage. *n.m.*
body count. *n.*	décompte des cadavres. *n.m.*
bogie* (Air Force slang). *n.*	ennemi (argot de l'*Air Force*). *n.m. / adj.*
bogus. *adj.*	faux (-sse). *adj.m. (f.)*
bold. *adj.*	intrépide. *adj.m. (f.)*
bolt (crossbow). *n.*	trait (arbalète). *n.m.*
bomb (air) **(to)**. *v.t.*	bombarder (aérien). *v.t.*
bomb disposal expert. *n.*	artificier. *n.m.*
bomb scare. *n.*	alerte à la bombe. *n.f.*
bomb squad. *n.*	1. équipe d'artificiers. *n.f.*
	2. équipe de déminage. *n.f.*
bomb threat. *n.*	alerte à la bombe. *n.f.*
bombard (land) **(to)**. *v.t.*	bombarder (terrestre). *v.t.*
bomber. *n.*	1. plastiqueur(-euse). *n.m. (f.)*
	2. poseur(-euse) de bombes. *n.m. (f.)*
bomber (USAF). *n.*	bombardier. *n.m.*
bombing. *n.*	1. attentat à la bombe. *n.m.*
	2. plastiquage. *n.m.*

bombing (USAF). *n.*

bombing run. *n.* - In air bombing, that part of the flight that begins, normally from an initial point, with the approach to the target, includes target acquisition, and ends normally at the weapon release point. [NATO]

bona fide. *adj.*

bona fides. *n.*

bone maker* (hired killer). *n.*

booby trap (e.g.: "the trap is set"). *n.* - An explosive or nonexplosive device or other material, deliberately placed to cause casualties when an apparently harmless object is disturbed or a normally safe act is performed. [NATO]

booby trap*. *n.*

booby-trap* (to). *v.t.*

boom and bangers* (OSS agents). *n.pl.*

boom and bang* operation (OSS term). *n.*

boominess. *n.*

booster. *n.* - An auxiliary or initial propulsion system which travels with a missile or aircraft and which may or may not separate from the parent craft when its impulse has been delivered. [NATO]

bootstrap (computer). *n.*

bombardement. *n.m.*

passage de bombardement [OTAN]. *n.m.* - En bombardement aérien, partie du vol qui commence normalement à partir d'un point initial, avec l'approche vers l'objectif, comprend l'acquisition de l'objectif et se termine normalement au point de largage de l'arme. [OTAN]

bonne foi (de). *adj.*

bonne foi. *n.f.*

tueur. *n.m.*

piège (ex. : « le piège est en place »). *n.m.* - Dispositif, explosif ou non, ou tout autre objet placé de façon à infliger des pertes en personnel à l'occasion du déplacement d'une chose en apparence inoffensive ou de l'accomplissement d'un geste normalement sans danger. [OTAN]

piège à cons* (engin piégé). *n.m.*

piéger*. *v.t.*

hommes de sac et de corde*. *n.m.pl.*

coup de main. *n.m.*

résonance grave. *n.f.*

propulseur d'appoint. *n.m.* - Propulseur auxiliaire et temporaire fixe ou éjectable, pour faciliter le décollage d'un aéronef, ou d'un missile, ou pour lui communiquer une accélération momentanée. [OTAN]

amorce (ordinateur). *n.f.*

botch (operation) **(to)** (e.g.: the botched 1980 "Desert One" hostage-rescue attempt in Iran that had to be aborted because of helicopter failure.). *v.t.*

botch (to). *v.t.*

botulism *(bacillus botulinus).* *n.*

bounding mine. *n.*

bound to secrecy. *p.p.*

bounty. *n.*

brace for (to). *v.t.*

brain drain. *n.*

brainwashing. *n.*

branch (intelligence). *n.*

breach. *n.*

breach (dereliction of duty). *n.*

breach (to) (the Official Secrets Act). *v.t.*

breach of national security. *n.*

breach of professional secrecy. *n.*

breach of trust. *n.*

bread-and-butter. *adj.*

break (code) **(to)**. *v.t.*

breaking (code). *n.*

break-off position. *n.* - The position at which a leaver or leaver section breaks off from the main convoy to proceed to a different destination. [NATO]

breakthrough. *n.*

breather. *n.*

bousiller (opération) (ex. : la tentative bousillée de récupération d'otages en Iran en 1980 qui dut être annulée en raison du mauvais fonctionnement d'un hélicoptère). *v.t.*

bâcler. *v.t.*

botulisme *(botulinium).* *n.m.*

mine à rebond. *n.f.*

lié(e) par le secret. *p.p.*

récompense (prime). *n.f.*

rassembler ses forces. *v.t.*

fuite des cerveaux. *n.f.*

lavage de cerveau. *n.m.*

antenne (renseignement). *n.f.*

1. brêche. *n.f.*
2. violation. *n.f.*

manquement (au devoir). *n.m.*

violer (le secret-défense). *v.t.*

atteinte à la sûreté de l'État. *n.f.*

violation du secret professionnel. *n.f.*

prévarication. *n.f.*

terre-à-terre. *adj.m. (f.)*

casser (code). *v.t.*

cassage (code). *n.m.*

point de séparation. *n.m.* - Position à laquelle un navire détaché d'un convoi ou une section à détacher d'un convoi quitte le convoi principal pour faire route vers une destination différente. [OTAN]

percée. *n.f.*

répit. *n.m.*

breathing apparatus. *n.*

Bren gun[1] (UK) (.30 cal.). *n.*

brevity code. *n.* - A code which provides no security but which has as its sole purpose the shortening of messages rather than the concealment of their content. [NATO]

bridge (ship). *n.*

bridge (submarine). *n.*

brief (to). *v.t.*

briefing. *n.*

briefing. *n.* - The act of giving in advance specific instructions or information. [NATO]

brigadier general[2] (one star; USA). *n.*

broach (subject) **(to)**. *v.t.*

brother-at-arms. *n.*

brotherhood (intelligence brotherhood). *n.*

Browning Automatic Rifle[1] (BAR. 30 cal.). *n.*

brush pass* (a clandestine meeting in a public place for the purpose of secretly delivering information). *n.*

bucket*. *n.*

buffer state. *n.*

buffer zone. *n.*

bug (computer). *n.*

bug* (microémetteur). *n.*

appareil respiratoire. *n.m.*

fusil-mitrailleur (cal. 7,62 mm). *n.m.*

code abrégé. *n.m.* - Code dont le but essentiel est de condenser les messages, mais sans en garantir le secret. [OTAN]

passerelle (navire). *n.f.*

baignoire* (sous-marin). *n.f.*

briefer* (anglicisme). *v.t.*

exposé. *n.m.*

briefing. *n.m.* - Acte par lequel on donne des instructions ou des informations préalables. [OTAN]

général de brigade (deux étoiles). *n.m.*

aborder (sujet). *v.t.*

frère d'armes. *n.m.*

fratrie (grande fratrie des services). *n.f.*

fusil-mitrailleur (cal. 7,62 mm). *n.m.*

*brush pass** (anglicisme ; technique discrète d'échange de documents entre deux agents qui, dans un lieu public,se croisent – *pass* – et se frôlent – *brush*). *n.m.*

rafiot*. *n.m.*

état tampon. *n.m.*

zone tampon. *n.f.*

bogue* (ordinateur). *n.m.*

1. bigorneau* (microémetteur). *n.m.*

2. mouchard* (microémetteur). *n.m.*

---

1 - See chapter III, D on Firearms in my *Dictionary of Police and Underworld Language*.
2 - See equivalence of military ranks in Appendices A and B.

	3. pastille* émettrice. *n.f.*
	4. zonzon* (écoute clandestine). *n.m.*
bug* (electronic device used to eavesdrop). *n.*	microémetteur (micro-espion). *n.m.*
bug* (hidden microphone). *n.*	sucre* (microémetteur). *n.m.*
bug* (miniature transmitter). *n.*	pastille* (microémetteur). *n.f.*
bug* (to). *v.t.*	1. microter* (dissimuler un microémetteur). *v.t.*
	2. truffer* (dissimuler un microémetteur). *v.t.*
	3. zonzonner* (effectuer un branchement téléphonique). *v.t.*
bug* a phone (to). *v.t.*	piéger* un téléphone. *v.t.*
bugged* (to be). *p.p.*	chébran* (être) (branché* en verlan). *adj.*
bugging* (wiretap). *n.*	1. construction* (interception de sécurité). *n.f.*
	2. esgourde* (interception de sécurité). *n.f.*
	3. zonzon* (interception de sécurité). *n.m.*
	4. zozor* (interception de sécurité). *n.m.*
	5. orion* (écoute téléphonique). *n.m.*
build up a dossier (to). *v.t.*	monter un dossier. *v.t.*
buildup (nuclear arms). *n.*	accumulation (armes nucléaires). *n.f.*
buildup (troops). *n.*	rassemblement (troupes). *n.m.*
built-in microphone. *n.*	microphone incorporé. *n.m.*
bull horn. *n.*	porte-voix. *n.m.*
bulletproof. *adj.*	pare-balles. *adj.m.* (*f.*)
bulletproof helmet. *n.*	casque pare-balles. *n.m.*
bulletproof vest. *n.*	gilet pare-balles. *n.m.*

bulwark. *n.* — rempart. *n.m.*
bum tip*. *n.* — tuyau bidon*. *n.m.*
bungle (to). *v.t.* — gâcher. *v.t.*
buoyancy compensator (scuba). *n.* — gilet à flottabilité dorsale (plongée). *n.m.*
burglar's tool. *n.* — parapluie* (outil servant à crocheter une serrure). *n.m.*
burn* (to) (sacrifice of an agent who has been compromised). *v.t.* — griller* (sacrifier un agent compromis). *v.t.*
burn* (uncover) **(to).** *v.t.* — brûler*(démasquer). *v.t.*
burned* (agent whose cover is blown*). *adj.* — éventé* (agent grillé*). *adj.*
burned* (to get). *v.i.* —
1. griller* (se faire). *v.pr.*
2. mordre* (se faire) (repérer). *v.pr.*

burnout. *n.* — épuisement total. *n.m.*
burrow (mole) **(to).** *v.t.* — terrer (se) (taupe). *v.pr.*
burst (computer). *n.* — rafale (ordinateur). *n.f.*
burst transmitter (high-speed transmitter sending messages in short 2.6-second bursts). *n.* — émetteur en rafales. *n.m.*
burst* (coded message). *n.* — flash* (message codé). *n.m.*
bush fire*. *n.* — feu de brousse*. *n.m.*
Business as usual! — Rien à signaler ! (R.A.S.)
busy. *adj.* — occupé(e). *adj.m. (f.)*
butchery. *n.* — boucherie. *n.f.*
butterfly mine. *n.* — mine papillon. *n.f.*
button up (perimeter) **(to).** *v.t.* — boucler (périmètre). *v.t.*
buy (time) **(to).** *v.t.* — gagner (du temps). *v.t.*
buy off (corrupt) **(to).** *v.t.* — acheter (corrompre). *v.t.*
by fire and sword. *phr.* — par le fer et par le feu. *loc.*
bypass (to). *v.t.* — contourner. *v.t.*
byte. *n.* — octet. *n.m.*

C

C for Charlie (NATO phonetic alphabet)
C-4 (plastic explosive). *n.*
cache. *n.*
calculated risk. *n.*
call (telephone). *n.*
call (to). *v.t.*
call back (to). *v.t.*
call blocking. *n.*
call collect (to). *v.t.*
call display. *n.*
call forwarding (telephone). *n.*

call in (to). *v.t.*

call letter (radio). *n.*
call return. *n.*
call screen. *n.*
call sign. *n.* - Any combination of characters or pronounceable words, which identifies a communication facility, a command, an authority, an activity, or a unit; used primarily for establishing and maintaining communications. [NATO]

call sign (radio). *n.*
call waiting. *n.*

C comme Charlie (alphabet phonétique de l'OTAN)
C-4 (explosif au plastic). *n.m.*
cache. *n.f.*
risque calculé. *n.m.*
appel (téléphonique). *n.m.*
appeler. *v.t.*
rappeler. *v.t.*
blocage du numéro. *n.m.*
téléphoner en P.C.V. *v.t.*
afficheur. *n.m.*
renvoi automatique (téléphone). *n.m.*
appeler le central (de police par exemple). *v.t.*
indicatif (radio). *n.m.*
mémorisateur. *n.m.*
sélecteur. *n.m.*
indicatif d'appel. *n.m.* - Toute combinaison de caractères ou mots prononçables servant à identifier une ou plusieurs stations de transmissions, commandements, autorités, organismes ou unités ; est utilisée pour l'établissement et le maintien des communications. [OTAN]

indicatif (radio). *n.m.*
appel en attente. *n.m.*

callbox. *n.*

calm things down (to). *v.t.*

camera. *n.*

camera axis. *n.* - An imaginary line through the optical centre of the lens perpendicular to the negative photo plane. [NATO]

cammies. *n.pl.*

camo* (camouflage). *n.*

camouflage. *n.* - The use of natural or artificial material on personnel, objects or tactical positions with the aim or confusing, misleading or evading the enemy. [NATO]

camouflage (to). *v.t.*

camouflage detection photography. *n.* - Photography utilizing a special type of film (usually infrared) designed for the detection of camouflage. [NATO]

campaign (military). *phr.*

can of worms*. *n.*

cancel. *adj.* - In artillery and naval gun-fire support, the term cancel, when coupled with a previous order, other than an order for a quantity or type of ammunition, rescinds that order. [NATO]

canvas (to). *v.t.*

canvasser. *n.*

capitulate (to). *v.t.*

borne d'appel. *n.f.*

calmer le jeu. *loc.*

1. appareil (photographique). *n.m.*

2. mandoline* (appareil photo). *n.f.*

axe focal. *n.m.* - Ligne imaginaire passant par le centre optique de l'objectif et perpendiculaire au plan du cliché. [OTAN]

tenue camouflée (tireur d'élite). *n.f.*

camouflage. *n.m.*

camouflage. *n.m.* - Utilisation de matériaux naturels ou artificiels sur des personnes, des objets ou des positions tactiques en vue de désorienter, de tromper l'ennemi ou de se soustraire à sa vue. [OTAN]

camoufler. *v.t.*

photographie anti-camouflage. *n.f.* - Technique de photographie utilisant des films spéciaux (généralement sensibles à l'infrarouge) et permettant de détecter les zones ou les points camouflés. [OTAN]

campagne (militaire). *loc.*

sac de nœuds*. *n.m.*

annulé. *adj. m.* - En artillerie et en appui feu naval, contre-ordre qui, accouplé à un ordre antérieur n'impliquant pas une quantité ou un type de munition, annule cet ordre. [OTAN]

rabattre. *v.t.*

rabatteur. *n.m.*

capituler. *v.t.*

capitulation. *n.*	capitulation. *n.f.*
capstan (tape recorder). *n.*	cabestan (magnétophone). *n.m.*
captain (USA, USMC). *n.*	capitaine. *n.m.*
captain (USN). *n.*	capitaine de vaisseau. *n.m.*
captive. *n. / adj.*	captif (-ive). *n.m. (f.) / adj.*
captor. *n.*	ravisseur (-euse). *n.m. (f.)*
capture. *n.*	capture. *n.f.*
capture (to). *v.t.*	capturer. *v.t.*
car bomb. *n.*	voiture piégée. *n.f.*
car trap. *n.*	voiture piégée. *n.f.*
carabiner (scaling). *n.*	mousqueton (escalade). *n.m.*
carbine[1]. *n.*	carabine. *n.f.*
careerism. *n.*	arrivisme. *n.m.*
careerist. *n.*	arriviste. *n.m. (f.)*
careless ("Careless talk costs lives"). *adj.*	irréfléchi(e) (« Des propos irréfléchis mettent des vies en danger »). *adj.m. (f.)*
cargo. *n.* - Commodities and supplies in transit.[NATO]	cargaison. *n.f.* - Marchandises et approvisionnements en transit. [OTAN]
carpet bombing. *n.* - The progressive distribution of a mass bomb load upon an area defined by designated boundaries, in such manner as to inflict damage to all portions thereof. [NATO]	bombardement de saturation. *n.m.* - Répartition progressive d'un tonnage de bombes élevé sur une zone définie par des limites données, de manière à infliger des dommages dans toutes les parties de la zone. [OTAN]
carrier pigeon. *n.*	pigeon voyageur. *n.m.*
carry out (to) (a mission). *v.t.*	effectuer (mission). *v.t.*
carry out (to). *v.t.*	exécuter. *v.t.*
Carry out!	Exécution !
cartographer. *n.*	cartographe. *n.m. (f.)*
cartography. *n.*	cartographie. *n.f.*

---

1 - See chapter III, D on Firearms in my *Dictionary of Police and Underworld Language.*

cascade image intensifier. *n.* - An optoelectronic amplifier capable of increasing the intensity of a radiant image by two or more stages. [NATO]

case. *n.*

case (dossier). *n.*

case officer (*katsa* in Mossad). *n.*

case* (to). *v.t.*

casing*. *n.*

casing*. *v./n*

cassette. *n.*

cassette recorder. *n.*

casualties. *n.pl.*

casus belli (event liable to bring about a declaration of war). *n.*

catch (communications) **(to).** *v.t.*

cause. *n.*

caution. *n.*

caution ("safety is born of caution"). *n.*

cave in (to). *v.t.*

caveat. *n.*

cavitation (the formation of vapor pockets in a flowing liquid). *n.*

ceasefire. *n.*

cell. *n.*

cellular. *n.*

cellular phone. *n.*

censor. *n.*

censorship. *n.*

amplificateur d'images à plusieurs étages. *n.m.* - Amplificateur optoélectronique capable d'accroître l'intensité lumineuse d'une image au moyen de deux ou plusieurs étages. [OTAN]

dossier. *n.m.*

affaire (dossier). *n.f.*

officier traitant* (*katsa* dans le Mossad). *n.m.*

repérer*. *v.t.*

repérage*. *n.m.*

environnement* (faire l'). *loc.*

cassette. *n.f.*

magnétophone à cassette. *n.m.*

pertes. *n.f.pl.*

casus belli (acte de nature à motiver une déclaration de guerre). *n.m.*

répondre (transmissions). *v.t.*

cause. *n.f.*

circonspection. *n.f.*

prudence (« prudence est mère de sûreté »). *n.f.*

céder. *v.t.*

mise en garde. *n.f.*

cavitation (formation de gaz dans un liquide en mouvement). *n.f.*

cessez-le-feu. *n.m.*

cellule. *n.f.*

portable. *n.m.*

téléphone cellulaire. *n.m.*

censeur. *n.m.*

censure. *n.f.*

central communications. *n.*

central dispatch. *n.*

centralize (to). *v.t.*

centralized (classified). *adj.*

chaff. *n.* - Strips of frequency-cut metal foil, wire, or metallized glass fibre used to reflect electromagnetic energy, usually dropped from aircraft or expelled from shells or rockets as a radar countermeasure. [NATO]

chain of command. *n.*

chair (to). *v.t.*

chairman (committee, company). *n.*

chairmanship (committee, company). *n.*

challenge. *n.* - Any process carried out by one unit or person with the object of ascertaining the friendly or hostile character or identity of another. [NATO]

challenge (sentry) **(to).** *v.t.*

challenge to established authority. *n.*

chancellor. *n.*

chancery. *n.*

channel (radio). *n.*

channel display (LCD: Liquid Crystal Diode). *n.*

channel lockout. *n.*

channel selector. *n.*

poste central. *n.m.*

poste central. *n.m.*

centraliser. *v.t.*

centralisé (classifié). *adj.m.*

paillettes. *n.f.pl.* - Rubans de clinquant, de fil métallique ou de fibre de verre métallisée, de longueur correspondant à une fréquence donnée, destinés à réfléchir l'énergie électromagnétique, habituellement largués par avion, ou dispersés au moyen d'obus ou de roquettes, pour servir de contre-mesure radar. [OTAN]

voie hiérarchique. *n.f.*

présider. *v.t.*

président (comité, société). *n.m.*

présidence (comité, société). *n.f.*

procédé d'identification. *n.m.* - Tout procédé employé par un individu ou une unité pour s'assurer du caractère ami ou ennemi, ou de l'identité d'un autre individu ou unité. [OTAN]

faire une sommation (sentinelle). *v.t.*

contre-pouvoir. *n.m.*

chancelier. *n.m.*

chancellerie. *n.f.*

canal (radio). *n.m.*

affichage des canaux (LCD). *n.m.*

captage d'une chaîne. *n.m.*

sélecteur de canaux

charge. *n.*

charge. *n.* - 1. The amount of propellant required for a fixed, semi-fixed, or separate loading projectile, round or shell. It may also refer to the quantity or explosive filling contained in a bomb, mine or the like. - 2. In combat engineering, a quantity of explosive, prepared for demolition purposes.

chargé d'affaires. *n.*

charger. *n.*

charia (Koran law). *n.*

charisma. *n.*

charismatic. *adj.*

charm school* (sexual blackmailing). *n.*

chase shadows (to). *v.t.*

checks and balances. *n.pl.*

check firing. *n.* - In artillery and naval gun-fire support, a command to cause a temporary halt in firing. [NATO]

chemical. *adj.*

chemical agent. *n.* - A chemical substance which is intended for use in military operations to kill, seriously injure, or incapacitate man through its physiological effects. [NATO]

chemical operation. *n.* - Employment of chemical agents to kill, injure, or incapacitate for a significant period of time, man or animals, and deny or hinder the use of areas, facilities or

inculpation. *n.f.*

charge. *n.f.* - 1. Quantité donnée d'explosif, soit en vrac, soit contenu dans une bombe, un projectile, une mine ou autre engin du même genre, soit encore utilisé comme propulseur d'une balle ou d'un projectile. - 2. En génie de combat, quantité d'explosifs préparée à des fins de destruction.

chargé d'affaires. *n.m.*

rechargeur. *n.m.*

charia (loi coranique). *n.f.*

charisme. *n.m.*

charismatique. *adj.m. (f.)*

école rose* (chantage aux mœurs). *n.f.*

lâcher la proie pour l'ombre. *loc.*

équilibre des pouvoirs. *n.m.*

halte au tir. *n.f.* - En artillerie et en appui feu naval, commandement ayant pour but d'arrêter temporairement le tir. [OTAN]

chimique. *adj.m. (f.)*

agent chimique. *n.m.* - Substance chimique destinée à un emploi militaire. Elle est prévue pour tuer, blesser sérieusement ou pour rendre le personnel inopérant par ses effets physiologiques. [OTAN]

opération chimique. *n.f.* - Emploi délibéré d'agents chimiques en vue de tuer, blesser ou diminuer l'efficacité des hommes ou des animaux pendant un certain temps et d'empêcher ou de rendre

materiel; or defence against such employment. [NATO]

chemical warfare. *n.*

chicken feed* (worthless intelligence). *n.*

chief of station (CIA). *n.*

chief of station (*rezident* in Russian). *n.*

chip. *n.*

chip (computer). *n.*

chip on one's shoulder (to have a). *v.t.*

choreograph (protest) **(to).** *v.t.*

chromic acid (used to make microdots). *n.*

chute (parachute). *n.*

cipher (said to be dating back to Julius Caesar [100 B.C. - 44 A.D.] and working on the principle of replacing a single letter). *n.*

cipher (to). *v.t.*

cipher clerk. *n.*

cipher disk (cipher machine). *n.*

cipher officer. *n.*

circuit. *n.*

circumspect. *adj.*

circumvent (to). *v.t.*

Circus* (former nickname of MI5). *n.*

citizen. *n.*

citizenship. *n.*

city-wide APB (All-Point Bulletin). *n.*

civil defence. *n.* - Mobilization, organization, and direction of

plus difficile l'utilisation des matériels, des installations ou du sol. Défense contre un tel emploi d'agents chimiques. [OTAN]

guerre chimique. *n.f.*

daube* (renseignement sans valeur). *n.f.*

chef d'antenne (DGSE). *n.m.*

chef de réseau (*rezident* en russe). *n.m.*

plaquette. *n.f.*

puce (ordinateur). *n.f.*

vouloir à tout le monde (en). *loc.*

chorégraphier (manifestation). *v.t.*

acide chromique (utilisé pour la confection de micropoints). *n.m.*

parachute. *n.m.*

chiffre (remontant, dit-on, à Jules César [100 av. J.-C. - 44 ap. J.-C.] et fontionnant sur le principe de la transposition). *n.m.*

chiffrer. *v.t.*

employé du chiffre. *n.m.*

rotor (machine à chiffrer). *n.m.*

officier du chiffre. *n.m.*

circuit. *n.m.*

circonspect(e). *adj.m. (f.)*

circonvenir. *v.t.*

Cirque* (ancien surnom du MI5). *n.m.*

citoyen. *n.m.*

citoyenneté. *n.f.*

avis de recherche municipal. *n.m.*

protection civile. *n.f.* - Comprend la mobilisation, l'organisation et la

the civil population, designed to minimize by passive measures the effects of enemy action against all aspects of civil life. [NATO]

civil defense. *n.*

civil disturbance. *n.* - Group acts of violence and disorder prejudicial to public law and order. [NATO]

civil servant. *n.*

claim (hollow). *n.*

clandestine. *adj.*

clandestine operation. *n.* - An activity to accomplish intelligence, counter-intelligence, and other similar activities sponsored or conducted in such a way as to assure secrecy or concealment. [NATO]

clarification. *n.*

clash. *n.*

classified matter. *n.* - Official information or matter in any form or of any nature which requires protection in the interests of national security. [NATO]

classify (to). *v.t.*

clear (e.g.: system clear). *adj.*

clean* phone. *n.*

direction de la population civile, en vue de réduire au minimum, par des mesures de défense passive, les effets de l'action ennemie contre toutes les formes de l'activité civile. [OTAN]

défense civile (a pour objet la sauvegarde de l'appareil de l'État, la préservation de la sécurité générale en situation de crise, la protection des populations face aux risques technologiques ou conflictuels.). *n.f.*

troubles publics. *n.pl.* - Actes collectifs de violence, désordres contraires à la loi et préjudiciables à l'ordre public. [OTAN]

fonctionnaire. *n.m.* *(f.)*

prétention (vaine). *n.f.*

clandestin(e). *n.m.* *(f.)* / *adj.*

mission clandestine. *n.f.* - Opération liée au renseignement et à d'autres activités similaires, organisée ou conduite de façon à en assurer le secret. [OTAN]

mise au point. *n.f.*

heurt. *n.m.*

sujet classifié. *n.m.* - Information officielle ou objet de quelconque nature ou forme dont la protection est jugée nécessaire du point de vue de la sécurité de la nation. [OTAN]

classifier. *v.t.*

désarmé(e) (ex. : système d'alarme désarmé). *adj. m.* *(f.)*

ligne sûre. *n.f.*

clear (authorize) **(to)**. *v.t.*	accréditer (autoriser). *v.t.*
clear (in) (unciphered). *adj.*	clair (en) (non chiffré). *adj.*
clear (the name of) **(to)**. *v.t.*	dédouaner. *v.t.*
clear (to). *v.t.*	1. autoriser. *v.t.*
	2. disculper. *v.t.*
	3. habiliter. *v.t.*
	4. réhabiliter. *v.t.*
clear mines (to). *v.t.*	déminer. *v.t.*
clear up (issue) **(to)**. *v.t.*	éclaircir (problème). *v.t.*
Clear!	Assuré !
Clear!	C'est bon ! (la voie est libre)
clear* (case) **(to)**. *v.t.*	sortir* (affaire). *v.t.*
clearance. *n.*	1. accréditation. *n.f.*
	2. habilitation. *n.f.*
clearance (takeoff). *n.*	autorisation (décollage). *n.f.*
clearing. *n.*	réhabilitation. *n.f.*
click (computer) **(to)**. *v.t.*	cliquer (ordinateur). *v.t.*
clipper chip. *n.*	puce pirate. *n.f.*
cloak-and-dagger boys*. *n.pl.*	hommes de sac et de corde*. *n.m. pl.*
cloak-and-dagger stuff* (traditional symbols of the intelligence profession: the cloak to hide and the dagger to kill). *n.*	barbouzerie(s)* (coups fourrés* en tous genres). *n.f.pl*
close air support. *n.* - Air action against hostile targets which are in close proximity to friendly forces and which require detailed integration of each air mission with the fire and movement of those forces. [NATO]	appui aérien rapproché. *n.m.* - Action aérienne contre des objectifs ennemis qui sont à proximité immédiate des forces amies et qui exigent une intégration détaillée de chaque mission aérienne avec le feu et le mouvement de ces forces. [OTAN]
close arrest. *n.*	arrêts de rigueur. *n.m. pl.*
close protection. *n.*	protection rapprochée. *n.f.*

close someone in (to). *v.t.*
closed circuit (scuba). *n.*
cloud the issue (to). *phr.*
club (clubbable world of British Intelligence). *n.*

cluster bomb unit. *n.* - An aircraft store composed of a dispenser and submunitions. [NATO]

coalition. *n.*
cobelligerence. *n.*
cobelligerent. *adj. / n.*
cock (firearm) (to). *v.t.*
cockpit voice recorder. *n.*

cocooning. *n.* - The spraying or coating of an aircraft or equipment with a substance, e.g., a plastic, to form a cocoon-like seal against the effects of the atmosphere. [NATO]

code (working on the principle of substitution of words). *n.*
code name. *n.*
code word. *n.* - 1. A word which has been assigned a classification and a classified meaning to safeguard intentions and information regarding a classified plan or operation. - 2. A cryptonym used to identify sensitive intelligence data. [NATO]
codebreaker. *n.*
coder. *n.*

encercler. *v.t.*
circuit fermé (plongée). *n.m.*
brouiller les cartes. *loc.*
club (officiers des services de renseignement britannique membres des mêmes clubs très fermés). *n.m.*

arme à dispersion. *n.f.* - Charge aéroportée composée d'un distributeur et de sous-munitions. [OTAN]

coalition. *n.f.*
cobelligérance. *n.f.*
cobelligérant. *n.m. / adj.*
armer (arme à feu). *v.t.*
boîte noire* (en fait de couleur orange). *n.f.*

mise en cocon. *n.f.* - Pulvérisation ou application en couche sur un aéronef ou un équipement d'une substance (par exemple : plastique) constituant une enveloppe (cocon) de protection contre l'action des agents atmosphériques. [OTAN]

code (fonctionnant sur le principe de la substitution de mots). *n.m.*
nom de code. *n.m.*
mot code. *n.m.* - 1. Mot auquel on a donné une classification et un sens caché dans le but de protéger les information relatives à un projet ou une opération classifié. - 2. Mot dont le sens caché sert à identifier des informations classifiées. [OTAN]
déchiffreur (-euse). *n.m. (f.)*
chiffreur. *n.m.*

coerce (to). *v.t.*	contraindre. *v.t.*
coercion. *n.*	coercition. *n.f.*
cohesion. *n.*	cohésion. *n.f.*
cold pitch* (direct approach to recruit a hostile target). *n.*	boniment à froid. *n.m.*
Cold War (1947-1989). *n.*	guerre froide (1947-1989). *n.f.*
collapse. *n.*	1. débâcle. *n.f.*
	2. effondrement. *n.m.*
collapse (to). *v.t.*	effondrer (s'). *v.pr.*
collate (to). *v.t.*	collationner. *v.t.*
collateral damage (bombing). *n.*	dégats annexes (bombardement). *n.m.pl.*
collect (information) **(to)**. *v.t.*	1. collecter (renseignement). *v.t.*
	2. recueillir. *v.t.*
collect call. *n.*	communication en PCV. *n.f.*
collection. *n.*	collecte. *n.f.*
collection. *n.*	recueil. *n.m.*
collection plan . *n.* - A plan for collecting information from all available sources to meet intelligence requirements and for transforming those requirements into orders and requests to appropriate agencies. [NATO]	plan de recherche. *n.m.* - Plan destiné à recueillir les renseignements bruts à partir de toutes les sources disponibles, en vue de répondre à des besoins en renseignement et de transformer ces besoins en ordres de recherche et demandes de renseignements adressés aux organismes de recherche appropriés. [OTAN]
collude with (to). *v.t.*	pactiser. *v.t.*
collusion. *n.*	collusion. *n.f.*
colonel¹ (USA, USAF). *n.*	colonel. *n.m.*
colonist. *n.*	colon. *n.m.*
colonization. *n.*	colonisation. *n.f.*
colonize (to). *v.t.*	coloniser. *v.t.*
colonizer. *n.*	colonisateur. *n.m. / adj.*

---

1 - See equivalence of military ranks in Appendices A and B.

column. *n.*

comb (to). *v.t.*

combat information. *n.* - That frequently perishable data gathered in combat by, or reported directly to, units which may be immediately used in battle or in assessing the situation. Relevant data will simultaneously enter intelligence reporting channels. [NATO]

combat information centre. *n.* - The agency in a ship or aircraft manned and equipped to collect, display, evaluate, and disseminate tactical information for the use of the embarked flag officer, commanding officer, and certain control agencies. Certain control, assistance and co-ordination functions may be delegated by command to the combat information centre. Also called "action information centre". [NATO]

combat intelligence. *n.*

combat intelligence. *n.* - That intelligence concerning the enemy, weather, and geographical features required by a commander in the planning and conduct of combat operations. [NATO]

combat survival. *n.* - Those measures to be taken by service personnel when involuntarily separated from friendly forces in combat, including proce

colonne. *n.f.*

ratisser. *v.t.*

renseignement brut de combat. *n.m.* - Données d'une validité souvent éphémère, recueillies au combat par les unités ou qui leur sont directement communiquées. Elles peuvent être immédiatement utilisées pour les opérations et l'appréciation de la situation. Ces données appropriées entreront en même temps dans les circuits de renseignement. [OTAN]

centre d'information de combat. *n.m.* - Organisme à bord d'un bâtiment ou aéronef, équipé en personnel et matériel pour recueillir, présenter, estimer et diffuser les informations tactiques à l'usage de l'officier général embarqué, du commandant et de certains organismes de commandement. Certaines fonctions de commandement et de coordination peuvent être déléguées au Centre d'information de combat. [OTAN]

renseignement de théâtre. *n.m.*

renseignement de combat. *n.m.* - Renseignement sur l'ennemi, les conditions atmosphériques et géographiques nécessaire au commandement pour la préparation et la conduite des opérations de combat. [OTAN]

mesure de survie en zone de combat. *n.f.* - Toute mesure à prendre par le personnel des forces armées involontairement isolé des forces amies pendant

dures relating to individual survival, evasion, escape, and conduct after capture. [NATO]

le combat. Ces mesures comprennent celles qui doivent permettre de rester en liberté en territoire ennemi, les méthodes et procédés d'évasion, ainsi que la conduite à tenir après avoir été fait prisonnier. [OTAN]

combat swimmer. *n.*

nageur de combat. *n.m.*

combination (safe). *n.*

combinaison (coffre). *n.f.*

combination lock. *n.*

serrure à combinaison. *n.f.*

combined. *adj.* - Between two or more forces or agencies of two or more allies. (When all allies or services are not involved, the participating nations and services shall be identified; e.g. Combined Navies.) [NATO]

combiné. *adj.m.* - Qualifie des forces ou organismes comportant deux alliés au moins. (Quand les alliés ou les armées ne sont pas tous intéressés, les nations et armées participantes doivent être précisées, par exemple : Marines combinées). [OTAN]

combined force. *n.* - A military force composed of elements of two or more allied nations. [NATO]

force combinée. *n.f.* - Force militaire composée d'éléments de plusieurs alliés. [OTAN]

combing. *n.*

ratissage. *n.m.*

come to task (to). *v.t.*

prendre à partie. *v.t.*

come under enemy fire (to). *v.t.*

essuyer (feu de l'ennemi). *v.t.*

come up empty (to). *phr.*

faire chou blanc*. *loc.*

command. *n.* - 1. The authority vested in an individual of the armed forces for the direction, co-ordination, and control of military forces. - 2. An order given by a commander; that is, the will of the commander expressed for the purpose of bringing about a particular action. - 3. A unit, or units, an organization, or an area under the command of one individual. [NATO]

commandement. *n.m.* - 1. Autorité conférée à un chef militaire pour la direction, la coordination et la conduite d'unités militaires. - 2. Ordre donné par un chef : c'est-à-dire la volonté du chef exprimée en vue de l'exécution d'un acte donné. - 3. Unité ou groupe d'unités, groupement ou zone territoriale, placé aux ordres d'un même chef. [OTAN]

57

command ejection system. *n.* - A system in which the pilot of an aircraft or the occupant of the other ejection seat(s) initiates ejection resulting in the automatic ejection of all occupants. [NATO]

système d'éjection commandée. *n.m.* - Système par lequel le pilote d'un aéronef ou l'occupant d'un autre siège peut déclencher l'éjection de tous les occupants. [OTAN]

commandeer (to). *v.t.*

réquisitionner. *v.t.*

commander[1] **(USN).** *n.*

capitaine de frégate. *n.m.*

commander-in-chief. *n.*

général en chef. *n.m.*

commander-in-chief. *n.*

généralissime. *n.m.*

commando. *n.*

commando. *n.m.*

commercial attaché. *n.*

attaché commercial. *n.m.*

commitment (political). *n.*

engagement (politique). *n.m.*

committed (politically). *adj.*

engagé(e) (politiquement). *adj.m. (f.)*

committee of enquiry. *n.*

commission d'enquête. *n.f.*

commodore[1] **(USN).** *n.*

contre-amiral (2 étoiles). *n.m.*

communication(s) (*See* "English Abbreviations and Acronyms": COM/NAV; COMSEC; CRITCOM; EUROMILSATCOM; SATCOM). *n.*

transmission(s). *n.f.pl.*

communications centre. *n.* - An agency charged with the responsibility for handling and controlling communications traffic. The centre normally includes message centre, transmitting and receiving facilities. Also called "signal centre". [NATO]

centre des communications. *n.m.* - Organisme responsable du traitement et du contrôle des communications ; il comprend normalement un centre de traitement des messages et des moyens d'émission et de réception. Aussi appelé « centre des transmissions ». [OTAN]

communist bloc. *n.*

bloc communiste. *n.m.*

Company* (the) (nickname for the CIA). *n.*

Compagnie* (surnom de la CIA). *n.f.*

---

1 - See equivalence of military ranks in Appendices A and B.

compartment (to). *v.t.*	cloisonner. *v.t.*
compartmentalization. *n.*	cloisonnement. *n.m.*
compartmentalize (to) (having a seperate procedure for handling sensitive intelligence material). *v.t.*	cloisonner (étanchéifier le système de sorte que rien ne filtre de ses activités). *v.t.*
compartmentation. *n.*	cloisonnement. *n.m.*
compilation. *n.*	compilation. *n.f.*
compile (to). *v.t.*	compiler. *v.t.*
complement. *n.*	effectif. *n.m.*
composite materials (such as: Kevlar, carbon, resin). *n.pl.*	matériaux composites (tels que : Kevlar, carbone, résine). *n.m. pl.*
composure. *n.*	sang froid. *n.m.*
compound. *n.*	camp d'entraînement. *n.m.*
compromise. *n.*	compromis. *n.m.*
compromise (to) (compromised security). *v.t.*	compromettre (sécurité compromise). *v.t.*
compromising. *adj.*	compromettant(e). *adj.m. (f.)*
compulsive liar. *n.*	mythomane. *n.m. (f.)*
computer. *n.*	ordinateur. *n.m.*
con artist*. *n.*	1. arnaqueur*. *n.m.*
	2. escroc. *n.m.*
con game*. *n.*	escroquerie. *n.f.*
con job*. *n.*	escroquerie. *n.f.*
con man*. *n.*	escroc. *n.m.*
con*. *n.*	arnaque*. *n.f.*
conceal (to). *v.t.*	1. celer. *v.t.*
	2. dissimuler. *v.t.*
concealment. *n.* - The protection from observation or surveillance. [NATO]	dissimulation. *n.f.* - Protection vis-à-vis de l'observation ou de la surveillance. [OTAN]
concentration camp. *n.*	camp de concentration. *n.m.*
concern. *n.*	souci. *n.m.*
condescension. *n.*	condescendance. *n.f.*

59

conduct (an operation) **(to)**. *v.t.*
conduct unbecoming an officer. *n.*
conduit. *n.*
confabulation. *n.*
confederate. *n.*
confess (to). *v.t.*
confession. *n.*
confidential. *adj.*
CONFIDENTIAL. *adj.* - designation applied to information and material, the unauthorized disclosure of which could reasonably be expected to cause damage to national security ; Executive Order 12356.

confidentiality. *n.*
confine illegally (to). *v.t.*
confirm (to). *v.t.*
confirmation. *n.*
conflagration. *n.*
conflict. *n.*
conflictual. *adj.*
confront (to). *v.t.*
confrontation. *n.*
confusing. *adj.*
congruent. *adj.*
connect (to). *v.t.*
connection. *n.*
connection(s). *n.pl.*

mener (opération). *v.t.*
conduite indigne d'un officier. *n.f.*
conduit. *n.m.*
affabulation. *n.f.*
affidé. *n.m.*
avouer. *v.t.*
aveu. *n.m.*
confidentiel (-le). *adj.m.* (*f.*)
CONFIDENTIEL-DÉFENSE. *adj.* - premier degré de la classification établie par les articles 4 et 5 du Décret no 81-514 du 12 mai 1981 en France. Classification réservée aux informations ne présentant pas en elles-mêmes un caractère secret mais dont la connaissance, la réunion ou l'exploitation peuvent conduire à la divulgation d'un secret intéressant la défense nationale et la sureté de l'État.

confidentialité. *n.f.*
séquestrer. *v.t.*
confirmer. *v.t.*
confirmation. *n.f.*
incendie. *n.m.*
conflit. *n.m.*
conflictuel(-le). *adj.m.* (*f.*)
affronter (s'). *v.pr.*
affrontement. *n.m.*
déroutant (e). *adj.m.* (*f.*)
conforme. *adj.m.* (*f.*)
connecter. *v.t.*
filière. *n.f.*
relation(s). *n.f.pl.*

conning tower (submarine). *n.*

connive (to). *v.t.*

consensus. *n.*

console. *n.* - A grouping of controls, indicators, and similar electronic or mechanical equipment, used to monitor readiness of, and/or control specific functions of, a system, such as missiles check-out, countdown, or launch operations. [NATO]

conspiracy. *n.*
conspirator. *n.*
conspiratorial. *adj.*
conspire (to). *v.t.*
constitution. *n.* - e.g.: Article IV of the US Constitution, adopted in 1791: "The right of the people to be secure in their persons, houses, papers and effects, against unreasonable searches and seizures, shall not be violated, and no warrants shall issue but upon probable course, supported by oath or affirmation, and particularly describing the place to be searched, and the persons or things to be seized."

consul. *n.*
consul general. *n.*
consular. *adj.*

1. centre opérationnel (sous-marin). *n.m.*
2. kiosque* (sous-marin). *n.m.*

grenouiller*. *v.t.*

consensus. *n.m.*

pupitre de commande. *n.m.* - Meuble groupant les commandes, les moyens de contrôle et les équipements électroniques ou mécaniques similaires utilisés pour le contrôle de la disponibilité et / ou le contrôle des fonctions spécifiques d'un système. [OTAN] (ex. : vérification d'un missile, compte à rebours, opérations de lancement).

conspiration. *n.f.*
conspirateur(-trice). *n.m. (f.)*
conspirateur (de). *adj.*
conspirer. *v.t.*
constitution. *n.f.* - ex. : Article IV de la Constitution des États-Unis, adopté en 1791 : « Le droit des citoyens d'être garantis dans leur personne, leur domicile, leurs papiers et leurs effets contre les perquisitions et saisies non motivées ne sera pas violé, et aucun mandat ne sera délivré, si ce n'est sur présomption sérieuse, corroborée par serment ou affirmation, ni sans qu'il décrive particulièrement le lieu à fouiller et les personnes et les choses à saisir. »

consul. *n.m.*
consul général. *n.m.*
consulaire. *adj.m. (f.)*

consulate (general). *n.*
contact. *n.*
contact (to). *v.t.*
contact (touch base) **(to)**. *v.t.*
contact report. *n.*
contain (to). *v.t.*
contain (to). *v.t.* - To stop, hold, or surround the forces of the enemy or to cause the enemy to centre his activity on a given front and to prevent his withdrawing any part of his forces for use elsewhere. [NATO]
containment (Truman doctrine, 1947). *n.*
contemplate (to). *v.t.*
content (message). *n.*
contingency. *n.*
contingency plan. *n.* - A plan for contingencies which can reasonably be anticipated in the area of responsibility. [NATO]

continuous strip camera. *n.* - A camera in which the film moves continuously past a slit in the focal plane, producing a photograph in one unbroken length by virtue of the continuous forward motion of the aircraft. [NATO]

continuous strip photography. *n.* - Photography of a strip of terrain in which the image remains unbroken throughout its length, along the line of flight. [NATO]

consulat (général). *n.m.*
contact. *n.m.*
contacter. *v.t.*
tamponner* (contacter). *v.t.*
compte rendu de contact. *n.m.*
circonscrire. *v.t.*
contenir. *v.t.* - Arrêter, retenir ou entourer les forces de l'ennemi, ou obliger l'ennemi à centrer son activité sur un front donné et l'empêcher de faire replier une partie quelconque de ses forces pour les utiliser ailleurs. [OTAN]
endiguement (doctrine de Truman, 1947). *n.m.*
envisager. *v.t.*
teneur (message). *n.f.*
contingence. *n.f.*
plan de contingence. *n.m.* - Plan correspondant à des éventualités pouvant être raisonnablement prévues dans une zone de responsabilité. [OTAN]

appareil photographique à défilement continu. *n.m.* - Appareil photographique dans lequel le film défile de manière continue derrière une fente située dans le plan focal, ce qui permet d'obtenir une photographie ininterrompue en raison du déplacement continu de l'aéronef. [OTAN]

photographie en défilement continu. *n.f.* - Photographie d'une bande de terrain, l'image restant ininterrompue sur toute sa longueur dans le sens de la route parcourue par l'aéronef. [OTAN]

contour line. *n.* - A line on a map or chart connecting points of equal elevation. [NATO]

contraband. *n.*

contradict (to). *v.t.*

control (to). *v.t.*

controller. *n.*

controversy. *n.*

conventional. *adj.*

conventional weapon[1]. *n.* - A weapon which is neither nuclear, biological nor chemical. [NATO]

converter. *n.*

convoy. *n.* - 1. A number of merchant ships or naval auxiliaries, or both, usually escorted by warships and/or aircraft, or a single merchant ship or naval auxiliary under surface escort, assembled and organized for the purpose of passage together. - 2. A group of vehicles organized for the purpose of control and orderly movement with or without escort protection. [NATO]

convoy (to). *v.t.*

cook books* (to). *v.t.*

cookie* (computer). *n.*

cooperate (to). *v.t.*

cooperative. *adj.*

coopt (to). *v.t.*

cooptation. *n.*

courbe de niveau. *n.f.* - Ligne qui, sur une carte, relie des points d'égale altitude. [OTAN]

contrebande. *n.f.*

contredire. *v.t.*

contrôler. *v.t.*

contrôleur. *n.m.*

polémique. *n.f.*

conventionnel(-elle). *adj.m. (f.)*

arme classique. *n.f.* - Arme qui n'est ni nucléaire, ni biologique, ni chimique. [OTAN]

convertisseur. *n.m.*

convoi. *n.m.* - 1. Ensemble de navires marchands ou de navires auxiliaires (ou les deux à la fois), généralement escortés par des bâtiments de guerre ou des aéronefs – ou un seul navire marchand ou navire auxiliaire avec escorte de surface – rassemblés et organisés dans le but d'effectuer une traversée de conserve. - 2. À terre : groupe de véhicule organisés de façon à faciliter le contrôle et le déplacement en bon ordre, avec ou sans escorte de protection. [OTAN]

convoyer. *v.t.*

truquer les comptes. *v.t.*

mouchard* électronique (ordinateur). *n.m.*

coopérer. *v.t.*

coopératif (-ve). *adj.m. (f.)*

coopter. *v.t.*

cooptation. *n.f.*

---

1 - See chapter III, D on Firearms in my *Dictionary of Police and Underworld Language*.

coopted. *adj.* | **coopté(e).** *adj.m. (f.)*

coordinates. *n.pl.* - Linear or angular quantities which designate the position that a point occupies in a given reference frame or system. Also used as a general term to designate the particular kind of reference frame or system such as plane rectangular co-ordinates or spherical co-ordinates. [NATO] | **coordonnées.** *n.f.pl.* - Quantités linéaires ou angulaires définissant la position occupée par un point dans un cadre ou un système de référence. Employé également comme terme général pour désigner le type particulier du cadre et du système de référence ; par exemple coordonnées rectangulaires planes, ou coordonnées sphériques. [OTAN]

cope (to). *v.t.* | faire face. *v.t.*

copy (to) (communications). *v.t.* | recevoir (transmissions). *v.t.*

cord. *n.* | cordon. *n.m.*

cordless phone. *n.* | poste sans cordon. *n.m.*

corporal. *n.* | caporal. *n.m.*

correction. *n.* | rectificatif. *n.m.*

corridors of power. *n.pl.* | sérail (*voir* « enfant du sérail »). *n.m.*

corroborate (to). *v.t.* | corroborer. *v.t.*

corroborative. *adv.* | appui (à l'). *adv.*

cosh[1]. *n.* | matraque. *n.f.*

COSMIC (NATO TOP SECRET classification). *adv.* | COSMIC (classification OTAN TRÈS SECRET). *adv.*

count. *n.* | chef d'accusation. *n.m.*

countdown ('T minus 3 seconds and counting'). *n.* | compte à rebours. *n.m.*

counterambush. *n.* | contre-embuscade. *n.f.*

counter-attack. *n.* - Attack by a part or all of a defending force against an enemy attacking force, for such specific purposes as regaining ground lost or cutting off or destroying enemy advance units, and with the general objective of denying to | contre-attaque. *n.f.* - Attaque, par tout ou partie d'une force défensive, d'une force ennemie assaillante, ayant pour but soit de reprendre le terrain perdu, soit de couper ou détruire les unités ennemies assaillantes, avec pour objectif général d'in-

---

1 - See chapter III, C on the baton in my *Dictionary of Police and Underworld Language.*

the enemy the attainment of his purpose in attacking. In sustained defensive operations, it is undertaken to restore the battle position and is directed at limited objectives. [NATO]

counterattack (thundering). *n.*

counterattack (to). *v.t.*

counterespionage (the detection and frustration of enemy espionage: MI5 in the UK; FBI in the USA; Shin Bet in Israel). *n.*

counter-guerrilla warfare. *n.* - Operations and activities conducted by armed forces, paramilitary forces, or nonmilitary agencies against guerrillas. [NATO]

counter-insurgency. *n.* - Those military, paramilitary, political, economic, psychological, and civic actions taken to defeat insurgency. [NATO]

counterinsurgency (combating guerrilla warfare and subversion). *n.*

counterintelligence. *n.* - Those activities which are concerned with identifying and counteracting the threat to security posed by hostile intelligence services or organizations or by individuals engaged in espionage, sabotage, subversion or terrorism. [NATO]

counterintelligence. *n.* - activity of an intelligence agency employed in thwarting the

terdire à l'ennemi la réalisation de ses intentions. En défense d'arrêt, elle est déclenchée pour rétablir la position de résistance principale et ne poursuit que des objectifs limités. [OTAN]

riposte (foudroyante). *n.f.*

contre-attaquer. *v.t.*

contre-espionnage (organisation chargée de la surveillance des espions des puissances étrangères sur le territoire national ; ex. : DST en France). *n.m.*

opération contre-guérilla. *n.f.* - Opération ou activité menée par des forces armées, des forces para-militaires ou par des organismes non militaires et dirigée contre des guérillas. [OTAN]

mesure anti-insurrectionnelle. *n.f.* - Mesure militaire, paramilitaire, politique, économique, psychologique ou civile destinée à combattre les menées insurrectionnelles. [OTAN]

contre-ingérence (lutte contre la guérila et la subversion). *n.f.*

contre-ingérence. *n.f.* - Opération visant à déceler et à neutraliser toute menace contre la sécurité résultant des activités des services de renseignement, d'organisations ou d'agents se livrant à l'espionnage, au sabotage, à la subversion ou au terrorisme. [OTAN]

contre-espionnage. *n.m.* - activité d'un service de renseignement constituant à neutraliser les

efforts of enemy intelligence agents.

countermeasure. *n.*

counteroffensive. *n.*

counterpart. *n.*

counterrevolution. *n.*

counterrevolutionary. *n. / adj.*

countersabotage. *n.* - Action designed to detect and counteract sabotage. [NATO]

counterspy. *n.*

counter-subversion. *n.* - Action designed to detect and counteract subversion. [NATO]

countersurveillance. *n.*

countersurveillance. *n.* - All measures, active or passive, taken to counteract hostile surveillance. [NATO]

counterterrorism. *n.*

counterterrorist. *n. / adj.*

coup (d'État). *n.*

courier (*bodel*, a Mossad term). *n.*

courier. *n.* - person authorized to carry classified material.

course (the line along the earth's surface upon or over which a vessel or an aircraft proceeds). *n.*

court-martial. *n.*

court-martial (to). *v.t.*

efforts d'agents de puissances hostiles.

contre-mesure. *n.f.*

contre-offensive. *n.f.*

1. contrepartie. *n.f.*
2. homologue. *n.m.*

contre-révolution. *n.f.*

contre-révolutionnaire. *n.m. (f.) / adj.*

contre-sabotage. *n.m.* - Action ayant pour but de détecter les tentatives de sabotage et de s'y opposer. [OTAN]

1. chasseur d'espions. *n.m.*
2. contre-espion. *n.m.*

contre-subversion. *n.f.* - Action ayant pour but de détecter les tentatives de subversion et de s'y opposer. [OTAN]

contre-filature. *n.f.*

contre-surveillance. *n.f.* - Ensemble des mesures actives ou passives prises pour contrecarrer la surveillance adverse. [OTAN]

contre-terrorisme. *n.m.*

contre-terroriste. *n.m. (f.) / adj.*

coup d'État. *n.m.*

messager (*bodel* dans le Mossad). *n.m.*

agent de liaison. *n.m.*

cap (direction d'un navire ou d'un avion). *n.m.*

cour martiale. *n.f.*

faire comparaître devant un tribunal militaire. *v.t.*

cousins* (British SIS slang for CIA officers). *n.pl.*

cover. *n.* - 1. The action by land, air, or sea forces to protect by offence, defence, or threat of either or both. - 2. Those measures necessary to give protection to a person, plan, operation, formation or installation from the enemy intelligence effort and leakage of information. [NATO]

cover. *n.* - The act of maintaining a continuous receiver watch with transmitter calibrated and available, but not necessarily available for immediate use. [NATO]

cover (protective guise used to prevent identification). *n.*

Cover him like a blanket!* (surveillance). *phr.*

Cover him loose!*. *phr.*

cover one's tracks (to). *phr.*

cover up (to). *v.t.*

cover up (to). *v.t.*

cover* (to). *v.t.*

covering force. *n.* - Any body or detachment of troops which provides security for a larger force by observation, reconnaissance, attack, or defence, or by any combination or these methods. [NATO]

cousins* (sobriquet donné par les agents du SIS à leurs homologues de la CIA). *n.m. pl.*

couverture. *n.f.* - 1. Action menée par des forces terrestres, maritimes ou aériennes pour assurer une protection soit par des opérations offensives ou défensives, soit par les menaces de telles actions. - 2. Mesures destinées à protéger une personne, un document, une opérations, un organisme ou une installation contre toute fuite et contre tout effort de recherche ennemie. [OTAN]

veille radio. *n.f.* - Écoute continue, un émetteur étant réglé et disponible, mais pas nécessairement prêt à une utilisation immédiate. [OTAN]

couverture (fausse identité destinée à faciliter une opération clandestine). *n.f.*

Ne le lâchez pas d'une semelle* ! (filature). *loc.*

Filez*-le à distance !. *loc.*

brouiller les pistes. *loc.*

dissimuler. *v.t.*

étouffer. *v.t.*

1. couvrir*. *v.t.*

2. filer le train* (à). *v.i.*

force de sécurité. *n.f.* - Tout corps ou détachement de troupe assurant la sécurité d'une force plus importante par l'observation, la reconnaissance, l'attaque ou la défense ou par une combinaison de ces modes d'action. [OTAN]

covert intelligence. *n.*	recherche noire* (magie*). *n.f.*
covert operation. *n.*	action clandestine (dont l'investigateur est caché). *n.f.*
covert*. *adj.*	fermé* (milieu). *n.m. / adj.*
coverup. *n.*	dissimulation. *n.f.*
coward. *adj.*	lâche. *adj.m. (f.)*
cowardice. *n.*	lâcheté. *n.f.*
coyote*. *n.*	passeur (refugiés). *n.m.*
crack (code) **(to).** *v.t.*	déchiffrer (code). *v.t.*
crack unit. *n.*	unité de choc. *n.f.*
cracker (computer). *n.*	pilleur (ordinateur). *n.m.*
crackle (communications). *n.*	friture* (transmissions). *n.f.*
crackle (to) (communications). *v.i.*	grésiller (transmissions). *v.i.*
cradle (telephone). *n.*	berceau (téléphone). *n.m.*
crash landing. *n.*	amerrissage de fortune. *n.m.*
crash landing. *n.*	atterrissage de fortune. *n.m.*
crater. *n.*	cratère. *n.m.*
credence. *n.*	croyance. *n.f.*
credentials (police officer). *n.pl.*	carte de réquisition (policier). *n.f.*
credibility. *n.*	crédibilité. *n.f.*
credible. *adj.*	crédible. *adj.m. (f.)*
credit (to). *v.t.*	créditer. *v.t.*
crew. *n.*	équipage. *n.m.*
crisis (e.g.: the Cuban missile crisis, 1962). *n.*	crise (ex. : la crise des missiles de Cuba, 1962). *n.f.*
cross out (to). *v.t.*	biffer. *v.t.*
crossbow. *n.*	arbalète. *n.f.*
crosscheck (to). *v.t.*	recouper. *v.t.*
crosschecking. *n.*	recoupement. *n.m.*
cross-hairs. *n.pl.*	réticule. *n.m.*
cruncher*. *n.*	supercalculateur. *n.m.*
cruise missile. *n.*	missile de croisière. *n.m.*

crusade. *n.*
crusader. *n.*
crushing defeat. *n.*
cryptanalysis. *n.* - The study of encrypted texts. The steps or processes involved in converting encrypted text into plain text without initial knowledge of the key employed in the encryption. [NATO]
cryptanalysis (new term for cryptography). *n.*
cryptanalyst. *n.*
crypto material. *n.* - All material, including documents, devices or equipment that contains crypto information and is essential to the encryption, decryption or authentification of telecommunications. [NATO]

crypto part. *n.* - A division of a message as prescribed for security reasons. The operating instructions for certain cryptosystems prescribe the number of groups which may be encrypted in the systems, using a single message indicator. Crypto parts are identified in plain language. They are not to be confused with message parts. [NATO]
cryptogram. *n.*
cryptographer. *n.*

croisade. *n.f.*
croisé. *n.m.*
défaite écrasante. *n.f.*
analyse cryptographique. *n.f.* - Étude de textes chiffrés. Ensemble des méthodes et procédés utilisés pour convertir un texte chiffré en texte clair sans connaissance préalable de la clef ayant servi au chiffrement. [OTAN]
cryptanalyse (nouvelle appellation de la cryptographie). *n.f.*
cryptanalyste. *n.m. (f.)*
matériel de cryptographie. *n.m.* - Tout matériel, comprenant les documents, les dispositifs, les équipements et les appareils indispensables au chiffrement, au déchiffrement ou à l'authentification des télécommunications. [OTAN]
Classé en France parmi les armes de guerre 2e catégorie (article 1er, décret du 12 mars 1973)

cryptopartie. *n.f.* - Découpage d'un message prescrit pour raison de sécurité. Les instructions d'emploi de certains systèmes de chiffrement fixent le nombre de groupes pouvant être chiffrés dans ces systèmes, en utilisant un seul indicateur de message. Les cryptoparties sont identifiées en clair. Elles ne doivent pas être confondues avec les parties du message. [OTAN]
cryptogramme. *n.m.*
cryptographe. *n.m.*

cryptography. *n.*
cryptologist. *n.*
cryptology. *n.*
cryptonym (code name). *n.*
cryptosystem. *n.*
cull (information) **(to)**. *v.t.*
cultural attaché (in an embassy). *n.*
cultural attaché (in a consulate). *n.*
curare *(strychnos toxifera)*. *n.*
curfew. *n.*
current intelligence. *n.* - Intelligence which reflects the current situation at either strategic or tactical level. [NATO]
cursor (bomber). *n.*
custodian. *n.*
custody. *n.*
custody (e.g.: "the suspect is in custody"). *n.*
customers (the powers that be). *n. pl.*
cut-out* (intermediary between an agent and his handler*). *n.*
cyanide. *n.*
cyberterrorism. *n.*
cyberterrorist. *n.*
cynic. *n.*
cynical. *adj.*
cynicism. *n.*

cryptographie. *n.f.*
cryptologue. *n.m. (f.)*
cryptologie. *n.f.*
cryptonyme (nom de code). *n.m.*
cryptosystème. *n.m.*
glaner (information). *v.t.*
attaché culturel (dans une ambassade). *n.m.*
conseiller culturel (conscul*). *n.m.*
curare *(strychnos toxifera)*. *n.m.*
couvre-feu. *n.m.*
renseignement de situation. *n.m.* - Renseignement qui décrit la situation actuelle au niveau stratégique ou tactique. [OTAN]
curseur (bombardier). *n.m.*
gardien. *n.m.*
garde. *n.f.*
garde à vue (ex. : « le suspect est placé en garde à vue »). *n.f.*
clients (autorités gouvernementales). *n.m. pl.*
intermédiaire (entre un agent et son officier traitant*). *n.m.*
cyanure. *n.m.*
cyberterrorisme. *n.m.*
cyberterroriste. *n.m. (f.)*
cynique. *n.m. (f.)*
cynique. *adj.m. (f.)*
cynisme. *n.m.*

D for Delta (NATO phonetic alphabet)
daggers are drawn. *phr.*
damage assessment. *n.*
damage assessment. *n.* - The determination of the effect of attacks on targets. [NATO]
damaging. *adj.*
dangle*. *n.* - person who volunteers his services to an espionage agency by literally "walking into" an enemy embassy without prior recruitment.
daring. *adj.*
dart bug*. *n.*
data. *n.pl.*
data bank. *n.*
data base. *n.*
data processing. *n.*
data transmission terminal control panel. *n.*
data transmission terminal keyboard. *n.*
daunting task. *n.*
D-Day (June 6, 1944). *n.*

D comme Delta (alphabet phonétique de l'OTAN)
couteaux sont tirés (les). *loc.*
évaluation des pertes. *n.f.*
évaluation des dommages. *n.f.* - Estimation des dégâts entraînés par les attaques d'objectifs. [OTAN]
dommageable. *adj.m. (f.)*
walk-in*. *n.m.* - personne qui, de son plein gré, offre ses services à une centrale de renseignement en « franchissant » littéralement le seuil d'une ambassade adverse sans avoir été recrutée au préalable.
osé(e). *adj.m. (f.)*
micro-fléchette. *n.m.*
données. *n.f.pl.*
banque de données. *n.f.*
base de données. *n.f.*
informatique. *n.f.*
panneau de contrôle du terminal de transmission de données. *n.m.*
clavier du terminal de transmission de données. *n.m.*
tâche redoutable. *n.f.*
jour-J (6 Juin 1944). *n.m.*

71

de facto boundary. *n.* - An international or administrative boundary whose existence and legality are not recognized but which is a practical division between separate national and provincial administrating authorities. [NATO]

de jure boundary. *n.* - An international or administrative boundary whose existence and legality are recognized. [NATO]

deactivate* (agent) **(to).** *v.t.*

dead (letter) box* (*dubok*, Russian for little oak). *n.*

dead bug*. *n.*

deadline. *n.*

deadlock. *n.*

deal again (to). *v.t.*

death camp. *n.*

death penalty (no death penalty for espionage in peacetime). *n.*

death squad. *n.*

debate (heated). *n.*

debrief (to). *v.t.*

debriefer. *n.*

debriefing. *n.*

debriefing room. *n.*

debris. *n.pl.*

debug (computer) **(to).** *v.t.*

debug* (to). *v.t.*

frontière de fait. *n.f.* - Frontière internationale ou limite administrative dont l'existence et la légalité ne sont pas reconnues, mais qui constitue pratiquement une séparation entre autorités administratives nationales et provinciales distinctes. [OTAN]

frontière de droit. *n.f.* - Frontière internationale ou limite administrative dont l'existence et la légalité sont reconnues. [OTAN]

désactiver* (agent). *v.t.*

boîte aux lettres morte* (BLM ; *dubok* en russe pour « petit chêne »). *n.f.*

pastille* n'émettant plus. *n.f.*

délai. *n.m.*

impasse. *n.f.*

redistribuer. *v.t.*

camp de la mort. *n.m.*

peine de mort (abolie en France en 1981). *n.f.*

escadron de la mort. *n.m.*

discussion (passionnée). *n.f.*

1. débriefer (anglicisme). *v.t.*

2. interroger. *v.t.*

interrogateur. *n.m.*

1. débriefing (anglicisme). *n.m.*

2. retour d'expérience. *n.m.*

salle d'interrogatoire. *n.f.*

gravats. *n.m. pl.*

déboguer (ordinateur). *v.t.*

nettoyer* (éliminer les pastilles*). *v.t.*

debunk (to). *v.t.*
debunking. *n.*
deceive (to). *v.t.*
deception. *n.* - "A military operation involves deception" Sun Tzu, *The Art of War*.
deception. *n*

deception. *n.* - Those measures designed to mislead the enemy by manipulation, distortion, or falsification of evidence to induce him to react in a manner prejudicial to his interests. [NATO]

deception "Luring your opponent into doing voluntarily and by choice what you want him to do" (Christopher Felix). *n.*

decide (to). *v.t.*
decipher (to). *v.t.*
deciphering. *n.*
decision. *n.*
decision maker. *n.*
declassify (to). *v.t.* - To cancel the security classification of an item of classified matter. [NATO]

decode (to). *v.t.*
decoding. *n.*
decoding key. *n.*
decolonization. *n.*
decolonize (to). *v.t.*
decompression chamber. *n.*
decompression stop (diving). *n.*

déboulonner (démythifier). *v.t.*
déboulonnage (démythification). *n.m.*
duper. *v.t.*
duperie. *n.f.*- « Tout l'art de la guerre est basé sur la duperie » Sun Tzu, *L'Art de la guerre*.
1. intox*. *n.f.*
2. intoxication. *n.f.*

déception. *n.f.* - Mesures visant à induire l'ennemi en erreur, grâce à des truquages, des déformations de la réalité, ou des falsifications, en vue de l'inciter à réagir d'une manière préjudiciable à ses propres intérêts. [OTAN]

déception (anglicisme : dans le sens de tromperie). *n.f.*

décider. *v.t.*
déchiffer. *v.t.*
déchiffrage. *n.m.*
décision. *n.f.*
décideur. *n.m.*
déclassifier. *v.t.* - Annuler le classement de sécurité d'un document ou matériel qui y était soumis. [OTAN]

décoder. *v.t.*
décodage. *n.m.*
clé de décodage. *n.f.*
décolonisation. *n.f.*
décoloniser. *v.t.*
sas de décompression. *n.m.*
palier (plongée). *n.m.*

decoy. *n.* - An imitation in any sense of a person, object or phenomenon which is intended to deceive enemy surveillance devices or mislead enemy evaluation. [NATO]

decoy ship. *n.* - A ship camouflaged as a non-combatant ship with its armament and other fighting equipment hidden and with special provisions for unmasking its weapons quickly. Also called "Q-ship". [NATO]

decoying. *n.*

decrypt. *n.*

decrypt (to). *v.t.*

decrypting. *n.*

decrypting key. *n.*

decryption. *n.*

dedicated special radio frequencies. *n.pl.*

deep cover* (for an agent). *n.*

"Deep Throat" (mysterious informer, Watergate coverup, 1972). *n.*

defeat. *n.*

defect (to). *v.i.*

defection. *n.*

defector. *n.*

defector. *n.* - A person who repudiates his or her country when beyond its jurisdiction or control. [NATO]

leurre. *n.m.* - Imitation (de quelque nature que ce soit) d'une personne, d'un objet ou d'un phénomène. Elle a pour but de tromper les systèmes d'observations adverses et de fausser les évaluations faites par l'ennemi. [OTAN]

navire-piège. *n.m.* - Navire camouflé en non-combattant disposant d'armements et d'autres équipements de combat dissimulés, ainsi que de moyens appropriés pour démasquer ses armes rapidement. [OTAN]

leurrage. *n.m.*

message déchiffré. *n.m.*

décrypter. *v.t.*

décryptage. *n.m.*

clé de décryptage. *n.f.*

déchiffrement. *n.m.*

fréquences radio réservées. *n.f.pl.*

1. apnée* (immersion profonde). *n.f.*

2. immersion profonde* (d'un agent). *n.f.*

« Gorge Profonde » (mystérieux informateur ; allusion au scandale du Watergate, 1972). *n.f.*

défaite. *n.f.*

faire défection. *loc.*

défection. *n.f.*

défecteur. *n.m.*

transfuge. *n.m.* - Personne qui renie son pays dès qu'elle a réussi à échapper à sa juridiction ou à son pouvoir. [OTAN]

defector (a defector is the mole's worst nightmare). *n.*

defense. *n.*

defense attaché (new title for military attaché). *n.*

defense zone (France is divided into nine metropolitan zones and three overseas zones). *n.*

défecteur (tout défecteur est le pire cauchemar d'une taupe*). *n.m.*

défense. *n.f.*

attaché de défense (nouvelle appellation de l'attaché militaire). *n.m.*

zone de défense. *n.f.* - En France : au nombre de neuf, plus cinq outre-mer, correspondant aux circonscriptions militaires de défense :
1. NORD (Lille)
2. OUEST (Rennes)
3. PARIS (Paris)
4. CENTRE-OUEST (Orléans)
5. CENTRE-EST (Dijon)
6. EST (Metz)
7. SUD-EST (Lyon)
8. SUD (Marseille)
9. SUD-OUEST (Bordeaux)
Cinq commandements supérieurs des forces armées :
a - GUYANE (chef-lieu : Cayenne)
b - MARTINIQUE et GUADELOUPE (chef-lieu : Fort-de-France)
c - NOUVELLE-CALÉDONIE (chef-lieu : Nouméa)
d - RÉUNION (chef-lieu : Saint Denis)
e - POLYNÉSIE FRANÇAISE (chef-lieu : Papeete)

defensive. *adj.*

define the parameters (of a mission) **(to)**. *v.t.*

definition. *n.*

defoliating agent. *n.* - A chemical which causes trees, shrubs, and other plants to shed their leaves prematurely. [NATO]

défensif (-ve). *adj.m. (f.)*

cadrer (mission). *v.t.*

définition. *n.f.*

agent défoliant. *n.m.* - Produit chimique qui fait tomber prématurément les feuilles des arbres, des buissons et des autres plantes. [OTAN]

defuse (crisis) **(to)**. *v.t.*   désamorcer (crise). *v.t.*
defuse a bomb (to). *v.t.*   désamorcer une bombe. *v.t.*
degaus (to). *v.t.*   démagnétiser. *v.t.*
delay. *n.*   retard. *n.m.*
delay (to). *v.t.*   retarder. *v.t.*
delaying. *n.*   atermoiement(s). *n.m. pl.*
delaying. *adj.*   retardateur. *n.m.*
delete (to). *v.t.*   1. effacer. *v.t.*
     2. supprimer. *v.t.*
delicate. *adj.*   délicat(e). *adj.m. (f.)*
deliver (to). *v.t.*   livrer. *v.t.*
delivery. *n.*   livraison. *n.f.*
demand. *n.*   1. exigence. *n.f.*
     2. revendication. *n.f.*
demand (to). *v.t.*   1. exiger. *v.t.*
     2. revendiquer. *v.t.*
demilitarized zone (DMZ). *n.*   zone démilitarisée. *n.f.*
demolition tool kit. *n.* - The tools, materials and accessories of a non-explosive nature necessary for preparing demolition charges. [NATO]   lot de destruction. *n.m.* - En démolition, ensemble comprenant l'outillage, les matériaux et les accessoires non-explosifs nécessaires à la mise en œuvre des charges. [OTAN]
demonization. *n.*   diabolisation. *n.f.*
demonize (to). *v.t.*   diaboliser. *v.t.*
demoralize (to). *v.t.*   démoraliser. *v.t.*
demote (to). *v.t.*   rétrograder. *v.t.*
demotion. *n.*   rétrogradation. *n.f.*
denial. *n.*   1. démenti (ex. : le gouvernement oppose un démenti formel...). *n.m.*
     2. infirmation. *n.f.*
denial (scathing). *n.*   démenti (cinglant). *n.m.*

denial measure. *n.* - An action to hinder or deny the enemy the use of space, personnel, or facilities. It may include destruction, removal, contamination, or erection of obstructions. [NATO]

denied area (e.g. Cuba, China). *n.*

denounce (to). *v.t.*
denunciation. *n.*
deny (to). *v.t.*
deny (to) (Government denies knowledge...). *v.t.*

Department [(USA) e.g.: State Department, Department of Defense, Department of Justice]. *n.*
depatterning (brainwashing). *n.*

depleted uranium (shell). *n.*
deport (to). *v.t.*
deportation. *n.*
deportee. *n.*
depravity. *n.*
depress the transmit button (radio) **(to).** *v.t.*
deprogram (to). *v.t.*
deprograming. *n.*
depth charge. *n.*
desert (to). *v.t.*
deserter. *n.*
desertion. *n.*

mesure d'interdiction. *n.f.* - Toute mesure prise pour interdire à l'ennemi l'occupation d'une zone de terrain, l'utilisation du personnel ou d'installations : enlèvement, destruction, contamination, mise en place d'obstacles, etc. [OTAN]

zone interdite (ex. : Cuba, Chine). *n.f.*

dénoncer. *v.t.*
dénonciation. *n.f.*
infirmer. *v.t.*
démentir (le gouvernement dément toute connaissance...). *v.t.*

Ministère (ex. : *ministère des Affaires étrangères, ministère de la Défense, ministère de la Justice*). *n.m.*
dépersonnalisation (lavage de cerveau). *n.f.*

uranium appauvri (obus). *n.m.*
expulser. *v.t.*
expulsion. *n.f.*
déporté(e). *n.m.* (*f.*)
turpitudes. *n.f.pl.*
appuyer sur le bouton d'émission (radio). *v.i.*
déprogrammer. *v.t.*
déprogrammation. *n.f.*
grenade sous-marine. *n.f.*
déserter. *v.t.*
déserteur. *n.m.*
désertion. *n.f.*

designation of days and hours. *n.* - The following designations have the meaning shown :
- **D-day**[1]: The day on which an operation commences or is due to commence. This may be the commencement of hostilities or any other operation.
- **E-day**[1]: The day on which a NATO exercise commences.
- **K-day**[1]: The day on which a convoy system is introduced or is due to be introduced on any particular convoy lane.
- **M-day**[1]: The day on which mobilization commences or is due to commence.
- **H-hour**[1]: The specific time at which an operation or exercise commences, or is due to commence.

desk. *n.*

desk (specialized section within an intelligence agency). *n.*

desktop computer. *n.*

destabilization. *n.* - making a governement or economy unstable in order to impair its functioning or bring about its collapse.

destabilize (to). *v.t.*

destroy (to). *v.t.*

destruction. *n.*

detect (to). *v.t.*

désignation des jours et des heures. *n.f.* - Signification des appellations suivantes :
- **Jour J**[1] : jour initial, ou prévu comme tel, d'une opération. Il peut coïncider avec le début des hostilités ou d'une opération quelconque.
- **Jour E**[1] : jour du début d'un exercice OTAN.
- **Jour K**[1] : jour auquel est mis en vigueur, un système de convois sur toute route de convois déterminée.
- **Jour M**[1] : jour auquel doit ou devrait commencer la mobilisation.
- **Heure H**[1] : heure à laquelle une opération ou un exercice commence ou doit commencer.

secteur (géographique). *n.m.*

division (service spécialisé dans une centrale de renseignement). *n.f.*

ordinateur de bureau. *n.m.*

déstabilisation. *n.f.* - action menée par un pays à la fois sur le plan économique et sur le plan politique dans le but de renverser un gouvernement et de le remplacer par une faction favorable à sa cause.

déstabiliser. *v.t.*

détruire. *v.t.*

destruction. *n.f.*

1. déceler. *v.t.*

2. repérer. *v.t.*

3. détecter. *v.t.*

---

1 - This term is used also as a reference for the designation or days / hours before or after the event. [NATO]

detecting. *n.*

detection. *n.* - The discovery by any means of the presence or a person, object or phenomenon of potential military significance. [NATO]

detector. *n.*

détente (*glasnost* in Russian). *n.*

deter (to). *v.t.*

deterrent. *n.*

deterrent effect. *n.*

deterrent force. *n.*

detonating cord. *n.* - A flexible fabric tube containing a high explosive designed to transmit the detonation wave. [NATO]

detonator. *n.* - A device containing a sensitive explosive intended to produce a detonation wave. [NATO]

devastation. *n.*

developer. *n.*

development. *n.*

developmental (subject susceptible to recruitment). *adj.*

device. *n.*

DGSE Headquarters (French external security service, under the control of the Ministry of Defense)

dial. *n.*

dial (telephone number) **(to)**. *v.t.*

repérage. *n.m.*

détection. *n.f.* - Découverte par un moyen quelconque de la présence d'une personne, d'un objet ou d'un phénomène susceptible d'avoir un intérêt militaire. [OTAN]

détecteur. *n.m.*

détente (*glasnost* en russe). *n.f.*

dissuader. *v.t.*

dissuasion. *n.f.*

effet dissuasif. *n.m.*

force de dissuasion. *n.f.*

cordeau détonant. *n.m.* - Cordon d'explosif brisant continu dans une gaine souple et étanche, et servant à transmettre la détonation. [OTAN]

détonateur. *n.m.* - Artifice contenant un explosif sensible destiné à produire une onde de détonation. [OTAN]

dévastation. *n.f.*

révélateur. *n.m.*

rebondissement. *n.m.*

exploitable (sujet susceptible d'être exploité). *adj.m. (f.)*

1. dispositif. *n.m.*
2. périphérique. *n.m.*

1. Mortier*
   DGSE :
   141, Boulevard Mortier
   75020 Paris

2. Piscine*

cadran. *n.m.*

composer (numéro de téléphone). *v.t.*

dialogue. *n.*
dice are loaded (the). *phr.*
dicey. *adj.*
dictator. *n.*
dictatorial. *adj.*
dictatorship. *n.*
dig in (to). *v.t.*
dig in one's heels (to). *phr.*
digital. *n.*
digital. *adj.*
diktat. *n.*
dilemma. *n.*
dilettante. *n.*
dilettantism. *n.*
dimethyl methylphosphonate (ingredient used to produce the deadly nerve gas sarin). *n.*
dinghy (rubber). *n.*

diplomacy. *n.*
diplomat. *n.*
diplomatic. *adj.*
diplomatic authorization. *n.* - Authority for overflight or landing obtained at government-to-government level through diplomatic channels. [NATO]
diplomatic channel. *n.*
diplomatic immunity (Vienna Convention, 1963). *n.*
diplomatic license plate. *n.*
diplomatic niceties. *n.pl.*
diplomatic passport. *n.*
diplomatic pouch. *n.*

dialogue. *n.m.*
dés sont pipés (les). *loc.*
risqué(e). *adj.m. (f.)*
dictateur. *n.m.*
dictatorial. *adj.m.*
dictature. *n.f.*
retrancher (se). *v.pr.*
durcir ses positions. *loc.*
digital. *adj.m.*
numérique. *adj.m. (f.)*
diktat. *n.m.*
dilemme. *n.m.*
dilettante. *n.m. / adj.*
dilettantisme. *n.m.*
diméthyl méthylphosphonate (produit entrant dans la composition du sarin, gaz neurotoxique). *n.m.*
canot pneumatique (Bombard). *n.m.*

diplomatie. *n.f.*
diplomate. *n.m. (f.)*
diplomatique. *adj.m. (f.)*
autorisation obtenue par voie diplomatique. *n.f.* - Autorisation de survol et d'atterrissage obtenue au niveau des gouvernements par voie diplomatique. [OTAN]
voie diplomatique. *n.f.*
immunité diplomatique (Convention de Vienne, 1963). *n.f.*
plaque du Corps Diplomatique. *n.f.*
finesses de la diplomatie. *n.f.pl.*
passeport diplomatique. *n.m.*
valise diplomatique. *n.f.*

diplomatic relations. *n.pl.* | relations diplomatiques. *n.f.pl.*
directional mike. *n.* | micro directionnel. *n.m.*
directly involved (to be). *phr.* | partie prenante (être). *loc.*
director. *n.* | directeur. *n.m.*
directorate. *n.* | direction. *n.f.*
directorate (*upravalenie* in Russian). *n.* | directorat (*upravalenie* en Russe). *n.m.*
directory. *n.* | annuaire. *n.m.*
dirty dealings. *n.pl.* | magouille(s). *n.f.pl.*
dirty tricks*. *n.pl.* | coup(s) tordu(s)*. *n.m. pl.*
disable (to) (bomb). *v.t.* | désarmorcer (bombe). *v.t.*
disable a bomb (to). *v.t.* | neutraliser une bombe. *v.t.*
disappear (to). *v.t.* | disparaître. *v.t.*
disappearance. *n.* | disparition. *n.f.*
disarm (to). *v.t.* | désarmer. *v.t.*
disarmament. *n.* | désarmement. *n.m.*
disaster. *n.* | désastre. *n.m.*
disaster area. *n.* | zone sinistrée. *n.f.*
disavow (to). *v.t.* | désavouer. *v.t.*
disavowal. *n.* | désaveu. *n.m.*
discipline. *n.* | discipline. *n.f.*
disclose (to). *v.t.* | 1. divulguer. *v.t.*
2. révéler. *v.t.*
disclosure. *n.* | 1. divulgation. *n.f.*
2. révélation. *n.f.*
disconnect (to). *v.t.* | déconnecter. *v.t.*
discredit (to). *v.t.* | discréditer. *v.t.*
discreet. *adj.* | discret (e). *n.m. (f.) / adj.*
discrepancy. *n.* | contradiction. *n.f.*
discretion. *n.* | discrétion. *n.f.*
discretionary funds. *n.pl.* | fonds spéciaux à destination particulière (Premier Ministre). *n.m. pl.*

discussion. *n.* — entretien (dialogue). *n.m.*

disentangle truth from falsehood (to). *phr.* — démêler le vrai du faux. *loc.*

disgruntled. *adj.* — mécontent(e). *adj.m.* (*f.*)

disguise. *n.* — déguisement. *n.m.*

disguise (to). *v.t.* — déguiser. *v.t.*

disguise (vehicle) **(to).** *v.t.* — maquiller* (véhicule). *v.t.*

disguise oneself (to). *v.pr.* — 1. banaliser* (se). *v.pr.*
2. chanstiquer* (se) (se déguiser). *v.pr.*

dishonest. *adj.* — malhonnête. *adj.m.* (*f.*)

dishonesty. *n.* — malhonnêteté. *n.f.*

dishonor. *n.* — déshonneur. *n.m.*

dishonor (to). *v.t.* — déshonorer. *v.t.*

disillusioned. *adj.* — désabusé(e). *adj.m.* (*f.*)

disinform (feeding misleading information) **(to).** *v.t.* — désinformer. *v.t.*

disinformation (creation and dissemination of misleading or false information to injure the image of the targeted enemy); *dezinformatsia* in Russian). *n.* — désinformation (technique d'espionnage stratégique destinée à désorganiser l'adversaire en lui faisant croire à quelque chose qui n'existe pas ; *dezinformatsia* en russe). *n.f.*

disinformer. *n.* — désinformateur. *n.m.*

disintoxicate (to). *v.t.* — désintoxiquer. *v.t.*

disintoxication. *n.* — désintoxication. *n.f.*

disk drive. *n.* — lecteur de disquette. *n.m.*

diskette (3.5-inch containing 1.4 megabytes of data). *n.* — disquette (3 pouces et demi contenant 1.4 méga-octet de données). *n.f.*

disloyal. *adj.* — déloyal (e). *adj.m.* (*f.*)

disloyalty. *n.* — déloyauté. *n.f.*

dismantle (to). *v.t.* — démanteler. *v.t.*

dismantling. *n.* — démantèlement. *n.m.*

dismiss (to) (report). *v.t.*	rejeter (rapport). *v.t.*
displaced person. *n.* - A civilian who is involuntarily outside the national boundaries of his country. [NATO]	personne déplacée. *n.f.* - Civil se trouvant involontairement hors des frontières nationales de son pays. [OTAN]
display (computer). *n.*	affichage (ordinateur). *n.m.*
display (position) **(to)**. *v.t.*	afficher (position). *v.t.*
display screen terminal. *n.*	terminal à écran. *n.m.*
disprove (to). *v.t.*	prouver la fausseté. *v.t.*
disquieting. *adj.*	inquiétant (e). *adj.m. (f.)*
disrupt (to). *v.t.*	bouleverser. *v.t.*
disruption. *n.*	bouleversement. *n.m.*
disruptive pattern. *n.* - In surveillance, an arrangement of suitably coloured irregular shapes which, when applied to the surface or an object, is intended to enhance its camouflage. [NATO]	dessin de camouflage. *n.m.* - Ensemble de surfaces irrégulières et colorées peintes sur un objet pour améliorer ses capacités de camouflage. [OTAN]
disseminate (documents) **(to)**. *v.t.*	ventiler (documents). *v.t.*
disseminate (intelligence) **(to)**. *v.t.*	diffuser (renseignement). *v.t.*
dissidence. *n.*	dissidence. *n.f.*
dissident. *adj.*	dissident(e). *adj.m. (f.)*
distant protection. *n.*	protection lointaine. *n.f.*
distort (to). *v.t.*	fausser. *v.t.*
distrust. *n.*	défiance. *n.f.*
distrust (to). *v.t.*	défier (se). *v.pr.*
disturbing. *adj.*	dérangeant (e). *adj.m. (f.)*
ditch* (elude surveillance) **(to)**. *v.t.*	semer* (déjouer une filature). *v.t.*
ditch* (to). *v.t.*	planter*. *v.t.*
dive (to). *v.t.*	plonger. *v.t.*
dive cylinder (compressed air). *n.*	bouteille (air comprimé). *n.f.*
dive mask. *n.*	masque de plongée. *n.m.*
diver. *n.*	plongeur. *n.m.*

diversion. *n.*   diversion. *n.f.*

diversionary. *adj.*   destiné(e) à faire diversion. *adj.m. (f.)*

divert (money) **(to).** *v.t.*   détourner (argent). *v.t.*

diving suit. *n.*   combinaison de plongée. *n.f.*

divulge (to). *v.t.*   divulguer. *v.t.*

docket. *n.*   bordereau. *n.m.*

doctor* (e.g. tamper with a tape) **(to).** *v.t.*   trafiquer* (ex. : falsifier une bande magnétique). *v.t.*

doctor* (to) (to blacken out portions of a classified document thus becoming declassified). *v.t.*   caviarder* (passer au noir certaines parties d'un document classifié, le rendant ainsi illisible, il est alors dit déclassifié). *v.t.*

doctrine. *n.*   doctrine. *n.f.*

document. *n.*   document. *n.m.*

dodge (to) (a bullet). *v.t.*   esquiver (une balle). *v.t.*

dodge (to). *v.t.*   éluder. *v.t.*

"Dog eat dog" (law of the jungle)   « Manger ou être mangé » (loi de la jungle)

dogfight. *n.*   combat aérien rapproché. *n.m.*

domestic. *adj.*   intérieur (e). *adj.m. (f.)*

domestic policy. *n.*   politique intérieure. *n.f.*

domino effect. *n.*   effet domino. *n.m.*

done deal. *n.*   affaire conclue. *n.f.*

donkey* (smuggler of classified material). *n.*   fourmi* (individu transportant tout document classifié en fraude). *n.f.*

Don't lose him! (surveillance)   Ne le lâchez pas ! (filature). *v.t.*

Don't spook* him!   1. Ne te fais pas détroncher !* (repérer)

    2. Ne te fais pas mordre !* (repérer)

doppler effect. *n.* - The phenomenon evidenced by the change in the observed frequency of a sound or radio wave caused by a time rate of change in the   effet doppler. *n.m.* - Variation apparente de fréquence d'une onde acoustique ou radioélectrique qui atteint un observateur ou un récepteur de radio, causée par

effective length of the path of travel between the source and the point of observation. [NATO]

dormant. *adj.* - In mine warfare, the state of a mine during which a time delay feature in a mine prevents it form being actuated. [NATO]

dossier. *n.*

double agent. *n.*

double agent. *n.* - agent engaged in covert activities for two intelligence agencies, in short who doesn't mind playing both sides of the street.

double back on one's steps (to). *v.t.*

double back* (to). *v.t.*

double cross*. *n.*

doublecross* (to). *v.t.*

doubling back on oneself* (to) (a countersurveillance practice). *v.t.*

dove (pacifist). *n.*

downfall. *n.*

downfall (regime). *n.*

downgrade (to). *v.t.* - To reduce the security classification of a classified document or an item of classified matter or material. [NATO]

download (to) (computer). *v.t.*

une variation de la distance entre la source et l'opérateur ou le récepteur pendant la transmission. [OTAN]

insensible. *adj.m. (f.)* - En guerre des mines, état d'une mine qui ne peut être influencée du fait d'un dispositif de réceptivité différée. [OTAN]

dossier. *n.m.*

janus* (agent double). *n.m.*

agent double. *n.m.* - l'espion qui joue le « double jeu » feint de servir une puissance tout en travaillant pour une autre.

faire demi-tour. *v.t.*

retourner* (contraindre un agent étranger à changer de camp). *v.t.*

1. **janus*** (agent double). *n.m.*
2. **cheval à bascule*** (agent double en russe). *n.m.*

doubler*. *v.t.*

parcours de sécurité* (destiné à déjouer d'éventuelles filatures). *n.m.*

colombe (pacifiste). *n.f.*

débâcle. *n.f.*

chute (régime). *n.f.*

déclasser. *v.t.* - Réduire la classification de sécurité d'un document à caractère secret ou d'un point particulier d'un document ou d'une question à caractère secret. [OTAN]

télécharger en aval (ordinateur). *v.t.*

downplay (to). *v.t.*
downsize (reduce) **(to).** *v.t.*
downsizing (e.g. personnel reduction). *n.*
downstream. *adj.*
downwards. *adj.*
DPL plate. *n.*

draft dodger. *n.*
drag parachute. *n.*
dragon (four dragons: Taiwan, South Korea, Hong Kong, Singapore). *n.*
draw a red herring (to). *phr.*
drill. *n.*

drink* (sea). *n.*
drop altitude. *n.* - The altitude above mean sea level at which airdrop is executed. [NATO]

drop one's guard. *v.t.*
drop zone. *n.* - A specified area upon which airborne troops, equipment, or supplies are airdropped. [NATO]

drop* (secret cache; *dubok*, Russian for little oak). *n.*

drop* (to). *v.t.*
drop the tail* (to). *v.t.*

dry cleaning* (countersurveillance technique used either to

minorer. *v.t.*
dégraisser (réduire). *v.t.*
dégraissage (réduction d'effectif par exemple). *n.m.*
aval. *adj.*
aval. *adj.*
plaque C.D. (Corps Diplomatique). *n.f.*

insoumis. *n.m.*
parachute de freinage. *n.m.*
dragon (quatre dragons : Taïwan, Corée du Sud, Hong Kong, Singapour). *n.m.*
brouiller les pistes. *v.t.*
1. exercice. *n.m.*
2. manœuvre. *n.f.*

baille* (eau de mer). *n.f.*
altitude de largage. *n.f.* - Altitude au-dessus du niveau moyen de la mer à laquelle le largage est effectué. [OTAN]

baisser la garde. *v.t.*
zone de largage. *n.f.* - Zone déterminée dans laquelle sont largués des troupes aéroportées, du matériel ou des ravitaillements. [OTAN]

boîte aux lettres morte* (BLM ; *dubok* en russe pour « petit chêne »). *n.f.*

lâcher*. *v.t.*
décrocher* (règle numéro un de la filature : décrocher* plutôt que se faire repérer). *v.i.*

coup de sécurité* (technique destinée à semer ses poursuivants

shake off one's pursuers or to establish whether one is being followed). *n.*

dry suit (diving). *n.*

DST Headquarters (French domestic security service, under the control of the Ministry of the Interior)

duck the question (to). *v.t.*

dummy*. *adj.*

dump. *n.*

dump* (**tail***) **(to)**. *v.t.*

dupe. *n./adj.*

duplicity. *n.*

duress (under). *adj.*

duty. *n.*

duty (on). *adj.*

duty officer. *n.*

dyarchy. *n.*

dynamite. *n.*

dynamite (to). *v.t.*

dysfunctional. *adj.*

dysfunctioning. *n.*

ou à s'assurer que l'on ne fait pas l'objet d'une filature). *n.m.*

vêtement sec (plongée). *n.m.*

Nélaton*
DST :
7 rue Nélaton,
75015 Paris)

noyer le poisson. *loc.*

bidon*. *adj.m. (f.)*

dépôt. *n.m.*

paumer* (semer). *v.t.*

dupe. *n.m. (f.) / adj.*

duplicité. *n.f.*

contraint(e) et forcé(e). *adj.m. (f.)*

1. devoir. *n.m.*
2. permanence. *n.f.*

garde (de). *adj.m. (f.)*

1. officier de permanence. *n.m.*
2. permanencier. *n.m.*

dyarchie. *n.f.*

dynamite. *n.f.*

dynamiter. *v.t.*

dysfonctionnel (-le). *adj.m. (f.)*

dysfonctionnement. *n.m.*

E

E for Echo (NATO phonetic alphabet) | E comme Echo (alphabet phonétique de l'OTAN)

early warning. *n.* - Early notification of the launch or approach of unknown weapons or weapons carriers. [NATO] | alerte lointaine. *n.f.* - Premier avis du lancement ou de l'approche d'armes ou de vecteurs d'armes non identifiés. Aussi appelé « pré-alerte ». [OTAN]

earphone. *n.* | écouteur. *n.m.*

East. *n.* | Orient. *n.m.*

Easterner. *n.* | Oriental(e). *n.m. (f.)*

eavesdrop (to). *v.t.* | 1. écouter aux portes. *v.t.*
2. écouter de façon indiscrète. *v.t.*
3. tendre l'oreille. *loc.*

eavesdropper. *n.* | 1. oreille indiscrète. *n.f.*
2. personne qui écoute aux portes. *n.f.*

economic intelligence. *n.* | intelligence économique. *n.f.*

ecoterrorism. *n.* | écoterrorisme. *n.m.*

ecoterrorist. *n.* | écoterroriste. *n.m. (f.)*

effective. *adj.* | efficace. *adj.m. (f.)*

effectiveness. *n.* | efficacité. *n.f.*

efficiency. *n.* | efficacité. *n.f.*

efficient. *adj.* | efficace. *adj.m. (f.)*

eject button (tape recorder). *n.* | commande d'éjection (magnétophone). *n.f.*

elaborate (reasoning) (to). *v.t.* | développer (raisonnement). *v.t.*

electromagnetic (mine, radar). *adj.* | électromagnétique (mine, radar). *adj.m. (f.)*

electronic camera. *n.* | caméra électronique. *n.f.*

electronic countermeasures. *n.pl.* - That division of electronic warfare involving actions taken to prevent or reduce an enemy's effective use of the electromagnetic spectrum. [NATO]

electronic deception. *n.* - Deliberate activity designed to mislead an enemy in the interpretation or use of information received by his electronic systems. [NATO]

electronic eavesdropping. *n.*

electronic imitative deception. *n.* - The introduction into the enemy electronic systems of radiations imitating the enemy's own emissions. [NATO]

electronic jamming. *n.* - The deliberate radiation, re-radiation, or reflection of electromagnetic energy with the object of impairing the use of electronic devices, equipment, or systems being used by an enemy. [NATO]

electronic manipulative deception. *n.* - The alteration of friendly electromagnetic emission characteristics, patterns, or procedures to eliminate revealing, or convey misleading, telltale indicators that may be used by hostile forces. [NATO]

electronic simulative deception. *n.* - The creation of electromagnetic emissions to represent friendly notional or actual capabilities to mislead hostile forces. [NATO]

contre-mesures électroniques. *n.f.pl.* - Mesures prises pour interdire ou réduire l'utilisation efficace par l'ennemi du spectre électromagnétique. [OTAN]

déception électronique. *n.f.* - Activité délibérément conduite pour tromper l'ennemi dans l'interprétation ou l'exploitation des informations qu'il reçoit de ses systèmes électroniques. [OTAN]

écoute électronique. *n.f.*

déception électronique par imitation. *n.f.* - Introduction de rayonnements dans les systèmes électroniques de l'ennemi en imitant ses propres émissions. [OTAN]

brouillage électronique. *n.m.* - Rayonnement et réflexion d'énergie électromagnétique en vue de gêner l'utilisation par l'ennemi des systèmes, matériels et appareils divers. [OTAN]

déception électronique par manipulation. *n.f.* - Modifications des caractéristiques, des schémas ou des procédures des émissions électromagnétiques amies en vue d'éliminer tout indice indiscret qui pourrait être utilisé par 'es forces hostiles, ou en vue de les tromper. [OTAN]

déception électronique par simulation. *n.f.* - Création d'émissions électromagnétiques imitant des moyens amis, fictifs ou réels, en vue de tromper les forces hostiles. [OTAN]

electronic surveillance. *n.*

eletronic surveillance report. *n.*

electronic warfare. *n.* - Military action involving the use of electromagnetic energy to determine, exploit, reduce, or prevent hostile use of the electromagnetic spectrum and action to retain its effective use by friendly forces. [NATO]

electronics. *n.*

electro-optics. *n.* - The technology associated with those components, devices and systems which are designed to interact between the electro-magnetic (optical) and the electric (electronic) state. [NATO]

electro-shock. *n.*

Eleventh commandment* ("Thou shalt not get caught"). *n.*

elicit (to) (information). *v.t.*

elicitation (information). *n.*

elicitation. *n.* - the acquisition of intelligence from a person when the collector does not disclose the intent of the interview.

elite. *n.*

elitism. *n.*

elitist. *adj.*

elude (to). *v.t.*

1. écoute électronique. *n.f.*
2. surveillance électronique. *n.f.*

Z* (rapport d'écoutes téléphoniques). *n.*

guerre électronique. *n.f.* - Ensemble des mesures militaires comportant l'emploi de l'énergie électromagnétique pour déterminer, exploiter, réduire ou empêcher l'utilisation par l'ennemi du spectre électro-magnétique et des mesures qui en assurent l'emploi par les forces amies. [OTAN]

électronique. *n.f.*

optoélectronique. *n.f.* - Technologie englobant des composants, appareils et systèmes susceptibles de provoquer une interaction entre l'état électromagnétique (optique) et l'état électrique (électronique). [OTAN]

électro-choc. *n.m.*

Onzième commandement* (« Tu ne te feras point prendre »). *n.m.*

obtenir (information). *v.t.*

obtention (information). *n.f.*

obtention. *n.f.* - acquisition d'informations obtenues d'une personne sans que son interlocuteur ne dévoile le but de la rencontre.

élite. *n.f.*

élitisme. *n.m.*

élitiste. *adj.m. (f.)*

1. éluder. *v.t.*
2. esquiver. *v.t.*

elude surveillance (to). *v.t.*   déjouer (filature). *v.t.*
elusive. *adj.*   évasif(-ve) (autoprotection). *adj.m. (f.)*
embargo. *n.*   embargo. *n.m.*
embassy. *n.*   ambassade. *n.f.*
embassy row. *n.*   quartier des ambassades. *n.m.*
embolden (to). *v.t.*   enhardir. *v.t.*
emergency. *adj.*   catastrophe (en). *adv.*
emergency. *n.*   urgence. *n.f.*
emergency channel. *n.*   canal d'urgence. *n.m.*
emergency channel indicator. *n.*   indicateur de canal d'urgence. *n.m.*
emergency channel selector. *n.*   sélecteur de canal d'urgence. *n.m.*
emergency control center. *n.*   cellule de crise. *n.f.*
emergency locator beacon. *n.* - A generic term to all radio beacons used for emergency locating purposes. [NATO]   radiobalise de repérage de détresse. *n.f.* - Terme générique désignant tous les émetteurs radio servant au repérage de détresse. [OTAN]

éminence grise (monk and confident of Richelieu who exercised unsuspected and unofficial power). *n.*   éminence grise (surnom donné au père Joseph, [1577-1638], en raison de la couleur de sa robe, collaborateur intime de Richelieu, surnommé l'Éminence rouge, [1585-1642]). *n.f.*

emissary. *n.*   émissaire. *n.m.*
encode (to). *v.t.*   1. coder. *v.t.*
   2. encoder. *v.t.*
encoder. *n.*   1. codeur. *n.m.*
   2. encodeur. *n.m.*

encounter (the enemy) **(to).** *v.t.*   rencontrer (l'ennemi). *v.t.*
encounter (with the enemy). *n.*   rencontre (avec l'ennemi). *n.f.*
encrypt (to). *v.t.*   crypter. *v.t.*
encryption. *n.*   chiffrement. *n.m.*
encryption. *n.*   cryptage. *n.m.*

encryption technology. *n.*

end ("There's more than one way to skin a cat"). *n.*

endorse (to). *v.t.*

endorsement (e.g.: Congressional). *n.*

enemy. *n.*

enforcer. *n.*

engagement. *n.*

enhance (to) (picture). *v.t.*

enigma. *n.*

"Enigma". *n.* - German electric cipher machine invented in 1923 which was broken* in 1940 by the British mathematician Alan Turing [1912-1954]: "project Ultra".

enigmatic. *adj.*

enlist (to). *v.t.*

enriched uranium. *n.*

ensnare (to). *v.t.*

enter (computer) **(to).** *v.t.*

entrap (to). *v.t.*

entry (data). *n.*

entry team (forced entry). *n.*

entryism. *n.*

envoy. *n.*

erase* (to) (kill). *v.t.*

escalate (to). *v.t.*

escalation (increase in military intensity). *n.*

escape. *n.*

escape (to). *v.t.*

technologie de décryptage. *n.f.*

fin (« Il y a bien des moyens d'arriver à ses fins »). *n.f.*

avaliser. *v.t.*

adhésion (ex. : du Congrès). *n.f.*

ennemi. *n.m. / adj.*

exécuteur. *n.m.*

accrochage. *n.m.*

améliorer (image). *v.t.*

énigme. *n.f.*

« Enigma ». *n.f.* - machine de chiffrement électrique allemande inventée en 1923 qui fut cassée* en 1940 par le mathématicien britannique Alan Turing [1912-1954] : « projet Ultra ».

énigmatique. *adj.m. (f.)*

engager (s'). *v.pr.*

uranium enrichi. *n.m.*

tendre des rets. *v.t.*

saisir (ordinateur). *v.t.*

monter* (piéger). *v.t.*

saisie (données). *n.f.*

équipe d'intervention. *n.f.*

entrisme. *n.m.*

envoyé. *n.m.*

effacer* (tuer). *v.t.*

intensifier (s'). *v.pr.*

escalade (échelons de mesures militaires de plus en plus graves). *n.f.*

évasion. *n.f.*

évader (s'). *v.t.*

escape trunk (submarine). *n.*

escape with one's life (to). *phr.*

escapee. *n.*

escort. *n.*

escort (to). *v.t.*

espionage (intelligence activity directed toward the acquisition of information through clandestine means and proscribed by the laws of the country against which it is committed). *n.* - "Espionage is the world's second oldest profession and just as honorable as the first." Michael J. Barrett, assistant general counsel of the CIA, *Journal of Defence and Diplomacy*, February 1984.

establish contact (to). *v.t.*

ethnic cleansing. *n.*

ethyl sulfide (*see* mustard gas). *n.*

evade (to). *v.t.*

evaluate (to). *v.t.*

evaluation. *n.*

evasion. *n.*

evasion and escape. *n.* - The procedures and operations whereby military personnel and other selected individuals are enabled to emerge from an enemy-held or hostile area to areas under friendly control. [NATO]. *See* exfiltration.

sas d'évacuation (sous-marin). *n.m.*

sortir sain et sauf. *loc.*

évadé(e). *n.m. (f.)*

escorte. *n.f.*

escorter. *v.t.*

espionnage (activité de renseignement visant à acquérir des informations à l'aide de moyens clandestins interdits par les lois du pays contre lequel ils sont pratiqués). *n.m.* - « L'espionnage est le second plus vieux métier du monde et tout aussi honorable que le premier » Michael J. Barrett, conseiller juridique adjoint de la CIA, *Journal of Defence and Diplomacy*, février 1984.

prendre contact avec. *loc.*

1. épuration ethnique. *n.f.*

2. purification ethnique. *n.f.*

sulfure d'éthyle (*voir* ypérite). *n.m.*

escamoter. *v.t.*

évaluer. *v.t.*

évaluation. *n.f.*

escamotage. *n.m.*

évasion et récupération. *n.f.* - Ensemble des procédés et opérations destinés à mettre du personnel militaire, ou des civils spécialement choisis, en mesure de quitter une zone hostile ou occupée par l'ennemi et de rallier une zone sous contrôle ami. [OTAN]. *Voir* exfiltration.

evasive (Take evasive action!). *adj.*

evasive steering. *n.*

evict (to). *v.t.*

eviction. *n.*

evidence. *n.*

ex officio (by virtue of office or official position). *adv.*

execute (to). *v.t.*

Execute!, Execute!

execution. *n.*

executioner. *n.*

executive (top). *n.*

executive action* (assassination). *n.*

executive operation* (assassination). *n.*

executive privilege. *n.*

exercise some damage control (to). *phr.*

exfiltrate (to). *v.t.*

exfiltration (contrary of infiltration). *n.*

exile. *n.*

exodus. *n.*

expansion. *n.*

évasif (-ve) (autoprotection). *adj.m. (f.)*

manœuvre d'autoprotection. *n.f.*

expulser. *v.t.*

expulsion. *n.f.*

preuve. *n.f.*

ès qualités (en tant qu'exerçant la fonction dont on est investi). *adv.*

exécuter. *v.t.*

Exécution !

1. accomplissement. *n.m.*

2. exécution. *n.f.*

1. exécuteur. *n.m.*

2. exécuteur des hautes œuvres. *n.m.*

cadre (supérieur). *n.m.*

1. élimination* (assassinat). *n.f.*

2. opération homo* (homicide). *n.f.*

opération homo* (homicide). *n.f.*

raison d'État. *n.f.*

limiter les dégâts. *loc.*

exfiltrer (extraire un agent ou toute autre personne d'un pays ennemi d'une façon clandestine). *v.t.*

exfiltration (contraire d'infiltration). *n.f.*

1. exil. *n.m.*

2. exilé (e). *n.m. (f.)*

exode. *n.m.*

expansion. *n.f.*

expansionism. *n.*	expansionnisme. *n.m.*
expedite (to). *v.t.*	hâter. *v.t.*
expeditionary force. *n.*	corps expéditionnaire. *n.m.*
expel (to). *v.t.*	expulser. *v.t.*
experience. *n.*	expérience. *n.f.*
experienced. *adj.*	expérimenté(e). *adj.m. (f.)*
explode (to). *v.t.*	1. exploser. *v.t.*
	2. faire sauter. *v.t.*
exploding device. *n.*	engin explosif. *n.m.*
exploit (to). *v.t.*	exploiter. *v.t.*
exploitation (intelligence). *n.*	exploitation (renseignement). *n.f.*
explore (to). *v.t.*	fureter. *v.t.*
explorer. *n.*	fureteur. *n.m.*
explosion. *n.*	1. explosion. *n.f.*
	2. déflagration. *n.f.*
explosive. *adj.*	explosif (-ve). *adj.f.* — mines
Explosives Disposal Unit. *n.*	service de déminage. *n.m.*
exposé. *n.*	révélation. *n.f.*
expose (to). *v.t.*	1. faire la lumière sur. *v.t.*
	2. révéler. *v.t.*
exposure. *n.*	1. visibilité. *n.f.*
	2. lisibilité. *n.f.*
expulsion. *n.*	expulsion. *n.f.*
expunge (from a file) **(to).** *v.t.*	supprimer (d'un dossier). *v.t.*
expurgate (to). *v.t.*	expurger. *v.t.*
extract (to) (to smuggle an agent or any person out of a hostile country by clandestine means). *v.t.*	exfiltrer (extraire un agent ou toute autre personne d'un pays ennemi d'une façon clandestine). *v.t.*
extraction (contrary of insertion). *n.*	exfiltration (contraire d'infiltration). *n.f.*
extraction force. *n.*	force d'extraction. *n.f.*

extradite (to). *v.t.*
extradition. *n.*
extradition treaty (e.g. no extradition treaty exists between Venezuela and the US). *n.*
extremism. *n.*
extremist. *n.*
extricate (oneself) **(to).** *v.pr.*
eye scanner. *n.*
eye witness. *n.*
Eye* (FBI). *n.*

extrader. *v.t.*
extradition. *n.f.*
traité d'extradition (ex. : absence de traité d'extradition entre l'Argentine ou les Philippines et la France). *n.m.*
extrémisme. *n.n.*
extrémiste. *n.m.* *(f.)*
extraire (s'). *v.pr.*
scanner rétinien. *n.m.*
témoin oculaire. *n.m.*
guetteur. *n.m.*

F

F for Foxtrot (NATO phonetic alphabet)
fabricate (to). *v.t.*
fabricate (to) (story). *v.t.*
fabrication. *n.*
fabrication (falsehood). *n.*
facsimile. *n.* - A system of telecommunication for the transmission of fixed images with a view to their reception in a permanent form. [NATO]
faction. *n.*
factious. *adj.*
factual. *adj.*
fail (to). *v.t.*
fail in one's duty / honor (to). *v.t.*

failure (obvious). *n.*
fait accompli. *n. (Fr.)*
fake. *n.*
fake (to). *v.t.*
fall for it (to). *phr.*
fall guy*. *n.*
Fall in!
fall into the trap (to). *v.t.*
Fall out!
fall through (to). *v.t.*
fallacy. *n.*

F comme Foxtrot (alphabet phonétique de l'OTAN)
mettre en scène. *v.t.*
inventer (histoire). *v.t.*
mise en scène. *n.f.*
invention (mensonge). *n.f.*
fac-similé. *n.m.* - Système de télécommunications transmettant des images fixes qui sont reçues dans une forme définitive. [OTAN]
faction. *n.f.*
factieux. *adj.m.*
réel (-le). *adj.m. (f.)*
échouer. *v.t.*
manquer (à son devoir / son honneur). *v.t.*

échec (patent). *n.m.*
fait accompli. *n.m.*
faux. *n.m.*
feindre. *v.t.*
tomber dans le panneau. *loc.*
pigeon*. *n.m.*
Rassemblement !
donner dans le panneau. *loc.*
Rompez (les rangs) !
faire long feu. *loc.*
fausseté. *n.f.*

falling back. *n.*
fallout. *n.*
false. *adj.*
false alarm. *n.*
false alert. *n.*
false bottom (such as a trick briefcase with a false panel to conceal classified documents). *n.*
falsehood. *n.*
falsehood. *n.* - "Your bait of falsehood takes this carp of truth, And thus do we of wisdom and of reach, with windlasses and with assays of bias, By indirections find directions out." Shakespeare, *Hamlet*, II, 1, 69-72.

falsification. *n.*
falsify (to). *v.t.*
fanatic. *n.*
fanaticism. *n.*
fanfold paper. *n.*
fantasize (to). *v.t.*
fantasy. *n.*
far-left extremist. *n.*

far-right extremist. *n.*

fascism. *n.*
fascist. *n. / adj.*
fast forward button (tape recorder). *n.*
fatalities. *n.pl.*
fatigues* (army). *n.pl.*

repli. *n.m.*
retombées. *n.f.pl.*
faux (-sse). *adj.m.* (*f.*)
fausse alerte. *n.f.*
fausse alerte. *n.f.*
double fond (serviette ou mallette). *n.m.*

faux. *n.m.*
mensonge. *n.m.* - « À l'appât de vos mensonges mord la carpe de la vérité, Ainsi, nous les sages, les gens de ressource, En chassant à bon vent, en donnant de l'effet, Trouvons indirectement la bonne direction. » Shakespeare, *Hamlet*, II, 1, 69-72, (Traduction de François Maguin).

falsification. *n.f.*
falsifier. *v.t.*
fanatique. *n.m.* (*f.*) *adj.*
fanatisme. *n.m.*
papier accordéon. *n.m.*
fantasmer. *v.t.*
fantasme. *n.m.*
activiste membre d'un mouvement d'extrême-gauche. *n.m.* (*f.*)

activiste membre d'un mouvement d'extrême-droite. *n.m.* (*f.*)

fascisme. *n.m.*
fasciste. *n.m. / adj.*
commande d'avance rapide (magnétophone). *n.f.*

pertes. *n.f.pl.*
treillis (militaire). *n.m.*

fatwa (religious instruction). *n.*
favour (lead) **(to)**. *v.t.*
fax (machine). *n.*
fax (facsimile). *n.*
fax (to). *v.t.*

fax machine. *n.*
feasibility. *n.*
feasible. *adj.*
feed a barium* meal (to) (in order to isolate a leak - Russian phrase). *v.t.*

fellow professional. *n.*
fellow traveller*. *n.*
fence*. *n.*
fiasco. *n.*
field (in the). *adj.*
field day (to have a) (to). *phr.*
Fifth Column (term coined by Nationalist General Emilio Mola during the Spanish Civil War, 1936). *n.*
fight (to). *v.t.*
fighting. *n.*

fighting unit. *n.*
figurehead. *n.*
file. *n.*

file (to). *v.t.*

file a contact report (to). *v.t.*

fatwa (décret religieux). *n.f.*
privilégier (piste). *v.t.*
télécopieur. *n.m.*
télécopie. *n.f.*
1. télécopier. *v.t.*
2. faxer. *v.t.*
télécopieur. *n.m.*
faisabilité. *n.f.*
faisable. *adj.m. (f.)*
appâter (un agent double en lui fournissant de fausses informations afin de détecter une fuite éventuelle). *v.t.*

collègue. *n.m. (f.)*
compagnon de route*. *n.m.*
recéleur. *n.m.*
fiasco. *n.m.*
terrain (sur le). *adj.*
donner à cœur joie (s'en). *loc.*
cinquième colonne (formule attribuée au général nationaliste Emilio Mola au cours de la guerre d'Espagne, 1936). *n.f.*
découdre (en). *v.i.*
1. baroud. *n.m.*
2. combats. *n.m. pl.*
unité de combat. *n.f.*
prête-nom. *n.m.*
1. dossier. *n.m.*
2. fichier. *n.m.*
1. archiver. *v.t.*
2. ficher. *v.t.*
classer un rapport de contact. *v.t.*

file deleted. *n.*
files. *n.pl.*
filing. *n.*

fill someone in* (to). *v.t.*
film. *n.*
film badge. *n.* - A photographic film packet to be carried by personnel, in the form of a badge, for measuring and permanently recording (usually) gamma-ray dosage. [NATO]

fin (diving). *n.*
finger stop (dial). *n.*
fire bomb. *n.*
fire bomb (to). *v.t.*
fire power. *n.*
firebrand. *n.*
firestorm. *n.*
firewall (computer). *n.*
firing circuit. *n.* - 1. In land operations, an electrical circuit and/or pyrotechnic loop designed to detonate connected charges from a firing point. - 2. In naval mine warfare, that part of a mine circuit which either completes the detonator circuit or operates a ship counter. [NATO]

firing squad. *n.*
Firm* (the) (nickname of MI6; new MI6 HQ at Vauxhall Cross, south of the Thames in London since 1993). *n.*

dossier effacé. *n.m.*
archives. *n.f.pl.*
1. archivage. *n.m.*
2. fichage. *n.m.*

mettre quelqu'un au parfum*. *loc.*
pellicule. *n.f.*
dosiphote. *n.m.* - Film photographique, placé dans un étui en forme de « badge », et porté par le personnel afin qu'il mesure et enregistre en permanence (normalement) la dose de rayons gamma. [OTAN]

palme (plongée). *n.f.*
butée (cadran). *n.f.*
bombe incendiaire. *n.f.*
lancer une bombe incendiaire. *v.t.*
puissance de feu. *n.f.*
brandon. *n.m.*
tourmente. *n.f.*
pare-feu (ordinateur). *n.m.*
circuit de mise de feu. *n.m.* - 1. En guerre terrestre, circuit électrique ou boucle pyrotechnique dont le but est de faire exploser, à partir d'un point de mise de feu, les charges qui y sont reliées. - 2. En guerre des mines sur mer, partie d'une mine qui agit soit sur le détonateur soit sur le compteur de navires. [OTAN]

peloton d'exécution. *n.m.*
Firme* (La) (surnom du MI6 ; nouveau QG du MI6 à Londres Vauxhall Cross, au sud de la Tamise, depuis 1993). *n.f.*

flight deck

first lieutenant (USA, USAF). *n.*	lieutenant. *n.m.*
fishy (improbable story). *adj.*	louche (qui n'est pas net*). *adj.m. (f.)*
fixed data transmission terminal. *n.*	terminal de transmission de données version fixe. *n.m.*
fixed surveillance. *n.*	surveillance fixe. *n.f.*
flag of convenience (e.g.: Bahamas, Cyprus, Liberia, Malta, Panama). *n.*	pavillon de complaisance (ex. : Bahamas, Chypre, Libéria, Malte, Panama). *n.m.*
flagrante delicto. *adj.*	flagrant délit. *n.m.*
flak jacket. *n.*	gilet pare-éclats. *n.m.*
flank. *n.*	flanc. *n.m.*
flaps and seals* (*perlyustratsiya* in Russian). *n.pl.*	ouverture illégale du courrier (*perlyustratsiya* en russe). *n.f.*
flareout. *n.* - the change in the flight of path of an aircraft so as to reduce the rate of descent for touchdown [NATO]	arrondi. *n.m.* - modification de la trajectoire d'un aéronef destinée à réduire la vitesse de descente en vue de l'atterrissage [OTAN]
flareup. *n.*	flambée. *n.f.*
flash blindness. *n.* - Impairment of vision resulting from an intense flash of light. It includes temporary or permanent loss of visual functions and may be associated with retinal burns. [NATO]	aveuglement par l'éclair. *n.m.* - Altération de la vue causée par un éclair intense. Elle comporte la perte momentanée ou définitive des fonctions visuelles et peut être accompagnée de brûlures de la rétine. [OTAN]
flash suppressor[1]. *n.* - Device attached to the muzzle of the weapon which reduces the amount of visible light or flash created by burning propellant gases. [NATO]	cache-flamme. *n.m.* - Dispositif fixé à la bouche d'une arme à feu et qui réduit la lueur émise par la combustion des gaz de propulsion. [OTAN]
flat top* (aircraft carrier). *n.*	porte-avions. *n.m.*
flaw. *n.*	faille. *n.f.*
fleet. *n.*	escadre. *n.f.*
flight deck (aircraft carrier). *n.*	pont d'envol (porte-avions). *n.m.*

1 - See chapter III, D on Firearms in my *Dictionary of Police and Underworld Language.*

101

flight lieutenant (RAF). *n.*

floatation. *n.* - The capability of a vehicle to float in water. [NATO]

floatation barrier (tank). *n.*

floating base support. *n.* - A form of logistic support in which supplies, repairs, maintenance and other services are provided in harbour or at an anchorage for operating forces from ships. [NATO]

floppy disk. *n.*

flowchart (computer). *n.*

flush out (to). *v.t.*

flush someone out (to). *v.t.*

flutter (computer). *n.*

flutter*. *n.*

flutter* (to). *v.t.*

fly visually (to). *v.t.*

flying officer (RAF). *n.*

flying wing (e.g.: B-2 stealth bomber). *n.*

focus (to). *v.t.*

focussing. *n.*

foe. *n.*

foil (to). *v.t.*

follow car (surveillance). *n.*

followup. *n.*

foot soldier. *n.*

footage (movie). *n.*

for your information (FYI). *phr.*

capitaine. *n.m.*

flottabilité. *n.f.* - Aptitude d'un véhicule à flotter sur l'eau. [OTAN]

jupe de flottaison (char). *n.f.*

bâtiment de soutien logistique. *n.m.* - Soutien logistique dans lequel l'approvisionnement et la maintenance des forces opérationnelles sont assurés à partir de navires au port ou au mouillage. [OTAN]

disque souple. *n.m.*

organigramme (ordinateur). *n.m.*

débusquer. *v.t.*

forcer quelqu'un à se trahir. *v.t.*

pleurage (ordinateur). *n.m.*

test de détecteur de mensonges. *n.m.*

subir un test de detecteur de mensonges. *v.t.*

naviguer à vue. *v.t.*

lieutenant. *n.m.*

aile volante (ex. : bombardier furtif B-2). *n.f.*

focaliser. *v.t.*

focalisation. *n.f.*

ennemi. *n.m. / adj.*

déjouer. *v.t.*

voiture suiveuse (filature). *n.f.*

suivi. *n.m.*

fantassin. *n.m.*

séquences (cinématographiques). *n.f.pl.*

à toutes fins utiles. *loc.*

foray. *n.* 1. incursion. *n.f.*
2. razzia. *n.f.*

force (e.g.: "I'm duty-bound to reveal my sources") **(to)**. *v.t.* obliger (ex. : « le devoir m'oblige à révéler mes sources »). *v.t.*

forced entry. *n.* entrée en force. *n.f.*

forcible confinement. *n.* séquestration. *n.f.*

forecast. *n.* prévision. *n.f.*

foregone conclusion. *n.* issue prévisible. *n.f.*

Foreign Office (UK) [State Department (USA); External Affairs (CDN)]. *n.pl.* Ministère des Affaires étrangères ; « Quai » (d'Orsay) 75007 Paris. *n.f.pl.*

foreign policy. *n.* politique étrangère. *n.f.*

foresight. *n.* prévoyance. *n.f.*

forge **(to)**. *v.t.* contrefaire. *v.t.*

forge oneself a new reputation **(to)**. *phr.* virginité* (se refaire une). *loc.*

forger (cobbler* in Russian slang; shoe* = false passport). *n.* faussaire (savetier* en argot russe). *n.m.*

forgery. *n.* contrefaçon. *n.f.*

format **(to)**. *v.t.* mettre en page. *v.t.*

formatting. *n.* mise en page. *n.f.*

Fort Apache*. *n.* Fort Chabrol*. *n.m.*

forthwith. *adv.* séance tenante. *adv.*

fortified camp. *n.* camp retranché. *n.m.*

forward trim tanks (submarine). *n.pl.* caisses d'assiette avant (sous-marin). *n.f.pl*

foul play. *n.* mort suspecte. *n.f.*

foulup*. *n.* bavure*. *n.f.*

four-striper* (slang for navy captain). *n.* cap de veau* (capitaine de vaisseau en argot). *n.m.*

fox **(to)**. *v.t.* ruser. *v.t.*

foxhole (individual). *n.* tranchée (individuelle). *n.f.*

fragmentation. *n.* fragmentation. *n.f.*

103

fragmentation grenade. *n.*

fragmentation mine. *n.*

frame. *n.* - In photography, any single exposure contained within a continuous sequence of photographs. [NATO]

frame up* (to). *v.t.*

frame* (to). *v.t.*

frameup. *n.*

frameup* (setup*). *n.*

Francophone Africa. *n.*

fraudulent. *adj.*

fray. *n.*

freak out* (to). *v.i.*

free. *adj.*

free drop. *n.* - The dropping of equipment or supplies from an aircraft without the use of parachutes. [NATO]

free fall. *n.* - A parachute manoeuvre in which the parachute is opened, either manually or automatically, at a predetermined altitude. [NATO]
see HALO in Abbreviations.

free rider. *n.*

free will. *n.*

freedom. *n.*

freedom fighter. *n.*

freeze (computer). *n.*

French Ministry of Defense (which controls the DGSE, the

grenade offensive. *n.f.*

mine à fragmentation. *n.f.*

cliché. *n.m.* - Photographie prise isolément et qui fait éventuellement partie d'une série de prises de vues effectuées successivement. (OTAN)

piéger*. *v.t.*

monter*. *v.t.*

1. machination. *n.f.*
2. coup monté*. *n.m.*

turbin* (coup monté*). *n.m.*

pays du « champ ». *n.m. pl.*

frauduleux (-euse). *adj.m. (f.)*

mêlée. *n.f.*

paniquer. *v.i.*

libre. *adj.*

largage en chute libre. *n.m.* - Largage depuis un aéronef, de matériel ou de ravitaillement sans utilisation de parachutes. [OTAN]

saut en commandé. *n.m.* - Manœuvre de parachute au cours de laquelle celui-ci est ouvert, soit par commande manuelle, soit automatiquement, à une altitude prédéterminée. [OTAN]

opportuniste. *n.m. (f.)*

libre-arbitre. *n.m.*

liberté. *n.f.*

combattant de la liberté. *n.m.*

blocage (ordinateur). *n.m.*

Hôtel de Brienne (Ministère de la Défense

French external security service). *n.*

French Ministry of Justice. *n.*

French shock troops. *n.pl.* - half brigade of paratroopers not unlike the SAS in Great Britain.

frenzied barricaded felon. *n.*

frequency ("Clear this frequency!"). *n.*

frequency:
Extremely Low Frequency (ELF)
Voice Frequency (VF)
Very Low Frequency (VLF)
Low Frequency (LF)
Medium Frequency (MF)
High Frequency (HF)
Very High Frequency (VHF)
Ultra High Frequency (UHF)
Super High Frequency (SHF)
Extremely High Frequency (EHF). *n.*

friendly. *n.*

friendly fire. *n.*

friends* (CIA slang for SIS officers). *n.pl.*

fringe group. *n.*

frogman. *n.*

frogmarch someone (to). *v.t.*

front. *n.*

14, rue Saint-Dominique 75007 Paris.) *n.m.*

Chancellerie (Ministère de la Justice, place Vendôme, 75001 Paris). *n.f.*

11ᵉ Choc. *n.m.* - demi-brigade de parachutistes, créée le 1ᵉʳ septembre 1946, unité d'élite susceptible d'intervenir dans l'heure pour servir les intérêts cachés de la nation.

forcené. *n.m.*

fréquence (« Libérez ce canal ! »). *n.f.*

fréquence :
fréquence extrêmement basse (FEB)
fréquence de la voix (FV)
très basse fréquence (TBF)
basse fréquence (BF)
moyenne fréquence (MF)
haute fréquence (HF)
très haute fréquence (THF)
fréquence ultra haute (FUH)
fréquence super haute (FSH)
fréquence extrêmement haute (FEH). *n.f.*

force amie. *n.f.*

tir allié. *n.m.*

amis* (sobriquet donné par les agents de la CIA à leurs homologues britanniques du SIS). *n.m. pl.*

mouvance. *n.f.*

homme-grenouille. *n.m.*

entraîner quelqu'un *manu militari*. *v.t.*

façade. *n.f.*

front-burner issue. *n.*	problème urgent. *n.m.*
frontline (combat zone). *n.*	première ligne (zone de combat). *n.f.*
fuckup*. *n.*	bavure*. *n.f.*
fuel. *n.*	carburant. *n.m.*
fuel air bomb. *n.*	bombe étouffante (qui brûle l'oxygène). *n.f.*
full array. *n.*	panoplie. *n.f.*
fulminate of mercury. *n.*	fulminate de mercure. *n.m.*
fumigate* (a room) **(to)**. *v.t.*	nettoyer* (ôter toute pastille*). *v.t.*
fumigate* (phone line) **(to)**. *v.t.*	dépoussiérer* (ligne téléphonique). *v.t.*
functionary. *n.*	fonctionnaire. *n.m. (f.)*
fundamentalism. *n.*	1. fondamentalisme. *n.m.*
	2. intégrisme. *n.m.*
fundamentalist. *n. / adj.*	1. fondamentaliste. *n.m. (f.) / adj.*
	2. intégriste. *n.m. (f.) / adj.*
funnel (to). *v.t.*	canaliser. *v.t.*
fuse / fuze (UK). *n.*	1. détonateur. *n.m.*
	2. mèche. *n.f.*

G for Golf (NATO phonetic alphabet)

gag. *n.*

gag (to). *v.t.*

game plan. *n.*

gangrene. *n.*

gap filler radar. *n.* - A radar used to supplement the coverage of the principal radar in areas where coverage is inadequate. [NATO]

garbagology*. *n.*

garble (communications) **(to)** (e.g.: "You're very garbled"). *v.t.*

gas. *n.*

gas mask. *n.*

gasoline bomb. *n.*

gather (information) **(to).** *v.t.*

gathering. *n.*

general[1] (four stars USA). *n.*

General of the Army[1] (five stars, USA). *n.*

general outery. *n.*

General Quarters!

G comme Golf (alphabet phonétique de l'OTAN)

bâillon. *n.m.*

bâillonner. *v.t.*

stratégie. *n.f.*

gangrène. *n.f.*

radar de couverture complémentaire. *n.m.* - Radar utilisé pour compléter la couverture obtenue par des radars principaux là où celle-ci est insuffisante. [OTAN]

poubellologie* (néologisme : action consistant à trier les poubelles d'une cible*). *n.f.*

brouiller (transmissions) (ex. : « Tu es très brouillé »). *v.t.*

gaz. *n.m.*

masque à gaz. *n.m.*

cocktail Molotov. *n.m.*

1. collecter (renseignement). *v.t.*
2. recueillir. *v.t.*

collecte. *n.f.*

général d'armée (cinq étoiles). *n.m.*

maréchal (sept étoiles). *n.m.*

levée de bouclier. *n.f.*

Branle-bas de combat !

---

1 - See equivalence of military ranks in Appendices A and B.

General Staff. *n.* — état-major général. *n.m.*
generator. *n.* — générateur. *n.m.*
genocide. *n.* — génocide. *n.m.*
geopolitical scientist. *n.* — géopolitologue. *n.m.*
geopolitics. *n.* — géopolitique. *n.f.*
geostrategic. *adj.* — géostratégique. *adj.m. (f.)*
geostrategy. *n.* — géostratégie. *n.f.*
Gestapo officer. *n.* — gestapiste. *n.m.*
get an eyeball on* (to). *v.i.* — retapisser* (reconnaître). *v.t.*
get bogged down (to). *v.i.* — enliser (s'). *v.pr.*
get involved (to). *v.t.* — impliquer (s'). *v.pr.*
get mixed up (to). *v.t.* — cafouiller. *v.t.*
get on someone's tail* (to). *v.i.* — pister* quelqu'un. *v.t.*
get revenge (to). *v.t.* — venger de (se). *v.pr.*
get someone on the horn (to). *v.t.* — contacter quelqu'un par radio. *v.t.*
get things straight* (to). *phr.* — remettre les pendules à l'heure*. *loc.*
get to the bottom of things (to). *phr.* — découvrir le pot aux roses (la rose était le symbole du silence et du secret chez les Romains). *loc.*

get-together. *n.* — réunion. *n.f.*
get-together (to). *v.i.* — réunir (se). *v.pr.*
getting underway. *n.* — appareillage. *n.m.*
ghillie suit (snipers motto: "one shot, one kill"). *n.* — tenue camouflée (tireur d'élite). *n.f.*
ghost company. *n.* — société fantôme. *n.f.*
give away (to) ("the secret is out"). *v.t.* — éventer (« le secret est éventé »). *v.t.*
give *carte blanche* (to). *phr.* — donner un chèque en blanc. *loc.*
give credibility to (to). *v.t.* — crédibiliser. *v.t.*
give oneself up (to). *v.i.* — constituer prisonnier (se). *v.pr.*
give someone a long leash* (to). *phr.* — laisser à quelqu'un une grande longe*. *loc.*
give someone a tail* (to). *v.t.* — filocher* quelqu'un. *v.t.*

give someone the slip* (to). *phr.*
give the game away (to) (voluntarily). *phr.*
glasnost (reconciliation between East and West). *n.*
glean (information) (to). *v.t.*
glib talker. *n.*
glide (to). *v.t.*
glider. *n.*
glitch (computer). *n.*
global positioning system (GPS). *n.*
go bad (to). *v.t.*
go no-go. *adj.* - The condition or state of operability of a component or system: "go", functioning properly; or "no-go", not functioning properly. [NATO]

go off (to). *v.i.*
go over with a fine-tooth comb (to). *v.t.*
go under (to). *v.i.*
go undercover* (to). *phr.*
go underground* (to). *v.t.*
go-ahead. *n.*
gobbledygook. *n.*
go-between. *n.*
goniometric(al). *adj.*
goniometry. *n.*
goon squad*. *n.*
go-operation*. *n.*

semer* quelqu'un. *loc.*
éventer la mèche. *loc.*
glasnost (rapprochement entre l'Est et l'Ouest). *n.*
glaner (renseignement). *v.t.*
beau parleur. *n.m.*
planer. *v.t.*
planeur. *n.m.*
transitoire (ordinateur). *n.m.*
système de navigation par satellite. *n.m.*
mal tourner. *v.t.*
go no-go (anglicisme). *adj.* - Condition ou état de fonctionnement d'un composant du système : « go » fonctionne correctement ; « no-go » ne fonctionne pas correctement. [OTAN]

exploser. *v.i.*
éplucher (examiner avec un soin minutieux). *v.t.*
infiltrer. *v.t.*
plonger en apnée* (infiltrer). *loc.*
entrer dans la clandestinité. *v.t.*
feu vert. *n.m.*
langue de bois*. *n.f.*
intermédiaire. *n.m. / adj.*
goniométrique. *adj.m. (f.)*
goniométrie. *n.f.*
équipe de gros bras*. *n.f.*
hypothèse conforme* (conditions requises pour l'accomplissement d'une mission). *n.f.*

gossip. *n.*

grain of sand (that upset the applecart). *phr.*

grapevine*. *n.*

gravity. *n.*

grazing fire. *n.* - Fire approximately parallel to the ground where the centre of the cone of fire does not rise above one metre from the ground. [NATO]

grease the palm* (to) (bribe). *v.t.*

greasing* (bribing). *n.*

"Great Game*" (intelligence according to Rudyard Kipling; *Kim*, 1901, bedsidebook of Allen W. Dulles, former head of the CIA between 1953 to 1961). *n.*

greed. *n.*

greedy. *adj.*

green light. *n.*

greens* (army). *n.pl.*

grenade. *n.*

grenade launcher[1]. *n.*

grenade launcher[1] (cal. 1.5"). *n.*

grey market* (murky netherworld of arms deals). *n.*

grid variation. *n.*

gridlock (situation) **(to)**. *v.t.*

grill* (interrogate) **(to)**. *v.t.*

grinder*. *n.*

ground forces. *n.pl.*

ragot. *n.m.*

grain de sable (dans l'engrenage). *loc.*

téléphone arabe*. *n.m.*

pesanteur. *n.f.*

tir rasant. *n.m.* - Tir approximativement parallèle au sol pour lequel l'axe du cône de tir ne s'élève pas à plus d'un mètre du sol. [OTAN]

arroser* (corrompre). *v.t.*

arrosage* (corruption). *n.m.*

« Grand Jeu* » (le renseignement pour Rudyard Kipling ; *Kim*, 1901, livre de chevet d'Allen W. Dulles, ex-patron de la CIA de 1953 à 1961). *n.m.*

cupidité. *n.f.*

cupide. *n.f.*

feu vert. *n.m.*

treillis (militaire). *n.m.*

grenade. *n.f.*

lance-patates* (fusil lance-grenades). *n.m.*

fusil lance-grenades (calibre 37 mm). *n.m.*

marché gris* (monde trouble du commerce des armes). *n.m.*

carroyage. *n.m.*

bloquer (situation). *v.t.*

cuisiner* (interroger). *v.t.*

salle d'interrogatoire. *n.f.*

forces terrestres. *n.f.pl.*

---

1 - See chapter III, D on Firearms in my *Dictionary of Police and Underworld Language*.

ground liaison officer. *n.* - An officer especially trained in air reconnaissance and /or offensive air support activities. These officers are normally organized into teams under the control of the appropriate ground force commander to provide liaison to air force and navy units engaged in training and combat operations. [NATO]

ground support. *n.*

ground-to-air missile. *n.*

ground-to-ground missile. *n.*

group captain[1] (RAF). *n.*

gruelling. *adj.*

grunt*. *n.*

guardian angel* (bodyguard; *byki* in Russian). *n.*

guerrilla. *n.*

guerrilla. *n.* - "An organized band of individuals in enemy-held territory, indefinite as to number, which conducts against the enemy irregular operations, including those of military or quasi-military nature." (OSS definition).

guerrilla warfare. *n.*

guerrilla warfare. *n.* - Military and paramilitary operations conducted in enemy held or hostile territory by irregular, predominantly indigenous forces. [NATO]

officier de liaison de l'armée de terre. *n.m.* - Officier ayant reçu une formation particulière relative à la reconnaissance aérienne et /ou aux activités liées à l'appui aérien. Ces officiers font normalement partie d'équipes placées sous le contrôle du commandement terrestre approprié en vue d'assurer la liaison avec les unités aériennes et navales participant à des exercices ou des opérations. [OTAN]

appui au sol. *n.m.*

missile sol-air. *n.m.*

missile sol-sol. *n.m.*

colonel. *n.m.*

éreintant(e). *adj.m. (f.)*

troufion* (bidasse*). *n.m.*

ange gardien* (garde du corps ; *byki* en russe). *n.m.*

guérillero (a). *n.m. (f.)*

guérilla. *n.f.* - troupe de partisans ou de guérilleros ; guerre de coups de main.

guerre d'embuscade. *n.f.*

guérilla. *n.f.* - Actions de combat conduites en principe en territoire tenu par l'ennemi, principalement par des forces militaires ou paramilitaires autochtones. [OTAN]

---

[1] - See equivalence of military ranks in Appendices A and B.

guesswork. *n.* | conjecture. *n.f.*

guidance. *n.* | guidage. *n.m.*

guided missile. *n.* - An unmanned self-propelled vehicle whose trajectory or course, while in flight, is controlled. [NATO] | missile. *n.m.* - Véhicule sans pilote autopropulsé dont la trajectoire en vol est guidée. [OTAN]

guinea pig. *n.* | cobaye. *n.m.*

gunboat. *n.* | canonnière. *n.f.*

gunrunner. *n.* | trafiquant d'armes. *n.m.*

gunship. *n.* | hélicoptère armé. *n.m.*

gyro-magnetic compass. *n.* - A directional gyroscope whose azimuth scale is maintained in alignment with the magnetic meridian by a magnetic detector unit. [NATO] | compas gyromagnétique. *n.m.* - Gyroscope directionnel dont l'échelle d'azimut est asservie à la direction du nord magnétique par un dispositif de détection magnétique. [OTAN]

gyroscope. *n.* | gyroscope. *n.m.*

H for Hotel (NATO phonetic alphabet)	H comme Hotel (alphabet phonétique de l'OTAN)
H bomb (USA: 1952; UK: 1957). *n.*	bombe H (France : 1968). *n.f.*
hack (to). *v.t.*	pirater. *v.t.*
hack up* (to) (computer). *v.t.*	bidouiller* (ordinateur). *v.t.*
hacker. *n.*	pirate informatique. *n.m.*
hacker* (computer). *n.*	bidouilleur* (ordinateur). *n.m.*
hacking up* (computer). *n.*	bidouillage* (ordinateur). *n.m.*
half-truth. *n.*	demi-vérité. *n.f.*
Hall of Records. *n.*	archives de l'état-civil. *n.f.pl.*
hand grenade. *n.*	grenade à main. *n.f.*
hand over (documents) **(to)**. *v.t.*	remettre (documents). *v.t.*
hand-to-hand combat. *n.*	close combat (combat rapproché). *n.m.*
handbook. *n.*	manuel. *n.m.*
hand-held computer. *n.*	ordinateur de poche. *n.m.*
hand-held radio. *n.*	talkie-walkie. *n.m.*
handing over (documents). *n.*	remise (documents). *n.f.*
handle* (to). *v.t.*	traiter*. *v.t.*
handler* (*see* case officer*). *n.*	1. traitant* (*voir* officier traitant*). *n.m.* 2. opérateur* (*voir* traitant*). *n.m.*
handover (prisoners). *n.*	remise (prisonniers). *n.f.*
handpicked. *adj.*	trié(e) sur le volet. *adj.m. (f.)*
handset (telephone). *n.*	combiné (téléphone). *n.m.*
handshake (computer). *n.*	protocole (ordinateur). *n.m.*
hand-to-hand fight. *n.*	corps-à-corps. *n.m.*
hang back (to). *v.i.*	rester en arrière. *v.i.*

hang fire. *n.* - An undesired delay in the functioning of a firing system. [NATO]

hang glider. *n.*

hanky panky*. *n.*

harass (to). *v.t.*

harassing fire. *n.* - Fire designed to disturb the rest of the enemy troops, to curtail movement and, by threat of losses, to lower morale. [NATO]

hard (information). *adj.*

hard disk. *n.*

hard labor. *n.*

hard-line policy. *n.*

hardliner. *n. / adj.*

hard-liner. *n.*

hardware. *n.*

harm's way (in). *phr.*

harm's way (out of). *phr.*

harness. *n.*

hash (computer). *n.*

hatch. *n.*

hatch (plot) **(to).** *v.t.*

haul. *n.*

have a dialogue (to). *v.t.*

have a finger in every pie (to). *phr.*

have a loose tongue (to) ("Loose lips sink ships"). *phr.*

have elbow room (to). *phr.*

long feu. *n.m.* - Retard anormal dans le fonctionnement d'un dispositif de mise de feu. [OTAN]

delta plane. *n.m.*

entourloupes. *n.f.pl.*

harceler. *v.t.*

tir de harcèlement. *n.m.* - Tir destiné à troubler le repos des troupes ennemies, à restreindre leurs déplacements, et du fait de la menace des pertes, à abaisser leur moral. [OTAN]

solide (renseignement). *adj.m.*

disque dur. *n.m.*

travaux forcés. *n.m. pl.*

jusqu'au-boutisme. *n.m.*

pur et dur. *adj.m.*

jusqu'au-boutiste. *n.m. (f.)*

matériel. *n.m.*

danger (en). *loc.*

lieu sûr (en). *loc.*

harnais. *n.m.*

charabia (ordinateur). *n.m.*

sas. *n.m.*

ourdir (complot). *v.t.*

coup de filet. *n.m.*

dialoguer. *v.t.*

manger à tous les rateliers. *loc.*

savoir tenir sa langue (ne pas) (« Les propos imprudents envoient les navires par le fond »). *loc.*

coudées franches (avoir les). *loc.*

have one's eye on someone (to). *v.t.*	avoir quelqu'un dans le collimateur. *v.t.*
hawk*. *n.*	va-t-en guerre*. *n.m.*
hawk* (warmonger). *n.*	faucon* (belliciste). *n.m.*
hawkish* (political). *adj.*	dur (politique). *adj.m.*
He made* me (surveillance)	Il m'a repéré (filature)
He slipped the tail* we had on him (surveillance). *phr.*	Il nous a filé* entre les doigts (filature). *loc.*
head of state. *n.*	chef d'État. *n.m.*
headache. *n.*	casse-tête. *n.m.*
heading. *n.* - The direction in which the longitudinal axis of an aircraft or ship is pointed, usually expressed in degrees clockwise from north (true, magnetic, compass or grid). [NATO]	cap. *n.m.* - Angle mesuré dans le sens des aiguilles d'une montre, entre la direction du nord (du compas, de la grille, magnétique ou vrai) et la direction de l'axe longitudinal de l'aéronef ou du navire. [OTAN]
headphone (radio). *n.*	casque (radio). *n.m.*
headphone jack. *n.*	prise de casque. *n.f.*
head-up display. *n.* - A display of flight, navigation, attack, or other information superimposed upon the pilot's forward field of view. [NATO]	présentation tête haute. *n.f.* - Visualisation par superposition optique dans le champ de vision normal du pilote de différentes informations relatives au vol, à la navigation, à l'armement, etc. [OTAN]
hearing (e.g.: Senate). *n.*	audition (ex. : Sénat). *n.f.*
hearsay. *n.*	ouï-dire. *n.m.*
heat shield. *n.*	bouclier thermique. *n.m.*
heavily armed. *p.p.*	puissamment armé(s). *p.p.*
heavy fire. *n.*	feu nourri. *n.m.*
heavy guard. *n.*	protection renforcée. *n.f.*
heavy security. *n.*	mesures de sécurité exceptionnelles. *n.f.pl.*
heavy water (Deuterium : D_2O). *n.*	eau lourde. *n.f.*
hegemony. *n.*	hégémonie. *n.f.*

helicopter. *n.*
heliox (gas mix). *n.*
helipad. *n.*

helipad. *n.* - A prepared area designated and used for take-off and landing of helicopters. (Includes touchdown or hover point.) [NATO]

helium (against the bends). *n.*

Helmet-Cam. *n.*

helo* (helicopter). *n.*
henchman. *n.*

hero. *n.*
heroine. *n.*
Hertzian. *adj.*
hidden. *adj.*
High Command. *n.*
high impedence microphone. *n.*

high ranking official. *n.*

high technology (hi tech). *n.*
high treason. *n.*

hélicoptère. *n.m.*
héliox (mélange de gaz). *n.m.*
1. héliport. *n.m.*
2. plate-forme d'hélicoptère. *n.f.*

aire de manœuvre d'hélicoptères. *n.f.* - Zone aménagée pour l'atterrissage et le décollage des hélicoptères (Comprend les points d'atterrissage et de vol stationnaire). [OTAN]

hélium (contre le mal des caissons). *n.m.*

micro-caméra fixée sur casque. *n.f.*

hélico* (hélicoptère). *n.m.*
1. affidé. *n.m.*
2. sbire. *n.m.*
3. séide. *n.m.*

héros. *n.m.*
héroïne. *n.f.*
hertzien (-enne). *adj.m.* (*f.*)
occulte. *adj.m.* (*f.*)
haut commandement. *n.m.*
microphone à haute fréquence. *n.m.*

haut fonctionnaire (ex. : en France, haut fonctionnaire de défense qui conseille le ministre de l'Intérieur, coordonne et anime, au sein du ministère, l'ensemble des services concernés, assure la coopération entre tous les ministères associés à la défense civile.). *n.m.*

haute technologie. *n.f.*
haute trahison. *n.f.*

highlight (of the operation). *n.*
highly-placed source. *n.*
hijack (to) (aircraft). *v.t.*
hijacker. *n.*
hijacking (aircraft). *n.*
hindsight (in). *adv.*
hit a snag* (to). *phr.*
hit-and-run raid. *n.*
hitch. *n.*
hitman*. *n.*
hoax. *n.*
hogtie (to). *v.t.*
hold (on). *adj.*
hold at gunpoint (to). *v.t.*
hold captive (to). *v.t.*
hold incommunicado (to). *v.t.*
hold someone hostage (to). *v.t.*
hold* (blackmail) **(to).** *v.t.*
holding attack. *n.* - An attack designed to hold the enemy in position, to deceive him as to where the main attack is being made, to prevent him from reinforcing the elements opposing the main attack and / or to cause him to commit his reserves prematurely at an indecisive location. [NATO]

hollow charge. *n.* - A shaped charge producing a deep cylindrical hole of relatively small diameter in the direction of its axis of rotation. [NATO]

hollow victory. *n.*

clou (de l'opération). *n.m.*
source bien informée. *n.f.*
détourner (un aéronef). *v.t.*
pirate de l'air. *n.m.*
détournement (aéronef). *n.m.*
a posteriori. adv.
tomber sur un os*. *loc.*
raid éclair. *n.m.*
incident de parcours. *n.m.*
attaquant*. *n.m.*
canular. *n.m.*
ligoter. *v.t.*
attente (en). *adj.*
tenir en joue. *v.t.*
tenir prisonnier. *v.t.*
mettre au secret. *v.t.*
tenir quelqu'un otage. *v.t.*
tenir* (chantage). *v.t.*
action de fixation. *n.f.* - Opération destinée à maintenir l'ennemi sur place, à le tromper sur le lieu réel de l'attaque principale, à gêner ses renforcements face à notre effort principal et / ou à provoquer l'engagement prématuré de ses réserves à un endroit non décisif. [OTAN]

charge perforante. *n.f.* - Charge formée destinée à produire suivant son axe de révolution une perforation profonde d'un diamètre relativement petit. [OTAN]

victoire à la Pyrrhus. *n.f.*

hollowed out. *adj.*   évidé(e). *adj.m. (f.)*

holocaust (nuclear). *n.*   holocauste (nucléaire). *n.m.*

holy of holies. *n.*   saint des saints. *n.m.*

home free. *adj.*   sauvé(e). *adj.m. (f.)*

home front. *n.*   politique intérieure. *n.f.*

home-made. *adj.*   artisanale (de fabrication). *adj.*

homer. *n.*   microémetteur. *n.m.*

homer*. *n.*   balise. *n.f.*

homing device. *n.*   balise. *n.f.*

hone (to). *v.t.*   peaufiner. *v.t.*

honest. *adj.*   honnête. *adj.m. (f.)*

honesty. *n.*   honnêteté. *n.f.*

honeytrap* (sexual entrapment in order to blackmail a subject). *n.*   chantage sexuel. *n.m.*

honor. *n.*   honneur. *n.m.*

honorable. *adj.* - "Espionage is the world's second oldest profession and just as honorable as the first" Michael J. Barrett, assistant general counsel of the CIA in *Journal of Defence and Diplomacy*, February 1984   honorable. *adj.m. (f.)* - « L'espionnage est le second plus vieux métier du monde et tout aussi honorable que le premier » Michael J. Barrett, conseiller juridique adjoint de la CIA, dans le *Journal of Defence and Diplomacy*, février 1984.

"hooh-ah" machismo. *n.*   machisme (par allusion au cri de ralliement des forces spéciales américaines). *n.m.*

hood. *n.*   cagoule. *n.f.*

hornet's nest (e.g.: "stir up the hornet's nest"). *n.*   guêpier (ex. : « se fourrer dans un guêpier »). *n.m.*

hostage. *n.*   otage. *n.m. (f.)*

hostage negotiating team. *n.*   équipe de négociateurs. *n.f.*

Hostage Rescue Team (HRT; FBI). *n.*   Brigade d'intervention. *n.f.*

hostage situation. *n.*   cas de prise d'otage(s). *n.m.*

hostage taker. *n.*   preneur(-euse) d'otage(s). *n.m. (f.)*

hostage taking (The Hague Convention banned hostage taking on October 18, 1907). *n.*

hostile. *adj.*

hostile. *n. / adj.*

hostile (intent). *adj.*

hostilities. *n.pl.*

hot pursuit. *n.*

hot*. *adj.*

hothouse. *n.*

house of cards. *n.*

hovering. *n.* - A self-sustaining manoeuvre whereby a fixed, or nearly fixed, position is maintained relative to a spot on the surface of the earth or underwater. [NATO]

howitzer. *n.*

"howl around effect". *n.*

hum (tape recorder). *n.*

human intelligence. *n.* - A category of intelligence derived from information collected and provided by human sources. Also called "HUMINT". [NATO]

human rights. *n.pl.*

human shield. *n.*

humanitarian. *adj.*

humint* (human + intelligence). *n.*

hump* (to) (trudging over difficult terrain and hitting some pretty rough country). *v.t.*

prise d'otage(s) (Le 18 octobre 1907, la Convention de La Haye a condamné les prises d'otages). *n.f.*

adverse. *adj.*

ennemi. *n.m. / adj.*

hostile (intention). *adj.m. (f.)*

hostilités. *n.f.pl.*

droit de suite. *n.m.*

chaud*. *adj.m.*

foyer (centre). *n.m.*

château de cartes. *n.m.*

plongée statique. *n.f.* - Manœuvre au cours de laquelle un sous-marin se tient stabilisé en immersion dans une position fixe ou approximativement fixe par rapport à une position géographique donnée. [OTAN]

obusier. *n.m.*

effet d'interférence audio (ex. : téléphone près d'une radio ou d'un téléviseur allumé). *n.m.*

ronflement (magnétophone). *n.m.*

renseignement humain. *n.m.* - Catégorie de renseignement découlant de renseignements bruts recueillis et fournis par une source humaine. Aussi appelé « HUMINT ». [OTAN]

droits de l'homme. *n.m. pl.*

bouclier humain. *n.m.*

humanitaire. *adj.m. (f.)*

source humaine*. *n.f.*

crapahuter* (progresser à travers un terrain accidenté). *v.t.*

hunker down (to). *av.t.*
hunt down (to). *v.t.*
hush up (to). *v.t.*
hush-hush. *n. / adj.*
hydrogen (*see* H bomb). *n.*
hydrophone. *n.*
hype (advertising). *n.*
hypersonic. *adj.* - Of or pertaining to speeds equal to, or in excess of, five times the speed of sound. [NATO]
hypobaric chamber. *n.* - A chamber used to induce a decrease in ambient pressure as would occur in ascending to altitude. This type of chamber is primarily used for training and experimental purposes. Also called "altitude chamber"; "decompression chamber". [NATO]

tapir (se). *v.pr.*
traquer. *v.t.*
étouffer. *v.t.*
top secret. *n. / adj.*
hydrogène (*voir* bombe H). *n.m.*
hydrophone. *n.m.*
matraquage (publicitaire). *n.m.*
hypersonique. *adj.m.* (*f.*) - Qui a ou qui se rapporte à une vitesse égale ou supérieure à cinq fois la vitesse du son. [OTAN]
caisson hyperbare. *n.m.* - Caisson utilisé pour créer une augmentation de la pression ambiante telle qu'elle se produirait lors d'une descente au-dessous du niveau de la mer, dans l'air ou dans l'eau. Ce type de caisson est le seul qui permette le traitement de la maladie de décompression après un vol ou une plongée. Aussi appelé « caisson de compression » ; « caisson de plongée » ; « caisson de recompression ». [OTAN]

I

I for India (NATO phonetic alphabet)
I have a visual (surveillance)
I have a visual contact
I have lost eye contact
I have lost the subject
I have lost visual contact
I have subject in view (surveillance)
I have tactical command!
icon (computer). *n.*
Ident-a-call. *n.*
identification, friend or foe (IFF). *n.* - A system using electromagnetic transmissions to which equipment carried by friendly forces automatically responds, for example, by emitting pulses, thereby distinguishing themselves from enemy forces. [NATO]
identify (to). *v.t.*
identity. *n.*
igniter. *n.* - A device designed to produce a flame or a flash which is used to initiate an explosive train. [NATO]
igniting device. *n.*
ignition. *n.*

I comme India (alphabet phonétique de l'OTAN)
J'ai à vue (filature)
J'ai l'objectif à vue
J'ai perdu de vue le sujet
J'ai perdu de vue le sujet
J'ai perdu de vue le sujet
Objectif en vue (filature)
C'est moi qui drive* cette opération !
graphisme (ordinateur). *n.m.*
appel personnalisé. *n.f.*
identification ami/ennemi (IFF). *n.f.* - Système utilisant des émissions électromagnétiques auxquelles le matériel transporté par des forces amies répond automatiquement, en émettant par exemple des impulsions, ce qui les distingue des forces ennemies. [OTAN]
identifier. *v.t.*
identité. *n.f.*
allumeur. *n.m.* - Dispositif destiné à produire une flamme ou une étincelle afin de déclencher une chaîne de mise de feu. [OTAN]
dispositif de mise à feu. *n.m.*
mise à feu. *n.f.*

illegal. *adj.*

illegal* (agent operating abroad without the benefit of official status). *n.*

illegal confinement. *n.*

illegal wiretap. *n.*

illegal wiretapping. *n.*

illegality. *n.*

illegally. *adv.*

illicit. *adj.*

illicitly. *adv.*

image degradation. *n.* - The reduction of the inherent optimum potential of individual sensor systems caused by error in sensor operations, processing procedures or incorrect film handling. Reduction in quality caused by unavoidable factors not associated with the sensor system, i.e. atmospherics, snow, cover, etc., are not associated with the term. [NATO]

imagery data recording. *n.* - The transposing of information relating to the airborne vehicle, and sensor, such as speed, height, tilt, position and time, to the matrix block on the sensor record at the moment of imagery acquisition. [NATO]

imagery interpretation. *n.* - The extraction of information from photographs or other recorded images. [NATO]

1. illégal (e). *adj.m.* (*f.*)
2. sauvage*. *adj.m.* (*f.*)

illégal*(agent opérant à l'étranger sans couverture diplomatique). *n.m.*

séquestration arbitraire. *n.f.*

écoute illégale. *n.f.*

écoute sauvage*. *n.f.*

illégalité. *n.f.*

illégalement. *adv.*

illicite. *adj.m.* (*f.*)

illicitement. *adv.*

affaiblissement de l'image. *n.m.* - Diminution des possibilités maxima d'un système de reproduction provoquée par une erreur de réglage, de développement ou une manipulation incorrecte du film. Ce terme ne couvre pas les diminutions de qualité provoquées par des facteurs indépendants du système, c'est-à-dire : atmosphère, neige, végétaux, etc. [OTAN]

enregistrement des données de représentation. *n.m.* - Enregistrement des informations relatives à un vecteur aérien et à son équipement de détection, telles que vitesse, altitude, inclinaison, position et heure, sur la matrice de l'équipement de détection ; cette opération est réalisée au moment de l'acquisition de l'image. [OTAN]

interprétation photographique. *n.f.* - Obtention d'informations à partir de photographies ou d'autres images enregistrées. [OTAN]

imbroglio. *n.*

immoral. *adj* - "Espionage is the world's second oldest profession with even fewer morals than the first." Ian Fleming.

impeach (to). *v.t.*

impeachment. *n.*

impostor. *n.*

imposture. *n.*

impotence. *n.*

impotent. *adj.*

improvised explosive devices. *n.pl.* - Those devices placed or fabricated in an improvised manner incorporating destructive, lethal, noxious, pyrotechnic or incendiary chemicals, designed to destroy, disfigure, distract or harass. They may incorporate military stores, but are normally devised from non-military components. [NATO]

impunity. *n.*

in camera. *adv.*

in position (to be). *phr.*

in quick succession. *adv.*

in solitary (confinement). *adj.*

incapacitating agent. *n.* - A chemical agent which produces temporary disabling conditions which (unlike those caused by riot control agents) can be physical or mental and persist for hours or days after exposure to the agent has ceased. Medical

imbroglio. *n.m.*

immoral(e). *adj. m. (f.)* - « L'espionnage, qui est le second plus vieux métier du monde, est encore plus immoral que le premier » Ian Fleming.

destituer. *v.t.*

destitution. *n.f.*

imposteur. *n.m.*

imposture. *n.f.*

impuissance. *n.f.*

impuissant(e). *adj.m. (f.)*

dispositif explosif improvisé. *n.m.* - Dispositifs mis en place ou réalisés de façon improvisée. Ils peuvent être destructifs, mortels, nuisibles, pyrotechniques ou chimiques et incendiaires et sont utilisés pour détruire, défigurer ou harceler l'ennemi. Ils peuvent être réalisés à partir de stocks militaires mais sont généralement, constitués de sous-ensembles non approvisionnés normalement. [OTAN]

impunité. *n.f.*

huis-clos (à). *adv.*

en place (être en). *loc.*

coup sur coup. *adv.*

secret (au). *adv.*

agent incapacitant. *n.m.* - Agent chimique qui provoque une incapacité temporaire physique ou psychique et qui persiste plusieurs heures ou plusieurs jours après exposition (contrairement aux agents utilisés pour le maintien de l'ordre). Bien

treatment, while not usually required, facilitates a more rapid recovery. [NATO]

incendiary grenade. *n.*

incoming calls. *n.pl.*

incongruent. *adj.*

incriminate (to). *v.t.*

incriminating. *adj.*

incursion. *n.*

independence. *n.*

independent. *adj.*

independent ejection system. *n.* - An ejection system which operates independently of other ejection systems installed in one aircraft. [NATO]

in-depth interrogation. *n.*

indiscreet ("I don't mean to pry"). *adj.*

indomitable. *adj.*

indulge in shady dealings (to). *v.t.*

ineffectiveness. *n.*

inefficiency. *n.*

inefficient. *adj.*

inertial navigation system. *n.m.* - A self-contained navigation system using inertial detectors, which automatically provides vehicle position, heading and velocity. [NATO]

infamy. *n.*

qu'un traitement médical ne soit pas habituellement requis, il peut assurer un rétablissement plus rapide. [OTAN]

grenade incendiaire. *n.f.*

appels venant de l'extérieur. *n.m. pl.*

non conforme. *adj.m. (f.)*

compromettre. *v.t.*

compromettant(e). *adj.m. (f.)*

incursion. *n.f.*

indépendance. *n.f.*

indépendant(e). *adj.m. (f.)*

système d'éjection indépendant. *n.m.* - Système dont le fonctionnement est indépendant de tout autre système d'éjection installé à bord d'un même aéronef. [OTAN]

1. interrogatoire appuyé*. *n.m.*

2. interrogatoire musclé*. *n.m.*

3. interrogatoire sérré*. *n.m.*

indiscret (-ète) (« Je ne voudrais pas être indiscret »). *adj.m. (f.)*

irréductible. *adj.m. (f.)*

grenouiller*. *v.t.*

inefficacité. *n.f.*

inefficacité. *n.f.*

inefficace. *adj.m. (f.)*

système de navigation à inertie. *n.m.* - Système de navigation autonome, utilisant des détecteurs inertiels, qui fournit automatiquement la position d'un véhicule, son cap et sa vitesse. [OTAN]

forfait. *n.m.*

infamy. *n.* - "Yesterday, December 7, 1941, a date which will live in infamy." (Franklin D. Roosevelt referring to the attack on Pearl Harbor).

infantryman. *n.*

infer (to). *v.t.*

inference. *n.*

infernal machine. *n.*

inferno. *n.*

infiltrate (to). *v.t.*

infiltrate (to) (to place an agent in a target area within a hostile country). *v.t.*

infiltration. *n.* - A technique and process in which a force moves as individuals or small groups over, through or around enemy positions without detection. [NATO]

infiltrator. *n.*

in-flight data recorder. *n.*

influence. *n.*

influence (to). *v.t.*

influence peddling. *n.*

influential. *adj.*

inform (to). *v.t.*

information. *n.*

information. *n.* - In intelligence usage, unprocessed data of every description which may be used in the production of intelligence. [NATO]

infamie. *n.f.* - « Hier, le 7 décembre 1941 restera une date infâme entre toutes. » (Franklin D.Roosevelt faisant allusion à l'attaque de Pearl Harbor).

fantassin. *n.m.*

1. déduire. *v.t.*
2. insinuer. *v.t.*

déduction. *n.f.*

machine infernale. *n.f.*

brasier. *n.m.*

noyauter. *v.t.*

infiltrer (introduire un agent dans une zone ciblée à l'intérieur d'un pays ennemi). *v.t.*

infiltration. *n.f.* - Technique et procédé de combat ayant pour but d'introduire au sein, ou autour du dispositif ennemi, un certain volume de force, en évitant d'être répéré. [OTAN]

infiltrateur. *n.m.*

boîte noire* (en fait de couleur orange). *n.f.*

influence. *n.f.*

influencer. *v.t.*

trafic d'influence. *n.m.*

influent (e). *adj.m. (f.)*

1. informer. *v.t.*
2. renseigner. *v.t.*

information. *n.f.*

renseignement brut. *n.m.* - Donnée non traitée de toute nature qui peut être utilisée pour l'élaboration du renseignement. [OTAN]

information requirements. *n.pl.* - Those items of information regarding the enemy and his environment which need to be collected and processed in order to meet the intelligence requirements of a commander. [NATO]

informer (*seksot* in Russian). *n.*

infrared (e.g. "Stinger", an infrared-seeking guided missile). *n.*

infrared camera. *n.*

infrared film. *n.* - Film carrying an emulsion especially sensitive to the near infra-red portion of the electromagnetic spectrum. [NATO]

infrared linescan system. *n.* - A passive airborne infra-red recording system which scans across the ground beneath the flight path, adding successive lines to the record as the vehicle advances along the flight path. [NATO]

ingenious. *adj.*

ingenuity. *n.*

in-house (in-house lingo). *adj.*

initiative. *n.*

inner perimeter. *n.*

inner sanctum. *n.*

innuendo. *n.*

input (computer). *n.*

insert (to) (to place an agent in a target area within a hostile country). *v.t.*

insertion. *n.*

inside information. *n.*

besoins en information. *n.pl.* - Information relative à l'ennemi et à son environnement qui doit être recherchée et exploitée pour répondre aux besoins du commandement. [OTAN]

informateur (« coolie du renseignement »). *n.m.*

infra-rouge (missile AM 39 Exocet). *n.m. / adj*

caméra à infrarouge. *n.f.*

film infrarouge. *n.m.* - Film doté d'une émulsion particulièrement sensible à la partie infrarouge proche du spectre électromagnétique. [OTAN]

analyseur infrarouge à balayage linéaire. *n.m.* - Système passif aéroporté d'enregistrement infrarouge qui explore latéralement le sol sous le véhicule porteur ; ce système enregistre ligne après ligne au fur et à mesure du déplacement. [OTAN]

ingénieux (-euse). *adj.m. (f.)*

ingéniosité. *n.f.*

interne (jargon interne). *adj.m. (f.)*

initiative. *n.f.*

périmètre intérieur. *n.m.*

saint des saints. *n.m.*

sous-entendu. *n.m.*

entrée(s) (ordinateur). *n.f.pl.*

infiltrer (introduire un agent dans une zone ciblée à l'intérieur d'un pays ennemi). *v.t.*

infiltration. *n.f.*

renseignement confidentiel. *n.m.*

inspect (to). *v.t.*
inspection. *n.*
inspector. *n.*
inspector general. *n.*
inspectorate. *n.*
install a wiretap (to). *v.t.*
install electronic monitoring devices (to). *v.t.*
instruction. *n.*
insurgency. *n.*
insurgent. *n.*
insurmountability. *n.*
insurrection. *n.*
insurrectional. *adj.*
integral part. *n.*
integration. *n.* - In intelligence, a step in the processing phase of the intelligence cycle whereby analysed information is selected and combined into a pattern in the course of its production as intelligence. [NATO]

integrity. *n.*
intelligence. *n.* - The product resulting from the processing of information concerning foreign nations, hostile or potentially hostile forces or elements, or areas of actual or potential operations. The term is also applied to the activity which results in the product and to the organizations engaged in such activity. [NATO]

inspecter. *v.t.*
inspection. *n.f.*
inspecteur. *n.m.*
inspecteur général. *n.m.*
inspectorat. *n.m.*
poser une écoute. *v.t.*
effectuer un branchement. *v.t.*

consigne. *n.f.*
rébellion. *n.f.*
insurgé(e). *n.m. (f.)*
irréductibilité. *n.f.*
insurrection. *n.f.*
insurrectionnel (-le). *adj.m. (f.)*
partie intégrante. *n.f.*
synthèse. *n.f.* - En terme de renseignement, étape dans la phase d'exploitation du cycle du renseignement au cours de laquelle l'information analysée est sélectionnée puis placée dans un schéma d'ensemble dans la perspective de sa production comme renseignement élaboré. [OTAN]

intégrité. *n.f.*
renseignement. *n.m.* - Résultat de l'exploitation des renseignements bruts concernant les nations étrangères, les forces armées ennemies ou pouvant le devenir, les zones où des opérations sont effectivement menées ou pourraient l'être. Le terme s'applique aussi aux activités d'élaboration du renseignement et aux organismes qui s'y consacrent. [OTAN]

intelligence. *n.* - The product of the collection, evaluation and interpretation of information; razvedka in Russian also used for reconnaissance.

Intelligence Branch (G-2). *n.*

"Intelligence Community" (NSA Act of 1947). *n.*

intelligence cycle. *n.* - The sequence of activities whereby information is obtained, assembled, converted into intelligence and made available to users. This sequence comprises the following four phases:
a. **Direction** - Determination of intelligence requirements, planning the collection effort, issuance of orders and requests to collection agencies and maintenance of a continuous check on the productivity of such agencies.
b. **Collection** - The exploitation of sources by collection agencies and the delivery of the information obtained to the appropriate processing unit for use in the production of intelligence.
c. **Processing** - The conversion of information into intelligence through collation, evaluation, analysis, integration and interpretation.
d. **Dissemination** - The timely conveyance of intelligence, in an appropriate form and by any suitable means, to those who need it. [NATO]

renseignement. *n.m.* - Résultat de la collecte, de l'évaluation et de l'interpretation de l'information ; razvedka en russe, qui signifie aussi reconnaissance.

Deuxième Bureau (*voir* DRM dans « Sigles et Abréviations français »). *n.m.*

« Communauté du Renseignement » (anglicisme datant de 1947). *n.f.*

cycle du renseignement. *n.m.* - Séquence d'opérations par lesquelles les renseignements bruts sont obtenus, regroupés, transformés en renseignement et mis à la disposition des utilisateurs. Ces opérations comprennent :
a. **Orientation** - Détermination des besoins en renseignement, établissement du plan de recherche, envoi de demandes de renseignement et d'ordres de recherche aux organismes de renseignement et contrôle permanent de la production de ces organismes.
b. **Recherche** - Mise en œuvre des sources par les organismes de renseignement et transmission des renseignements bruts obtenus aux organismes d'exploitation appropriés pour leur utilisation dans l'élaboration du renseignement.
c. **Exploitation** - transformation des renseignements bruts en renseignement par regroupement, évaluation, analyse, synthèse et interprétation.
d. **Diffusion** - Envoi du renseignement en temps utile par tous moyens adaptés et sous une forme appropriée à ceux qui en ont besoin. [OTAN]

"MOTS-VALISES"
(formés sur INTELLIGENCE)

ACINT / ACOUSTINT
Acoustical Intelligence
Renseignement acoustique

CARTINT
Cartographic Intelligence
Renseignement topographique

COMINT
Communications Intelligence
Renseignement des transmissions

COMPINT
Computer Intelligence
Renseignement informatique

ELINT
Electronic Intelligence
Renseignement électronique

ELOPTINT
Electro-Optical Intelligence
Renseignement électro-optique

FISINT
Foreign Instrumentation Signals Intelligence
Renseignement transmissions étrangères

HUMINT
Human Intelligence
Renseignement humain

IMINT
Imagery Intelligence
Renseignement d'imagerie

LASINT
Laser Intelligence
Renseignement laser

MASINT
Measurement and Signature Intelligence
Renseignement mesure et signature
(paramètres de trajectoires des missiles)

MEDINT
Medical Intelligence
Renseignement sanitaire

MILINT
Military Intelligence
Renseignement militaire

NARCINT
Narcotics Intelligence
Renseignement sur les trafics de stupéfiants

NUCINT / NUCLINT
Nuclear Intelligence
Renseignement nucléaire

OPINTEL
Operational Intelligence
Renseignement opérationnel (*voir* TACINTEL)

OPTINT
Optical Intelligence
Renseignement optique

OSINT
Open Sources Intelligence
(news media)
Renseignement ouvert

PHOTINT
Photographic Intelligence
Renseignement photographique

RADINT
Radar Intelligence
Renseignement radar

RINT
Radiation Intelligence
Renseignement radiations

RUMINT
Rumor Intelligence
Renseignement d'ambiance

SIGINT
Signals Intelligence
Renseignement transmissions
(regroupe COMINT et ELINT)

TACINTEL
Tactical Intelligence
Renseignement tactique

TECHINT
Technical Intelligence
Renseignement technique

TELINT
Telemetry Intelligence
Renseignement télémétrique

TOPINT
Technical Operational Intelligence
Renseignement opérationnel technique

intelligence estimate. *n.* - The appraisal, expressed in writing or orally, of available intelligence relating to a specific situation or condition with a view to determining the courses of action open to the enemy or potential enemy and the order of probability of their adoption. [NATO]

intelligence officer. *n.*

intelligence service. *n.*

interagency flap (e.g.: MI5 vs. MI6). *n.*

intercept. *n.*

intercept (to). *v.t.*

interception. *n.*

intercontinental missile. *n.*

interdict (to) (apprehend). *v.t.*

interdiction fire. *n.* - Fire placed on an area or point to prevent the enemy from using the area or point. [NATO]

interfere (to). *v.t.*

interference. *n.*

intermediary. *n. / adj.*

intermediate-range missile. *n.*

interoperability. *n.* - The ability of systems, units or forces to provide services to and accept services from other systems, units or forces and to use the services so exchanged to enable them to operate effectively together. [NATO]

interpret (to). *v.t.*

appréciation « renseignement ». *n.f.* - Appréciation, écrite ou verbale, des renseignements disponibles relatifs à une situation ou à des conditions spécifiques, en vue de déterminer les possibilités de l'ennemi actuel ou potentiel et le degré de probabilité de leur réalisation. [OTAN]

agent de renseignement. *n.m.*

service(s) de renseignement. *n.m. (pl.)*

friction entre services (RG contre DST par exemple). *n.f.*

message intercepté. *n.m.*

intercepter. *v.t.*

interception. *n.f.*

missile de longue portée. *n.m.*

intercepter (appréhender). *v.t.*

tir d'interdiction. *n.m.* - Tir mis en place sur une zone ou sur un point en vue d'en interdire l'utilisation par l'ennemi. [OTAN]

immiscer (s'). *v.pr.*

immixtion. *n.f.*

intermédiaire. *n.m. / adj.*

missile de moyenne portée. *n.m.*

interopérabilité. *n.f.* - Capacité de plusieurs systèmes, unités ou organismes dont l'organisation et les relations respectives autorisent une aide mutuelle qui les rend aptes à opérer de concert. [OTAN]

interpréter. *v.t.*

interpreter. *n.*
interrogate (to). *v.t.*
interrogation. *n.*
interservice. *adj.*
intervene (to). *v.i.*
intervention. *n.*

intoxicate (to). *v.t.*
intoxication. *n.*

intrigue. *n.* - e.g.: "while secret service is a profession of deceit and intrigue, many of its practitioners are men of exceptional character." Peter Wright, Spycatcher.

intriguer (person who engages in intrigue). *n.*

intriguing. *adj.*

intruder. *n.* - An individual, unit, or weapon system, in or near an operational or exercise area, which presents the threat of intelligence gathering or disruptive activity. [NATO]

intuition. *n.* - "Espionage is a crime almost devoid of evidence, which is why intuition, for better or worse, always has a large part to play in its successful detection." Peter Wright, Spycatcher.

investigate (to). *v.t.*

interprète. *n.m. (f.)*
interroger. *v.t.*
interrogatoire. *n.m.*
interarmées. *adj.m. (f.)*
intervenir. *v.i.*
1. ingérence. *n.f.*
2. intervention. *n.f.*
intoxiquer. *v.t.*
1. intox*. *n.f.*
2. intoxication. *n.f.*

intrigue. *n.f.* - ex. : « alors que les services secrets sont une profession se nourrissant de tromperie et d'intrigue, la plupart de ceux qui en font partie sont des hommes au caractère irréprochable. » Peter Wright, Spycatcher.

intrigant (e) (qui a recours à l'intrigue pour parvenir à ses fins). *n.m. (f.)*

intriguant (e). *adj.m. (f.)*

intrus. *n.m.* - Individu, unité ou système d'arme se trouvant à l'intérieur ou à proximité d'une zone opérationnelle ou d'exercice et représentant une menace d'acquisition de renseignement ou d'activité perturbatrice. [OTAN]

intuition. *n.f.* - « L'espionnage est un crime quasiment dénué de preuves ; c'est la raison pour laquelle l'intuition, pour le meilleur ou pour le pire, joue toujours un rôle essentiel dans le succès de son enquête. » Peter Wright, Spycatcher.

enquêter. *v.t.*

investigation. *n.*	enquête. *n.f.*
investigator. *n.*	enquêteur. *n.m.*
"Invisible Government" (CIA). *n.*	« Gouvernement invisible » (CIA). *n.m.*
invisible ink. *n.*	encre invisible [utilisée, dit-on, pour la première fois par François Vidocq (1775-1857)]. *n.f.*
involve (to). *v.t.*	impliquer. *v.t.*
involvement. *n.*	implication. *n.f.*
"Iron Curtain" (Winston Churchill, March 5, 1946). *n.*	« Rideau de fer » (Winston Churchill, 5 mars 1946). *n.m.*
iron out (difficulties) **(to)**. *v.t.*	aplanir (difficultés). *v.t.*
irradiate (to). *v.t.*	irradier. *v.t.*
irradiation. *n.*	irradiation. *n.f.*
irregular. *n. / adj.*	franc-tireur. *n.m. / adj.*
irrelevance. *n.*	non-pertinence. *n.f.*
irrelevant. *adj.*	hors de propos. *adj.m. (f.)*
Islamism. *n.*	islamisme. *n.m.*
Islamist. *n.*	islamiste. *n.m.*
I've been hit* (made*)	Je me suis fait mordre* (repérer lors d'une filature)

J - K

J for Juliet (NATO phonetic alphabet)

jacket (diskette). *n.*

jack-in-the-box* (spring-loaded dummy). *n.*

jam (to). *v.t.*

James Bondesque*. *adj.*

jamming. *n.*

jettison. *n.* - Deliberate release of an aircraft store from an aircraft to effect aircraft safety or prepare for air combat. [NATO]

jib* (spring-loaded dummy). *n.*

jimmy. *n.*

job*. *n.*

joint staff. *n.* - A staff formed of two or more of the services of the same country. [NATO]

jot down on a log book. *v.t.*

Judge Advocate General's Corps (JAGC). *n.*

juggernaut. *n.*

jump to conclusions (to). *v.t.*

junta. *n.*

J comme Juliet (alphabet phonétique de l'OTAN)

pochette (disquette). *n.f.*

diable* (mannequin monté sur ressorts). *n.m.*

brouiller. *v.t.*

rocambolesque. *adj.m. (f.)*

brouillage. *n.m.*

délestage. *n.m.* - Largage volontaire de charges d'un aéronef afin d'assurer sa sécurité ou de le préparer pour le combat aérien. [OTAN]

diable* (mannequin monté sur ressorts). *n.m.*

pince monseigneur. *n.f.*

coup*. *n.m.*

état-major interarmées. *n.m.* - État-major comprenant des personnels de plusieurs armées du même pays. [OTAN]

consigner dans un registre d'écoutes. *v.t.*

justice militaire. *n.f.*

pouvoir destructeur. *n.m.*

tirer des conclusions hâtives. *v.t.*

junte. *n.f.*

✼ ✼ ✼   ✼ ✼ ✼

K for Kilo (NATO phonetic alphabet)

Kapelle. *n.* - The *Rote Kapelle* was originally a *Sunderkommando* created by Hitler to fight the Third Reich's enemies. But the Red Orchestra combined different antifascist movements operating in occuped Europe (*see* ring).

keep a loose tail* (surveillance) **(to)**. *v.t.*

keep a low profile (to). *v.t.*

keep a low profile (to). *phr.*

keep it quiet (to). *v.t.*

keep on someone's tail* (to). *v.i.*

keep someone at arm's length (to). *phr.*

keep something in the dark (to). *phr.*

Keep visual contact (surveillance)

Kel transmitter. *n.*

key point. *n.* - A concentrated site or installation, the destruction or capture of which would seriously affect the war effort or the success of operations. [NATO]

key symbol. *n.* - In psychological operations, a simple, suggestive, repetitive element (rhythm, sign, colour, etc.) which has an immediate impact on a target audience and which creates a favourable environment for the acceptance of a psychological theme. [NATO]

keyboard (US keyboard: QWERTY). *n.*

K comme Kilo (alphabet phonétique de l'OTAN)

Kapelle. *n.f.* - À l'origine, la *Rote Kapelle* fut un *Sunderkommando* créé par Hitler pour lutter contre les ennemis du Troisième Reich. En revanche, l'Orchestre rouge regroupait divers mouvements antifascistes opérant dans l'Europe occupée (*voir* réseau).

donner du mou* (filature). *loc.*

adopter un profil bas. *v.t.*

garder un profil bas. *loc.*

écraser le coup*. *loc.*

filocher* quelqu'un. *v.t.*

tenir quelqu'un à bout de gaffe. *loc.*

mettre sous le boisseau. *loc.*

Gardez le contact à vue (filature)

1. microémetteur. *n.m.*

2. Storno (marque hollandaise de magnétophone). *n.m.*

point sensible. *n.m.* - Site ou installation dont la destruction ou la capture affecterait sérieusement l'effort de guerre ou le succès des opérations. [OTAN]

symbole clé. *n.m.* - Employé dans le cadre d'opérations psychologiques, désigne un élément simple, suggestif et répétitif (rythme, signe, couleur, etc.) qui a un effet immédiat sur une audience-cible et qui contribue à créer un climat favorable à l'acceptation d'un thème psychologique. [OTAN]

clavier (clavier français : AZERTY). *n.m.*

keypad. *n.*   clavier. *n.m.*

keyword. *n.*   mot-clé. *n.m.*

KGB officer. *n.*   kaguébiste / KGBiste (officier du KGB ; sur le modèle de tchékiste, membre de la Tchéka, 1917-1922). *n.m.*

kickback*. *n.*   dessous-de-table*. *n.m.*

kidnap (to). *v.t.*   kidnapper. *v.t.*

kidnap(p)ee. *n.*   personne enlevée. *n.f.*

kidnap(p)er. *n.*   ravisseur(-euse). *n.m. (f.)*

kidnap(p)ing. *n.*   rapt. *n.m.*

kidnap(p)ing (Federal Kidnapping Law, June 24, 1936). *n.*   enlèvement (crime fédéral aux États-Unis). *n.m.*

kill probability. *n.* - A measure of the probability of destroying a target. [NATO]   probabilité de destruction. *n.f.* - Estimation de la probabilité de la destruction d'un objectif. [OTAN]

killed in action (KIA). *adj.* - A battle casualty who is killed outright or who dies as a result of wounds or other injuries before reaching a medical treatment facility. [NATO]   tué au combat. *adj.m.* - Combattant tué sur le champ ou décédé des suites de ses blessures, ou d'autres atteintes, avant d'avoir rallié une formation médicale. [OTAN]

killing fields. *n.pl.*   champs de massacres. *n.m. pl.*

kiloton. *n.*   kilotonne. *n.f.*

kingly (power). *adj.*   régalien (pouvoir). *adj.m.*

kit out (to). *v.t.*   harnacher (s'). *v.pr.*

klick* (kilometer). *n.*   borne* (kilomètre). *n.f.*

kneecapping (IRA). *n.*   jambisme* (mutilation des rotules à l'aide d'une arme à feu). *n.m.*

know-how. *n.*   savoir-faire. *n.m.*

knuckle dragger* (goon*). *n.*   gorille* (homme de main). *n.m.*

Krav maga (close combat in Hebrew; technique developed by the Mossad). *n.*   *Krav maga* (« combat rapproché » en hébreu : technique de lutte à mains nues mise au point par les services secrets israéliens). *n.m.*

Kremlinologist. *n.*   kremlinologue. *n.m.*

L

L for Lima (NATO phonetic alphabet)
'L' pill (suicide capsule). *n.*
labour camp. *n.*
labyrinth. *n.*
land (to). *v.t.*

land* (to) (e.g.: "the subject has landed*"). *v.t.*
landing. *n.*
landing craft. *n.* - A craft employed in amphibious operations, specifically designed for carrying troops and equipment and for beaching, unloading, and retracting. Also used for logistic cargo resupply operations. [NATO]

landing force. *n.* - A task organization of troop units, aviation and ground, assigned to an amphibious assault. It is the highest troop echelon in the amphibious operation. [NATO]

landing ship. *n.* - An assault ship which is designed for long sea voyages and for rapid unloading over and on to a beach. [NATO]

L comme Lima (alphabet phonétique de l'OTAN)
capsule de cyanure. *n.f.*
camp de travail. *n.m.*
labyrinthe. *n.m.*
1. amerrir. *v.t.*
2. atterrir. *v.t.*
3. débarquer. *v.t.*

poser* (se) (ex. : « le sujet s'est posé* »). *v.pr.*
débarquement. *n.m.*
engin de débarquement. *n.m.* - Engin utilisé au cours des opérations d'assaut amphibies, destiné spécifiquement à transporter des troupes avec leur équipement, à s'échouer, décharger et se déséchouer. Utilisé également pour toute opération de ravitaillement. [OTAN]

force de débarquement. *n.f.* - Groupement opérationnel comprenant les unités terrestres, l'aviation et ses installations au sol, affecté à un assaut amphibie. Dans une opération amphibie, c'est l'échelon le plus élevé pour les forces terrestres. [OTAN]

bâtiment de débarquement. *n.m.* - Bâtiment d'assaut construit pour de longues traversées en mer et pouvant être déchargé rapidement sur la plage même. [OTAN]

Langley
[CIA HQ,
west of Washington,
Fairfax County, Virginia
(accessed by the George Washington Memorial Parkway)
Washington D.C. 20505
Phone: (703) 482-1100]

laptop computer. *n.*

laser guided weapon. *n.* - A weapon which utilizes a seeker to detect laser energy reflected from a laser marked/designated target and through signal processing provides guidance commands to a control system which guides the weapon to the point from which the laser energy is being reflected. [NATO]

laser gun[1]. *n.*

laser linescan system. *n.* - An active airborne imagery recording system which uses a laser as the primary source of illumination to scan the ground beneath the flight path, adding successive across-track lines to the record as the vehicle advances. [NATO]

laser range-finder. *n.* - A device which uses laser energy for determining the distance from the device to a place or object. [NATO]

laser target designating system. *n.* - A system which is used to direct (aim or point) laser energy at a target. The system

Langley
[QG de la CIA,
situé à l'ouest de Washington,
comté de Fairfax, Virginie
(accès par le George Washington Memorial Parkway)
Washington D.C. 20505
Téléphone : 00-1-703- 482-1100]

ordinateur portable. *n.m.*

arme guidée par laser. *n.f.* - Arme qui utilise un chercheur pour détecter l'énergie laser réfléchie par un objectif marqué ou désigné par laser et qui, par le traitement des signaux, fournit les ordres de guidage à un système de commande dirigeant l'arme sur le point d'où l'énergie laser est réfléchie. [OTAN]

fusil équipé d'un projecteur de spot-laser. *n.m.*

analyseur laser à balayage linéaire. *n.m.* - Système actif aéroporté d'enregistrement, utilisant un laser comme source principale d'illumination qui explore latéralement le sol sous le véhicule porteur par lignes successives au fur et à mesure du déplacement. [OTAN]

télémètre à laser. *n.m.* - Appareil qui utilise l'énergie laser pour déterminer la distance le séparant d'un endroit ou d'un objet. [OTAN]

système marqueur d'objectif à laser. *n.m.* - Système utilisé pour diriger un rayon laser sur une cible. Le système consiste

---

1 - See chapter III, D on Firearms in my *Dictionary of Police and Underworld Language*.

consists of the laser designator or laser target marker with its display and control components necessary to acquire the target and direct the beam of laser energy thereon. [NATO]

last stand. *n.*

lattice. *n.* - A network of intersecting positional lines printed on a map or chart from which a fix may be obtained. [NATO]

launch (to). *v.t.*

launch (an investigation) (to). *v.t.*

launch pad. *n.* - A concrete or other hard surface area on which a missile launcher is positioned. [NATO]

launch site (missile). *n.*

launching. *n.*

launder* (dirty money) **(to).** *v.t.*

laundering* (dirty money). *n.*

lax (security). *adj.*

laxity (security). *n.*

lay an ambush (to). *v.t.*

lay down weapons (to). *v.t.*

lay low (to). *v.t.*

lay the groundwork (to). *v.t.*

lay waste (to). *v.t.*

laydown bombing. *n.* - A very low level bombing technique wherein delay fuses and / or devices are used to allow the attacker to escape the effects of his bomb. [NATO]

en un marqueur laser avec son écran et les composants de contrôle nécessaires à détecter la cible et à diriger le rayon laser. [OTAN]

baroud d'honneur. *n.m.*

canevas. *n.m.* - Réseau de lignes de position reportées sur une carte qui permettent de définir une position. [OTAN]

lancer. *v.t.*

diligenter (une enquête). *v.t.*

aire de lancement. *n.f.* - Plateforme de béton ou autre matériau dur sur laquelle est installée une rampe de lancement pour fusée. [OTAN]

site de lancement (engin). *n.m.*

lancement. *n.m.*

blanchir* (argent sale). *v.t.*

blanchiment* (argent sale). *n.m.*

négligent(e) (sécurité). *adj.m. (f.)*

négligence (sécurité). *n.f.*

dresser une embuscade. *v.t.*

déposer les armes. *v.t.*

faire petit (se). *v.pr.*

préparer le terrain. *v.t.*

dévaster. *v.t.*

bombardement en vol rasant. *n.m.* - Méthode de bombardement à très basse altitude où des fusées retardatrices et / ou d'autres équipements sont utilisés pour permettre à l'assaillant d'échapper aux effets de ses propres bombes. [OTAN]

layout (terrain). *n.*

lead. *n.*

lead car (surveillance). *n.*

lead collision course. *n.* - A vector which, if maintained by an interceptor aircraft, will result in collision between the interceptor's fixed armament and the target. [NATO]

lead pursuit. *n.* - An interceptor vector designed to maintain a course of flight at a predetermined point ahead of a target. [NATO]

lead weight. *n.*

leadership. *n.*

leak. *n.*

leak out (to) (to transpire undesignedly). *v.t.*

leakage. *n.*

leap-frog. *n.* - Form of movement in which like supporting elements are moved successively through or by one another along the axis of movement of supported forces. [NATO]

leapfrog over* (technical surveillance) **(to)**. *v.t.*

leatherneck* (US marine). *n.*

leave someone holding the bag* **(to)**. *phr.*

leeway. *n.*

legal wiretap. *n.*

configuration (terrain). *n.f.*

piste. *n.f.*

voiture de tête (filature). *n.f.*

cap de collision. *n.m.* - Vecteur donné à un avion d'interception et qui, s'il est maintenu, conduit l'intercepteur à réaliser une collision entre son armement fixe et le but. [OTAN]

cap de poursuite. *n.m.* - Vecteur donné à un avion d'interception dans le but de faire passer sa route par un point déterminé en avant de l'objectif. [OTAN]

chape de plomb. *n.f.*

commandement. *n.m.*

fuite. *n.f.*

fuiter* (faire l'objet d'une fuite). *v.t.*

fuite. *n.f.*

progression par bonds. *n.f.* - Forme de mouvement au cours duquel des éléments (tels que des éléments de soutien) se déplacent suivant un même axe en se rejoignant ou en se dépassant successivement les uns les autres. [OTAN]

jouer à saute-mouton* (technique consistant à dépasser, ou à doubler le suspect faisant l'objet d'une filature). *loc.*

marsouin* (soldat de l'ex-infanterie de marine). *n.m.*

porter le chapeau*. *loc.*

marge de manœuvre. *n.f.*

écoute administrative. *n.f.*

legal* (open or unclassified). *adj.* | blanc* (ouvert ou non classifié). *adj.m.*

legal* (intelligence officer working abroad and enjoying diplomatic immunity). *n.* | légal* (agent en exercice à l'étranger jouissant d'une immunité diplomatique). *n.m.*

legation. *n.* | légation. *n.f.*

legend* (false identity). *n.* | légende* (anglicisme : identité fictive). *n.f.*

legit* (legitimate*: trustworthy individual; a standup guy*). *adj.* | blanc-bleu* (individu sûr). *adj.m.*

leniency. *n.* | mansuétude. *n.f.*

let the cat out the bag (to) (involuntarily). *phr.* | vendre la mèche. *loc.*

let's bygones be bygones. *phr.* | passer l'éponge*. *v.t.*

Let's call it a wrap! (surveillance) | On laisse tomber ! (filoche* / planque*)

letter bomb. *n.* | lettre piégée. *n.f.*

letup. *n.* | 1. pause. *n.f.*
 | 2. répit. *n.m.*

lever. *n.* | levier. *n.m.*

leverage. *n.* | moyen de pression. *n.m.*

liaise (to). *v.t.* | effectuer une liaison. *v.t.*

liaison. *n.* | liaison. *n.f.*

liaison officer. *n.* | officier de liaison. *n.m.*

liberty. *n.* | permission (congé accordé à un militaire). *n.f.*

licence to kill (James Bond). *n.* | permis de tuer (007). *n.m.*

lick one's wounds (to). *phr.* | panser ses blessures. *loc.*

lie detector. *n.* | détecteur de mensonge. *n.m.*

lie-detector test. *n.* | test de détecteur de mensonges. *n.m.*

lieutenant[1] (USN). *n.* | lieutenant de vaisseau. *n.m.*

lieutenant colonel[1] (USA, USAF). *n.* | lieutenant-colonel. *n.m.*

lieutenant commander[1] (USN). *n.* | capitaine de corvette. *n.m.*

---

1 - See equivalence of military ranks in Appendices A and B.

lieutenant general[1] (three stars; USA). *n.*

life-guard submarine. *n.* - A submarine employed for rescue in an area which cannot be adequately covered by air or surface rescue facilities because of enemy opposition, distance from friendly bases, or other reasons. It is stationed near the objective and sometimes along the route to be flown by the strike aircraft. [NATO]

light cover* (*katsa* working under diplomatic cover)

light infantryman. *n.*

light-gathering goggles. *n.pl.*

lightning rod* (expendable). *n.*

lightning war (*blitzkrieg* in German)

lie in ambush (to). *v.t.*

limpet mine. *n.*

line (phone). *n.*

line terminal. *n.*

linkage. *n.*

lipstick camera. *n.*

list. *n.*

listening device. *n.*

listening post. *n.*

listening station. *n.*

Litmus paper. *n.*

litmus test. *n.*

général de corps d'armée (quatre étoiles). *n.m.*

sous-marin de sauvetage. *n.m.* - Sous-marin utilisé pour les opérations de sauvetage dans une zone qui ne peut être convenablement couverte par des moyens de sauvetage aérien ou de surface en raison de l'opposition ennemie ou de l'éloignement des bases amies, ou pour d'autres raisons. Il est stationné à proximité de l'objectif ou, quelque fois, sur la route suivie par les avions d'assaut. [OTAN]

détronché* (agent en exercice à l'étranger jouissant d'une immunité diplomatique). *n.m.*

voltigeur. *n.m.*

lunettes de vision nocturne. *n.f.pl.*

fusible*. *n.m.*

guerre éclair (*blitzkrieg* en Allemagne). *n.f.*

tenir en embuscade (se). *v.pr.*

mine magnétique. *n.f.*

ligne (téléphonique). *n.f.*

terminal filaire. *n.m.*

corrélation. *n.f.*

caméra miniature. *n.f.*

liste. *n.f.*

microémetteur. *n.m.*

poste d'écoute. *n.m.*

station d'écoute. *n.f.*

révélateur. *n.m.*

épreuve de vérité. *n.f.*

---

1 - See equivalence of military ranks in Appendices A and B.

live (letter) drop*. *n.*	boîte aux lettres vive* / vivante* (contact physique entre un agent et son traitant*) (BLV). *n.f.*
live grenade. *n.*	grenade non explosée. *n.f.*
live penetration. *n.*	pénétration par agent. *n.f.*
lobby. *n.*	groupe de pression. *n.m.*
local call. *n.*	communication urbaine. *n.f.*
lock down (to). *v.t.*	verrouiller. *v.t.*
lock in (a bandit*) (to). *v.t.*	verrouiller. *v.t.*
lock on. *n.* - Signifies that a tracking or target seeking system is continuously and automatically tracking a target in one or more co-ordinates (e.g., range, bearing, elevation). [NATO]	verrouillage radar. *n.m.* - État d'un système de poursuite ou de recherche d'objectifs qui poursuit continuellement et automatiquement un objectif suivant une ou plusieurs coordonnées (par exemple : portée, azimut, site). [OTAN]
locked lines. *n.pl.*	lignes encombrées. *n.f.pl.*
locking carabiner. *n.*	mousqueton à virole. *n.m.*
log book. *n.*	livre de bord. *n.m.*
log off (to). *v.t.*	terminer (communication). *v.t.*
log on (to). *v.t.*	entrer en communication (avec). *v.t.*
logarithm. *n.*	logarithme. *n.m.*
logistician. *n.*	logisticien. *n.m.*
logistics. *n.*	logistique. *n.f.*
long distance call. *n.*	appel interurbain. *n.m.*
long haul. *n.*	long terme. *n.m.*
long leash*. *n.*	rênes longues*. *n.f.pl.*
lookout (on the) (to). *v.t.*	aguets (être aux). *v.t.*
lookout*. *n.*	chouf* (guetteur). *n.m.*
loophole. *n.*	échappatoire. *n.f.*
loose cannon* (maverick agent). *n.n.*	1. électron libre* (sujet incontrôlable). *n.m.* 2. cow-boy* (élément incontrô-

loosen the noose (to). *phr.*

loran. *n.* - A long-range radionavigation position fixing system using the time difference of reception of pulse type transmissions from two or more fixed stations. This term is derived from the words long-range electronic navigation. [NATO]

lord ("*Nachrichtendienst ist ein Herrendienst.*" Admiral Canaris, 1887-1945). *n.*

lose* (elude surveillance) **(to).** *v.t.*

loud hailer. *n.*

lowercase. *n.*

loyal. *adj.*

loyalty (unwavering, unflagging). *n.*

Lubianka
(former KGB HQ,
2 Dzerzhinsky Square,
Moscow). *n.*

lull. *n.*

lable). *n.m.*

désserrer l'étau. *loc.*

loran. *n.m.* - Système de navigation à longue portée basé sur le décalage de temps entre les émissions à impulsions synchronisées provenant de plusieurs stations fixes (sigle de long range electronic navigation). [OTAN]

seigneur (« Le métier du renseignement est un métier de seigneurs. » Amiral Canaris, 1887-1945). *n.m.*

semer * (déjouer une filature). *v.t.*

porte-voix. *n.m.*

minuscule. *n.f.*

loyal(e). *adj.m. (f.)*

loyauté (indéfectible, sans faille). *n.f.*

Loubianka (la)
(QG de l'ex- KGB,
2 place Dzerzhinsky, Moscou).
n.f.

accalmie. *n.f.*

M for Mike (NATO phonetic alphabet)

Machiavellian. *adj.*

Machiavellianism. *n.*

machine gun[1] (small arm able to deliver a rapid and continuous fire as long as the trigger is pressed). *n.*

machine gun nest. *n.*

macroconflict. *n.*

maggot* (sleeping bag). *n.*

magnesium (incendiary). *n.*

magnet. *n.*

magnetic antenna (receives all band coverage: 30-950 MHz). *n.*

magnetic compass. *n.* - An instrument containing a freely suspended magnetic element which displays the direction of the horizontal component of the earth's magnetic field at the point of observation. [NATO]

magnetometer. *n.*

"Magnificent Five". *n.* - Nickname given to a network of five British moles educated at Cambridge at the 1930's: Anthony Blunt (1907-1983), Guy Burgess

M comme Mike (alphabet phonétique de l'OTAN)

machiavélique. *adj.m.* (*f.*)

machiavélisme. *n.m.*

mitrailleuse (inventée en 1889 par Hiram Stevens Maxim ; 600 coups / minutes). *n.f.*

nid de mitrailleuse. *n.m.*

macro-conflict. *n.m.*

sac à viande* (sac de couchage). *n.m.*

magnésium (incendiaire). *n.m.*

aimant. *n.m.*

antenne magnétique (reçoit toutes les gammes de fréquence : 30-950 MHz)

compas magnétique. *n.m.* - Instrument utilisant un équipage magnétique suspendu pour indiquer la direction du nord magnétique. [OTAN]

détecteur de métal. *n.m.*

« cinq de Cambridge ». *n.m.pl.* - Surnom donné à un réseau de cinq agents doubles britanniques éduqués à Cambridge dans les années 1930 : Anthony

---

1 - See chapter III, D on Firearms in my *Dictionary of Police and Underworld Language.*

(1911-1963),Donald Maclean (1913-1983), Kim Philby (1912-1998) and John Cairncross (1913-1995).

mail ("Gentlemen don't read each other's mail", Secretary of State Henry L. Stimson, 1929). *n.*

mail tampering. *n.*

mail tampering (*perlyustratsiya* in Russian). *n.*

mailbox*. *n.*

mainframe (central processing unit). *n.*

mainland. *n.*

maintain (to). *v.t.*

maintain the surveillance (to). *v.t.*

maintenance. *n.*

major. *n.*

major general[1] (two stars; USA). *n.*

make entry (to). *v.t.*

make the tail* (to). *v.t.*

make* (surveillance) **(to).** *v.t.*

malfunction. *n.*

man of straw. *n.*

man the listening post (to). *v.t.*

mandate. *n.*

Blunt (1907-1983), Guy Burgess (1911-1963), Donald Maclean (1913-1983), Kim Philby (1912-1998) et John Cairncross (1913-1995).

courrier (« Les hommes bien élevés ne lisent pas le courrier des autres », Secrétaire d'État Henry L. Stimson, 1929). *n.m.*

viol de correspondance. *n.m.*

ouverture illégale du courrier (*perlyustratsiya* en russe). *n.f.*

boîte aux lettres* (lieu de dépôt du courrier pour des agents d'un même réseau). *n.f.*

unité centrale (ordinateur). *n.f.*

1. continent. *n.*
2. métropole. *n.f.*

entretenir. *v.t.*

poursuivre la surveillance. *v.t.*

entretien (réparations). *n.m.*

1. chef d'escadron. *n.m.*
2. commandant. *n.m.*

général de division (trois étoiles). *n.m.*

pénétrer. *v.i.*

repérer la filature. *v.t.*

repérer (filature). *v.t.*

défaillance (fonctionnement défectueux). *n.f.*

homme de paille. *n.m.*

être de surveillance au poste d'écoute. *loc.*

mandat. *n.m.*

---

1 - See equivalence of military ranks in Appendices A and B.

manhandle (to). *v.t.*	malmener. *v.t.*
manifesto. *n.*	manifeste. *n.m.*
manipulate (to). *v.t.*	**1.** manipuler. *v.t.*
	2. manœuvrer. *v.t.*
manipulation. *n.*	manipulation. *n.f.*
manipulative. *adj.*	manipulateur(-trice). *adj.mn.m. (f.)*
manipulator. *n.*	manipulateur(-trice). *n.m. (f.)*
mano a mano. *n.*	close combat (combat rapproché). *n.m.*
manoeuvre. *n.*	manœuvre. *n.f.*
manoeuvre (to). *v.t.*	manœuvrer. *v.t.*
manoeuvres. *n.pl.*	menées. *n.f.pl.*
manual. *n.*	manuel. *n.m.*
manual. *adj.*	manuel(-le). *adj.m. (f.)*
map. *n.*	carte. *n.f.*
maquis. *n.*	maquis. *n.m.*
marching orders. *n.pl.*	ordre de route. *n.m.*
marine (USMC motto: "Semper Fidelis")	fusilier-marin. *n.m.*
Mark!	Top !
marksman. *n.*	tireur d'élite. *n.m.*
marshal¹ (field-) (UK). *n.*	maréchal (sept étoiles). *n.m.*
martial law. *n.*	loi martiale. *n.f.*
mask (to). *v.t.*	occulter. *v.t.*
masking. *n.*	occultation. *n.f.*
masquerade as (to). *v.t.*	déguiser en (se). *v.pr.*
mass grave. *n.*	charnier. *n.m.*
massacre. *n.*	massacre. *n.m.*
master spy. *n.*	**1.** chef espion. *n.m.*
	2. maître espion. *n.m.*
mastermind. *n.*	instigateur (-trice). *n.m. (f.)*

---

1 - See equivalence of military ranks in Appendices A and B.

mastermind (to). *v.t.* — téléguider. *v.t.*

matériel. *n.* — matériel. *n.m.*

maverick* (uncontrollable subject). *n.* — électron libre* (sujet incontrôlable). *n.m.*

maximize (to). *v.t.* — 1. maximiser. *v.t.* 2. optimiser. *v.t.*

mayhem. *n.* — carnage. *n.m.*

McCarthysm (Joseph R. McCarthy GOP senator of Wisconsin; 1908-1957). *n.* — maccarthysme (chasse aux sorcières). *n.m.*

meaconing. *n.* - A system of receiving radio beacon signals and rebroadcasting them on the same frequency to confuse navigation. The meaconing stations cause inaccurate bearings to be obtained by aircraft or ground stations. [NATO] — transplexion. *n.f.* - Système de déception imitative consistant à recevoir les signaux radio de navigation et à les retransmettre sur la même fréquence pour perturber la navigation. Les stations de transplexion introduisent des erreurs dans les relèvements obtenus par les aéronefs ou les stations au sol. [OTAN]

mean business (to). *v.t.* — plaisanter (ne pas). *v.t.*

means of pressure. *n.* — levier. *n.m.*

meddle with (to). *v.t.* — ingérer dans (s'). *v.t.*

meddling. *n.* — ingérence. *n.f.*

mediation. *n.* — médiation. *n.f.*

medium haul. *n.* — moyen terme. *n.m.*

meet. *n.* — rendez-vous. *n.m.*

meet a deadline (to). *v.t.* — respecter un délai. *v.t.*

meet a demand. *v.t.* — accepter une revendication. *v.t.*

megaphone. *n.* — mégaphone. *n.m.*

merc* ("Mercenaries never die, they just go to hell to regroup"). *n.* — mercenaire (« Les mercenaires ne meurent jamais, ils finissent en enfer pour s'y regrouper »)

mercenary. *n.* — mercenaire. *n.m.*

merciless. *adj.* — impitoyable. *adj.m.* (*f.*)

message. *n.* - Any thought or idea expressed briefly in a plain, coded, or secret language, prepared in a form suitable for transmission by any means of communication. [NATO]

message. *n.m.* - Pensée ou idée exprimée d'une manière concise dans un langage clair ou secret et rédigée dans une forme adaptée à la transmission par un quelconque procédé de télécommunication. [OTAN]

metal detector. *n.*	portique de sécurité. *n.m.*
microcamera. *n.*	paluche* (caméra miniaturisée). *n.f.*
microchip. *n.*	microprocesseur. *n.m.*
microconflict. *n.*	micro-conflit. *n.m.*
microdot (German: *micropunkt*, invented by Walter Zapp; 8/10 mm). *n.*	micropoint (inventé par Walter Zapp ; 8/10ᵉ de mm). *n.m.*
microfilm. *n.*	microfilm. *n.m.*
microlight. *adj.*	ultraléger. *adj.m.*
microphone. *n.*	microphone. *n.m.*
microphone jack. *n.*	prise de microphone. *n.f.*
microprocessor. *n.*	microprocesseur. *n.m.*
microwave. *n.*	micro-ondes. *n.f.*
midget submarine. *n.*	sous-marin de poche. *n.m.*
might. *n.*	puissance. *n.f.*
mike (microphone). *n.*	micro (microphone). *n.m.*
militant. *n.*	militant(e). *n.m. (f.)*
militancy. *n.*	militantisme. *n.m.*
militarism. *n.*	militarisme. *n.m.*
militarist. *n.*	militariste. *n.m.*
militaristic. *adj.*	militariste. *adj.m.*
militarization. *n.*	militarisation. *n.f.*
militarize (to). *v.t.*	militariser. *v.t.*
military. *adj.*	militaire. *adj.*
military adviser. *n.*	conseiller militaire. *n.m.*
military adviser (to a general). *n.*	chef de cabinet. *n.m.*
military attaché. *n.*	attaché militaire. *n.m.*

military geographic information. *n.* - Geographic information which is necessary for planning and operations. [NATO]

military governor. *n.* - The military commander or other designated person who, in an occupied territory, exercises supreme authority over the civil population subject to the laws and usages of war and to any directive received from his government or his superior. [NATO]

military strategy. *n.* - That component of national or multinational strategy, presenting the manner in which military power should be developed and applied to achieve national objectives or those of a group of nations. [NATO]

military-industrial complex (Eisenhower, 1961). *n.*

milk* (to). *v.t.*

milk* (to) (defector). *v.t.*

mince (words) **(to).** *v.t.*

mine. *n.* - In land mine warfare, an explosive or material, normally encased, designed to destroy or damage ground vehicles, boats or aircraft, or designed to wound, kill, or otherwise incapacitate personnel. It may be detonated by the action of its victim, by the passage of time, or by controlled means. [NATO]

renseignement géographique militaire. *n.m.* - Tout renseignement géographique qui est nécessaire à l'établissement des plans et aux opérations. [OTAN]

commandant militaire. *n.m.* - Gouverneur militaire ou toute autre personne désignée qui exerce dans un territoire occupé l'autorité suprême sur la population civile conformément aux lois et usages de la guerre et aux directives reçues de son gouvernement ou de l'autorité supérieure. [OTAN]

stratégie militaire. *n.m.* - Composante d'une stratégie nationale ou multi-nationale, qui traite de la façon dont la puissance militaire doit être développée et appliquée dans l'intérêt de la nation ou du groupe de nations. [OTAN]

complexe militaro-industriel (Eisenhower, 1961). *n.m.*

débrifer. *v.t.*

siphonner* (transfuge). *v.t.*

mâcher (ses mots). *v.t.*

mine. *n.f.* - En guerre des mines sur terre, explosif ou autre matière, généralement dans une enveloppe, destiné à détruire ou endommager les véhicules, embarcations ou aéronefs, ou encore à blesser, tuer ou à provoquer certaines incapacités parmi le personnel. Elle peut être actionnée par la victime elle-même, par un dispositif à retard ou des procédés de commande à distance. [OTAN]

mine disposal. *n.* - The operation by suitably qualified personnel designed to render safe, neutralize, recover, remove or destroy mines. [NATO]

déminage. *n.m.* - Toute opération au cours de laquelle on a recours à du personnel parfaitement qualifié pour intervenir sur des mines dans le but de les désamorcer, de les faire sauter, de les récupérer, de les déplacer ou de les détruire. [OTAN]

mine field. *n.*

champ de mines. *n.m.*

minelayer. *n.*

mouilleur de mines. *n.m.*

mine-sweeper. *n.*

dragueur de mines. *n.m.*

minesweeping. *n.* - The technique of searching for, or clearing mines using mechanical or explosion gear, which physically removes or destroys the mine, or produces, in the area, the influence fields necessary to actuate it. [NATO]

dragage des mines. *n.m.* - Procédé de recherche ou de neutralisation qui soit utilise des dragues mécaniques ou explosives destinées à enlever ou détruire la mine, soit produit dans la zone les influences nécessaires pour déclencher la mine. [OTAN]

miniature camera (8x11: *Exacta*, *Praktina*, *Minox*; the latter was developed by Walter Zapp in 1922). *n.*

appareil miniature (8x11 : *Exacta*, *Praktina*, *Minox* ; celui-ci fut mis au point par Walter Zapp en 1922). *n.m.*

miniaturization. *n.*

miniaturisation. *n.f.*

miniaturize (to). *v.t.*

miniaturiser. *v.t.*

minister (UK) (Minister). *n.*

ministre (monsieur le Ministre). *n.m.*

ministry [(UK) e.g.: Home Office, Foreign Office]. *n.*

ministère (ex. : ministère de l'Intérieur, ministère des Affaires étrangères). *n.m.*

mirror. *n.*

miroir. *n.m.*

misappropriation. *n.*

malversation. *n.f.*

misconduct. *n.*

bavure*. *n.f.*

mishandle (to). *v.t.*

mal gérer. *v.t.*

mislay (to) (document). *v.t.*

égarer (document). *v.t.*

mislead (to). *v.t.*

induire en erreur. *v.t.*

misnomer. *n.*

terme trompeur. *n.m.*

missile. *n.*

1. engin. *n.m.*

2. missile. *n.m.*

missile launcher site. *n.*
missile manufacturer. *n.*
missile room. *n.*
missing in action (MIA). *n.*
mission. *n.*
mission (clandestine). *n.*
mission report. *n.* - A standard report containing the results of a mission and significant sightings along the flight route. [NATO]
mistrust. *n.*
mistrust (to). *v.t.*
misunderstanding. *n.*
miter* (CDN). *n.*
mitigate (to). *v.t.*
mix up* (to). *v.t.*
mixed feelings. *n.pl.*
mixup. *n.*
mobile (on the). *phr.*
mobile command center. *n.*
mobile data terminal. *n.*
mobile data terminal (MDT). *n.*
mock-up. *n.* - A model, built to scale, of a machine, apparatus, or weapon, used in studying the construction of, and in testing a new development, or in teaching personnel how to operate the actual machine, apparatus, or weapon. [NATO]
modem (modulator + demodulator). *n.*

rampe de lancement de missile. *n.f.*
missilier. *n.m.*
salle des missiles. *n.f.*
porté disparu. *p.p.*
mission. *n.f.*
balade* (mission clandestine). *n.f.*
compte rendu de mission. *n.m.* - Compte rendu standard faisant état des résultats d'une mission aérienne et signalant les observations importantes faites au cours du vol. [OTAN]
méfiance. *n.f.*
méfier (se). *v.pr.*
malentendu. *n.m.*
talkie-walkie. *n.m.*
apaiser. *v.t.*
mouiller*. *v.t.*
états d'âme. *n.m. pl.*
cafouillage. *n.m.*
radio (par). *loc.*
P.C. mobile (poste de commandement). *n.m.*
terminal de transmission de données version véhicule. *n.m.*
terminal léger embarqué. *n.m.*
maquette. *n.f.* - Modèle à l'échelle d'une machine, d'un appareil ou d'une arme. On l'emploie pour des études préliminaires, pour essayer de nouvelles applications ou pour instruire le personnel. [OTAN]
modem (modulateur + démodulateur). *n.m.*

modulation indicator. *n.*

mole hunter. *n.*

mole*. *n.* - Francis Bacon published in 1622 a biography of King Henry VII in which we learn that: "Hee was careful and liberall to obtaine good Intelligence from all parts abroad. He had such Moles perpetually working and casting to undermine him."

molehunt*. *n.*

monies (Government). *n.pl.*

monitor. *n.*

monitor (to) (TV-monitored). *v.t.*

monitor (to). *v.t.*

monitoring. *n.*

monitoring. *n.* - 1. The act of listening, carrying out surveillance on, and/or recording the emissions of one's own or allied forces for the purpose of maintaining and improving procedural standards and security, or for reference, as applicable. - 2. The act of listening, carrying out surveillance on, and/or recording of enemy emissions for intelligence purposes. [NATO]

monkey wrenching*. *n.*

mopping up. *n.* - The liquidation of remnants or enemy resistance in an area that has been surrounded or isolated, or

indicateur de modulation. *n.m.*

contre-espion. *n.m.*

taupe*. *n.f.* - Dans une biographie du roi Henry VII, publiée en 1622, Francis Bacon nous apprend que ce souverain : « était soigneux et habile pour se procurer des renseignements de qualité en provenance de tous les royaumes étrangers. Il disposait pour cela d'un réseau de taupes constamment affairées à un travail de sape pour son compte. »

chasse aux taupes*. *n.f.*

deniers (État). *n.m. pl.*

écoute électronique. *n.f.*

surveiller (sous surveillance vidéo). *v.t.*

écouter. *v.t.*

surveillance. *n.f.*

écoute de contrôle. *n.f.* - 1. Écoute, surveillance et/ou enregistrement des émissions de ses propres forces ou des forces alliées, dans le but d'assurer le respect des procédures et des mesures de sécurité, d'en augmenter le rendement ou pour s'y référer au besoin. - 2. Écoute, surveillance et/ou enregistrement des émissions ennemies dans le but d'en obtenir des renseignements. [OTAN]

sabotage (Code Pénal, IV, titre 1er, IV, art. 411-9). *n.m.*

nettoyage. *n.m.* - Élimination des restes de la résistance ennemie dans une zone encerclée ou isolée, ou au travers de laquelle through which other units have passed without eliminating all active resistance. [NATO] / d'autres unités amies sont passées sans réduire toute résistance active. [OTAN]

moral. *adj.* / moral. *adj.m. (f.)*

morale. *n.* / moral. *n.m.*

moratorium. *n.* / moratoire. *n.m.*

mordida * (Sp.). *n.* / bakchich* (pot-de-vin). *n.m.*

mortar. *n.* / mortier. *n.m.*

mortar attack. *n.* / attaque au mortier. *n.f.*

most secret (UK). *adj.* / ultra-secret. *adj.m.*

motive. *n.* / mobile. *n.m.*

mount an operation (to). *v.t.* / monter une opération (to). *v.t.*

mount guard (to). *v.t.* / monter la garde. *v.t.*

mounting. *adj.* / recrudescent(e). *adj.m. (f.)*

mouth marine*. *n.* / négociateur. *n.m.*

move out (to). *v.t.* / retirer (se). *v.pr.*

movie camera. *n.* / caméra. *n.f.*

moving surveillance. *n.* / surveillance mobile. *n.f.*

mule* (smuggler of classified material). *n.* / fourmi* (individu transportant tout document classifié en fraude). *n.f.*

mull over (to). *v.t.* / réfléchir longuement. *v.t.*

multinational force. *n.* / force multinationale. *n.f.*

murky. *adj.* / trouble. *adj.m. (f.)*

music box* (radio transmitter in Russian slang). *n.* / boîte à musique* (émetteur radio en argot russe). *n.f.*

musician* (radio operator in Russian slang). *n.* / musicien* (opérateur radio en argot russe). *n.m.*

mustard gas (chemical warfare agent producing burns, blindness and death: dichlorodiethyl sulfide). *n.* / ypérite (gaz de combat vésicant à base de sulfure d'éthyle). *n.m.*

My lips are sealed!. *phr.* / Motus, bouche cousue !. *loc.*

mystery. *n.* / arcane. *n.m.*

mythomaniac. *n.* / mythomane. *n.m. (f.)*

N

N for November (NATO phonetic alphabet)

N comme November (alphabet phonétique de l'OTAN)

nail belt (road block). *n.*

herse (barrage routier). *n.f.*

napalm. *n.*

napalm. *n.m.*

napalm (to). *v.t.*

napalmiser*. *v.t.*

nap-of-the earth flight. *n.*

rase-mottes (vol). *n.m.*

narcosis. *n.*

narcose. *n.f.*

national. *n.*

ressortissant(e). *n.m. (f.)*

national intelligence. *n.*

renseignement stratégique. *n.m.*

national security. *n.*

sûreté de l'État. *n.f.*

nationalism. *n.*

nationalisme. *n.m.*

nationalist. *n. / adj.*

nationaliste. *n.m. (f.) / . adj.m. (f.)*

nationality. *n.*

nationalité. *n.f.*

nation-wide APB (All-Point Bulletin). *n.*

1. avis de recherche national. *n.m.*
2. diffusion nationale (D.N.). *n.m.*

naval air base. *n.*

base aéronavale. *n.f.*

naval base. *n.*

base navale. *n.f.*

naval dockyard. *n.*

arsenal. *n.m.*

naval officer. *n.*

officier de marine. *n.m.*

naval stores. *n.pl.* - Any articles or commodities used by a naval ship or station, such as equipment, consumable supplies, clothing, petroleum, oils and lubricants, medical supplies, and ammunition. [NATO]

approvisionnements navals. *n.m. pl.* - Articles ou produits utilisés par un bâtiment de guerre, ou une base navale, tels que : équipements, matières consommables, habillement, produits pétroliers, matériels et approvisionnements sanitaires, munitions. [OTAN]

need-to-know*. *n.* - Authorization given by the holder of classified

besoin d'en connaître*. *n.m.* - « Nul n'est qualifié pour

material to a prospective recipient allowing him access to or possession of material.

negative. *n.*

negative. *adj.*

Negative! (communications)

Negatory! (communications)

negotiability. *n.*

negotiable. *adj.*

negotiate (to). *v.t.*

negotiation. *n.*

negotiations (secret). *n.pl.*

negotiator. *n.*

neighbors* (*sosedi* in Russian: GRU officers so nicknamed by their SVR colleagues). *n.pl.*

neoprene. *n.*

nepotism. *n.*

nerve agent. *n.* - A potentially lethal chemical agent which interferes with the transmission of nerve impulses. [NATO]

nerve center. *n.*

nerve gas (EMPTA compound used to make the deadly VX nerve agent). *n.*

net. *n.*

net (to). *v.t.*

netting. *n.*

connaître des informations protégées s'il n'a reçu une autorisation préalable et s'il n'a été reconnu comme ayant besoin de les connaître pour l'accomplissement de sa fonction ou de sa mission. » ; article 7 du décret 81-514 du 12 mai 1981.

négatif. *n.m.*

négatif(-ve). *adj.m. (f.)*

Négatif ! (transmissions)

Négatif ! (transmissions)

négociabilité. *n.f.*

négociable. *adj.m. (f.)*

négocier. *v.t.*

négociation. *n.f.*

tractations (secrètes). *n.f.pl.*

négociateur. *n.m.*

voisins* (*sosedi* en russe : appellation humoristique des officiers du SVR pour désigner leurs collègues du GRU). *n.m. pl.*

néoprène. *n.m.*

népotisme. *n.m.*

agent neurotoxique. *n.m.* - Agent chimique potentiellement mortel agissant sur la transmission de l'influx nerveux. [OTAN]

plaque tournante. *n.f.*

gaz neurotoxique (composé EMPTA utilisé dans la fabrication du VX, agent neurotoxique mortel). *n.m.*

filet. *n.m.*

mailler. *v.t.*

maillage. *n.m.*

network. *n.*

neutral. *adj.*

neutrality. *n.*

neutralization fire. *n.* - Fire which is delivered to hamper and interrupt movement and/or the firing of weapons. [NATO]

neutralize* (to) (assassinate). *v.t.*

neutron activity (used in detecting microdots). *n.*

new deal. *n.*

new turn of events. *n.*

news (threatening). *n.pl.*

newsgroup. *n.*

nickname. *n.* - Two short separate words which may be formally or informally assigned by any appropriate authority to an event, project, activity, place name, topographical feature, or item of equipment for convenience of reference but not for the security of information. [NATO]

night observation device (NOD). *n.*

night scope. *n.*

night vision handscope. *n.*

nine-power scope. *n.*

ninja (the consummate secret agent practicing the art of "ninjutsu".). *n.*

nitroglycerin ($C_3 H_5 (NO_3)_3$). *n.*

1. maillage. *n.m.*
2. réseau. *n.m.*

neutre. *adj.m. (f.)*

neutralité. *n.f.*

tir de neutralisation. *n.m.* - Tir déclenché pour gêner ou interrompre un mouvement ou le tir d'armes adverses. [OTAN]

neutraliser* (assassiner). *v.t.*

activité au neutron (utilisée pour détecter les micropoints). *n.f.*

1. redistribution des cartes. *n.f.*
2. nouvelle donne. *n.f.*

rebondissement. *n.m.*

nouvelles (inquiétantes). *n.f.pl.*

forum de conversation. *n.m.*

nom conventionnel. *n.m.* - Combinaison de deux mots brefs distincts que peut, à titre officiel ou non, attribuer n'importe quelle autorité compétente, dans un but de commodité ou de référence mais non de protection de l'information, à un événement, un projet, une activité, un lieu, un accident topographique ou un équipement. [OTAN]

lunette de vision nocturne. *n.f.*

lunette à intensification de lumière. *n.f.*

lunette de vision nocturne. *n.f.*

lunette à grossissement x9. *n.f.*

passe-muraille (titre d'un roman de Marcel Aymé, 1943). *n.m.*

nitroglycérine (trinitrate de glycérine : $C_3 H_5 (NO_3)_3$). *n.f.*

nitrox (EAN: Enriched Air Nitrox). *n.*

No holds barred. *phr.*

no-fly zone (banning overflight). *n.*

no-go operation*. *n.*

nom de guerre. *n.*

non-aggression pact. *n.*

non-commissioned officer[1] (NCO). *n.*

no-nonsense. *adj.*

non-permissive environment. *n.*

non-registered publication. *n.* - A publication which bears no register number and for which periodic accounting is not required. [NATO]

no-poaching agreement (between MI5 and MI6 for example). *n.*

nose wheel (aircraft). *n.*

Nothing to it but to do it!

Now hear this!, Now hear this! (USN)

no-win situation. *n.*

noxious. *adj.*

nuclear. *adj.*

nuclear blast. *n.*

nuclear war. *n.*

nuclear warhead. *n.*

nuclear weapon. *n.* - A complete assembly (i.e. implosion type,

nitrox (mélange de gaz). *n.m.*

Tous les coups sont permis. *loc.*

zone d'exclusion aérienne (survol interdit). *n.f.*

hypothèse non conforme* (conditions entraînant l'annulation d'une mission). *n.f.*

nom de guerre. *n.m.*

pacte de non-agression. *n.m.*

sous-officier. *n.m.*

pratique. *adj.m. (f.)*

environnement hostile. *n.m.*

publication non-enregistrée. *n.f.* - Publication ne portant pas de numéro d'enregistrement et pour laquelle un inventaire périodique n'est pas exigé. [OTAN]

respect de juridiction (entre la DST et la DGSE par exemple). *n.m.*

roulette du nez (aéronef). *n.f.*

Allez, c'est parti !

Communication générale ! (MN)

impasse. *n.f.*

délétère. *n.f.*

nucléaire. *n.m. / adj.m. (f.)*

feu nucléaire. *n.m.*

guerre nucléaire. *n.f.*

tête nucléaire. *n.f.*

arme nucléaire. *n.f.* - Munition (c'est-à-dire type à implosion,

---

1 - See equivalence of military ranks in Appendices A and B.

gun type, or thermonuclear type), in its intended ultimate configuration which, upon completion of the prescribed arming, fusing and firing sequence, is capable of producing the intended nuclear reaction and release of energy. [NATO]

nuclear-powered submarine. *n.*

nuke* (to). *v.t.*

numbered bank account (Switzerland). *n.*

nuts and bolts. *n.pl.*

thermo-nucléaire ou canon) qui dans sa configuration finale, après accomplissement de la séquence armement allumage-explosion, est capable de produire la réaction nucléaire et la libération d'énergie désirées. [OTAN]

sous-marin à propulsion nucléaire. *n.m.*

atomiser* (larguer une bombe atomique) (sur). *v.t.*

1. compte en banque numéroté (Suisse). *n.m.*

2. compte en banque secret (Suisse). *n.m.*

tenants et aboutissants. *n.m. pl.*

O for Oscar (NATO phonetic alphabet)
oath. *n.*
oath of secrecy. *n.*
obedience (Jesuits' oath imposed by Ignatius de Loyola in 1534: *perinde ac cadaver*, just like a corpse). *n.*
obfuscate (to). *v.t.*
obfuscation. *n.*
obituary. *n.*
objective. *n.*
oblique air photograph. *n.* - An air photograph taken with the camera axis directed between the horizontal and vertical planes. Commonly referred to as an "oblique". **a. High Oblique.** One in which the apparent horizon appears. **b. Low Oblique.** One in which the apparent horizon does not appear. [NATO]
observation. *n.*
observation mission. *n.*
observation post. *n.*
observe (to). *v.t.*
obsessive fear of being spied. *n.*
obstacle course. *n.*

O comme Oscar (alphabet phonétique de l'OTAN)
serment. *n.m.*
obligation de réserve. *n.f.*
obéissance (règle des Jésuites imposée par Ignace de Loyola en 1534 : *perinde ac cadaver*, ainsi qu'un cadavre). *n.f.*
embrouiller. *v.t.*
embrouillement. *n.m.*
nécrologie. *n.f.*
objectif. *n.m.*
photographie aérienne oblique. *n.f.* - Photographie aérienne prise avec un appareil dont l'axe optique est dirigé entre l'horizontale et la verticale. On distingue : **a. l'oblique haute** : photo sur laquelle figure l'horizon apparent ; **b. l'oblique basse** : photo sur laquelle l'horizon apparent ne figure pas. [OTAN]
observation. *n.f.*
opération obs* (observation). *n.f.*
poste d'observation. *n.m.*
observer. *v.t.*
hantise de l'espionnage (*voir* espionnite). *n.f.*
parcours du combattant. *n.m.*

occasional informant. *n.*
occupation. *n.*
occupational hazard. *n.*
occupying force. *n.*
ocean manifest. *n.* - A detailed listing of the entire cargo loaded into any one ship showing all pertinent data which will readily identify such cargo and where and how the cargo is stowed. [NATO]
off the air. *adj.*
off the record. *adv.*
offensive. *adj.*
offensive. *n.*
officer[1]. *n.*
official representative. *n.*
official secret. *n.*
officialese. *n.*
off-line. *adj.*
off-line (computer). *adj.*
oil the palm* (to) (bribe). *v.t.*
oiling the palm* (bribes). *n.*
old guard. *n.*
olive drab. *n.*
on behalf of (a foreign power). *phr.*
on the air. *adj.*
on the record. *adv.*
on the take* (bribes). *adj.*
on the up and up* (to be). *adj.*
on/off switch. *n.*

collaborateur informel. *n.m.*
occupation. *n.f.*
risques du métier. *n.m. pl.*
force d'occupation. *n.f.*
manifeste. *n.m.* - Inventaire détaillé de la cargaison d'un navire précisant les données nécessaires à son identification immédiate et indiquant où et comment la cargaison est arrimée. [OTAN]
hors ondes. *adv.*
officieusement. *adv.*
offensif(-ve). *adj.m. (f.)*
offensive. *n.f.*
officier (militaire). *n.m.*
chargé de mission. *n.m.*
secret d'État. *n.m.*
langue de bois*. *n.f.*
différé (en). *adj.*
autonome (ordinateur). *adj.*
arroser* (corrompre). *v.t.*
arrosage* (corruption). *n.m.*
vieille garde. *n.f.*
kaki. *n.m.*
compte (pour le) d'une (puissance étrangère). *loc.*
sur les ondes. *adj.*
officiellement. *adv.*
toucher* (pots-de-vin). *v.t.*
réglo* (être). *adj.m. (f.)*
commande marche-arrêt. *n.f.*

---

1 - See equivalence of military ranks in Appendices A and B.

one good turn deserves another. *phr.*

one of ours (*nashi* in Russian meaning one of our agents). *n.*

one of the boys* (inner circle). *n.*

on-line (computer). *adj.*
opaque. *adj.*
opaqueness. *n.*
open circuit (scuba). *n.*
open season. *n.*
open secret. *n.*
open*. *adj.*
openness. *n.*
operation. *n.* - A military action or the carrying out of a strategic, tactical, service, training, or administrative military mission; the process of carrying on combat, including movement, supply, attack, defence and manoeuvres needed to gain the objectives of any battle or campaign. [NATO]. e.g.: operation "Overlord" (June 6, 1944).

operational. *adj.*
operational intelligence. *n.*
operative. *n.* - usually a foreign national recruited by an intelligence officer and engaged in spying.

donnant, donnant. *loc.*

un des nôtres (*nashi* en russe signifiant l'un de nos agents). *n.m.*

enfant du sérail (« Nourri dans le Sérail, j'en connais les détours ») Racine, *Bajazet*, IV, 7 (1672). *n.m.*

ligne (en) (ordinateur). *adj.*
opaque. *adj.m. (f.)*
opacité. *n.f.*
circuit ouvert (plongée). *n.m.*
saison de chasse. *n.f.*
secret de Polichinelle. *n.m.*
ouvert* (milieu) *adj.*
transparence. *n.f.*
opération. *n.f.* - Action militaire ou exécution d'une mission militaire de caractère stratégique ou tactique, de soutien, d'instruction ou logistique ; conduite du combat comprenant les mouvements, ravitaillements, manœuvres défensives ou offensives, nécessaires à la conquête d'objectifs dans toute bataille ou campagne. [OTAN] ; ex. : opération « Overlord » (6 juin 1944).

opérationnel(-le). *adj.m. (f.)*
renseignement opérationnel. *n.m.*
agent. *n.m.* - personne, généralement de nationalité étrangère, qui espionne pour le compte d'un officier de renseignement qui l'a recrutée.

operator. *n.* — standardiste. *n.m. (f.)*

opponent. *n.* — adversaire. *n.m.*

opposite number. *n.* — homologue. *n.m.*

opposition. *n.* — oppositon. *n.f.*

optical reader. *n.* — lecteur optique. *n.m.*

option. *n.* — option. *n.f.*

optronics (optics + electronics). *n.* — optronique (optique + électronique). *n.f.*

orange forces. *n.pl.* - Those forces used in an enemy role during NATO exercises. [NATO] — forces oranges. *n.f.pl.* - Forces jouant de rôle de l'ennemi dans les exercices de l'OTAN. [OTAN]

orbit. *n.* — orbite. *n.f.*

orchestrate (to). *v.t.* — orchestrer. *v.t.*

order from a ship to submit to board and search. *n.* — semonce (Marine nationale). *n.f.*

order of battle (OB). *n.* - The identification, strength, command structure, and disposition or the personnel, units, and equipment of any military force. [NATO] — ordre de bataille (ODB). *n.m.* - Identification, effectifs, structure de commandement et disposition du personnel, des unités et des matériels d'une force militaire. [OTAN]

ordnance map. *n.* — carte d'état-major. *n.f.*

oscillator. *n.* — oscillateur. *n.m.*

oscilloscope. *n.* — oscilloscope. *n.m.*

ostracism. *n.* — ostracisme. *n.m.*

outbreak. *n.* — recrudescence. *n.f.*

outcry. *n.* — tollé. *n.m.*

outer perimeter. *n.* — périmètre extérieur. *n.m.*

outflank (to). *v.t.* — déborder. *v.t.*

outfox (to). *v.t.* — déjouer. *v.t.*

outgoing. *adj.* — démissionnaire. *adj.m. (f.)*

outgoing calls. *n.pl.* — appels vers l'extérieur. *n.m. pl.*

outgun (to). *v.t.* — puissance de feu supérieure à (avoir une). *loc.*

outmanoeuver (to). *v.t.*	montrer meilleur tacticien que (se). *v.pr.*
outnumber (to). *v.t.*	dépasser en nombre. *v.t.*
output. *n.*	sortie(s). *n.f.pl.*
outweigh (to). *v.t.*	emporter sur (l'). *v.t.*
outwit (to). *phr.*	montrer plus malin que (se). *v.pr.*
overclassification. *n.*	surclassification*. *n.f.*
overestimate (to). *v.t.*	surestimer. *v.t.*
overestimation. *n.*	surestimation. *n.f.*
overflight. *n.*	survol. *n.m.*
overkill. *n.*	surarmement. *n.m.*
overload. *n.*	surcharge. *n.f.*
overload (to). *v.t.*	surcharger. *v.t.*
overpressure (bomb). *n.*	surpression (bombe). *n.f.*
override. *n.*	surcharge. *n.f.*
override (to). *v.t.*	surcharger. *v.t.*
overseas. *adj.*	outre-mer. *adj.*
overseas calling. *n.*	appel outre-mer. *n.m.*
oversight. *n.*	omission. *n.f.*
overstep (to) (one's mandate). *v.t.*	outrepasser (son mandat). *v.t.*
overt intelligence. *n.*	recherche blanche*. *n.f.*
overt*. *adj.*	ouvert* (milieu). *adj.*
overture. *n.*	ouverture. *n.f.*
overwhelming. *adj.*	accablant(e). *adj.m. (f.)*

P - Q

P for Papa (NATO phonetic alphabet)

P.R. stunt* (Public Relations). *n.*

PA system (Public Address System). *n.*

pace setter. *n.* - An individual, selected by the column commander, who travels in the lead vehicle or element to regulate the column speed and establish the pace necessary to meet the required movement order. [NATO]

pacifism. *n.*

pacifist. *n.*

pact. *n.*

page (to). *v.t.*

pager. *n.*

palmtop computer. *n.*

pandemonium. *n.*

Pandora's box. *n.*

panic. *n.*

panic (to). *v.i.*

panoramic camera. *n.* - 1. In aerial photography, a camera which, through a system of moving optics or mirrors, scans a wide area of the terrain, usu-

P comme Papa (alphabet phonétique de l'OTAN)

coup de pub*. *n.m.*

système de diffusion publique. *n.m.*

guide. *n.m.* - Responsable qui se trouve à bord du véhicule ou élément de tête d'une colonne et qui a été désigné par le chef de celle-ci pour en régler la vitesse de marche. [OTAN]

pacifisme. *n.m.*

pacifiste. *n.m. (f.)*

pacte. *n.m.*

biper*. *v.t.*

1. messager de poche. *n.m.*

2. messager numérique. *n.m.*

3. radiomessagerie. *n.f.*

ordinateur de poche. *n.m.*

tohu-bohu. *n.m.*

boîte de Pandore. *n.f.*

panique. *n.f.*

paniquer. *v.i.*

appareil photographique panoramique. *n.m.* - 1. En photographie aérienne, appareil qui, au moyen de systèmes optiques ou de miroirs mobiles, balaie une

ally from horizon to horizon. The camera may be mounted vertically or obliquely within the aircraft, to scan across or along the line of flight. - 2. In ground photography, a camera which photographs a wide expanse of terrain by rotating horizontally about the vertical axis through the centre of the camera lens. [NATO]

vaste zone de terrain ordinairement d'une ligne d'horizon à l'autre. L'appareil peut être monté verticalement ou obliquement à bord de l'aéronef de façon à balayer dans le sens latéral longitudinal. - 2. En photographie terrestre, appareil pouvant photographier une vaste zone terrestre en tournant horizontalement autour de l'axe vertical passant par le centre de son système optique. [OTAN]

paper shredder (confidential documents). *n.*

broyeuse (documents confidentiels). *n.f.*

paperwork. *n.*

paperasse. *n.f.*

parabolic microphone. *n.*

canon à son. *n.m.*

parade. *n.*

prise d'armes. *n.f.*

paradrop. *n.* - Delivery by parachute of personnel or cargo from an aircraft in flight. [NATO]

parachutage. *n.m.* - Mise à terre de personnel ou de matériels à partir d'un aéronef en vol avec emploi de parachutes. [OTAN]

paragliding. *n.*

parapente. *n.f.*

parameter. *n.*

paramètre. *n.m.*

paramilitary. *n. / adj.*

paramilitaire. *n.m. (f.) / adj.*

paranoia. *n.*

paranoïa. *n.f.*

paranoid. *adj.*

paranoïaque. *n.m. (f.) / adj.*

paratrooper. *n.*

1. chuteur opérationnel. *n.m.*

2. parachutiste. *n.m.*

parcel bomb. *n.*

colis piégé. *n.m.*

pariah. *n.*

paria. *n.m.*

parliamentary investigation. *n.*

enquête parlementaire. *n.f.*

partitioning. *n.*

partition. *n.f.*

pass. *n.*

coupe-file. *n.m.*

passive. *adj.* - In surveillance, an adjective applied to actions or

passif (-ive). *adj.m. (f.)* - En surveillance, adjectif s'appliquant à equipments which emit no energy capable of being detected. [NATO]

passive measures (e.g.: camouflage). *n.pl.*

passkey. *n.*

passport. *n.*

password. *n.* - A secret word or distinctive sound used to reply to a challenge. [NATO]

password (*parol* in Russian). *n.*

patch (communications) **(to).** *v.t.*

Patch him through! (telephone)

pathfinder. *n.*

pathfinding (reconnaissance). *n.*

patriot. *n.*

patriotism. *n.*

patrol. *n.* - A detachment of ground, sea, or air forces sent out for the purpose of gathering information or carrying out a destructive, harassing, mopping up, or security mission. [NATO]

patrol (to). *v.t.*

patron. *n.*

patsy*. *n.*

patsy* (scapegoat). *n.*

pause. *n.*

pause button (tape recorder). *n.*

pawn. *n.*

pay lip service (to). *v.t.*

payload. *n.* - The sum of the weight of passengers and cargo

des actions ou équipement n'exigeant pas d'émission d'énergie détectable. [OTAN]

mesures passives (ex. : camouflage). *n.f.pl.*

passe-partout. *n.m.*

passeport. *n.m.*

mot de passe. *n.m.* - Mot secret ou son particulier utilisé pour répondre à une sommation. [OTAN]

mot de passe (*parol* en russe). *n.m.*

relayer (transmissions). *v.t.*

Passez-le moi ! (téléphone)

éclaireur. *n.m.*

éclairage (reconnaissance). *n.m.*

patriote. *n.m.* (*f.*)

patriotisme. *n.m.*

patrouille. *n.f.* - Élément de forces terrestres, navales ou aériennes, envoyé dans le but de recueillir des informations ou d'effectuer une mission de destruction, de harcèlement, de nettoyage ou de sécurité. [OTAN]

patrouiller. *v.t.*

mécène. *n.m.*

pigeon*. *n.m.*

fusible* (bouc émissaire). *n.m.*

pause. *n.f.*

commande de pause (magnétophone). *n.f.*

pion. *n.m.*

souscrire qu'en paroles (ne). *v.t.*

charge. *n.f.* - Poids total des passagers ou du fret effectivement

that an aircraft can carry. [NATO]

payload. *n.* - 1. The sum of the weight of passengers and cargo that an aircraft can carry. - 2. The warhead, its container, and activating devices in a military missile. - 3. The satellite or research vehicle of a space probe or research missile. [NATO]

payload (armament). *n.*

payload (mission-related cargo e.g. bombs, missiles, extra fuel tanks, gun or sensor pods). *n.*

payoff*. *n.*

payola*. *n.*

payroll (to be on the). *phr.*

peace. *n.*

peacenik*. *n.*

pellet. *n.*

penetrable. *adj.*

penetrate (to). *v.t.*

penetration. *n.*

Pentagon
(Established 1942 in Arlington VA; nicknamed: the "Puzzle Palace";
The Pentagon 20301
Phone: (703) 697-5737). *n.*

penthotal (truth serum). *n.*

transportés dans un aéronef. [OTAN]

charge utile. *n.f.* - 1. Total des charges (passagers et / ou fret y compris les équipements spécialisés et le carburant nécessaire à l'exécution de la mission) qu'un type d'aéronef, navire ou véhicule déterminé est capable d'emporter pour une mission donnée. Est exprimée en effectifs, poids ou volume. - 2. Missiles : tête militaire, y compris son enveloppe et les équipements incorporés. - 3. Engins spatiaux : satellites, ou véhicule d'observation d'une sonde spatiale ou d'un missile d'observation [OTAN]

puissance (armement). *n.f.*

charge payante. *n.f.*

pot-de-vin*. *n.m.*

pot-de-vin*. *n.m.*

solde (être à la). *loc.*

paix. *n.f.*

pacifiste (terme pégoratif). *n.m. (f.)*

grain de plomb. *n.m.*

pénétrable. *adj.m. (f.)*

pénétrer. *v.t.*

pénétration. *n.f.*

Pentagone
(Ministère de la Défense ; États-Unis
The Pentagon, 20301
Tél. : 00-1-703-697-5737). *n.m.*

penthotal (sérum de vérité). *n.m.*

penthrite (explosive). *n.*   penthrite (explosif). *n.m.*

percussion grenade. *n.*   grenade à percussion. *n.f.*

peredychka (respite). *n.*   *peredychka* (répit). *n.f.*

perestroika (reorganization). *n.*   *perestroika* (réorganisation). *n.f.*

perimeter. *n.*   périmètre. *n.m.*

persona non grata. *n.*   persona non grata. *n.f.*

personal locator beacon. *n.* - An emergency radio locator beacon with a two-way speech facility carried by crew members, either on their person or in their survival equipment, and capable of providing homing signals to assist search and rescue operations. [NATO]   radiobalise individuelle de repérage. *n.f.* - Émetteur-récepteur, porté par l'équipage ou placé dans son équipement de survie, capable d'émettre des signaux de guidage pour faciliter les opérations de recherche et de sauvetage et permettant les communications en phonie. [OTAN]

personnel (authorized personnel only). *n.*   personnel (accès uniquement réservé au personnel autorisé). *n.m.*

pertinence. *n.*   pertinence. *n.f.*

pertinent. *adj.*   pertinent(e). *adj.m. (f.)*

perverse. *adj.*   pervers(e). *adj.m. (f.)*

perversely. *adv.*   perversement. *adv.*

perversity. *n.*   perversité. *n.f.*

petty officer[1] (USN). *n.*   officier marinier. *n.m.*

phalanx. *n.*   phalange. *n.f.*

phase (e.g.: "Phase 2 underway."). *n.*   phase (ex. : « Phase 2 en cours. »). *n.f.*

phone book. *n.*   bottin. *n.m.*

phone booth. *n.*   cabine téléphonique. *n.f.*

phone conversation. *n.*   conversation téléphonique. *n.f.*

phone message. *n.*   message téléphonique. *n.m.*

phone number. *n.*   numéro de téléphone. *n.m.*

---

1 - See equivalence of military ranks in Appendices A and B.

phone subscriber. *n.*

phonetic alphabet. *n.*
A Alfa [al-fah];
B Bravo [brah-voh];
C Charlie [char-lee];
D Delta [dell-tah];
E Echo [eck-oh];
F Foxtrot [foks-trot];
G Golf [golf];
H Hotel [hoh-tell];
I India [in-dee-ah];
J Juliet [jew-lee-ett];
K Kilo [key-loh];
L Lima [lee-mah];
M Mike [mike];
N November [no-vem-ber];
O Oscar [oss-cah];
P Papa [pah-pah];
Q Quebec [keh-beck];
R Romeo [row-meoh];
S Sierra [see-air-rah];
T Tango [tang-go];
U Uniform [you-nee-form];
V Victor [vic-tah];
W Whiskey [wiss-key];
X X-ray [ecks-ray];
Y Yankee [yang-key];
Zulu [zoo-loo].

phoney*. *adj.*

photoelectrical (mine). *adj.*

photogrammetry. *n.* - The science or art of obtaining reliable measurements from photographic images. [NATO]

photograph. *n.*

photographer. *n.*

photographic scale - The ratio of a distance measured on a pho-

abonné(e) au téléphone. *n.m.* (*f.*)

alphabet phonétique. *n.m.*
Table d'epellation des lettres de l'alphabet phonétique international à l'usage des Francophones:
A Alfa [al-fah] ;
B Bravo [bra-vo] ;
C Charlie [tchah-li / char-li] ;
D Delta [del-ta] ;
E Echo [ek-o] ;
F Foxtrot [fox-trott] ;
G Golf [golf] ;
H Hotel [ho-tell] ;
I India [in-diah] ;
J Juliet [djou-liett] ;
K Kilo [ki-lo] ;
L Lima [li-mah] ;
M Mike [ma-ik] ;
N November [no-vemm-ber] ;
O Oscar [oss-car] ;
P Papa [pah-pah] ;
Q Quebec [ke-bek] ;
R Romeo [ro-mio] ;
S Sierra [si-er-rah] ;
T Tango [tanggo] ;
U Uniform [youniform / ou-niform] ;
V Victor [vik-tar] ;
W Whiskey [ouiss-ki] ;
X X-ray [ekss-re] ;
Y Yankee [yang-ki] ;
Z Zulu [zoulou].

bidon*. *adj.m.* (*f.*)

photoélectrique (mine). *adj.m.* (*f.*)

photogrammétrie. *n.f.* - Technique permettant d'obtenir des mesures valables par l'étude d'images photographiques. [OTAN]

photographie. *n.f.*

photographe. *n.m.* (*f.*)

échelle photographique. *n.f.* - Rapport entre une distance

tograph or mosaic to the corresponding distance on the ground, classified as follows: a. very large scale 1: 4,999 and larger; b. large scale 1: 5,000 to 1: 9,999; c. medium scale 1: 10,000 to 1: 24,999; d. small scale 1: 25,000 to 1: 49,999; e. very small scale 1: 50,000 and smaller. [NATO]

mesurées sur une photographie ou une mosaïque d'une part et la distance correspondante sur le terrain d'autre part. La classification des échelles est la suivante : a. très grande échelle 1 : 4 999 et au-dessus ; b. grande échelle de 1 : 5 000 à 1 : 9 999 ; c. échelle moyenne de 1 : 10 000 à 1 : 24 999 ; d. petite échelle de 1 : 25 000 à 1 : 49 999 ; e. très petite échelle de 1 : 50 000 et au-dessous. [OTAN]

physical security. *n.* - That part of security concerned with physical measures designed to safeguard personnel, to prevent unauthorized access to equipment, installations, materiel and documents, and to safeguard them against espionage, sabotage, damage, and theft. [NATO]

sécurité physique. *n.f.* - Aspect de la sécurité qui traite des mesures physiques prises pour sauvegarder le personnel, empêcher tout accès non autorisé aux équipements, installations, matériels et documents et à les protéger contre l'espionnage, le sabotage, les détériorations et le vol. [OTAN]

pianist* (radio operator in Russian slang). *n.*

pianiste* (opérateur radio en argot russe). *n.m.*

piano* (radio transmitter in Russian slang). *n.*

piano* (émetteur radio en argot russe). *n.m.*

pick (to) (lock). *v.t.*

crocheter (serrure). *v.t.*

pick up (to) (e.g.: "He isn't picking up!"). *v.t.*

répondre (ex. : « Il ne répond pas ! »). *v.i.*

pick up a tail* (to). *v.t.*

repérer une filature. *loc.*

pick up the tail* (to). *v.t.*

ramarrer* (reprendre la filature). *v.t.*

pickproof (lock). *adj.*

incrochetable (serrure). *adj.m. (f.)*

picks and locks*. *n.pl.*

1. intrusion. *n.f.*

2. visite domiciliaire* (cambriolage). *n.f.*

piece together (to) (clues). *v.t.*

reconstituer (indices). *v.t.*

pigboat* (WW II submarine). *n.* — sous-marin (Deuxième Guerre Mondiale). *n.m.*

pillbox. *n.* - A small, low fortification that houses machine guns, antitank weapons, etc. A pillbox is usually made of concrete, steel, or filled sandbags. [NATO] — emplacement de tir abrité. *n.m.* - Fortification petite et basse qui abrite des mitrailleuses, des armes antichar, etc. Un emplacement de tir abrité est d'ordinaire fait en béton, acier, ou sacs à terre. [OTAN]

pilot. *n.* — pilote. *n.m.*

pilot (to). *v.t.* — piloter. *v.t.*

pinch roller (tape recorder). *n.* — galet (magnétophone). *n.m.*

pinpoint (to). *v.t.* — mettre le doigt sur. *v.t.*

pin-point photograph. *n.* - A single photograph or a stereo pair of a specific object or target. [NATO] — photographie d'un objectif ponctuel. *n.f.* - Photographie unique ou couple stéréoscopique d'un objet ou objectif spécifique. [OTAN]

pipe bomb. *n.* — bombe artisanale. *n.f.*

pirate (to). *v.t.* — pirater. *v.t.*

pitch* (recruitment attempt). *n.* — boniment (tentative de recrutement). *n.m.*

pitch-black. *adj.* — obscurité totale. *n.f.*

pitfall. *n.* — 1. traquenard. *n.m.* 2. chausse-trape. *n.f.*

plague bacillus *(yersinia pestis)*. *n.* — bacille de la peste *(yersinia pestis)*. *n.m.*

plan. *n.* — plan. *n.m.*

plan (to). *v.t.* — monter*. *v.t.*

plan B. *n.* — plan B. *n.m.*

plan of action. *n.* — dispositif. *n.m.*

plan* (to). *v.t.* — planquer. *v.i.*

plant a beeper* under a car (to). *v.t.* — biper* une voiture (fixer une pastille* sous une voiture). *v.t.*

plant a bomb (to). *v.t.* — déposer une bombe. *v.t.*

plant on someone* (to). *v.t.* — planquer*. *v.i.*

plant*. *n.*
plant* (mole*). *n.*

plastic (explosive). *n.*
plastic soundproof bubble* (to foil electronic eavesdropping). *n.*

platform drop. *n.* - The airdrop of loaded platforms from rear loading aircraft with roller conveyors. [NATO]
plausible deniability. *n.*
plausible denial. *n.*
play (tape recorder). *n.*
play back* (to). *v.t.*

play both sides of the street. *phr.*
play button (tape recorder). *n.*

play by ear (to). *phr.*
play defensively (to). *v.t.*
play hardball (to). *v.t.*
play someone for a fool (to). *phr.*
play* someone (to). *v.t.*
playable. *adj.*
pledge (to). *v.t.*
pledge of secrecy (under the). *phr.*
plight. *n.*
plot. *n.*
plot (to). *v.t.*
plotter. *n.*
ploy. *n.*
plug* (a leak) **(to).** *v.t.*
plum* (sinecure). *n.*

planque*. *n.f.*
sous-marin* (variante de taupe*). *n.m.*

plastic (explosif). *n.m.*
aquarium* (pièce étanche, insonorisée et sécurisée, à l'abri des écoutes indiscrètes). *n.m.*

largage lourd. *n.m.* - Largage de plates-formes chargées à partir d'un aéronef à ouverture axiale. [OTAN]
démenti officiel. *n.m.*
démenti plausible. *n.m.*
lecture (magnétophone). *n.f.*
retourner* (contraindre un agent étranger à changer de camp). *v.t.*

manger à tous les rateliers. *loc.*
commande lecture (magnétophone). *n.f.*

jouer d'oreille. *loc.*
bétonner* (dossier, procédure). *v.t.*
employer les grands moyens. *v.t.*
mener quelqu'un en bateau. *loc.*
jouer de* (se). *v.pr.*
jouable. *adj.m. (f.)*
engager à (s'). *v.pr.*
sceau du secret (sous le). *loc.*
situation désespérée. *n.f.*
complot. *n.m.*
comploter. *v.t.*
comploteur. *n.m.*
manigance(s). *n.f.pl.*
colmater* (une fuite). *v.t.*
fromage* (sinécure). *n.m.*

plumber* (burglar). *n.*	plombier* (cambrioleur). *n.m.*
plutonium-239. *n.*	plutonium-239. *n.m.*
pod (plane). *n.*	nacelle (avion). *n.f.*
poison (to). *v.t.*	empoisonner. *v.t.*
poison. *n.*	poison. *n.m.*
poisonous (*see* venenous). *adj.*	venimeux (-euse). *adj. m. (f.)*
point man. *n.*	voltigeur. *n.m.*
point man*. *n.*	poisson pilote* (éclaireur). *n.m.*
point of no return. *n.* - A point along an aircraft track beyond which its endurance will not permit return to its own or some other associated base on its own fuel supply. [NATO]	point de non-retour. *n.m.* - Point sur la route d'un aéronef au-delà duquel son autonomie ne lui permet pas de rallier se base ou une des bases de déploiement. [OTAN]
poison dart. *n.*	fléchette empoisonnée. *n.f.*
police bands. *n.*	longueurs d'onde réservées aux forces de l'ordre. *n.f.pl.*
policymaker. *n.*	décideur. *n.m.*
Politburo (political bureau). *n.*	Politburo (bureau politique). *n.m.*
political savvy. *n.*	sens politique. *n.m.*
politically correct. *adj.*	politiquement correct. *adj.*
polygraph. *n.*	détecteur de mensonge. *n.m.*
pontoon bridge. *n.*	pont de bateaux. *n.m.*
populism. *n.*	populisme. *n.m.*
populist. *adj.*	populiste. *adj. m. (f.)*
pose as (to). *v.t.*	faire passer pour (se). *v.pr.*
position. *n.*	position. *n.f.*
position (in). *adj.*	place (en). *adj.*
position oneself (to). *v.i.*	mettre en position (se). *v.pr.*
position oneself (to). *v.pr.*	poster (se). *v.pr.*
positive. *n.*	positif(-ve). *adj.m. (f.)*
possess (to). *v.t.*	recéler. *v.t.*
possession (stolen documents). *n.*	recel (documents volés). *n.m.*

post. *n.*   poste. *n.m.*
posted (to be). *v.t.*   poste (être en). *v.t.*
posting. *n.*   poste. *n.m.*
posture (to). *v.t.*   gesticuler. *v.t.*
posturing. *n.*   gesticulation. *n.f.*
potential (military). *n.*   potentiel (militaire). *n.m.*
pound (#). *n.*   dièse (#). *n.f.*
powder keg. *n.*   poudrière. *n.f.*
power. *n.*   puissance. *n.f.*
power button (tape recorder). *n.*   commande marche-arrêt (magnétophone). *n.f.*
power cord (tape recorder). *n.*   cordon secteur (magnétophone). *n.m.*
power selector. *n.*   sélecteur de puissance. *n.m.*
pox virus. *n.*   virus de la variole. *n.m.*
praetorian guard. *n.*   garde prétorienne. *n.f.*
precedence. *n.* - A designation assigned to a message by the originator to indicate to communication personnel the relative order of handling and to the addressee the order in which the message is to be noted. [NATO]   priorité. *n.f.* - Indication portée sur un message par l'autorité d'origine pour indiquer au personnel des transmissions l'ordre dans lequel il faut acheminer le message, et aux destinataires l'ordre dans lequel il doit être exploité. [OTAN]
predict (to). *v.t.*   prévoir. *v.t.*
prediction. *n.*   prévision. *n.f.*
preempt (to). *v.t.*   préempter. *v.t.*
preemptive. *adj.*   pré-emptif (-ve). *adj.m. (f.)*
pre-emptive strike. *n.*   frappe préventive. *n.f.*
Premier (Canadian province). *n.*   Premier ministre (province canadienne). *n.m.*
preserve. *n.*   pré carré. *n.m.*
presidency (of the United States). *n.*   présidence (des États-Unis). *n.f.*
president (of the United States). *n.*   président (des États-Unis). *n.m.*

press release. *n.*

pressure. *n.*

pressure suit. *n.* -
a. **Partial.** A skin tight suit which does not completely enclose the body but which is capable of exerting pressure on the major portion of the body in order to counteract an increased intrapulmonary oxygen pressure.
b. **Full.** A suit which completely encloses the body and in which a gas pressure, sufficiently above ambient pressure for maintenance of function may be sustained. [NATO]

pretence. *n.*

preventive. *adj.*

Prime Minister (federal). *n.*

printer. *n.*

printout (computer). *n.*

priority intelligence requirements. *n.pl.* - Those intelligence requirements for which a commander has an anticipated and stated priority in his task of planning and decision making. [NATO]

priority rating. *n.*

priority security clearance. *n.*

privacy. *n.*

private. *adj.*

private. *n.*

private secretary. *n.*

privilege. *n.*

privileged information. *n.*

communiqué de presse. *n.m.*

pression. *n.f.*

vêtement de pressurisation. *n.m.* -
a. **Partielle** : Vêtement collant qui n'enferme pas complètement le corps mais qui est capable d'exercer une pression sur la majeure partie du corps afin de s'opposer à une augmentation de la pression d'oxygène dans les poumons.
b. **Complète** : Vêtement qui enferme complètement le corps dans lequel peut être entretenue une pression gazeuse assez supérieure à la pression ambiante pour que le maintien des fonctions puisse être assuré. [OTAN]

faux-semblant. *n.m.*

préventif(-ive). *adj.m.* *(f.)*

Premier ministre (fédéral). *n.m.*

imprimante. *n.f.*

imprimé (ordinateur). *n.m.*

besoins prioritaires en renseignement. *n.pl.* - Renseignement que le commandement doit recevoir en priorité pour être en mesure d'établir ses plans et de prendre ses décisions. [OTAN]

code de priorité. *n.m.*

accréditation au plus haut niveau. *n.f.*

intimité. *n.f.*

confidentiel (-le). *adj.m.* *(f.)*

soldat de 2ᵉ classe. *n.m.*

chef de cabinet. *n.m.*

passe-droit. *n.m.*

information à ne pas divulguer. *n.f.*

proactive. *adj.*
proceed (to). *v.i.*
process (to). *v.t.*
processing (word). *n.*
procrastinate (to). *v.i.*
procrastination. *n.*
procure (to). *v.t.*
procurement (military hardware). *n.*
professional. *adj.*
professionalism. *n.*
profile. *n.*
profiteer. *n.*
program. *n.*
program (to). *v.t.*
programer. *n.*
prohibited area. *n.* - 1. An airspace of defined dimensions, above the land areas or territorial waters of a state, within which the flight of aircraft is prohibited. - 2. An area shown on charts within which navigation and / or anchoring is prohibited except as authorized by appropriate authority. [NATO]

project. *n.*
proliferation. *n.*
promise (empty). *n.*
promote (to). *v.t.*
promotion. *n.*
proof. *n.* - "Unlike any other crime, espionage leaves no trace, and proof is virtually impossible unless a spy either

préventif(-ive). *adj.m. (f.)*
rendre (se) (en un lieu donné). *v.pr.*
traiter. *v.t.*
traitement (de texte). *n.m.*
temporiser. *v.i.*
temporisation. *n.f.*
acquisition (faire l'). *v.t.*
acquisition (matériel militaire). *n.f.*
professionnel(-le). *adj.m. (f.)*
professionnalisme. *n.m.*
profil. *n.m.*
profiteur. *n.m.*
programme. *n.m.*
programmer. *v.t.*
programmeur. *n.m.*
zone interdite. *n.f.* - 1. Espace aérien, de dimensions définies, au-dessus du territoire ou des eaux territoriales d'un État, dans les limites duquel le vol des aéronefs est interdit. - 2. Zone définie sur les cartes et à l'intérieur de laquelle la navigation ou l'ancrage sont interdits sauf autorisation expresse d'une autorité habilitée. [OTAN]

projet. *n.m.*
prolifération. *n.f.*
promesse (vaine). *n.f.*
promouvoir. *v.t.*
promotion. *n.f.*
preuve. *n.f.* - « À l'inverse de tout autre crime, l'espionnage ne laisse aucune trace et il est impossible d'en établir la preuve,

confesses or is caught in the act." Peter Wright, *Spycatcher*.

propaganda. *n*. - "black" propaganda purports to emanate from a source other than the true one (*See* disinformation); "grey" propaganda does not specifically identify any source; "white" propaganda is disseminated and acknowledged by the sponsor or by an accredited agency thereof.

propel (to). *v.t.*

propellant. *n.*

proprietary company* (CIA-financed transportation). *n.*

proprietary company* (conduit for CIA money so that its clandestine source cannot be traced). *n.*

propulsion. *n.*

protect (to). *v.t.*

protectee. *n.*

protection escort. *n.*

protective security. *n.* - The organized system of defensive measures instituted and maintained at all levels of command with the aim of achieving and maintaining security. [NATO]

protectorate. *n.*

protein transmitter (undetectable). *n.*

prove (to). *adj.*

proviso. *n.*

provocateur (*see* agent provocateur). *n.*

à moins qu'un espion n'avoue, ou ne soit pris en flagrant délit. » Peter Wright, *Spycatcher*.

propagande. *n.f.* - La propagande est dite « noire » si elle donne à penser qu'elle émane d'une source différente de la source authentique (*voir* désinformation), « grise » si elle échappe à toute sorte d'identification, « blanche » si elle émane d'une source connue ou facilement identifiable.

propulser. *v.t.*

propulseur. *n.m.*

wagon* (moyen de transport appartenant à la DGSE). *n.m.*

société de couverture. *n.f.*

propulsion. *n.f.*

protéger. *v.t.*

personnalité protégée. *n.f.*

escorte de protection. *n.f.*

sûreté. *n.f.* - Ensemble cohérent de mesures défensives mises sur pied et appliquée à tous les échelons du commandement dans le but d'obtenir et de maintenir la sécurité. [OTAN]

protectorat. *n.m.*

émetteur protéique (indétectable). *n.m.*

prouver. *v.t.*

stipulation. *n.f.*

provocateur (*voir* agent provocateur). *n.m.*

provocation (*provokatsiya* in Russian). *n.*

provocative. *adj.*

provoke (to). *v.t.*

prussic acid (a highly poisonous liquid: hydrocyanic acid (HCN). *n.*

pry (to). *v.t.*

pry open (window, door, etc.) **(to).** *v.t.*

psych profile. *n.*

psychic driving (brainwashing). *n.*

psychological operations. *n.pl.* - Planned psychological activities in peace and war directed to enemy, friendly and neutral audiences in order to influence attitudes and behaviour affecting the achievement of political and military objectives. They include strategic psychological activities, consolidation psychological operations and battlefield psychological activities. [NATO]

psychological warfare. *n.*

psychosis. *n.*

psychotic. *n. / adj.*

public-address system. *n.*

puffer fish (*tetrodotoxin*: lethal poison). *n.*

pull off a coup (to). *v.t.*

pull out (to). *v.t.*

pull the strings (to). *phr.*

pullout (troops). *n.*

provocation (*provokatsiya* en russe). *n.f.*

provocateur (-rice). *adj.m.* (*f.*)

provoquer. *v.t.*

acide prussique (poison très toxique : acide hydrocyanique (HCN). *n.m.*

fourrer son nez dans les affaires d'autrui. *loc.*

forcer (fenêtre, porte, etc.). *v.t.*

profil psychologique. *n.m.*

introduction d'un nouvelle personnalité (lavage de cerveau). *n.f.*

opérations psychologiques. *n.f.pl.* - Activités psychologiques planifiées, s'adressant en temps de paix comme en temps de guerre à des publics hostiles, amis ou neutres, et visant à influencer des attitudes et des comportements affectant la réalisation d'objectifs politiques et militaires. Elles englobent des activités psychologiques de consolidation et des activités psychologiques du champ de bataille. [OTAN]

guerre psychologique. *n.f.*

psychose. *n.f.*

psychotique. *n.m.* (*f.*) / *adj.*

système de haut-parleurs. *n.m.*

poisson-coffre (*tetrodotoxine* : poison mortel). *n.m.*

faire un coup d'éclat. *v.t.*

tirer son épingle du jeu. *loc.*

tirer les ficelles. *loc.*

retrait (troupes). *n.m.*

pump dry* (information) **(to)**. *v.t.*

punch below the waist. *n.*

puppet. *n.*

puppeteer. *n.*

puppet government. *n.*

purge (*yezhovchina* in Russian, after Yezhov, ruthless head of the NKVD from 1936 to 1938). *n.*

purple forces. *n.pl.* - Those forces used to oppose both blue and orange forces in NATO exercises. This is most usually applicable to submarines and aircraft. [NATO]

pursuit tracking. *n.* - 1. An offensive operation designed to catch or cut off a hostile force attempting to escape, with the aim of destroying it. - 2. Precise and continuous position-finding of targets by radar, optical, or other means. [NATO]

push-button war. *n.*

put a tag* on someone (to). *v.i.*

put a tail* on someone (to). *v.i.*

put a tap on (to). *v.t.*

put a tap* on a telephone line (to). *v.t.*

put a wrench in the works (to). *phr.*

put an APB on the air (All-Point Bulletin) **(to)**. *v.t.*

put an APB through (All-Point Bulletin) **(to)**. *v.t.*

put on ice* (to) (agent). *v.t.*

put one's life on the line (to). *v.t.*

siphonner* (information). *v.t.*

coup bas. *n.m.*

marionnette. *n.f.*

marionnettiste. *n.m.*

gouvernement fantoche. *n.m.*

purge (*yezhovchina* en russe, d'après Yerzhov, chef brutal du NKVD de 1936 à 1938). *n.f.*

forces pourpres. *n.f.* - Forces s'opposant à la fois aux forces bleues et orange dans les exercices de l'OTAN. En général, ce terme s'applique aux sous-marins et aux aéronefs. [OTAN]

poursuite. *n.f.* - 1. Opération offensive conçue pour rattraper ou isoler un élément adverse cherchant à s'échapper, dans le but de le détruire. - 2. Détermination précise et continue de la position d'objectifs par moyens radar, optiques ou autres. [OTAN]

guerre presse-bouton. *n.f.*

pister* quelqu'un. *v.t.*

faire filer quelqu'un. *v.t.*

brancher une bretelle (de raccordement). *v.t.*

poser une bretelle* (sur une ligne téléphonique). *v.t.*

mettre des bâtons dans les roues. *loc.*

lancer un avis de recherche. *v.t.*

lancer un avis de recherche. *v.t.*

désactiver* (agent). *v.t.*

mettre sa vie en jeu. *v.t.*

put out an APB on (to) (All-Point Bulletin). *v.t.*	diffuser un avis de recherche (concernant). *v.t.*
put someone in the hot seat (to). *phr.*	mettre quelqu'un sur la sellette. *loc.*
put someone under house arrest (to). *v.t.*	assigner quelqu'un à résidence (surveillée). *v.t. / n.m.*
put the heat on (to). *phr.*	faire monter la pression. *loc.*
put to sea (to). *v.t.*	appareiller. *v.t.*
put together a tight case (to). *v.t.*	ficeler* une affaire. *v.t.*
putsch. *n.*	putsch. *n.m.*
putschism. *n.*	putschisme. *n.m.*
putschist. *n.*	putschiste. *n.m.*
puzzle. *n.*	énigme. *n.f.*
puzzled. *adj.*	perplexe. *adj.m. (f.)*
puzzlement. *n.*	perplexité. *n.f.*

✼ ✼ ✼   ✼ ✼ ✼

Q for Quebec (NATO phonetic alphabet)	Q comme Québec (alphabet phonétique de l'OTAN)
quarantine. *n.*	quarantaine. *n.f.*
quarry. *n.*	proie. *n.f.*
quisling (Vidkun Quisling, Norwegian traitor, 1887-1945). *n.*	traître. *n.m. / adj.*

R

R for Romeo (NATO phonetic alphabet)

radar. *n.*

radar clutter. *n.* - Unwanted signals, echoes, or images on the face of the display tube, which interfere with observation of desired signals. [NATO]

radar coverage. *n.* - The limits within which objects can be detected by one or more radar stations. [NATO]

radar echo. *n.* - 1. The electromagnetic energy received after reflection from an object. - 2. The deflection or change of intensity on a cathode ray tube display produced by a radar echo. [NATO]

radar netting. *n.* - The linking of several radars to a single centre to provide integrated target information. [NATO]

radar scope photography. *n.* - A film record of the returns shown by a radar screen. [NATO]

radiac. *adj.* - An acronym derived from the words "radioactivity, detection, indication and com-

R comme Romeo (alphabet phonétique de l'OTAN)

radar. *n.m.*

interférence radar. *n.f.* - Signaux, échos ou images indésirables ou parasites sur l'écran du radar, et qui gênent l'observation des signaux recherchés. [OTAN]

couverture radar. *n.f.* - Zone à l'intérieur de laquelle des objets peuvent être détectés par une ou plusieurs stations radar déterminées. [OTAN]

écho radar. *n.m.* - 1. Énergie électromagnétique reçue après réflexion sur un objet. - 2. Représentation du phénomène de déflexion ou changement d'intensité sur un appareillage de tubes à rayons cathodiques. [OTAN]

réseau radar. *n.m.* - Ensemble fourni par plusieurs radars reliés à un centre unique en vue de fournir une information intégrée. [OTAN]

photographie d'écran radar. *n.m.* - Enregistrement photographique des échos sur un écran radar. [OTAN]

radiac. *adj.* - Sigle anglais dérivé des mots « radioactivity, detection, indication and computa-

putation" and used as an all-encompassing term to designate various types of radiological measuring instruments or equipment. [NATO]

radiation. *n.*

radical. *adj.*

radical. *n.*

radio contact. *n.*

radio detection. *n.* - The detection of the presence of an object by radio-location without precise determination of its position. [NATO]

radio direction finding. *n.* - Radio-location in which only the direction of a station is determined by means of its emissions. [NATO]

radio frequencies range:
- Extremely Low Frequency (ELF) (30-300 hertz);
- Voice Frequency (VF) (300-3 000 hertz);
- Very Low Frequency (VLF) (3-30 kilohertz);
- Low Frequency (LF) (30-300 kilohertz);
- Medium Frequency (MF) (300-3 000 kilohertz);
- High Frequency (HF);
- Very High Frequency (VHF);
- Ultra High Frequency (UHF);
- Superhigh Frequency (SHF);
- Extremely High Frequency (EHF). *n.pl.*

radio in (to). *v.t.*

radio propaganda warfare. *n.*

tion » (détection, indication et évaluation de la radioactivité) et utilisé comme terme générique désignant différents types d'instruments et d'équipements de mesure radiologique. [OTAN]

radiation. *n.f.*

extrémiste. *adj.*

gauchiste. *n.m.* *(f.)*

contact radio. *n.m.* *(f.)*

détection radioélectrique. *n.f.* - Détection de la présence d'un objet par moyen radioélectrique, sans détermination précise de sa position. [OTAN]

radiogoniométrie. *n.f.* - Radiorepérage permettant seulement de déterminer la direction d'une station radio au moyen de ses émissions. [OTAN]

portées de fréquences radio :
- fréquence extrêmement basse (FEB) (30-300 hertz) ;
- fréquence vocale (FV) (300-3 000 hertz) ;
- très basse fréquence (TBF) (3-30 kilohertz) ;
- basse fréquence (BF) (30-300 kilohertz) ;
- moyenne fréquence (MF) (300-3 000 kilohertz) ;
- haute fréquence (HF) ;
- très haute fréquence (THF) ;
- fréquence ultra haute (FUH) ;
- fréquence super haute (FSH) ;
- fréquence extrêmement haute (FEH). *n.f.pl.*

appeler le central. *v.t.*

guerre des ondes. *n.f.*

radio range finding. *n.* - Radiolocation in which the distance of an object is determined by means of its radio emissions, whether independent, reflected, or retransmitted on the same or other wavelength. [NATO]

radio station. *n.*

radio terminal. *n.*

radioactive. *adj.*

radioactivity (used in detecting secret writing). *n.*

radioelectrical. *adj.*

radius of action. *n.* - The maximum distance a ship, aircraft, or vehicle can travel away from its base along a given course with normal combat load and return without refuelling, allowing for all safety and operating factors. [NATO]

raid. *n.*

raid. *n.* - An operation, usually small scale, involving a swift penetration of hostile territory to secure information, confuse the enemy, or destroy his installations. It ends with a planned withdrawal upon completion of the assigned mission. [NATO]

raise (to). *v.t.*

rally. *n.*

radiotélémétrie. *n.f.* - Détermination par radio de la distance d'un objet au moyen de ses émissions radio, qu'elles soient indépendantes, réfléchies ou retransmises (sur une longueur d'onde identique ou différente). [OTAN]

station de radio. *n.f.*

terminal radio. *n.m.*

radioactif(-ve). *adj.m. (f.)*

radioactivité (utilisée pour détecter les encres sympathiques). *n.f.*

radioélectrique. *adj.m. (f.)*

rayon d'action. *n.m.* - Distance maximale qu'un navire, aéronef ou véhicule, portant une charge de combat normale, peut couvrir à partir de sa base et dans une direction donnée et revenir sans se ravitailler en combustible en cours de route, tout en respectant entièrement les facteurs de sécurité et les règles d'emploi. [OTAN]

coup de main. *n.m.*

raid. *n.m.* - Opération, généralement de faible envergure, comportant une incursion rapide en territoire ennemi pour recueillir des renseignements, semer la confusion chez l'adversaire ou détruire ses installations. Elle se termine par un repli préparé après exécution de la mission reçue. [OTAN]

établir un contact radio. *v.t.*

ralliement. *n.m.*

rally (to). *v.t.*

ramjet. *n.* - A jet-propulsion engine containing neither compressor nor turbine which depends for its operation on the air compression accomplished by the forward motion of the engine. [NATO]

random. *adj.*

random key. *n.*

random spot check. *n.*

range. *n.*

range. *n.* - An area reserved and normally equipped for practice in weapons delivery and/or shooting at targets. Also called "target range". [NATO]

range. *n.*

ranging. *n.* - The process of establishing target distance. Types of ranging include echo, intermittent, manual, navigational, explosive echo, optical, radar, etc. [NATO]

rank[1]. *n.*

rank and file. *n.*

ransack (to). *v.t.*

ransom. *n.*

ransom (to). *v.t.*

ransom carrier. *n.*

ransom demand. *n.*

ransom drop. *n.*

ransom note. *n.*

rappel (scaling). *n.*

rallier. *v.t.*

statoréacteur. *n.m.* - Moteur à réaction ne comprenant ni compresseur ni turbine et dont le fonctionnement dépend de la compression de l'air résultant du mouvement vers l'avant du moteur. [OTAN]

aléatoire. *adj.*

clé aléatoire. *n.f.*

contrôle inopiné. *n.m.*

autonomie. *n.f.*

champ de tir. *n.m.* - Zone réservée et normalement équipée pour le largage, le lancement des armes et le tir sur cibles. Aussi appelé « polygone ». [OTAN]

portée. *n.f.*

télémétrie. *n.f.* - Détermination des distances par procédés acoustiques, optiques, radar, etc. [OTAN]

grade. *n.m.*

troupe. *n.f.*

saccager. *v.t.*

rançon. *n.f.*

rançonner. *v.t.*

lièvre* (porteur de rançon). *n.m.*

demande de rançon. *n.f.*

remise de rançon. *n.f.*

lettre de rançon. *n.f.*

rappel (escalade). *n.m.*

---

1 - See equivalence of military ranks in Appendices A and B.

rappel (to). *v.t.*
rappelling rope. *n.*
rash of bomb threats. *n.*
rat in a trap (to be a). *phr.*
rate of fire. *n.* - The number of rounds fired per weapon per minute. [NATO]
raven* (male entrapment agent). *n.*

raw (information). *adj.*
raw recruit. *n.*
raze (to) (to the ground). *v.t.*
reactionary. *n. / adj.*
reactivate (to). *v.t.*
reactive. *adj.*

reactor. *n.*
read (to) (communications). *v.t.*
readability. *n.*

readability scale:
ONE BY FIVE : Unreadable,
TWO BY FIVE : Readable now and then,
THREE BY FIVE : Readable with difficulty,
FOUR BY FIVE : Readable,
FIVE BY FIVE : Perfectly readable. *n.*

readout (computer). *n.*
read (to). *v.t.* - "Do you read me ?; How do you read ?; I read you !"

descendre en rappel. *v.t.*
corde de rappel. *n.f.*
épidémie d'alertes à la bombe. *n.f.*
fait comme un rat (être). *loc.*
cadence de tir. *n.f.* - Nombre de coups tirés par une arme en une minute. [OTAN]
1. corbeau* (séducteur professionnel à la solde d'un SR). *n.m.*
2. roméo* (séducteur professionnel à la solde d'un SR). *n.m.*

brut (renseignement). *adj.m.*
bleu* (inexpérimenté). *n.m.*
raser (entièrement). *v.t.*
réactionnaire. *n.m. (f.) / adj.*
réactiver. *v.t.*
1. réactif(-ve). *adj.m. (f.)*
2. répressif(-ve). *adj.m. (f.)*
réacteur. *n.m.*
capter (transmission). *v.t.*
1. compréhension. *n.f.*
2. réception. *n.f.*

qualité de réception :
UN SUR CINQ : Incompréhensible,
DEUX SUR CINQ : Compréhensible de temps en temps,
TROIS SUR CINQ : Difficilement compréhensible,
QUATRE SUR CINQ : Compréhensible,
CINQ SUR CINQ : Parfaitement compréhensible. *n.f.*

sortie de lecture (ordinateur). *n.f.*
recevoir. *v.t.* - « Est-ce-que vous me recevez ? ; Comment me recevez-vous ? ; Je vous reçois ! »

real time (as it happened). *n.*

realm ("*Regnum Defende*" : MI5 motto). *n.*

realpolitik. *n.*

rear admiral[1] (USN). *n.*

rear base. *n.*

rearguard action. *n.*

rearm (to). *v.t.*

rearmament. *n.*

rebel. *n.*

rebel (to). *v.t.*

rebellion. *n.*

rebreather (closed circuit). *n.*

recant (to). *v.t.*

recce*. *n.*

receive (to). *v.t.*

receiver. *n.*

recognition. *n.* - The determination by any means of the friendly or enemy character or of the individuality of another, or of objects such as aircraft, ships, or tanks, or of phenomena such as communications-electronics patterns. [NATO]

recon(naissance). *n.* - *Razvedka* in Russian also used for intelligence.

recon* (reconnaissance). *v. / n.*

reconnaissance. *n.* - A mission undertaken to obtain, by visual

temps réel (heure par heure). *n.m.*

royaume (« *Regnum Defende* » : devise du MI5). *n.m.*

realpolitik. *n.f.*

1. contre-amiral (deux étoiles). *n.m.*
2. vice-amiral (trois étoiles). *n.m.*

base arrière. *n.f.*

combat d'arrière-garde. *n.m.*

réarmer. *v.t.*

réarmement. *n.m.*

rebelle. *n.m. (f.) / adj.*

rébeller (se). *v.pr.*

rébellion. *n.f.*

oxyger (circuit fermé). *n.m.*

revenir sur ses aveux. *v.t.*

reconnaissance. *n.f.*

recevoir. *v.t.*

récepteur. *n.m.*

reconnaissance. *n.f.* - Détermination, par un moyen quelconque du caractère ami ou ennemi ou de l'identité d'autrui, ou d'éléments tels qu'aéronefs, navires ou chars, ou encore de phénomènes tels que des émissions radioélectriques. [OTAN]

reconnaissance. *n.f.* - « Sans reconnaissance, pas un pas » (dicton de l'Armée rouge). *Razvedka* en russe qui signifie aussi renseignement.

environnement* (faire l'). *loc.*

reconnaissance. *n.f.* - Mission entreprise en vue d'obtenir, par

---

1 - See equivalence of military ranks in Appendices A and B.

observation or other decision methods, information about the activities and resources of an enemy or potential enemy; or to secure data concerning the meteorological, hydrographic, or geographic characteristics of a particular area. [NATO]

reconnaissance patrol. *n.* - For ground forces, a patrol used to gain tactical information preferably without the knowledge of the enemy. [NATO]

reconnoiter (to). *v.t.*

record (to). *v.t.*

record button (tape recorder). *n.*

recording. *n.*

recording head. *n.*

recruit. *n.*

recruit (to) (*zaverbovat* in Russian). *v.t.*

recruiter. *n.*

recruiting. *n.*

red alert. *n.*

red alert. *n.*

red tape. *n.*

redeploy (to). *v.t.*

redeployment. *n.*

redial (to) (telephone). *v.t.*

refuel (to). *v.t.*

refueling. *n.*

refugees. *n.pl.* - Persons who, because of real or imagined

observation visuelle ou par d'autres modes de détection, des informations sur les activités et les possibilités d'un ennemi actuel ou en puissance ; ou d'acquérir des données concernant les caractéristiques météorologiques ou géographiques d'une zone particulière. [OTAN]

patrouille de reconnaissance. *n.f.* - Patrouille chargée d'obtenir du renseignement tactique de préférence à l'insu de l'ennemi. [OTAN]

reconnaître. *v.t.*

enregistrer. *v.t.*

commande d'enregistrement (magnétophone). *n.f.*

enregistrement. *n.m.*

tête enregistreuse. *n.f.*

recrue. *n.f.*

recruter (*zaverbovat* en russe). *v.t.*

recruteur. *n.m.*

recrutement. *n.m.*

alerte maximale. *n.f.*

1. alerte rouge. *n.f.*
2. état d'alerte maximum. *n.m.*

paperasserie. *n.f.*

redéployer. *v.t.*

redéploiement. *n.m.*

recomposer (téléphone). *v.t.*

ravitailler. *v.t.*

ravitaillement. *n.m.*

réfugiés. *n.pl.* - Personnes qui, pour éviter une menace réelle

danger, move of their own volition, spontaneously or in violation of a stay put policy, irrespective of whether they move within their own country (national refugees) or across international boundaries (international refugees). [NATO]

refute (to). *v.t.*

regime (political). *n.*

registered matter. *n.* - Any classified matter registered, usually by number, and accounted for periodically. [NATO]

registered publication. *n.* - A classified publication bearing a register number as well as a long and short title, and for which periodic accounting is required. [NATO]

regroup (to) ("Mercenaries never die, they just go to hell to regroup"). *v.t.*

regulator (diving). *n.*

reinforcement. *n.*

relative bearing. *n.* - The direction expressed as a horizontal angle normally measured clockwise from the forward point of the longitudinal axis of the vehicle to an object or body. [NATO]

relay. *n.*

relay (to). *v.t.*

release. *n.* - Delivery of personnel or cargo form aircraft in flight.

ou supposée, se déplacent de leur propre chef, en violation ou non de consignes leur enjoignant de rester chez elles. Elles peuvent se déplacer à l'intérieur de leur propre pays (réfugiés nationaux) ou par-delà les frontières (réfugiés internationaux). [OTAN]

réfuter. *v.t.*

régime (politique). *n.m.*

question enregistrée. *n.f.* - Toute question classifiée, ordinairement enregistrée par numéro, et faisant l'objet d'un inventaire périodique. [OTAN]

publication enregistrée. *n.f.* - Publication classifiée portant un numéro d'enregistrement, ainsi qu'un titre entier et un titre abrégé, et soumise à un inventaire périodique. [OTAN]

regrouper (se) (« Les mercenaires ne meurent jamais, ils finissent en enfer pour s'y regrouper »). *v.pr.*

détendeur (plongée). *n.m.*

renfort. *n.m.*

gisement. *n.m.* - Dans le domaine maritime et aérien, angle horizontal que fait la direction de l'axe du mobile considéré avec la direction d'un repère. [OTAN]

relais. *n.m.*

1. relayer. *v.t.*

2. répercuter. *v.t.*

largage. *n.m.* - 1. Sortie hors d'un aéronef en vol des personnels

In air armament, the intentional separation of a free-fall aircraft store, from its suspension equipment, for purposes of employment of the store. [NATO]

release. *n.*

release (to). *v.t.*

release (hostage) **(to).** *v.t.*

relent (to). *v.t.*

relentless. *adj.*

reliability. *n.* -
RELIABILITY EVALUATION RATING:
A. Completely reliable
B. Usually reliable
C. Fairly reliable
D. Not usually reliable
E. Unreliable
F. Reliability cannot be judged

reliable. *adj.*

reliable source. *n.*

reluctance. *n.*

reluctant. *adj.*

remorse. *n.*

remote control. *n.*

rendezvous. *n.* - A pre-arranged meeting at a given time and location from which to begin an action or phase of an operation, or to which to return after an operation. [NATO]

rendezvous. *n.* - In land warfare, an easily found terrain location at which visitors to units, headquarters or facilities are met by

ou des charges transportés. - 2. En termes d'armement aérien, séparation commandée d'une charge tombant par gravité de son système de suspension, dans le dessein de lui faire assurer sa fonction. [OTAN]

libération. *n.f.*

libérer. *v.t.*

relâcher (otage). *v.t.*

demeurer implacable. *v.t.*

implacable. *adj.m. (f.)*

fiabilité. *n.f.* -
TABLEAU D'ÉVALUATION
DE FIABILITÉ :
A. Absolument fiable
B. Généralement fiable
C. Relativement fiable
D. Généralement peu fiable
E. Non fiable
F. Fiabilité ne pouvant être estimée

fiable. *adj.m. (f.)*

source bien informée. *n.f.*

réticence. *n.f.*

réticent(e). *adj.m. (f.)*

remords. *n.m.*

télécommande. *n.f.*

point de regroupement. *n.m.* - Rencontre concertée, à un moment donné, en un lieu déterminé vers lequel on doit se rendre après une opération. [OTAN]

rendez-vous. *n.m.* - En guerre sur terre, endroit facilement identifiable, où les visiteurs d'unités, de quartiers généraux ou autres ins-

189

personnel from the element to be visited. [NATO]

rendezvous point. *n.*

renegade. *n.*

renewal (of tension). *n.*

reorganization. *n.*

reorganize (to). *v.t.*

repair shop. *n.*

repatriate (to). *v.t.*

repatriation. *n.*

repeater-jammer. *n.* - A receiver transmitter device which amplifies, multiplies and retransmits the signals received, for purposes of deception or jamming. [NATO]

replenishment at sea. *n.* - Those operations required to make a transfer of personnel and / or supplies when at sea. [NATO]

report (*spravka* in Russian). *n.*

report in (to). *v.t.*

reporter. *n.*

Reporting for orders!

repression. *n.*

repressive. *adj.*

reprimand. *n.*

reprisals. *n.pl.*

reprogram (to). *v.t.*

rescind (order) **(to).** *v.t.*

rescue. *n.*

rescue strop. *n.* - A piece of rescue equipment which is placed around a person's chest to secure that person to a rescue

tallations sont reçus par le personnel de l'élément visité. [OTAN]

point de ralliement. *n.m.*

renégat(e). *n.m. (f.)*

regain (de tension). *n.m.*

redéploiement. *n.m.*

redéployer. *v.t.*

atelier. *n.m.*

rapatrier. *v.t.*

rapatriement. *n.m.*

brouilleur-répéteur. *n.m.* - Dispositif émetteur-récepteur qui amplifie, multiplie et retransmet les signaux reçus afin de les brouiller. [OTAN]

ravitaillement à la mer. *n.m.* - Ensemble des opérations nécessaires pour assurer le transfert de personnel ou de matériel en mer. [OTAN]

rapport (*spravka* en russe). *n.m.*

rendre compte. *v.t.*

rapporteur. *n.m.*

Au rapport !

répression. *n.f.*

répressif(-ve). *adj.m. (f.)*

blâme*. *n.m.*

représailles. *n.f.pl.*

reprogrammer. *v.t.*

annuler (ordre). *v.t.*

sauvetage. *n.m.*

sangle de sauvetage. *n.f.* - Partie d'un équipement de sauvetage qui, placée autour de la poitrine d'une personne, permet de l'at-

line or helicopter hoist cable. [NATO]

research. *n.*
reserve. *n.*
reserve NCO. *n.*
reserve officer. *n.*
reserved* (case). *adj.*
reset button (tape recorder). *n.*

residency (*rezidentura* in Russian). *n.*

resign (to). *v.t.*
resignation. *n.*
resolution (picture). *n.*
resolve. *n.*
resourceful. *adj.*
resourcefulness. *n.*
respite. *n.*
responsibility (to claim). *v.t.*
responsibility (to disclaim). *v.t.*

restricted. *adj.*
restricted. *adj.*
restricted area. *n.* - 1. An airspace of defined dimensions, above the land areas or territorial waters of a state, within which the flight of aircraft is restricted in accordance with certain specified conditions. - 2. An area in which there are special restrictive measures employed to prevent or minimize interference

tacher à une ligne de sauvetage ou au câble du treuil d'un hélicoptère. [OTAN]

recherche. *n.f.*
réserve. *n.f.*
sous-officier réserviste. *n.m.*
officier de réserve. *n.m.*
réservée* (affaire). *adj.f.*
commande de remise à zéro (magnétophone). *n.f.*
résidence (*rezidentura* en russe ; siège des officiers de renseignement en poste à l'étranger). *n.f.*
démissionner. *v.t.*
démission. *n.f.*
résolution (image). *n.f.*
résolution (détermination). *n.f.*
ingénieux (-euse). *adj.m.* (*f.*)
ingéniosité. *n.f.*
répit. *n.m.*
revendiquer un acte. *v.t.*
rejeter la responsabilité d'un acte. *v.t.*
diffusion restreinte. *n.f.*
restreinte (diffusion). *adj.*
zone réglementée. *n.f.* - 1. Espace aérien, de dimensions définies, au-dessus du territoire ou des eaux territoriales d'un État, dans les limites duquel le vol des aéronefs est subordonné à certaines conditions spécifiées.
- 2. Zone dans laquelle des mesures restrictives spéciales sont prises afin d'éviter ou de

between friendly forces. - 3. An area under military jurisdiction in which special security measures are employed to prevent unauthorized entry. [NATO]

limiter les interférences entre des forces amies. - 3. Zone sous juridiction militaire dans laquelle des mesures de sécurité spéciales sont prises afin d'éviter une entrée non autorisée. [OTAN]

rescue (to). *v.t.* — effectuer un sauvetage. *v.t.*

retaliate (to). *v.i.* — riposter. *v.i.*

retaliation. *n.* — 1. rétorsion. *n.f.*
2. riposte. *n.f.*

retaliatory measures. *n.pl.* — mesures de représailles. *n.f.pl.*

retaliatory strike. *n.* — frappe de représaille. *n.f.*

retort. *n.* — parade (riposte). *n.f.*

retortion. *n.* — rétorsion. *n.f.*

retreat. *n.* — retraite. *n.f.*

retrieval. *n.* — recherche. *n.f.*

retrieve (to). *v.t.* — rechercher. *v.t.*

return (computer keyboard). *n.* — envoi (clavier d'ordinateur). *n.m.*

return somebody a favour (to). *phr.* — renvoyer l'ascenseur*. *loc.*

reveal (to). *v.t.* — révéler. *v.t.*

revelation (stunning). *n.* — révélation (stupéfiante). *n.f.*

revenge. *n.* — revanche. *n.f.*

reverse. *n.* — revers. *n.m*

revisionism. *n.* — révisionnisme. *n.m*

revisionist. *n. / adj.* — révisionniste. *n.m. (f.) / adj.*

revolution. *n.* — révolution. *n.f.*

revolutionary. *n. / adj.* — révolutionnaire. *n.m. (f.) / adj.*

revolving fund. *n.* — fonds de roulement. *n.m.*

revulsant. *n.* — révulsif. *n.m.*

rewind button (tape recorder). *n.* — commande de rembobinage (magnétophone). *n.f.*

ricin (deadly poison derived from the seeds of the castor-oil plant). *n.* — ricin (poison mortel extrait des grains de la plante de ricin). *n.m.*

ride out (to). *v.t.* | surmonter. *v.t.*

ride out air strikes (to). *v.t.* | encaisser (frappes aériennes). *v.t.*

ridge. *n.* | crête. *n.f.*

rifle¹. *n.* | fusil. *n.m.*

rifle (through) (documents) (to). *v.t.* | fouiller (dans) (documents). *v.t.*

rig* (equipment). *n.* | barda* (équipement). *n.m.*

rig* a joint* (to). *v.t.* | piéger* une crèche*. *n.f.*

rig* a wire (to). *v.t.* | installer un microémetteur. *v.t.*

right of asylum. *n.* | droit d'asile. *n.m.*

right-hand man. *n.* | bras droit. *n.m.*

rights and responsiblities. *n.pl.* | droits et devoirs. *n.m. pl.*

ring. *n.m.* - An organized group of people who work together in a dishonest or unethical way, such as a spy ring. | réseau. *n.m.* - « C'est une organisation [formée à l'étranger] et créée en vue d'un travail militaire précis, essentiellement le renseignement, accessoirement le sabotage, fréquemment aussi l'évasion de prisonniers de guerre et surtout de pilotes tombés chez l'ennemi. » (Claude Bourdet).

ringer (téléphone). *n.* | sonnerie (téléphone). *n.f.*

riot gun¹. *n.* | riot gun (fusil à pompe de calibre 12). *n.m.*

ripcord (parachute). *n.* | poignée d'ouverture (parachute). *n.f.*

road block. *n.* - A barrier or obstacle (usually covered by fire) used to block, or limit the movement of, hostile vehicles along a route. [NATO] | barrage routier. *n.m.* - Obstacle (habituellement couvert par un plan de feu) utilisé pour arrêter ou limiter le mouvement des véhicules ennemis le long d'un itinéraire. [OTAN]

rocket. *n.* | 1. fusée. *n.f.*
2. roquette. *n.f.*

roger a call (to). *v.t.* | bien recevoir un message. *v.t.*

---

1 - See chapter III, D on Firearms in my *Dictionary of Police and Underworld Language*.

Roger that! (communications) | Bien reçu ! (transmissions)
Roger! | C'est pris !
"rogue elephant" (nickname of the CIA during the 60's). *n.* | « éléphant incontrôlé » (surnom donné à la CIA au cours des années soixante). *n.m.*
rogue state. *n.* | État-voyou. *n.m.*
rogue nation. *n.* | pays au ban des autres nations. *n.m.*
rollback (Truman doctrine, 1947). *n.* | refoulement (doctrine de Truman, 1947). *n.m.*
rookie* (apprentice). *n.* | bleu* (novice). *n.m.*
rope bridge. *n.* | pont de singes*. *n.m.*
rotor (helicopter). *n.* | rotor (hélicoptère). *n.m.*
rotten apple. *n.* | brebis galeuse. *n.f.*
round-the-clock. *adj.* | H 24* (vingt-quatre heures sur vingt-quatre). *adj.*
round-the-clock monitor. *n.* | écoute vingt-quatre heures sur vingt-quatre. *n.f.*
rout. *n.* | débâcle. *n.f.*
rout. *n.* | déroute. *n.f.*
rout (to). *v.t.* | mettre en déroute. *v.t.*
route. *n.* | itinéraire. *n.m.*
rubber dinghy. *n.* | Zodiac. *n.m.*
rubble. *n.* | débris. *n.m. pl.*
rule of law. *n.* | État de droit. *n.m.*
rumint* (rumor + intelligence). *n.* | renseignement d'ambiance*. *n.m.*
rummage (to) (through one's pockets). *v.t.* | fouiller (dans ses poches). *v.t.*
rumor. *n.* | rumeur. *n.f.*
run (to) (run an agent). *v.t.* | driver* (contrôler un agent). *v.t.*
run like clockwork (to). *phr.* | marcher comme sur des roulettes. *loc.*
ruse. *n.* | ruse. *n.f.*
ruthless. *adj.* | impitoyable. *adj.m. (f.)*

S

S for Sierra (NATO phonetic alphabet)
saber rattling. *n.*
sabotage. *n.*

sabotage (to). *v.t.*
sabotage operation. *n.*
saboteur. *n.*
sacrifice. *n.*
sacrifice (to). *v.t.*
safe. *adj.*
safe house* (a secure compound). *n.*
safe house* (*yavka* in Russian). *n.*
safeconduct. *n.*
safehouse*. *n.*
safehouse* (*yavka* in Russian; inconspicuous house used for interrogating or hiding a defector). *n.*
safety. *n.*
safety device. *n.* - A device which prevents unintentional functioning. [NATO]

safety fuze. *n.* - A pyrotechnic contained in a flexible and weather-proof sheath burning at a timed and constant rate, used to transmit a flame to the detonator. [NATO]

S comme Sierra (alphabet phonétique de l'OTAN)
bruits de bottes. *n.m. pl.*
sabotage (Code Pénal, IV, titre 1er, IV, art. 411-9). *n.m.*
saboter. *v.t.*
opération arma* (Armaggedon). *n.f.*
saboteur. *n.m.*
sacrifice. *n.m.*
sacrifier. *v.t.*
sûr(e). *adj.m. (f.)*
cache. *n.f.*

planque* (*yavka* en russe). *n.f.*
sauf-conduit. *n.m.*
planque de repli*. *n.f.*
maison refuge* (*yavka* en russe ; maison discrète utilisée pour interroger ou cacher un transfuge). *n.f.*
sûreté. *n.f.*
dispositif de sécurité. *n.m.* - Tout dispositif qui rend impossible tout fonctionnement accidentel. [OTAN]

mèche lente. *n.f.* - Cordon de poudre contenue dans une gaine souple et étanche, brûlant à une vitesse lente et constante, et servant à transmettre la flamme à un détonateur avec un certain retard. [OTAN]

safety lever (grenade). *n.*

safety pin (grenade). *n.*

safety zone. *n.* - An area (land, sea or air) reserved for non-combat operations of friendly aircraft, surface ships, submarines or ground forces. [NATO]

sail (submarine). *n.*

sailing orders. *n.pl.*

salmonella. *n.*

salmonella poisoning. *n.*

salvage (to). *v.t.*

salvo. *n.*

sanction. *n.*

sanction* (assassinate) **(to).** *v.t.*

sanctuary. *n.*

sanctuary. *n.*

sand table. *n.*

sanitise* (to). *v.t.*

sarin (nerve gas). *n.*

satellite. *n.*

satellite dish. *n.*

save (to) (computer). *v.t.*

save face (to). *v.t.*

Say again! (communications)

scale. *n.* - The ratio or fraction between the distance on a map, chart, or photograph and the corresponding distance on the surface of the earth. [NATO]

scam artist*. *n.*

scam*. *n.*

cuillère (grenade). *n.f.*

goupille (grenade). *n.f.*

zone de sécurité. *n.f.* - Zone (terrestre, maritime ou aérienne) destinée à permettre aux forces amies d'effectuer des opérations autres que des opérations de combat. [OTAN]

massif (sous-marin). *n.m.*

ordres de route. *n.m. pl.*

salmonelle. *n.f.*

salmonellose. *n.f.*

récupérer. *v.t.*

salve. *n.f.*

sanction. *n.f.*

éliminer* (assassiner). *v.t.*

refuge. *n.m.*

sanctuaire. *n.m.*

maquette. *n.f.*

expurger. *v.t.*

sarin (gaz neurotoxique). *n.m.*

satellite. *n.m.*

antenne parabolique. *n.f.*

sauvegarder (ordinateur). *v.t.*

sauver la face. *v.t.*

Je répète ! (transmissions)

échelle. *n.f.* - Rapport entre la distance mesurée sur une carte ou une photographie et la distance correspondante sur le terrain. [OTAN]

arnaqueur*. *n.m.*

arnaque*. *n.f.*

scan. *n.* - In electro-magnetic or acoustic search, one complete rotation of the antenna. It may determine a time base. [NATO]

scan (to). *v.t.*

scan (radar) **(to).** *v.t.*

scan rate. *n.* - The rate at which individual scans are recorded. [NATO]

scandal. *n.*

scandalize (to). *v.t.*

scandalmonger. *n.*

scanner. *n.*

scanning electron microscope. *n.*

scanning radio (50 channels including 800 MHz and AM aircraft band; monitoring 800 MHz transmissions). *n.*

scapegoat. *n.*

scare scenario. *n.*

scare tactics. *n.*

scathing attack. *n.*

scenario. *n.*

scene (crime). *n.*

scent (to). *v.t.*

scheme. *n.*

scheme (to). *v.t.*

schemer. *n.*

scheming. *n.*

balayage . *n.m.* - En recherche électromagnétique ou acoustique, rotation complète de l'antenne. Elle peut déterminer la base de temps. [OTAN]

scanner. *v.t.*

balayer (radar). *v.t.*

fréquence de balayage. *n.f.* - Nombre de lignes de balayage par unité de temps. [OTAN]

scandale. *n.m.*

scandaliser. *v.t.*

colporteur de ragots. *n.m.*

scanner. *n.m.*

microscope électronique à balayage. *n.m.*

scanner. *n.m.*

bouc émissaire. *n.m.*

scénario catastrophe. *n.m.*

terrorisme psychologique. *n.m.*

brûlot. *n.m.*

scénario. *n.m.*

lieux (crime). *n.m. pl.*

subodorer. *v.t.*

1. manigance(s). *n.f.pl.*

2. combine*. *n.f.*

magouiller. *v.t.*

combinard(e)*. *n.m. (f.)*

1. magouille(s). *n.f.pl.*

2. combinaison (moyen déloyal pour parvenir à ses fins). *n.f.*

197

schizophrene. *n.*	schizophrène. *n.m.*
schizophrenia. *n.*	schizophrénie. *n.f.*
schizophrenic. *adj.*	schizophrène. *adj.m.* (*f.*)
scope. *n.*	lunette. *n.f.*
scope (to)[1]. *v.t.*	équiper d'une lunette. *v.t.*
scoped gun[1]. *n.*	fusil à lunette. *n.m.*
scorched earth (policy). *n.*	terre brûlée (politique). *n.f.*
score*. *n.*	coup*. *n.m.*
scotch (rumor) **(to).** *v.t.*	étouffer (rumeur). *v.t.*
scour the area (to). *v.t.*	battre le secteur. *v.t.*
scout. *n.*	éclaireur. *n.m.*
scramble. *n.* - An order directing take-off of aircraft as quickly as possible, usually followed by mission instructions. [NATO]	décollage immédiat. *n.m.* - Ordre de décollage dans les meilleurs délais, généralement suivi d'indications concernant la mission. [OTAN]
scramble (to). *v.t.*	brouiller. *v.t.*
scrambler. *n.*	brouilleur. *n.m.*
scrambling. *n.*	brouillage. *n.m.*
scrap (mission) **(to).** *v.t.*	renoncer à (mission). *v.t.*
"Scratch my back and I'll scratch yours" (mutual exchange of favors). *phr.*	« Passe-moi la rhubarbe, je te passerai le séné » (échange mutuel de services) (cf. Molière, *L'Amour médecin* et *Le Malade imaginaire*). *loc.*
screen. *n.*	écran. *n.m.*
screen (to). *v.t.*	passer au crible. *v.t.*
screw* (to). *v.t.*	arnaquer*. *v.t.*
scroll (computer) **(to).** *v.i.*	défiler (ordinateur). *v.i.*
scrub (a mission) **(to).** *v.t.*	annuler (mission). *v.t.*
scrutiny. *n.*	examen approfondi. *n.m.*
scuttle (to). *v.t.*	saborder. *v.t.*
sea plane. *n.*	hydravion. *n.m.*

---

1 - See chapter III, D on Firearms in my *Dictionary of Police and Underworld Language.*

sea surveillance. *n.* - The systematic observation of surface and sub-surface sea areas by all available and practicable means primarily for the purpose of locating, identifying and determining the movements of ships, submarines, and other vehicles, friendly and enemy, proceeding on or under the surface of the world's seas and oceans. [NATO]

search (e.g. person or room) **(to)**. *v.t.*

search and rescue. *n.* - The use of aircraft, surface craft, submarines, specialized rescue teams and equipment to search for and rescue personnel in distress on land or at sea. [NATO]

search warrant (issued in the US by the Special Foreign Intelligence Surveillance Court for counterintelligence searches, since 1994). *n.*

second whip* (low-ranking operative). *n.*

secrecy. *n.* - "Secrecy is as essential to Intelligence as vestments and incense to a Mass, or darkness to a spiritualist *séance*, and must at all costs be maintained, quite irrespective of whether or not it serves any purpose." Malcolm Muggeridge (1903-1990).

secret. *n.*

surveillance maritime. *n.f.* - Observation systématique de la surface et des profondeurs des espaces maritimes par tous les moyens utilisables disponibles dans le but essentiel de localiser, d'identifier et de déterminer les mouvements des navires, sous-marins, et autres véhicules, amis ou ennemis, naviguant sur ou sous la surface des mers et océans. [OTAN]

fouiller (personne ou pièce par exemple). *v.t.*

recherche et sauvetage. *n.f.* - Mise en œuvre d'aéronefs, d'embarcations de surface, de sous-marins, d'équipes de sauvetage et d'équipements spécialisés pour rechercher et secourir le personnel en détresse sur terre ou en mer. [OTAN]

commission rogatoire. *n.f.*

second couteau* (agent de seconde zone). *n.m.*

secret. *n.m.* - « Le secret est aussi essentiel au renseignement que les vêtements sacerdotaux et l'encens le sont pour la messe, ou l'obscurité pour une séance de spiritisme ; il doit être maintenu à tout prix sans jamais chercher à en comprendre l'utilité. » Malcolm Muggeridge (1903-1990).

secret (« Il n'est point de secrets que le temps ne révèle ». Racine, *Britannicus*, IV, 4). *n.m.*

SECRET
(designation applied to information and materiel, the unauthorized disclosure of which could reasonably be expected to cause serious damage to national security - Executive Order 12356). *adj.*

secret agent (*Vertrauensmann* in German). *n.*

secret allocation. *n.*

secret dealings with a foreign power. *n.pl.*

secret ink. *n.*
secret meeting. *n.*
secret nature. *n.*
secret service. *n.*
secret warfare. *n.*
secretary (USA) (Mr. Secretary; Madam Secretary). *n.*
secrete (to). *v.t.*
secretive. *adj.*
sect. *n.*

section (*otdel* in Russian). *n.*
secular arm. *n.*
secure. *adj.*

SECRET-DÉFENSE
(second degré de la classification établie par les articles 4 et 5 du Décret no. 81-514 du 12 mai 1981 en France. Classification reservée aux informations dont la divulgation est de nature à nuire à la défense nationale et à la sûreté de l'État.). *adj.*

agent secret (*Vertrauensmann* : agent de confiance en allemand). *n.m.*

fonds spéciaux à destination particulière (Premier Ministre). *n.m. pl.*

intelligence avec l'étranger (Code Pénal, IV, chap. 1er, II : « Des intelligences avec une puissance étrangère »). *n.f.*

encre sympathique. *n.f.*
conciliabule. *n.m.*
clandestinité. *n.f.*
services secrets. *n.m. pl.*
guerre secrète. *n.f.*
ministre (monsieur le Ministre ; madame la Ministre). *n.m.*

soustraire à la vue. *v.t.*
secret. *adj.m.*
secte (ces « extrémistes de l'occulte » se regrouperaient en 173 diverses sectes, ou « mouvements culturels coercitifs » en France). *n.f.*
section. *n.f.*
bras séculier. *n.m.*
1. inviolable (système). *adj. m. (f.)*
2. sécuritaire. *adj.m. (f.)*
3. sûr(e). *adj.m. (f.)*

secure (perimeter) **(to)**. *v.t.*
secure (the suspect is secure). *adj.*
secure (to). *v.t.*

secure (site) **(to)**. *v.t.*
secure (to). *v.t.* - In an operational context, to gain possession of a position or terrain feature, with or without force, and to make such disposition as will prevent, as far as possible, its destruction or loss by enemy action. [NATO]

secure from general quarters (to). *v.t.*
secure telephone. *n.*
Secure!
secure*. *adj.*
security. *n.*
security. *n.* - The condition achieved when designated information, materiel, personnel, activities and installations are protected against espionage, sabotage, subversion and terrorism, as well as against loss or unauthorized disclosure. The term is also applied to those measures necessary to achieve this condition and to the organizations responsible for those measures. [NATO]
security (*See* Glossary of English Abbreviations and Acronyms: COMSEC; DIPSEC; ELSEC; OPSEC). *n.*

assurer (périmètre). *v.t.*
appréhendé(e) (on a appréhendé le suspect). *adj.m. (f.)*
1. contrôler (assurer). *v.t.*
2. protéger. *v.t.*
sécuriser (site). *v.t.*
assurer de (s'). *v.t.* - Dans un contexte opérationnel, prendre possession d'une position ou d'un point caractéristique de terrain, avec ou sans combat, et prendre toutes dispositions pour empêcher dans la mesure du possible sa destruction ou sa perte du fait de l'action ennemie. [OTAN]
rompre du poste de combat (Marine nationale). *v.t.*
ligne sûre. *n.f.*
Assuré !
clair(e)*. *adj.m. (f.)*
sûreté. *n.f.*
sécurité. *n.f.* - État réalisé lorsque les informations, les matériels, les personnels, les activités et les installations sont protégés contre l'espionnage, le sabotage, la subversion, le terrorisme, la perte ou la divulgation. Le terme s'applique également aux mesures nécessaires pour obtenir ce résultat et aux organismes responsables de la mise en application de ces mesures. [OTAN]
sécurité. *n.f.*

security badge. *n.*

security certification. *n.* - A certification issued by competent national authority to indicate that a person has been investigated and is eligible for access to classified matter to the extent stated in the certification. [NATO]

security classification (*See* CONFIDENTIAL; SECRET; TOP SECRET). *n.* - A category or grade assigned to defence information or material to indicate the degree or danger to NATO / national security that would result from its unauthorized disclosure and the standard of protection required to guard against unauthorized disclosure. [NATO]

security clearance. *n.*

security clearance. *n.* - An administrative determination by competent national authority that an individual is eligible, from a security standpoint, for access to classified information. [NATO]

security intelligence. *n.* - Intelligence on the identity, capabilities and intentions of hostile organizations or individuals who are or may be engaged in espionage, sabotage, subversion or terrorism. [NATO]

badge de sécurité. *n.m.*

certificat de sécurité. *n.m.* - Certificat délivré par l'autorité nationale compétente pour indiquer qu'une personne a fait l'objet d'une enquête et est qualifiée pour avoir accès à des matières classifiées jusqu'au degré de classification mentionné sur le certificat. [OTAN]

classification de sécurité (*Voir* CONFIDENTIEL-DÉFENSE ; SECRET-DÉFENSE ; TRÈS SECRET-DÉFENSE). *n.f.* - Catégorie ou degré de sécurité affecté à une information ou un matériel concernant la défense et servant à indiquer :
a. le degré de danger qui en résulterait pour la sécurité nationale ou OTAN en cas de divulgation non autorisée ;
b. le type de protection exigé pour se prémunir contre une telle divulgation. [OTAN]

accréditation de sécurité. *n.f.*

habilitation de sécurité. *n.f.* - Décision officielle de l'autorité nationale compétente, reconnaissant qu'un individu est qualifié, en ce qui concerne la sécurité, pour avoir accès à des informations classifiées. [OTAN]

renseignement de sécurité. *n.m.* - Renseignement sur la nature, les possibilités et les intentions d'organisations ou d'individus hostiles, qui sont ou pourraient être engagés dans les activités d'espionnage, de sabotage, de subversion ou de terrorisme. [OTAN]

Security is tight	On a pris des mesures de sécurité exceptionnelles
security officer. *n.*	officier de sécurité. *n.m.*
security risk (to be a). *phr.*	représenter un risque. *v.t.*
seditious. *adj.*	factieux. *adj.*
seed money. *n.*	mise de fonds. *n.f.*
seize (to). *v.t.*	capturer. *v.t.*
self-absorbed. *adj.*	égocentrique. *adj.m. (f.)*
self-effacing. *adj.*	effacé(e). *adj.m. (f.)*
self-guiding missile. *n.*	missile autoguidé. *n.m.*
self-rule. *n.*	autodétermination. *n.f.*
self-serving. *adj.*	intéressé (e). *adj.m. (f.)*
sellout* (to). *v.i.*	vendre* (se). *v.pr.*
Semtex (Czech-manufactured explosive). *n.*	Semtex (explosif fabriqué en Tchéquie). *n.m.*
sendee. *n.*	destinataire. *n.m. (f.)*
sender. *n.*	expéditeur. *n.m.*
seniority. *n.*	ancienneté. *n.f.*
sense (trap) (to). *v.t.*	flairer (piège). *v.t.*
sensitive. *adj.*	sensible. *adj.m. (f.)*
sensitive (assignment). *adj.*	pointue* (mission). *adj.f.*
sensitivity. *n.*	sensibilité. *n.f.*
sensor. *n.* - An equipment which detects, and may indicate, and / or record objects and activities by means of energy or particles emitted, reflected, or modified by objects. [NATO]	capteur. *n.m.* - Équipement destiné à assurer la détection d'objets ou d'activités et permettant de les représenter ou de les enregistrer grâce à l'énergie ou aux particules qu'ils émettent, réfléchissent ou modifient. [OTAN]
sensory deprivation. *n.*	privation sensorielle. *n.f.*
sentinel. *n.*	sentinelle. *n.f.*
sentry. *n.*	sentinelle. *n.f.*
separatism. *n.*	séparatisme. *n.m.*
separatist. *n.*	séparatiste. *n.m. (f.)*

sergeant¹. *n.*
serial number. *n.*
server (computer). *n.*
service. *n.*
serviceman. *n.*
servicewoman. *n.*

set a deadline (to). *v.t.*
set off a bomb (to). *v.t.*
set off course (ship or aircraft) **(to).** *v.t.*
set up a meet (to). *v.t.*
set up a score* (to). *v.t.*
set up close surveillance (to). *v.t.*
set up surveillance (to). *v.t.*
set up* (to) (e.g. a murder rigged into a suicide). *v.t.*
settle (to). *v.t.*
settlement. *n.*

settling of scores. *n.*
setup*
setup* (entrapment operation). *n.*
sever (diplomatic ties) **(to).** *v.t.*
sexpionage* ("portmanteau word": sex + espionage, after the book by David Lewis, published in 1976). *n.*

shackle (to). *v.t.*
shades*. *n.pl.*

sergent. *n.m.*
matricule. *n.m.*
serveur (ordinateur). *n.m.*
service. *n.m.*
militaire. *n.m.*
1. militaire. *n.f.*
2. personnel féminin. *n.m.*
fixer un délai. *v.t.*
amorcer une bombe. *v.t.*
dérouter (navire ou aéronef). *v.t.*
fixer un rendez-vous. *v.t.*
monter un coup*. *v.t.*
mettre en place un dispositif de filature rapprochée. *v.t.*
monter une planque*. *v.t.*
camoufler* (un meurtre en suicide par exemple). *v.t.*
régler. *v.t.*
1. implantation. *n.f.*
2. règlement. *n.m.*
règlement de comptes. *n.m.*
coup monté*. *n.m.*
montage* (coup monté*). *n.m.*
rompre (liens diplomatiques). *v.t.*
sexpionnage* (anglicisme : « mot-valise » combinant sexe et espionnage, d'après le livre de David Lewis, publié en 1976). *n.m.*
enchaîner. *v.t.*
lunettes noires. *n.f.pl.*

---

1 - See equivalence of military ranks in Appendices A and B.

shadow (shadow warriors). *n.*

shadow factor. *n.* - A multiplication factor derived from the sun's declination, the latitude of the target and the time or photography, used in determining the heights of objects from shadow length. Also called "tangent altitude (tan alt)". [NATO]

shadow* (to). *v.t.*

shadow*. *n.*

shadower. *n.* - A maritime unit observing and (not necessarily continuously) maintaining contact with an object; shadowing may be carried out either overtly or covertly. [NATO]

shady deal*. *n.*

shake (to) (off) (elude surveillance). *v.t.*

shake a tail* (to) (elude surveillance). *v.t.*

shake off* (elude surveillance) **(to).** *v.t.*

shake* (tail*) **(to).** *v.t.*

shakeup. *n.*

shallow water blackout. *n.*

sham marriage. *n.*

sharpshooter (motto: "one shot, one kill"). *n.*

sheaf. *n.*

shell. *n.*

ombre (combattants de l'ombre). *n.f.*

facteur d'ombre. *n.m.* - Coefficient tenant compte de la déclinaison du soleil, de la latitude de l'objet photographié et de l'heure de prise de vues, utilisé pour déterminer la hauteur des objets à partir de la longueur de leur ombre. Aussi appelé « tangente h ». [OTAN]

pister*. *v.t.*

pisteur*. *n.m.*

navire suiveur. *n.m.* - Unité maritime observant et maintenant un contact (parfois intermittent) avec un objectif. Ces activités peuvent être ouvertes ou camouflées. [OTAN]

1. compromission. *n.f.*

2. coup fourré*. *n.m.*

3. embrouille*. *n.f.*

semer* (déjouer une filature). *v.t.*

semer* (déjouer une filature). *v.t.*

semer * (déjouer une filature). *v.t.*

casser* (filature). *v.t.*

restructuration. *n.f.*

évanouissement consécutif à une plongée. *n.m.*

mariage blanc. *n.m.*

tireur d'élite. *n.m.*

liasse. *n.f.*

obus. *n.m.*

shell (to). *v.t.* — pilonner. *v.t.*

shelter. *n.* — abri. *n.m.*

shelter (to). *v.t.* — abriter (s'). *v.pr.*

shield (emblem of KGB). *n.* — bouclier (emblème du KGB). *n.m.*

shipbuilding. *n.* — construction navale. *n.f.*

shit disturber*. *n.* —
1. empêcheur de tourner en rond*. *n.m.*
2. semeur de merde*. *n.m.*

shock wave. *n.* - The continuously propagated pressure pulse formed by the blast from an explosion in air, underwater or underground. [NATO] — onde de choc. *n.f.* - Ébranlement créé dans un milieu par l'établissement brutal et instantané d'une surpression à la suite d'une explosion aérienne, sous-marine ou souterraine, et qui s'y propage d'une manière continue. [OTAN]

shoe* (bogus passport in Russian). *n.* — passeport bidon*. *n.m.*

shoeleather*. *n.* — filoche*. *n.f.*

shoot (to). *v.t.* — tirer. *v.t.*

shoot to kill (to). *v.t.* — tirer à tuer. *v.t.*

shoothouse. *n.* — stand de tir. *n.m.*

shooting. *n.* — fusillade. *n.f.*

shopworn goods* (worthless intelligence). *n.pl.* — daube* (renseignement sans valeur). *n.f.*

shore leave (USN). *n.* — permission (MN). *n.f.*

shore up (to). *v.t.* — étayer. *v.t.*

short haul. *n.* — court terme. *n.m.*

short leash*. *n.* — rênes courtes*. *n.f.pl.*

shortcircuit. *n.* — court-circuit. *n.m.*

shortcircuit (to). *v.t.* — court-circuiter. *v.t.*

show something in a false light. *phr.* — montrer quelque chose sous de fausses couleurs. *loc.*

showboat*. *n.* — frimeur*. *n.m.*

showboat* (to). *v.i.*
showdown. *n.*
showdown (nuclear). *n.*
shrapnel. *n.*
shred (to). *v.t.*
shrouded (in secrecy). *adj.*

shuffle. *n.*
shuffle (to). *v.t.*
shuttle diplomacy. *n.*
siblings* (members of another intelligence service of the same country). *n.*
side looking airborne radar. *n.* - An airborne radar, viewing at right angles to the axis of the vehicle, which produces a presentation of terrain or moving targets. [NATO]

sift through (to). *v.t.*
signal (telephone). *n.*
signature (radar / infrared / electromagnetic "fingerprint" created by aircraft, vehicle or vessel). *n.*

silence (to) (radio). *v.t.*
silencer[1] (firearm). *n.*
silicon. *n.*
silo (missile). *n.*
Silver Sow*[1] (nickname of KC-135Q). *n.*
sinews of war (money). *n.*
singleton*. *n.*

frimer*. *v.i.*
épreuve de force. *n.f.*
confrontation (nucléaire). *n.f.*
shrapnel. *n.m.*
déchiqueter. *v.t.*
enveloppé(e) (dans le secret). *adj.m. (f.)*

remaniement. *n.m.*
remanier. *v.t.*
diplomatie de la navette. *n.f.*
services frères* (membres d'un autre SR appartenant au même pays). *n.m. pl.*
radar aéroporté à antenne latérale. *n.m.* - Radar aéroporté dont le champ d'émission est perpendiculaire à l'axe du véhicule, ce qui lui permet de fournir une représentation du terrain ou d'objectifs en mouvement. [OTAN]

trier. *v.t.*
tonalité (téléphone). *n.f.*
signature (« empreinte » radar / infrarouge / éléctromagnétique émise par un aéronef, un véhicule ou un navire). *n.f.*

museler (radio). *v.t.*
silencieux (arme à feu). *n.m.*
silicium. *n.m.*
silo (missile). *n.m.*
Truie argentée*[1] (surnom donné à l'avion ravitailleur KC-135Q). *n.f.*
nerf de la guerre (argent). *n.m.*
agent travaillant en solitaire. *n.m.*

---

1 - See chapter III, D on Firearms in my *Dictionary of Police and Underworld Language*.

sister service. *n.*	service sœur. *n.m.*
sit on a plant* (to). *v.i.*	planquer*. *v.i.*
sit on someone* (to) (surveillance). *phr.*	coller au train de quelqu'un* (filature). *loc.*
sit tight (to). *v.t.*	bouger (ne pas). *v.t.*
sitdown. *n.*	rencontre. *n.f.*
sitdown (to). *v.t.*	rencontrer. *v.t.*
situation (sticky). *n.*	situation (délicate). *n.f.*
Situation Room (nerve center of the White House). *n.*	salle des opérations (sous-sol de la Maison Blanche). *n.f.*
skirmish. *n.*	escarmouche. *n.f.*
skirmisher. *n.*	tirailleur. *n.m.*
skulduggery. *n.*	grenouillage*. *n.m.*
sky diving. *n.*	saut en chute libre. *n.m.*
skydive (to). *v.t.*	sauter en chute libre. *v.t.*
skyjack (to) (aircraft). *v.t.*	détourner (un aéronef). *v.t.*
skyjacker. *n.*	pirate de l'air. *n.m.*
skyjacking. *n.*	détournement (d'un aéronef). *n.m.*
slacken the reins* (to). *phr.*	conduire « rênes longues ». *loc.*
slander (to). *v.t.*	diffamer. *v.t.*
slaughter (to). *v.t.*	massacrer. *v.t.*
sledge hammer. *n.*	masse (gros maillet). *n.f.*
sleeper* (agent). *n.*	1. dormant* (agent). *adj.n.m.*
	2. dormeur* (agent). *adj.n.m.*
sleight of hand. *n.*	tour de passe-passe. *n.m.*
sleuth. *n.*	limier. *n.m.*
slip. *n.*	bordereau. *n.m.*
slip the tail* (to). *v.t.*	filer entre les doigts* (de quelqu'un). *v.i.*
slipup. *n.*	dérapage. *n.m.*
"slit bamboo" technique (inserted inside an envelope to roll up the enclosed letter). *n.*	technique du « bambou fendu » (glissé dans une enveloppe afin d'enrouler la lettre qui s'y trouve). *n.f.*

slow fuse. *n.*
slush fund. *n.*
smashing success. *n.*
smear (to). *v.t.*
smell a rat (to). *v.t.*
smell a rat (to). *phr.*

smoke grenade. *n.*
smudger*. *n.*
smuggle (to). *v.t.*
smuggler. *n.*
smuggler (refugees). *n.*
smurfing . *n.* - is a "money-laundering technique used by drug traffickers to break up huge bank transactions into many single operations of small amounts. The trafficker provides a large number of couriers, or "smurfs" with small quantities of drug money. Each one proceeds to various banks and purchases cashiers' cheques or money orders, which he then turns over to someone else for deposit into bank accounts. Thus, the trafficker circumvents the reporting requirements for large bank transactions and at the same time makes sure that the money couriers themselves cannot cash the cheques or orders." *Lebende Sprachen*, 1/95.

snake eater* (green beret). *n.*

mèche lente. *n.f.*
caisse noire. *n.f.*
succès retentissant. *n.m.*
calomnier. *v.t.*
flairer quelque chose de louche. *v.t.*
subodorer quelque chose de pas très catholique*. *loc.*

grenade fumigène. *n.f.*
photographe. *n.m. (f.)*
passer en fraude. *v.t.*
contrebandier. *n.m.*
passeur (refugiés). *n.m.*
schtroumpfage. *n.m.* - « Le schtroumpfage est une technique de blanchiment de fonds employée par les trafiquants de stupéfiants afin de fractionner une transaction bancaire portant sur un montant très élevé en plusieurs opérations portant sur de petites sommes. Le trafiquant remet de petites quantités de narco-dollars à un grand nombre de passeurs ou « schtroumpfs », qui obtiennent chacun des chèques de caisse ou des mandats de poste de plusieurs banques et les remettent ensuite à un autre individu qui les dépose sur des comptes bancaires. Ainsi le trafiquant contourne l'obligation de déclarer des transactions bancaires portant sur des sommes importantes et en même temps il empêche que les passeurs de fonds puissent encaisser les chèques ou les mandats eux-mêmes. » *Lebende Sprachen*, 1/95 »

baroudeur. *n.m.*

snare (to). *v.t.* — piéger. *v.t.*
snatch* (kidnap) **(to).** *v.t.* — soulever* (enlever). *v.t.*
sneak (to). *v.t.* — glisser en douce. *v.t.*
sneak away (to). *v.t.* — esquiver (s'). *v.pr.*
sneak up on somebody (to). *v.t.* — approcher de quelqu'un à pas feutrés (s'). *v.pr.*
sniper. *n.* — tireur embusqué. *n.m.*
snoop* (to). *v.t.* — fouiner*. *v.t.*
snooper*. *n.* — fouineur* (-euse*). *n.m.* *(f.)*
snorkel (diving). *n.* — tuba (plongée). *n.m.*
snorkel (submarine). *n.* — tube d'air (sous-marin). *n.m.*
snow. *n.* — scintillement. *n.m.*
soap* (penthotal). *n.* — sérum de vérité (penthotal). *n.m.*
soft underbelly. *n.* — ventre mou. *n.m.*
software. *n.* — logiciel. *n.m.*
solitary confinement. *n.* — isolement. *n.m.*
solve (riddle) **(to).** *v.t.* — résoudre (énigme). *v.t.*
sonar. *n.* — sonar. *n.m.*
sonobuoy. *n.* - An acoustic device, used mainly for the detection of submarines which, when activated, transmits information by radio. [NATO] — bouée acoustique. *n.f.* - Appareil acoustique, utilisé principalement pour détecter les sous-marins, qui, une fois activé, transmet ses informations par radio. [OTAN]
sophisticated (weaponry). *adj.* — sophistiqué (armement). *adj.m.*
sort (out) **(to).** *v.t.* — trier. *v.t.*
sort out (problem) **(to).** *v.t.* — régler (problème). *v.t.*
sorting. *n.* — tri. *n.m.*
soundproof. *adj.* — insonorisé (e). *adj.m.* *(f.)*
soundproof (to). *v.t.* — insonoriser. *v.t.*
soundproofing. *n.* — insonorisation. *n.f.*
source. *n.* - In intelligence usage, a person from whom or thing from which information can be obtained. [NATO] — source. *n.f.* - En matière de renseignement, personne ou objet dont on peut tirer des renseignements bruts. [OTAN]

source*. *n.*	sonnette* (source). *n.f.*
source* (to). *v.t.*	sourcer*. *v.t.*
sourcing*. *v.t.*	situer*. *v.t.*
sovereign. *adj.*	souverain(e). *adj.m. (f.)*
Sovietologist. *n.*	soviétologue. *n.m. (f.)*
space imagery. *n.*	imagerie spatiale. *n.f.*
speaker. *n.*	haut-parleur. *n.m.*
spearhead. *n.*	fer de lance. *n.m.*
special agent (e.g.: FBI, DEA, USSS). *n.*	agent spécial (ex. : FBI, DEA, USSS). *n.m.*
special envoy. *n.*	chargé de mission. *n.m.*
special radio frequencies. *n.*	fréquences radio spéciales. *n.f.pl.*
Special Weapons and Tactics (SWAT). *n.*	Brigade d'intervention (États-Unis). *n.f.*
specifications. *n.pl.*	spécifications. *n.f.pl.*
specs*. *n.pl.*	spécifications. *n.f.pl.*
spectre. *n.*	spectre. *n.m.*
spectrozonal photography. *n.* - A photographic technique whereby the natural spectral emissions of all objects are selectively filtered in order to image only those objects within a particular spectral band or zone and eliminate the unwanted background. [NATO]	photographie par bandes spectrales. *n.f.* - Technique photographique dans laquelle les émissions des objets sont filtrées sélectivement de façon à ne faire apparaître que les objets émettant dans une bande spectrale donnée. Cette technique permet d'éliminer les fonds parasites. [OTAN]
Spetsnatz (Russian special forces) *Chasti Spetsiel' nogo Naznacheniya*. *n.m.*	Spetsnatz (troupes spéciales russes) *Chasti Spetsiel' nogo Naznacheniya*. *n.m. (pl.)*
sphinx. *n.*	sphinx. *n.m.*
spike (drink) (to). *v.t.*	corser (boisson). *v.t.*
spill blood (to). *v.t.*	verser le sang. *v.t.*
spillover (economic). *n.*	retombées (économiques). *n.f.pl.*
spirit off (to). *v.t.*	escamoter. *v.t.*

spit-and-polish. *adj.*

splinter group. *n.*

split cameras. *n.pl.* - An assembly of two cameras disposed at a fixed overlapping angle relative to each other. [NATO]

split personality. *n.*

spoil of war. *n.*

spokesman. *n.*

sponsor. *n.*

sponsor (to). *v.t.*

sponsoring nation (allegedly sponsoring terrorism such as: Iran, Libya, Sudan). *n.*

spook*. *n.*

spook* (legal*). *n.*

spook* (to). *v.t.*

spot (to). *v.t.*

spot jamming. *n.* - The jamming of a specific channel or frequency. [NATO]

spot* (to). *v.t.*

spotter*. *n.*

spotting. *n.*

spring (release) **(to).** *v.t.*

spurious. *adj.*

spurious (computer). *adj.*

spy. *n.* - Person employed by a government or other entity to obtain secret information or

le petit doigt sur la couture du pantalon. *loc.*

groupuscule. *n.m.*

appareils photographiques jumelés. *n.m. pl.* - Ensemble formé par deux appareils photographiques disposés à un angle de recouvrement déterminé l'un par rapport à l'autre. [OTAN]

dédoublement de la personnalité. *n.m.*

prise de guerre. *n.f.*

porte-parole. *n.m.*

commanditaire. *n.m. / adj.*

commanditer. *v.t.*

nation commanditaire (exemples de commanditaires présumés du terrorisme : Iran, Libye, Soudan). *n.f.*

barbouze* (fausse barbe ; espion). *n.f.*

moustache* (variante de barbouze*). *n.f.*

affoler* (effrayer un suspect). *v.t.*

repérer. *v.t.*

brouillage sélectif. *n.m.* - Brouillage d'une bande ou d'une fréquence particulière. [OTAN]

loger* (repérer un domicile). *v.t.*

agent en planque*. *n.m.*

repérage. *n.m.*

élargir (remettre en liberté). *v.t.*

spécieux(-euse). *adj.m. (f.)*

parasite (ordinateur). *adj.*

espion(-ne). *n.m. (f.)* - Personne employée par un gouvernement ou tout autre organisme dans le

intelligence about another, usually hostile, entity. The word is rarely used by intelligence professionals who usually refer to them as agents.

but d'obtenir informations ou renseignements secrets sur une autre nation généralement hostile. Ce mot est rarement utilisé dans le milieu du renseignement qui lui préfère habituellement le terme d'agent.

spy buster*. *n.*   chasseur d'espions. *n.m.*

spy catcher. *n.*
1. chasseur d'espions. *n.m.*
2. contre-espion. *n.m.*

spy nest. *n.*   nid d'espions. *n.m.*

spy on (to). *v.t.*   espionner. *v.t.*

spy plane (e.g.: U2; SR-71 Blackbird; *Proteus*). *n.*   avion espion (ex. : DC-8 Sarigue). *n.m.*

spy ring (also known as orchestra*). *n.*   orchestre* (*voir* chapelle*). *n.m.*

spy ring (*argentura* in Russian). *n.*   réseau. *n.m.*

spy ring (*see* network). *n.*   *Kapelle* (mot allemand signifiant chapelle ; *voir* réseau). *n.f.*

spy satellite ("Corona" and "Samos"in the USA). *n.*   satellite espion (« Hélios » et « Spot » en France). *n.m.*

spybird* ("Corona" and "Samos"in the USA). *n.*   satellite espion (« Hélios » et « Spot » en France). *n.m.*

spycatcher. *n.*   traqueur d'espions. *n.m.*

spying. *n.*   espionnage. *n.m.*

squad. *n.*   équipe. *n.f.*

squadron. *n.*   escadrille. *n.f.*

squadron leader (RAF). *n.*   commandant. *n.m.*

squeeze (to) the trigger (never yank it). *v.t.*   presser (la détente) (sans coup sec). *v.t.*

squelch control (automatic and manual) (communications). *n.*   contrôle de friture (transmissions). *n.m.*

stab someone repeatedly (to). *v.t.*   larder* quelqu'un de coups de couteau. *v.t.*

stability. *n.*   stabilité. *n.f.*

stabilizing jacket (scuba). *n.*   gilet à flottabilité dorsale (plongée). *n.m.*

stable. *adj.*   stable. *adj.m. (f.)*

staff. *n.*
1. effectif. *n.m.*
2. état-major. *n.m.*

staff member. *n.*   collaborateur (-trice). *n.m. (f.)*

staging area. *n.*   lieu de rassemblement. *n.m.*

stagnation. *n.*   enlisement. *n.m.*

stake. *n.*   enjeu. *n.m.*

stake one's all (to). *v.t.*   jouer son va-tout. *v.t.*

stake out* (to). *v.t.*   planquer*. *v.i.*

stakeout*. *n.*
1. planque*. *n.f.*
2. souricière*. *n.f.*

stakeout* (to be on a). *v.i.*   planquer* (être en planque*). *v.t.*

stakeout* (to). *v.t.*   planquouser*. *v.t.*

stakeout* team. *n.*   équipe de planque*. *n.f.*

stalemate. *n.*   situation bloquée. *n.f.*

stall (flight) **(to).** *v.t.*   décrocher (vol). *v.t.*

stampede. *n.*   débandade. *n.f.*

stance (government). *n.*   positon (gouvernement). *n.f.*

Stand easy!   Repos !

stand off. *n.*   bras de fer. *n.m.*

stand one's ground (to). *phr.*   camper sur ses positions. *loc.*

standing. *adj.*   permanent(e). *adj.m. (f.)*

standing order. *n.* - A promulgated order which remains in force until amended or cancelled. [NATO]   ordre permanent. *n.m.* - Ordre diffusé qui demeure en vigueur jusqu'à ce qu'il ait été éventuellement modifié ou abrogé. [OTAN]

standing orders. *n.pl.*   réglement intérieur. *n.m.*

standoff. *n.*   impasse. *n.f.*

star (* on dial). *n.*   étoile (*sur le cadran). *n.f.*

Star Wars (Strategic Defense Initiative). *n.*   Guerre des Étoiles (Initiative de Défense Stratégique). *n.f.*

start someone thinking (to). *phr.*   mettre la puce à l'oreille. *loc.*

stash* (cache). *n.*
state of emergency. *n.*
state of the art. *n.*
State Security Court (trying spy cases). *n.*
state-of-the-art. *adj.*
state-wide APB (All-Point Bulletin). *n.*
static war. *n.*
statics (communications). *n.pl.*
station. *n.*
stationed (to be). *v.t.*
status. *n.*
statute of limitation. *n.*
stay behind (network). *adj.*

Stay off the air!
stay on someone's tail* (to). *v.i.*
Stay on top of him like glue!*
stay on top of someone* (to) (surveillance). *phr.*
stay the course (to). *v.t.*
steal (to). *v.t.* - "You are in the job of stealing secrets... We do our very best to hide these acts from all and sundry. That is what we are about." R. James Woolsey, former CIA Director.
stealth (e.g. helicopter, fighter or frigate). *adj.*

stealth bomber (e.g. B-1 "Lancer"; B-2 "Spirit"). *n.*
stealth frigate. *n.*

planque* (cachette). *n.f.*
état d'urgence. *n.m.*
pointe du progrès. *n.f.*
1. Cour d'Assises Spéciale. *n.f.*
2. Cour de Sûreté de l'État. *n.f.*
pointe (de). *adj.m. (f.)*
avis de recherche départemental. *n.m.*
guerre de position. *n.f.*
parasites (transmissions). *n.m. pl.*
poste. *n.m.*
poste (être en). *v.t.*
condition physique. *n.f.*
prescription. *n.f.*
stay-behind (anglicisme : réseau). *adj.*

Cesse(z) d'émettre !
coller au cul* de quelqu'un. *v.t.*
Ne le lâchez pas d'une semelle !*
coller au train de quelqu'un* (filature). *loc.*
tenir jusqu'au bout. *v.t.*
voler. *v.t.* - « Votre tâche consiste à voler des secrets... Nous nous efforçons de dissimuler ces actes aux yeux des autres. Voilà notre mission. » R. James Woolsey, ex-directeur de la CIA.
furtif (-ve) (ex. hélicoptère furtif, intercepteur furtif ou frégate furtive). *adj.m. (f.)*
bombardier furtif (ex. : B-1 « Lancer » ; B-2 « Spirit »). *n.m.*

frégate furtive. *n.f.*

stealth helicopter (e.g.: "Comanche"). *n.*

steganography (concealed writing). *n.*

stem a leak (to). *v.t.*

stench. *n.*

step up (to). *v.t.*

stick. *n.* - A number of paratroopers who jump from one aperture or door of an aircraft during one run over a drop zone. [NATO]

stick* with someone (to) (surveillance). *v.i.*

stick of dynamite. *n.*

stick one's neck out (to). *v.t.*

Stick to him like cheap cologne!* (surveillance)

stick* to someone (to). *v.i.*

stickler (for crosschecking). *n.*

sting operation*. *n.*

stir up (to). *v.t.*

stockpiles. *n.pl.*

stockpiling. *n.*

stop. *n.*

stop button (tape recorder). *n.*

storage. *n.*

storm (to). *v.t.*

storm troops. *n.*

strafe (to). *v.t.*

straggler. *n.* - A ship separated from its convoy by more than 5

hélicoptère furtif (ex. : « Comanche »). *n.m.*

stéganographie (écriture cachée). *n.f.*

endiguer une fuite. *v.t.*

remugles. *n.m. pl.*

intensifier. *v.t.*

groupe de saut. *n.m.* - Nombre quelconque de parachutistes sautant par une même issue au cours d'un même passage au-dessus d'une zone de largage. [OTAN]

coller au train* de quelqu'un* (filature). *loc.*

bâton de dynamite. *n.m.*

monter au filet*. *loc.*

Vous ne le lâchez pas d'une semelle !* (filature)

coller au cul* de quelqu'un. *loc.*

maniaque (du recoupement). *n.m.*

montage* (coup monté*). *n.m.*

fomenter. *v.t.*

réserves. *n.f.pl.*

stockage. *n.m.*

arrêt. *n.m.*

commande d'arrêt (magnétophone). *n.f.*

stockage. *n.m.*

1. investir. *v.t.*

2. prendre d'assaut. *v.t.*

troupes d'assaut. *n.f.*

mitrailler (au sol). *v.t.*

traînard. *n.m.* - Bâtiment en retard sur son convoi de plus de 5

nautical miles, through inability to keep up, and unable to rejoin before dark, or over 10 nautical miles from its convoy whether or not it can rejoin before dark. [NATO]

strain (virus). *n.*

stratagem. *n.*

strategic. *adj.* - The Office of Strategic Services (OSS), the forerunner of the CIA.

strategic intelligence. *n.* - Intelligence which is required for the formation of policy and military plans at national and international levels. [NATO]

strategic warning. *n.* - A notification that enemy-initiated hostilities may be imminent. This notification may be received from minutes to hours, to days, or longer, prior to the initiation of hostilities. [NATO]

strategist. *n.*

strategy. *n.*

street (to street) fighting. *n.*

streetwise* (to be) (practical familiarity with the sordid aspects of modern urban life). *phr.*

strike. *n.* - An attack which is intended to inflict damage on, seize, or destroy an objective. [NATO]

strike (bombing). *n.*

strike force. *n.*

strike off (to). *v.t.*

strike out (to). *v.t.*

miles nautiques faute de pouvoir s'y maintenir et incapable de le rallier avant la nuit ou en retard de plus de 10 miles nautiques, qu'il soit ou non capable de rallier avant la nuit. [OTAN]

souche (virus). *n.f.*

stratagème. *n.m.*

stratégique. *adj.m.(f.)* - *L'Office of Strategic Services* (OSS), ancêtre de la CIA.

renseignement stratégique. *n.m.* - Renseignement nécessaire à l'élaboration de la ligne de conduite et des plans militaires à l'échelon national et international. [OTAN]

alerte stratégique. *n.f.* - Avis signalant que les hostilités pourraient être déclenchées à plus ou moins bref délai. [OTAN]

stratège. *n.m.*

stratégie. *n.f.*

combat de rues. *n.m.*

vice* (avoir du) (connaissance de première main des aspects sordides de la vie en milieu urbain). *loc.*

action de choc. *n.f.* - Attaque destinée à infliger des dégâts à un objectif, à s'en emparer ou à le détruire. [OTAN]

frappe (bombardement). *n.f.*

force de frappe. *n.f.*

radier. *v.t.*

biffer. *v.t.*

strike photography. *n.* - Air photographs taken during an air strike. [NATO]

striking. *adj.*

stringer* (*shtuchnik* in Russian). *n.*

stringer* (author of a precise and limited assignment). *n.*

strong point. *n.* - A key point in defensive position, usually strongly fortified and heavily armed with automatic weapons, around which other positions are grouped for its protection. [NATO]

stronghold. *n.*

stumble (up) on something important (to). *phr.*

stun grenade. *n.*

stun gun (6,000-120,000 volts). *n.*

stymie (to). *v.t.*

sub rosa. *adv.*

subcontract (to). *v.t.*

subcontracting. *n.*

subcontractor. *n.*

subject. *n.*

Subject leaving premises (surveillance)

photographie de contrôle d'attaque. *n.f.* - Photographie aérienne prise lors d'une attaque aérienne. [OTAN]

foudroyant(e). *adj.m. (f.)*

itinérant* (agent effectuant une mission précise et limitée : *shtuchnik* en russe). *n.m.*

torpédo* (auteur d'une mission précise et limitée). *n.f.*

centre de résistance. *n.m.* - Point clé dans une position de défense normalement très fortifiée et fortement équipée d'armes automatiques et autour duquel sont groupées, pour sa protection, d'autres positions. [OTAN]

bastion. *n.m.*

lever un lièvre. *loc.*

1. grenade fulgurante. *n.f.*

2. grenade incapacitante. *n.f.*

1. paralyseur. *n.m.*

2. Air Taser (arme à éléctrochoc guidée laser tétanisant un adveraire). *n.m.*

3. neutraliseur éléctrique. *n.m.*

contrer. *v.t.*

secrètement (en secret). *adv.*

sous-traiter. *v.t.*

sous-traitance. *n.f.*

sous-traiteur. *n.m.*

1. client*. *n.m.*

2. sujet. *n.m.*

Le client* quitte les lieux (filature)

submachine gun[1]. *n.* — mitraillette. *n.f.*

submachine gun[1] (e.g. 9 mm Heckler & Koch MP-5). *n.* — pistolet mitrailleur (ex. : Heckler & Koch MP-5, calibre 9mm). *n.m.*

submarine. *n.* — sous-marin. *n.m.*

submarine patrol. *n.* — marée* (patrouille sous-marine). *n.f.*

submariner. *n.* — sous-marinier. *n.m.*

subservient (to be). *v.t.* — échine souple (avoir l'). *loc.*

substantiate (thesis) (to). *v.t.* — accréditer (thèse). *v.t.*

substitution (*see* code). *n.* — substitution (*voir* code). *n.f.*

subterfuge. *n.* — subterfuge. *n.m.*

subversion. *n.* - Action designed to weaken the military, economic or political strength of a nation by undermining the morale, loyalty or reliability of its citizens. [NATO] — subversion. *n.f.* - Action ayant pour but d'affaiblir la force militaire, la puissance économique ou la volonté politique d'un pays en minant le moral, la loyauté de ses citoyens ou la confiance qu'on peut leur accorder. [OTAN]

subversive. *adj.* — subversif(-ve). *adj.m. (f.)*

success. *n.* — succès. *n.m.*

suck dry* (Russian). *v.t.* — débriefer (anglicisme). *v.t.*

suffer (to) (defeat). *v.t.* — essuyer (défaite). *v.t.*

suicide attack (kamikaze-style). *n.* — attaque-suicide. *n.f.*

suitcase bomb. *n.* — valise piégée. *n.f.*

suitcase carrier. *n.* — porteur de valise. *n.m.*

suiting up. *n.* — habillement. *n.m.*

sulphate. *n.* — sulfate. *n.m.*

supercomputer ("Cray", USA). *n.* — supercalculateur (« Cray », États-Unis). *n.m.*

superpower. *n.* — superpuissance. *n.f.*

supersonic. *adj.* — supersonique. *adj.m. (f.)*

supply base. *n.* — base de ravitaillement. *n.f.*

---

1 - See chapter III, D on Firearms in my *Dictionary of Police and Underworld Language*.

Supply Corps. *n.*

supply reel (tape recorder). *n.*

support. *n.*

support. *n.* - The action of a force, or portion thereof, which aids, protects, complements, or sustains any other force. [NATO]

support. *n.*

support (to). *v.t.*

support (hypothesis) **(to).** *v.t.*

supporting nation. *n.*

suppress (enemy fire) **(to).** *v.t.*

surface-to-air guided missile. *n.* - A surface-launched guided missile for use against air targets. [NATO]

surface-to-surface guided missile. *n.* - A surface-launched guided missile for use against surface targets. [NATO]

surgical (bombing). *adj.*

surgical strike. *n.*

surrender. *n.*

surrender (to). *v.t.*

surreptitious. *adj.*

surreptitious entry. *n.*

surreptitiously. *adv.*

surveil (to). *v.t.*

surveillance. *n.*

surveillance . *n.* - The systematic observation of aerospace, sur-

Intendance. *n.f.*

bobine débitrice (magnétophone). *n.f.*

soutien. *n.m.*

appui. *n.m.* - Action d'un groupement ou d'un détachement qui aide, couvre, élargit ou soutient la manœuvre d'un autre élément. [OTAN]

aval (politique). *n.m.*

soutenir. *v.t.*

étayer (hypothèse). *v.t.*

nation de soutien. *n.f.*

éliminer (feu ennemi). *v.t.*

missile surface-air. *n.m.* - Missile lancé de la surface vers un objectif aérien. [OTAN]

missile surface-surface. *n.m.* - Missile lancé à partir de la surface et utilisé contre des objectifs de surface. [OTAN]

chirurgical (bombardement). *adj.m. (f.)*

frappe chirurgicale. *n.f.*

reddition. *n.f.*

rendre (se). *v.pr.*

subreptice. *adj.m. (f.)*

intrusion. *n.f.*

subrepticement. *adv.*

1. filer* (filature). *v.t.*

2. placer sous surveillance. *v.t.*

filature. *n.f.*

surveillance. *n.f.* - Observation systématique de l'espace, des sur-

face or subsurface areas, places, persons, or things, by visual, aural, electronic, photographic, or other means. [NATO]

surveillance (to be under). *phr.*
surveillance drone (unmanned plane). *n.*
surveillance duty (to be on). *n.*
surveillance grid. *n.*
surveillance team. *n.*
surveillance van. *n.*

surveillant. *n.*

surveillant (*filier* in Russian). *n.*

survey. *n.*
survival. *n.*
surviver. *n.*
susceptibility. *n.* - The vulnerability of a target audience to particular forms of psychological operations approach. [NATO]
suspect. *n.*
suspect (to). *v.t.*
suspending ropes (parachute). *n.pl.*
suspicion. *n.*
swabbie* (sailor). *n.*
swallow* (female entrapment agent). *n.*
swallow's nest* (bugged* swallow's love nest*). *n.*

faces terrestres, aéromaritimes et des zones sous-marines, des lieux, des personnes ou des objets, à l'aide de moyens visuels, acoustiques, électroniques, photographiques ou autres. [OTAN]

faire l'objet d'une surveillance. *loc.*

drone de surveillance (avion sans pilote). *n.m.*

planque* (être de). *loc.*
périmètre de surveillance. *n.f.*
équipe de surveillance. *n.f.*
sous-marin* (fourgonnette d'observation équipée d'un verre sans tain en guise de périscope). *n.m.*

1. filocheur*. *n.m.*
2. agent chargé d'une filature. *n.m.*

agent chargé d'une filature (*filier* en russe). *n.m.*

tour d'horizon. *n.m.*
survie. *n.f.*
survivant(e). *n.m.(f.)*
susceptibilité. *n.f.* - Indique la vulnérabilité d'une audience-cible à certaines formes d'opérations psychologiques. [OTAN]
suspect. *n.m.*
soupçonner. *v.t.*
suspentes (parachute). *n.f.pl.*
soupçon. *n.m.*
mataf* (matelot). *n.m.*
hirondelle* (séductrice professionnelle à la solde d'un SR). *n.f.*
nid d'hirondelle* (domicile piégé* d'une hirondelle*). *n.m.*

swear someone to secrecy (to). *v.t.*

sweat ("Sweat spares blood"; motto of special forces). *n.*

sweep jamming. *n.* - A narrow band of jamming that is swept back and forth over a relatively wide operating band of frequencies. [NATO]

sweep* (a room) **(to)**. *v.t.*

switch. *n.*

switching (switching of loyalties). *n.*

sword (e.g.: "for all they that take the sword shall perish with the sword. ") *Matthew 26:52. n.*

sympathize (to). *v.t.*

sympathizer. *n.*

synergy. *n.*

synthesis. *n.*

faire jurer à quelqu'un de garder le secret. *v.t.*

sueur (« La sueur épargne le sang » ; devise des forces spéciales). *n.f.*

brouillage par balayage. *n.m.* - Technique consistant à promener une émission de brouillage sur une large bande de fréquences. [OTAN]

nettoyer* (une pièce). *v.t.*

échange. *n.m.*

revirement (transfert de loyauté). *n.m.*

glaive (ex. : « car tous ceux qui dégainent le glaive périront sous le glaive. ») *Évangile selon St. Matthieu 26:52. n.m.*

sympathiser. *v.t.*

sympathisant. *n.m.*

synergie. *n.f.*

synthèse. *n.f.*

T

T for Tango (NATO phonetic alphabet)

taboo. *n.*

tacan. *n.* - An ultra-high frequency electronic air navigation system which provides a continuous indication of bearing and distance (slant range) to the tacan station, common components being used in distance and bearing determination. The term is derived from tactical air navigation. [NATO]

tackle (to) (e.g.: tackling high G's). *v.t.*

tactical. *adj.*

tactical air force. *n.* - An air force charged with carrying out tactical air operations in co-ordination with ground or naval forces. [NATO]

tactical intelligence. *n.* - Intelligence which is required for the planning and conduct of tactical operations. [NATO]

tactical missile (e.g. "Stinger"). *n.*

tactical operation. *n.*

T comme Tango (alphabet phonétique de l'OTAN)

tabou. *n.m.*

tacan. *n.m.* - Système de navigation travaillant en ultra-hautes fréquences. Il fournit une indication continue du gisement et de la distance (oblique) de la station tacan et ces éléments sont utilisés pour la détermination des éléments de navigation nécessaires (distance à parcourir et relèvements). Le mot est une abréviation du terme anglais : tactical air navigation (navigation aérienne tactique). [OTAN]

affronter (ex. : affronter des accélérations vertigineuses). *v.t.*

tactique. *adj.m. (f.)*

force aérienne tactique. *n.f.* - Force aérienne chargée d'exécuter des opérations aériennes tactiques en coordination avec les forces terrestres ou navales. [OTAN]

renseignement tactique. *n.m.* - Renseignement nécessaire à l'établissement des plans et à la conduite des opérations tactiques. [OTAN]

missile tactique antichar (ex. : « Milan »). *n.m.*

opération d'intervention. *n.f.*

tactical warning. *n.* - A notification that the enemy has initiated hostilities. Such warning may be received any time from the launching of the attack until it reaches its target. [NATO]

tactician. *n.*

tactics. *n.*

tag* (to). *v.t.*

tail chute. *n.*

tail hook. *n.* - A device fitted to an aircraft to engage arresting gear. [NATO]

tail wheel (aircraft). *n.*

tail* (private eye). *n.*

tail* (surveillance). *n.*

take cover* (to). *phr.*

take disciplinary actions against (to). *v.t.*

take over (to). *v.t.*

takeoff. *n.*

takeoff (to). *v.t.*

takeover. *n.*

take-up reel (tape recorder). *n.*

taking over. *n.*

talent spotter* (recruiter). *n.*

Taliban (Afghani fundamentalists). *n.*

talk. *n.*

talk (stormy). *n.*

talk turkey (to). *v.t.*

talks. *n.pl.*

alerte tactique. *n.f.* - Avis de déclenchement des hostilités. [OTAN]

tacticien. *n.m.*

tactique. *n.f.*

pister*. *v.t.*

parachute de freinage. *n.m.*

crosse d'arrêt. *n.f.* - Mécanisme fixé à un aéronef pour accrocher le dispositif d'arrêt. [OTAN]

roulette de queue (aéronef). *n.f.*

tricoche* (détective privé). *n.f.*

1. surbine* (filature). *n.f.*
2. surveille* (filature). *n.f.*

ouvrir le parapluie*. *loc.*

sanctionner. *v.t.*

récupérer. *v.t.*

décollage. *n.m.*

décoller. *v.t.*

prise de pouvoir. *n.f.*

bobine réceptrice (magnétophone). *n.f.*

récupération. *n.f.*

tête chercheuse* (recruteur). *n.f.*

Taliban (« séminaristes » : fondamentalistes afghans). *n.m.*

entretien (conversation). *n.m.*

discussion (houleuse). *n.f.*

parler sérieusement. *v.t.*

pourparlers. *n.m. pl.*

target acquisition

tally of kills. *n.*

tamper with (to). *v.t.*

tamper with mail (to). *v.t.*

tampering. *n.*

tangle oneself up (to) (in one's own lies/contradictions). *v.pr.*

tank. *n.*

tank* (secure room). *n.*

tank killer (e.g.: Thunderbolt II "Warthog" equipped with a 30mm seven-barrel rotary cannon). *n.*

tanker. *n.*

tap (to). *v.t.*

tap * (to). *v.t.*

tape (to). *v.t.*

tape recorder. *n.*

tape transcript. *n.*

taping. *n.*

tapping*. *n.*

target. *n.* - In radar. (a) generally, any discrete object which reflects or retransmits energy back to the radar equipment; (b) specifically, an object of radar search or surveillance. [NATO]

target (to). *v.t.*

target acquisition. *n.* - The detection, identification, and location of a target in sufficient detail to permit the effective employment of weapons. [NATO]

tableau de chasse. *n.m. pl.*

tripatouiller*. *v.t.*

ouvrir illégalement le courrier. *v.t.*

tripatouillage*. *n.m.*

enferrer (s') (dans ses propres mensonges ou contradictions). *v.pr.*

char d'assaut. *n.m.*

aquarium* (pièce étanche, insonorisée et sécurisée, à l'abri des écoutes indiscrètes). *n.m.*

chasseur de chars (type d'aéronef). *n.m.*

pétrolier. *n.m.*

écouter (clandestinement). *v.t.*

brancher* (effectuer une écoute clandestine). *v.t.*

enregistrer. *v.t.*

magnétophone. *n.m.*

compte rendu d'écoute. *n.m.*

enregistrement. *n.m.*

branchement* (écoute clandestine). *n.m.*

cible. *n.f.* - En radar (a) d'une manière générale, tout objet distinct qui réfléchit ou renvoie de l'énergie à l'équipement radar ; (b) spécifiquement, objet recherché ou surveillé par radar. [OTAN]

cibler. *v.t.*

acquisition d'objectif. *n.f.* - Opération consistant à détecter, localiser et identifier un objectif avec une précision suffisante pour permettre son traitement par une arme donnée. [OTAN]

225

target analysis. *n.* - An examination of potential targets to determine military importance, priority of attack, and weapons required to obtain a desired level of damage or casualties. [NATO]

target illustration print. *n.* - A single contact print or enlarged portion of a selected area from a single print, providing the best available illustration of a specific installation or pin-point target. [NATO]

target intelligence. *n.* - Intelligence which portrays and locates the components of a target or target complex and indicates its vulnerability and relative importance. [NATO]

target list. *n.* - A tabulation of confirmed or suspected targets maintained by any echelon for information and fire support planning purposes. [NATO]

targeting. *n.*

task. *n.*

task force. *n.* - 1. A temporary grouping of units, under one commander, formed for the purpose of carrying out a specific operation or mission. - 2. Semi-permanent organization of units, under one commander, formed for the purpose of carrying out a continuing specific task. - 3. A component of a fleet organized by the commander of a task fleet or higher

analyse d'objectifs. *n.f.* - Études des objectifs possibles qui a pour objet de déterminer leur importance militaire, la priorité à leur donner en cas d'attaque et les armes nécessaires pour obtenir le degré souhaité de dommages et de pertes. [OTAN]

photographie d'objectif. *n.f.* - Photographie, obtenue par reproduction directe ou par agrandissement, qui fournit la meilleure image possible d'un objectif déterminé. [OTAN]

renseignement sur l'objectif. *n.m.* - Indication permettant de caractériser et de localiser un objectif ou un ensemble d'objectifs, d'en connaître la vulnérabilité et l'importance relative. [OTAN]

liste d'objectifs. *n.f.* - Répertoire d'objectifs confirmés ou éventuels, tenu à jour à un niveau quelconque du commandement en vue de fournir des renseignements sur ces objectifs ou de préparer un appui feu. [OTAN]

acquisition d'objectif. *n.f.*

tâche. *n.f.*

force opérationnelle. *n.f.* - 1. Groupement temporaire d'unités constitué sous l'autorité d'un même chef en vue d'exécuter une opération ou une mission déterminée. - 2. Groupement semi-permanent d'unités constitué sous l'autorité d'un même chef en vue de poursuivre une mission déterminée. - 3. Partie composante d'une flotte constituées par le commandant d'une flotte opérationnelle ou par

authority for the accomplishment of a specific task or tasks. [NATO]

tasking list*. *n.*

tax evader. *n.*

tax evasion. *n.*

tax haven. *n.*

taxi (airplane) **(to)**. *v.t.*

taxiing (plane). *n.*

team. *n.*

team of divers. *n.*

tear gas (e.g.: CN: chloroacetophenone; CS: orthochlorobenzelmalonitrile). *n.*

tear gas canister. *n.*

tear-gas (to). *v.t.*

tear-gas grenade. *n.*

techint* (technical + intelligence). *n.*

technical adviser. *n.*

technical intelligence. *n.* - Intelligence concerning foreign technological developments, and the performance and operational capabilities of foreign materiel, which have or may eventually have a practical application for military purposes, also called TECHINT. [NATO]

technobabble (computer). *n.*

technolect. *n.*

technological looting. *n.*

telecopier transceiver. *n.*

telephone input jack. *n.*

telephone tapping. *n.*

une autorité plus élevée, en vue d'exécuter une ou plusieurs missions déterminées. [OTAN]

tableau de fournitures* (questionnaire). *n.m.*

fraudeur fiscal. *n.m.*

fraude fiscale. *n.f.*

paradis fiscal. *n.m.*

rouler (avion). *v.t.*

roulage (avion). *n.m.*

équipe. *n.f.*

palanquée (plongée). *n.f.*

gaz lacrymogène (monochlorobenzène). *n.m.*

bombe de gaz lacrymogène. *n.f.*

lancer des gaz lacrymogènes. *v.t.*

grenade lacrymogène. *n.f.*

source technique*. *n.f.*

conseiller technique. *n.m.*

renseignement technique. *n.m.* - Renseignement relatif aux développements technologiques à l'étranger, aux performances et aux possibilités opérationnelles des matériels étrangers qui font ou pourraient faire l'objet d'applications militaires, aussi appelé TECHINT. [OTAN]

jargon technique (ordinateur). *n.m.*

technolecte. *n.m.*

pillage économique. *n.m.*

bélinographe. *n.m.*

prise téléphone. *n.f.*

écoute (clandestine). *n.f.*

teleprocessing. *n.*

television-equip(p)ed remote mobile investigator (RMI). *n.*

telltale. *adj.*

tenable. *adj.*

tension. *n.*

terror. *n.*

terrorism. *n.* - Terrorism is defined as the unlawful use or threatened use of force or violence against persons or property to intimidate or coerce a government, the civilian population, or any segment thereof, to further political or social objectives.

terrorist. *n. / adj.*

terrorist activity. *n.*

terrorist cell. *n.*

terrorist team

testify (to). *v.t.*

tetanus. *n.*

thallium (mineral poison). *n.*

That's a rodg*! (Roger!)

That's an order!

thaw. *n.*

The coast is clear!

The Farm*. *n.* - nickname of the CIA spy school located in Camp Peary, south of Washington D.C., between the York and James Rivers, near Williamsburg, York County, Virginia.

télématique. *n.f.*

robot mobile d'intervention (R.M.I.). *n.m.*

révélateur (-trice). *adj. m. (f.)*

défendable. *adj.m. (f.)*

tension. *n.f.*

terreur. *n.f.*

terrorisme. *n.m.* - On définit le terrorisme comme l'emploi illégal, ou la menace d'emploi de la force ou de la violence contre des personnes ou des biens dans le but d'intimider un gouvernement ou de faire pression sur lui, ou sur la population civile, dans son ensemble ou en partie, afin de promouvoir un objectif politique ou social.

terroriste. *n.m. (f.) / adj.*

acte de terrorisme. *n.m.*

cellule terroriste. *n.f.*

équipe de terroristes. *n.f.*

témoigner. *v.t.*

tétanos. *n.m.*

thallium (poison minéral). *n.m.*

Bien reçu !

C'est un ordre !

dégel. *n.m.*

La voie est libre !

Ferme* (la). *n.f.* - surnom donné au centre d'entraînement de la CIA, situé à Camp Peary, au sud de Washington, dans le comté de York, entre les rivières York et James, près de Williamsburg en Virginie.

the phone is bugged* | la ligne est sur écoute (table d')

the powers that be. *phr.* | secret des dieux. *n.m.*

There's something in the wind. *phr.* | anguille sous roche (il y a). *loc.*

thermal detector. *n.* | détecteur thermique. *n.m.*

thermal imagery. *n.* - Imagery produced by sensing and recording the thermal energy emitted or reflected from the objects which are imaged. [NATO] | imagerie thermique. *n.f.* - Images produites par la détection et l'enregistrement de l'énergie thermique émise ou réfléchie par les objets examinés. [OTAN]

thermal imagery camera. *n.* | caméra à imagerie thermique. *n.f.*

thermonuclear weapon. *n.* - A weapon in which very high temperatures are used to bring about the fusion of light nuclei such as those of hydrogen isotopes (e.g.: Deuterium and Tritium) with the accompanying release of energy. The high temperatures required are obtained by means of fission. [NATO] | arme thermonucléaire. *n.f.* - Arme dans laquelle on utilise de très hautes températures pour obtenir la fusion de noyaux légers tels que ceux des isotopes de l'hydrogène (Deutérium et Tritium), fusion qui s'accompagne d'une libération d'énergie. Les hautes températures nécessaires sont obtenues par fission. [OTAN]

thorough. *adj.* | minutieux(-se). *adj.m. (f.)*

threat. *n.* | menace. *n.f.*

threaten (to). *v.t.* | menacer. *v.t.*

three-striper* (navy commander in slang). *n.* | frégaton* (capitaine de frégate en argot). *n.m.*

threshold. *n.* | seuil. *n.m.*

threshold of audibility. *n.* | seuil d'audibilité. *n.m.*

throw off (to) (a countersurveillance). *v.t.* | défaire de (se) (d'une contre filature). *v.pr.*

thrust (of an argument). *n.* | idée maîtresse. *n.f.*

thwart (to). *v.t.* | déjouer. *v.t.*

tie up (to). *v.t.* | ligoter. *v.t.*

tie up loose ends (to). *v.t.* | régler quelques détails. *v.t.*

tighten the reins* (to). *phr.* | conduire « rênes courtes* ». *loc.*

time bomb. *n.* | bombe à retardement. *n.f.*

time fuse. *n.* | détonateur à retard. *n.m.*

timeliness. *n.*	opportunité. *n.f.*
timely. *adj.*	opportun(e). *adj.m. (f.)*
timer. *n.*	mécanisme de retardement. *n.m.*
timid. *adj.*	frileux (-euse). *adj.m. (f.)*
timing. *n.*	1. minutage. *n.m.*
	2. moment choisi. *n.m.*
	3. synchronisation. *n.f.*
timing device. *n.*	mécanisme de retardement. *n.m.*
tinderbox. *n.*	situation explosive. *n.f.*
tip of the iceberg. *n.*	partie émergée de l'iceberg. *n.f.*
tip off (to). *v.t.*	avertir. *v.t.*
tip off* (*see* fill someone in*) **(to)**. *v.t.*	affranchir* (*voir* mettre quelqu'un au parfum). *v.t.*
tip*. *n.*	tuyau*. *n.m.*
tipster (informer). *n.*	indicateur(-trice) (informateur). *n.m. (f.)*
titanium (e.g.: fuselage of SR-71 Blackbird US reconnaissance aircraft). *n.*	titane (ex. : fuselage du SR-71 Blackbird, avion de reconnaissance américain). *n.m.*
TNT equivalent. *n.* - A measure of the energy released from the detonation of a nuclear weapon, or from the explosion of a given quantity of fissionable material, in terms of the amount of TNT (Trinitrotoluene) which could release the same amount of energy when exploded. [NATO]	équivalence TNT. *n.f.* - Évaluation de l'énergie libérée par l'explosion d'une arme nucléaire ou par l'explosion d'une quantité donnée d'une matière fissible ou fusible ; est exprimée en quantité de trinitrotoluène (TNT) que libérerait la même quantité d'énergie que l'explosion. [OTAN]
tolite (TNT base). *n.*	tolite (base TNT). *n.f.*
toll free number (1-800 in North America). *n.*	numéro vert (0-800 en France). *n.m.*
top brass*[1]. *n.*	1. huiles*. *n.f.pl.*
	2. officiers supérieurs. *n.m. pl.*
top secret. *n.*	secret absolu. *n.m.*

---

1 - See equivalence of military ranks in Appendices A and B.

TOP SECRET (designation applied to information and material, the unauthorized disclosure of which could reasonably be expected to cause exceptionally grave damage to national security; Executive Order 12356). *adj.*

top-level clearance. *n.*

top-level security clearance. *n.*

topographer. *n.*

topography. *n.*

topple (regime) **(to)**. *v.t.*

torpedo. *n.*

torture. *n.*

torture (to). *v.t.*

torturer. *n.*

Totem (exchange of intelligence between friendly services). *n.*

touch tone phone. *n.*

tough cookie*. *n.*

tough nut to crack. *n.*

tour of duty. *n.*

towed array sonar (submarine). *n.*

toxic. *adj.*

toxicity. *n.*

toxicologist. *n.*

toxicology. *n.*

toxin (e.g.: shellfish toxin: *Gonyandax tamarensis*). *n.*

trace (to) (call). *v.t.*

trace a network right through to the man at the top. *v.t.*

TRÈS SECRET-DÉFENSE (troisième degré de la classification établie par les articles 4 et 5 du Décret n° 81-514 du 12 mai 1981 en France. Classification réservée aux informations dont la divulgation est de nature à nuire à la défense nationale et à la sûreté de l'État.). *adj.*

habilitation au secret défense. *n.f.*

accréditation au plus haut niveau. *n.f.*

topographe. *n.m. (f.)*

topographie. *n.f.*

renverser (régime). *v.t.*

torpille. *n.f.*

torture. *n.f.*

torturer. *v.t.*

tortionnaire. *n.m.*

Totem (bourse d'échange d'informations stratégiques entre services amis). *n.m.*

poste à clavier (téléphone). *n.m.*

dur à cuire*. *n.m.*

forte tête. *n.f.*

poste. *n.m.*

sonar remorqué (sous-marin). *n.m.*

toxique. *adj.m. (f.)*

toxicité. *n.f.*

toxicologue. *n.m. (f.)*

toxicologie. *n.f.*

toxine (ex. : toxine de crustacé : *Gonyandax tamarensis*). *n.f.*

tracer (appel). *v.t.*

remonter (filière). *v.t.*

tracer. *n.*

tracer bullet. *n.*

track (to). *v.t.* - 1. To display or record the successive positions of a moving object; also to lock on to a point of radiation and obtain guidance therefrom. - 2. To keep a gun properly aimed, or to point continuously a target-locating instrument at a moving target. [NATO]

track down (to). *v.t.*

tracking. *n.*

tracking device. *n.*

tradecraft. *n.*

trafficker. *n.*

trail*. *n.*

trailer aircraft. *n.* - Aircraft which are following and keeping under surveillance a designated airborne contact. [NATO]

trailer*. *n.*

train (to). *v.t.*

training. *n.*

training camp. *n.*

traitor. *n.*

transceiver (transmitter + receiver). *n.*

transcript (wiretap). *n.*

transfer. *n.*

transfer (to). *v.t.*

transmit (to). *v.t.*

microémetteur. *n.m.*

balle traçante. *n.f.*

suivre. *v.t.* - 1. Marquer ou enregistrer les positions successives d'un objet mobile ; ou encore : verrouiller un équipement de détection électromagnétique sur un écho afin de l'utiliser pour un guidage. - 2. Maintenir une arme ou un appareil de visée correctement pointé sur un objectif mobile. [OTAN]

traquer. *v.t.*

traque. *n.f.*

microémetteur. *n.m.*

trucs de métier. *n.m. pl.*

trafiquant. *n.m.*

filocheur*. *n.m.*

avion suiveur. *n.m.* - Avion dont la mission est de suivre et de maintenir sous surveillance un aéronef donné. [OTAN]

soum* (sous-marin* fourgonnette banalisée). *n.m.*

entraîner. *v.t.*

entraînement. *n.m.*

camp d'entraînement. *n.m.*

traître. *n.m. / adj.*

émetteur-récepteur. *n.m.*

transcription (écoute). *n.f.*

mutation. *n.f.*

muter. *v.t.*

1. émettre. *v.t.*
2. transmettre. *v.t.*

transmit button. *n.*

transmitter. *n.*

transmitter-receiver. *n.*

transparency. *n.*

transpire (information) **(to).** *v.t.*

transponder. *n.* - A receiver-transmitter which will generate a reply signal upon proper interrogation. [NATO]

transport aircraft. *n.* - Aircraft designed primarily for the carriage of personnel and /or cargo. Transport aircraft may be classed according to range, as follows:
a. Short-range - Not to exceed 1,200 nautical miles at normal cruising conditions (2,222 km).
b. Medium-range - Between 1,200 and 3,500 nautical miles at normal cruising conditions (2,222 and 6,482 km).
c. Long-range - Exceeds 3,500 nautical miles at normal cruising conditions (6,482 km). [NATO]

transposition (*see* cipher). *n.*

trap. *n.*- According to John Le Carré, "the oldest trap in the trade is the belief that the real world's imperfections can be redressed by the secret world."

trash cover* (FBI). *n.* - (neologism: the act of sifting through a target's garbage)

treachery (e.g.: treachery stalked the corridors). *n.*

tread (tank). *n.*

treason. *n.*

bouton d'émission. *n.m.*

émetteur. *n.m.*

émetteur-récepteur. *n.m.*

transparence. *n.f.*

filtrer (information). *v.t.*

transpondeur. *n.m.* - Émetteur-récepteur qui transmet un signal de réponse lorsqu'il est convenablement interrogé. [OTAN]

aéronef de transport. *n.m.* - Aéronef conçu essentiellement pour le transport de personnel ou de matériel. Les aéronefs de transport peuvent se classer, en fonction de leur rayon d'action, comme suit :
a. à court rayon d'action : jusqu'à 1 200 milles nautiques (2 222 km).
b. à moyen rayon d'action : entre 1 200 et 3 500 milles nautiques (2 222 à 6 482 km).
c. à long rayon d'action : au-dessus de 3 500 milles nautiques (6 482 km). [OTAN]

transposition (*voir* chiffre). *n.f.*

piège. *n.m.* - Selon John Le Carré : « Le plus vieux piège du métier consiste à croire que le monde du secret est capable de rectifier les imperfections du monde des réalités. »

poubellologie* (néologisme : action consistant à trier les poubelles d'une cible*). *n.f.*

traîtrise (ex. : un climat de traîtrise hantait les couloirs). *n.f.*

chenille (char d'assaut). *n.f.*

trahison (Code Pénal, IV, chap. 1er «de la trahison et de l'espionnage », art. 411-1 à 411-11). *n.f.*

treff* (meeting place in Russian). *n.*

trench warfare. *n.*

triangulation. *n.*

trick (to). *v.t.*

trickery. *n.*

tricks of the trade. *n.pl.*

trigger (to). *v.t.*

trigger happy* (to be). *phr.*

trimix (hydrogen + helium + oxygen). *n.*

trip grenade. *n.*

trip wire (mine). *n.*

triple agent (also known as redoubled agent). *n.*

triple cross. *n.*

Trojan horse (stalking horse). *n.*

trophy. *n.*

troubleshooter. *n.*

truce. *n.*

truck bomb. *n.*

true. *adj.*

trust. *n.*

trust (to) (someone). *v.t.*

trustworthiness. *n.*

trustworthy. *adj.*

truth. *n.* - "And ye shall know the truth, and the truth shall make you free." John 8:32 (Plaque on the façade of the CIA Headquarters).

truth. *n.* - "Speak the truth, but leave immediately after." (Slovenian proverb)

treff* (contact de travail ou lieu de rencontre en russe). *n.m.*

guerre de tranchée. *n.f.*

triangulation. *n.f.*

tromper. *v.t.*

supercherie (tromperie). *n.f.*

ficelles du métier. *n.f.pl.*

déclencher. *v.t.*

détente facile* (avoir la). *loc.*

trimix (mélange : hydrogène + hélium + oxygène). *n.m.*

grenade piégée. *n.f.*

fil piège (mine). *n.m.*

agent triple. *n.m.*

agent triple. *n.m.*

cheval de Troie. *n.m.*

trophée. *n.m.*

médiateur. *n.m.*

trêve. *n.f.*

camion piégé. *n.m.*

vrai(e). *adj.m. (f.)*

confiance. *n.f.*

confiance (en) (avoir). *v.t.*

fiabilité. *n.f.*

fiable. *adj.m. (f.)*

vérité. *n.f.* - « Vous connaîtrez alors la vérité et la vérité vous rendra libres. » Évangile selon St. Jean 8:32 (Plaque apposée sur la façade du QG de la CIA).

vérité. *n.f.* - « Dire la vérité est utile à celui à qui on la dit, mais désavantageux à ceux qui la disent, parce qu'ils se font haïr. » (Pascal, *Pensées*).

truth and falsehood. *n.*	vrai (le) et faux (le). *n.m.*
truth serum (penthotal). *n.*	sérum de vérité (penthotal). *n.m.*
truthful. *adj.*	véridique. *adj.m. (f.)*
truthfulness. *n.*	véracité. *n.f.*
tug-of-war. *n.*	lutte féroce. *n.f.*
tularemia (infectious disease also known as rabbit fever). *n.*	tularémie (maladie infectieuse fébrile). *n.f.*
turf war (e.g. FBI vs. CIA). *n.*	guerre des services (ex. : DST contre DGSE). *n.f.*
turn coat (to). *phr.*	virer casaque. *loc.*
turn down someone's request (to). *phr.*	opposer une fin de non-recevoir. *loc.*
turn everything to account (to). *phr.*	faire feu de tout bois. *loc.*
turn one's coat (to). *phr.*	retourner sa veste. *loc.*
turn oneself in (to). *v.ref*	rendre (se). *v.pr.*
turn* (to) (over) (force a foreign agent to switch sides). *v.t.*	retourner* (contraindre un agent étranger à changer de camp). *v.t.*
turning movement. *n.*	enveloppement. *n.m.*
TV monitoring. *n.*	1. télésurveillance. *n.f.* 2. vidéosurveillance. *n.f.* - Établissement placé sous vidéosurveillance. Loi n° 95-73 du 21/01/95, décret n° 96-926 du 17/10/96.
twelve-gauge pump-action shotgun[1]. *n.*	fusil à pompe de calibre 12. *n.m.*
two-and-a-half-striper* (navy lieutenant commander in slang). *n.*	corvettard* (capitaine de corvette en argot). *n.m.*
two-headed. *adj.*	bicéphale. *adj.m. (f.)*
two-headedness (e.g.: the White House and Congress). *n.*	bicéphalisme (ex. : Élysée et Matignon). *n.m.*
two-striper* (navy lieutenant in slang). *n.*	loufiat* (lieutenant de vaisseau en argot). *n.m.*

---

1 - See chapter III, D on Firearms in my *Dictionary of Police and Underworld Language*.

two-way mirror. *n.*   miroir sans tain. *n.m.*
two-way radio. *n.*   émetteur-récepteur. *n.m.*
two-way radio (dual band). *n.*   talkie-walkie. *n.m.*

U

U for Uniform (NATO phonetic alphabet)

ultimatum. *n.*

ultrasonic. *adj.*

ultrasound. *n.*

ultraviolet. *adj.*

umbrella company. *n.*

unauthorized wiretap. *n.*

unavoidable. *adj.*

unbreakable (code). *adj.*

unclassified matter. *n.* - Official matter which does not require the application of security safeguards but the disclosure of which may be subject to control for other reasons. [NATO]

unconditional. *adj.*

unconventional warfare. *n.* - General term used to describe operations conducted for military, political or economic purposes within an area occupied by the enemy and making use of the local inhabitants and resources. [NATO]

uncorroborated. *adj.*

uncover (a plot) **(to).** *v.t.*

Under control!

under heavy guard

U comme Uniforme (alphabet phonétique de l'OTAN)

ultimatum. *n.m.*

ultrasonique. *adj.m. (f.)*

ultrason. *n.m.*

ultra-violet. *adj.m.*

société écran. *n.f.*

écoute sauvage*. *n.f.*

incontournable. *adj.m. (f.)*

inviolable (code). *adj.m. (f.)*

texte non classifié. *n.m.* - Texte officiel dont la conservation ou la manipulation n'exige pas l'application de règles du secret, mais dont la diffusion peut être soumise à un contrôle pour d'autres raisons. [OTAN]

inconditionnel(-le). *adj.m. (f.)*

guerre non-conventionnelle. *n.f.* - Terme général désignant les opérations conduites en fonction des buts militaires, politiques ou économiques à l'intérieur de la zone occupée par l'ennemi et en utilisant les habitants et les ressources locales. [OTAN]

non confirmé(e). *adj.m. (f.)*

percer (complot). *v.t.*

Assuré !

faisant l'objet d'une protection renforcée

under heavy security. *adj.* | faisant l'objet de mesures de sécurité exceptionnelles. *adj.*

under the seal of secrecy. *phr.* | sous le sceau du secret. *loc.*

underclassification. *n.* | sous-classification. *n.f.*

underdramatize (to). *v.t.* | dédramatiser. *v.t.*

underestimate (to). *v.t.* | sous-estimer. *v.t.*

underestimation. *n.* | sous-estimation. *n.f.*

underground. *n.* | maquis. *n.m.*

underground member. *n.* | maquisard(e). *n.m. (f.)*

underhand practices. *n.pl.* | manigance(s). *n.f.pl.*

undermine (to). *v.t.* | saper. *v.t.*

underwater demolition. *n.* - The destruction of neutralization of underwater obstacles; this is normally accomplished by underwater demolition teams. [NATO] | démolition sous-marine. *n.f.* - Destruction ou neutralisation d'obstacles sous-marins ; elle est normalement effectuée par des équipes de démolition sous-marine. [OTAN]

undesirable. *adj.* | indésirable. *adj.m. (f.)*

undetectability. *n.* | indétectabilité. *n.f.*

undetectable. *adj.* | indétectable. *adj.m. (f.)*

undisclosed. *adj.* | non divulgué(e). *adj.m. (f.)*

unearth (mole*) **(to).** *v.t.* | dénicher (taupe*). *v.t.*

unexpected. *adj.* | inopiné(e). *adj.m. (f.)*

unfathomable. *adj.* | impénétrable. *adj.m. (f.)*

unimpeachable (source). *adj.* | irréprochable (source). *adj.f.*

unit designation. *n.* | code affecté à une voiture radio. *n.m.*

unit equipment. *n.* - The equipment prescribed by the table of organization and equipment, or national equivalents pertaining to that unit. [NATO] | dotation. *n.f.* - Quantité et nature des matériels détenus par toute unité en conformité avec les tableaux de dotation. [OTAN]

unity (unity is strength; "Two is one, one is none": motto of the US Navy SEALs). *n.* | union (« l'union fait la force » : devise des nageurs de combat américains fonctionnant en binôme). *n.f.*

unknown. *n. / adj.*

unlisted number. *n.*

unmarked truck. *n.*

unmask (to). *v.t.*

unpaid informer. *n.*

unpickable. *adj.*

unqualified success. *n.*

unravel the strands (of a plot) **(to).** *phr.*

unravel the threads (of a plot) **(to).** *phr.*

unrelenting (effort). *adj.*

unscramble (radio broadcast) **(to).** *v.t.*

unsigned note (devoid of any letterhead for which no copy is filed). *n.*

unsigned note (devoid of any letterhead which no copy is filed). *n.*

unspoken. *adj.*

untenable. *adj.*

untimeliness. *n.*

untimely. *adj.*

untruth. *n.*

unveil (to). *v.t.*

unwarned exposed. *adj.* - The vulnerability of friendly forces to nuclear weapon effects. In this condition, personnel are assumed to be standing in the open at burst time, but have dropped to a prone position by

inconnu. *n.m. / adj.*

numéro rouge (figurant sur la liste rouge). *n.m.*

1. camionnette banalisée. *n.f.*
2. sous-marin*. *n.m.*

démasquer. *v.t.*

honorable correspondant (agent non retribué). *n.m.*

incrochetable (serrure). *adj.m. (f.)*

succès retentissant. *n.m.*

démêler les fils (d'une intrigue). *loc.*

débrouiller les fils (d'une intrigue). *loc.*

soutenu (effort). *adj.m.*

débrouiller (émission radio). *v.t.*

blanc* (terme des RG : note anonyme dénuée d'en-tête de service). *n.m.*

note blanche* (terme des RG : note anonyme dénuée d'en-tête de service). *n.f.*

non-dit. *n.m.*

indéfendable. *adj.m. (f.)*

inopportunité. *n.f.*

inopportun (e). *adj.m. (f.)*

contre-vérité. *n.f.*

dévoiler. *v.t.*

exposé et non alerté. *adj.m.* - État de vulnérabilité des forces amies aux effets des armes nucléaires. Dans cette situation, le personnel est supposé se trouver debout à l'extérieur au moment de l'explosion, mais il

the time the blast wave arrives. They are expected to have areas or bare skin exposed to direct thermal radiation, and some personnel may suffer dazzle. [NATO]

s'est jeté à terre et est en position couchée au moment où arrive l'onde de choc. On s'attend à ce qu'il ait des parties de peau nue exposées au rayonnement thermique direct et que certains hommes souffrent d'éblouissement. [OTAN]

unwitting (double agent). *adj.* involontaire (agent double). *adj.m.* *(f.)*

up the ante (to). *phr.* monter le ton. *loc.*

upheaval. *n.* bouleversement. *n.m.*

upload (to) (computer). *v.t.* télécharger an amont (ordinateur). *v.t.*

uppercase. *n.* majuscule. *n.f.*

upright. *adj.* intègre. *adj.m.* *(f.)*

uprising. *n.* embrasement. *n.m.*

uproar. *n.* tollé. *n.m.*

upstream. *adj.* amont. *adj.*

upwards. *adj.* amont. *adj.*

uranium-235. *n.* uranium-235. *n.m.*

urban guerrilla. *n.* guérilla urbaine. *n.f.*

urbane. *adj.* raffiné(e). *adj.m.* *(f.)*

urea. *n.* urée. *n.f.*

urgent. *adj.* urgent(e). *adj.m.* *(f.)*

useful fool [gullible subject according to Lenin (1870-1924)]. *n.* idiot utile [sujet manipulable d'après Lénine(1870-1924)]. *n.m.*

usurp (wrongfully assume) **(to)**. *v.t.* usurper (titre). *v.t.*

usurpation. *n.* usurpation. *n.f.*

usurper. *n.* usurpateur. *n.m.*

V

V for Victor (NATO phonetic alphabet)

vaccine. *n.*

vault. *n.*

VDT (Video Display Terminal). *n.*

vectored attack. *n.* - Attack in which a weapon carrier (air, surface, or subsurface) not holding contact on the target, is vectored to the weapon delivery point by a unit (air, surface or subsurface) which holds contact on the target. [NATO]

vehicle (atomic warhead). *n.*

venom. *n.*

venomous. *adj.* - Snake poison falls into two main categories: neurotoxic (elapidae family) or hemolytic (viperinae and crotalinae families). An Asia sea snake, *hydrophis belcheri*, is the most poisonous of all as its poison is 100 times more toxic than that of the fearsome Australian taipan, *oxyuranus scutellatus*. Green and black mambas, *dendroaspis viridis* and *dendroaspis angusticeps*, both tree dwellers, are the fastest of their kind. The Indian cobra, *naja naja*, is responsible for more than 30,000 deaths each year

V comme Victor (alphabet phonétique de l'OTAN)

vaccin. *n.m.*

chambre forte. *n.f.*

terminal vidéo. *n.m.*

attaque téléguidée. *n.f.* - Type d'attaque où le porteur d'arme (aérien, de surface ou sous-marin) n'ayant pas le contact avec l'objectif est dirigé sur le point de largage de l'arme par une unité (aérienne, de surface ou sous-marine) qui tient le contact avec l'objectif. [OTAN]

vecteur (tête nucléaire). *n.m.*

venin. *n.m.*

venimeux (-euse). *adj.m. (f.)* - Le poison des serpents venimeux appartient à l'une de ces deux catégories principales : neurotoxique (famille des elapidés) ou hémolytique (famille des vipéridés et des crotalidés). Un serpent des mers d'Asie l'*hydrophis belcheri* est le plus venimeux au monde car son venin est 100 fois plus toxique que celui du redoutable taïpan australien *(oxyuranus scutellatus)*. Le mamba vert *(dendroaspis viridis)*, ainsi que le mamba noir *(dendroaspis angusticeps)*, tous deux arboricoles, sont les plus

and the king cobra, *ophiopagus*, is the longest of them all. The American continent houses several venomous snakes among which the fer-de-lance, *bothrops atrox*, the moccasin, *agkistrodon contortrix*, the coral snake, *micrurus corallinus*, and various species of the rattle snake, *crotalus horridus*).

rapides. Le cobra indien *(naja naja)* occasionne plus de 30 000 morts par an, alors que le cobra royal *(ophiopagus)* est le plus long de tous. Le continent américain abrite plusieurs espèces venimeuses dont la vipère fer-de-lance *(bothrops atrox)*, le mocassin *(agkistrodon contortrix)*, le serpent corail *(micrurus corallinus)* et le crotale *(crotalus horridus)*.

venue (neutral). *n.* — lieu (neutre). *n.m.*

verbal *faux-pas*. *n.* — dérapage verbal. *n.m.*

verifiable. *adj.* — vérifiable. *adj.m. (f.)*

verify (to). *v.t.* — vérifier. *v.t.*

vertical air photograph. *n.* - An air photograph taken with the optical axis of the camera perpendicular to the surface of the earth. [NATO] — photographie aérienne verticale. *n.f.* - Photographie aérienne prise lorsque l'axe optique de l'appareil de prise de vues est normal à la surface terrestre. [OTAN]

vet (to). *v.t.* — habiliter. *v.t.*

veteran. *n.* — ancien combattant. *n.m.*

vetting. *n.* — habilitation. *n.f.*

viability. *n.* — viabilité. *n.f.*

viable. *adj.* — viable. *adj.m. (f.)*

vice admiral[1] (USN). *n.* — vice-amiral d'escadre (quatre étoiles). *n.m.*

vice consul. *n.* — vice-consul. *n.m.*

vicinity. *n.* — voisinage. *n.m.*

vicious circle. *n.* — engrenage. *n.m.*

victorious. *adj.* — victorieux (-se). *adj.m. (f.)*

victory. *n.* — victoire. *n.f.*

videoprinter. *n.* — imprimante vidéo. *n.f.*

---

1 - See equivalence of military ranks in Appendices A and B.

vulnerable*

vigilance. *n.*
vigilant. *adj.*
violation. *n.*
visa. *n.*
visual call sign. *n.* - A call sign provided primarily for visual signalling. [NATO]

voice call sign. *n.* - A call sign provided primarily for voice communication. [NATO]

voice terminal. *n.*
voice terminal command panel. *n.*
volatile (situation). *adj.*
volt. *n.*
voltage. *n.*
volume control (tape recorder). *n.*

vouch for (to). *v.t.*
VTOL (Vertical Take-Off and Landing) (*see* "English Abbreviations and Acronyms"). *n.*
vulnerability. *n.*
vulnerable (prime target for recruitment). *adj.*
vulnerable* (desirable target for recruitment approaches). *adj.*

vigilance. *n.f.*
vigilant (-e). *adj.m. (f.)*
violation. *n.f.*
visa. *n.m.*
indicatif d'appel visuel. *n.m.* - Indicatif d'appel prévu principalement pour les transmissions visuelles. [OTAN]

indicatif d'appel phonie. *n.m.* - Indicatif d'appel prévu principalement pour les transmissions en radiotéléphonie. [OTAN]

terminal de phonie. *n.m.*
panneau de commande du terminal de phonie. *n.m.*
volatile (situation). *adj.m. (f.)*
volt. *n.m.*
tension. *n.f.*
réglage de volume (magnétophone). *n.m.*

porter garant de (se). *v.pr.*
avion à décollage vertical. *n.m.*

vulnérabilité. *n.f.*
vulnérable (cible de choix pour être recrutée). *adj.m. (f.)*
approchable* (cible recrutable). *adj.m. (f.)*

243

W

W for Whiskey (NATO phonetic alphabet)

wage battle (to). *v.t.*

wake. *n.*

walk in*. *n.* - person who volunteers his services to an espionage agency by literally "walking into" an enemy embassy without prior recruitment.

walk in the park (a). *n.*

walkie-talkie (radio). *n.*

wall ("The walls have ears"). *n.*

"Walter Mitty" character (1939 short story by James G. Thurber). *n.*

war ("War is hell" General US Grant). *n.*

war (at). *adj.*

war chest. *n.*

war crime. *n.*

war criminal. *n.*

war footing. *n.*

war game. *n.* - A simulation by whatever means, of a military operation involving two or more opposing forces, using rules, data, and procedures designed to depict an actual or

W comme Whiskey (alphabet phonétique de l'OTAN)

livrer bataille. *v.t.*

sillage. *n.m.*

walk-in*. *n.m.* - Personne qui, de son plein gré, offre ses services à une centrale de renseignement en « franchissant » littéralement le seuil d'une ambassade adverse sans avoir été recrutée au préalable.

vraie partie de plaisir (une). *n.f.*

talkie-walkie. *n.m.*

mur (« Les murs ont des oreilles »). *n.m.*

affabulateur (-trice). *n.m. (f.)*

guerre. *n.f.*

guerre (en). *adj.*

trésor de guerre. *n.m.*

crime de guerre. *n.m.*

criminel de guerre. *n.m.*

pied de guerre. *n.m.*

jeu de guerre. *n.m.* - Simulation, par des procédés quelconques, d'une opération militaire impliquant plusieurs adversaires, et appliquant des règles, des données et des méthodes déter

assumed real life situation. [NATO]

war of attrition. *n.*

war of movement. *n.*

war room. *n.*

war zone. *n.*

ward off (to). *v.t.*

wardog* (soldier of fortune) (cf. W. Shakespeare *Julius Caesar*, III, I). *n.*

wardroom (messroom assigned to officers onboard a warship). *n.*

warfare (technique). *n.*

warhead. *n.* - That part of a missile, projectile, torpedo, rocket, or other munition which contains either the nuclear or thermonuclear system, high explosive system, chemical or biological agents or inert materials intended to inflict damage. [NATO]

warlord. *n.*

warmonger. *n./adj.*

warmonger. *n.*

warmongering. *n.*

warn (to). *v.t.*

warned exposed. *adj.* - The vulnerability of friendly forces to nuclear weapon effects. In this condition, personnel are assumed to have some protection against heat, blast, and radiation such as that afforded in closed armored vehicles or crouched in foxholes with improvised overhead shielding. [NATO]

minées en vue de représenter une situation concrète, réelle ou imaginaire. (NATO)

guerre d'usure. *n.f.*

guerre de mouvement. *n.f.*

salle des opérations. *n.f.*

zone de combat. *n.f.*

parer. *v.t.*

chien de guerre* (soldat de fortune). *n.m.*

carré (salle à manger des officiers à bord d'un navire de guerre). *n.m.*

guerre. *n.f.*

cône de charge. *n.m.* - Partie d'un missile, projectile, torpille ou toute autre munition, qui contient la charge explosive nucléaire, biologique, chimique ou autre, destinée à provoquer des dégâts. [OTAN]

seigneur de guerre. *n.m.*

belliciste. *adj.m. (f.)*

fauteur de guerre. *n.m.*

bellicisme. *n.m.*

avertir. *v.t.*

exposé et alerté. *adj.m.* - État de vulnérabilité des forces amies aux effets des armes nucléaires. Dans cette situation, le personnel est supposé couché à terre, avec toute la peau recouverte, et bénéficiant d'une protection thermique qui est au moins celle que procure un uniforme d'été de deux couches de tissu. [OTAN]

warning. *n.*

warrant (to). *v.t.*

warrior. *n.*

Warsaw Pact (signed in 1955 between the USSR, Bulgaria, Hungary, Poland, GDR, Romania and Czechoslovakia, disbanded in 1991). *n.*

war-torn. *adj.*

watch one's ass* (to). *phr.*

watcher*. *n.*

water down (to). *v.t.*

waterproof. *adj.*

waterproof (to). *v.t.*

watershed. *n.*

wave. *n.* - A formation of forces, landing ships, craft, amphibious vehicles or aircraft, required to beach or land about the same time. Can be classified as to type, function or order as shown:
a. Assault wave;
b. Boat wave;
c. Helicopter wave;
d. Numbered wave;
e. On-call wave;
f. Scheduled wave. [NATO]

wave (short, medium, long). *n.*

wave of bombings. *n.*

We have a possible (suspect)

weapon(s) system. *n.* - A combination of one or more weapons with all related equipment,

avertissement. *n.m.*

justifier. *v.t.*

guerrier. *n.m.*

pacte de Varsovie (signé en 1955 entre l'URSS, la Bulgarie, la Hongrie, la Pologne, la RDA, la Roumanie et la Tchécoslovaquie, dissous en 1991). *n.m.*

déchiré par la guerre. *adj.*

avoir un œil au cul*. *loc.*

chouf* (guetteur). *n.m.*

édulcorer. *v.t.*

étanche. *adj.m. (f.)*

étanchéifier. *v.t.*

tournant. *n.m.*

vague. *n.f.* - Formation composée de forces, bâtiments, engins de débarquement, véhicules amphibies ou aéronefs devant débarquer ou atterrir sur une plage presque au même moment. Elle peut être baptisée d'après son type, sa mission ou son numéro d'ordre :
a. vague d'assaut ;
b. vague d'embarcations ;
c. vague d'hélicoptères ;
d. vague numérotée ;
e. vague sur demande ;
f. vague à l'horaire. [OTAN]

onde (courte, moyenne, longue). *n.f.*

1. vague d'attentats à la bombe. *n.f.*

2. vague de plastiquages. *n.f.*

Avons repéré un suspect

système d'arme(s). *n.m.* - Ensemble comportant une ou plusieurs armes, ainsi que l'é-

materials, services, personnel and means of delivery and deployment (if applicable) required for self-sufficiency. [NATO]

quipement, le matériel, les services, le personnel, les moyens de déplacement (au besoin) et de lancement nécessaires à son autonomie. [OTAN]

wear a wire* (to). *v.t.*

porter un microémetteur (dissimulé sur soi). *v.t.*

weigh down on (to). *v.t.*

obérer. *v.t.*

We're being followed!

On nous suit !

West. *n.*

Occident. *n.m.*

Westerner. *n.*

Occidental(e). *n.m. (f.)*

wet affairs* (*mokrie dela* in Russian). *n.pl.*

opération homo* (homicide). *n.f.*

wet boy*. *n.*

exécuteur des basses œuvres. *n.m.*

wet boy* (*mokruchnik* in Russian). *n.*

tueur. *n.m.*

wet job* (*mokrie dela* in Russian). *n.pl.*

opération homo* (homicide). *n.f.*

wet squad*. *n.*

équipe de tueurs. *n.f.*

wet suit (diving). *n.*

vêtement humide (plongée). *n.m.*

wet work* (assassination). *n.*

opération homo* (homicide). *n.f.*

wham 'n scram* raid. *n.*

raid commando. *n.m.*

What's your position? (communications)

Décrivez ! (transmissions)

when push comes to shove. *phr.*

moment critique (au). *loc.*

when the chips are down. *phr.*

moments difficiles (dans les). *n.m. pl.*

whisk someone away (to). *v.t.*

entraîner quelqu'un de force (à toute vitesse). *v.t.*

whisper (to). *v.t.*

chuchoter. *v.t.*

white carbon paper. *n.*

carbone blanc. *n.m.*

white forces. *n.pl.* - A term used in reporting of intelligence on Warsaw Pact exercises, to denote those units representing opposing forces during such exercises. [NATO]

forces blanches. *n.pl.* - En matière de renseignement relatif aux exercices du Pacte de Varsovie, désignation conventionnelle des unités représentant les forces opposées à celles du Pacte. [OTAN]

white*. *adj.*

whitewash (to). *v.t.*

Who's on point?

wild goose chase. *n.*

wild weasel. *n.* - An aircraft specially modified to identify, locate, and physically suppress or destroy ground based enemy air defence systems that employ sensors radiating electromagnetic energy. [NATO]

wilderness of mirrors. *n.* - "The wilderness of mirrors where defectors are false, lies are truth, truth lies, and the reflections leave you dazzled and confused", David Wise, *Nightmover*, after *Gerontion*, a poem by T.S. Eliot.

win (to). *v.t.*

window dressing. *n.*

window*. *n.*

wing commander[1] (RAF). *n.*

winnable. *adj.*

winnow out (to) (fact from fiction). *v.t.*

wire transcript. *n.*

wire*. *n.*

wire* (to). *v.t.*

wire* someone up (to). *v.t.*

wired* (to be). *p.p.*

ouvert* (milieu). *adj.*

blanchir (exonérer). *v.t.*

Qui est en voltigeur ?

fausse piste. *n.f.*

wild weasel. *n.m.* - Aéronef spécialement modifié pour pouvoir identifier, localiser, détruire ou annihiler les systèmes au sol de défense aérienne ennemis qui emploient des détecteurs émettant de l'énergie électromagnétique. [OTAN]

désert des miroirs. *n.m.* - « Ce désert des miroirs dans lesquels les transfuges sont faux ; les mensonges, des vérités ; les vérités, des mensonges et dont les reflets vous éblouissent et vous troublent. » David Wise, *Nightmover*, d'après *Gerontion*, poème de T.S. Eliot.

gagner. *v.t.*

trompe-l'œil. *n.m.* / *adj.*

créneau*. *n.m.*

lieutenant-colonel. *n.m.*

gagnable. *adj.m.* (*f.*)

démêler (le réel d'avec l'imaginaire). *v.t.*

feuille d'écoute. *n.f.*

1. microémetteur. *n.m.*

2. storno* (émetteur-récepteur portatif pour liaisons rapprochées). *n.m.*

sonoriser* (installer une écoute). *v.t.*

sonoriser* quelqu'un. *v.t.*

sonorisé* (être). *p.p.*

---

1 - See equivalence of military ranks in Appendices A and B.

wiretap. *n.*
wiretap (to). *v.t.*

écoute téléphonique. *n.f.*
1. installer une bretelle. *v.t.*
2. mettre sur écoute une ligne téléphonique. *v.t.*
3. mettre sur écoute(s). *v.t.*

wiretap order (issued by the D.A.). *n.*

commission rogatoire (délivrée par une juge d'instruction). *n.f.*

wiretap warrant (issued by the D.A. in the USA. To obtain a court-ordered wiretap on someone's phone, affidavit upon affidavit have to be drawn up, each supported by evidence. The draft of these affidavits has to be approved by a District Attorney before going to a judge to obtain the order). *n.*

mandat autorisant un branchement d'écoute (délivré par un juge d'instruction en France). *n.m.*

wiretap*. *n.*

1. bretelle* (écoute clandestine). *n.f.*
2. construction* construc* (écoute clandestine). *n.f.*

wiretapping. *n.*
witchhunt. *n.*
withdraw (to). *v.t.*
withdraw credibility (to). *v.t.*
withdraw the tail* (to). *v.t.*

écoute (clandestine). *n.f.*
chasse aux sorcières. *n.f.*
retirer (se). *v.pr.*
décrédibiliser. *v.t.*
1. cesser la filature. *v.t.*
2. décrocher* (mettre un terme à une filature). *v.i.*

withdrawal. *n.*

retrait. *n.m.*

withdrawal operation. *n.* - A planned operation in which a force in contact disengages from an enemy force. [NATO]

désengagement. *n.m.* - Opération planifiée dans laquelle une force au contact se soustrait à l'ennemi. [OTAN]

withholding (information). *n.*

rétention (information). *n.f.*

witness. *n.*

témoin. *n.m.*

witting (double agent). *adj.*

consentant(e) (agent double). *adj.m. (f.)*

word processor. *n.*   traiteur de texte. *n.m.*
world order. *n.*   ordre mondial. *n.m.*
world war. *n.*   guerre mondiale. *n.f.*
worst case scenario. *n.*   pire scénario. *n.m.*
worst casing. *n.*   pire scénario. *n.m.*
wreak havoc (to). *v.t.*   faire des ravages. *v.t.*
wrestling match. *n.*   bras de fer. *n.m.*
writer of poison pen letters. *n.*   corbeau* (auteur de lettres anonymes). *n.m.*
wrongdoing. *n.*   méfait. *n.m.*

X - Y - Z

X for X-ray (NATO phonetic alphabet)
xerox (to). *v.t.*
xerox copy. *n.*
xerox machine. *n.*

X comme X-ray (alphabet phonétique de l'OTAN)
photocopier. *v.t.*
photocopie. *n.f.*
photocopieuse. *n.f.*

✺ ✺ ✺

Y for Yankee (NATO phonetic alphabet)
yaw (flight). *n.*
Yes sir!
young Turk. *n.*
You're breaking up!* (communications)
You're too close. Back off! (surveillance)

Y comme Yankee (alphabet phonétique de l'OTAN)
lacet (vol). *n.m.*
À vos ordres !
jeune loup. *n.m.*
T'es haché !* (transmissions)
Tu colles trop. Ralentis ! (filature)

✺ ✺ ✺

Z for Zulu (NATO phonetic alphabet)
zero hour. *n.*
Zionism. *n.*

Z comme Zulu (alphabet phonétique de l'OTAN)
heure-H. *n.f.*
sionisme. *n.m.*

Zionist. *n.*

zone. *n.*

Zodiac (inflatable rubber dinghy). *n.*

zulu time. *n.* - Greenwich Mean Time. [NATO]

sioniste. *n.m. (f.) / adj.*

zone. *n.f.*

1. Zodiac (canot pneumatique gonflable). *n.m.*
2. bombard (radeau pneumatique). *n.m.*

heure zulu. *n.f.* - Heure du méridien de Greenwich. [OTAN]

GLOSSARY OF ENGLISH
ABBREVIATIONS AND ACRONYMS

Numbers

2 i/c	second in command.
203	M16 rifle with 40 mm grenade launcher attached.
66	Lightweight, throwaway antitank rocket.

A

A	Attack (USAF).
AAA / Triple A	Anti-Aircraft Artillery.
AAM	Anti-Aircraft Missile.
Abwehr	German Army Intelligence Service (World War II).
AC	Alternating Current.
AC	Hydrogen Cyanide (Hydrocyanic Acid: blood agent).
AC-47	A twin engine gunship, based on the DC-3 commercial plane, used in Vietnam. Nicknamed "Spooky" or "Puff the Magic Dragon".
ACC	Allied Coordination Committee.
ACOG	Advanced Combat Optical Gunsight.
ACP	Automatic Colt Pistol.
ADC	Aide-De-Camp.
ADDO/CI	Assistant Deputy Director for Counter Intelligence (CIA).
ADP	Automatic Data Processing (system).
ADSO	Assistant Director for Special Operations (CIA).
AEC	Atomic Energy Commission.
AEW	Airborne Early Warning.
AFF	Accelerated Free Fall. A technique in which an instructor holds on to a trainee and instructs him as they fall from high altitude before opening their parachutes.
AFSA	Armed Forces Security Agency. The predecessor of the National Security Agency (NSA); created in 1949 to consolidate the cryptologic effort. *See* NSA.

AFTAC	Air Force Technical Application.
AG	Attorney General.
AG&FISH	British Ministry of AGriculture and FISHeries. (a cover address for SOE operatives in London during World War II).
AGILE	Anti-Guerrilla Insurgency Light Equipment.
AGM	Air-to-Ground Missile.
AGM-86	The Boeing 'Tomahawk' air-launched cruise missile.
AH-64	Apache helicopter (Hellfire anti-tank missiles).
AIM-7	The US 'Sparrow' radar-guided anti-aircraft missile.
AIM-9	The US 'Sidewinder' infra-red homing anti-aircraft missile.
AK-47	*Avtomat Kalachnikova obrazet.* 1947 Infantry rifle, comparable to the American M16, developed by the Soviet Union and originally used by communist forces, including the Viet Cong and North Vietnamese. Now in wide use throughout the world (cal. 7.62 x 39).
AKA	Also Known As.
ALARM	Air Launched Anti-Radiation Missile.
ALCM	Air Launched Cruise Missile.
AMAN	*Agaf Modi'in.* Israeli Army intelligence branch Established May 14, 1948.
AMGOT	Allied Military Government of Occupied Territories.
AMRAAM	Advanced Medium Range Anti-Aircraft Missile.
A/N	Alpha Numeric.
ANSI	American National Standards Institute.
ANVIS	Aviators' Night VIsion System.
AN/APG	USAF designation for airborne radar systems.
ANSP	Agency for National Security Planning. South Korean Intelligence Service (former KCIA).
AO	Area of Operations (of a military unit).
AoA	Angle of Attack (angle at which the airstream meets the airfoil).
APC	Armored Personnel Carrier (M-2 Bradley tracked armored amphibious vehicle with a crew of seven infartrymen).
APD	Destroyer converted for use as a small troop carrier.
APDS	Armor Piercing Discarding Sabot.

APEC	Asia Pacific Economic Co-operation.
APM	Advanced Power Manager.
APSE	Armor Piercing Secondary Effects.
AR-15	Early version of the M16 rifle used by US forces.
AR	Assault Rifle.
ARBS	Angle Rate Bombing Set.
ARL	Admiralty Research Laboratory (UK).
ARM	Anti-Radiation Missile (homes in on target's radar emissions).
ARMAT	French Anti-Radiation Missile (Matra).
ARPA	Advanced Research Projects Agency (Arpanet 1969 which later became Internet).
ASA	American Standards Association.
ASA	Army Security Agency (1945-1977). One of the Service-Cryptologic Agencies; its collection activities are under the authority of the director of NSA in his dual role as Chief of the Central Security Service (CIA).
ASAIC	Assistant Special Agent In Charge (USSS).
ASAP	As Soon As Possible.
ASCII	American Standard Code for Information Interchange.
ASIO	Australian Security and Intelligence Organization.
ASIS	Australian Secret Intelligence Service.
ASMP	French nuclear stand-off missile.
ASU	Active Service Units (IRA).
ASW	AntiSubmarine Warfare.
ATAM	Air-To-Air Mistral (designation of French Gazelle helicopter armed with Mistral AAMs).
ATGM	Anti-Tank Guided Missile.
ATO	Air Task Order.
ATO	Air Tasking Order.
ATSAIC	Assistant To Special Agent In Charge (USSS).
ATU	Anti-Terrorist Unit.
AWACS	Airborne Warning And Control System (Boeing E-767; with a crew of sixteen).
AWOL	Absent WithOut Leave.
AWRE	Atomic Weapons Research Establishment (UK).

B

B	Bomber (USAF).
B-40	Rocket launcher.
B & E	Breaking and Entering.
BAR	Browning Automatic Rifle.
BATF	Bureau of Alcohol, Tabacco and Firearms.
BBS	Bulletin Board System.
BC	Buoyancy Compensator / Buoyancy Control.
BCTF	Border Crime Task Force.
BDA	Bomb Damage Assessment.
BDC	Bomb Data Center (FBI).
BDU	Bomb Disposal Unit.
BDU	Battle Dress Uniform.
BfV	*Bundesamt für Verfassungsschutz.* (Agency for Constitutional Protection established in 1950 German domestic intelligence agency based in Cologne).
BGL	French laser-guided tactical glide bomb (Matra).
BI	Background Information.
BINM	Bureau of International Narcotics Matters.
BIOS	Basic Input Output System.
BKA	*BundesKriminalAmt.* German criminal investigation division created in 1951.
BMEWS	Ballistic Missile Early Warning System (Alaska).
BND	*Bundesnachrichtendienst* (successor to the Gehlen Organization). German foreign intelligence agency based in Pullach (created in 1956).
BNDD	Bureau of Narcotics and Dangerous Drugs.
BNE	Board of National Estimates (CIA) (1950-1973) (*see* NIC).
BOQ	Bachelor Officers' Quarters.
BOSS	Bureau of State Security. South African intelligence service.
BP	Bletchley Park. Site of the British codebreaking Government Code and Cypher School - GC&CS - during World War II and located 50 miles north of London.

BPP	Border Patrol Police.
BRLO	BRitish Liaison Officer.
BRUSA	BRitish-United States Agreement (1943-1947) (*see* UKUSA).
BSC	British Security Coordination.
BSS	British Security Service Also known as MI5.
BTWC	Biological and Toxin Weapons Convention (ratified by 140 countries in 1972).
BUBERE	"BUrn BEfore REading".
BUDS	Basic Underwater Demolition Seals.
BUPERS	Naval Bureau of PERSonnel.
BVD	*Binnen Landse VeiligheidsDienst* Dutch intelligence service.
BVR	Beyond Visual Range.
BVS	*BundesVerfassungSschutz.*
BWR	Boiling Water Reactor (General Electric).
BZ	Bravo Zulu. Used for personal congratulations of the highest order – a job very well done.
BZ	3-Quinuclidinyl Benzilate: mind-altering drug. [MK-Ultra Project overseen by Sidney Gottlieb (1918-1999) chief of the CIA Technical Services Division who designed the MK-Ultra Project aiming to control the human mind with hallucinogenic drugs].

C

C	Transport (USAF).
'C'	Traditional code name for the various heads of MI6 (SIS); after the name of its first director: Captain Sir Mansfield Cumming (1909-1923).
C2W	Command and Control Warfare (psyops).
C3	Command, Control and Communications.
C3I	Communication, Command, Control and Intelligence.
C4	Plastic explosive.
CA	Brombenzyl-cyanide (tear gas agent).

CALOW	Coastal And Limited Objective Warfare.
CAM	Chemical Agent Monitor.
CANSLO	CANadian Senior Liaison Officer.
CANUKUS	CANada, United Kingdom, United States (Intelligence sharing agreement).
CAS	Close Air Support.
CASEVAC	CASualty EVACuation.
CASMS	Computer-Controlled Area Sterilization Multi-Sensor System (Vietnam War).
CAT	Civil Air Transport. CIA's private service founded in 1946 in China and later based in Taiwan.
CAP	Combat Air Patrol.
CBNRC	Communications Branch of the National Research Council (Canada). Now CSE (*see* CSE).
CBU	Cluster Bomb Unit (a type of bomb containing numerous small bomblets).
CCA	Central Committee Authority.
CCT	Combat Control Team. An air force unit that controls air traffic under combat conditions.
CCTV	Closed Circuit Television.
CCV	Control Configured Vehicle.
CD	Compact Disk (5-inch).
CDC	Centers for Disease Control and Prevention (Atlanta, Georgia, USA).
CDN	Canada / Canadian.
CD-ROM	Compact Disk - Read Only Memory.
CE	Central Eurasia (division within the CIA).
CEA	Council of Economic Advisers (White House).
CELD	Central External Liaison Department (branch of the Chinese Secret Service).
CENTEUR	Central Europe Command.
CEP	Circular Error Probability (assessment of probability that a warhead will impact within a certain radius of its target).
CFC	Carbon Fibre Composites.
CFMS	Computerized Force Management System.

CFR	Council of Foreign Relations.
CFSRS	Canadian Forces Supplementary Radio System.
CFU	Command Launch Unit.
CG	Phosgene (choking agent).
CHEKA	Chrezvychainaya Komissiya po Borbe s Kontr revolutisiei i Sabotazhem. Extraordinary Commission for Combating Counterrevolution and Sabotage created by Lenin (1917-1922).
CHICOM	Chinese Communist.
CHINAT	Chinese Nationalist.
CI	Confidential Informant.
CI	CounterIntelligence.
CIA	Central Intelligence Agency. US foreign intelligence agency established in 1947. The CIA collects, evaluates, and disseminates vital information on political, military, economic, scientific, and other developments abroad needed to safeguard national security. Langley, Virginia Phone: (703) 482-1100.
CIA	"Christians In Action*" (SpecWar slang for CIA).
CIC	1. Commander In Chief. 2. CounterIntelligence Corps (US Army during World War II). 3. Combat Information Center (USN).
CIDA	Canadian International Development Agency.
CIDG	Civilian Irregular Defense Group (Vietnam War).
CIG	Central Intelligence Group (1946). The immediate precursor of the CIA. President Truman established it by executive order on January 22, 1946. It operated under the National Intelligence Authority (NIA), which was created at the same time (see NIA).
Cifax	enCIphered FAX.
CINC	Commander-In-Chief.
CINCLANT	Commander-In-Chief Atlantic.
CINCUSNAVEUR	Commander-In-Chief US Naval Forces, Europe.
CI-nicks	CIA couterintelligence officers.
CIPA	Classified Information Procedures Act (1980).
CIPHONY	Enciphered telePHONY.
CIS	Commonwealth of Independent States (former USSR).
CISC	Criminal Intelligence Service Canada.

CITAC	Computer Investigations and Infrastructure Center, administered by the Federal Bureau of Investigation (FBI).
CIWG	Critical Infrastructure Working Group.
CK	Cyanogen Chloride (blood agent).
CKD	Component Knocked Down (i.e. for assembly elsewhere).
CL	Chlorine (choking agent).
CMAC	Civil Military Advisory Commission.
CMOS	Complementary Metal-Oxide Semiconductor.
CN	Chloracetophenone (tear gas agent).
CNC	CounterNarcotics Center (CIA).
CNC	30% solution of CN in chloroform (tear gas agent).
CND	10% CN, 45% carbon tetrachloride and 45% bensene (tear gas agent).
CNO	Chief of Naval Operations.
CNS	48% chloroform, 38% chloropicrin and 23% CN (tear gas agent).
CNWDI	Top Secret Restricted Data.
CO	Commanding Officer.
COCOM	Coordinating Committee on Multilateral Export Controls.
CODRESS	EnCOded AdDRESS.
COI	Office of the Coordinator of Information (predecessor of OSS).
COIN	COunter-INsurgency.
COIN Ops	COunter-INsurgency Operations.
COINS	Computer Operated INstrument System.
COINTELPRO	COunter INTELligence PROgram (FBI; 1956).
Combat Talon	MC-130 combat transport plane used to insert, resupply, and retrieve SEALs and other special operations forces.
COMECON	Council for Mutual Economic Assistance (created in Moscow in 1949).
COMINFIL	COMmunist INFILtration (FBI).
COMINT	COMmunications INTelligence. Intelligence obtained by intercepting, processing, and analyzing electromagnetic communications transmissions from any source, e.g., plain-language teletype. Technical and intelligence information derived from foreign communications by someone other than the intended recipient; sometimes used interchangeably with SIGINT. It does not include foreign press, propaganda, or public broadcasts.

COMMO	Communications (CIA).
com/nav	communications and navigation.
COMOR	COMmittee for Overhead Reconnaissance (U2 Program).
COMPSTAT(S)	COMPuter STATistics
COMSEC	COMmunications SECurity. The protection of US telecommunications from exploitation by foreign intelligence services and from unauthorized disclosure. COMSEC is one of the mission responsibilities of the NSA. It includes cryptosecurity, transmission security, emission security, and physical security of classified equipment, material and documents. The monitoring of a country's own communications to detect compromising or unwanted radiation.
CONUS	CONtinental United States (48 states).
COO	Chief Of Outpost (CIA) surbordinate to the COS (*see* COS).
COP	Close Observation Platoon.
CORDS	Civil Operations and Revolutionary Development Support (CIA).
COS	Chief of Station (CIA).
CP	Command Post.
CP/G	Co-Pilot / Gunner (second crew member in an attack helicopter).
CPGB	Communist Party of Great Britain.
CPIC	Canadian Police Information Centre.
CPU	Central Processing Unit.
CQB	Close-Quarters Battle.
CR	Dibenz-(b,f)-1, 4-oxazepine (tear gas agent).
CRO	Cabinet Research Office. *See Naisho*.
CRT	Cathode Ray Tube.
CRYPTO	A designation applied to classified, cryptographic information that involves special rules for access and handling.
CRYPTS	Cryptonyms.
CS	1. Chloracetophenone in chloropicrin (tear gas agent). 2. Clandestine Service (also known as DO) (*see* DO).
CSAR	Combat Search And Rescue.
CSCE	Conference on Security and Co-operation in Europe (set up in 1972; 34 nations whose secretariat is in Prague).
CSE	Communications Security Establishment (Canada) located in Ottawa (formerly the CBNRC).

CSI	Center for the Study of Intelligence (1975).
CSID	*Centro Superior de Información de la Defensa* Spanish intelligence service.
CSIS	Canadian Security Intelligence Service. The service's mandate empowers the agency to place under surveillance anyone suspected of espionage, terrorism, foreign threats to national security or domestic subversion (2,500 employees). Box 9732, Ottawa Postal Terminal, Ottawa, Ontario, K1G 4G4.
CSMS	Center for Strategic and Military Studies (Washington, DC).
CSO	Cognizant Security Office.
CT	CounterTerrorist / CounterTerrorism.
CTF-116	Commander Task Force 116. In Vietnam, a unit responsible for enforcing curfews on the water, interdicting Viet Cong infiltration, preventing taxation of waterborne traffic by the Viet Cong, and countering enemy movements and supply efforts on inland waters.
CTIU	Counter Technical Intrusion Unit (RCMP).
CTR	Close Target Reconnaissance.
CTR	Currency Transaction Report.
CW	Chemical Weapons.
CW	Continuous Waves (radio).
CX	Phosgene Oxime (blister agent).

D

D Branch	Counterespionage Branch of MI5 (UK).
D1	Head of Russian Counterespionage (D Branch: UK).
DA	Diphenyl-chlorarsine (vomiting agent).
DAME	Defense Against Methods of Entry (the art of picking locks).
DARPA	Defense Advanced Research Projects Agency.
DASE	Defense Against Sound Equipment (the art of bugging rooms).
DB	Decibel.
DC	Diphenylcyanoarsine (vomiting agent).
DC	Direct Current.

DCI	Director of Central Intelligence (CIA). The President's principal foreign intelligence advisor, appointed by him with the consent of the Senate to be the head of the intelligence community and Director of the Central Intelligence Agency and to discharge those authorities and responsibilities as they are prescribed by law and by Presidential and National Security Council directives.
DCID	Director of Central Intelligence Directive. A directive by the DCI that outlines general policies and procedures to be followed by intelligence agencies under his direction; usually more specific than a National Security Council Intelligence Directive *see* NSCID.
DCS	Deputy Chief of Station (US embassy).
DD	Deputy Director.
DD	Distraction Device.
DDA	CIA Directorate for Administration / Deputy Director for DDA.
DDC	Display Data Channel.
DDCI	Deputy Director of Central Intelligence.
DDI	CIA Directorate for Intelligence / Deputy Director of DDI.
DDO	CIA Directorate for Operations / Deputy Director of DDO (1973).
DDS	Dry Dock Shelter.
DDS&T	Deputy Director for Science & Technology.
DEA	Drug Enforcement Administration. 1450 Eye Street N.W. Washington D.C. 20005 USA Phone: (202) 633-1249.
DEE-SID	Director of Central Intelligence Directive.
DEFCON	DEFense CONdition.
dem/eval	demonstration / evaluation.
DES	Data Encryption Standard (developed by IBM in 1976).
DevGru	Naval Special Warfare Development Group. A major Seal command that provides centralized management for the test, evaluation, and development of technology applicable to naval special warfare forces.
DF	Direction Finder / Direction Finding.
DGI	*Dirección General de Inteligencia* (Cuba).
DHS	Defense HUMINT Service (DIA).

DI5	Another title for the British MI5.
DI6	Another title for the British MI6.
DIA	Defense Intelligence Agency. Department of Defense agency responsible for producing military intelligence for the four services, created by Secretary of Defense Robert S. McNamara on August 1, 1961. The Pentagon 20301-7400 Phone: (703) 695-0071.
D/ICS	Director of the Intelligence Community Staff.
DIE	*Departamentul de Informatii Externe.* Rumanian intelligence service.
DIOP	Defense Intelligence Objectives and Priorities.
DIPSEC	DIPlomatic SECurity.
DIS	Defence Intelligence Staff (UK).
DISSEMS	DISSEMinable Reports.
DLB	Dead Letter Box.
DLIR	Downward-Looking Infra-Red. (dogtooth notch in the leading edge – also known as a sawtooth – dorsal on top of the fuselage).
DM	Diphenylaminochloroarsine (vomiting agent).
DMA	Direct Memory Access.
DMZ	DeMilitarized Zone (between North and South Vietnam).
DNI	Director of Naval Intelligence.
DO	Directorate of Operations (CIA).
DOD	Department of Defense.
DOP	Drop-Off Point.
DOR	Dropped On Request.
DOS	Disk Operating System.
DP	1. Data Processing. 2. Diphosgene (choking agent). 3. Displaced Person.
DPM	Disrupted-Pattern Material (i.e. camouflage).
DRAM	Dynamic Random Access Memory.
DRMS	Defence Reutilization Marketing Service.
DRPC	Defense Research Policy Committee (UK).
DS	*Durzhavna Sigurnost.* Bulgarian secret police: 30 General Gurko Street, Sofia.

DSD	Defence Signals Division (Australia). Australian SIGINT headquarters – sometimes called Defence Signals Directorate.
DSI	Defense Scientific Intelligence (UK).
DSPG	Defense Special Project Group.
DS&T	CIA Directorate for Science and Technology/Director for DS&T.
DSTN	Dual SuperTwist Nemonic (passive matrix).
DSVR	Deep Submergence Rescue Vehicle.
DSWA	Defense Special Weapons Agency.
DVI	Direct Voice Input.
DZ	Drop Zone.

E

E	Special Electronics Installation (USAF).
EAN	Enriched Air Nitrox.
ECCM	Electronic Counter CounterMeasures.
EC&D	Electromagnetic Cover and Deception.
ECM	Electronic CounterMeasures. That division of electronic warfare involving actions taken to prevent or reduce an adversary's effective use of the electromagnetic spectrum. Electronic countermeasures include electronic jamming, which is the deliberate radiation, reradiation, or reflection of electromagnetic energy with the object of impairing the uses of electronic equipment used by an adversary, and electronic deception, which is similar but is intended to mislead an adversary in the interpretation of information received by his electronic system. NATO nuclear power submarines are engaged round-the-clock in anti-submarine warfare watch.
ECP	Extended Capabilities Port (computer).
ECRD	Electromagnetic CoveR and Deception.
ED	EthylDichlorarsine (blister agent).
EDO	Extended Data Output.
E&E	Escape and Evasion.
EEI	Essential Elements of Information.

EFA	European Fighter Aircraft ('Eurofighter').
EGA	Enhanced Graphics Adapter.
EH	Eastern Hemisphere (CIA Division).
EHF	Extremely High Frequency (30-300 GHz).
EII	Enforcement Information Index (Canadian airports and harbours).
ELF	Extremely Low Frequency (30-300 Hz; 50 Hz in Europe vs. 60 Hz in America).
ELINT	ELectronic INTelligence. Technical and intelligence information derived from the collection (or interception) and processing of foreign electromagnetic radiations (noncommunications) emanating from sources such as radar.
ELSEC	ELectronic SECurity.
ELSUR	ELectronic SURveillance.
EMF	ElectroMagnetic Field.
EMP	Electro-Magnetic Pulse (made by nuclear explosion).
EOD	Explosive Ordnance Disposal.
EON	Enhanced Other Networks.
EPA	Evasion Plan of Action.
EPIC	Electronic Privacy Information Center.
EPROM	Erasable Programmable Read-Only Memory.
ERIR	Economic Research Intelligence Report.
ERV	Emergency RendezVous.
ESA	European Space Agency.
ESDA	ElectroStactic Detection Apparatus.
ESM	Electronic Support Measures.
ETA	Estimated Time of Arrival.
ETD	Estimated Time of Departure.
ETK	Explosive Testing Kit.
Eumilsatcom	European Military Satellite Communications.
EW	Electronic Warfare.
EXDIS	EXclusive DISsemination.

F

F	Fighter (USAF).
FAA	Federal Aviation Administration.
FACES	Facial Analysis Comparison and Elimination System.
FAX	Facsimile.
FBI	Federal Bureau of Investigation US domestic intelligence agency established in 1935. 9th Street & Pennsylvania Ave., NW Washington, D.C. 20535 USA Phone: (202) 324-3000.
FBIS	Foreign Broadcast Information Service (CIA).
FBW	Fly-By-Wire (flight surfaces controlled electronically, not mechanically).
FCD	First Chief Directorate (CIA).
FCI	Foreign CounterIntelligence (CSIS).
FCPA	Federal Corrupt Practices Act (1977).
FDD	Floppy Disk Drive.
FDM	Frequency Division Multiplex.
FE	Far East (CIA Division)
FFAR	Free Flight Aircraft Rocket.
FFAR	Folding Fin Aerial Rockets.
FGI	Foreign Government Information.
FI	Foreign Intelligence.
FIA	Freedom of Information Act.
FIAB	Foreign Intelligence Advisor Board.
FIAT	Field Information Agency for Technics.
FIR	Fast InfraRed.
FIS	Flight Information Service.
FLIR	Forward-Looking InfraRed.
FO	Foreign Office (UK).
FOB	Forward Operations Base.
FOG	Forward Operating Group.
FOI	Freedom of Information and Protection of Individual Privacy Act (Canadian act which came into effect on January 1, 1988.).

FOIAPA	The Freedom of Information Act And Privacy Act (USA).
FORMAT	Acquisition and exploitation of FOReign MATerial.
FORTRAN	FORmula TRANslation Language.
FR	Foreign Resources (division within the CIA).
FRV	Final RendezVous.
FSD	Full-Scale Development.
FSR	Foreign Service Reserve.
FSRO	Foreign Service Reserve Officer (State Department cover in US embassies).
FSK	*Federalnaya Sloujba Kontrarazvedki.* Russian Federal Service for Counterintelligence responsible for domestic intelligence and established in January 1994.
FSO	Foreign Service Officer (State Department).
FTP	File Transfer Protocol.
FUBAR*	"Fucked Up Beyond All Repair*".
FUSAG	First United States Army Group (fictional "force" created by Allied intelligence in 1943-44 and passed off to the Axis as the intended invasion army.)
FYI	For Your Information.

G - H

G	acceleration in units of gravity.
G	Glider (USAF).
G*	member of the FBI's Special Surveillance Group.
GA	Tabun (nerve agent).
GB	1. Gigabyte (one billion bytes). 2. Sarin (nerve agent).
GC&CS	Government Code and Cypher School (1919-1940).
GCHQ	Government Communications HeadQuarters Located near Cheltenham, Gloucestershire, United Kingdom.
GD	Soman (nerve gas).
Gestapo	*Geheime Staatspolizei* (1933-1945). German secret police during World War II.

GF	Fluoride-containing organophosphate (nerve agent).
GIGO	Garbage-In, Garbage-Out.
GIUK	Greenland, Iceland, United Kingdom (checkpoint located in North Atlantic).
GP	(nerve agent).
GPMG	General Purpose Machine Gun.
GPS	Global Positioning System.
GPU	*Gosudarstvennoye Politicheskoye Upravleniye* (1922-1923).
GPWS	Ground Proximity Warning System.
green slime*	member of Intelligence Corps.
GRU	*Glavnoye Razvedyvatelnoye Upravleniye.* Russian Military Intelligence group created by Trotsky in 1920 Chief Intelligence Directorate of the Soviet General Staff (located in the Moscow suburb of Khodynke).
GS	General Schedule (pay scale for US civil servants).
GSG-9	*Grenzchutzgruppe*-9. German top counterterrorist unit organized September 26, 1972.
GSM	Global System for Mobile Communications.
GST*	"Going Stateside Today".
GTL	Gun Target Line.
GVN	Government of (South) Vietnam.

✘ ✘ ✘

H	1. Helicopter (USAF).
	2. Levinstein Mustard (blister agent).
	3. Search & Rescue (USAF).
HAHO	High Altitude, High Opening Parachute Jump (8 000 meters).
HALO	High Altitude, Low Opening Parachute Jump.
HazMat	Hazardous Materials.
HD	Distilled Mustard (blister agent).
HDD	1. Hard Disk Drive.
	2. Head Down Display.
HE	1. High Explosive.
	2. Hostile Environment.
HEAT	High Explosive Anti Tank.
HeliTOW	Helicopter-launched TOW missile.
HESH	High Explosive Squash Head.

HF	High Frequency (3-30 MHz).
HH-60	Blackhawk troop-carrying helicopter.
H&I	Harassment and Interdiction (fire).
HL	Mustard Variant (blister agent).
HMD	Helmet-Mounted Display.
HMS	Helmet-Mounted Sight.
HN	Nitrogen Mustard (blister agent).
HOT	Euromissile anti-tank missile (Haute Subsonique Optiquement Téléguide Tiré d'un Tube).
HOTAS	Hands-On Throttle And Stick.
HPA	High Performance Addressing.
HPSCI	House Permanent Select Committee on Intelligence (created in 1977).
HS	Mustard variant (blister agent).
HSIC	House and Senate Intelligence Committee.
HSOS	Helicopter Stabilised Optical Sight.
HSSC	Heavy SEAL Support Craft (used in Vietnam).
HT	HD Bis (2-chloroethyl) sulfid (blister agent).
HTML	Hyper Text Marker Language (Internet).
HTTP	Hyper Text Transfer Protocol (Internet).
HUAC	House Committee Un-American Activities.
HUD	Head-Up Display.
HUDWAC	Head-Up Display Weapons Aiming Computer.
HUMINT	HUMan INTelligence. Intelligence information derived from human sources.
HVA	Central Intelligence Administration (former East German Counterespionage Branch; created in 1956).

I

IA	Intelligence Assistant.
IAM	Intelligence Analytical Memorandum.
IB	Intelligence Bureau. Pakistani and Indian counterespionage agency.

IBL	Inflatable Boat Large (11 men).
IBS	Inflatable Boat, Small. A small rubber boat capable of carrying seven men. Propelled by paddle or a small outboard engine.
IC	Intelligence Community. Refers, in the aggregate, to the following executive branch organizations: the Central Intelligence Agency, the National Security Agency, the Defense Intelligence Agency, offices within the Department of Defense for the collection of specialized national foreign intelligence through reconnaissance programs, the Bureau of Intelligence and Research of the Department of State, intelligence elements of the military services, intelligence elements of the Federal Bureau of Investigation, intelligence elements of the Department of the Treasury, intelligence elements of the Department of Energy, intelligence elements of the Drug Enforcement Administration, and staff elements of the Office of the Director of Central Intelligence.
ICBM	InterContinental Ballistic Missile.
ICD	Imitative Communication Deception.
ICEX	Intelligence Coordination and EXploitation Program (Vietnam War).
ICPO	International Criminal Police Organization (Interpol) made up of 178 countries, based in Lyon, France.
ID	IDentify / Identity.
IDA	Institute for Defense Analyses (Virginia).
IDA	Intelligence DAtabase.
IDE	Integrated Drive Electronics.
IED	Improvised Explosive Device (CDN).
IFF	Identification Friend or Foe.
IFR	Instrument Flight Rules (as opposed to Visual Flight Rules).
IG	Inspector General.
IHADSS	Integrated Helmet and Display System.
II	1. Image Identification. 2. Intelligence Interpretation.
IIC	Industrial Intelligence Centre (UK).
IISS	International Institute for Strategic Studies.
INLA	Irish National Liberation Army.
INR	Bureau of Intelligence and Research. The US Department of State's intelligence service.

INS	Immigration and Naturalization Service. 425 Eye Street, N.W. Washington, D.C. 20001 USA Phone: (202) 633-5231.
INS	Inertial Navigation System.
INTREP	INTelligence REPort.
INTSUM	INTelligence SUMmary.
I/O	Input / Output.
IO	Intelligence Officer (UK).
IOB	Intelligence Oversight Board.
IOC	Initial Operational Capability.
IR	InfraRed.
IRA	Irish Republican Army.
IRAC	Intelligence Resources Advisory Committee.
IRBN	Intermediate Range Ballistic Missile.
IrDA	Infrared Data Association.
IRLS	InfraRed Line Scan (creates TV-type image from thermal sensors).
IRQ	Interrupt Request.
IRS	Internal Revenue Service.
IRST	InfraRed Search and Track.
IRCM	InfraRed CounterMeasures.
IS	Intelligence Service (UK)
ISA	Intelligence Support Activity (covert actions).
ISD	Internal Security Division.
ISID	Inter Service Intelligence. Pakistani intelligence service.
ISO	International Standardization Organization.
ITAR	International Traffic in Arms Regulations.
IW	Information Warfare.

J - K

JCS	Joint Chiefs of Staff (USA).
JETRO	Japanese External TRade Organization.
JIB	Jack In the Box. (snap-up dummy used to elude surveillance).
JIC	Joint Intelligence Committee (UK).
JOC	Joint Operations Center.
J-STARS	Joint Surveillance Target Attack Radar System (Boeing E-8).
JSOC	Joint Special Operations Command.
JUSMMAT	Joint US Military Mission for Aid to Turkey.

x x x

K	Tanker (USAF).
K*	KGB agent.
Kampf swimmers	German frogmen.
KB	Kilobyte (in fact 1,024 bytes).
K-Bar	combat knife used by SEALs (USN commando knife; 7-inch steel blade).
KEMPEITAI	former Japanese intelligence service (1881-1945) (*see Naisho*).
KISS*	"Keep It Simple, Stupid*".
KGB	*Komitet Gosudarstvennoy Beznopasnosti.* Committee for State Security (USSR). Organized in 1954, the KGB was responsible for enforcement of security regulations, protection of political leaders, the guarding of borders, and clandestine operations abroad; replaced by the SVR in 1991. *See* SVR.
KIA	Killed In Action.
KIAS	Knots Indicated Air Speed.
KIQ	Key Intelligence Requirement.
KK	*Kremlin Kommandant* (unit supervising KGB personnel).
Koancho	Japanese domestic intelligence service.

L

L	1. Cold Weather.
	2. Lewisite (blister agent).
LAAW	Light AntiArmor Weapon.
LABS	Low Altitude Bombing System.
LANTCOM	AtLANTic COMmand.
LANTFLT	US AltLANTic FLeeT.
LANTIRN	Low Altitude Navigation and Targeting Infra-Red, Night.
LASER	Light Amplification by Stimulated Emission of Radiation.
LAV	Light Armored Vehicle.
LCD	Liquid Crystal Display.
LCM	Landing Craft, Medium (also known as a Mike boat, used for river operations and beach assaults).
LCMS	Laser CounterMeasures System.
LCPL	Landing Craft Personnel Large (36-foot long).
LDC	Less-Developed Country.
LDNN	*Lien Doc Nguoi Nhia.* Vietnamese for "soldiers who fight under the sea", the Vietnamese counterpart of the SEALs.
LED	Light-Emitting Diode.
LEGAT	LEGal ATtaché, FBI (US embassies).
LEP	Light-Emitting Polymer.
LF	Low Frequency (30-300 kHz).
LGB	Laser-Guided Bomb.
LGW	Laser-Guided Weapon.
LIC	Low Intensity Conflict.
LLTV	Low Light TeleVision.
LLLTV	Low Light Level TeleVision.
LOH	Light Observation Helicopter.
LOLEX	LOw-LEvel Extraction a tactic in which cargo is dropped from an open hatch as the plane flies on.
LORAN	LOng-RANge Navigation.
LOS	Line Of Sight.

LPD	Landing Platform, Dock.
LPD	Low Power Device.
LRMTS	LaseR Marked Target Seeker.
LRSC	Long Range Surveillance Company.
LRTS	Long Range Technical Search. Now SIGDEV (*See* SIGDEV).
LSB	Low Side Band.
LSI	Large Scale Integration.
LSSC	Light SEAL Support Craft.
LST	Landing Ship, Tank.
LSV	Light Strike Vehicle (dune buggy).
LUP	Light-Up Point.
LZ	Helicopter Landing Zone A hot LZ is a landing zone under enemy fire.

M

M	Multi-mission (USAF).
M or Mach No.	ratio of the speed of sound (340 m/s; 1,116 ft/sec).
M16	Rifle used by American forces developed in 1957 (223 caliber).
M60	Light man-portable machine gun. Designed to be fired from a tripod or pintel, it can be fired from the hip (308 caliber).
M79	Grenade launcher.
M80	A small explosive device like a cherry bomb, used for signaling swimmers underwater.
MAAG	Military Assistance Advisory Group.
MAC	US Air Force Military Airlift Command.
MACSOG	Military Assistance Command Studies and Observation Group. The unit that carried on covert operation in Southeast Asia during the Vietnam conflict. SEALs were often involved in secret operations under MACSOG command.
MACV	Military Assistance Command Vietnam.
MAD	Magnetic Anomaly Detector (detects presence of submarines underwater).

MAD	*Militärischer AbschirmDienst.* German military counterintelligence.
Mb	Megabyte (one million bytes).
MBA	Monochrome Display Adapter.
MD	Methyldichloroarsine (blister agent).
MDT	Mobile Data Terminal.
MF	Medium Frequency (300-3,000 kHz).
MFD	Multi-Function Display.
MfS	*Ministerium für Stastssicherheit.* East German Ministry for State Security, Normannenstrasse East Berlin.
MGB	*Ministerstvo Gosudarstvennoy Bezopasnosti* (1946-1953). The forerunner of the KGB.
MI	Military Intelligence. Basic, current, or estimative intelligence on any foreign military or military-related situation or activity.
MI5	British Security Service created by Captain Vernon Kell in 1909. (Formerly Section 5 of Military Intelligence, hence the name, still commonly used). Roughly equivalent to the American FBI (internal security) or the French DST, although it does perform certain couterintelligence functions overseas. Its main charge is to protect British secrets at home from foreign spies and to prevent domestic sabotage, subversion, and the theft of state secrets.
MI6	British Secret Intelligence Service created in 1909. (Formerly Section 6 of Military Intelligence, hence the name, still commonly used). A civilian organization with functions resembling those of the American CIA or the French DGSE. It is charged with gathering information overseas and other strategic services. Both MI5 and MI6 are controlled by the Joint Intelligence Committee.
MI9	British wartime organization for planning escapes for Allied prisoners of war.
MIA	Missing In Action.
Mica	French AAM produced by Matra.
MICE	"Money, Ideology, Compromise / Constraint, Ego" (the four most common motives for the defection of a subject).
MID	Military Intelligence Division (organized in 1917).

Midrats	Midnight rations. A meal served in the middle of the night.
MILCRAT	MIlitary AirCRAfT.
MISE	"Money, Ideology, Sex, Ego" (a variant of MICE; *see* MICE).
Mistral	French infra-red homing surface-to-air missile.
MISUR	MIcrophone SURveillance.
MIT	*Milli Istihbarat Teskilati.* Turkish intelligence service.
MITI	Ministry of International Trade and Industry. (*Tsusansho* in Japanese).
MITI	Ministry of International Trade and Industry (Japan).
MMS	Mast-Mounted Sight.
MODEM	MODulator / DEModulator.
MOL	Manned Orbiting Laboratory.
MOSSAD	*Ha Mossad Le modi'in Ule Tafkidim Meyuhadium.* The Institute for Intelligence and Special Tasks established on April 1, 1951.
MP	Military Police.
MPEG	Moving Picture coding Experts Group.
MPLH	Multi-Purpose Light Helicopter.
MRBM	Medium Range Ballistic Missile.
MRE	Meals Ready to Eat. (also known as: "Meals Rejected by Everyone".)
MS-DOS	MicroSoft Disk Operating System.
MSFC	Mobile Strike Force Command.
MSR	Main Supply Route.
MSS	Mission Support Site.
MSSC	Medium SEAL Support Craft (thirty-six-foot long).
MT-1	Military free-fall parachute (square canopy).
MTOW	Maximum Take-Off Weight.
MVD	*Ministerstvo Vnutrennikh Del* (1946-1954). Ministry of International Affairs.

N

NA	The FBI National Academy (Quantico, Virginia, USA).
NACIC	*National CounterIntelligence Center.*
NACSI	NATO Advisory Committee for Special Intelligence.
NADDIS	Narcotics And Dangerous Drugs Information Center.
NASA	National Aeronautics and Space Administration.
NATO	North Atlantic Treaty Organization. Established April 4, 1949 and made up of 19 countries. Based in Brussels.
NAVAIR	Navy Air Command.
NAVPERS	Bureau of NAVal PERSonnel.
NAVSEA	Navy Sea System Command.
NAVSPECWARGRU	NAVal SPECial WARfare GRoUp.
NBC	Nuclear, Biological, Chemical (warfare).
NCDU	Naval Combat Demolition Units. Originally trained during World War II to clear the way for landings in Europe. Many of the NCDU men later became members of Underwater Demolition Teams in the Pacific but one small unit, operating in the South Pacific, retained the NCDU designation.
NCIS	National Crime Intelligence Section (RCMP).
ND	*Nachrichtendienst (see BND).*
net	radio network.
NFA	No Further Action.
NFAC	National Foreign Assessment Center.
NFIB	National Foreign Intelligence. Board A body formed to provide the Director of Central Intelligence with advice concerning: production, review, and coordination of national foreign intelligence; the National Foreign Intelligence Program budget; interagency exchanges of foreign intelligence information; arrangements with foreign governments on intelligence matters; the protection of intelligence sources or methods; activities of common concern; and such other matters as are referred to by the DCI. The board is composed of the DCI (chairman) and other appropriate officers of the Central Intelligence Agency, the Office of the DCI, Department of State, Department of Defense, Department of Justice, Department of the

	Treasury, Department of Energy, the offices within the Department of Defense for reconnaissance programs, the Defense Intelligence Agency, the National Security Agency, and the Federal Bureau of Investigation; senior intelligence officers of the Army, Navy, and Air Force participate as observers; a representative of the Assistant to the President for National Security Affairs may also attend meetings as an observer (created in 1976).
NFIBONLY	Distribution for the National Foreign Intelligence Board (ONLY).
NFIP	National Foreign Intelligence Program.
NIA	National Intelligence Authority. An executive council created by President Truman's executive order of January 22, 1946, which had authority over the simultaneously created Central Intelligence Group (*see* CIG); predecessor of the National Security Council. *See* NSC.
NIAM	National Intelligence Analytical Memorandum.
NIC	1. National Intelligence Council (created in 1980; successor to the Board of National Estimates). 2. Naval Intelligence Command.
NID	1. Naval Intelligence Department (Royal Navy). 2. National Intelligence Daily.
NIE	National Intelligence Estimate. An estimate authorized by the DCI of the capabilities, vulnerabilities, and probable courses of action of foreign nations; represents the composite view of the intelligence community.
NIMA	National Imagery and Mapping Agency.
NIN	Narcotics Intelligence Network.
NIO	National Intelligence Officer (1973).
NIPE	National Intelligence Programs Evaluations (set up in 1963).
NIS	Naval Intelligence Service (US Navy) / Naval Investigative Service (US Navy).
NISitRep	National Intelligence Situation Report.
NKGB	*Narodnyi Komisariat Gosudarstvennoi Bezopásnosti.* People's Commissariat for State Security (1941-1946).
NKO	Need to Know Only.
NKVD	*Narodnyi Komisariát Vnutrennykh Del* (1934-1946). People's Commissariat for Internal Affairs (KGB precursor).
NLW	Non Lethal Weapon.
NNBIS	National Narcotics Border Interdiction System.
NOC	Non-Official Cover (illegal agent).
NODIS	NO DIStribution.

NOE	Nap-Of-the-Earth (very low level flight).
NOFORN	NO FOReigNer (not releasable to foreign nationals).
NORAD	North American Air Defense Command.
NPIC	National Photographic Interpretation Center (established in 1961).
NPPD	*NitroPhenylPentaDienal* (also known as "spy dust" used to keep track of a hostile target).
NR	National Resources (division within the CIA).
NRA	Nothing Recorded Against.
NRDC	Natural Resources Defence Council.
NRO	National Reconnaissance Office (created on August 25, 1960).

NSA	1. National Security Act (1947).
	2. National Security Agency.
	This most secret US intelligence agency is nestled half-way between Washington and Baltimore:
	  Anne Arundel County,
	  Maryland
	  9800 Savage Road Fort Meade
	  MD 20755 USA
	  Phone: (301) 688-6524
	The agency, responsible for all US communications security activities, including developing codes and ciphers, and for developing foreign intelligence information; established October 24, 1952 by President Truman to replace the Armed Forces Security Agency; (*see* AFSA).

NSA*	1. "Never Say Anything*" 2. "No Such Agency*".
NSC	National Security Council (established in 1947).
NSCIC	National Security Council Intelligence Committee.
NSCID	National Security Council Intelligence Directive. Intelligence guidelines issued by the NSC to intelligence agencies. NSCIDs are often augmented by more specific Director of Central Intelligence Directives and by internal department or agency regulations. See DCID.
NSCT	Naval Security Coordination Team.
NSD	1. National Security Division (FBI). 2. National Security Directive.
NSDD	National Security Decision Directive.
NSEU	National Security Enforcement Unit (RCMP).
NSID	National Security Investigation Directorate (branch of RCMP).
NSO	National Security Organization.

NSWC	Naval Special Warfare Center (nicknamed the "grinder").
NTS	National Technical Means (satellites).
NTSB	National Transportation Safety Board.
NURO	National Underwater Reconnaissance Office.
NVA	North Vietnamese Army.
NDV	Night Vision Device ("Starlight Scope" which intensifies ambient light).
NVG	Night Vision Goggles.

O

O	Observation (USAF).
O2 table	A table that tells a diver how long he can safely remain at various depths while breathing pure oxygen.
OAS	Obstacle Avoidance Sonar. Part of the navigation system in a Seal Delivery Vehicle. *See* SDV.
OAG	Operations Advisory Group.
OB	Order of Battle.
OC	Officer Commanding.
OCB	Operations Coordinating Board.
OCI	Office of Coordinator of Intelligence (precursor of the CIA).
OCI	Office of Current Intelligence (CIA).
OCR	Optical Character Recognition (reader).
OECD	Organization for Economic Co-operation and Development (created in Paris in 1960 and made up of 22 nations).
OG	Operational Group
OGPU	*'Ob'edinyonnoye Gosudarstvennoye Policheskoye Upravleniye* (1923-1934).
OGSR	Office of Geographic and Societal Research (CIA).
OIC/OINC	Officer In Charge.
OIR	Other Intelligence Requirements.
OIR	Office of Intelligence Research.
OKR	*Okdely Kontrrazvedki.* Russian counterespionage service created in 1946.

OKR	*Ober Kommando Wehrmacht.* German Military Intelligence Department during World War II.
OMON	*Otdel Militsii Osobovo Naznachenyia.* Special Purpose Militia Detachment.
ONA	Office of National Assessment (Australia).
ONE	Office of National Estimates.
ONI	Office of Naval Intelligence (USN); dating back to 1882.
OOD	Officer Of the Deck.
OP	Observation Post.
OPC	Office of Policy Coordination (CIA).
OPP	Ontario Provincial Police.
OPSEC	OPerational SECurity.
OPW	Office of Psychological Warfare (created in 1951).
ORCON	ORiginator CONtrolled.
ORR	Office of Research and Reports (precursor to the OGSR).
OS	Office of Security.
OSA	Office of Special Affairs (Church of Scientology).
OSA	Official Secrets Act (UK).
OSI	Office of Scientific Intelligence. Became the Directorate for Science and Technology in 1963. (*See* DS&T).
OSI	Office of Special Investigation (US Air Force).
OSO	Office of Special Operations.
OSR	Office of Strategic Research (CIA).
OSS	Office of Strategic Services. The US intelligence service active during World War II; established by President Roosevelt in June 1942 and disbanded by President Truman on October 1, 1945. 16,000 personnel. The wartime forerunner of the CIA.
OSS*	1. "Oh So Secret*" 2. "Oh So Social*".
OTH	Over The Horizon.
OTP	One-Time-Pad Cifer only used once (the pad was actually two pads containing columns of groups and random numbers, with the sender and receiver each having one copy).
OTR	CIA's Office of Training.

P - Q

P	Patrol (USAF).
P4	branch of MI6.
PA	Principal Agent.
PACT	Project Advancement of Coding Techniques.
PAR	Performance Appraisal Report (CIA agents).
PBR	Patrol Boat, River (32-foot fiberglass hull).
PC	Personal Computer.
PCB	Printed Circuit Board.
PCI	Peripheral Component Interconnect.
PCMCIA	Personal Computer Memory Card International Association ("People Can't Memorize Computer Industry Acronyms"*).
PD	Plausible Denial.
PD	Phenyldichloroarsine (blister agent).
PDA	Personal Digital Assistant (palmtop computer).
PDC	Program Delivery Control.
PDF	Portable Document Format.
PDW	Personal Defense Weapon.
PE	Plastic Explosive.
PERINTREP	PERiodic INTelligence REPort.
PET	*Politiets Efterretnongs Tjeneste.* Danish intelligence service.
PF	Personal File (M15 Registry).
PF*	"Pucker Factor*".
PFIAB	President's Foreign Intelligence Advisory Board (1956-1977).
PGM	Precision Guided Munitions.
PGP	Pretty Good Privacy (encryption software).
PGU	*Pervoye Glavnoye Upravlenie.* Russian First Chief Directorate.
PHIBLANT	Amphibian Force US Altlantic Fleet.
PHIBPAC	Amphibian Force US Pacific Fleet.
PhibRon	Amphibious Squadron (US Navy).
PHOTINT	PHOTographic INTelligence. Information or intelligence derived from photography through photographic interpretation (now part of imagery intelligence).

PICKLE	President's Intelligence Checklist.
PIN	Personal Identification Number.
PLAAF	Peoples' Liberation Army Air Force (Communist China).
PLF	Parachute Landing Fall. The technique used by parachutes to spread the shock upon landing.
PMIS	Psychological Management Information Subsystem.
PNG	Persona Non Grata (Article 9 of the Vienna Convention on Diplomatic Relations of 1961).
PNUTS	Possible NUclear Test Site.
PNVS	Passive Night Vision System.
PNVS	Pilot Night Vision Sensor.
POMAS	Psychological Operations Automated System.
POT	*Politiets OvervakingstTjeneste.* Norwegian intelligence service.
POTUS	President Of the United States.
POW	Prisoner of War.
PROPIN	PROPrietary INformation.
PSAC	Public Service Alliance of Canada.
PS	Chloropicrin (choking agent).
PSD	Physiological Support Division.
PWGOT	Police Working Group On Terrorism (established 1979).
PWR	Pressure Water Reactor (Westinghouse).
PX	Post EXchange.
PZPR	Polish secret police and intelligence agency.

※ ※ ※

Q	Drone (USAF).
Q	Sequimustard (blister agent).

R

R	Reconnaissance (USAF).
R&R	Rest and Recreation.
RA	Remington Arms.
RAAF	Royal Australian Air Force.
RADAR	Radio Detecting And Ranging.
RAF	1. Royal Air Force (UK).
	2. *Rote Armee Fraktion* (Germany).
RAH	Retina Advanced Hallucinogen.
RAM	Radar Absorbent Materials (stealth technology).
RAM	Random Access Memory.
RATO	Rounds of ammunition.
RAW	Research and Analysis Wing (Indian intelligence service).
RCAF	Royal Canadian Air Force.
RCMP	Royal Canadian Mounted Police. Canadian domestic intelligence service.
	1200 Vanier Parkway, Ottawa, Ontario K1A OR2
	Phone: (613) 993-1085.
RCN	Royal Canadian Navy.
RDS	Radio Data System.
RDY	Ready.
reg-sig	recognition signal.
Regiment	Special Air Service (SAS) (*see* SAS).
remf*	"rear echelon motherfucker*".
RF	Radio Frequency.
RFI	Radio Frequency Interference.
RGB	Red Green Blue (three primary colours).
RIB	Rigid Inflatable Boat.
RID	Records Integration Division (DO, CIA).
RIS	Russian Intelligence Services (KGB and GRU).
RMD	Related Missions Directive.
RMI	Remote Mobile Investigator.
RMP	Rapid Mobilization Plan.

RN	Royal Navy (UK).
RNSS	Royal Naval Scientific Service (UK).
ROC	Radiations Operations Committee (UK).
ROM	Read Only Memory.
RORSAT	Radar Ocean Reconnaissance Satellite.
RP	Remington Peters.
RPG	Rocket-Propelled Grenade.
rpg	rounds per gun.
RSA	Cryptography system invented by Ron Rivest, Adi Shamir and Leonard Adlerman in 1972.
RSHA	Reich Security Agency (Germany).
RSS	Radio Security Service. MI5 branch responsible for locating clandestine transmitters during World War II.
RT	Reconnaissance Team.
RTC	Real Time Clock.
RTFM*	Read the "Flaming" Manual*.
RUC	Royal Ulster Constabulary.
RV	RendezVous point.
RWR	Radar Warning Receiver (alerts pilot to enemy radar).

S

S	Anti-Submarine (USAF).
S60	57mm antiaircraft gun.
SA	Arsine (blood agent).
SA	*Sluzba Bezpieczemstwa.* Polish intelligence organization.
SA	Special Agent (FBI).
SAAF	South African Air Force.
SAC	Special Agent in Charge (FBI).
SAC	Strategic Air Command (1946).
SADF	South African Defence Force.

SADM	Special Atomic Demolition Munition. A forty-three-pound device small enough to be carried by a parachutist or delivered by a swimmer.
SAEPO	*Saekerhetspolisen.* Swedish intelligence service.
SALT	Strategic Arms Limitation Treaty.
SAM	Surface-to-Air Missile.
SAP	Special Access Program.
SAR	Search And Rescue. The designation for a helicopter involved in such operations.
SAS	Special Air Service. Established in 1941 and based in Hereford (UK). Motto: "He Who Dares Wins".
SATCOM	SATellite COMmunications.
SAW	Squad Automatic Weapon.
SB	Special Branch (unit of Scotland Yard that makes arrests in all British spycases).
SBIRS	Space Based InfraRed System.
SBNPA	Security Bureau National Police Agency Japanese intelligence service.
SBS	Special Boat Service. (created in 1941. Motto: "Not by Strength, By Guile"; based in Poole, Dorset, UK).
SCAS	Stability and Control Augmentation System.
SCIF	Special Classified Intelligence Facility (bug-proof bubble room).
SCIP	Society of Competitive Intelligence Professionals.
SCSI	Small Computer System Interface.
SCUBA	Self-Contained Underwater Breathing Apparatus. Applied most often to the air tanks used by recreational divers but also applicable to more sophisticated systems used by SEALs.
SD	Self-Defense.
SD	*SicherheitsDienst.* (the intelligence and espionage section of the SS).
SDI	Strategic Defense Initiative ("StarWars").
SDRAM	Synchronous Dynamic RAM.
SDV	SEAL Delivery Vehicle. Known earlier as Swimmer Delivery Vehicle. A small vehicle capable of carrying up to eight combat swimmers. They are not shielded from the cold of the sea and must use breathing rigs.

SE	Soviet East European (division within the CIA).
SEA	SouthEast Asia.
SEALs	Sea, Air, Land (US Navy). Founded in 1962, the SEAL headquarters is in Coronado, California. There are 9 teams assigned to the US Special Operations Command.
SEAL*	"Sleep, Eat and Live it up*".
SEATO	South East Asia Treaty Organization.
SECDEF	Secretary of Defense.
SECNAV	Secretary of the Navy.
SEIT	Security Evaluation and Inspection Team (CDN).
SERE	Survival, Evasion, Resistance and Escape.
SERL	Services Electronics Research Laboratory (UK).
SF	1. Special Facility (phone-tapping device). 2. Special Forces.
SFG	Special Forces Group.
SFOB	Special Forces Operation Base.
SHAEF	Supreme Headquarters Allied Expeditionary Forces.
SHAPE	Supreme Headquarters Allied Powers in Europe (Mons, Belgium).
SHF	Super High Frequency (3-30 GHz).
Shin Bet	*Sherut Habitachou Haklali.* Israeli (domestic intelligence agency, established June 30, 1948).
SI	Special Intelligence.
SIFAR	Italian Counterespionage Service.
SIFE	Security Intelligence Far East (UK).
SIG-I	Senior Interagency Group-Intelligence (created in 1984).
SIGDASYS	SIGnals Intelligence Data SYStem.
SIGDEV	SIGnals DEVelopment (was LRTS).
SIGINT	SIGnals INTelligence. The interception, processing, analysis, and dissemination of information derived from foreign electrical communications and other signals (radio transmissions of any type from any source); includes communications intelligence (COMINT) and electronics intelligence (ELINT) and telemetry intelligence (TELINT).
SIGSEC	SIGnals SECurity.
SIME	Security Intelligence Middle East (UK).

Sinn Fein	Republican political organization dedicated to Irish reunification (created in 1905). Motto: "Ourselves".
SIO	Serial Input / Output.
SIRC	Security Intelligence Review Committee (CSIS).
SIS	Schengen Information System (Europol).
SIS	Secret Intelligence Service (the new title for MI6).
SISDE	*Servizio per le Informazioni e la Sicurezza Democratica.* Italian counterespionage organization.
SISMI	*Servizio per le Informazioni e la Sicurezza Militare.* Italian intelligence service.
Sit Rep	SITuation REPort.
SLAR	Side-Looking Airborne Radar.
SLO	Security Liaison Officer.
SLU	Special Liaison Unit.
SLUDJ	Sensitive Legal Upper Deck Jurisdiction.
SMERSH	Secret intelligence department specializing in terror outside the borders of the USSR; created by Beria from 1941 to 1946 (*Smyert Shionam*: Death to Spies).
SMG	Sub-Machine Gun.
SNAFU*	"Situation Normal All Fucked Up*".
SNEB	Munitions now produced by TBA (Thomson Brandt Armament).
SNIE	Special National Intelligence Estimate (report issued by the NSC) (*see* NIE).
SO	Special Operations (guerrilla warfare, psychological operations, Escape & Evasion).
SOCOM	US Special Operations Command. Based at MacDill Air Force Base, Tampa, Florida.
SOE	Special Operations Executive. British sabotage organization created in 1940 and disbanded in 1946.
SOG	Studies and Observation Group / Special Operations Group (CIA) created in 1964 and disbanded in 1968.
SONAR	Sound Navigation Ranging.
Sonobuoy	Buoy containing sonar, dropped by ships or aircraft to detect submarines.
SOP	Standard Operating Procedure.
SOSUS	Sound Surveillance System.

SOU	Sensitive Operations Unit (FBI).
SOV	Special Operations Vehicle (special dune buggy).
SOVMAT	Intelligence specialization in the acquisition and exploitation of SOViet MATerial supplies.
SP	Shore Patrol (USN).
Spec War	Naval SPECial WARfare Command.
spook*	member of Intelligence Corps*.
SRAM	Short-Range Attack Missile.
SRW	Strategic Reconnaissance Wing.
SS	*SchutzStaffel* (Aldolf Hitler's elite personal guard).
SSB	Single Side Band (radio).
SSBN	Submersible ship Ballistic missiles Nuclear powered (also known as boomer*).
SSCI	Senate Select Committee on Intelligence.
SSD	Secret Self-Defense. Solid State Disk (computer).
SSD	*Staatssicherheitsdient.* East German political police.
SSG	Special Surveillance Group (FBI).
SSN	nuclear attack submarine (also known as sewerpipe*).
STAB	SEAL Team Assault Boat.
STAG	Student Agitation (FBI files).
STAPO	*Staatspolizei.* Austrian intelligence service.
START	Strategic Arms Reduction Talks.
Stasi	*Staatssicherheitsdienst.* Former East German intelligence service, also known as MfS. Headquarters on Normannenstrasse, East Berlin; created September 1, 1951.
STB	*Statni Tajna Bezpecnost.* Czech intelligence organization.
STF	Special Task Force (CIA).
Stinger	US infra-red homing surface-to-air missile.
STO	Short Take-Off.
STOL	Short Take-Off and Landing.
SubRon	Submarine Squadron (USN).
SUKLO	Senior United Kingdom Liaison Officer.
SUPINTREP	SUPplementary INTelligence REPort (NATO).

SUSLO	Senior United States Liaison Officer.
SVGA	Super Video Graphics Adapter.
SVR	*Sluzhba Vneshnei Razvedki.* Russian foreign intelligence service, located in Yasnevo, southern outskirts of Moscow (successor of the KGB and established in 1991).
SW	Secret Writing.

T

T	Trainer (USAF).
TACAN	TACtical Air Navigation (UHF navaid).
TACBE	TACtical BEacon.
TACSIGINT	TACtical SIGnals INTelligence (combining COMINT and ELINT).
TAD	Temporary Additional Duty.
TADS	Target Acquisition and Designation Sight.
TARFU*	"Things Are Really Fucked Up*".
TDM	Time Division Multiplex.
TDY	Temporary Duty Assignment.
T&E	Test and Evaluation.
TEL	Transporter Erector Launcher.
TELINT	TElemetry INTelligence.
TEXTA	Technical Extracts from Traffic Analysis. Used to identify and catalogue intercepted signals.
TFR	Terrain-Following Radar.
TFT	Thin Film Transistor (active matrix).
THREATCON	THREAT CONdition.
TIARA	Tactical Intelligence And Related Activities.
TN	Thermonuclear.
T/O	Table of Organization
TOC	Tactical Operations Center.
TOT	Time On Target.
TOW	The US BGM-71 series anti-tank missile (Tube-launched Optically-tracked Wire-guided).
TSD	Technical Services Division (CIA).

U

U	Utility (USAF).
UART	Universal Asynchronous Receiver / Transmitter.
UAV	Unmanned Aerial Vehicle (drone).
UB	Polish Intelligence Service.
UCMJ	Uniform Code of Military Justice.
UDR	Ulster Defence Regiment.
UDT	Underwater Demolition Team (WWII). The name given to navy frogmen in World War II in the Pacific. The first SEALs were drawn from UDT ranks and the UDT units were incorporated into the SEALs in 1983.
UFF	Ulster Freedom Fighters.
UHF	Ultra High Frequency (300-3 000 MHz).
UH/SatCom radio	A radio capable of using both Ultra High frequency and SATellite COMmunications channels.
UK	United Kingdom.
UKUSA	United Kingdom-United States of America. Intelligence-sharing agreement signed in 1947 (also including Canada, Australia and New Zealand).
UN	United Nations (Organization) New York City, USA.
UNHCR	United Nations High Commission for Refugees.
UNPROFOR	United Nations PROtection FORce.
UNSCOM	United Nations Special COMmission.
UNSUB	Unknown SUBject (FBI).
UPS	Uncontested Physical Searches (black bag jobs or break-ins).
USA	United States of America / United States Army.
USAF	United States Air Force (1947).
USB	Universal Serial Bus.
USBP	United States Border Patrol.
USCG	United States Coast Guard.
USIB	United States Intelligence Board.
USIS	United States Information Service.
USMC	United States Marine Corps.
USMS	United States Marshals Service.

USN	United States Navy (founded on October 13, 1775).
USNA	United States Naval Academy (Annapolis, Maryland).
USSS	United States Secret Service 1800 G Street N.W., Washington, D.C. 20223. USA Phone: (202) 566-2000.
UW	Unconventional Warfare.
UXB	Unexplored Bomb.

V

V	VTOL or STOL (USAF).
VC	Viet Cong "Victor Charlie*".
VCI	Viet Cong Infrastructure.
VCP	Vehicle CheckPoint.
VE	(nerve agent).
VESA	Video Electronic Standards Association.
VEVAK	Iranian intelligence service.
VFR	Visual Flight Rules (as opposed to Instrument Flight Rules).
VG	Amiton (nerve agent).
VGA	Video Graphics Array.
VHF	Very High Frequency (30-300 MHz).
VIAT	Vietnamese Air Transport Corporation.
VLF	Very Low Frequency (10-30 kHz).
VM	(nerve agent).
VOR	Very high frequency Omnidirectional Radio Range.
VRT	Voltage Reduction Technology.
VS	(nerve agent).
V/STOL	Vertical / Short Take-Off and Landing.
VTOL	Vertical Take-Off and Landing.
VX	Thickened Soman (nerve agent).
Vx	"V-gas" (nerve agent).

W - X - Z

WACs	Women's Army Corps (USA).
WASP	Wide Area Surveillance Projectile.
WAVES	Women Accepted for Voluntary Emergency Service (US Navy).
WH	Western Hemisphere (CIA Division).
WOG	Wrath Of God. Israeli counterterrorist group (1972-1974).
WRNS	Women's Royal Naval Service (UK).
WSO	Weapons Station Officer.
WWW	World Wide Web.

✕ ✕ ✕

X	Research (USAF).
X-2	Counterintelligence branch (OSS).
XO	EXecutive Officer. Second in command.

✕ ✕ ✕

Z	Lighter Than Air Vehicle (USAF).
ZV	Zoomed Video.

BIBLIOGRAPHY

ACCOCE, Pierre and Pierre QUET, *A Man Called Lucy*, 1939-1945, Coward-McCann, New York, 1966.

ADAMTHWAITE, Anthony P., *France and the Coming of the Second World War*, Frank Cass, London, 1977.

AGANBEGYAN, Abel, *Inside Perestroika*, Harper & Row, New York, 1989.

AGEE, Philip, *Inside the Company, CIA Diary*, Stonehill, New York, 1975.

AINLEY, Henry, *In Order to Die, With the Foreign Legion in Indochina*, Burke, London, 1955.

AKERSTROM, Malin, *Betrayal and Betrayers, The Sociology of Treachery*, Transaction Publishers, New Brunswick, 1990.

ALBERTINI, Luidi, *The Origins of the War of 1914* ; vol, II: *The Crisis of July 1914 : From the Sarajevo Outrage to the Austro-Hungarian General Mobilization*, Oxford University Press, London, New York and Toronto, 1953.

ALEXANDER, Martin, *The Republic in Danger, General Maurice Gamelin and the Politics of French Defence*, 1933-1940, Cambridge University Press, Cambridge, 1992.

ALLEN, Thomas B., and Norman POLMAR, *Merchants of Treason*, Delacorte, New York, 1988.

ANDREW, Christopher, *Her Majesty's Secret Service, The Making of the British Intelligence Community*, Viking, New York, 1986.

ANDREW, Christopher, For the President's Eyes Only, New York, HarperCollins, 1995.

ANDREW, Christopher and Vasili MITROKHIN, *The Mitrokhin Archive*, Allen Lane, London, 1999.

ANDREW, Christopher and David DILKS, eds., *The Missing Dimension, Governments and Intelligence Communities in the Twentieth Century*, University of Illinois Press, Urbana, 1984.

ANDREW, Christopher and Oleg GORDIEVSKY, *KGB : The Inside Story*, Harper Collins, New York, 1990.

ANDREWS, William C., and Stanley HOFFMAN, eds., *The Fifth Republic at Twenty*, SUNY Press, Albany, N.Y., 1981.

ARENDT, Hannah, *The Origins of Totalitarianism*, World Publishing, New York, 1972.

ARNOLD, Eric A. Jr, *Fouché, Napoleon and the General Police*, University Press of America, Washington, D.C., 1979.

ARONSEN, Lawrence R., "Peace, Order and Good Government during the Cold War, The Origins and Organization of Canada's International Security Program", *Intelligence and National Security*, vol. 1, n°3, sept. 1986.

BABINGTON-SMITH, Constance, *Air Spy, The Story of Photo Intelligence in World War II*, Harper & Brothers, New York, 1957.

BAKELESS, John, *Turncoats, Traitors and Heroes*, Lippincott, Philadelphia, 1959.

BAKER, David, Richard FRIEDMAN, David MILLER, Doug RICHARDSON and Victor SUVOROV, *The Intelligence War*, Salamander Books Ltd., London, 1986.

BALL, George, *Diplomacy for a Crowded World*, Brown Little coeds., Boston, 1976.

BAMFORD, James, *The Puzzle Palace*, Penguin, New York, 1982.

BARNET, Frank R., R. Hugh TOVAR and Richard H., SHULTZ, eds., *Special Operations in U.S, Strategy*, National Defense University Press, Washington, D.C., 1984.

BARRON, John, *KGB: The Secret Work of Soviet Secret Agents*, Reader's Digest Press, New York, 1974.

BARRON, John, *KGB: Today, The Hidden Hand*, Reader's Digest Press, New York, 1983.

BAYLEY, David H., "The Police and Political Development in Europe", *in* Charles TILLY, ed., *The Formation of National States in Western Europe*, Princeton University Press, Princeton, 1975.

BEAUFRE, André, *1940, The Fall of France*, Knopf, New York, 1968.

BECKET, Henry S.A., *The Dictionary of Espionage, Spookspeak into English*, Stein and Day, New York, 1986.

BECKWITH, Charles (Col.) & Donald KNOX, *Delta Force*, Dell Publishing Co, New York, 1983.

BEESLY, Patrick, *Very Special Intelligence : The Story of the Admiralty's Operational Intelligence Centre 1939-1945*, Hamish Hamilton, London, 1977.

BELKNAP, Michael R., "The Mechanics of Repression: J. Edgar Hoover, the Bureau of Investigation, and the Radicals, 1917-1925", *Crime and Social Justice*, vol. 7, spring-summer, 1977.

BENNETT, Ralph, *Ultra in the West, The Normandy Campaign of 1944-45*, Scribners, New York, 1979.

BENNETT, Ralph, *Ultra and Mediterranean Strategy, The Never-Before-Told Story of How Ultra First Proved Itself in Battle, Turning Defeat into Victory*, Morrow, New York, 1989.

BERGESEN, Albert J., "Political Witch Hunts, The Sacred and the Subversive in Cross-National Perspective", *American Sociological Review*, vol. 432, April. 1977.

BERKOWITZ, Bruce D. and Allan E. Goodman, *Strategic Intelligence for American National Security*, Princeton University Press, Princeton, N.J., 1989.

BESCHLOSS, Michael R., *Mayday, Eisenhower, Khrushchev and the U-2 Affair*, Harper & Row, New York, 1986.

BESCHLOSS, Michael R., *The Crisis Years, Kennedy and Khrushchev 1960-1963*, Edward Burlingame Books, New York, 1991.

BLACK, Ian and Benny MORRIS, *Israel's Secret Wars, A History of Israel's Intelligence Services*, Grove Weidenfeld, New York, 1991.

BLACKSTOCK, Nelson, *Cointelpro: The FBI's Secret War on Political Freedom*, Vintage Books, New York, 1976.

BLITZER, Wolf, *Territory of Lies*, Harper & Row, New York, 1989.

BLUM, Richard H., *Surveillance and Espionage in a Free Society*, Praeger, New York, 1972.

BOND, Brian, *France and Belgium, 1939-1940*, Associated University Presses, Cranbury, N.J., 1979.

BOOTH, Ken, *Strategy and Ethnocentrism*, Holmes & Meier, New York, 1979.

BOROVIK, Genrikh, *The Philby Files*, Brown Little coeds., Boston, 1994.

BOYD, Carl, *Hitler's Japanese Confidant, General Oshima Hiroshi and Magic Intelligence, 1941-1945*, University of Kansas Press, Lawrence, 1993.

BOYLE, Andrew, *The Fourth Man*, Dial Press, New York, 1979.

BRECKINRIDGE, Scott D., *The CIA and the U.S, Intelligence System*, Westview Press, Boulder, Colorado, 1986.

BRÉDIN, Denis, *The Affair, The Case of Alfred Dreyfus*, George Braziller, New York, 1986.

BRISSAUD, André, *Canaris*, Grosset & Dunlap, New York, 1974.

BRODEUR, Jean-Paul, "High Policing and Low Policing, Remarks about the Policing of Political Activities", *Social Problems*, vol. 30, n°5, June 1983.

BRODEUR, Jean-Paul, *Police Informants. A Report to the Board of Inquiry on Activities of the RCMP Related to Allegations made in the Senate of Canada*, 1991.

BROOK-SHEPHERD, Gordon, *The Storm Birds, Soviet Postwar Defectors*, Henry Holt, New York, 1989.

BRUGIONI, Dino A., *Eyeball to Eyeball, The Inside Story of the Cuban Missile Crisis*, Random House, New York, 1990.

BUCHER, Lloyd M., and Mark ROSOVICH, *Bucher, My Story*, Doubleday, Garden City, N.Y., 1970.

BUNYAN, Tony, *The History and Practice of the Political Police in Britain*, Quartet Books, London, 1976.

BURLESON, Clyde W., *The Jennifer Project*, Prentice-Hall, Englewood Cliffs, N.J., 1977.

BURROWS, William E., *Deep Black: The Startling Thruth Behind America's Top-Secret Satellites*, Random House, New York, 1986.

BURTON, Bob., *Top Secret, A Clandestine Operator's Glossary of Terms*, Berkley Books, New York, 1987.

BUSCH, Heiner and Albrecht FUNK, *Undercover Tactics as an Element of Preventive Crime Fighting in the FRG*, Communication at the International Conference of Law and Society, Amsterdam, June 1991.

CAPLAN, Gerald M., *Abscam Ethics*, Ballinger, Cambridge, 1983.

CATANZARO, Raimondo, *Democrazia e segreto in Italia*, Instituto Carlo Catteneo, Bologna, 1987.

CASEY, William, *The Secret War Against Hitler*, Regnery Gateway, Washington D.C., 1988.

CAUTE, David, *The Great Fear, the Anti-Communist Purge under Truman and Eisenhower*, Simon and Schuster, New York, 1978.

CAVE BROWN, Anthony, *Bodyguard of Lies*, Bantam, New York, 1975.

CAVE BROWN, Anthony, *"C"*, Macmillan, New York, 1987.

CAVE BROWN, Anthony, *The Last Hero: Wild Bill Donovan*, Times Book, New York, 1982.

CECIL, Robert, *A Divided Life*, Morrow, New York, 1988.

Central Intelligence Agency, *The Rote Kapelle, The Central Intelligence Agency's History of Soviet Intelligence and Espionage Networks in Western Europe, 1936-1945*, University Press of America, Washington, 1979.

CHRISTIENNE, Charles and Pierre LISSARRAGUE, *A History of French Military Aviation*, Smithsonian Institution Press, Washington D.C., 1986.

CHURCHILL Ward and Jim Vander WALL, *The Cointelpro Papers*, South End Press, Boston, 1990.

CHURCHILL, Winston, *The World Crisis, 1911-1914*, London, 1923.

CLAUSEWITZ, Carl von, *On War*, Princeton University Press, Princeton N.J., 1984.

CLINE, Dr., Ray S., *Secret Spies and Scholars, Blueprint of the Essential CIA*, Acropolis Book, Washington, D.C., 1976.

CLINE, Dr., Ray S., *The CIA Under Reagan, Bush and Casey*, Acropolis Books, Washington, D.C., 1981.

CODEVILLA, Angelo, *Informing Statecraft, Intelligence for a New Century*, Free Press, New York, 1992.

COHEN, Sen William S., and Sen George J. MITCHELL, *Men of Zeal*, Viking, New York, 1988.

COLBY, William and Peter FORBATH, *Honorable Men: My Life in the CIA*, Simon & Schuster, New York, 1978.

COLLIER, Richard, *Ten Thousand Eyes*, Dutton, New York, 1958.

CONQUEST, Robert, *The Great Terror, Stalin's Purges of the Thirties*, Macmillan, New York, 1968.

COOKE, James J., *100 Miles from Baghdad, With the French in Desert Storm*, Praeger, Westport, Connecticut, 1993.

COSTELLO, John, *Mask of Treachery*, Morrow, New York, 1989.

COSTELLO, John, *Deadly Illusions*, Crown, New York, 1994.

CRAIG, Gordon A. and Alexander L., GEORGE, *Force and Statecraft*, Oxford University Press, New York, 1983.

CRENLINSTEN, Ronald D., "Terrorism, Counter-Terrorism and Democracy, The Assessment of National Security Threats", *Terrorism and Political Violence*, vol.1 n°2, April 1989.

CROIZAT, V.J., *Lessons from the Indochina War*, Rand Corporation, Santa Monica, California, May 1967.

CRUTTWELL, C.R.M.F, *A History of the Great War 1914-1918*, Paladin, London, 1982.

CURREY, Cecil B., *Edward Lansdade, The Unquiet American*, Houghton Mifflin, Boston, 1988.

CURRY, John, *The official History of the Security Service 1908-1945*, The Public Record Office, London, 1999.

CURRY, Richard O., *Freedom at Risk, Secrecy, Censorship, and Repression in the 1980's*, Temple University Press, Philadelphia, 1988.

DALLIN, David, *Soviet Espionage*, Yale University Press, New Haven, Connecticut, 1955.

DANDEKER, Christopher, *Surveillance, Power and Modernity*, Polity Press, Cambridge, 1990.

DANIELSSON, Bengt and Marie-Thérèse DANIELSSON, *Poisoned Reign, French Nuclear Colonialism in the Pacific*, Penguin, London, 1986.

DAVIDSON, Philip B., *Vietnam at War: The History, 1946-1975*, Presidio Press, Novato Calif., 1988.

DAVIES, Barry, *Joining the SAS*, Sidgwick & Jackson, London, 1998.

DEACON, David, *A History of the British Secret Service*, Frederick Muller, London, 1969.

DEACON, Richard, *A History of the Russian Secret Service*, Frederick Muller, London, 1972.

DEACON, Richard, *A History of the Chinese Secret Service*, Frederick Muller, London, 1974.

DEACON, Richard, *"C": A Biography of Sir Maurice Oldfield, Head of MI6*, Macdonald, London, 1984.

DEACON, Richard, *Kempei Tai: The Japanese Secret Service Then and Now*, Charles E. Tuttle, Rutland, Vt., 1990.

DEACON, Richard, *The French Secret Service*, Grafton Books, London, 1990.

DE GAULLE, Charles, *The Complete War Memoirs of Charles de Gaulle*, Simon & Shuster, New York, 1964.

DELLA PORTA, Donatella, *Terrorismi in Italia*, Il Mulino, Bologna, 1984.

DE LUTIIS, Giuseppe, *Storia dei servizi segreti in Italia*, Ed. Riuniti, Rome, 1984.

DERIABIN, Peter, with Frank GIBNEY, *The Secret World*, Ballantine Books, New York, 1982.

DONNER, Frank J., *The Age of Surveillance. The Aims and Methods of America's Political Intelligence System*, Alfred A. Knopf, New York, 1980.

DONNER, Frank J., *Protectors of Privilege. Red Squads and Police Repression in Urban America*, University of California Press, Berkeley, 1990.

DORRIL, Stephen, *The Silent Conspiracy: Inside the Intelligence Services in the 1990's*, Mandarin, London, 1993.

DORWART, Jeffery M., *The Office of Naval Intelligence (1865-1918)*, Naval Institute Press, Annapolis, Md., 1979.

DORWART, Jeffery M., *Conflict of Duty*, Naval Institute Press, Annapolis, Md., 1983.

DOSTOIEVSKY, Fyodor, *Summer Impression*, John Calder, London, 1955.

DREA, Edward, *MacArthur's ULTRA*, University Press of Kansas, Lawrence, 1992.

DUCLOUX, Louis, *From Blackmail to Treason, Political Crime and Corruption in France, 1920-1940*, André Deutsch, London, 1958.

DULLES, Allen W., *The Craft of Intelligence*, Harper & Row, New York, 1963.

DUNHAM, Roger C., *Spy Sub, A Top Secret Mission to the Bottom of the Pacific*, Naval Institute Press, Annapolis, Md., 1996.

DYSON, John, *Sink the Rainbow Warrior! An Enquiry into the "Greenpeace Affair"*, Victor Gollancz, London, 1986,

DZIAK, John J., *Chekisty: A History of the KGB*, Lexington Books, Lexington, Mass., 1988.

EARLEY, Pete, *Family of Spies*, Bantam Books, New York, 1988.

EFTIMIADES, Nicholas, *Chinese Intelligence Operations*, Naval Institute Press, Annapolis, Md., 1994.

ELLIFF, John T., *The Reform of FBI Intelligence Operation*, Princeton University Press, Princeton, 1979.

ELTING, John, *Swords Around the Throne: Napoleon's Grande Armée*, Free Press, New York, 1988.

ERICKSON, John, *The Soviet High Command*, Macmillan, London, 1962.

EVANGELISTA, Matthew, *Innovation and the Arms Race*, Cornell University Press, New York, 1988.

EVANS, Robert H., "Terrorism and Subversion of the State, Italian Legal Responses", *Terrorism and Political violence*, vol. 1, n°3, July 1989.

FALIGOT, Roger and Pascal KROP, *La Piscine: The French Secret Services Since 1944*, Basil Blackwell, Oxford, 1989.

FARSON A, Stuart and Catherine J, MATTHEWS, *Criminal Intelligence and Security Intelligence: A Selective Bibliography*, University of Toronto, Toronto, Centre for Criminology, 1990.

FARSON A, Stuart, *Criminal Intelligence vs. Security Intelligence*, Policing and Society, 1991.

FLAHERTY, David H., *Protecting Privacy in Surveillance Societies*, The University of North Carolina Press, Chapel Hill, 1989.

FLICKE, Wilhelm F., *War Secrets in the Ether*, 2 vols, Aegean Park Press, Laguna Hills, Calif., 1977.

FOLLAIN, John, *Jackal: The Secret Wars of Carlos the Jackal*, Faber, London, 1999.

FOOT, M.R.D., *SOE in France*, Her Majesty's Stationery Office, London, 1966.

FOOT, M.R.D., *Resistance*, Granada, London, 1978.

FOSSEDAL, Gregory A., *The Democratic Imperative*, Basic Books, New York, 1989.

FRANKS C.E.S., *Dissent and the State*, Oxford University Press, Toronto, 1989.

FROST, Mike, *Spyworld: How CSE Spies on Canadians and the World*, Seal Books, Toronto, 1995.

FULBRIGHT, J, William, *The Price of Empire*, Random House, New York, 1989.

FUNK, Arthur Layton, *Hidden Ally: The French Resistance, Special Operations, and the Landings in Southern France, 1944*, Greenwood Press, New York, 1992.

GADDIS, John Lewis, *Now We Know*, Oxford University Press, New York, 1997.

GALTIER-BOISSIÈRE, Jean, *Mysteries of the French Secret Police*, Stanley Paul, Plymouth, 1938.

GANSLER, Jacques S., *Affording Defense*, Cambridge, MIT Press, Massachussets, 1989.

GARTON-ASH, Timothy, *The Uses of Adversity: Essays on the Fate of Central Europe*, Random House, New York, 1989.

GATES, Robert M., *From the Shadows*, Simon & Schuster, New York, 1996.

GEHLEN, Reinhardt, *The Service*, World Publishing, New York, 1972.

GERVASI, Tom, *Soviet Military Power*, Vintage Books, New York, 1987.

GIAP, Vo Nguyen, *People's Army, People's War*, Foreign Languages Publishing House, Hanoi, 1961.

GIAP, Vo Nguyen, *Dien Bien Phu*, Foreign Languages Publishing House, Hanoi, 1964.

GIDDENS, Anthony, *The Nation-State and Violence*, Polity Press, Cambridge, 1985.

GILBERT, James L. and John P. FINNEGAN, eds., *U.S, Army Signals Intelligence in World War II*, Government Printing Office, Washington, D.C., 1993.

GILL, Peter, *Defining Subversion: the Canadian Experience Since 1977*, Public Law, Winter 1989.

GLANTZ, David, *Soviet Military Intelligence in War*, Frank Cass, London, 1990.

GODSON, Roy, *Intelligence Requirements for the 1980's, Domestic Intelligence*, Lexington Books, Lexington, 1986.

GODSON, Roy, ed., *Comparing Foreign Intelligence*, Pergamon-Brassey's, Washington D.C., 1988.

GRACE, Elizabeth and Colin LEYS, *The Concept of Subversion and its Implications*, In Franks C.E.C., 1989.

GRANATSTEIN, J.L. and David STAFFORD, *Spy Wars, Espionage and Canada from Gouzenko to Glasnost*, Key Porter Books, Toronto, 1990.

GRANT, R.G., *MI5/MI6*, Bison Books, London, 1989.

GROSE, Peter, *Gentleman Spy*, Houghton Mifflin, Boston, 1994.

GUDGIN, Peter, *Military Intelligence of History*, Sutton Publishing, London, 1999.

GUNSBURG, Jeffrey, *Divided and Conquered: The French High Command and the Defeat of the West, 1940*, Greenwood Press, Wesport, Conn., 1979.

HANDEL, Michael, *Master of War: Sun Tzu, Clausewitz and Jomini*, Frank Cass, London, 1989.

HANDEL, Michael, ed., *War, Strategy, and Intelligence*, Frank Cass, London, 1989.

HANDEL, Michael, ed., *Leaders and Intelligence*, Frank Cass, London, 1989.

HANKS, Peter and John Mc CAMUS, *National Security, Surveillance and Accountability in a Democratic Society*, Éd. Yvon Blais, Québec, 1989.

HASTINGS, Max, *Das Reich: The March of the 2nd SS Panzer Division Through France*, Rinehart and Winston, Holt, New York, 1981.

HAWES, Stephen and Ralph WHITE, *Resistance in Europe: 1935-45*, Pelican, London, 1976.

HAYNES, John Earl, *Venona: Decoding Soviet Espionage in America*, Yale University Press, New Haven, 1999.

HEARNSHAW, F.J.C., *Democracy at the Crossways*, Macmillan, New York, 1919.

HINGLEY, Ronald, *The Russian Secret Police*, Simon & Schuster, New York, 1970.

HINSLEY, F. Harry, THOMAS, E.E., RANSOM, C.F.G., and KNIGHT, R.C., *British Intelligence in the Second Worl War*, 4 vols, Her Majesty's Stationery Office, London, 1979-1990.

HINSLEY, F. Harry, *British Intelligence in the Second World War*, 5 vols, Cambridge University Press, New York, 1979-90.

HINSLEY, F. Harry and Alan STRIPP, eds., *Code Breakers*, Oxford University Press, Oxford, 1993.

HITCHCOCK, Lieutenant Colonel Walter T., ed. *The Intelligence Revolution: A Historical Perspective*, Office of Air Force History, Washington D.C., 1991.

HÖHNE, Heinz, *Canaris: Hitler's Master Spy*, Doubleday, Garden City, N.Y., 1979.

HÖHNE, Heinz and Hermann ZOLLING, *The General Was a Spy*, Coward, McCann & Geoghegan, New York, 1972.

HOLMES, Wilfred Jay, *Double-Edged Secrets*, Naval Institute Press, Annapolis Md., 1979.

HORNE, Alistair, *The Price of Glory: Verdun 1916*, St. Martin's Press, New York, 1963.

HORNE, Alistair, *A Savage War of Peace: Algeria 1954-1962*, Macmillan, London, 1977.

HOWARD, Michael, *British Intelligence in the Second World War*, vol. V: *Strategic Deception*, Cambridge University Press, New York, 1990.

HOWE, Russel Warren, *Mata Hari: The True Strory*, Mead, New York, Dodd, 1986.

HULNIC, Arthur S., *The Intelligence Producer-Policy Consumer Linkage: A Theoretical Approach*, Intelligence and National Security, vol.1, n°2, May 1986.

HURT, Henry, *Shadrin: The Spy Who Never Came Back*, Reader's Digest Press, New York, 1981.

HYDE, H. Montgomery, *Room 3603*, Farrar Straus, New York, 1962.

HYDE, H. Montgomery, *Secret Intelligence Agent: British Espionage in America and the Creation of the OSS*, St. Martin's, New York, 1982.

IVANOV, Yevgeny, with Gennady SOKOLOV, *The Naked Spy*, Blake, London, 1992.

JAMES, Sir William, *The Eyes of the Navy*, Methuen, London, 1955.

JANOWITZ, M., *The Military in the Political Development of New Nations: An Essay in Comparative Analysis*, University of Chicago Press, Chicago, 1964.

JENSEN, Joan M., *Army Surveillance in America, 1775-1980*, Yale University Press, London, 1991.

JERVIS, Robert, *The Logic of Images in International Relations*, Princeton University Press, Princeton, 1970.

JERVIS, Robert, *Perception and Misperception in International Relations*, Princeton University Press, Princeton, 1976.

JERVIS, Robert, *What's Wrong with the Intelligence Process?*, International Journal of Intelligence and Counterintelligence, vol.1, n°1, 1986.

JOES, Anthony James, *Modern Guerrilla Insurgency*, Praeger, Westport, Conn., 1992.

JOMINI, Baron de, *The Art of War*, Greenwood Press, Westport, Conn., 1977.

JONES, R.V., *Most Secret War: British Scientific Intelligence*, 1939-1945, Cornet, London, 1989.
JONES, R.V., *Reflections on Intelligence*, Heineman, London, 1989.
JOHNSON, Loch K., "Decision Costs in the Intelligence Cycle", *Journal of Strategic Studies*, 7, September 1984.
JOHNSON, Loch K., *A Season of Inquiry: Congress and Intelligence*, Dorsey, Chicago, 1988.
JOHNSON, Loch K., *America's Secret Power: The CIA in a Democratic Society*, Oxford University Press, New York, 1989.
JOHNSON, Loch K., *Secret Agencies*, Yale University Press, New Haven, 1997.
JUDD, Alan, *The Quest for C: Mansfield Cumming and the Founding of the Secret Service*, Harper Collins, London, 1999.
KAHN, David, *The Codebreakers: The Story of Secret Writing*, Macmillan, New York, 1967.
KAHN, David, *Hitler's Spies: German Military Intelligence in Worl War II*, Macmillan, New York, 1978.
KAHN, David, *Kahn on Codes*, Macmillan, New York, 1983.
KAHN, David, *Seizing Enigma: The Race to Break the German U-Boat Codes, 1939-1943*, Houghton Mifflin, Boston, 1991.
KALUGIN, Oleg, *The First Directorate: My 32 Years in Intelligence and Espionage Against the West*, St. Martin's, New York, 1994.
KATZENSTEIN, Peter J., *West Germany's Internal Security Policy: State and Violence in the 1970's and 1980's*, Western Societies Program, Cornell University, Occasional paper n°28, 1990.
KARNOW, Stanley, *Vietnam: A History*, Penguin, London, 1984.
KEGAN, John, *The Second World War*, Penguin, London, 1989.
KELLER, William W., *The Liberals and J. Edgar Hoover. Rise and Fall of a Domestic Intelligence State*, Princeton University Press, Princeton, 1989.
KELLY, Orr., *Never Fight Fair. Inside the Legendary U.S Navy SEALS*, Pocket Books, New York, 1996.
KENNEDY, Paul, *The Rise and Fall of the Great Powers*, Random House, New York, 1987.
KENNEDY, Paul, ed., *Grand Strategies in War and Peace*, Yale University Press, New Haven, Connecticut, 1991.
KENNETT, Lee, *The First Air War, 1914-1918*, Free Press, New York, 1991.
KENT, Sherman, *Strategic Intelligence for American World Policy*, Princeton University Press, Princeton, 1949.
KESSLER, Ronald, *Inside the CIA*, Pocket Books, New York, 1992.
KHRUSHCHEV, Nikita, *Khrushchev Remembers*, Brown Little coeds., Boston, 1970.
KHRUSHCHEV, Nikita, *Khrushchev Remembers: The Last Testament*, Brown Little coeds., Boston, 1974.
KHRUSHCHEV, Nikita, *Khrushchev Remembers: The Glasnost Tapes*, Brown Little coeds., Boston, 1990.

KING, Michael, *Death of the Rainbow Warrior*, Penguin, Harmondsworth, 1986.

KIRCHHEIMER, Otto, *Political Justice: The Use of Legal Procedures for Political Ends*, Princeton University Press, Princeton, 1961.

KNAPP, Wilfrid F., *A History of War and Peace, 1939-1965*, Oxford University Press, New York, 1967.

KNIGHT, Amy, *Beria: Stalin's First Lieutenant*, Princeton University Press, Princeton, N.J., 1993.

KNIGHT, Frida, *The French Resistance*, Lawrence and Wishart, London, 1975.

KNIGHTLEY, Phillip, *The Second Oldest Profession: Spies and Spying in the Twentieth Century*, Norton, New York, 1987.

LAMPHERE, Robert J. and Thomas SHACHTMAN, *The FBI-KGB War: A Special Agent's Story*, Random House, New York, 1986.

LANSDALE, Edward Geary, *In the Midst of Wars: An American's Mission to Southeast Asia*, Harper & Row, New York, 1972.

LAQUEUR, Walter, *A World of Secrets: The Uses and Limits of Intelligence*, Basic Books, New York, 1988.

LAUDON, Kenneth C., *Dossier Society: Value Choices in the Design of National Information Systems*, Columbia University Press, New York, 1986.

LAYTON, Edwin T., *"And I Was There"*, Morrow, New York, 1985.

LEDERER, William J., and Eugene BURDICK, *The Ugly American*, Norton, New York, 1958.

LÉONTIEF, Wassily and Faye DUCHIN, *Military Spending*, Oxford University Press, New York, 1983.

LEVCHENKO, Stanislav, *On the Wrong Side*, Pergamon-Brassey's, Washington, 1988.

LEWIN, Ronald, *Ultra Goes to War*, McGraw-Hill, New York, 1978.

LEWIN, Ronald, *The American Magic*, Farrar Straus and Giroux, New York, 1982.

LIANG, Hsi-Hue, *The Rise of Modern Police and the European State System from Metternich to the Second World War*, Cambridge University Press, Cambridge, 1992.

LIDDELL HART, Adrian, *Strange Company*, Weidenfield and Nicolson, London, 1953.

LIDDELL Hart, B.H., *History of the First World War*, Pan Books, London, 1970.

LINDSEY, Robert, *The Falcon and the Snowman*, Pocket Books, New York, 1979.

LINDSEY, Robert, *The Flight of the Falcon*, Pocket Books, New York, 1983.

LOCKHART, Robert Bruce, *Reilly: The First Man*, Viking Press, New York, 1987.

LOCKHART, Robert Bruce, *Memoirs of a British Agent*, Macmillan, London, 1974.

LOWRY, Ritchie P., *Toward a Sociology of Secrecy and Security Systems*, Social Problems, vol.19, n°14, Spring 1972.

LUARD, Evan, *War and International Society*, Tauris & Company, London, 1986.

LUSTGARTEN, Lawrence, Learning from Peter Wright, *The Political Quarterly*, vol. 60, n°12, April-June, 1989.

LUTTWAK, Edward N., *The Pentagon and the Art of War*, Simon & Schuster, New York, 1984.

McCORMICK, Donald, *Who's Who in Spy Fiction*, Sphere Books Ltd., London, 1979.

McCOY, Alfred W., *The Politics of Heroin in Southeast Asia*, Harper & Row, New York, 1972.

McELVOY, Anne and Markus WOLF, *Man Without a Face: The Autobiography of Communism's Greatest Spymaster*, Times, New York, 1997.

McNAB, Andy, *Bravo Two Zero*, Dell, New York, 1994.

McNAMARA, Robert S., *Out of the Cold*, Simon & Schuster, New York, 1989.

MANGOLD, Tom, *Cold Warrior. James Jesus Angleton: The CIA's Master Spy Hunter*, Simon & Schuster, New York, 1991.

MANKOFF, Milton and Monica JACOBS, The Return of the Suppressed: McCarthyism in West Germany, *Contemporary Crises*, vol.1, 1977.

MARCHETTI, Victor L. and John D. MARKS, *The CIA and the Cult of Intelligence*, Knopf, New York, 1974.

MARCINKO, Richard, *Rogue Warrior II: Red Cell*, Pocket Books, New York, 1974.

MARENCHES, Count Alexandre de and David A. ANDELMAN, *The Fourth World War: Diplomacy and Espionage in an Age of Terrorism*, Morrow, New York, 1992.

MARKS, John D., *The Search for the "Manchurian Candidate"*, Dell, New York, 1988, republished 1979 edition.

MARTIN, David, *Wilderness of Mirrors*, Harper & Row, New York, 1980.

MARX, Gary T., "Thoughts on a Neglected Category of Social Movement Participant: the Agent Provocateur and the Informant", *American Journal of Sociology*, vol. 82, n°2, September 1974.

MARX, Gary T., "External Efforts to Damage or Facilitate Social Movements: Some Patterns, Explanations, Outcomes, and Complications", in Mayer N, ZALD and John D. McCARTHY, eds., *The Dynamics of Social Movements, Resource Mobilization, Social Control, and Tactics*; Cambridge, Massachussets; Winthrop., 1979.

MARX, Gary T., *Undercover, Police Surveillance in America*, University of California Press, Berkeley, 1988.

MASTERMAN, John Cecil, *The Double-Cross System in the War of 1939-45*, Yale University Press, New Haven, Connecticut, 1972.

MASTERS, Anthony, *Literary Agents*, Basil Blackwell, Oxford, 1987.

MAWBY, R.I., *Comparing Policing Issues*, Unwin Hyman, London, 1990.

MAY, Ernest, ed., *Knowing One's Enemies: Intelligence Assessement Before the Two World Wars*, Princeton University Press, Princeton, N.J., 1984.

MELMAN, Seymour, *Pentagon Capitalism: The Political Economy of War*, McGraw-Hill, New York, 1970.

MELMAN, Yossi, *Every Spy a Prince: The Complete History of Israel's Intelligence Community*, Houghton Mifflin, Boston, 1990.

MESSENGER, Charles, *Dictionary of Military Terms*, Greenhill Books, London, 1995.

MILLAR, George, *The Bruneval Raid: Flashpoint of the Radar War*, Bodly Head, London, 1947.

MILLET, Allan R. and Williamson MURRAY, eds., *Calculations: Net Assessment and the Coming of Worl War II*, Free Press, New York, 1992.

MITCHELL, Allan, *The German Influence in France After 1870: The Formation of the French Republic*, University of North Carolina Press, Chapel Hill, 1979.

MITCHELL, Allan, *Victors and Vanquished: The German Influence on Army and Church in France after 1870*, University of North Carolina Press, Chapel Hill, 1984.

MODIN, Yuri, *My Five Cambridge Friends*, Headline, London, 1994.

MONTAGU, Ewen Edward Samuel, *The Man Who Never Was*, Lippincott, Philadelphia, 1954.

MONTAGU, Ewen Edward Samuel, *Beyond Top Secret Ultra*, Coward, McCann, Geoghegan, New York, 1978.

MORAVEC, General Frantisek, *Master of Spies: The Memoirs of General Frantisek Moravec*, Doubleday, Garden City, N.Y., 1975.

MORGAN, Richard E., *Domestic Intelligence: Monitoring Dissent in America*, University of Texas Press, Austin, 1980.

MURPHY, David and Serguei KONDRASHEV, *Battleground Berlin*, Yale University Press, New Haven, 1997.

MURRAY, Simon, *Legionnaire: My Five Years in the French Foreign Legion*, Times Books, New York, 1978.

NATO, *NATO Agreed Terms and Definitions in English*, Brussels; NATO, n.d.

NEILSON, Keith and B.J.C. McKERCHER, *Go Spy the Land: Military Intelligence in History*, Praeger, Westport, Connecticut, 1992.

NERLICH, Uwe and James A. THOMSON, eds., *Conventional Arms Control and the Security of Europe*, Westview Press, Boulder, Colorado, 1988.

NORTON-TAYLOR, Richard, *In Defence of the Realm ? The Case for Accountable Security Services*, The Civil Liberties Trust, London, 1990.

O'CONNELL, Robert L., *Of Arms and Men*, Oxford University Press, New York, 1989.

OLSON, William C., *The Theory and Practice of International Relations*, Prentice Hall, Englewood Cliffs, N.J., 1987.

OPPENHEIMER, Martin, "Criminalization of Political Dissent in the Federal Republic of Germany", *Contemporary Crises*, vol.2, 1978.

OPPENHEIMER, Martin and Jane C. CANNING, "The National Security State: Repression within Capitalism", *Berkeley Journal of Sociology*, n° 23, 1979.

O'REILLY, Kenneth, *Hoover and the Americans: The FBI, HUAC, and the Red Menace*, Temple University Press, Philadelphia, 1983.

OSTROVSKY, Victor and Claire HOYE, *By Way of Deception: The Making and Unmaking of a Mossad Officer*, St. Martin's Press, New York, 1990.

O'TOOLE, G.J.A., *Honorable Treachery*, Atlantic Monthly Press, New York, 1991.

PACKARD, Wyman H., *A Century of U.S. Naval Intelligence*, Department of the Navy, Washington, D.C., 1996.

PAGE, Bruce and David LEITCH and Phillip KNIGHTLEY, *The Philby Conspiracy*, Ballantine, New York, 1981 (updated edition of 1969 original).

PAINE, Lauran, *The Abwehr*, Robert Hale, London, 1984.

PARET, Peter, ed. *Makers of Modern Strategy*, Princeton University Press, Princeton, N.J., 1986.

PASQUINO, Gianfranco, *La prova delle armi*, Il Mulino, Bologne, 1984.

PAXTON, Robert O., *Vichy France: Old Guard and New Order*, Barrie & Jenkins, London, 1972.

PAYNE, Howard C., *The Police State of Louis-Napoléon Bonaparte, 1851-1860*, University of Washington Press, Seattle, 1966.

PENKOVSKIY, Oleg, with Frank GIBNEY, *The Penkovskiy Papers*, Doubleday, Garden City, N.Y., 1965.

PERRAULT, Gilles, *The Secret of D-Day*, Brown Little coeds., Boston, 1965.

PERRAULT, Gilles, *The Red Orchestra*, Simon & Schuster, New York, 1967.

PERRY, Mark, *Eclipse The Last Days of the CIA*, Morrow, New York, 1992.

PERSICO, Joseph E., *Piercing the Reich*, Ballantine, New York, 1979.

PERSICO, Joseph E., *Casey*, Viking, New York, 1990.

PHILBY, H.A.R., *My Silent War*, Grove Press, New York, 1968.

PINCHER, Chapman, *Their Trade is Treachery*, Sidgwick and Jackson, London, 1981.

PINCHER, Chapman, *Too Secret Too Long*, St. Martin's Press, New York, 1984.

PLATT, Richard, *Sky*, Dorling Kindersley, London, 1996.

POLGAR, Tom, "The Intelligence Services of West Germany", *International Journal of Intelligence and Counterintelligence*, vol. 1, n°4, winter 1986-1987.

POLMAR, Norman & Thomas B. ALLEN, *Spy Book, The Encyclopedia of Espionage*, Random House, New York, 1998,

PORCH, Douglas, *The March to the Marne: The French Army 1871-1914*, Cambridge University Press, Cambridge, 1981.

PORCH, Douglas, *The French Secret Services*, Oxford University Press, 1997.

PORTER, Bernard, *The Origins of the Vigilant State. The London Metropolitan Police Special Branch before the First World War*, Weidenfeld and Nicholson, London, 1987.

PORTER, Bernard, *Plots and Paranoia: A History of Political Espionage in Britain 1790-1988*, Routledge, London, 1989.

POVEDA, Tony G., "The Rise and Fall of FBI Domestic Intelligence Operations", in *Contemporary Crises*, vol. 6, 1982.

POWER, Thomas, *The Man Who Kept the Secrets: Richard Helms and the CIA*, Knopf, New York, 1979.

POWERS, Francis Gary, with Curt GENTRY, *Operation Overflight*, Rinehart and Winston, New York, 1968.

PRADOS, John, *Combined Fleet Decoded: The Secret History of American Intelligence and the Japanese Navy in World War II*, Random House, New York, 1995.

PRUNCKUN Jr., Henry W., *Special Access Required: A Practitioner's Guide to Law Enforcement Intelligence Literature*, The Scarecrow Press, Metuchen, New Jersey, 1990.

RANELAGH, John, *The Agency: The Rise and Decline of the CIA*, Simon & Schuster, New York, 1987.

RANSOM, Harry Howe, *The Intelligence Establishment*, Harvard University Press, Cambridge, Massachussets, 1970.

RANSOM, Harry Howe, "Being Intelligent about Secret Intelligence Agencies", *American Political Science Review*, vol. 74, Spring 1980.

RAVIV, Dan and Yossi MELMAN, *Every Spy a Prince*, Houghton Mifflin, Boston, 1990.

RICHELSON, Jeffrey T., *The U.S. Intelligence Community*, Ballinger, Cambridge, Massachussets, 1985.

RICHELSON, Jeffrey T., *Sword and Shield: Soviet Intelligence and Security Apparatus*, Ballinger, Cambridge, Massachussets, 1986.

RICHELSON, Jeffrey T., *Foreign Intelligence Organizations*, 1988.

RICHELSON, Jeffrey T., *America's Secret Eyes in Space: The U.S. Keyhole Spy Program*, Harper & Row, New York, 1990.

RICHELSON, Jeffrey T., *A Century of Spies, Intelligence in the Twentieth Century*, Oxford University Press., New York, 1995.

ROACH, John and Jürgen THOMANECK, *Police and Public Order in Europe*, Croom Helm, London, 1985.

ROBERTSON, Kenneth G., *Public Secrets: A Study in the Development of Government Secrecy*, Mac Millan, London, 1982.

RODOTA, Stefano, « La riposta dello stato al terrorismo: gli apparati, in » *Pasquino*, 1984.

ROMANOV, A.I., *Nights are the Longest There: A Memoir of the Secret Security Service*, Brown Little coeds., Boston, 1972.

RULE, James B., *Private Lives and Public Surveillance*, Allen Lane, London, 1973.

RULE, James B. et al., *The Politics of Privacy*, Mentor Books, New York, 1980.

RULE, James B, et al., *Documentary Identification and Mass Surveillance in the United States*, Social Problems, 1983.

SAUNDERS, Francis Stonor, *Who Paid the Piper ? The CIA and the Cultural Cold War*, Granta books, London, 1999.

SCHECTER, Jerrold L. and Peter S. DERIABIN, *The Spy Who Saved the World: How a Soviet Colonel Changed the Course of the Cold War*, Scribners, New York, 1992.

SCHELLENBERG, Walter, *The Schellenberg Memoirs*, Andrew Deutsch, London, 1956.

SCHLESINGER, Arthur M. Jr., *The Imperial Presidency*, Houghton-Mifflin, New York, 1973.

SHACKLEY, Theodore, *The Third Option*, McGraw-Hill, New York, 1981.

SHARP, Gene, *Making Europe Unconquerable*, Ballinger Publishing Company, Cambridge, Massachussets, 1985.

SHEVCHENKO, Arkady, *Breaking With Moscow*, Knopf, New York, 1985.

SHILS, Edward A., *The Torment of Secrecy: The Background and Consequences of American Security Policies*, The Free Press, Illinois, 1956.

SHULSKY, Abram N. and Gary J. Schmitt, *Silent Warfare: understanding the World of Intelligence*, Brassey's, Washington D.C., 1993.

SIMPSON, Howard R., *Tiger in the Barbed Wire: An American In Vietnam, 1952-1991*, Brassey's, Washington D.C. and New York, 1992.

SINCLAIR, Andrew, *The Red and The Blue: Cambridge, Treason and Intelligence*, Brown Little coeds., Boston, 1986.

SINGH, Simon, *The Code Book*, Fourth Estate, London, 1999.
SKOCPOL, Theda et al., *Bringing the State Back In*, Cambridge University Press, Cambridge, 1985.
SMITH, Bradley F., *Sharing Secrets With Stalin: How the Allies Traded Intelligence, 1941-1945*, University Press of Kansas, Lawrence, 1996.
SMITH, R. Harris, *OSS: The Secret History of America's First Central Intelligence Agency*, University of California Press, Berkeley, 1972.
SNEPP, Frank, *Decent Interval*, Random House, New York, 1977.
SOLZHENITSYN, Aleksandr I., *The First Circle*, Harper & Row, New York, 1968.
SOLZHENITSYN, Aleksandr I., *The Gulag Archipelago*, Harper & Row, New York, 1974-1978 (3 vols).
SORRENTINO, Frank M., *Ideological Warfare: The FBI's Path Toward Power*, Associated Faculty Press, New York, 1985.
SPECTOR, Ronald, *Eagle Against the Sun: The American War Against Japan*, Free Press, New York, 1985.
SPECTOR, Ronald, *Advice and Support: The Early Years of the United States Army in Vietnam, 1941-1960*, Free Press, New York, 1985.
SPECTOR, Ronald, *Listening to the Enemy*, Scholarly Resources, Wilmington, Delaware, 1988.
STEAD, Phillip John, *The Police of Paris*, Staples Press, London, 1957.
STEAD, Phillip John, *Second Bureau*, Evans Brothers, London, 1959.
STEURY, Donald P., ed., *Sherman Kent and the Board of National Estimates. Collected Essays*, Central Intelligence Agency, Washington, D.C., Center for the Study of Intelligence, 1994.
STEVENSON, William, *A Man Called Intrepid*, Harcourt Brace Jovanovich, New York, 1976.
STEVENSON, William, *Intrepid's Last Case*, Ballantine, New York, 1983.
Stockholm International Peace Research Institute (SIPRI), *SIPRI Year Book 1988: World Armaments and Disarmament*, Oxford University Press, New York, 1988.
STOLL, Clifford, *The Cuckoo's Egg*, Doubleday, New York, 1989.
STRONG, Sir Kenneth W.D., *Intelligence at the Top: The Recollections of an Intelligence Officer*, Cassels, London, 1968.
SUDOPLATOV, Pavel Anatolievich, *Special Tasks*, Brown Little coeds., Boston, 1994.
SULEIMAN, Ezra N., *Politics, Power and Bureaucracy in France: The Administrative Elite*, Princeton University Press, Princeton N.J., 1974.
SUVOROV, Viktor, *The Liberators: My Life in the Soviet Army*, Berkley Books, New York, 1981.
SUVOROV, Viktor, *Inside the Soviet Army*, Hamish Hamilton, London, 1982.
SUVOROV, Viktor, *Inside Soviet Military Intelligence*, Macmillan, New York, 1984.
SUVOROV, Viktor, *Aquarium: The Career and Defection of a Soviet Military Spy*, Hamish Hamilton, London, 1985.

SZULC, Tad, *The Secret Alliance: The Extroardinairy Story of the Rescue of the Jews Since World War II*, Farrar Straus & Giroux, New York, 1991.

TALBERT, Roy, *Negative Intelligence: The Army and the American Left, 1917-1941*, University Press of Mississippi, Jackson, 1991.

TANENHAUS, Sam, *Whittaker Chambers: A Biography*, Random House, New York, 1997.

TASKER, Peter, *The Japanese*, Dutton, New York, E.P, 1987.

TEFFT, Stanton K., *Secrecy: A Cross-Cultural Perspective*, Human Sciences Press, New York, 1980.

THEOHARIS, Athan G., *Spying on Americans: Political Surveillance from Hoover to the Huston Plan*, Temple University Press, Philadelphia, 1978.

THEOHARIS, Athan G., *The FBI and Dissent in the United States*, in Frank C.E.S., n°86-110, 1989.

THEOHARIS, Athan G. and John Stuart COX, *The Boss: J. Edgar Hoover and the Great American Inquisition*, Temple University Press, Philadelphia, 1988.

THOMAS, Jim, "Class, State, and Political Surveillance: Liberal Democracy and Structural Contradictions", *Insurgent Sociologist*, n°11-12, summer-fall 1981.

THOMAS, Stafford T., "Assessing Current Intelligence Studies", *International Journal of Intelligence and CounterIntelligence*, vol. 2, n°2, summer 1988.

THOMPSON, Robert, *Defeating Communist Insurgency: Experiences from Malaya and Vietnam*, Macmillan, London, 1966.

THYRAUD DE VOSJOLI, Philip, *Lamia*, Brown Little coeds., Boston, 1970.

TOLLBORG, Dennis, *Covert Policing in Sweden: The Swedish Secret Service*, Communication from the International Conference of Law and Society, Amsterdam, June 1991.

TOURISON, Sedwick, *Secret Army Secret War*, Naval Institute Press, Annapolis, 1995.

TOYNBEE, Arnold J, *A Study of History*, Oxford University Press, New York, 1957.

TREPPER, Leopold, *The Great Game: Memoirs of the Spy Hitler Coudn't Silence*, McGraw-Hill, New York, 1977.

TRINQUIER, Roger, *The Indochina Underground*, Foreign Technology Division, Air Force Systems Command, 1984.

TROY, Thomas F., *Donovan and the CIA: A History of the Establishment of the Central Intelligence Agency*, University Publications of America, Frederick, Maryland, 1981.

TRUMAN, Harry S., *Memoirs*, Vol. 2: *Years of Trial and Hope, 1946-1952*, Doubleday, Garden City, N.Y., 1956.

TURK, Austin T., *Political Criminality: The Defiance and Defense of Authority*, Sage, Beverly Hills, 1982.

TURNER, Stansfield, *Secrecy and Democracy: The CIA in Transition*, Houghton Mifflin, Boston, 1985.

TZU, Sun, *The Art of War*, Oxford University Press, New York, 1963.

UGLOW, Steve, *Policing Liberal Society*, Oxford University Press, Oxford, 1988.

VAN OUTRIVE, Lode and Jan CAPELLE, *Twenty Years of Undercover Policing in Belgium, Communication from the International Conference of Law and Society*, Amsterdam, June 1991.

VERITY, Hugh, *We Landed by Moonlight: Secret RAF Landings in France, 1940-1944*, Allan, London, 1978.

VOLKMAN, Ernest et Blaine Baggett, *Secret Intelligence: The Inside Story of America's Espionage Empire*, Doubleday, New York, 1989.

WALLER, John H., *The Unseen War in Europe*, Random House, New York, 1997.

WALLER, Douglas C., *The Commandos: The Inside Story of America's Secret Soldiers*, Dell, New York, 1995.

WARK, Westley, ed., *Spy Fiction, Spy Films and Real Intelligence*, Frank Cass, London, 1991.

WATTERS, Pat and Stephen GILLERS, *Investigating the FBI*, Doubleday, New York, 1973.

WEELWRIGHT, Julie, *The Fatal Lover: Mata Hari and the Myth of Women Espionage*, Collins & Brown, London, 1992.

WEST, Nigel, *MI5: The True Strory of the Most Secret Counterespionage Organization in the World*, Stein and Day, New York, 1982.

WEST, Nigel, *The Circus: MI5 Operations 1945-1972*, Stein and Day, New York, 1983.

WEST, Nigel, *MI6: British Secret Intelligence Service Operations 1909-1945*, Random House, New York, 1983.

WEST, Nigel, *The Branch: A History of the Metropolitan Police Special Branch, 1883-1983*, Secker and Warburg, London, 1983.

WEST, Nigel, *Unreliable Witness: Espionage Myths of the Second World War, 1984*, (Retitled *A Thread of Deceit, Espionage Myths of Worl War II* when published in the United States in 1985, Random House, New York.)

WEST, Nigel, *GCHQ: The Secret Wireless War 1900-86*, Weidenfeld and Nicolson, London, 1986.

WEST, Nigel, ed., *The Faber Book of Espionage*, Faber and Faber, London, 1993.

WEST, Nigel, *Venona: The Greatest Secret of the Cold War*, Harper Collins, New York, 1999.

WESTERFIELD H. Bradford, *Inside CIA's Private World*, Yale University Press., New Haven, 1995.

WHITAKER, Reg, *Left-wing Dissent and the State: Canada in the Cold War Era*, in Franks C.E.S., 1989.

WHITE, Thomas, *Fighting Skills of the SAS and Special Forces*, Robinson, London, 1997.

WILENSKY, Harold, *Organizational Intelligence: Knowledge and Policy in Governmet and Industry*, Basic Books, New York, 1967.

WILLIAMS, Philip M., *Wars, Plots and Scandals in Post-War France*, Cambridge University Press, Cambridge, 1970.

WILLIAMS, Robert Chadwell, *Klaus Fuchs, Atom Spy*, Harvard University Press, Cambridge, 1987.

WILSNACK, Richard W., "Information Control. A Conceptual Framework for Sociological Analysis", *Urban Life*, vol. 8, n°4, January 1980.

WILSON, James Q., *The Investigators. Managing FBI and Narcotics Agents*, Basic Books, New York, 1978.

WINKS, Robin W., *Cloak & Gown: Scholars in the Secret War*, Morrow, New York, 1987.

WINTERBOTHAM, F.W., *The Ultra Secret*, Harper & Row, New York, 1974.

WINTERBOTHAM, F.W., *The Nazi Connection*, Harper & Row, New York, 1978.

WISE, David and Thomas B. ROSS, *The U-2 Affair*, Random House, New York, 1962.

WISE, David, *The American Police State*, Random House, New York, 1976.

WISE, David, Molehunt, *The Secret Search for Traitors That Shattered the CIA*, Random House, New York, 1992.

WISE, David, *Nightmover*, HarperCollins, New York, 1995.

WOHLSTETTER, Roberta, *Pearl Harbor: Warning and Decision*, Stanford University Press, Palo Alto, Calif., 1962.

WOLF, Alan, *The Seamy Side of Democracy: Repression in America*, Longman, New York, 1978.

WOOD, Ernest, *SAS & Other Special Forces*, Harper Collins, Glasgow, 1996.

WOODWARD, Bob, *Veil: The Secret Wars of the CIA 1981-1987*, Simon & Schuster, New York, 1987.

WOYTAK, Richard A., *On the Border of War and Peace: Polish Intelligence and Diplomacy, 1937-1939, and the Origins of the Ultra Secret*, Columbia University Press, New York, 1979.

WRIGHT, Peter, *Spycatcher*, Viking, New York, 1987.

WYNNE, Grenville, *Contact on Gorky Street*, Antheneum, New York, 1968.

YARDLEY, Herbert O., *The American Black Chamber*, Bobbs-Merrill, Indianapolis, 1931, Reprinted, Ballantine, New York, 1981.

DICTIONNAIRE FRANÇAIS-ANGLAIS

« *Au sein des armées, nul n'est traité avec autant d'égard que les espions, nul ne reçoit de plus riches récompenses que les espions, nul sujet enfin ne saurait être pls secret que l'espionnage lui-même* ».

Sun Tzu, *L'Art de la Guerre* (5 siècles avant Jésus-Christ)

A

L'astérisque indique un mot à connotation familière ou argotique

A comme Alpha (alphabet phonétique de l'OTAN) — A for Alpha (NATO phonetic alphabet)

à toutes fins utiles. *loc.* — for your information (FYI). *phr.*

À vos ordres ! — Yes sir!

abonné(e) au téléphone. *n.m.(f.)* — phone subscriber. *n.*

abordage. *n.m.* — boarding. *n.*

aborder (navire). *v.t.* — board (a ship) (to). *v.t.*

aborder (sujet). *v.t.* — broach (subject) (to). *v.t.*

abri. *n.m.* — shelter. *n.*

abriter (s'). *v.pr.* — shelter (to). *v.t.*

accablant(e). *adj.m.(f.)* — overwhelming. *adj.*

accalmie. *n.f.* — lull. *n.*

accéder (à). *v.t.* — access to (to). *v.t.*

accepter une revendication. *v.t.* — meet a demand. *v.t.*

accès. *n.m.* — access. *n.*

accès autorisé. *n.m.* — access allowed. *n. n.*

accès refusé. *n.m.* — access denied. *n.*

accomplir (mission accomplie). *v.t.* — accomplish (mission accomplished) (to). *v.t.*

accomplissement. *n.m.* — execution. *n.*

accord (provisoire). *n.m.* — agreement (tentative). *n.*

accréditation. *n.f.* — clearance. *n.*

accréditation au plus haut niveau. *n.f.* —
1. priority security clearance. *n.*
2. top-level security clearance. *n.*

accréditation de sécurité. *n.f.* — security clearance. *n.*

accréditer (autoriser). *v.t.* — clear (authorize) (to). *v.t.*

accréditer (thèse). *v.t.* — substantiate (thesis) (to). *v.t.*

accrochage. *n.m.*

accumulation (armes nucléaires). *n.f.*

acheter (corrompre). *v.t.*

acide chromique (utilisé pour la confection de micropoints). *n.m.*

acide prussique (poison très toxique : acide hydrocyanique - HCN). *n.m.*

acquisition (faire l'). *v.t.*

acquisition (matériel militaire). *n.f.*

acquisition d'objectif. *n.f.* - Opération consistant à détecter, localiser et identifier un objectif avec une précision suffisante pour permettre son traitement par une arme donnée. [OTAN]

acquisition d'objectif. *n.f.*

acte de terrorisme. *n.m.*

actif (-ve). *adj. m(f)* - En surveillance du champ de bataille, adjectif s'appliquant à des méthodes ou à des équipements émettant une énergie susceptible d'être détectée. [OTAN]

action. *n.f.*

action anti-sous-marine. *n.f.* - Opération que des bâtiments ou des avions anti-sous-marins, ou une combinaison bâtiments-aéronefs, mènent contre un sous-marin déterminé. [OTAN]

action clandestine (dont l'instigateur est caché). *n.f.*

action de choc. *n.f.* - Attaque destinée à infliger des dégâts à un objectif, à s'en emparer ou à le détruire. [OTAN]

engagement. *n.*

buildup (nuclear arms). *n.*

buy off (corrupt) (to). *v.t.*

chromic acid (used to make microdots). *n.*

prussic acid (a highly poisonous liquid: hydrocyanic acid -HCN). *n.*

procure (to). *v.t.*

procurement (military hardware). *n.*

target acquisition. *n.* - The detection, identification, and location of a target in sufficient detail to permit the effective employment of weapons. [NATO]

targeting. *n.*

terrorist activity. *n.*

active. *adj.* - In surveillance, an adjective applied to actions or equipments which emit energy capable of being detected. [NATO]

action. *n.*

antisubmarine action. *n.* - An operation by one or more antisubmarine ships or aircraft, or a combination of both, against a particular enemy submarine. [NATO]

covert operation. *n.*

strike. *n.* - An attack which is intended to inflict damage on, seize, or destroy an objective. [NATO]

action de fixation. *n.f.* - Opération destinée à maintenir l'ennemi sur place, à le tromper sur le lieu réel de l'attaque principale, à gêner ses renforcements face à notre effort principal et à provoquer l'engagement prématuré de ses réserves à un endroit non décisif. [OTAN]

activer. *v.t.* - Mettre en activité, par une décision officielle, un organisme militaire terrestre, aérien ou naval, constitué préalablement et désigné par un nom, un numéro ou les deux à la fois afin de lui permettre d'exercer les fonctions pour lesquelles il a été créé. [OTAN]

activiste membre d'un mouvement d'extrême-droite. *n.m.(f.)*

activiste membre d'un mouvement d'extrême-gauche. *n.m.(f.)*

activité au neutron (utilisée pour détecter les micropoints). *n.f.*

activités psychologiques du champ de bataille. *n.f.pl.* - Activités psychologiques planifiées faisant partie intégrante des opérations de combat et visant à exercer une pression psychologique sur les forces ennemies et les populations civiles sous contrôle ennemi dans la zone de bataille, pour aider la réalisation des objectifs tactiques. [OTAN]

adaptable. *adj.m.(f.)*

adhésion (du Congrès). *n.f.*

administration (ex. : *Drug Enforcement Administration* ; *National*

holding attack. *n.* - An attack designed to hold the enemy in position, to deceive him as to where the main attack is being made, to prevent him from reinforcing the elements opposing the main attack and/or to cause him to commit his reserves prematurely at an indecisive location. [NATO]

activate (to). *v.t.* - To put into existence by official order a unit, post, camp, station, base or shore activity which has previously been constituted and designated by name or number, or both, so that it can be organized to function in its assigned capacity. [NATO]

far-right extremist. *n.*

far-left extremist. *n.*

neutron activity (used in detecting microdots). *n.*

battlefield psychological activities. *n.pl.* - Planned psychological activities conducted as an integral part of combat operations and designed to bring psychological pressure to bear on enemy forces and civilians under enemy control in the battle area, to assist in the achievement of the tactical objectives. [NATO]

adaptive. *adj.*

endorsement (Congressional). *n.*

administration (e.g.: Drug Enforcement Administration; National

Aeronautics and Space Administration). *n.f.*

adopter un profil bas. *v.t.*

adversaire. *n.m.*

adverse. *adj.*

aéronautique. *adj.m.(f.)*

aéronautique. *n.f.*

aéronef de transport. *n.m.* - Aéronef conçu essentiellement pour le transport de personnel ou de matériel. Les aéronefs de transport peuvent se classer, en fonction de leur rayon d'action, comme suit :
- **à court rayon d'action** : jusqu'à 1 200 milles nautiques (2 222 km) ;
- **à moyen rayon d'action** : entre 1.200 et 3 500 milles nautiques (2 222 à 6 482 km) ;
- **à long rayon d'action** : au-dessus de 3 500 milles nautiques (6 482 km). [OTAN]

aéroporté(e). *adj.m.(f)* - 1. Appliqué au personnel, désigne les troupes spécialement entraînées pour effectuer, en fin de transport aérien, un débarquement d'assaut, soit par parachutage, soit par posé. - 2. Appliqué à certains équipements, désigne ceux qui ont été spécialement conçus pour être utilisés par les troupes aéroportées pendant, ou après un débarquement d'assaut. [OTAN]

affabulateur (-trice). *n.m.(f.)*

affabulation. *n.f.*

324

Aeronautics and Space Administration). *n.*

keep a low profile (t). *v.t.*

opponent. *n.*

hostile. *adj.*

aeronautic (al). *adj.*

aeronautics. *n.*

transport aircraft. *n.* - Aircraft designed primarily for the carriage of personnel and/or cargo. Transport aircraft may be classed according to range, as follows:
a. Short-range - Not to exceed 1,200 nautical miles at normal cruising conditions (2,222 km).
b. Medium-range - Between 1,200 and 3,500 nautical miles at normal cruising conditions (2,222 and 6,482 km).
c. Long-range - Exceeds 3,500 nautical miles at normal cruising conditions (6,482 km). [NATO]

airborne. *adj.* - 1. Applied to personnel, equipment, etc., transported by air; e.g., airborne infantry. - 2. Applied to material, being or designed to be transported by aircraft, as distinguished from weapons and equipment installed in and remaining a part of the aircraft. [NATO]

"Walter Mitty" character (1939 short story by James G. Thurber). *n.*

confabulation. *n.*

affaiblissement de l'image. *n.m.* - Diminution des possibilités maxima d'un système de reproduction provoquée par une erreur de réglage, de développement ou une manipulation incorrecte du film. Ce terme ne couvre pas les diminutions de qualité provoquées par des facteurs indépendants du système, c'est-à-dire : atmosphère, neige, végétaux, etc. [OTAN]

affaire (dossier). *n.f.*

affaire (l'affaire du *Rainbow Warrior*, 1985). *n.f.*

affaire conclue. *n.f.*

affecter. *v.t.* - 1. Intégrer, à titre relativement permanent, des unités ou du personnel à un organisme ; celui-ci peut les administrer et leur donner des ordres relatifs à leur tâche ou à la plus grande partie de leurs tâches. - 2. Confier à des individus des fonctions particulières constituant leur tâche principale ou une tâche relativement permanente. [OTAN]

affichage (ordinateur). *n.m.*

affichage des canaux (LCD). *n.m.*

afficher (position). *v.t.*

afficheur. *n.m.*

affidé. *n.m.*

Affirmatif ! (transmissions)

image degradation. *n.* - The reduction of the inherent optimum potential of individual sensor systems caused by error in sensor operations, processing procedures or incorrect film handling. Reduction in quality caused by unavoidable factors not associated with the sensor system, i.e. atmospherics, snow, cover, etc., are not associated with the term. [NATO]

case (dossier). *n.*

affair (the U-2 affair, 1960; the Profumo affair, 1963; the *USS Pueblo* affair, 1968). *n.*

done deal. *n.*

assign (to). *v.t.* - 1. To place units or personnel in an organization where such placement is relatively permanent, and/or where such organization controls and administers the units or personnel for the primary function, or greater portion of the functions, of the unit or personnel. - 2. To detail individuals to specific duties or functions where such duties or functions are primary and/or relatively permanent. [NATO]

display (computer). *n.*

channel display (LCD: Liquid Crystal Diode). *n.*

display (position) (to). *v.t.*

call display. *n.*

1. confederate. *n.*
2. henchman. *n.*

1. Affirmative! (communications)
2. Affirmatory! (communications)

affoler* (effrayer un suspect). *v.t.*

affranchir* (*voir* mettre quelqu'un au parfum*). *v.t.*

affrontement. *n.m.*

affronter (ex. : affronter des accélérations vertigineuses). *v.t.*

affronter (s'). *v.pr.*

agence (ex. : *Central Intelligence Agency* ; *Defense Intelligence Agency* ; *National Security Agency*). *n.f.*

agent. *n.m.* - 1. En matière de renseignement, celui qui est recruté, instruit, contrôlé et employé pour obtenir des renseignements bruts. [OTAN] - 2. Personne, généralement de nationalité étrangère, qui espionne pour le compte d'un officier de renseignement qui l'a recrutée.

agent. *n.m.* - Personne, généralement de nationalité étrangère, qui espionne pour le compte d'un officier de renseignement qui l'a recrutée.

agent biologique. *n.m.* - Microorganisme qui provoque une maladie chez l'homme, chez les plantes et les animaux, ou qui s'attaque aux matières non-vivantes. [OTAN]

agent chargé d'une filature (*filier* en russe). *n.m.*

agent chimique. *n.m.* - Substance chimique destinée à un emploi militaire. Elle est prévue pour tuer, blesser sérieusement ou pour rendre le personnel inopérationnel par ses effets physiologiques. [OTAN]

spook* (to). *v.t.*

tip off* (*see* fill someone in*) (to). *v.t.*

confrontation. *n.*

tackle (to) (e.g.: tackling high G's). *v.t.*

confront (to). *v.t.*

agency (e.g.: Central Intelligence Agency; Defense Intelligence Agency; National Security Agency). *n.*

agent. *n.* - 1. In intelligence usage, one who is recruited, trained, controlled and employed to obtain and report information. [NATO] - 2. Usually a foreign national recruited by an intelligence officer and engaged in spying.

operative. *n.* - Usually a foreign national recruited by an intelligence officer and engaged in spying.

biological agent. *n.* - A microorganism which causes disease in man, plants, or animals or causes the deterioration of material. [NATO]

surveillant (*filier* in Russian). *n.*

chemical agent. *n.* - A chemical substance which is intended for use in military operations to kill, seriously injure, or incapacitate man through its physiological effects. [NATO]

agent d'influence. *n.m.* - Agent qui se sert d'une faille naturelle de l'adversaire pour le déstabiliser, la plupart du temps en utilisant des hommes de bonne foi.

agent de liaison. *n.m.*

agent de renseignement. *n.m.*

agent défoliant. *n.m.* - Produit chimique qui fait tomber prématurément les feuilles des arbres, des buissons et des autres plantes. [OTAN]

agent double. *n.m.* - L'espion qui joue le « double jeu » feint de servir une puissance tout en travaillant pour une autre.

agent en planque*. *n.m.*

agent incapacitant. *n.m.* - Agent chimique qui provoque une incapacité temporaire physique ou psychique et qui persiste plusieurs heures ou plusieurs jours après exposition (contrairement aux agents utilisés pour le maintien de l'ordre). Bien qu'un traitement médical ne soit pas habituellement requis, il peut assurer un rétablissement plus rapide. [OTAN]

agent neurotoxique. *n.m.* - Agent chimique potentiellement mortel agissant sur la transmission de l'influx nerveux. [OTAN]

agent provocateur. *n.m.* - Individu incitant une personne, ou un groupe, à la violence ou à une action illégale dans l'intérêt du parti opposé.

agent of influence. *n.* - Individual who has access to influential officials and media executives, and is thus in a position to advance objectives of a foreign government.

courier. *n.* - Person authorized to carry classified material.

intelligence officer. *n.*

defoliating agent. *n.* - A chemical which causes trees, shrubs, and other plants to shed their leaves prematurely. [NATO]

double agent. *n.* - Agent engaged in covert activities for two intelligence agencies, in short who doesn't mind playing both sides of the street.

spotter*. *n.*

incapacitating agent. *n.* - A chemical agent which produces temporary disabling conditions which (unlike those caused by riot control agents) can be physical or mental and persist for hours or days after exposure to the agent has ceased. Medical treatment, while not usually required, facilitates a more rapid recovery. [NATO]

nerve agent. *n.* - A potentially lethal chemical agent which interferes with the transmission of nerve impulses. [NATO]

agent provocateur. *n. (Fr.)* - Agent who instigates incriminating overt acts by individuals or groups to help discredit them.

agent secret (*Vertrauensmann* : agent de confiance en allemand). *n.m.*

agent spécial (ex. : FBI, DEA, USSS). *n.m.*

agent travaillant en solitaire. *n.m.*

agent triple. *n.m.*

agent vésicant. *n.m.* - Agent chimique qui attaque les yeux et les poumons et qui inflige à la peau des brûlures ou des cloques. [OTAN]

agir. *v.t.*

agitprop [terme créé par Trotski (1879-1940) : agitation + propagande]. *n.f.*

agresseur. *n.m.*

agressif (-ve). *adj.m.(f)*

agression. *n.f.*

agression à main armée. *n.f.*

agressivité. *n.f.*

aguerri. *adj.m.(f.)*

aguets (être aux). *v.t.*

aide de camp. *n.m.*

aile volante (ex. : bombardier furtif B-2). *n.f.*

aimant. *n.m.*

Air Taser (arme à éléctrochoc guidée laser tétanisant un adveraire). *n.m.*

aire de lancement. *n.f.* - Plateforme de béton ou autre matériau dur sur laquelle est installée une rampe de lancement pour fusée. [OTAN]

secret agent (*Vertrauensmann* in German). *n.*

special agent (e.g.: FBI, DEA, USSS). *n.*

singleton*. *n.*

1. triple agent (also known as redoubled agent). *n.*
2. triple cross. *n.*

blister agent. *n.* - A chemical agent which injures the eyes and lungs, and burns or blisters the skin. Also called "vesicant agent". [NATO]

act (to). *v.t.*

agitprop [term coined by Trotsky (1879-1940): agitation + propaganda]. *n.*

aggressor. *n.*

aggressive. *adj.*

aggression. *n.*

assault with a deadly weapon. *n.*

aggressiveness. *n.*

battle-hardened. *adj.*

lookout (on the) (to). *v.t.*

aide-de-camp. *n. (Fr.)*

flying wing (e.g.: B-2 stealth bomber). *n.*

magnet. *n.*

stun gun (6,000-120,000 volts). *n.*

launch pad. *n.* - A concrete or other hard surface area on which a missile launcher is positioned. [NATO]

aire de manœuvre d'hélicoptères. *n.f.* - Zone aménagée pour l'atterrissage et le décollage des hélicoptères (Comprend les points d'atterrissage et de vol stationnaire). [OTAN]

aléatoire. *adj.*

alerte. *n.f.* - 1. État de préparation caractérisé par les mesures prises pour une action offensive ou défensive. - 2. Signal avertissant d'un danger réel ou menaçant, tel qu'une attaque aérienne. - 3. Période de temps pendant laquelle une unité est en état d'alerte. [OTAN]

alerte à la bombe. *n.f.*

alerte lointaine. *n.f.* - Premier avis du lancement ou de l'approche d'armes ou de vecteurs d'armes non identifiés. Aussi appelé « pré-alerte ». [OTAN]

alerte maximale. *n.f.*

alerte rouge. *n.f.*

alerte stratégique. *n.f.* - Avis signalant que les hostilités pourraient être déclenchées à plus ou moins bref délai. [OTAN]

alerte tactique. *n.f.* - Avis de déclenchement des hostilités. [OTAN]

algorithme. *n.m.*

helipad. *n.* - A prepared area designated and used for take-off and landing of helicopters. (Includes touchdown or hover point.) [NATO]

random. *adj.*

alert. *n.* - 1. Readiness for action, defence or protection. - 2. A warning signal of a real or threatened danger, such as an air attack. - 3. The period of time during which troops stand by in response to an alarm. [NATO]

1. bomb scare. *n.*
2. bomb threat. *n.*

early warning. *n.* - Early notification of the launch or approach of unknown weapons or weapons carriers. [NATO]

red alert. *n.*

red alert. *n.*

strategic warning. *n.* - A notification that enemy-initiated hostilities may be imminent. This notification may be received from minutes to hours, to days, or longer, prior to the initiation of hostilities. [NATO]

tactical warning. *n.* - A notification that the enemy has initiated hostilities. Such warning may be received any time from the launching of the attack until it reaches its target. [NATO]

algorithm. *n.*

algorithmique. *adj.m.(f.)*

allégation (dénuée de tout fondement). *n.f.*

allégeance. *n.f.*

Allez, c'est parti !

alliance. *n.f.*

allié(s). *n.m.(pl.)*

allumeur. *n.m.* - Dispositif destiné à produire une flamme ou une étincelle afin de déclencher une chaîne de mise de feu. [OTAN]

alphabet phonétique. *n.m.*
Table d'épellation des lettres de l'alphabet phonétique international à l'usage des Francophones :
A Alfa [al-fah] ;
B Bravo [bra-vo] ;
C Charlie [tchah-li / char-li] ;
D Delta [del-ta] ;
E Echo [ek-o] ;
F Foxtrot [fox-trott] ;
G Golf [golf] ;
H Hotel [ho-tell] ;
I India [in-diah] ;
J Juliet [djou-liett] ;
K Kilo [ki-lo] ;
L Lima [li-mah] ;
M Mike [ma-ik] ;
N November [no-vemm-ber] ;
O Oscar [oss-car] ;
P Papa [pah-pah] ;
Q Quebec [ke-bek] ;
R Romeo [ro-mio] ;
S Sierra [si-er-rah] ;
T Tango [tanggo] ;
U Uniform [youniform / ou-niform] ;
V Victor [vik-tar] ;
W Whiskey [ouiss-ki] ;
X X-ray [ekss-re] ;
Y Yankee [yang-ki] ;
Z Zulu [zoulou].

algorithmic. *adj.*

allegation (groundless). *n.*

allegiance. *n.*

Nothing to it but to do it!

alliance. *n.*

ally / allies. *n.(pl.)*

igniter. *n.* - A device designed to produce a flame or a flash which is used to initiate an explosive train. [NATO]

phonetic alphabet. *n.*
A Alfa [al-fah];
B Bravo [brah-voh];
C Charlie [char-lee];
D Delta [dell-tah];
E Echo [eck-oh];
F Foxtrot [foks-trot];
G Golf [golf];
H Hotel [hoh-tell];
I India [in-dee-ah];
J Juliet [jew-lee-ett];
K Kilo [key-loh];
L Lima [lee-mah];
M Mike [mike];
N November [no-vem-ber];
O Oscar [oss-cah];
P Papa [pah-pah];
Q Quebec [keh-beck];
R Romeo [row-meoh];
S Sierra [see-air-rah];
T Tango [tang-go];
U Uniform [you-nee-form];
V Victor [vic-tah];
W Whiskey [wiss-key];
X X-ray [ecks-ray];
Y Yankee [yang-key];
Z Zulu [zoo-loo].

alphapage. *n.m.*

altimètre. *n.m.* - **a. Altimètre barométrique.** Instrument qui indique la hauteur d'un aéronef au-dessus d'un niveau barométrique donné. Ce niveau peut être changé en affichant une nouvelle pression donnée sur un cadran secondaire de l'instrument. **b. Altimètre barométrique réversible.** Altimètre dans lequel l'indication est normalement fournie par un signal électrique provenant d'une source extérieure (centrale aérodynamique ou calculateur d'altitude) mais qui, en cas de panne ou par commande manuelle, peut basculer à un fonctionnement par transmission pneumatique. **c. Altimètre cabine.** Instrument qui mesure la pression à l'intérieur de la cabine d'un aéronef et fournit une indication sous forme d'altitude calculée suivant les lois de l'atmosphère standard. **d. Altimètre radio.** Instrument qui indique la distance entre un aéronef et la surface terrestre située à la verticale de l'avion. Cette distance est déterminée par la réflexion d'une onde radio ou radar. [OTAN]

altitude de largage. *n.f.* - Altitude au-dessus du niveau moyen de la mer à laquelle le largage est effectué. [OTAN]

amateur. *n.m.*

amateurisme. *n.m.*

ambassade. *n.f.*

ambassadeur. *n.m.*

ambassadrice. *n.f.*

(automatic) pager. *n.*

altimeter. *n.* - **a. Barometric altimeter.** An instrument which displays the height of the aircraft above a specified pressure datum. The datum may be varied by setting the specified pressure on a sub scale on the instrument. **b. Barometric altimeter reversionary.** An altimeter in which the indication is normally derived electrically from an external source (central air data computer or altitude computer) but which, in the case of failure or by manual selection, can revert to a pneumatic drive. **c. Cabin pressure altimeter.** An instrument which measures the pressure within an aircraft cabin and gives an indication in terms of height according to the chosen standard atmosphere. **d. Radio altimeter.** An instrument which displays the distance between an aircraft datum and the surface vertically below as determined by a reflected radio/radar transmission. [NATO]

drop altitude. *n.* - The altitude above mean sea level at which airdrop is executed. [NATO]

amateur. *n.*

amateurism. *n.*

embassy. *n.*

ambassador. *n.*

ambassadress. *n.*

améliorer (image). *v.t.*

amerrir. *v.t.*

amerrissage de fortune. *n.m.*

amiral (cinq étoiles). *n.m.*

Amirauté. *n.f.*

amis* (sobriquet donné par les agents de la CIA à leurs homologues britanniques du SIS). *n.m.pl.*

amnésie. *n.f.*

amnésique. *adj.m.(f.)*

amont. *adj.*

amorce. *n.f.*

amorce (ordinateur). *n.f.*

amorcer une bombe. *v.t.*

amphibie. *adj.m.(f.)*

amplificateur. *n.m.*

amplificateur d'images à plusieurs étages. *n.m.* - Amplificateur optoélectronique capable d'accroître l'intensité lumineuse d'une image au moyen de deux ou plusieurs étages. [OTAN]

ampoule (poison). *n.f.*

anagramme. *n.m.*

analogique. *adj.m.(f.)*

analyse. *n.f.*

analyse cryptographique. *n.f.* - Étude de textes chiffrés. Ensemble des méthodes et procédés utilisés pour convertir un texte chiffré en texte clair sans connaissance préalable de la clef ayant servi au chiffrement. [OTAN]

enhance (picture) (to). *v.t.*

land (to). *v.t.*

crash landing. *n.*

admiral (USN). *n.*

Admiralty. *n.*

friends* (CIA slang for SIS officers). *n.pl.*

amnesia. *n.*

amnesic. *adj.*

1. upstream. *adj.*
2. upwards. *adj.*

blasting cap. *n.*

bootstrap (computer). *n.*

set off a bomb (to). *v.t.*

amphibious. *adj.*

amplifier. *n.*

cascade image intensifier. *n.* - An optoelectronic amplifier capable of increasing the intensity of a radiant image by two or more stages. [NATO]

ampule (poison). *n.*

anagram. *n.*

analog. *adj.*

analysis. *n.*

cryptanalysis. *n.* - The study of encrypted texts. The steps or processes involved in converting encrypted text into plain text without initial knowledge of the key employed in the encryption. [NATO]

analyse d'objectifs. *n.f* - Étude des objectifs possibles qui a pour objet de déterminer leur importance militaire, la priorité à leur donner en cas d'attaque et les armes nécessaires pour obtenir le degré souhaité de dommages et de pertes. [OTAN]

analyser. *v.t.*

analyseur infrarouge à balayage linéaire. *n.m.* - Système passif aéroporté d'enregistrement infrarouge qui explore latéralement le sol sous le véhicule porteur ; ce système enregistre ligne après ligne au fur et à mesure du déplacement. [OTAN]

analyseur laser à balayage linéaire. *n.m.* - Système actif aéroporté d'enregistrement, utilisant un laser comme source principale d'illumination qui explore latéralement le sol sous le véhicule porteur par lignes successives au fur et à mesure du déplacement. [OTAN]

analyste. *n.m.* (f)

anarchie. *n.f.*

anarchiste. *n.m.*(f)

ancien combattant. *n.m.*

ancienneté. *n.f.*

ange gardien* (garde du corps ; *byki* en russe). *n.m.*

anguille sous roche (il y a). *loc.*

annexer. *v.t.*

target analysis. *n.* - An examination of potential targets to determine military importance, priority of attack, and weapons required to obtain a desired level of damage or casualties. [NATO]

analyze (to). *v.t.*

infra-red linescan system. *n.* - A passive airborne infra-red recording system which scans across the ground beneath the flight path, adding successive lines to the record as the vehicle advances along the flight path. [NATO]

laser linescan system. *n.* - An active airborne imagery recording system which uses a laser as the primary source of illumination to scan the ground beneath the flight path, adding successive across-track lines to the record as the vehicle advances. [NATO]

analyst. *n.*

anarchy. *n.*

anarchist. *n.*

veteran. *n.*

seniority. *n.*

1. babysitter* (bodyguard; *byki* in Russian). *n.*

2. guardian angel* (bodyguard; *byki* in Russian). *n.*

There's something in the wind. *phr.*

annex (to). *v.t.*

annexion. *n.f.*

annexionnisme. *n.m.*

annihilation. *n.f.*

annihiler. *v.t.*

annuaire. *n.m.*

annulé. *adj.m.* - En artillerie et en appui feu naval, contre-ordre qui, accouplé à un ordre antérieur n'impliquant pas une quantité ou un type de munition, annule cet ordre. [OTAN]

annuler (mission). *v.t.*

annuler (ordre). *v.t.*

anonymat (sous couvert de l'anonymat). *n.m.*

anonyme. *adj.m.f.*

anonymement. *adv.*

antenne. *n.f.*

antenne (renseignement). *n.f.*

antenne magnétique (reçoit toutes les gammes de fréquence : 30-950 MHz). *n.f.*

antenne parabolique. *n.f.*

anthrax (bacille du charbon). *n.m.*

anticorps. *n.m.*

antidote. *n.m.*

apaiser. *v.t.*

aperçu. *n.m.* - Communication d'autorité indiquant que le message auquel elle se réfère a été reçu et compris par le destinataire. [OTAN]

aplanir (difficultés). *v.t.*

annexation. *n.*

annexationism. *n.*

annihilation. *n.*

annihilate (to). *v.t.*

directory. *n.*

cancel. *adj.* - In artillery and naval gun-fire support, the term cancel, when coupled with a previous order, other than an order for a quantity or type of ammunition, rescinds that order. [NATO]

1. abort (mission) (to). *v.t.*

2. scrub (a mission) (to). *v.t.*

rescind (order) (to). *v.t.*

anonymity *(sub rosa)*. *n.*

anonymous. *adj.*

anonymously. *adv.*

antenna. *n.*

branch (intelligence). *n.*

magnetic antenna (receives all band coverage: 30 - 950 MHz). *n.*

satellite dish. *n.*

anthrax *(bacillus anthracis)*. *n.*

antibody. *n.*

antidote. *n.*

mitigate (to). *v.t.*

acknowledgement. *n.* - A message from the addressee informing the originator that his communication has been received and is understood. [NATO]

iron out (difficulties) (to). *v.t.*

apnée* (immersion profonde). *n.f.*

apocalypse. *n.f.*

apocalyptique. *adj.m.(f.)*

a posteriori. *adv.*

appareil (photographique). *n.m.*

appareil miniature (8x11 : *Exacta, Praktina, Minox* ; celui-ci fut mis au point par Walter Zapp en 1922). *n.m.*

appareil photographique à défilement continu. *n.m.* - Appareil photographique dans lequel le film défile de manière continue derrière une fente située dans le plan focal, ce qui permet d'obtenir une photographie ininterrompue en raison du déplacement continu de l'aéronef. [OTAN]

appareil photographique panoramique. *n.m.* - 1. En photographie aérienne, appareil qui, au moyen de systèmes optiques ou de miroirs mobiles, balaie une vaste zone de terrain ordinairement d'une ligne d'horizon à l'autre. L'appareil peut être monté verticalement ou obliquement à bord de l'aéronef de façon à balayer dans le sens latéral longitudinal. - 2. En photographie terrestre, appareil pouvant photographier une vaste zone terrestre en tournant horizontalement autour de l'axe vertical passant par le centre de son système optique. [OTAN]

appareil respiratoire. *n.m.*

appareillage. *n. m.*

appareiller. *v.t.*

deep cover (for an agent). *n.*

apocalypse. *n.*

apocalyptic. *adj.*

hindsight (in). *adv.*

camera. *n.*

miniature camera (8x11: *Exacta, Praktina, Minox*; the latter was developed by Walter Zapp in 1922). *n.*

continuous strip camera. *n.* - A camera in which the film moves continuously past a slit in the focal plane, producing a photograph in one unbroken length by virtue of the continuous forward motion of the aircraft. [NATO]

panoramic camera. *n.* - 1. In aerial photography, a camera which, through a system of moving optics or mirrors, scans a wide area of the terrain, usually from horizon to horizon. The camera may be mounted vertically or obliquely within the aircraft, to scan across or along the ligne of flight. - 2. In ground photography, a camera which photographs a wide expanse of terrain by rotating horizontally about the vertical axis through the centre of the camera lens. [NATO]

breathing apparatus. *n.*

getting under way. *n.*

put to sea (to). *v.t.*

appareils photographiques jumelés. *n.m.pl.* - Ensemble formé par deux appareils photographiques disposés à un angle de recouvrement déterminé l'un par rapport à l'autre. [OTAN]

appâter (un agent double en lui fournissant de fausses informations afin de détecter une fuite éventuelle). *v.t.*

appel (téléphonique). *n.m.*

appel en attente. *n.m.*

appel interurbain. *n.m.*

appel outre-mer. *n.m.*

appel personnalisé. *n.f.*

appeler. *v.t.*

appeler le central. *v.t.*

appeler le central (de police par exemple). *v.t.*

appels venant de l'extérieur. *n.m.pl.*

appels vers l'extérieur. *n.m.pl.*

appréciation « renseignements ». *n.f.* - Appréciation, écrite ou verbale, des renseignements disponibles relatifs à une situation ou à des conditions spécifiques, en vue de déterminer les possibilités de l'ennemi actuel ou potentiel et le degré de probabilité de leur réalisation. [OTAN]

appréhendé(e) (ex. : on a appréhendé le suspect). *adj.m.(f.)*

approchable* (cible recrutable). *adj.m.(f.)*

approche (opération de contact social sous surveillance). *n.f.*

split cameras. *n.pl.* - An assembly of two cameras disposed at a fixed overlapping angle relative to each other. [NATO]

feed a barium* meal (in order to isolate a leak - Russian phrase) (to). *v.t.*

call (telephone). *n.*

call waiting. *n.*

long distance call. *n.*

overseas calling. *n.*

Ident-a-call. *n.*

call (to). *v.t.*

radio in (to). *v.t.*

call in (to). *v.t.*

incoming calls. *n.pl.*

outgoing calls. *n.pl.*

intelligence estimate. *n.* - The appraisal, expressed in writing or orally, of available intelligence relating to a specific situation or condition with a view to determining the courses of action open to the enemy or potential enemy and the order of probability of their adoption. [NATO]

secure (e.g.: the suspect is secure). *adj.*

vulnerable* (desirable target for recruitment approaches). *adj.*

approach (controlled social relationship operation). *n.*

approcher de quelqu'un à pas feutrés (s'). *v.pr.*

approvisionnements navals. *n.m.pl.* - Articles ou produits utilisés par un bâtiment de guerre, ou une base navale, tels que : équipements, matières consommables, habillement, produits pétroliers, matériels et approvisionnements sanitaires, munitions. [OTAN]

approximatif(-ve) (chiffre). *adj.m.(f.)*

appui. *n.m.* - Action d'un groupement ou d'un détachement qui aide, couvre, élargit ou soutient la manœuvre d'un autre élément. [OTAN]

appui (à l'). *adv.*

appui aérien. *n.m.* - Toute forme d'appui fourni par des forces aériennes à des forces terrestres ou maritimes. [OTAN]

appui aérien rapproché. *n.m.* - Action aérienne contre des objectifs ennemis qui sont à proximité immédiate des forces amies et qui exigent une intégration détaillée de chaque mission aérienne avec le feu et le mouvement de ces forces. [OTAN]

appui au sol. *n.m.*

appuyer sur le bouton d'émission (radio). *v.i.*

après coup. *adv.*

aquarium* (pièce étanche, insonorisée et sécurisée, à l'abri des écoutes indiscrètes). *n.m.*

sneak up on somebody (to). *v.t.*

naval stores. *n.pl.* - Any articles or commodities used by a naval ship or station, such as equipment, consumable supplies, clothing, petroleum, oils and lubricants, medical supplies, and ammunition. [NATO]

ball park (figure). *adj.*

support. *n.* - The action of a force, or portion thereof, which aids, protects, complements, or sustains any other force. [NATO]

corroborative. *adv.*

air support. *n.* - All forms of support given by air forces on land or sea. [NATO]

close air support. *n.* - Air action against hostile targets which are in close proximity to friendly forces and which require detailed integration of each air mission with the fire and movement of those forces. [NATO]

ground support. *n.*

depress the transmit button (radio) (to). *v.t.*

hindsight (in). *adv.*

1. plastic soundproof bubble* (to foil electronic eavesdropping). *n.*
2. tank* (secure room). *n.*

« **Aquarium** » (*Steklyashka* en russe : surnom du QG du GRU, situé à Khodynke, banlieue de Moscou). *n.m.*

arbalète. *n.f.*

arcane. *n.m.*

archivage. *n.m.*

archiver. *v.t.*

archives. *n.f.pl.*

archives de l'état-civil. *n.f.pl.*

armada. *n.f.*

arme à dispersion. *n.f.* - Charge aéroportée composée d'un distributeur et de sous-munitions. [OTAN]

arme classique[1]. *n.f.* - Arme qui n'est ni nucléaire, ni biologique, ni chimique. [OTAN]

arme guidée par laser. *n.f.* - Arme qui utilise un chercheur pour détecter l'énergie laser réfléchie par un objectif marqué ou désigné par laser et qui, par le traitement des signaux, fournit les ordres de guidage à un système de commande dirigeant l'arme sur le point d'où l'énergie laser est réfléchie. [OTAN]

arme nucléaire. *n.f.* - Munition (c'est-à-dire type à implosion, thermo-nucléaire ou canon) qui dans sa configuration finale, après accomplissement de la séquence armement allumage-explosion, est capable de produire la réaction nucléaire et la libération d'énergie désirées. [OTAN]

"Aquarium" (nickname for GRU HQ: *Steklyashka* in Russian, located in the Moscow suburb of Khodynke). *n.*

crossbow. *n.*

mystery. *n.*

filing. *n.*

file (to). *v.t.*

files. *n.pl.*

Hall of Records. *n.*

armada. *n.* (Sp)

cluster bomb unit. *n.* - An aircraft store composed of a dispenser and submunitions. [NATO]

conventional weapon. *n.* - A weapon which is neither nuclear, biological nor chemical. [NATO]

laser guided weapon. *n.* - A weapon which utilizes a seeker to detect laser energy reflected from a laser marked/designated target and through signal processing provides guidance commands to a control system which guides the weapon to the point from which the laser energy is being reflected. [NATO]

nuclear weapon. *n.* - A complete assembly (i.e. implosion type, gun type, or thermonuclear type), in its intended ultimate configuration which, upon completion of the prescribed arming, fusing and firing sequence, is capable of producing the intended nuclear reaction and release of energy. [NATO]

---

1 - Voir chapitre III, D sur les armes à feu de notre *Dictionnaire de la Police et de la Pègre*.

arme thermonucléaire. *n.f.* - Arme dans laquelle on utilise de très hautes températures pour obtenir la fusion de noyaux légers tels que ceux des isotopes de l'hydrogène (Deutérium et Tritium), fusion qui s'accompagne d'une libération d'énergie. Les hautes températures nécessaires sont obtenues par fission. [OTAN]

armé(e) (ex. : système d'alarme armé). *adj. m. (f.)*

armée. *n.f.* - 1. Formation supérieure à un corps d'armée mais inférieure à un groupe d'armées comprenant généralement deux corps d'armée ou davantage. - 2. Dans certaines nations, *army* désigne la composante terrestre des forces armées. - 3. Dans certaines nations, « armée » désigne l'ensemble des forces armées. [OTAN]

armer (arme à feu). *v.t.*

armer (nation). *v.t.*

armistice. *n.m.*

arnaque*. *n.f.*

arnaquer*. *v.t.*
arnaqueur*. *n.m.*

arraisonner. *v.t.*
arrestation. *n.f.*
arrêt. *n.m.*
arrêter. *v.t.*
arrêts de rigueur. *n.m.pl.*

thermonuclear weapon. *n.* - A weapon in which very high temperatures are used to bring about the fusion of light nuclei such as those of hydrogen isotopes (e.g., Deuterium and Tritium) with the accompanying release of energy. The high temperatures required are obtained by means of fission. [NATO]

active (e.g.: system active). *adj.*

army. *n.* - 1. A formation larger than an army corps but smaller than an army group. It usually consists of two or more army corps. - 2. In certain nations, "army" is the land component of the armed forces. - 3. In certain nations, *armée* covers all the armed forces. [NATO]

cock (firearm) (to). *v.t.*

arm (nation) (to). *v.t.*

armistice. *n.*

1. con*. *n.*

2. scam*. *n.*

screw* (to). *v.t.*

1. con artist*. *n.*

2. scam artist*. *n.*

board and search (to). *v.t.*
arrest. *n.*
stop. *n.*
arrest (to). *v.t.*
close arrest. *n.*

arrivisme. *n.m.*

arriviste. *n.m.(f)*

arrondi. *n.m.* - Modification de la trajectoire d'un aéronef destinée à réduire la vitesse de descente en vue de l'atterrissage. [OTAN]

arrosage* (corruption). *n.m.*

arroser* (corrompre). *v.t.*

arroser* (corrompre). *v.t.*

arsenal. *n.m.*

arsenal (armement). *n.m.*

artificier. *n.m.*

artillerie. *n.f.*

artisanale (de fabrication). *adj.*

asile (politique). *n.m.*

assaillant. *n.m.*

assaut. *n.m.* - 1. Point culminant d'une attaque ; abordage de l'ennemi en combat corps à corps. - 2. Attaque courte, violente et soigneusement organisée contre un objectif de faibles dimensions, par exemple un emplacement de pièce d'artillerie, un fort ou un nid de mitrailleuses. [OTAN]

assiégeant. *n.m.*

assiéger. *v.t.*

assigner quelqu'un à résidence (surveillée). *v.t. n.m.*

Assuré !

assurer (périmètre). *v.t.*

careerism. *n.*

careerist. *n.*

flareout. *n.* - The change in the flight of path of an aircraft so as to reduce the rate of descent for touchdown. [NATO]

1. greasing* (bribing). *n.*
2. oiling the palm* (bribes). *n.*

grease the palm* (to) (bribe). *v.t.*

oil the palm* (to) (bribe). *v.t.*

naval dockyard. *n.*

arsenal (armament). *n.*

bomb disposal expert. *n.*

artillery. *n.*

home-made. *adj.*

asylum (political). *n.*

assailant. *n.*

assault. *n.* - 1. The climax of an attack; closing with the enemy in hand-to-hand fighting. - 2. A short, violent, but well-ordered attack against a local objective, such as a gun emplacement, a fort or a machine-gun nest. [NATO]

besieger. *n.*

besiege (to). *v.t.*

put someone under house arrest (to). *v.t.*

1. Clear!
2. Secure!
3. Under control!

secure (perimeter) (to). *v.t.*

assurer de (s'). *v.t.* - Dans un contexte opérationnel, prendre possession d'une position ou d'un point caractéristique de terrain, avec ou sans combat, et prendre toutes dispositions pour empêcher dans la mesure du possible sa destruction ou sa perte du fait de l'action ennemie. [OTAN]

astucieux (-euse). *adj.m.(f.)*

atelier. *n.m.*

atermoiement(s). *n.m.(pl.)*

atome. *n.m.*

atomique (*voir* bombe A). *adj.m.(f.)*

atomiser (larguer une bombe atomique) (sur). *v.t.*

atout (source). *n.m.*

atrocités. *n.f.pl.*

attaché commercial. *n.m.*

attaché culturel (dans une ambassade). *n.m.*

attaché de défense (nouvelle appellation de l'attaché militaire). *n.m.*

attaché militaire. *n.m.*

attaquant*. *n.m.*

attaque. *n.f.*

attaque au mortier. *n.f.*

attaque téléguidée. *n.f.* - Type d'attaque où le porteur d'arme (aérien, de surface ou sous-marin) n'ayant pas le contact avec l'objectif est dirigé sur le point de largage de l'arme par

secure (to). *v.t.* - In an operational context, to gain possession of a position or terrain feature, with or without force, and to make such disposition as will prevent, as far as possible, its destruction or loss by enemy action. [NATO]

astute. *adj.*

1. assembly shop. *n.*
2. repair shop. *n.*

delaying. *n.*

atom. *n.*

atomic (*see* A bomb). *adj.*

nuke* (to). *v.t.*

asset (source). *n.*

atrocities. *n.pl.*

commercial attaché. *n.*

cultural attaché (in an embassy). *n.*

defense attaché (new title for military attaché). *n.*

military attaché. *n.*

hitman*. *n.*

attack. *n.*

mortar attack. *n.*

vectored attack. *n.* - Attack in which a weapon carrier (air, surface, or subsurface) not holding contact on the target, is vectored to the weapon delivery point by a unit (air, surface or

une unité (aérienne, de surface ou sous-marine) qui tient le contact avec l'objectif. [OTAN]

attaque-suicide. *n.f.* — suicide attack (kamikaze-style). *n.*

atteinte à la sûreté de l'État. *n.f.* — breach of national security. *n.*

attentat. *n.m.* — assassination. *n.*

attentat à la bombe. *n.m.* — bombing. *n.*

attente (en). *adj.* — hold (on). *adj.*

atterrir. *v.t.* — land (to). *v.t.*

atterrissage de fortune. *n.m.* — crash landing. *n*

attribuer (numéro de téléphone). *v.t.* — assign (phone number) (to). *v.t.*

attributs. *n.m.pl.* — attributes. *n.pl.*

au coup par coup. *adv.* — blow by blow. *adv.*

audibilité. *n.f.* — audibility. *n.*

audition (ex. : Sénat). *n.f.* — hearing (e.g.: Senate). *n.*

Au rapport ! — Reporting for orders!

authentification. *n.f.* - 1. Garantie, par la signature ou le sceau voulus, qu'un document est authentique et officiel. - 2. Mesure de sécurité destinée à protéger un système de transmission contre une utilisation irrégulière. [OTAN] — authentication. *n.* - 1. Evidence by proper signature or seal that a document is genuine and official. - 2. A security measure designed to protect a communication system against fraudulent transmissions. [NATO]

authentifier. *v.t.* — authenticate (to). *v.t.*

authentique. *adj.m.(f.)* — authentic. *adj.*

autodétermination. *n.f.* — self-rule. *n.*

automatique[1]. *n.m. / adj.* — automatic. *n. / adj.*

autonome. *adj.m.(f.)* — autonomous. *adj.*

autonome (ordinateur). *adj.* — off-line (computer). *adj.*

autonomie. *n.f.* — 1. autonomy. *n.*

2. range. *n.*

---

1 - Voir chapitre III, D sur les armes à feu de notre *Dictionnaire de la Police et de la Pègre*.

autonomiste. *n.m.(f.)*

autorisation (décollage). *n.f.*

autorisation obtenue par voie diplomatique. *n.f.* - Autorisation de survol et d'atterrissage obtenue au niveau des gouvernements par voie diplomatique. [OTAN]

autoriser. *v.t.*

autorité de contrôle de l'espace aérien. *n.f.* - Commandant désigné pour assurer la responsabilité d'ensemble du contrôle de l'espace aérien dans la zone contrôlée. [OTAN]

aval. *adj.*

aval (politique). *n.m.*

avaliser. *v.t.*

avertir. *v.t.*

avertissement. *n.m.*

aveu. *n.m.*

aveuglement par l'éclair. *n.m.* - Altération de la vue causée par un éclair intense. Elle comporte la perte momentanée ou définitive des fonctions visuelles et peut être accompagnée de brûlures de la rétine. [OTAN]

avion à décollage vertical. *n.m.*

avion espion (ex. : DC-8 Sarigue). *n.m.*

autonomist. *n.*

clearance (takeoff). *n.*

diplomatic authorization. *n.* - Authority for overflight or landing obtained at government-to-government level through diplomatic channels. [NATO]

clear (to). *v.t.*

airspace control authority. *n.* - The commander designated to assume overall responsibility for the operation of the airspace control system in the airspace control area. [NATO]

1. downstream. *adj.*
2. downwards. *adj.*

1. backing. *n.*
2. support. *n.*

endorse (to). *v.t.*

1. tip off (to). *v.t.*
2. warn (to). *v.t.*

warning. *n.*

confession. *n.*

flash blindness. *n.* - Impairment of vision resulting from an intense flash of light. It includes temporary or permanent loss of visual functions and may be associated with retinal burns. [NATO]

VTOL (Vertical Take-Off and Landing) (*see* "English Abbreviations and Acronyms"). *n.*

spy plane (e.g.: U2; SR-71 Blackbird; *Proteus*). *n.*

avion piquet-radar. *n.m.* - Aéronef en vol chargé de l'alerte lointaine, placé de façon à détecter, signaler et suivre l'approche des aéronefs et des missiles ennemis ; certains peuvent contrôler des interceptions. [OTAN]

avion radar. *n.m.*

avion suiveur. *n.m.* - Avion dont la mission est de suivre et de maintenir sous surveillance un aéronef donné. [OTAN]

avionique (électronique appliquée à l'aviation). *n.f.*

avionneur. *n.m.*

avis de recherche départemental. *n.m.*

avis de recherche municipal. *n.m.*

avis de recherche national / diffusion nationale (D.N.). *n.m.*

avoir quelqu'un dans le collimateur. *v.t.*

avoir un œil au cul*. *loc.*

Avons repéré un suspect

avouer. *v.t.*

axe focal. *n.m.* - Ligne imaginaire passant par le centre optique de l'objectif et perpendiculaire au plan du cliché. [OTAN]

azimut. *n.m.*

air picket. *n.* - An airborne early warning aircraft positioned primarily to detect, report and track approaching enemy aircraft or missiles and to control intercepts. [NATO]

Airborne Warning And Control System (AWACS; Boeing E-767). *n.*

trailer aircraft. *n.* - Aircraft which are following and keeping under surveillance a designated airborne contact. [NATO]

avionics (development and production of electrical and electronic devices for use in aviation and missilery). *n.*

airplane manufacturer. *n.*

state-wide APB (All-Point Bulletin). *n.*

city-wide APB (All-Point Bulletin). *n.*

nation-wide APB (All-Point Bulletin). *n.*

have one's eye on someone (to). *v.t.*

watch one's ass* (to). *phr.*

We have a possible (suspect)

confess (to). *v.t.*

camera axis. *n.* - An imaginary line through the optical centre of the lens perpendicular to the negative photo plane. [NATO]

bearing. *n.*

B

B comme Bravo (alphabet phonétique de l'OTAN)
bacille de la peste *(yersinia pestis)*. *n.m.*
bacille du charbon *(bacillus anthracis)*. *n.m.*
bâcler. *v.t.*
bactérie. *n.f.*
badge de sécurité. *n.m.*
baignoire* (sous-marin). *n.f.*
baille* (eau de mer). *n.f.*
bâillon. *n.m.*
bâillonner. *v.t.*
bain de sang. *n.m.*
baisser la garde. *v.t.*
bakchich* (pot-de-vin). *n.m.*

balayage. *n.m.* - En recherche électromagnétique ou acoustique, rotation complète de l'antenne. Elle peut déterminer la base de temps. [OTAN]
balayer (radar). *v.t.*
balise. *n.f.*

balkanisation. *n.f.*
balade* (mission clandestine). *n.f.*
balle traçante. *n.f.*

B for Bravo (NATO phonetic alphabet)
plague bacillus *(yersinia pestis)*. *n.*
anthrax *(bacillus anthracis)*. *n.*
botch (to). *v.t.*
bacteria. *n.*
security badge. *n.*
bridge (submarine). *n.*
drink* (sea). *n.*
gag. *n.*
gag (to). *v.t.*
blood bath. *n.*
drop one's guard. *v.t.*
1. baksheesh*. *n.*
2. *mordida** (Sp.). *n.*

scan. *n.* - In electro-magnetic or acoustic search, one complete rotation of the antenna. It may determine a time base. [NATO]

scan (radar) (to). *v.t.*
1. beacon. *n.*
2. homer*. *n.*
3. homing device. *n.*
Balkanisation. *n.*
mission (clandestine). *n.*
tracer bullet. *n.*

banaliser* (se). *v.pr.*
bande (magnétophone). *n.f.*
bande d'atterrissage. *n.f.* - Surface non améliorée qui a été adaptée au décollage ou à l'atterrissage des avions et qui dispose généralement d'un minimum d'installations. [OTAN]
bandeau. *n.m.*
bander les yeux. *v.t.*
bandit* (argot de l'Armée de l'air). *n.m.*
banque de données. *n.f.*
baptême du feu. *n.m.*
barbouze* (fausse barbe ; espion). *n.f.*
barbouzerie(s)* (coups fourrés* en tous genres). *n.f.(pl.)*

barda* (équipement). *n.m.*
baroud. *n.m.*
baroud d'honneur. *n.m.*
baroudeur. *n.m.*
barrage anti-sous-marin. *n.m.* - Ligne formée par une série de dispositifs fixes ou d'unités mobiles disposées dans le but de détecter les sous-marins ennemis, de leur interdire le passage ou de les détruire. [OTAN]
barrage routier. *n.m.* - Obstacle (habituellement couvert par un plan de feu) utilisé pour arrêter ou limiter le mouvement des véhicules ennemis le long d'un itinéraire. [OTAN]

disguise oneself (to). *v.pr.*
tape (tape recorder). *n.*
air strip. *n.* - An unimproved surface which has been adapted for take-off or landing of aircraft, usually having minimum facilities. [NATO]

blindfold. *n.*
blindfold (to). *v.t.*
bandit* (Air Force slang). *n.*

data bank. *n.*
baptism of fire. *n.*
spook*. *n.*

cloak-and-dagger stuff* (traditional symbols of the intelligence profession: the cloak to hide and the dagger to kill). *n.*

rig* (equipment). *n.*
fighting. *n.*
last stand. *n.*
snake eater* (green beret). *n.*
antisubmarine barrier. *n.* - The line formed by a series of static devices or mobile units arranged for the purpose of detecting, denying passage to, or destroying hostile submarines. [NATO]

road block. *n.* - A barrier or obstacle (usually covered by fire) used to block, or limit the movement of, hostile vehicles along a route. [NATO]

barricade. *n.f.*
barricader. *v.t.*
barricader (se). *v.pr.*
base aérienne. *n.f.*
base aéronavale. *n.f.*
base arrière. *n.f.*
base d'opération. *n.f.*
base de données. *n.f.*
base de ravitaillement. *n.f.*
base navale. *n.f.*
bastion. *n.m.*
bâtiment de débarquement. *n.m.* - Bâtiment d'assaut construit pour de longues traversées en mer et pouvant être déchargé rapidement sur la plage même. [OTAN]
bâtiment de soutien logistique. *n.m.* - Soutien logistique dans lequel l'approvisionnement et la maintenance des forces opérationnelles sont assurés à partir de navires au port ou au mouillage. [OTAN]
bâtiments d'assaut. *n.m.pl.* - Bâtiments affectés à la force opérationnelle amphibie et utilisés pour le transport des troupes d'assaut, des véhicules, de l'équipement et des approvisionnements jusqu'à la zone de l'objectif. [OTAN]
bâton de dynamite. *n.m.*
battre le secteur. *v.t.*
bavure*. *n.f.*

barricade. *n.*
barricade (to). *v.t.*
barricade oneself (to). *v.pr.*
air base. *n.*
naval air base. *n.*
rear base. *n.*
base of operations. *n.*
data base. *n.*
supply base. *n.*
naval base. *n.*
stronghold. *n.*
landing ship. *n.* - An assault ship which is designed for long sea voyages and for rapid unloading over and on to a beach. [NATO]

floating base support. *n.* - A form of logistic support in which supplies, repairs, maintenance and other services are provided in harbour or at an anchorage for operating forces from ships. [NATO]

assault shipping. *n.* - Shipping assigned to the amphibious task force and utilized for transporting assault troops, vehicles, equipment and supplies to the objective area. [NATO]

stick of dynamite. *n.*
scour the area (to). *v.t.*
1. foulup*. *n.*
2. fuckup*. *n.*
3. misconduct. *n.*

beau parleur. *n.m.*

bélier (servant à enfoncer une porte). *n.m.*

bélinographe. *n.m.*

bellicisme. *n.m.*

belliciste. *adj.m.(f.)*

belligérance. *n.f.*

belligérant(e). *adj.m.(f.)*

belliqueux (-euse). *adj.m.(f.)*

berceau (téléphone). *n.m.*

besoin d'en connaître*. *n.m.* - « Nul n'est qualifié pour connaître des informations protégées s'il n'a reçu une autorisation préalable et s'il n'a été reconnu comme ayant besoin de les connaître pour l'accomplissement de sa fonction ou de sa mission » ; article 7 du décret 81-514 du 12 mai 1981.

besoins en information. *n.pl.* - Information relative à l'ennemi et à son environnement qui doit être recherchée et exploitée pour répondre aux besoins du commandement. [OTAN]

besoins prioritaires en renseignements. *n.pl.* - Renseignement que le commandement doit recevoir en priorité pour être en mesure d'établir ses plans et de prendre ses décisions. [OTAN]

bétonner* (dossier, procédure). *v.t.*

bicéphale. *adj.m.(f.)*

bicéphalisme (ex. : Élysée et Matignon). *n.m*

glib talker. *n.*

battering ram (forced entry). *n.*

telecopier transceiver. *n.*

warmongering. *n.*

warmonger. *n./. adj.*

belligerence. *n.*

belligerent. *adj.*

bellicose. *adj.*

cradle (telephone). *n.*

need-to-know*. *n.* - Authorization given by the holder of classified material to a prospective recipient allowing him access to or possession of material.

information requirements. *n.pl.* - Those items of information regarding the enemy and his environment which need to be collected and processed in order to meet the intelligence requirements of a commander. [NATO]

priority intelligence requirements. *n.pl.* - Those intelligence requirements for which a commander has an anticipated and stated priority in his task of planning and decision making. [NATO]

play defensively (to). *v.t.*

two-headed. *adj.*

two-headedness (e.g.: the White House and Congress). *n.*

bidon*. *adj.m.(f.)*

bidouillage* (ordinateur). *n.m.*
bidouiller* (ordinateur). *v.t.*
bidouilleur* (ordinateur). *n.m.*
bien recevoir un message. *v.t.*
Bien reçu ! (transmissions)
Bien reçu !
Bien, commandant ! (MN)
biffer. *v.t.*

bigorneau* (microémetteur). *n.m.*
binaire (ordinateur). *n.m.*
bioterrorisme. *n.m.*
bioterroriste. *n.m.(f.)*
bip*. *n.*
biper*. *v.t.*
biper* une voiture (fixer une pastille* sous une voiture). *v.t.*
blâme*. *n.m.*
blanc* (ouvert ou non classifié). *adj.m.*
blanc* (terme des RG : note anonyme dénuée d'en-tête de service). *n.m.*
blanc-bleu* (individu sûr). *adj.m.*

blanchiment* (argent sale). *n.m.*
blanchir* (argent sale). *v.t.*
blanchir (exonérer). *v.t.*
bleu (plan). *n.m.*
bleu* (inexpérimenté). *n.m.*
bleu* (novice). *n.m.*

1. dummy*. *adj.*
2. phoney*. *adj.*
hacking up* (computer). *n.*
hack up* (to) (computer). *v.t.*
hacker* (computer). *n.*
roger a call (to). *v.t.*
Roger that! (communications)
That's a rodg*! (Roger!)
Aye! Aye! Sir! (USN)
1. cross out (to). *v.t.*
2. strike out (to). *v.t.*

bug* (microémetteur). *n.*
bit (computer: binary digit). *n.*
bioterrorism. *n.*
bioterrorist. *n.*
beeper. *n.*
page (to). *v.t.*
plant a beeper* under a car (to). *v.t.*
reprimand. *n.*
legal* (open or unclassified). *adj.*

unsigned note (devoid of any letterhead for which no copy is filed). *n.*

legit* (legitimate*: trustworthy individual; a standup guy*). *adj.*

laundering* (dirty money). *n.*
launder* (dirty money) (to). *v.t.*
whitewash (to). *v.t.*
blueprint (plan). *n.*
raw recruit. *n.*
rookie* (apprentice). *n.*

blindage. *n.m.*

blindé(e). *adj.m.(f.)*

blip. *n.m.* - Écho lumineux sur l'écran fluorescent d'un oscilloscope cathodique. [OTAN]

bloc communiste. *n.m.*

blocage (ordinateur). *n.m.*

blocage du numéro. *n.m.*

blocus. *n.m.*

bloquer (situation). *v.t.*

bluff. *n.m.*

bluffer. *v.t.*

bobine débitrice (magnétophone). *n.f.*

bobine réceptrice (magnétophone). *n.f.*

bogue* (ordinateur). *n.m.*

boîte à musique* (émetteur radio en argot russe). *n.f*

boîte aux lettres morte* (BLM ; *dubok* en russe, pour « petit chêne »). *n.f.*

boîte aux lettres vive* / vivante* (contact physique entre agent et son traitant*) (BLV). *n.f.*

boîte aux lettres* (lieu de dépôt du courrier pour des agents d'un même réseau). *n.f.*

boîte de Pandore. *n.f.*

boîte noire* (en fait de couleur orange). *n.f.*

armor. *n.*

armored. *adj.*

blip. *n.* - The display of a received pulse on a cathode ray tube. [NATO]

communist bloc. *n.*

freeze (computer). *n.*

call blocking. *n.*

blockade. *n.*

gridlock (situation) (to). *v.t.*

bluff. *n.*

bluff (to). *v.t.*

supply reel (tape recorder). *n.*

take-up reel (tape recorder). *n.*

bug (computer). *n.*

music box* (radio transmitter in Russian slang). *n.*

1. blind* (secret cache; *dubok*, Russian for little oak). *n.*
2. dead (letter) box* (*dubok*, Russian for little oak). *n.*
3. drop* (secret cache; *dubok*, Russian for little oak). *n.*

live (letter) drop*. *n.*

1. accomodation address*. *n.*
2. mailbox*. *n.*

Pandora's box. *n.*

1. black box*. *n.*
2. cockpit voice recorder. *n.*
3. in-flight data recorder. *n.*

bombard (radeau pneumatique). *n.m.*

bombardement. *n.m.*

bombardement de saturation. *n.m.* - Répartition progressive d'un tonnage de bombes élevé sur une zone définie par des limites données, de manière à infliger des dommages dans toutes les parties de la zone. [OTAN]

bombardement en vol rasant. *n.m.* - Méthode de bombardement à très basse altitude où des fusées retardatrices et/ou d'autres équipements sont utilisés pour permettre à l'assaillant d'échapper aux effets de ses propres bombes. [OTAN]

bombarder (aérien). *v.t.*

bombarder (terrestre). *v.t.*

bombardier. *n.m.*

bombardier furtif (ex. : B-1 « Lancer » ; B-2 « Spirit »). *n.m.*

bombe A (France : 1960). *n.f.*

bombe à retardement. *n.f.*

bombe artisanale. *n.f.*

bombe de gaz lacrymogène. *n.f.*

bombe étouffante (qui brûle l'oxygène). *n.f.*

bombe H (France : 1968). *n.f.*

bombe incendiaire. *n.f.*

boniment (tentative de recrutement). *n.m.*

boniment à froid. *n.m.*

bonne foi. *n.f.*

Zodiac (inflatable rubber dinghy). *n.*

bombing (USAF). *n.*

carpet bombing. *n.* - The progressive distribution of a mass bomb load upon an area defined by designated boundaries, in such manner as to inflict damage to all portions thereof. [NATO]

laydown bombing. *n.* - A very low level bombing technique wherein delay fuses and/or devices are used to allow the attacker to escape the effects of his bomb. [NATO]

bomb (air) (to). *v.t.*

bombard (land) (to). *v.t.*

bomber (USAF). *n.*

stealth bomber (e.g. B-1 "Lancer"; B-2 "Spirit") *n.*

A bomb (USA: 1945 ; UK: 1952). *n.*

time bomb. *n.*

pipe bomb. *n.*

tear gas canister. *n.*

fuel air bomb. *n.*

H bomb (USA: 1952 ; UK: 1957). *n.*

fire bomb. *n.*

pitch* (recruitment attempt). *n.*

cold pitch* (direct approach to recruit a hostile target). *n.*

bona fides. *n.*

bonne foi (de). *adj.*
bordereau. *n.m.*

borne d'appel. *n.f.*
borne* (kilomètre). *n.f.*
bottin. *n.m.*
botulisme *(botulinium).* *n.m.*
bouc émissaire. *n.m.*
boucherie. *n.f.*
boucler (périmètre). *v.t.*
bouclier (emblème du KGB). *n.m.*
bouclier humain. *n.m.*
bouclier thermique. *n.m.*
bouée acoustique. *n.f.* - Appareil acoustique, utilisé principalement pour détecter les sous-marins, qui, une fois activé, transmet ses informations par radio. [OTAN]
bouger (ne pas). *v.t.*
bouleversement. *n.m.*

bouleverser. *v.t.*
bousiller (opération) (ex. : la tentative bousillée de récupération d'otages en Iran en 1980 qui dut être annulée en raison du mauvais fonctionnement d'un hélicoptère). *v.t.*
bouteille (air comprimé). *n.f.*
bouton d'émission. *n.m.*
branchement* (écoute clandestine). *n.m.*
brancher une bretelle (de raccordement). *v.t.*

bona fide. *adj.*
1. docket. *n.*
2. slip. *n.*
callbox. *n.*
klick* (kilometer). *n.*
phone book. *n.*
botulism *(bacillus botulinus).* *n.*
scapegoat. *n.*
butchery. *n.*
button up (perimeter) (to). *v.t.*
shield (emblem of KGB). *n.*
human shield. *n.*
heat shield. *n.*
sonobuoy. *n.* - An acoustic device, used mainly for the detection of submarines which, when activated, transmits information by radio. [NATO]
sit tight (to). *v.t.*
1. disruption. *n.*
2. upheaval. *n.*
disrupt (to). *v.t.*
botch (operation) (to) (e.g.: the botched 1980 "Desert One" hostage-rescue attempt in Iran that had to be aborted because of helicopter failure.). *v.t.*

dive cylinder (compressed air). *n.*
transmit button. *n.*
tapping*. *n.*

put a tap on (to). *v.t.*

brancher* (effectuer une écoute clandestine). *v.t.*

brandon. *n.m.*

Branle-bas de combat !

bras de fer. *n.m.*

bras droit. *n.m.*
bras séculier. *n.m.*
brasier. *n.m.*
brebis galeuse. *n.f.*
brêche. *n.f.*
bretelle* (écoute clandestine). *n.f.*
briefer* (anglicisme). *v.t.*
briefing. *n.m.* - Acte par lequel on donne des instructions ou des informations préalables. [OTAN]

Brigade d'intervention. *n.f.*

Brigade d'intervention (États-Unis). *n.f.*

brouillage. *n.m.*

brouillage électronique. *n.m.* - Rayonnement et réflexion d'énergie électromagnétique en vue de gêner l'utilisation par l'ennemi des systèmes, matériels et appareils divers. [OTAN]

brouillage par balayage. *n.m.* - Technique consistant à promener une émission de brouillage sur une large bande de fréquences. [OTAN]

tap* (to). *v.t.*

firebrand. *n.*

1. Action Stations!
2. General Quarters!

1. stand off. *n.*
2. wrestling match. *n.*

right-hand man. *n.*
secular arm. *n.*
inferno. *n.*
rotten apple. *n.*
breach. *n.*
wiretap*. *n.*
brief (to). *v.t.*
briefing. *n.* - The act of giving in advance specific instructions or information. [NATO]

Hostage Rescue Team (HRT; FBI). *n.*

Special Weapons and Tactics (SWAT). *n.*

1. jamming. *n.*
2. scrambling. *n.*

electronic jamming. *n.* - The deliberate radiation, re-radiation, or reflection of electromagnetic energy with the object of impairing the use of electronic devices, equipment, or systems being used by an enemy. [NATO]

sweep jamming. *n.* - A narrow band of jamming that is swept back and forth over a relatively wide operating band of frequencies. [NATO]

brouillage sélectif. *n.m.* - Brouillage d'une bande ou d'une fréquence particulière. [OTAN]

brouiller. *v.t.*

brouiller (transmission) (ex. : « Tu es très brouillé »). *v.t.*

brouiller les cartes. *loc.*

brouiller les pistes. *loc.*

brouiller les pistes. *v.t.*

brouilleur. *n.m.*

brouilleur-répéteur. *n.m.* - Dispositif émetteur-récepteur qui amplifie, multiplie et retransmet les signaux reçus afin de les brouiller. [OTAN]

broyeuse (documents confidentiels). *n.f.*

bruits de bottes. *n.m.pl.*

brûler* (démasquer). *v.t.*

brûlot. *n.m.*

brush pass* (anglicisme ; technique discrète d'échange de documents entre deux agents qui, dans un lieu public,se croisent -*pass* et se frôlent -*brush*). *n.m.*

brut (renseignement). *adj.m.*

butée (cadran). *n.f.*

spot jamming. *n.* - The jamming of a specific channel or frequency. [NATO]

1. jam (to). *v.t.*
2. scramble (to). *v.t.*

garble (communications) (to) (e.g.: "You're very garbled"). *v.t.*

cloud the issue (to). *phr.*

cover one's tracks (to). *phr.*

draw a red herring (across the trail) (to). *phr.*

scrambler. *n.*

repeater-jammer. *n.* - A receiver transmitter device which amplifies, multiplies and retransmits the signals received, for purposes of deception or jamming. [NATO]

paper shredder (confidential documents). *n.*

saber rattling. *n.*

burn* (uncover) (to). *v.t.*

scathing attack. *n.*

brush pass* (a clandestine meeting in a public place for the purpose of secretly delivering information). *n.*

raw (information). *adj.*

finger stop (dial). *n.*

C

C comme Charlie (alphabet phonétique de l'OTAN)
C-4 (explosif au plastic). *n.m.*
cabestan (magnétophone). *n.m.*
cabine téléphonique. *n.f.*
cabinet noir (créé en France dès 1590 par Henri IV). *n.m.*
cache. *n.f.*

cache-flamme[1]. *n.m.* - Dispositif fixé à la bouche d'une arme à feu et qui réduit la lueur émise par la combustion des gaz de propulsion. [OTAN]

cachette. *n.f.*
cadence de tir. *n.f.* - Nombre de coups tirés par une arme en une minute. [OTAN]
cadran. *n.m.*
cadre (supérieur). *n.m.*
cadrer (mission). *v.t.*

cafouillage. *n.m.*
cafouiller. *v.t.*
cagoule. *n.f.*
cagoule (ignifugée). *n.f.*
caisse noire. *n.f.*

C for Charlie (NATO phonetic alphabet)
C-4 (plastic explosive). *n.*
capstan (tape recorder). *n.*
phone booth. *n.*
Black Chamber (1912 - 1929 in the US). *n.*
1. cache. *n.*
2. safe house* (a secure compound). *n.*

flash suppressor. *n.* - Device attached to the muzzle of the weapon which reduces the amount of visible light or flash created by burning propellant gases. [NATO]

cache. *n.*
rate of fire. *n.* - The number of rounds fired per weapon per minute. [NATO]
dial. *n.*
executive (top). *n.*
define the parameters (of a mission) (to). *v.t.*

mixup. *n.*
get mixed up (to). *v.t.*
hood. *n.*
balaclava (made of Nomex). *n.*
slush fund. *n.*

---

1 - Voir chapitre III, D sur les armes à feu de notre *Dictionnaire de la Police et de la Pègre*.

caisses d'assiette arrière (sous-marin). *n.f.pl.*

caisses d'assiette avant (sous-marin). *n.f.pl.*

caisson hyperbare. *n.m.* - Caisson utilisé pour créer une augmentation de la pression ambiante telle qu'elle se produirait lors d'une descente au-dessous du niveau de la mer, dans l'air ou dans l'eau. Ce type de caisson est le seul qui permette le traitement de la maladie de décompression après un vol ou une plongée. Aussi appelé « caisson de compression » ; « caisson de plongée » ; « caisson de recompression ». [OTAN]

calmer le jeu. *loc.*

calomnier. *v.t.*

caméra. *n.f.*

caméra à imagerie thermique. *n.f.*

caméra à infrarouge. *n.f.*

caméra électronique. *n.f.*

caméra miniature. *n.f.*

camion piégé. *n.m.*

camionnette banalisée. *n.f.*

camouflage. *n.m.*

camouflage. *n.m.* - Utilisation de matériaux naturels ou artificiels sur des personnes, des objets ou des positions tactiques en vue de désorienter, de tromper l'ennemi ou de se soustraire à sa vue. [OTAN]

camoufler. *v.t.*

aft trim tanks (submarine). *n.pl.*

forward trim tanks (submarine). *n.pl.*

hypobaric chamber. *n.* - A chamber used to induce a decrease in ambient pressure as would occur in ascending to altitude. This type of chamber is primarily used for training and experimental purposes. Also called "altitude chamber"; "decompression chamber". [NATO]

calm things down (to). *v.t.*

smear (to). *v.t.*

movie camera. *n.*

thermal imagery camera. *n.*

infrared camera. *n.*

electronic camera. *n.*

lipstick camera. *n.*

truck bomb. *n.*

unmarked truck. *n.*

camo* (camouflage). *n.*

camouflage. *n.* - The use of natural or artificial material on personnel, objects or tactical positions with the aim or confusing, misleading or evading the enemy. [NATO]

camouflage (to). *v.t.*

camoufler* (un meutre en suicide par exemple). *v.t.*

camp de concentration. *n.m.*

camp de la mort. *n.m.*

camp de travail. *n.m.*

camp d'entraînement. *n.m.*

camp retranché. *n.m.*

campagne (militaire). *loc.*

camper sur ses positions. *loc.*

canal (radio). *n.m.*

canal d'urgence. *n.m.*

canaliser. *v.t.*

canevas. *n.m.* - Réseau de lignes de position reportées sur une carte qui permettent de définir une position. [OTAN]

canon à son. *n.m.*

canonnière. *n.f.*

canot pneumatique (Zodiac). *n.m.*

canular. *n.m.*

cap. *n.m.* - Angle mesuré dans le sens des aiguilles d'une montre, entre la direction du nord (du compas, de la grille, magnétique ou vrai) et la direction de l'axe longitudinal de l'aéronef ou du navire. [OTAN]

cap (direction d'un navire ou d'un avion). *n.m.*

cap de collision. *n.m.* - Vecteur donné à un avion d'interception et qui, s'il est maintenu, conduit l'intercepteur à réaliser une colli-

set up* (to) (e.g. a murder rigged into a suicide). *v.t.*

concentration camp. *n.*

death camp. *n.*

labour camp. *n.*

1. compound. *n.*
2. training camp. *n.*

fortified camp. *n.*

campaign (military). *phr.*

stand one's ground (to). *phr.*

channel (radio). *n.*

emergency channel. *n.*

funnel (to). *v.t.*

lattice. *n.* - A network of intersecting positional lines printed on a map or chart from which a fix may be obtained. [NATO]

parabolic microphone. *n.*

gunboat. *n.*

dinghy (rubber). *n.*

hoax. *n.*

heading. *n.* - The direction in which the longitudinal axis of an aircraft or ship is pointed, usually expressed in degrees clockwise from north (true, magnetic, compass or grid). [NATO]

course (the line along the earth's surface upon or over which a vessel or an aircraft proceeds). *n.*

lead collision course. *n.* - A vector which, if maintained by an interceptor aircraft, will result in collision between the intercep-

sion entre son armement fixe et le but. [OTAN]

cap de poursuite. *n.m.* - Vecteur donné à un avion d'interception dans le but de faire passer sa route par un point déterminé en avant de l'objectif. [OTAN]

cap de veau* (capitaine de vaisseau en argot). *n.m.*

capitaine. *n.m.*

capitaine de corvette¹. *n.m.*

capitaine de frégate¹. *n.m.*

capitaine de vaisseau. *n.m.*

capitulation. *n.f.*

capituler. *v.t.*

caporal. *n.m.*

capsule de cyanure. *n.f.*

captage d'une chaîne. *n.m.*

capter (transmissions). *v.t.*

capteur. *n.m.* - Équipement destiné à assurer la détection d'objets ou d'activités et permettant de les représenter ou de les enregistrer grâce à l'énergie ou aux particules qu'ils émettent, réfléchissent ou modifient. [OTAN]

captif (-ive). *n.m.(f.) / adj.*

capture. *n.f.*

capturer. *v.t.*

carabine². *n.f.*

carbone blanc. *n.m.*

carburant. *n.m.*

tor's fixed armament and the target. [NATO]

lead pursuit. *n.* - An interceptor vector designed to maintain a course of flight at a predetermined point ahead of a target. [NATO]

four-striper* (slang for navy captain). *n.*

1. captain (USA, USMC). *n.*

2. flight lieutenant (RAF). *n.*

lieutenant commander (USN). *n.*

commander (USN). *n.*

captain (USN). *n.*

capitulation. *n.*

capitulate (to). *v.t.*

corporal. *n.*

'L' pill (suicide capsule). *n.*

channel lockout. *n.*

read (to) (communications). *v.t.*

sensor. *n.* - An equipment which detects, and may indicated, and/or record objects and activities by means of energy or particles emitted, reflected, or modified by objects. [NATO]

captive. *n. / adj.*

capture. *n.*

1. capture (to). *v.t.*

2. seize (to). *v.t.*

carbine. *n.*

white carbon paper. *n.*

fuel. *n.*

---

1 - Voir l'équivalence des grades militaires dans les Appendices A et B.
2 - Voir chapitre III, D sur les armes à feu de notre *Dictionnaire de la Police et de la Pègre*.

cargaison. *n.f.* - Marchandises et approvisionnements en transit. [OTAN]

carnage. *n.m.*

carré (salle à manger des officiers à bord d'un navire de guerre). *n.m.*

carroyage. *n.m.*

carte. *n.f.*

carte d'état-major. *n.f.*

carte de réquisition (policier). *n.f.*

cartographe. *n.m.(f.)*

cartographie. *n.f.*

cas de prise d'otage(s). *n.m.*

caserne. *n.f.*

casque (radio). *n.m.*

casque pare-balles. *n.m.*

cassage (code). *n.m.*

casser (code). *v.t.*

casser* (filature). *v.t.*

casse-tête. *n.m.*

cassette. *n.f.*

casus belli (acte de nature à motiver une déclaration de guerre). *n.m.*

catastrophe (en). *adv.*

cause. *n.f.*

caviardage* (censure). *n.m.*

caviarder* (passer au noir certaines parties d'un document classifié, le rendant ainsi illisible, il est alors dit déclassifié). *v.t.*

cavitation (formation de gaz dans un liquide en mouvement). *n.f.*

céder. *v.t.*

cargo. *n.* - Commodities and supplies in transit. [NATO]

mayhem. *n.*

wardroom (messroom assigned to officers onboard a warship). *n.*

grid variation. *n.*

map. *n.*

ordnance map. *n.*

credentials (police officier). *n.pl.*

cartographer. *n.*

cartography. *n.*

hostage situation. *n.*

barracks. *n.pl.*

headphone (radio). *n.*

bulletproof helmet. *n.*

breaking (code). *n.*

break (code) (to). *v.t.*

shake* (tail*) (to). *v.t.*

headache. *n.*

cassette. *n.*

casus belli (event liable to bring about a declaration of war). *n.*

emergency. *adj.*

cause. *n.*

blue-pencilling (censoring). *n.*

doctor* (to) (to blacken out portions of a classified document thus becoming declassified). *v.t.*

cavitation (the formation of vapor pockets in a flowing liquid). *n.*

1. back down (to). *v.t.*

2. cave in (to). *v.t.*

celer. *v.t.*   conceal (to). *v.t.*

cellule. *n.f.*   cell. *n.*

cellule de crise. *n.f.*   emergency control center. *n.*

cellule terroriste. *n.f.*   terrorist cell. *n.*

censeur. *n.m.*   censor. *n.*

censure. *n.f.*   censorship. *n.*

centrale (de renseignement). *n.f.*   agency (*Agentura* in Russian). *n.*

centralisé (classifié). *adj.m.*   centralized (classified). *adj.*

centraliser. *v.t.*   centralize (to). *v.t.*

centre d'information de combat. *n.m.* - Organisme à bord d'un bâtiment ou aéronef, équipé en personnel et matériel pour recueillir, présenter, estimer et diffuser les informations tactiques à l'usage de l'officier général embarqué, du commandant et de certains organismes de commandement. Certaines fonctions de commandement et de coordination peuvent être déléguées au Centre d'information de combat. [OTAN]

combat information centre. *n.* - The agency in a ship or aircraft manned and equipped to collect, display, evaluate, and disseminate tactical information for the use of the embarked flag officer, commanding officer, and certain control agencies. Certain control, assistance and co-ordination functions may be delegated by command to the combat information centre. Also called "action information centre". [NATO]

centre de résistance. *n.m.* - Point clé dans une position de défense normalement très fortifiée et fortement équipée d'armes automatiques et autour duquel sont groupées, pour sa protection, d'autres positions. [OTAN]

strong point. *n.* - A key point in defensive position, usually strongly fortified and heavily armed with automatic weapons, around which other positions are grouped for its protection. [NATO]

centre des communications. *n.m.* - Organisme responsable du traitement et du contrôle des communications ; il comprend normalement un centre de traitement des messages et des moyens d'émission et de réception. Aussi appelé « centre des transmissions ». [OTAN]

communications centre. *n.* - An agency charged with the responsibility for handling and controlling communications traffic. The centre normally includes message centre, transmitting and receiving facilities. Also called "signal centre". [NATO]

centre opérationnel (sous-marin). *n.m.*

certificat de sécurité. *n.m.* - Certificat délivré par l'autorité nationale compétente pour indiquer qu'une personne a fait l'objet d'une enquête et est qualifiée pour avoir accès à des matières classifiées jusqu'au degré de classification mentionné sur le certificat. [OTAN]

Cesse(z) d'émettre !

cesser la filature. *v.t.*

cessez-le-feu. *n.m.*

C'est bon ! (la voie est libre)

C'est moi qui drive* cette opération !

C'est pris !

C'est un ordre !

chambre forte. *n.f.*

champ de bataille. *n.m.*

champ de mines. *n.m.*

champ de tir. *n.m.* - Zone réservée et normalement équipée pour le largage, le lancement des armes et le tir sur cibles. Aussi appelé « polygone ». [OTAN]

champs de massacres. *n.m.pl.*

chancelier. *n.m.*

chancellerie. *n.f.*

Chancellerie (Ministère de la Justice, place Vendôme, 75001 Paris). *n.f.*

change (donner le). *loc.*

chansonnette* (chantage). *n.f.*

conning tower (submarine). *n.*

security certification. *n.* - A certification issued by competent national authority to indicate that a person has been investigated and is eligible for access to classified matter to the extent stated in the certification. [NATO]

Stay off the air!

withdraw the tail* (to). *v.t.*

ceasefire. *n.*

Clear!

I have tactical command!

Roger!

That's an order!

vault. *n.*

battlefield. *n.*

mine field. *n.*

range. *n.* - An area reserved and normally equipped for practice in weapons delivery and / or shooting at targets. Also called "target range". [NATO]

killing fields. *n.pl.*

chancellor. *n.*

chancery. *n.*

French Ministry of Justice. *n.*

allay suspicion (to). *v.t.*

blackmailing. *n.*

chanstiquer* (se) (se déguiser). *v.pr.*

chantage. *n.m.*

chantage sexuel. *n.m.*

chape de plomb. *n.f.*

chaperonner* (garde du corps). *v.t.*

chaperonner* (protection rapprochée). *v.t.*

char d'assaut. *n.m.*

charabia (ordinateur). *n.m.*

charge. *n.f.* - 1. Quantité donnée d'explosif, soit en vrac, soit contenu dans une bombe, un projectile, une mine ou autre engin du même genre, soit encore utilisé comme propulseur d'une balle ou d'un projectile. - 2. En génie de combat, quantité d'explosifs préparée à des fins de destruction. - 3. Poids total des passagers ou du fret effectivement transportés dans un aéronef. [OTAN]

chargé d'affaires. *n.m.*

chargé de mission. *n.m.*

charge payante. *n.f.*

charge perforante. *n.f.* - Charge formée destinée à produire suivant son axe de révolution une perforation profonde d'un diamètre relativement petit. [OTAN]

charge utile. *n.f.* - 1. Total des charges (passagers et / ou fret y

disguise oneself (to). *v.pr.*

1. biographic leverage*. *n.*
2. blackmail scam*. *n.*

honeytrap* (sexual entrapment in order to blackmail a subject). *n.*

lead weight. *n.*

babysit* (bodyguard) (to). *v.t.*

babysit* (close protection) (to). *v.t.*

tank. *n.*

hash (computer). *n.*

1.2. charge, 3. payload. *n.* - 1. The amount of propellant required for a fixed, semi-fixed, or separate loading projectile, round or shell. It may also refer to the quantity or explosive filling contained in a bomb, mine or the like. - 2. In combat engineering, a quantity of explosive, prepared for demolition purposes. - 3. The sum of the weight of passengers and cargo that an aircraft can carry. [NATO]

chargé d'affaires. *n.*

1. official representative. *n.*
2. special envoy. *n.*

payload (mission-related cargo e.g. bombs, missiles, extra fuel tanks, gun or sensor pods). *n.*

hollow charge. *n.* - A shaped charge producing a deep cylindrical hole of relatively small diameter in the direction of its axis of rotation. [NATO]

payload. *n.* - 1. The sum of the weight of passengers and cargo

compris les équipements spécialisés et le carburant nécessaire à l'exécution de la mission) qu'un type d'aéronef, navire ou véhicule déterminé est capable d'emporter pour une mission donnée. Est exprimée en effectifs, poids ou volume. - 2. Missiles : tête militaire, y compris son enveloppe et les équipements incorporés. - 3. Engins spatiaux : satellites, ou véhicule d'observation d'une sonde spatiale ou d'un missile d'observation [OTAN]

that an aircraft can carry. - 2. The warhead, its container, and activating devices in a military missile. - 3. The satellite or research vehicle of a space probe or research missile. [NATO]

charia (loi coranique). *n.f.* — charia (Koran law). *n.*

charismatique. *adj.m.(f.)* — charismatic. *adj.*

charisme. *n.m.* — charisma. *n.*

charnier. *n.m.* — mass grave. *n.*

chasse aux sorcières. *n.f.* — witchhunt. *n.*

chasse aux taupes*. *n.f.* — molehunt*. *n.*

chasseur d'espions. *n.m.* — 1. counterspy. *n.*

2. spy buster*. *n.*

3. spy catcher. *n.*

chasseur de chars (type d'aéronef). *n.m.* — tank killer (e.g.: Thunderbolt II "Warthog" equipped with a 30 mm seven-barrel rotary cannon). *n.*

chasuble (d'intervention). *n.f.* — assault vest (tactical). *n.*

château de cartes. *n.m.* — house of cards. *n.*

chaud*. *adj.m.* — hot*. *adj.*

chausse-trape. *n.f.* — pitfall. *n.*

chébran* (être) (branché* en verlan). *adj.* — bugged* (to be). *p.p.*

chef d'antenne (DGSE). *n.m.* — chief of station (CIA). *n.*

chef d'accusation. *n.m.* — count. *n.*

chef de cabinet. *n.m.* — 1. military adviser (to a general). *n.*

2. private secretary. *n.*

chef de réseau (*rezident* en russe). *n.m.*

chef d'escadron. *n.m.*

chef d'État. *n.m.*

chef espion. *n.m.*

chenille (char d'assaut). *n.f.*

cheval à bascule* (agent double en russe). *n.m.*

cheval de Troie. *n.m.*

chien de guerre* (soldat de fortune) (cf. W. Shakespeare *Jules César*, III, ı). *n.m.*

chiffre (remontant, dit-on, à Jules César [100 av. J.-C - 44 ap. J.-C.] et fontionnant sur le principe de la transposition). *n.m.*

chiffrement. *n.m.*

chiffrer. *v.t.*

chiffreur. *n.m.*

chimique. *adj.m.(f.)*

chirurgical (bombardement). *adj.m.(f.)*

chorégraphier (manifestation). *v.t.*

chouf* (guetteur). *n.m.*

chuchoter. *v.t.*

chute (régime). *n.f.*

chuteur opérationnel. *n.m.*

cible. *n.f.* - En radar :
(a) d'une manière générale, tout objet distinct qui réfléchit ou renvoie de l'énergie à l'équipement radar ;
(b) spécifiquement, objet recherché ou surveillé par radar.
[OTAN]

chief of station (*rezident* in Russian). *n.*

major. *n.*

head of state. *n.*

master spy. *n.*

tread (tank). *n.*

double cross*. *n.*

Trojan horse (stalking horse). *n.*

wardog* (soldier of fortune). *n.*

cipher (said to be dating back to Julius Caesar [100 B.C.- 44 A.D.] and working on the principle of replacing a single letter). *n.*

encryption. *n.*

cipher (to). *v.t.*

coder. *n.*

chemical. *adj.*

surgical (bombing). *adj.*

choreograph (protest) (to). *v.t.*

1. lookout*. *n.*
2. watcher*. *n.*

whisper (to). *v.t.*

downfall (regime). *n.*

paratrooper. *n.*

target. *n.* - In radar:
(a) generally, any discrete object which reflects or retransmits energy back to the radar equipment;
(b) specifically, an object of radar search or surveillance.
[NATO]

cibler. *v.t.*

« cinq de Cambridge ». *n.m.pl.* - Surnom donné à un réseau de cinq agents doubles britanniques éduqués à Cambridge dans les années 1930 : Anthony Blunt (1907-1983), Guy Burgess (1911-1963), Donald Maclean (1913-1983), Kim Philby (1912-1998) et John Cairncross (1913-1995).

cinquième colonne (formule attribuée au général nationaliste Emilio Mola au cours de la guerre d'Espagne, 1936). *n.f.*

circonscrire. *v.t.*

circonspect(e). *adj.m.(f.)*

circonspection. *n.f.*

circonvenir. *v.t.*

circuit de mise de feu. *n.m.* - 1. En guerre terrestre, circuit électrique ou boucle pyrotechnique dont le but est de faire exploser, à partir d'un point de mise de feu, les charges qui y sont reliées. - 2. En guerre des mines sur mer, partie d'une mine qui agit soit sur le détonateur soit sur le compteur de navires. [OTAN]

circuit fermé (plongée). *n.m.*

circuit ouvert (plongée). *n.m.*

circuit. *n.m*

Cirque* (ancien surnom du MI5). *n.m.*

citoyen. *n.m.*

citoyenneté. *n.f.*

clair (en) (non chiffré). *adj.*

clair comme l'encre. *adj.*

target (to). *v.t*

"Magnificent Five". *n.* - Nickname given to a network of five British moles educated at Cambridge in the 1930's: Anthony Blunt (1907-1983), Guy Burgess (1911-1963),Donald Maclean (1913-1983), Kim Philby (1912-1998) and John Cairncross (1913-1995).

Fifth Column (term coined by Nationalist General Emilio Mola during the Spanish Civil War, 1936). *n.*

contain (to). *v.t.*

circumspect. *adj.*

caution. *n.*

circumvent (to). *v.t.*

firing circuit. *n.* - 1. In land operations, an electrical circuit and/or pyrotechnic loop designed to detonate connected charges from a firing point. - 2. In naval mine warfare, that part of a mine circuit which either completes the detonator circuit or operates a ship counter. [NATO]

closed circuit (scuba). *n.*

open circuit (scuba). *n.*

circuit. *n.*

Circus* (former nickname of MI5). *n.*

citizen. *n.*

citizenship. *n.*

clear (in) (unciphered). *adj.*

as clear as mud. *adj.*

clair(e)*. *adj.m.(f.)*
clandestin(e). *n.m.(f.) / adj.*
clandestinité. *n.f.*
classer un rapport de contact. *v.t.*
classification de sécurité (*voir* CONFIDENTIEL-DÉFENSE ; SECRET-DÉFENSE ; TRÈS SECRET-DÉFENSE). *n.f.* - Catégorie ou degré de sécurité affecté à une information ou un matériel concernant la défense et servant à indiquer :
a. **le degré de danger** qui en résulterait pour la sécurité nationale ou OTAN en cas de divulgation non autorisée ;
b. **le type de protection exigé** pour se prémunir contre une telle divulgation. [OTAN]
classifier. *v.t.*
clavier. *n.m.*
clavier (clavier français : AZERTY). *n.m.*
clavier du terminal de transmission de données. *n.m.*
clé aléatoire. *n.f.*
clé de décodage. *n.f.*
clé de décryptage. *n.f.*
cliché. *n.m.* - Photographie prise isolément et qui fait éventuellement partie d'une série de prises de vues effectuées successivement. [OTAN]
client*. *n.m.*
clients (autorités gouvernementales). *n.m. pl.*
cliquer (ordinateur). *v.t.*

secure*. *adj.*
clandestine. *adj.*
secret nature. *n.*
file a contact report (to). *v.t.*
security classification (*see* CONFIDENTIAL; SECRET; TOP SECRET). *n.* - A category or grade assigned to defence information or material to indicate the degree or danger to NATO / national security that would result from its unauthorized disclosure and the standard of protection required to guard against unauthorized disclosure. [NATO]

classify (to). *v.t.*
keypad. *n.*
keyboard (US keyboard: QWERTY). *n.*

data transmission terminal keyboard. *n.*

random key. *n.*
decoding key. *n.*
decrypting key. *n.*
frame. *n.* - In photography, any single exposure contained within a continuous sequence of photographs. [NATO]

subject. *n.*
customers (the powers that be). *n. pl.*

click (computer) (to). *v.t.*

cloisonnement. *n.m.*

cloisonner. *v.t.*

cloisonner (étanchéifier le système de sorte que rien ne filtre de ses activités). *v.t.*

close combat (combat rapproché). *n.m.*

clou (de l'opération). *n.m.*

club (officiers des services de renseignement britannique membres des mêmes clubs très fermés). *n.m.*

coalition. *n.f.*

cobaye. *n.m.*

cobelligérance. *n.f.*

cobelligérant. *n.m. / adj.*

cocktail Molotov. *n.m.*

code (fonctionnant sur le principe de la substitution de mots). *n.m.*

code abrégé. *n.m.* - Code dont le but essentiel est de condenser les messages, mais sans en garantir le secret. [OTAN]

code affecté à une voiture radio. *n.m.*

code d'accès. *n.m.*

code de priorité. *n.m.*

coder. *v.t.*

codeur. *n.m.*

coercition. *n.f.*

cohésion. *n.f.*

1. compartmentalization. *n.*
2. compartmentation. *n.*

compartment (to). *v.t.*

compartmentalize (to) (having a seperate procedure for handling sensitive intelligence material). *v.t.*

1. mano a mano. *n.*
2. hand-to-hand combat. *n.*

highlight (of the operation). *n.*

club (clubbable world of British Intelligence). *n.*

coalition. *n.*

guinea pig. *n.*

cobelligerence. *n.*

cobelligerent. *adj. / n.*

gasoline bomb. *n.*

code (working on the principle of substitution of words). *n.*

brevity code. *n.* - A code which provides no security but which has as its sole purpose the shortening of messages rather than the concealment of their content. [NATO]

unit designation. *n.*

access code. *n.*

priority rating. *n.*

encode (to). *v.t.*

encoder. *n.*

coercion. *n.*

cohesion. *n.*

colis piégé. *n.m.* — parcel bomb. *n.*
collaborateur (-trice). *n.m.(f.)* — staff member. *n.*
collaborateur informel. *n.m.* — occasional informant. *n.*
collationner. *v.t* — collate (to). *v.t.*
collecte. *n.f.* —
1. collection. *n.*
2. gathering. *n.*

collecter (renseignement). *v.t.* —
1. collect (information) (to). *v.t.*
2. gather (to). *v.t.*

collègue. *n.m.(f.)* — fellow professional. *n.*
coller au cul* de quelqu'un. *loc.* — stick* to someone (to). *v.i.*
coller au cul* de quelqu'un. *v.i.* — stay on someone's tail* (to). *v.i.*
coller au train de quelqu'un (filature). *loc.* —
1. sit on someone* (to) (surveillance). *phr.*
2. stay on top of someone* (to) (surveillance). *phr.*

coller au train* de quelqu'un (filature). *loc.* — stick* with someone (to) (surveillance). *v.i.*
collusion. *n.f.* — collusion. *n.*
colmater* (une fuite). *v.t.* — plug* (a leak) (to). *v.t.*
colombe (pacifiste). *n.f.* — dove (pacifist). *n.*
colon. *n.m.* — colonist. *n.*
colonel[1]. *n.m.* —
1. colonel (USA, USAF). *n.*
2. group captain (RAF). *n.*

colonisateur. *n.m. / adj.* — colonizer. *n.*
colonisation. *n.f.* — colonization. *n.*
coloniser. *v.t.* — colonize (to). *v.t.*
colonne. *n.f.* — column. *n.*
colporteur de ragots. *n.m.* — scandalmonger. *n.*
combat aérien rapproché. *n.m.* — dogfight. *n.*
combat d'arrière-garde. *n.m.* — rearguard action. *n.*
combat de rues. *n.m.* — street (to street) fighting. *n.*

---

1 - Voir l'équivalence des grades militaires dans les Appendices A et B.

combats. *n.m.pl.*

combattant de la liberté. *n.m.*

combinaison (coffre). *n.f.*

combinaison (moyen déloyal pour parvenir à ses fins). *n.f.*

combinaison de plongée. *n.f.*

combinard(e)*. *n.m.(f.)*

combiné. *adj. m.* - Qualifie des forces ou organismes comportant deux alliés au moins. (Quand les alliés ou les armées ne sont pas tous intéressés, les nations et armées participantes doivent être précisées, par exemple : Marines combinées). [OTAN]

combiné (téléphone). *n.m.*

combine*. *n.f.*

commandant. *n.m.*

commandant interallié. *n.m.* - Chef militaire au sein de la chaîne de commandement OTAN. Aussi appelé « commandant OTAN ». [OTAN]

commandant militaire. *n.m.* - Gouverneur militaire ou toute autre personne désignée qui exerce dans un territoire occupé l'autorité suprême sur la population civile conformément aux lois et usages de la guerre et aux directives reçues de son gouvernement ou de l'autorité supérieure. [OTAN]

commande d'arrêt (magnétophone). *n.f.*

commande d'avance rapide (magnétophone). *n.f.*

fighting. *n.*

freedom fighter. *n.*

combination (safe). *n.*

scheming. *n.*

diving suit. *n.*

schemer. *n.*

combined. *adj.* - Between two or more forces or agencies of two or more allies. (When all allies or services are not involved, the participating nations and services shall be identified; e.g. Combined Navies.) [NATO]

handset (telephone). *n.*

scheme. *n.*

1. major. *n.*

2. squadron leader (RAF). *n.*

allied commander. *n.* - A military commander in the NATO chain of command. Also called "NATO commander". [NATO]

military governor. *n.* - The military commander or other designated person who, in an occupied territory, exercises supreme authority over the civil population subject to the laws and usages of war and to any directive received from his government or his superior. [NATO]

stop button (tape recorder). *n.*

fast forward button (tape recorder). *n.*

commande de pause (magnétophone). *n.f.*

commande de rembobinage (magnétophone). *n.f.*

commande de remise à zéro (magnétophone). *n.f.*

commande d'éjection (magnétophone). *n.f.*

commande d'enregistrement (magnétophone). *n.f.*

commande lecture (magnétophone). *n.f.*

commande marche-arrêt. *n.f.*

commande marche-arrêt (magnétophone). *n.f.*

commandement. *n.m.* - 1. Autorité conférée à un chef militaire pour la direction, la coordination et la conduite d'unités militaires. - 2. Ordre donné par un chef : c'est-à-dire la volonté du chef exprimée en vue de l'exécution d'un acte donné. - 3. Unité ou groupe d'unités, groupement ou zone territoriale, placé aux ordres d'un même chef. [OTAN]

commandement. *n.m.*

commanditaire. *n.m. / adj.*

commanditer. *v.t.*

commando. *n.m.*

commission d'enquête. *n.f.*

commission rogatoire. *n.f.*

pause button (tape recorder). *n.*

rewind button (tape recorder). *n.*

reset button (tape recorder). *n.*

eject button (tape recorder). *n.*

record button (tape recorder). *n.*

play button (tape recorder). *n.*

on/off switch. *n.*

power button (tape recorder). *n.*

command. *n.* - 1. The authority vested in an individual of the armed forces for the direction, co-ordination, and control of military forces. - 2. An order given by a commander; that is, the will of the commander expressed for the purpose of bringing about a particular action. - 3. A unit, or units, an organization, or an area under the command of one individual. [NATO]

leadership. *n.*

sponsor. *n.*

sponsor (to). *v.t.*

commando. *n.*

committee of enquiry. *n.*

search warrant (issued in the US by the Special Foreign Intelligence Surveillance Court for counterintelligence searches, since 1994). *n.*

commission rogatoire (délivrée par une juge d'instruction). *n.f.*

« Communauté du Renseignement » (anglicisme datant de 1947). *n.f.*

communication en PCV. *n.f.*

Communication générale ! (MN)

communication urbaine. *n.f.*

communiqué de presse. *n.m.*

Compagnie* (surnom de la CIA). *n.f.*

compagnon de route*. *n.m.*

compas gyromagnétique. *n.m.* - Gyroscope directionnel dont l'échelle d'azimut est asservie à la direction du nord magnétique par un dispositif de détection magnétique. [OTAN]

compas magnétique. *n.m.* - Instrument utilisant un équipage magnétique suspendu pour indiquer la direction du nord magnétique. [OTAN]

compilation. *n.f.*

compiler. *v.t.*

complexe militaro-industriel (Eisenhower, 1961). *n.m.*

complot. *n.m.*

comploter. *v.t.*

comploteur. *n.m.*

composer (numéro de téléphone). *v.t.*

compréhension. *n.f.*

wiretap order (issued by the D.A.). *n.*

"Intelligence Community" (NSA Act of 1947). *n.*

collect call. *n.*

Now hear this!, Now hear this! (USN)

local call. *n.*

press release. *n.*

Company* (the) (nickname for the CIA). *n.*

fellow traveller*. *n.*

gyro-magnetic compass. *n.* - A directional gyroscope whose azimuth scale is maintained in alignment with the magnetic meridian by a magnetic detector unit. [NATO]

magnetic compass. *n.* - An instrument containing a freely suspended magnetic element which displays the direction of the horizontal component of the earth's magnetic field at the point of observation. [NATO]

compilation. *n.*

compile (to). *v.t.*

military-industrial complex (Eisenhower, 1961). *n.*

plot. *n.*

plot (to). *v.t.*

plotter. *n.*

dial (telephone number) (to). *v.t.*

readability. *n.*

compromettant(e). *adj.m.(f.)*

compromettre. *v.t.*

compromettre (sécurité compromise). *v.t.*

compromis. *n.m.*

compromission. *n.f.*

compte (pour le) d'une (puissance étrangère). *loc.*

compte à rebours. *n.m.*

compte en banque. *n.m.*

compte en banque numéroté (Suisse). *n.m.*

compte en banque secret. *n.m.*

compte rendu de mission. *n.m.* - Compte rendu standard faisant état des résultats d'une mission aérienne et signalant les observations importantes faites au cours du vol. [OTAN]

compte rendu de contact. *n.m.*

compte rendu d'écoute. *n.m.*

conciliabule. *n.m.*

condescendance. *n.f.*

condition physique. *n.f.*

conduire « rênes courtes »*. *loc.*

conduire « rênes longues ». *loc.*

conduit. *n.m.*

conduite indigne d'un officier. *n.f.*

cône de charge. *n.m.* - Partie d'un missile, projectile, torpille ou toute autre munition, qui contient la charge explosive

1. compromising. *adj.*
2. incriminating. *adj.*

incriminate (to). *v.t.*

compromise (to) (compromised security). *v.t.*

compromise. *n.*

shady deal*. *n.*

on behalf of (foreign power). *phr.*

countdown ("T minus 3 seconds and counting"). *n.*

bank account. *n.*

numbered bank account (Switzerland). *n.*

numbered bank account (Switzerland). *n.*

mission report. *n.* - A standard report containing the results of a mission and significant sightings along the flight route. [NATO]

contact report. *n.*

tape transcript. *n.*

secret meeting. *n.*

condescension. *n.*

status. *n.*

tighten the reins* (to). *phr.*

slacken the reins* (to). *phr.*

conduit. *n.*

conduct unbecoming an officer. *n.*

warhead. *n.* - That part of a missile, projectile, torpedo, rocket, or other munition which contains either the nuclear or thermonu-

nucléaire, biologique, chimique ou autre, destinée à provoquer des dégâts. [OTAN]

confiance. *n.f.*
confiance (en) (avoir). *v.t.*
confidentialité. *n.f.*
confidentiel (-le). *adj.m.(f.)*

CONFIDENTIEL-DÉFENSE. *adj.* - Premier degré de la classification établie par les articles 4 et 5 du Décret n° 81-514 du 12 mai 1981 en France. Classification réservée aux informations ne présentant pas en elles-mêmes un caractère secret mais dont la connaissance, la réunion ou l'exploitation peuvent conduire à la divulgation d'un secret intéressant la défense nationale et la sureté de l'État.

configuration (terrain). *n.f.*
confirmation. *n.f.*
confirmer. *v.t.*
conflictuel(-le). *adj.m.(f.)*
conflit. *n.m.*
conforme. *adj. m.(f.)*
confrontation (nucléaire). *n.f.*
conjecture. *n.f.*
connaître (à en) (*voir* besoin d'en connaître). *loc.*
connecter. *v.t.*
conseiller culturel (conscul*). *n.m.*
conseiller militaire. *n.m.*

clear system, high explosive system, chemical or biological agents or inert materials intended to inflict damage. [NATO]

trust. *n.*
trust (someone) (to). *v.t.*
confidentiality. *n.*
1. private. *adj.*
2. confidential. *adj.*

CONFIDENTIAL. *adj.* - Designation applied to information and material, the unauthorized disclosure of which could reasonably be expected to cause damage to national security; Executive Order 12356.

layout (terrain). *n.*
confirmation. *n.*
1. confirm (to). *v.t.*
conflictual. *adj.*
conflict. *n.*
congruent. *adj.*
showdown (nuclear). *n.*
guesswork. *n.*
need-to-know. *phr.*
connect (to). *v.t.*
cultural attaché (in a consulate). *n.*
military adviser. *n.*

conseiller technique. *n.m.* — technical adviser. *n.*

consensus. *n.m.* — consensus. *n.*

consentant(e) (agent double). *adj.m.(f.)* — witting (double agent). *adj.*

consigne. *n.f.* — instruction. *n.*

consigner dans un registre d'écoutes. *v.t.* — jot down on a log book. *v.t.*

conspirateur (de). *adj.* — conspiratorial. *adj.*

conspirateur(-trice). *n.m.(f.)* — conspirator. *n.*

conspiration. *n.f.* — conspiracy. *n.*

conspirer. *v.t.* — conspire (to). *v.t.*

constituer prisonnier (se). *v.pr.* — give oneself up (to). *v.i.*

constitution. *n.f.* - ex. : Article IV de la Constitution des États-Unis, adopté en 1791 : « Le droit des citoyens d'être garantis dans leur personne, leur domicile, leurs papiers et leurs effets contre les perquisitions et saisies non motivées ne sera pas violé, et aucun mandat ne sera délivré, si ce n'est sur présomption sérieuse, corroborée par serment ou affirmation, ni sans qu'il décrive particulièrement le lieu à fouiller et les personnes et les choses à saisir. » — constitution. *n.* - e.g.: Article IV of the US Constitution, adopted in 1791: "The right of the people to be secure in their persons, houses, papers and effects, against unreasonable searches and seizures, shall not be violated, and no warrants shall issue but upon probable course, supported by oath or affirmation, and particularly describing the place to be searched, and the persons or things to be seized."

construction navale. *n.f.* — shipbuilding. *n.*

construction* (interception de sécurité). *n.f.* — bugging* (wiretrap). *n.*

construction* construc* (écoute clandestine). *n.f.* — wiretap*. *n.*

consul. *n.m.* — consul. *n.*

consul général. *n.m.* — consul general. *n.*

consulaire. *adj.m.(f.)* — consular. *adj.*

consulat (général). *n.m.* — consulate (general). *n.*

contact. *n.m.* — contact. *n.*

contact radio. *n.m.*

contact social (relation sociale avec un individu susceptible d'être utilisable). *n.m.*

contacter. *v.t.*

contacter quelqu'un par radio. *v.t.*

contenir. *v.t.* - Arrêter, retenir ou entourer les forces de l'ennemi, ou obliger l'ennemi à centrer son activité sur un front donné et l'empêcher de faire replier une partie quelconque de ses forces pour les utiliser ailleurs. [OTAN]

continent. *n.m.*

contingence. *n.f.*

contourner. *v.t.*

contractuel (-le). *n.m.(f.)*

contradiction. *n.f.*

contraindre. *v.t.*

contraint(e) et forcé(e). *adj.m.(f.)*

contre-amiral[1] (2 étoiles). *n.m.*

contre-attaque. *n.f.* - Attaque, par tout ou partie d'une force défensive, d'une force ennemie assaillante, ayant pour but soit de reprendre le terrain perdu, soit de couper ou détruire les unités ennemies assaillantes, avec pour objectif général d'interdire à l'ennemi la réalisation de ses intentions. En défense d'arrêt, elle est déclenchée pour rétablir la position de résistance principale et ne poursuit que des objectifs limités. [OTAN]

radio contact. *n.*

agent development (development of a social relationship with an individual in order to establish his potential usefulness). *n.*

contact (to). *v.t.*

get someone on the horn (to). *v.t.*

contain (to). *v.t.* - To stop, hold, or surround the forces of the enemy or to cause the enemy to centre his activity on a given front and to prevent his withdrawing any part of his forces for use elsewhere. [NATO]

mainland. *n.*

contingency. *n.*

bypass (to). *v.t.*

annuitant. *n.*

discrepancy. *n.*

coerce (to). *v.t.*

duress (under). *adj.*

1. commodore (USN). *n.*

2. rear admiral (USN). *n.*

counter-attack. *n.* - Attack by a part or all of a defending force against an enemy attacking force, for such specific purposes as regaining ground lost or cutting off or destroying enemy advance units, and with the general objective of denying to the enemy the attainment of his purpose in attacking. In sustained defensive operations, it is undertaken to restore the battle position and is directed at limited objectives. [NATO]

---

1 - Voir l'équivalence des grades militaires dans les Appendices A et B.

contre-attaquer. *v.t.*

contrebande. *n.f.*

contrebandier. *n.m.*

contrecarrer. *v.t.*

contredire. *v.t.*

contre-embuscade. *n.f.*

contre-espion. *n.m.*

contre-espionnage. *n.m.* - activité d'un service de renseignement constituant à neutraliser les efforts d'agents de puissances hostiles.

contre-espionnage (organisation chargée de la surveillance des espions des puissances étrangères sur le territoire national. Exemple : DST en France). *n.m.*

contrefaçon. *n.f.*

contrefaire. *v.t.*

contre-filature. *n.f.*

contre-ingérence. *n.f.* - Opération visant à déceler et à neutraliser toute menace contre la sécurité résultant des activités des services de renseignement, d'organisations ou d'agents se livrant à l'espionnage, au sabotage, à la subversion ou au terrorisme. [OTAN]

contre-ingérence (lutte contre la guérilla et la subversion). *n.f.*

contre-mesure. *n.f.*

contre-mesures de guerre acoustique. *n.f.pl.* - Ce sont les mesures prises pour prévenir ou limiter l'emploi par l'ennemi

counterattack (to). *v.t.*

contraband. *n.*

smuggler. *n.*

block (to). *v.t.*

contradict (to). *v.t.*

counterambush. *n.*

1. counterspy. *n.*
2. mole hunter. *n.*
3. spy catcher. *n.*

counterintelligence. *n.* - activity of an intelligence agency employed in thwarting the efforts of enemy intelligence agents.

counterespionage (the detection and frustration of enemy espionage: MI5 in the UK; FBI in the USA; Shin Bet in Israel). *n.*

forgery. *n.*

forge (to). *v.t.*

countersurveillance. *n.*

counterintelligence. *n.* - Those activities which are concerned with identifying and counteracting the threat to security posed by hostile intelligence services or organizations or by individuals engaged in espionage, sabotage, subversion or terrorism. [NATO]

counterinsurgency (combating guerrilla warfare and subversion). *n.*

countermeasure. *n.*

acoustic warfare countermeasures. *n.pl.* - That aspect of acoustic warfare involving actions taken to pre-

du spectre acoustique sous-marin. Elles impliquent l'emploi délibéré d'émissions acoustiques sous-marines destinées à la déception et au brouillage. [OTAN]

contre-mesures électroniques. *n.f.pl.* - Mesures prises pour interdire ou réduire l'utilisation efficace par l'ennemi du spectre électromagnétique. [OTAN]

contre-offensive. *n.f.*

contrepartie. *n.f.*

contre-pouvoir. *n.m.*

contrer. *v.t.*

contre-révolution. *n.f.*

contre-révolutionnaire. *n.m.(f.) / adj.*

contre-sabotage. *n.m.* - Action ayant pour but de détecter les tentatives de sabotage et de s'y opposer. [OTAN]

contre-subversion. *n.f.* - Action ayant pour but de détecter les tentatives de subversion et de s'y opposer. [OTAN]

contre-surveillance. *n.f.* - Ensemble de mesures actives ou passives prises pour contrecarrer la surveillance adverse. [OTAN]

contre-terrorisme. *n.m.*

contre-terroriste. *n.m.(f.) / adj.*

contre-vérité. *n.f.*

contrôle de friture (transmissions). *n.m.*

vent or reduce an enemy's effective use of the underwater acoustic spectrum. Acoustic warfare countermeasures involve intentional underwater acoustic emissions for deception and jamming. [NATO]

electronic countermeasures. *n.pl.* - That division of electronic warfare involving actions taken to prevent or reduce an enemy's effective use of the electromagnetic spectrum. [NATO]

counteroffensive. *n.*

counterpart. *n.*

challenge to established authority. *n.*

stymie (to). *v.t.*

counterrevolution. *n.*

counterrevolutionary. *n. / adj.*

countersabotage. *n.* - Action designed to detect and counteract sabotage. [NATO]

counter-subversion. *n.* - Action designed to detect and counteract subversion. [NATO]

countersurveillance. *n.* - All measures, active or passive, taken to counteract hostile surveillance. [NATO]

counterterrorism. *n.*

counterterrorist. *n. / adj.*

untruth. *n.*

squelch control (automatic and manual) (communications). *n.*

contrôle inopiné. *n.m.*
contrôler. *v.t.*
contrôler (assurer). *v.t.*
contrôleur. *n.m.*
contumace (par). *adv.*
conventionnel(-elle). *adj.m.(f.)*
conversation téléphonique. *n.f.*
convertisseur. *n.m*
convoi. *n.m.* - 1. Ensemble de navires marchands ou de navires auxiliaires (ou les deux à la fois), généralement escortés par des bâtiments de guerre ou des aéronefs — ou un seul navire marchand ou navire auxiliaire avec escorte de surface — rassemblés et organisés dans le but d'effectuer une traversée de conserve. - 2. À terre : groupe de véhicule organisés de façon à faciliter le contrôle et le déplacement en bon ordre, avec ou sans escorte de protection. [OTAN]
convoyer. *v.t.*
coopératif (-ve). *adj.m.(f.)*
coopérer. *v.t.*
cooptation. *n.f.*
coopté(e). *adj.m.(f.)*
coopter. *v.t.*
coordonnées. *n.f.pl.* - Quantités linéaires ou angulaires définissant la position occupée par un point dans un cadre ou un système de référence. Employé également comme terme général pour désigner le type particulier du cadre et du système de réfé-

random spot check. *n.*
control (to). *v.t.*
secure (to). *v.t.*
controller. *n.*
absentia (in). *adv.*
conventional. *adj.*
phone conversation. *n.*
converter. *n.*
convoy. *n.* - 1. A number of merchant ships or naval auxiliaries, or both, usually escorted by warships and / or aircraft, or a single merchant ship or naval auxiliary under surface escort, assembled and organized for the purpose of passage together. - 2. A group of vehicles organized for the purpose of control and orderly movement with or without escort protection. [NATO]

convoy (to). *v.t.*
cooperative. *adj.*
cooperate (to). *v.t.*
cooptation. *n.*
coopted. *adj.*
coopt (to). *v.t.*
coordinates. *n.pl.* - Linear or angular quantities which designate the position that a point occupies in a given reference frame or system. Also used as a general term to designate the particular kind of reference frame or system such as plane rectan-

rence ; par exemple coordonnées rectangulaires planes, ou coordonnées sphériques. [OTAN]

copie. *n.f.*

corbeau* (auteur de lettres anonymes). *n.m.*

corbeau* (séducteur professionnel à la solde d'un SR). *n.m.*

corde de rappel. *n.f.*

cordeau détonant. *n.m.* - Cordon d'explosif brisant continu dans une gaine souple et étanche, et servant à transmettre la détonation. [OTAN]

cordon. *n.m.*

cordon secteur (magnétophone). *n.m.*

corps d'armée. *n.m.* - Formation supérieure à une division mais inférieure à une armée ou un groupe d'armées, comprenant généralement deux divisions, ou davantage, avec des armes d'appui et des services. [OTAN]

corps expéditionnaire. *n.m.*

corps-à-corps. *n.m.*

corrélation. *n.f.*

corroborer. *v.t.*

corser (boisson). *v.t.*

corvettard* (capitaine de corvette en argot). *n.m.*

COSMIC (classification OTAN TRÈS SECRET). *adv.*

coudées franches (avoir les). *loc.*

couillu* (intrépide). *adj.*

coup bas. *n.m.*

gular co-ordinates or spherical co-ordinates. [NATO]

backup. *n.*

writer of poison pen letters. *n.*

raven* (male entrapment agent). *n.*

rappelling rope. *n.*

1. blasting timer fuse, 2. detonating cord. *n.* - A flexible fabric tube containing a high explosive designed to transmit the detonation wave. [NATO]

cord. *n.*

power cord (tape recorder). *n.*

army corps. *n.* - A formation larger than a division but smaller than an army or army group. It usually consists of two or more divisions together with supporting arms and services. [NATO]

expeditionary force. *n.*

hand-to-hand fight. *n.*

linkage. *n.*

corroborate (to). *v.t.*

spike (drink) (to). *v.t.*

two-and-a-half-striper* (navy lieutenant commander in slang). *n.*

COSMIC (NATO TOP SECRET classification). *adv.*

have elbow room (to). *phr.*

ballsy* (intrepid). *adj.*

1. blow below the belt. *n.*

2. punch below the waist. *n.*

coup d'État. *n.m.*
coup de filet. *n.m.*
coup de main. *n.m.*

coup de pub*. *n.m.*
coup de sécurité* (technique destinée à semer ses poursuivants ou à s'assurer que l'on ne fait pas l'objet d'une filature). *n.m.*
coup fourré*. *n.m.*
coup monté*. *n.m.*

coup sur coup. *adv.*
coup(s) tordu(s)*. *n.m.(pl.)*
coup*. *n.m.*

coupe-file. *n.m.*
Cour d'Assises Spéciale. *n.f.*

Cour de Sûreté de l'État. *n.f.*

cour martiale. *n.f.*
courbe de niveau. *n.f.* - Ligne qui, sur une carte, relie des points d'égale altitude. [OTAN]
courrier (« Les hommes bien élevés ne lisent pas le courrier des autres », Secrétaire d'État Henry L. Stimson, 1929). *n.m.*
course aux armements. *n.f.*
court terme. *n.m.*
court-circuit. *n.m.*
court-circuiter. *v.t.*

coup (d'Etat). *n.*
haul. *n.*
1. boom and bang* operation (OSS term). *n.*
2. raid. *n.*
P.R. stunt*. *n.*
dry cleaning* (countersurveillance technique used either to shake off one's pursuers or to establish whether one is being followed). *n.*
shady deal*. *n.*
1. frameup*. *n.*
2. setup*. *n.*
in quick succession. *adv.*
dirty tricks*. *n.pl.*
1. job*. *n.*
2. score*. *n.*
pass. *n.*
State Security Court (trying spy cases). *n.*
State Security Court (trying spy cases). *n.*
court-martial. *n.*
contour line. *n.* - A line on a map or chart connecting points of equal elevation. [NATO]
mail ("Gentlemen don't read each other's mail", Secretary of State Henry L. Stimson, 1929). *n.*

arms race. *n.*
short haul. *n.*
shortcircuit. *n.*
shortcircuit (to). *v.t.*

cousins* (sobriquet donné par les agents du SIS à leurs homologues de la CIA). *n.m.pl.*

couteaux sont tirés (les). *loc.*

couverture. *n.f.* - 1. Action menée par des forces terrestres, maritimes ou aériennes pour assurer une protection soit par des opérations offensives ou défensives, soit par les menaces de telles actions. - 2. Mesures destinées à protéger une personne, un document, une opérations, un organisme ou une installation contre toute fuite et contre tout effort de recherche ennemie. [OTAN]

couverture (fausse identité destinée à faciliter une opération clandestine). *n.f.*

couverture radar. *n.f.* - Zone à l'intérieur de laquelle des objets peuvent être détectés par une ou plusieurs stations radar déterminées. [OTAN]

couvre-feu. *n.m.*

couvrir quelqu'un. *v.t.*

couvrir*. *v.t.*

cow-boy* (élément incontrôlable). *n.m.*

crapahuter* (progresser à travers un terrain accidenté). *v.t.*

cratère. *n.m.*

crédibiliser. *v.t.*

crédibilité. *n.f.*

crédible. *adj.m.(f.)*

créditer. *v.t.*

cousins* (British SIS slang for CIA officers). *n.pl.*

daggers are drawn. *phr.*

cover. *n.* - 1. The action by land, air, or sea forces to protect by offence, defence, or threat of either or both. - 2. Those measures necessary to give protection to a person, plan, operation, formation or installation from the enemy intelligence effort and leakage of information. [NATO]

cover (protective guise used to prevent identification). *n.*

radar coverage. *n.* - The limits within which objects can be detected by one or more radar stations. [NATO]

curfew

back someone up (to). *v.t.*

cover* (to). *v.t.*

loose cannon* (maverick agent). *n.*

hump* (to) (trudging over difficult terrain and hitting some pretty rough country). *v.t.*

crater. *n.*

give credibility to (to). *v.t.*

credibility. *n.*

credible. *adj.*

credit (to). *v.t.*

créneau*. *n.m.*	window*. *n.*
crête. *n.f.*	ridge. *n.*
crime de guerre. *n.m.*	war crime. *n.*
criminel barricadé. *n.m.*	barricaded felon. *n.*
criminel de guerre. *n.m.*	war criminal. *n.*
crise (ex. : la crise des missiles de Cuba, 1962). *n.f.*	crisis (e.g.: the Cuban missile crisis, 1962). *n.*
crocheter (serrure). *v.t.*	pick (to) (lock). *v.t.*
croisade. *n.f.*	crusade. *n.*
croisé. *n.m.*	crusader. *n.*
crosse d'arrêt. *n.f.* - Mécanisme fixé à un aéronef pour accrocher le dispositif d'arrêt. [OTAN]	tail hook. *n.* - A device fitted to an aircraft to engage arresting gear. [NATO]
croyance. *n.f.*	credence. *n.*
cryptage. *n.m.*	encryption. *n.*
cryptanalyse (nouvelle appellation de la cryptographie). *n.f.*	cryptanalysis (new term for cryptography). *n.*
cryptanalyste. *n.m.(f.)*	cryptanalyst. *n.*
crypter. *v.t.*	encrypt (to). *v.t.*
cryptogramme. *n.m.*	cryptogram. *n.*
cryptographe. *n.m.*	cryptographer. *n.*
cryptographie. *n.f.*	cryptography. *n.*
cryptologie. *n.f.*	cryptology. *n.*
cryptologue. *n.m.(f.)*	cryptologist. *n.*
cryptonyme (nom de code). *n.m.*	cryptonym (code name). *n.*
cryptopartie. *n.f.* - Découpage d'un message prescrit pour raison de sécurité. Les instructions d'emploi de certains systèmes de chiffrement fixent le nombre de groupes pouvant être chiffrés dans ces systèmes, en utilisant un seul indicateur de message. Les cryptoparties sont identifiées en clair. Elles ne	crypto part. *n.* - A division of a message as prescribed for security reasons. The operating instructions for certain cryptosystems prescribe the number of groups which may be encrypted in the systems, using a single message indicator. Crypto parts are identified in plain language. They are not to

doivent pas être confondues avec les parties du message. [OTAN]

cryptosystème. *n.m.*

cuillère (grenade). *n.f.*

cuisiner* (interroger). *v.t.*

cupide. *adj.m.(f.)*

cupidité. *n.f.*

curare *(strychnos toxifera). n.m.*

curseur (bombardier). *n.m.*

cyanure. *n.m.*

cyberterrorisme. *n.m.*

cyberterroriste. *n.m. (f.)*

cycle du renseignement. *n.m.* - Séquence d'opérations par lesquelles les renseignements bruts sont obtenus, regroupés, transformés en renseignement et mis à la disposition des utilisateurs. Ces opérations comprennent :
a. **Orientation** – Détermination des besoins en renseignement, établissement du plan de recherche, envoi de demandes de renseignement et d'ordres de recherche aux organismes de renseignement et contrôle permanent de la production de ces organismes.
b. **Recherche** – Mise en œuvre des sources par les organismes de renseignement et transmission des renseignements bruts obtenus aux organismes d'exploitation appropriés pour leur utilisation dans l'élaboration du renseignement.

be confused with message parts. [NATO]

cryptosystem. *n.*

safety lever (grenade). *n.*

grill* (interrogate) (to). *v.t.*

greedy. *adj.*

greed. *n.*

curare *(strychnos toxifera). n.*

cursor (bomber). *n.*

cyanide. *n.*

cyberterrorism. *n.*

cyberterrorist. *n.*

intelligence cycle. *n.* - The sequence of activities whereby information is obtained, assembled, converted into intelligence and made available to users. This sequence comprises the following four phases:
a. **Direction** – Determination of intelligence requirements, planning the collection effort, issuance of orders and requests to collection agencies and maintenance of a continuous check on the productivity of such agencies.
b. **Collection** – The exploitation of sources by collection agencies and the delivery of the information obtained to the appropriate processing unit for use in the production of intelligence.
c. **Processing** – The conversion of information into intelligence through collation, evaluation, anaslysis, integration and interpretation.

c. **Exploitation** – transformation des renseignements bruts en renseignement par regroupement, évaluation, analyse, synthèse et interprétation.
d. **Diffusion** – Envoi du renseignement en temps utile par tous moyens adaptés et sous une forme appropriée à ceux qui en ont besoin. [OTAN]

cynique. *adj. m.(f.)*

cynique. *n.m.(f.)*

cynisme. *n.m.*

d. **Dissemination** – The timely conveyance of intelligence, in an appropriate form and by any suitable means, to those who need it. [NATO]

cynical. *adj.*

cynic. *n.*

cynicism. *n.*

D

D comme Delta (alphabet phonétique de l'OTAN)
D for Delta (NATO phonetic alphabet)

danger (en). *loc.*
harm's way (in). *phr.*

daube* (renseignement sans valeur). *n.f.*
1. chicken feed* (worthless intelligence). *n.*
2. shopworn goods* (worthless intelligence). *n.pl.*

débâcle. *n.f.*
1. collapse. *n.*
2. downfall. *n.*
3. rout. *n.*

débandade. *n.f.*
stampede. *n.*

débarquement. *n.m.*
landing. *n.*

débarquer. *v.t.*
land (to). *v.t.*

déboguer (ordinateur). *v.t.*
debug (computer) (to). *v.t.*

déborder. *v.t.*
outflank (to). *v.t.*

déboulonnage (démythification). *n.m.*
debunking. *n.*

déboulonner (démythifier). *v.t.*
debunk (to). *v.t.*

débriefer (anglicisme). *v.t.*
1. debrief (to). *v.t.*
2. suck dry* (Russian). *v.t.*

débriefer (transfuge). *v.t.*
milk* (to) (defector). *v.t.*

débriefing (anglicisme). *n.m.*
debriefing. *n.*

débris. *n.m.pl.*
rubble. *n.*

débrouiller (émission radio). *v.t.*
unscramble (radio broadcast) (to). *v.t.*

débrouiller les fils (d'une intrigue). *loc.*
unravel the threads (of a plot) (to). *phr.*

débusquer. *v.t.*
flush out (to). *v.t.*

déceler. *v.t.*

déception. *n.f.* - Mesures visant à induire l'ennemi en erreur, grâce à des truquages, des déformations de la réalité, ou des falsifications, en vue de l'inciter à réagir d'une manière préjudiciable à ses propres intérêts. [OTAN]

déception (anglicisme : dans le sens de tromperie). *n.f.*

déception électronique. *n.f.* - Activité délibérément conduite pour tromper l'ennemi dans l'interprétation ou l'exploitation des informations qu'il reçoit de ses systèmes électroniques. [OTAN]

déception électronique par imitation. *n.f.* - Introduction de rayonnements dans les systèmes électroniques de l'ennemi en imitant ses propres émissions. [OTAN]

déception électronique par manipulation. *n.f.* - Modifications des caractéristiques, des schémas ou des procédures des émissions électromagnétiques amies en vue d'éliminer tout indice indiscret qui pourrait être utilisé par des forces hostiles, ou en vue de les tromper. [OTAN]

déception électronique par simulation. *n.f.* - Création d'émissions électromagnétiques imitant des moyens amis, fictifs ou réels, en vue de tromper les forces hostiles. [OTAN]

déchiffer. *v.t.*

detect (to). *v.t.*

deception. *n.* - Those measures designed to mislead the enemy by manipulation, distortion, or falsification of evidence to induce him to react in a manner prejudicial to his interests. [NATO]

deception "Luring your opponent into doing voluntarily and by choice what you want him to do" (Christopher Felix). *n.*

electronic deception. *n.* - Deliberate activity designed to mislead an enemy in the interpretation or use of information received by his electronic systems. [NATO]

electronic imitative deception. *n.* - The introduction into the enemy electronic systems of radiations imitating the enemy's own emissions. [NATO]

electronic manipulative deception. *n.* - The alteration of friendly electromagnetic emission characteristics, patterns, or procedures to eliminate revealing, or convey misleading, tell-tale indicators that may be used by hostile forces. [NATO]

electronic simulative deception. *n.* - The creation of electromagnetic emissions to represent friendly notional or actual capabilities to mislead hostile forces. [NATO]

decipher (to). *v.t.*

déchiffrage. *n.m.*
déchiffrement. *n.m.*
déchiffrer (code). *v.t.*
déchiffreur (-euse). *n.m.(f.)*
déchiqueter. *v.t.*
déchiré par la guerre. *adj.*
décider. *v.t.*
décideur. *n.m.*

décision. *n.f.*
déclasser. *v.t.* - Réduire la classification de sécurité d'un document à caractère secret ou d'un point particulier d'un document ou d'une question à caractère secret. [OTAN]
déclassifier. *v.t.* - Annuler le classement de sécurité d'un document ou matériel qui y était soumis. [OTAN]
déclencher. *v.t.*
déclencher. *v.t.* - Faire fonctionner la mise de feu d'une mine par action à distance, ou une série d'actions à distance, de manière à remplir toutes les conditions requises pour que cette mise de feu fonctionne ou que le compteur des objectifs avance d'un cran. [OTAN]
décodage. *n.m.*
décoder. *v.t.*
décollage. *n.m.*
décollage immédiat. *n.m.* - Ordre de décollage dans les meilleurs délais, généralement suivi d'indications concernant la mission. [OTAN]

deciphering. *n.*
decryption. *n.*
crack (code) (to). *v.t.*
codebreaker. *n.*
shred (to). *v.t.*
war-torn. *adj.*
decide (to). *v.t.*
1. decision maker. *n.*
2. policymaker. *n.*
decision. *n.*
downgrade (to). *v.t.* - To reduce the security classification of a classified document or an item of classified matter or material. [NATO]

declassify (to). *v.t.* - To cancel the security classification of an item of classified matter. [NATO]

trigger (to). *v.t.*
actuate (to). *v.t.* - To operate a mine-firing mechanism by an influence or a series of influences in such a way that all the requirements or the mechanism for firing, or for registering a target count, are met. [NATO]

decoding. *n.*
decode (to). *v.t.*
takeoff. *n.*
scramble. *n.* - An order directing take-off of aircraft as quickly as possible, usually followed by mission instructions. [NATO]

décoller. *v.t.* — takeoff (to). *v.t.*

décolonisation. *n.f.* — decolonization. *n.*

décoloniser. *v.t.* — decolonize (to). *v.t.*

décompte des cadavres. *n.m.* — body count. *n.*

déconnecter. *v.t.* — disconnect (to). *v.t.*

découdre (en). *v.i.* — fight (to). *v.t.*

découvrir le pot aux roses (la rose était le symbole du silence et du secret chez les Romains). *loc.* — get to the bottom of things (to). *phr.*

décrédibiliser. *v.t.* — withdraw credibility (to). *v.t.*

Décrivez ! (transmissions) — What's your position ? (communications)

décrocher* (règle numéro un de la filature : décrocher* plutôt que se faire repérer). *v.i.* — drop the tail* (to). *v.t.*

décrocher (vol). *v.t.* — stall (flight) (to). *v.t.*

décrocher* (mettre un terme à une filature). *v.i.* — withdraw the tail* (to). *v.t.*

décryptage. *n.m.* — decrypting. *n.*

décrypter. *v.t.* — decrypt (to). *v.t.*

dédouaner. *v.t.* — clear (the name of) (to). *v.t.*

dédoublement de la personnalité. *n.m.* — split personality. *n.*

dédramatiser. *v.t.* — underdramatize (to). *v.t.*

déduction. *n.f.* — inference. *n.*

déduire. *v.t.* — infer (to). *v.t.*

défaillance (fonctionnement défectueux). *n.f.* — malfunction. *n.*

défaire de (se) (d'une contre-filature). *v.pr.* — throw off (to) (a countersurveillance). *v.t.*

défaite. *n.f.* — defeat. *n.*

défaite écrasante. *n.f.* — crushing defeat. *n.*

défecteur (tout défecteur est le pire cauchemar d'une taupe*). *n.m.* — defector (a defector is the mole's worst nightmare). *n.*

défecteur. *n.m.*
défection. *n.f.*
défendable. *adj.m.(f.)*
défense. *n.f.*
défense civile (a pour objet la sauvegarde de l'appareil de l'État, la préservation de la sécurité générale en situation de crise, la protection des populations face aux risques technologiques ou conflictuels.). *n.f.*
défensif (-ve). *adj.m.(f.)*
défiance. *n.f.*
défier (se). *v.pr.*
défiler (ordinateur). *v.i.*
définition. *n.f.*
déflagration. *n.f.*
dégats annexes (bombardement). *n.m.pl.*
dégel. *n.m.*
dégraissage (réduction d'effectif par exemple). *n.m.*
dégraisser (réduire). *v.t.*
déguisement. *n.m.*
déguiser. *v.t.*
déguiser en (se). *v.pr.*
déjouer. *v.t.*

déjouer (filature). *v.t.*
délai. *n.m.*
délestage. *n.m.* - Largage volontaire de charges d'un aéronef afin d'assurer sa sécurité ou de le préparer pour le combat aérien. [OTAN]

defector. *n.*
defection. *n.*
tenable. *adj.*
defense. *n.*
civil defense. *n.*

defensive. *adj.*
distrust. *n.*
distrust (to). *v.t.*
scroll (computer) (to). *v.i.*
definition. *n.*
explosion. *n.*
collateral damage (bombing). *n.*

thaw. *n.*
downsizing (e.g. personnel reduction). *n.*

downsize (reduce) (to). *v.t.*
disguise. *n.*
disguise (to). *v.t.*
masquerade as (to). *v.t.*
1. foil (to). *v.t.*
2. outfox (to). *v.t.*
3. thwart (to). *v.t.*
elude surveillance (to). *v.t.*
deadline. *n.*
jettison. *n.* - Deliberate release of an aircraft store from an aircraft to effect aircraft safety or prepare for air combat. [NATO]

délétère. *adj.m.(f.)* — noxious. *adj.*
délicat(e). *adj.m.(f.)* — delicate. *adj.*
déloyal (e). *adj.m.(f.)* — disloyal. *adj.*
déloyauté. *n.f.* — disloyalty. *n.*
delta plane. *n.m.* — hang glider. *n.*
démagnétiser. *v.t.* — degaus (to). *v.t.*
demande de rançon. *n.f.* — ransom demand. *n.*
démantèlement. *n.m.* — dismantling. *n.*
démanteler. *v.t.* — dismantle (to). *v.t.*
démasquer. *v.t.* — unmask (to). *v.t.*
démêler (le réel d'avec l'imaginaire). *v.t.* — winnow out (fact from fiction) (to). *v.t.*
démêler le vrai du faux. *loc.* — disentangle truth from falsehood (to). *phr.*
démêler les fils (d'une intrigue). *loc.* — unravel the strands (of a plot) (to). *phr.*
démenti (le gouvernement oppose un démenti formel...). *n.m.* — denial. *n.*
démenti (cinglant). *n.m.* — denial (scathing). *n.*
démenti officiel. *n.m.* — plausible deniability. *n.*
démenti plausible. *n.m.* — plausible denial. *n.*
démentir (le gouvernement dément toute connaissance...). *v.t.* — deny (to) (Government denies knowledge...). *v.t.*
demeurer implacable. *v.t.* — relent (to). *v.t.*
déminage. *n.m.* - Toute opération au cours de laquelle on a recours à du personnel parfaitement qualifié pour intervenir sur des mines dans le but de les désamorcer, de les faire sauter, de les récupérer, de les déplacer ou de les détruire. [OTAN] — mine disposal. *n.* - The operation by suitably qualified personnel designed to render safe, neutralize, recover, remove or destroy mines. [NATO]
déminer. *v.t.* — clear mines (to). *v.t.*
démission. *n.f.* — resignation. *n.*
démissionnaire. *adj.m.(f.)* — outgoing. *adj.*

démissionner. *v.t.*

demi-vérité. *n.f.*

démolition sous-marine. *n.f.* - Destruction ou neutralisation d'obstacles sous-marins ; elle est normalement effectuée par des équipes de démolition sous-marine. [OTAN]

démoraliser. *v.t.*

dénicher (taupe*). *v.t.*

deniers (État). *n.m.pl.*

dénoncer. *v.t.*

dénonciation. *n.f.*

dépasser en nombre. *v.t.*

dépasser les bornes. *loc.*

dépersonnalisation (lavage de cerveau). *n.f.*

déporté(e). *n.m.(f.)*

déposer les armes. *v.t.*

déposer une bombe. *v.t.*

dépôt. *n.m.*

dépoussiérer* (ligne téléphonique). *v.t.*

déprogrammation. *n.f.*

déprogrammer. *v.t.*

dérangeant (e). *adj.m.(f.)*

dérapage. *n.m.*

dérapage verbal. *n.m.*

déroutant (e). *adj.m.(f.)*

déroute. *n.f.*

dérouter (navire ou aéronef). *v.t.*

dés sont pipés (les). *loc*

resign (to). *v.t.*

half-truth. *n.*

underwater demolition. *n.* - The destruction or neutralization of underwater obstacles; this is normally accomplished by underwater demolition teams. [NATO]

demoralize (to). *v.t.*

unearth (mole*) (to). *v.t.*

monies (Government). *n.pl.*

1. blow the whistle on (to). *v.t.*

2. denounce (to). *v.t.*

denunciation. *n.*

outnumber (to). *v.t.*

be out of line (to). *phr.*

depatterning (brainwashing). *n.*

deportee. *n.*

lay down weapons (to). *v.t.*

plant a bomb (to). *v.t.*

dump. *n.*

fumigate* (phone line) (to). *v.t.*

deprograming. *n.*

deprogram (to). *v.t.*

disturbing. *adj.*

slipup. *n.*

verbal *faux-pas*. *n.*

confusing. *adj.*

rout. *n.*

set off course (ship or aircraft) (to). *v.t.*

dice are loaded (the). *phr.*

désabusé(e). *adj.m.(f.)*

désactiver* (agent). *v.t.*

désamorcer (crise). *v.t.*

désamorcer une bombe. *v.t.*

désarmé(e) (ex. : système d'alarme désarmé). *adj. m. (f.)*

désarmement. *n.m.*

désarmer. *v.t.*

désastre. *n.m.*

désaveu. *n.m.*

désavouer. *v.t.*

descendre en rappel. *v.t.*

désengagement. *n.m.* - Opération planifiée dans laquelle une force au contact se soustrait à l'ennemi. [OTAN]

désert des miroirs. *n.m.* - « Ce désert des miroirs dans lesquels les transfuges sont faux ; les mensonges, des vérités ; les vérités, des mensonges et dont les reflets vous éblouissent et vous troublent. » David Wise, *Nightmover*, d'après *Gerontion*, poème de T.S. Eliot.

déserter. *v.t.*

déserteur. *n.m.*

désertion. *n.f.*

déshonneur. *n.m.*

déshonorer. *v.t.*

disillusioned. *adj.*

1. deactivate* (agent) (to). *v.t.*
2. put on ice* (agent) (to). *v.t.*

defuse (crisis) (to). *v.t.*

1. defuse a bomb (to). *v.t.*
2. disable (bomb) (to). *v.t.*

clear (e.g.: system clear). *adj.*

disarmament. *n.*

disarm (to). *v.t.*

disaster. *n.*

disavowal. *n.*

disavow (to). *v.t.*

1. abseil (to). *v.t.*
2. rappel (to). *v.t.*

withdrawal operation. *n.* - A planned operation in which a force in contact disengages from an enemy force. [NATO]

wilderness of mirrors. *n.* - "The wilderness of mirrors where defectors are false, lies are truth, truth lies, and the reflections leave you dazzled and confused." - David Wise, *Nightmover*, after *Gerontion*, a poem by T.S. Eliot.

desert (to). *v.t.*

deserter. *n.*

desertion. *n.*

dishonor. *n.*

dishonor (to). *v.t.*

désignation des jours et des heures. *n.f.* - Signification des appellations suivantes :
- **Jour J**[1] : jour initial, ou prévu comme tel, d'une opération. Il peut coïncider avec le début des hostilités ou d'une opération quelconque.
- **Jour E**[1] : jour du début d'un exercice OTAN.
- **Jour K**[1] : jour auquel est mis en vigueur, un système de convois sur toute route de convois déterminée.
- **Jour M**[1] : jour auquel doit ou devrait commencer la mobilisation.
- **Heure H**[1] : heure à laquelle une opération ou un exercice commence ou doit commencer.

désinformateur. *n.m.*

désinformation (technique d'espionnage stratégique destinée à désorganiser l'adversaire en lui faisant croire à quelque chose qui n'existe pas ; *dezinformatsia* en russe). *n.f.*

désinformer. *v.t.*

désintoxication. *n.f.*

désintoxiquer. *v.t.*

désserrer l'étau. *loc.*

dessin de camouflage. *n.m.* - Ensemble de surfaces irrégulières et colorées peintes sur un objet pour améliorer ses capacités de camouflage. [OTAN]

designation of days and hours. *n.* - The following designations have the meaning shown:
- **D-day**[1]: The day on which an operation commences or is due to commence. This may be the commencement of hostilities or any other operation.
- **E-day**[1]: The day on which a NATO exercise commences.
- **K-day**[1]: The day on which a convoy system is introduced or is due to be introduced on any particular convoy lane.
- **M-day**[1]: The day on which mobilization commences or is due to commence.
- **H-hour**[1]: The specific time at which an operation or exercise commences, or is due to commence.

disinformer. *n.*

disinformation (creation and dissemination of misleading or false information to injure the image of the targeted enemy; *dezinformatsia* in Russian). *n.*

disinform (to) (feeding misleading information). *v.t.*

disintoxication. *n.*

disintoxicate (to). *v.t.*

loosen the noose (to). *phr.*

disruptive pattern. *n.* - In surveillance, an arrangement of suitably coloured irregular shapes which, when applied to the surface or an object, is intended to enhance its camouflage. [NATO]

---

1 - Cette appellation est également utilisée comme référence pour désigner les jours ou les heures précédant ou suivant l'événement. [OTAN]

dessous-de-table*. *n.m.*

déstabilisation. *n.f.* - Action menée par un pays à la fois sur le plan économique et sur le plan politique dans le but de renverser un gouvernement et de le remplacer par une faction favorable à sa cause.

déstabiliser. *v.t.*

destinataire. *n.m.(f.)*

destiné(e) à faire diversion. *adj.m.(f.)*

destituer. *v.t.*

destitution. *n.f.*

destruction. *n.f.*

détecter. *v.t.*

détecteur. *n.m.*

détecteur de mensonge. *n.m.*

détecteur de métal. *n.m.*

détecteur thermique. *n.m.*

détection. *n.f.* - Découverte par un moyen quelconque de la présence d'une personne, d'un objet ou d'un phénomène susceptible d'avoir un intérêt militaire. [OTAN]

détection radioélectrique. *n.f.* - Détection de la présence d'un objet par moyen radioélectrique, sans détermination précise de sa position. [OTAN]

détendeur (plongée). *n.m.*

détente (*glasnost* en russe). *n.f.*

détente facile* (avoir la). *loc.*

kickback*. *n.*

destabilization. *n.* - Making a government or economy unstable in order to impair its functioning or bring about its collapse.

destabilize (to). *v.t.*

1. addressee. *n.*

2. sendee. *n.*

diversionary. *adj.*

impeach (to). *v.t.*

impeachment. *n.*

destruction. *n.*

detect (to). *v.t.*

detector. *n.*

1. lie detector. *n.*

2. polygraph. *n.*

magnetometer. *n.*

thermal detector. *n.*

detection. *n.* - The discovery by any means of the presence or a person, object or phenomenon of potential military significance. [NATO]

radio detection. *n.* - The detection of the presence of an object by radio-location without precise determination of its position. [NATO]

regulator (diving). *n.*

détente (*glasnost* in Russian). *n.*

trigger happy* (to be). *phr.*

détonateur. *n.m.* - Artifice contenant un explosif sensible destiné à produire une onde de détonation. [OTAN]
détonateur. *n.m.*
détonateur à retard. *n.m.*
détonateur altimétrique. *n.m.*
détournement (aéronef). *n.m.*

détourner (argent). *v.t.*
détourner (aéronef). *v.t.*

détronché* (agent en exercice à l'étranger jouissant d'une immunité diplomatique). *n.m.*

détruire. *v.t.*
Deuxième Bureau (*voir* DRM dans « Sigles et Abréviations français »). *n.m.*
dévastation. *n.f.*
dévaster. *v.t.*
développer (raisonnement). *v.t.*
dévoiler. *v.t.*
devoir. *n.m.*
diable* (mannequin monté sur ressorts). *n.m.*

diabolisation. *n.f.*
diaboliser. *v.t.*
dialogue. *n.m.*
dialoguer. *v.t.*
dictateur. *n.m.*
dictatorial. *adj.m.*
dictature. *n.f.*

detonator. *n.* - A device containing a sensitive explosive intended to produce a detonation wave. [NATO]
fuse / fuze (UK). *n.*
time fuse. *n.*
altimetric detonator. *n.*
1. hijacking (aircraft). *n.*
2. skyjacking. *n.*
divert (money) (to). *v.t.*
1. hijack (to) (aircraft). *v.t.*
2. skyjack (to) (aircraft). *v.t.*

light cover* (*katsa* working under diplomatic cover)

destroy (to). *v.t.*
Intelligence Branch (G-2). *n.*

devastation. *n.*
lay waste (to). *v.t.*
elaborate (reasoning) (to). *v.t.*
unveil (to). *v.t.*
duty. *n.*
1. jack-in-the-box* (spring-loaded dummy). *n.*
2. jib* (spring-loaded dummy). *n.*
demonization. *n.*
demonize (to). *v.t.*
dialogue. *n.*
have a dialogue (to). *v.t.*
dictator. *n.*
dictatorial. *adj.*
dictatorship. *n.*

dièse (#). *n.f.* — pound (#). *n.*
diffamer. *v.t.* — slander (to). *v.t.*
différé (en). *adj.* — off-line. *adj.*
diffuser (renseignement). *v.t.* — disseminate (intelligence) (to). *v.t.*
diffuser un avis de recherche (concernant). *v.t.* — put out an APB on (to) (All-Point Bulletin). *v.t.*
diffusion restreinte. *n.f.* — restricted. *adj.*
digital. *adj.m.* — digital. *n.*
diktat. *n.m.* — diktat. *n.*
dilemme. *n.m.* — dilemma. *n.*
dilettante. *n.m. / adj.* — dilettante. *n.*
dilettantisme. *n.m.* — dilettantism. *n.*
diligenter (une enquête). *v.t.* — launch (an investigation) (to). *v.t.*
diméthyl méthylphosphonate (produit entrant dans la composition du sarin, gaz neurotoxique). *n.m.* — dimethyl methylphosphonate (ingredient used to produce the deadly nerve gas sarin). *n.*
diplomate. *n.m.(f.)* — diplomat. *n.*
diplomatie. *n.f.* — diplomacy. *n.*
diplomatie de la navette. *n.f.* — shuttle diplomacy. *n.*
diplomatique. *adj.m.(f.)* — diplomatic. *adj.*
directeur. *n.m.* — director. *n.*
direction. *n.f.* — directorate. *n.*
directorat (*upravalenie* en russe). *n.m.* — directorate (*upravalenie* in Russian). *n.*
discipline. *n.f.* — discipline. *n.*
discréditer. *v.t.* — discredit (to). *v.t.*
discret (e). *n.m.(f.) / adj.* — discreet. *adj.*
discrétion. *n.f.* — discretion. *n.*
disculper. *v.t.* — clear (to). *v.t.*
discussion (houleuse). *n.f.* — talk (stormy). *n.*
discussion (passionnée). *n.f.* — debate (heated). *n.*
disparaître. *v.t.* — disappear (to). *v.t.*

disparition. *n.f.*

dispositif. *n.m.*

dispositif de mise à feu. *n.m.*

dispositif de sécurité. *n.m.* - Tout dispositif qui rend impossible tout fonctionnement accidentel. [OTAN]

dispositif explosif improvisé. *n.m.* - Dispositifs mis en place ou réalisés de façon improvisée. Ils peuvent être destructifs, mortels, nuisibles, pyrotechniques ou chimiques et incendiaires et sont utilisés pour détruire, défigurer ou harceler l'ennemi. Ils peuvent être réalisés à partir de stocks militaires mais sont généralement, constitués de sous-ensembles non approvisionnés normalement. [OTAN]

disproportionné(e). *adj.m.(f.)*

disque dur. *n.m.*

disque souple. *n.m.*

disquette (3 pouces et demi contenant 1,4 méga-octets de données). *n.f.*

dissidence. *n.f.*

dissident(e). *adj.m.(f.)*

dissimulation. *n.f.* - Protection vis-à-vis de l'observation ou de la surveillance. [OTAN]

dissimulation. *n.f.*

dissimuler. *v.t.*

dissuader. *v.t.*

dissuasion. *n.f.*

disappearance. *n.*

1. device. *n.*
2. plan of action. *n.*

igniting device. *n.*

safety device. *n.* - A device which prevents unintentional functioning. [NATO]

improvised explosive devices. *n.pl.* - Those devices placed or fabricated in an improvised manner incorporating destructive, lethal, noxious, pyrotechnic or incendiary chemicals, designed to destroy, disfigure, distract or harass. They may incorporate military stores, but are normally devised from non-military components. [NATO]

blown out of proportion. *adj.*

hard disk. *n.*

floppy disk. *n.*

diskette (3.5-inch containing 1.4 megabytes of data). *n.*

dissidence. *n.*

dissident. *adj.*

concealment. *n.* - The protection from observation or surveillance. [NATO]

coverup. *n.*

1. conceal (to). *v.t.*
2. cover up (to). *v.t.*

deter (to). *v.t.*

deterrent. *n.*

diversion. *n.f.*

division (service spécialisé dans une centrale de renseignement). *n.f.*

divulgation. *n.f.*

divulguer. *v.t.*

doctrine. *n.f.*

document. *n.m.*

dommageable. *adj.m.(f.)*

donnant, donnant. *loc.*

données. *n.f.pl.*

donner à cœur joie (s'en). *loc.*

donner dans le panneau. *loc.*

donner du mou* (filatre). *loc.*

donner l'assaut à. *v.i.*

donner un chèque en blanc. *loc.*

dormant* (agent). *adj.n.m.*

dormeur* (agent). *adj.n.m.*

dosiphote. *n.m.* - Film photographique, placé dans un étui en forme de « badge », et porté par le personnel afin qu'il mesure et enregistre en permanence (normalement) la dose de rayons gamma. [OTAN]

dossier. *n.m.*

dossier effacé. *n.m.*

dotation. *n.f.* - Quantité et nature des matériels détenus par toute unité en conformité avec les tableaux de dotation. [OTAN]

diversion. *n.*

desk (specialized section within an intelligence agency). *n.*

disclosure. *n.*

1. divulge (to). *v.t.*
2. disclose (to). *v.t.*

doctrine. *n.*

document. *n.*

damaging. *adj.*

one good turn deserves another. *phr.*

data. *n.pl.*

field day (to have a) (to). *phr.*

fall into the trap (to). *v.t.*

keep a loose tail* (surveillance) (to). *v.t.*

assault (to). *v.t.*

give carte blanche (to). *phr.*

sleeper* (agent). *n.*

sleeper* (agent). *n.*

film badge. *n.* - A photographic film packet to be carried by personnel, in the form of a badge, for measuring and permanently recording (usually) gamma-ray dosage. [NATO]

1. case. *n.*
2. dossier. *n.*
3. file. *n.*

file deleted. *n.*

unit equipment. *n.* - The equipment prescribed by the table of organization and equipment, or national equivalents pertaining

double fond (serviette ou mallette). *n.m.*

doubler*. *v.t.*

dragage des mines. *n.m.* - Procédé de recherche ou de neutralisation qui soit utilise des dragues mécaniques ou explosives destinées à enlever ou détruire la mine, soit produit dans la zone les influences nécessaires pour déclencher la mine. [OTAN]

dragon (quatre dragons : Taïwan, Corée du Sud, Hong Kong, Singapour). *n.m.*

dragueur de mines. *n.m.*

dresser une embuscade. *v.t.*

driver* (contrôler un agent). *v.t.*

droit d'asile. *n.m.*

droit de suite. *n.m.*

droits de l'homme. *n.m.pl.*

droits et devoirs. *n.m.pl.*

drone de surveillance (avion sans pilote). *n.m.*

dupe. *n.m.(f.) / adj.*

duper. *v.t.*

duperie. *n.f.* - « Tout l'art de la guerre est basé sur la duperie » Sun Tzu, *L'Art de la guerre*.

duplicité. *n.f.*

dur (politique). *adj.m.*

dur à cuire*. *n.m.*

durcir ses positions. *loc.*

dyarchie. *n.f.*

false bottom (such as a trick briefcase with a false panel to conceal classified documents). *n.*

doublecross* (to). *v.t.*

minesweeping. *n.* - The technique of searching for, or clearing mines using mechanical or explosion gear, which physically removes or destroys the mine, or produces, in the area, the influence fields necessary to actuate it. [NATO]

dragon (four dragons: Taiwan, South Korea, Hong Kong, Singapore). *n.*

mine-sweeper. *n.*

to lay an ambush. *v.t.*

run (to) (run an agent). *v.t.*

right of asylum. *n.*

hot pursuit. *n.*

human rights. *n.pl.*

rights and responsiblities. *n.pl.*

surveillance drone (unmanned plane). *n.*

dupe. *n. / adj.*

deceive (to). *v.t.*

deception. *n.* - "A military operation involves deception" Sun Tzu, *The Art of War*.

duplicity. *n.*

hawkish* (political). *adj.*

tough cookie*. *n.*

dig in one's heels (to). *phr.*

dyarchy. *n.*

dynamite. *n.f.*
dynamiter. *v.t.*
dysfonctionnel (-le). *adj.m.(f.)*
dysfonctionnement. *n.m.*

dynamite. *n.*
dynamite (to). *v.t.*
dysfunctional. *adj.*
dysfunctioning. *n.*

E

E comme Echo (alphabet phonétique de l'OTAN)

eau lourde (Deutérium : D_2O). *n.f.*

échange. *n.m.*

échappatoire. *n.f.*

échec (patent). *n.m.*

échelle. *n.f.* - Rapport entre la distance mesurée sur une carte ou une photographie et la distance correspondante sur le terrain. [OTAN]

échelle photographique. *n.f.* - Rapport entre une distance mesurées sur une photographie ou une mosaïque d'une part et la distance correspondante sur le terrain d'autre part. La classification des échelles est la suivante :
a. très grande échelle 1 : 4 999 et au-dessus ; b. grande échelle de 1 : 5 000 à 1 : 9 999 ; c. échelle moyenne de 1 : 10 000 à 1 :24 999 ; d. petite échelle de 1 :25 000 à 1 : 49 999 ; e. très petite échelle de 1 : 50 000 et au-dessous. [OTAN]

échine souple (avoir l'). *loc.*

écho radar. *n.m.* - 1. Énergie électromagnétique reçue après réflexion sur un objet. - 2. Représentation du phénomène de déflexion ou changement d'in-

E for Echo (NATO phonetic alphabet)

heavy water. *n.*

switch. *n.*

loophole. *n.*

failure (obvious). *n.*

scale. *n.* - The ratio or fraction between the distance on a map, chart, or photograph and the corresponding distance on the surface of the earth. [NATO]

photographic scale. *n.* - The ratio of a distance measured on a photograph or mosaic to the corresponding distance on the ground, classified as follows:
a. very large scale 1: 4,999 and larger; **b. large scale** 1: 5,000 to 1: 9,999; **c. medium scale** 1: 10,000 to 1: 24,999; **d. small scale** 1: 25,000 to 1: 49,999; **e. very somall scale** 1: 50,000 and smaller. [NATO]

subservient (to be). *v.t.*

radar echo. *n.* - 1. The electromagnetic energy received after reflection from an object. - 2. The deflection or change of intensity on a cathode ray tube

tensité sur un appareillage de tubes à rayons cathodiques. [OTAN]

échouer. *v.t.*

éclairage (reconnaissance). *n.m.*

éclaircir (problème). *v.t.*

éclaireur. *n.m.*

école rose* (chantage aux mœurs). *n.f.*

écoterrorisme. *n.m.*

écoterroriste. *n.m.(f.)*

écoute (clandestine). *n.f.*

écoute administrative. *n.f.*

écoute de contrôle. *n.f.* - 1. Écoute, surveillance et/ou enregistrement des émissions de ses propres forces ou des forces alliées, dans le but d'assurer le respect des procédures et des mesures de sécurité, d'en augmenter le rendement ou pour s'y référer au besoin. - 2. Écoute, surveillance et/ou enregistrement des émissions ennemies dans le but d'en obtenir des renseignements. [OTAN]

écoute électronique. *n.f.*

écoute illégale. *n.f.*

écoute sauvage*. *n.f.*

écoute téléphonique. *n.f.*

écoute vingt-quatre heures sur vingt-quatre. *n.f.*

display produced by a radar echo. [NATO]

fail (to). *v.t.*

pathfinding (reconnaissance). *n.*

clear up (issue) (to). *v.t.*

1. pathfinder. *n.*
2. scout. *n.*

charm school* (sexual blackmailing). *n.*

ecoterrorism. *n.*

ecoterrorist. *n.*

1. telephone tapping. *n.*
2. wiretapping. *n.*

legal wiretap. *n.*

monitoring. *n.* - 1. The act of listening, carrying out surveillance on, and/or recording the emissions of one's own or allied forces for the purpose of maintaining and improving procedural standards and security, or for reference, as applicable. - 2. The act of listening, carrying out surveillance on, and / or recording of enemy emissions for intelligence purposes. [NATO]

1. electronic eavesdropping. *n.*
2. electronic surveillance. *n.*
3. monitor. *n.*

illegal wiretap. *n.*

1. illegal wiretapping. *n.*
2. unauthorized wiretap. *n.*

wiretap. *n.*

round-the-clock monitor. *n.*

écouter. *v.t.*
écouter (clandestinement). *v.t.*
écouter aux portes. *v.t.*
écouter de façon indiscrète. *v.t.*
écouteur. *n.m.*
écran. *n.m.*
écraser le coup*. *loc.*
édulcorer. *v.t.*
effacé(e). *adj.m.(f.)*
effacer. *v.t.*
effacer* (tuer). *v.t.*
effectif. *n.m.*

effectuer (mission). *v.t.*
effectuer un branchement. *v.t.*

effectuer un sauvetage. *v.t.*
effectuer une liaison. *v.t.*
effet d'interférence audio (ex. : téléphone près d'une radio ou d'un téléviseur allumé). *n.m.*
effet dissuasif. *n.m.*
effet domino. *n.m.*
effet doppler. *n.m.* - Variation apparente de fréquence d'une onde acoustique ou radioélectrique qui atteint un observateur ou un récepteur de radio, causée par une variation de la distance entre la source et l'opérateur ou le récepteur pendant la transmission. [OTAN]
efficace. *adj.m.(f.)*

monitor (to). *v.t.*
tap (to). *v.t.*
eavesdrop (to). *v.t.*
eavesdrop (to). *v.t.*
earphone. *n.*
screen. *n.*
keep it quiet (to). *v.t.*
water down (to). *v.t.*
self-effacing. *adj.*
delete (to). *v.t.*
erase* (to) (kill). *v.t.*
1. complement. *n.*
2. staff. *n.*

carry out (a mission) (to). *v.t.*
install electronic monitoring devices (to). *v.t.*

rescue (to). *v.t.*
liaise (to). *v.t.*
"howl around effect". *n.*

deterrent effect. *n.*
domino effect. *n.*
doppler effect. *n.* - The phenomenon evidenced by the change in the observed frequency of a sound or radio wave caused by a time rate of change in the effective length of the path of travel between the source and the point of observation. [NATO]
1. effective. *adj.*
2. efficient. *adj.*

efficacité. *n.f.*

effondrement. *n.m.*
effondrer (s'). *v.pr.*
égarer (document). *v.t.*
égocentrique. *adj.m.(f.)*
élargir (remettre en liberté). *v.t.*
électro-choc. *n.m.*
électromagnétique (mine, radar). *adj.m.(f.)*
électron libre* (sujet incontrôlable). *n.m.*

électronique. *n.f.*
« **éléphant incontrôlé** » (surnom donné à la CIA au cours des années soixante). *n.m.*
élimination* (assassinat). *n.f.*

éliminer (feu ennemi). *v.t.*
éliminer* (assassiner). *v.t.*
élite. *n.f.*
élitisme. *n.m.*
élitiste. *adj.m.(f.)*
éloquent (e). *adj.m.(f.)*
éluder. *v.t.*

émarger. *v.t.*
embargo. *n.m.*
embrasement. *n.m.*
embrouille*. *n.f.*
embrouillement. *n.m.*
embrouiller. *v.t.*

1. effectiveness. *n.*
2. efficiency. *n.*
collapse. *n.*
collapse (to). *v.t.*
mislay (document) (to). *v.t.*
self-absorbed. *adj.*
spring (release) (to). *v.t.*
electro-shock. *n.*
electromagnetic (mine, radar). *adj.*

1. loose cannon*. *n.*
2. maverick* (uncontrollable subject). *n.*

electronics. *n.*
"rogue elephant" (nickname of the CIA during the 60's). *n.*

executive action* (assassination). *n.*
suppress (enemy fire) (to). *v.t.*
sanction* (assassinate) (to). *v.t.*
elite. *n.*
elitism. *n.*
elitist. *adj.*
articulate. *adj.*
1. dodge (to). *v.t.*
2. elude (to). *v.t.*
be on the payroll (to). *v.t.*
embargo. *n.*
uprising. *n.*
shady deal*. *n.*
obfuscation. *n.*
obfuscate (to). *v.t.*

embuscade. *n.f.*

émetteur. *n.m.*

émetteur en rafales. *n.m.*

émetteur protéique (indétectable). *n.m.*

émetteur-récepteur. *n.m.*

émettre. *v.t.*

éminence grise (surnom donné au père Joseph, 1577-1638, en raison de la couleur de sa robe, collaborateur intime de Richelieu, surnommé l'Éminence rouge, 1585-1642). *n.f.*

émissaire. *n.m.*

empêcheur de tourner en rond*. *n.m.*

emplacement de tir abrité. *n.m.* - Fortification petite et basse qui abrite des mitrailleuses, des armes antichar, etc. Un emplacement de tir abrité est d'ordinaire fait en béton, acier, ou sacs à terre. [OTAN]

employé du chiffre. *n.m.*

employer les grands moyens. *v.t.*

empoisonner. *v.t.*

emporter sur (l'). *v.t.*

en place (être en). *loc.*

encaisser (frappes aériennes). *v.t.*

encercler. *v.t.*

ambush. *n.*

transmitter. *n.*

burst transmitter (high-speed transmitter sending messages in short 2.6-second bursts). *n.*

protein transmitter (undetectable). *n.*

1. transceiver (transmitter + receiver). *n.*
2. transmitter-receiver. *n.*
3. two-way radio. *n.*

transmit (to). *v.t.*

éminence grise (monk and confident of Richelieu who exercised unsuspected and unofficial power). *n.*

emissary. *n.*

shit disturber*. *n.*

pillbox. *n.* - A small, low fortification that houses machine guns, antitank weapons, etc. A pillbox is usually made of concrete, steel, or filled sandbags. [NATO]

cipher clerk. *n.*

play hardball (to). *v.t.*

poison (to). *v.t.*

outweigh (to). *v.t.*

in position (to be). *phr.*

ride out air strikes (to). *v.t.*

close someone in (to). *v.t.*

enchaîner. *v.t.*

encoder. *v.t.*

encodeur. *n.m.*

encre invisible [utilisée, pour la première fois, dit-on, par François Vidocq (1775-1857)]. *n.f.*

encre sympathique. *n.f.*

endiguement (doctrine de Truman, 1947). *n.m.*

endiguer une fuite. *v.t.*

enfant du sérail (« Nourri dans le Sérail, j'en connais les détours ») Racine, *Bajazet*, IV, 7 (1672). *n.m.*

enferrer (s') (dans ses propres mensonges ou contradictions). *v.pr.*

engagé(e) (politiquement). *adj.m.(f.)*

engagement (politique). *n.m.*

engager (s'). *v.pr.*

engager à (s'). *v.pr.*

engin. *n.m.*

engin balistique. *n.m.*

engin d'assaut. *n.m.* - Engin de débarquement ou véhicule amphibie utilisé principalement pour débarquer des troupes et du matériel dans les vagues d'assaut d'une opération amphibie. [OTAN]

engin de débarquement. *n.m.* - Engin utilisé au cours des opérations d'assaut amphibies, destiné spécifiquement à transporter des troupes avec leur équipement, à s'échouer,

shackle (to). *v.t.*

encode (to). *v.t.*

encoder. *n.*

invisible ink. *n.*

secret ink. *n.*

containment (Truman doctrine, 1947). *n.*

stem a leak (to). *v.t.*

one of the boys* (inner circle). *n.*

tangle oneself up (to) (in one's own lies / contradictions). *v.pr.*

committed (politically). *adj.*

commitment (political). *n.*

enlist (to). *v.t.*

pledge (to). *v.t.*

missile. *n.*

ballistic missile. *n.*

assault craft. *n.* - A landing craft or amphibious vehicle primarily employed for landing troops and equipment in the assault waves of an amphibious operation. [NATO]

landing craft. *n.* - A craft employed in amphibious operations, specifically designed for carrying troops and equipment and for beaching, unloading, and retracting. Also used for logistic

décharger et se déséchouer. Utilisé également pour toute opération de ravitaillement. [OTAN]

engin explosif. *n.m.*

engin piégé. *n.m.*

engrenage. *n.m.*

enhardir. *v.t.*

« Enigma ». *n.f.* - Machine de chiffrement électrique allemande inventée en 1923 qui fut « cassée* » en 1940 par le mathématicien britannique Alan Turing (1912-1954) : « projet Ultra ».

énigmatique. *adj.m.(f.)*

énigme. *n.f.*

enjeu. *n.m.*

enlèvement. *n.m.*

enlèvement (crime fédéral aux États-Unis). *n.m.*

enlever. *v.t.*

enlisement. *n.m.*

enliser (s'). *v.pr.*

ennemi* (argot de *l'Air Force*). *n.m. / adj.*

ennemi. *n.m. / adj.*

ennemi juré. *n.m.*

enquête. *n.f.*

enquête parlementaire. *n.f.*

enquête sur les antécédents. *n.f.*

enquêter. *v.t.*

enquêteur. *n.m.*

cargo resupply operations. [NATO]

exploding device. *n.*

booby trap*. *n.*

vicious circle. *n.*

embolden (to). *v.t.*

"Enigma". *n.* - German electric cipher machine invented in 1923 which was "broken*" in 1940 by the British mathematician Alan Turing (1912-1954): "project Ultra".

enigmatic. *adj.*

1. enigma. *n.*

2. puzzle. *n.*

stake. *n.*

abduction. *n.*

kidnap(p)ing (Federal Kidnapping Law, June 24, 1936). *n.*

abduct (to). *v.t.*

stagnation. *n.*

get bogged down (to). *v.i.*

bogie* (Air Force slang). *n.*

1. enemy. *n.*

2. foe. *n.*

3. hostile. *n. / adj.*

arch enemy. *n.*

investigation. *n.*

parliamentary investigation. *n.*

background check. *n.*

investigate (to). *v.t.*

investigator. *n.*

enregistrement. *n.m.*

enregistrement des données de représentation. *n.m.* - Enregistrement des informations relatives à un vecteur aérien et à son équipement de détection, telles que vitesse, altitude, inclinaison, position et heure, sur la matrice de l'équipement de détection ; cette opération est réalisée au moment de l'acquisition de l'image. [OTAN]

enregistrer. *v.t.*

entouré(e) de mesures de sécurité exceptionnelles. *p.p.*

entourloupes. *n.f.pl.*

entraînement. *n.m.*

entraîner. *v.t.*

entraîner quelqu'un de force. *v.t.*

entraîner quelqu'un *manu militari*. *v.t.*

entrée (ex. : « entrée strictement interdite »). *n.f.*

entrée en force. *n.f.*

entrée(s) (ordinateur). *n.f.(pl.)*

entrer dans la clandestinité. *v.t.*

entrer en communication (avec). *v.t.*

entretenir. *v.t.*

entretien (conversation). *n.m.*

entretien (dialogue). *n.m.*

entretien (réparations). *n.m.*

entrisme. *n.m.*

1. recording. *n.*
2. taping. *n.*

imagery data recording. *n.* - The transposing of information relating to the airborne vehicle, and sensor, such as speed, height, tilt, position and time, to the matrix block on the sensor record at the moment of imagery acquisition. [NATO]

1. record (to). *v.t.*
2. tape (to). *v.t.*

amid heavy security. *n.*

hanky panky*. *n.*

training. *n.*

train (to). *v.t.*

whisk someone away (to). *v.t.*

frogmarch someone (to). *v.t.*

admittance (e.g.: "positively no admittance"). *n.*

forced entry. *n.*

input (computer). *n.*

go underground* (to). *v.t.*

log on (to). *v.t.*

maintain (to). *v.t.*

talk. *n.*

discussion. *n.*

maintenance. *n.*

entryism. *n.*

enveloppé(e) (dans le secret). *adj.m.f.* — shrouded (in secrecy). *adj.*

enveloppement. *n.m.* — turning movement. *n.*

environnement hostile. *n.m.* — non-permissive environment. *n.*

environnement* (faire l'). *loc.* —
1. casing*. *v./n.*
2. recon* (reconnaissance). *v./n.*

envisager. *v.t.* — contemplate (to). *v.t.*

envoi (clavier d'ordinateur). *n.m.* — return (computer keyboard). *n.*

envoyé. *n.m.* — envoy. *n.*

épidémie d'alertes à la bombe. *n.f.* —
1. blitz of bomb threats. *n.*
2. rash of bomb threats. *n.*

éplucher (examiner avec un soin minutieux). *v.t.* — go over with a fine-tooth comb (to). *v.t.*

épreuve de force. *n.f.* — showdown. *n.*

épreuve de vérité. *n.f.* — litmus test. *n.*

épuisement total. *n.m.* — burnout. *n.*

épuration ethnique. *n.f.* — ethnic cleansing. *n.*

équilibre des pouvoirs. *n.m.* — checks and balances. *n. pl.*

équipage. *n.m.* — crew. *n.*

équipe. *n.f.* —
1. squad. *n.*
2. team. *n.*

équipe d'artificiers. *n.f.* — bomb squad. *n.*

équipe de déminage. *n.f.* — bomb squad. *n.*

équipe de gros bras*. *n.f.* — goon squad*. *n.*

équipe de négociateurs. *n.f.* — hostage negotiating team. *n.*

équipe de planque*. *n.f.* — stakeout* team. *n.*

équipe de surveillance. *n.f.* — surveillance team. *n.*

équipe de terroristes. *n.f.* — terrorist team. *n.*

équipe de tueurs. *n.f.* — wet squad*. *n.*

équipe d'intervention. *n.f.* — entry team (forced entry). *n.*

équipe d'intervention antiterroriste. *n.f.* — anti-terrorist unit. *n.*

équiper d'une lunette[1]. *v.t.*

équivalence TNT. *n.f.* - Évaluation de l'énergie libérée par l'explosion d'une arme nucléaire ou par l'explosion d'une quantité donnée d'une matière fissible ou fusible ; est exprimée en quantité de trinitrotoluène (TNT) que libérerait la même quantité d'énergie que l'explosion. [OTAN]

éreintant(e). *adj.m.(f.)*

ès qualités (en tant qu'exerçant la fonction dont on est investi). *adv.*

esbroufe. *n.f.*

escadre. *n.f.*

escadrille. *n.f.*

escadron de la mort. *n.m.*

escalade (échelons de mesures militaires de plus en plus graves). *n.f.*

escamotage. *n.m.*

escamoter. *v.t.*

escarmouche. *n.f.*

escorte. *n.f.*

escorte de protection. *n.f.*

escorter. *v.t.*

escroc. *n.m.*

escroquerie. *n.f.*

esgourde* (interception de sécurité). *n.f.*

espace aérien. *n.m.*

scope (to). *v.t.*

TNT equivalent. *n.* - A measure of the energy released from the detonation of a nuclear weapon, or from the explosion of a given quantity of fissionable material, in terms of the amount of TNT (Trinitrotoluene) which could release the same amount of energy when exploded. [NATO]

grueling. *adj.*

ex *officio* (by virtue of office or official position). *adv.*

bluff. *n.*

fleet. *n.*

squadron. *n.*

death squad. *n.*

escalation (increase in military intensity). *n.*

evasion. *n.*

1. evade (to). *v.t.*

2. spirit off (to). *v.t.*

skirmish. *n.*

escort. *n.*

protection escort. *n.*

escort (to). *v.t.*

1. con artist*. *n.*

2. con man*. *n.*

1. con game*. *n.*

2. con job*. *n.*

bugging*. *n.*

air space. *n.*

---

1 - Voir chapitre III, D sur les armes à feu de notre *Dictionnaire de la Police et de la Pègre*.

espion(-ne). *n.m.(f.)* - Personne employée par un gouvernement ou tout autre organisme dans le but d'obtenir informations ou renseignements secrets sur une autre nation généralement hostile. Ce mot est rarement utilisé dans le milieu du renseignement qui lui préfère habituellement le terme d'agent.

espionnage. *n.m.*

espionnage (activité de renseignement visant à acquérir des informations à l'aide de moyens clandestins interdits par les lois du pays contre lequel ils sont pratiqués). *n.m.* - « L'espionnage est le second plus vieux métier du monde et tout aussi honorable que le premier » Michael J. Barrett, conseiller juridique adjoint de la CIA, *Journal of Defence and Diplomacy,* février 1984.

espionner. *v.t.*

espionnite* (obsession de l'espionnage). *n.f.*

esquiver. *v.t.*

esquiver (s'). *v.pr.*

esquiver (une balle). *v.t.*

essuyer (défaite). *v.t.*

essuyer (feu de l'ennemi). *v.t.*

établir un contact radio. *v.t.*

étanche. *adj.m.(f.)*

spy. *n.* - Person employed by a government or other entity to obtain secret information or intelligence about another, usually hostile, entity. The word is rarely used by intelligence professionals who usually refer to them as agents.

spying. *n.*

espionage (intelligence activity directed toward the acquisition of information through clandestine means and proscribed by the laws of the country against which it is committed). *n.* - "Espionage is the world's second oldest profession and just as honorable as the first." Michael J. Barrett, assistant general counsel of the CIA, *Journal of Defence and Diplomacy,* February 1984.

spy on (to). *v.t.*

Angleton syndrome* [James A. Angleton (1917-1987) counterintelligence specialist of the CIA, from 1954 to 1974, who was obsessive about Soviet moles]. *n.*

elude (to). *v.t.*

sneak away (to). *v.t.*

dodge (a bullet) (to). *v.t.*

suffer (defeat) (to). *v.t.*

come under enemy fire (to). *v.t.*

raise (to). *v.t.*

waterproof. *adj.*

étanchéifier. *v.t.*   waterproof (to). *v.t.*

état d'alerte maximum. *n.m.*   red alert. *n.*

État de droit. *n.m.*   rule of law. *n.*

état d'urgence. *n.m.*   state of emergency. *n.*

état tampon. *n.m.*   buffer state. *n.*

état-major. *n.m.*   staff. *n.*

état-major général. *n.m.*   General Staff. *n.*

état-major interarmées. *n.m.* - État-major comprenant des personnels de plusieurs armées du même pays. [OTAN]   joint staff. *n.* - A staff formed of two or more of the services of the same country. [NATO]

État-voyou. *n.m.*   rogue state. *n.*

états d'âme. *n.m.pl.*   mixed feelings. *n.pl.*

étayer. *v.t.*   shore up (to). *v.t.*

étayer (hypothèse). *v.t.*   support (hypothesis) (to). *v.t.*

étoile (* sur le cadran). *n.f.*   star (* on dial). *n.*

étouffer. *v.t.*
1. cover up (to). *v.t.*
2. hush up (to). *v.t.*

étouffer (rumeur). *v.t.*   scotch (rumor) (to). *v.t.*

être dans le secret. *loc.*   be in on it (to). *phr.*

être de surveillance au poste d'écoute. *loc.*   man the listening post (to). *v.t.*

Évacuez le navire !   Abandon ship!

évadé(e). *n.m.(f.)*   escapee. *n.*

évader (s'). *v.t.*   escape (to). *v.t.*

évaluation. *n.f.*
1. assessment. *n.*
2. evaluation. *n.*

évaluation des dommages. *n.f.* - Estimation des dégâts entraînés par les attaques d'objectifs. [OTAN]   damage assessment. *n.* - The determination of the effect of attacks on targets. [NATO]

évaluation des pertes. *n.f.*   damage assessment. *n.*

évaluer. *v.t.*
1. assess (to). *v.t.*
2. evaluate (to). *v.t.*

évanouissement consécutif à une plongée. *n.m.*

évasif (-ve) (autoprotection). *adj.m.(f.)*

évasion. *n.f.*

évasion et récupération. *n.f.* - Ensemble des procédés et opérations destinés à mettre du personnel militaire, ou des civils spécialement choisis, en mesure de quitter une zone hostile ou occupée par l'ennemi et de rallier une zone sous contrôle ami. [OTAN]. *Voir* exfiltration.

éventé* (agent grillé*). *adj.*

éventer (ex. : « le secret est éventé »). *v.t.*

éventer la mèche. *loc.*

évidé(e). *adj.m.(f.)*

exact(e). *adj.m.(f.)*

exactions. *n.f.pl.*

exactitude
TABLEAU D'ÉVALUATION D'EXACTITUDE :
1 - Confirmé par d'autres sources
2 - Probablement vrai
3 - Peut-être vrai
4 - Véracité mise en doute
5 - Improbable
6 - Véracité ne pouvant être estimée. *n.f.*

examen approfondi. *n.m.*

exécuter. *v.t.*

shallow water blackout. *n.*

1. elusive. *adj.*
2. evasive ("Take evasive action!"). *adj.*

escape. *n.*

evasion and escape. *n.* - The procedures and operations whereby military personnel and other selected individuals are enable to emerge from an enemy-held or hostile area to areas under friendly control. [NATO]. *See* exfiltration.

burned* (agent whose cover is blown). *adj.*

give away (to) (e.g.: "the secret is out"). *v.t*

give the game away (to) (voluntarily). *phr.*

hollowed out. *adj.*

accurate. *adj.*

acts of violence. *n.pl.*

accuracy
ACCURACY EVALUATION RATING
1 - Confirmed by other sources
2 - Probably true
3 - Possibly true
4 - Doubtfully true
5 - Improbable
6 - Truth cannot be judged. *n.*

scrutiny. *n.*

1. carry out (to). *v.t.*
2. execute (to). *v.t.*

exécuteur. *n.m.*

exécuteur des basses œuvres. *n.m.*

exécuteur des hautes œuvres. *n.m.*

exécution. *n.f.*

Exécution !

exercice. *n.m.*

exfiltration (contraire d'infiltration). *n.f.*

exfiltrer (extraire un agent ou toute autre personne d'un pays ennemi d'une façon clandestine). *v.t.*

exigence. *n.f.*

exiger. *v.t.*

exil. *n.m.*

exilé (e). *n.m.(f.)*

exode. *n.m.*

expansion. *n.f.*

expansionnisme. *n.m.*

expéditeur. *n.m.*

expérience. *n.f.*

expérimenté(e). *adj.m.(f.)*

exploitable (sujet susceptible d'être exploité). *adj.m.(f.)*

exploitation (renseignement). *n.f.*

exploiter. *v.t.*

exploser. *v.t.*

1. enforcer. *n.*
2. executioner. *n.*

wet boy*. *n.*

executioner. *n.*

execution. *n.*
1. Carry out!
2. Execute!, Execute!

drill. *n.*
1. exfiltration (contrary of infiltration). *n.*
2. extraction (contrary of insertion). *n.*

1. exfiltrate (to). *v.t.*
2. extract (to) (to smuggle an agent or any person out of a hostile country by clandestine means). *v.t.*

demand. *n.*

demand (to). *v.t.*

exile. *n.*

exile. *n.*

exodus. *n.*

expansion. *n.*

expansionism. *n.*

sender. *n.*

experience. *n.*

experienced. *adj.*

developmental (subject susceptible to recruitment). *adj.*

exploitation (intelligence). *n.*

exploit (to). *v.t.*

explode (to). *v.t.*

exploser. *v.i.*

explosif (-ve). *adj.f.*

explosion. *n.f.*

exposé. *n.m.*

exposé et alerté. *adj.m.* - État de vulnérabilité des forces amies aux effets des armes nucléaires. Dans cette situation, le personnel est supposé couché à terre, avec toute la peau recouverte, et bénéficiant d'une protection thermique qui est au moins celle que procure un uniforme d'été de deux couches de tissu. [OTAN]

exposé et non alerté. *adj.m.* - État de vulnérabilité des forces amies aux effets des armes nucléaires. Dans cette situation, le personnel est supposé se trouver debout à l'extérieur au moment de l'explosion, mais il s'est jeté à terre et est en position couchée au moment où arrive l'onde de choc. On s'attend à ce qu'il ait des parties de peau nue exposées au rayonnement thermique direct et que certains hommes souffrent d'éblouissement. [OTAN]

expulser. *v.t.*

expulsion. *n.f.*

expurger. *v.t.*

extrader. *v.t.*

go off (to) v.i.

explosive. *adj.*

explosion. *n.*

briefing. *n.*

warned exposed. *adj.* - The vulnerability of friendly forces to nuclear weapon effects. In this condition, personnel are assumed to have some protection against heat, blast, and radiation such as that afforded in closed armored vehicles or crouched in foxholes with improvised overhead shielding. [NATO]

unwarned exposed. *adj.* - The vulnerability of friendly forces to nuclear weapon effects. In this condition, personnel are assumed to be standing in the open at burst time, but have dropped to a prone position by the time the blast wave arrives. They are expected to have areas or bare skin exposed to direct thermal radiation, and some personnel may suffer dazzle. [NATO]

1. deport (to). *v.t.*
2. evict (to). *v.t.*
3. expel (to). *v.t.*

1. deportation. *n.*
2. eviction. *n.*
3. expulsion. *n.*

1. expurgate (to). *v.t.*
2. sanitise* (to). *v.t.*

extradite (to). *v.t.*

extradition. *n.f.*   extradition. *n.*
extraire (s'). *v.pr.*   extricate (oneself) (to). *v.pr.*
extrémisme. *n.n.*   extremism. *n.*
extrémiste. *adj.*   radical. *adj.*
extrémiste. *n.m.(f.)*   extremist. *n.*

F

F comme Foxtrot (alphabet phonétique de l'OTAN)

façade. *n.f.*

fac-similé. *n.m.* - Système de télécommunication transmettant des images fixes qui sont reçues dans une forme définitive. [OTAN]

facteur d'ombre. *n.m.* - Coefficient tenant compte de la déclinaison du soleil, de la latitude de l'objet photographié et de l'heure de prise de vues, utilisé pour déterminer la hauteur des objets à partir de la longueur de leur ombre. Aussi appelé « tangente h ». [OTAN]

factieux. *adj.m.*

faction. *n.f.*

faille. *n.f.*

faire chanter*. *v.t.*

faire chou blanc*. *loc.*

faire comparaître devant un tribunal militaire. *v.t.*

faire défection. *loc.*

faire demi-tour. *v.t.*

faire des ravages. *v.t.*

faire face. *v.t.*

faire feu de tout bois. *loc.*

F for Foxtrot (NATO phonetic alphabet)

front. *n.*

facsimile. *n.* - A system of telecommunication for the transmission of fixed images with a view to their reception in a permanent form. [NATO]

shadow factor. *n.* - A multiplication factor derived from the sun's declination, the latitude of the target and the time or photography, used in determining the heights of objects from shadow length. Also called "tangent altitude (tan alt)". [NATO]

1. factious. *adj.*

2. seditious. *adj.*

faction. *n.*

flaw. *n.*

blackmail (to). *v.t.*

come up empty (to). *phr.*

court-martial (to). *v.t.*

defect (to). *v.i.*

double back on one's steps (to). *v.t.*

wreak havoc (to). *v.t.*

cope (to). *v.t.*

turn everything to account (to). *phr.*

faire filer quelqu'un. *v.t.*	put a tail* on someone (to). *v.i.*
faire jurer à quelqu'un de garder le secret. *v.t.*	swear someone to secrecy (to). *v.t.*
faire la lumière sur. *v.t.*	expose (to). *v.t.*
faire l'objet d'une surveillance. *loc.*	surveillance (to be under). *phr.*
faire long feu. *loc.*	fall through (to). *v.t.*
faire monter la pression. *loc.*	put the heat on (to). *phr.*
faire passer pour (se). *v.pr.*	pose as (to). *v.t.*
faire petit (se). *v.pr.*	lay low (to). *v.t.*
faire sauter. *v.t.*	explode (to). *v.t.*
faire un coup d'éclat. *v.t.*	pull off a coup (to). *v.t.*
faire une sommation (sentinelle). *v.t.*	challenge (sentry) (to). *v.t.*
faisabilité. *n.f.*	feasibility. *n.*
faisable. *adj.m.(f.)*	feasible. *adj.*
faisant l'objet de mesures de sécurité exceptionnelles. *adj.*	under heavy security. *adj.*
faisant l'objet d'une protection renforcée. *loc.*	under heavy guard. *n.*
fait accompli. *n.m.*	*fait accompli.* *n.* (Fr.)
fait comme un rat (être). *loc*	rat in a trap (to be a). *phr.*
falsification. *n.f.*	falsification. *n.*
falsifier. *v.t.*	falsify (to). *v.t.*
fanatique. *n.m.(f.) adj.*	fanatic. *n.*
fanatisme. *n.m.*	fanaticism. *n.*
fantasme. *n.m.*	fantasy. *n.*
fantasmer. *v.t.*	fantasize (to). *v.t.*
fantassin. *n.m.*	1. foot soldier. *n.* 2. infantry man. *n.*
fascisme. *n.m.*	fascism. *n.*
fasciste. *n.m. / adj.*	fascist. *n. / adj.*
fatwa (décret religieux). *n.f.*	*fatwa* (religious instruction). *n.*

faucon* (belliciste). *n.m.*
faussaire (savetier* en argot russe). *n.m.*
fausse alerte. *n.f.*

fausse piste. *n.f.*
fausser. *v.t.*
fausseté. *n.f.*
fauteur de guerre. *n.m.*
faux. *n.m.*

faux (-sse). *adj.m.(f.)*

faux-semblant. *n.m.*
fax. *n.*
fax (facsimile). *n.*
faxer. *v.t.*
feindre. *v.t.*
fer de lance. *n.m.*
Ferme* (la). *n.f.* - Surnom donné au centre d'entraînement de la CIA, situé à Camp Peary, au sud de Washington, dans le comté de York, entre les rivières York et James, près de Williamsburg en Virginie.
fermé* (milieu). *n.m. / adj.*

feu de brousse*. *n.m.*
feu nourri. *n.m.*
feu nucléaire. *n.m.*
feu vert. *n.m.*

hawk* (warmonger). *n.*
forger (cobbler* in Russian slang; shoe* = false passport). *n.*
1. false alarm. *n.*
2. false alert. *n.*
wild goose chase. *n.*
distort (to). *v.t.*
fallacy. *n.*
warmonger. *n.*
1. fake. *n.*
2. falsehood. *n.*
1. bogus. *adj.*
2. false. *adj.*
pretence. *n.*
télécopieur. *n.m.*
télécopie. *n.f.*
fax (to). *v.t.*
fake (to). *v.t.*
spearhead. *n.*
The Farm*. *n.* - Nickname of the CIA spy school located in Camp Peary, south of Washington D.C., between the York and James Rivers, near Williamsburg, York County, Virginia.

1. black*. *adj.*
2. covert*. *adj.*
bush fire*. *n.*
heavy fire. *n.*
nuclear blast. *n.*
1. go-ahead. *n.*
2. green light. *n.*

feuille d'écoute. *n.f.*

fiabilité. *n.f.*

fiabilité. *n.f.* -
TABLEAU D'ÉVALUATION
DE FIABILITÉ :
A. Absolument fiable
B. Généralement fiable
C. Relativement fiable
D. Généralement peu fiable
E. Non fiable
F. Fiabilité ne pouvant être estimée

fiable. *adj.m.(f.)*

fiasco. *n.m.*

ficeler* une affaire. *v.t.*

ficelles du métier. *n.f.pl.*

fichage. *n.m.*

ficher. *v.t.*

fichier. *n.m.*

fil d'Ariane. *n.m.*

fil piège (mine). *n.m.*

filature. *n.f.*

filer* (filature). *v.t.*

filer entre les doigt* (de quelqu'un). *v.i.*

filer le train* (à). *v.i.*

filet. *n.m.*

Filez*-le à distance ! *loc.*

filière. *n.f.*

film infrarouge. *n.m.* - Film doté d'une émulsion particulièrement sensible à la partie infrarouge proche du spectre électromagnétique. [OTAN]

filoche*. *n.f.*

wire transcript. *n.*

trustworthiness. *n.*

reliability. *n.* -
RELIABILITY EVALUATION RATING:
A. Completely reliable
B. Usually reliable
C. Fairly reliable
D. Not usually reliable
E. Unreliable
F. Reliability cannot be judged

1. reliable. *adj.*
2. trustworthy. *adj.*

fiasco. *n.*

put together a tight case (to). *v.t.*

tricks of the trade. *n.pl.*

filing. *n.*

file (to). *v.t.*

file. *n.*

Ariadnes's clew (vital lead). *n.*

trip wire (mine). *n.*

surveillance. *n.*

surveil (to). *v.t.*

slip the tail* (to). *v.t.*

cover* (to). *v.t.*

net. *n.*

Cover him loose!*. *phr.*

connection. *n.*

infra-red film. *n.* - Film carrying an emulsion especially sensitive to the near infra-red portion of the electromagnetic spectrum. [NATO]

shoeleather*. *n.*

filocher* quelqu'un. *v.t.*

filocheur*. *n.m.*

filtrer (information). *v.t.*
fin (ex. : « Il y a bien des moyens d'arriver à ses fins. »). *n.f.*
fin d'alerte. *n.f.*
fin de non-recevoir. *n.f.*
finesses de la diplomatie. *n.f.pl.*
Firme* (La) (surnom du MI6 ; nouveau QG du MI6 à Londres Vauxhall Cross, au sud de la Tamise, depuis 1993). *n.f.*
fixer un délai. *v.t.*
fixer un rendez-vous. *v.t.*
flagrant délit. *n.m.*
flairer (piège). *v.t.*
flairer quelque chose de louche. *v.t.*
flambée. *n.f.*
flanc. *n.m.*
flash* (message codé). *n.m.*
fléchette empoisonnée. *n.f.*
flottabilité. *n.f.* - Aptitude d'un véhicule à flotter sur l'eau. [OTAN]
focalisation. *n.f.*
focaliser. *v.t.*
fomenter. *v.t.*
fonctionnaire. *n.m.(f.)*

fondamentalisme. *n.m.*
fondamentaliste. *n.m.(f.)/adj.*

1. give someone a tail* (to). *v.t.*
2. keep on someone's tail* (to). *v.i.*
1. surveillant. *n.*
2. trail*. *n.*
transpire (information) (to). *v.t.*
end (e.g.: "There's more than one way to skin a cat."). *n.*
all clear. *phr.*
blunt refusal. *n.*
diplomatic niceties. *n.pl.*
Firm* (the) (nickname of MI6; new MI6 HQ at Vauxhall Cross, south of the Thames in London since 1993). *n.*
set a deadline (to). *v.t.*
set up a meet (to). *v.t.*
flagrante delicto. adj.
sense (trap) (to). *v.t.*
smell a rat (to). *v.t.*

flareup. *n.*
flank. *n.*
burst* (coded message). *n.*
poison dart. *n.*
floatation. *n.* - The capability of a vehicle to float in water. [NATO]
focussing. *n.*
focus (to). *v.t.*
stir up (to). *v.t.*
1. civil servant. *n.*
2. functionary. *n.*
fundamentalism. *n.*
fundamentalist. *n.* / *adj.*

421

fondre (se). *v.pr.*

fonds de roulement. *n.m.*

fonds spéciaux à destination particulière (Premier Ministre). *n.m.pl.*

fontaine* (vol de documents compromettants). *n.f.*

force aérienne tactique. *n.f.* - Force aérienne chargée d'exécuter des opérations aériennes tactiques en coordination avec les forces terrestres ou navales. [OTAN]

force aéroportée. *n.f.* - Formation de combat (avec son soutien logistique) organisée, équipée et instruite en vue d'effectuer des opérations aéroportées. [OTAN]

force amie. *n.f.*

force amphibie . *n.f.* - 1. Ensemble des forces navales, des troupes de débarquement et des forces de soutien, organisé, équipé et entraîné en vue d'opérations amphibies. - 2. Dans la marine : titre du commandement organique de la partie amphibie d'une flotte. [OTAN]

force combinée. *n.f.* - Force militaire composée d'éléments de plusieurs alliés. [OTAN]

force de débarquement. *n.f.* - Groupement opérationnel comprenant les unités terrestres, l'aviation et ses installations au sol, affecté à un assaut amphibie. Dans une opération amphibie, c'est l'échelon le plus élevé pour les forces terrestres. [OTAN]

blend in (to). *v.t.*

revolving fund. *n.*

1. discretionary funds. *n.pl.*
2. secret allocation. *n.*

black bag job* (breaking and entering; also known as surreptitious entry). *n.*

tactical air force. *n.* - An air force charged with carrying out tactical air operations in co-ordination with ground or naval forces. [NATO]

airborne force. *n.* - A force composed primarily of ground and air units organized, equipped and trained for airborne operations. [NATO]

friendly. *n.*

amphibious force. *n.* - 1. A naval force and landing force, together with supporting forces that are trained, organized and equipped for amphibious operations. - 2. In naval usage, the administrative title of the amphibious type command of a fleet. [NATO]

combined force. *n.* - A military force composed of elements of two or more allied nations. [NATO]

landing force. *n.* - A task organization of troop units, aviation and ground, assigned to an amphibious assault. It is the highest troop echelon in the amphibious operation. [NATO]

force de dissuasion. *n.f.*

force de frappe. *n.f.*

force de sécurité. *n.f.* - Tout corps ou détachement de troupe assurant la sécurité d'une force plus importante par l'observation, la reconnaissance, l'attaque ou la défense ou par une combinaison de ces modes d'action. [OTAN]

force d'extraction. *n.f.*

force d'occupation. *n.f.*

force multinationale. *n.f.*

force opérationnelle. *n.f.* - 1. Groupement temporaire d'unités constitué sous l'autorité d'un même chef en vue d'exécuter une opération ou une mission déterminée. - 2. Groupement semi-permanent d'unités constitué sous l'autorité d'un même chef en vue de poursuivre une mission déterminée. - 3. Partie composante d'une flotte constituée par le commandant d'une flotte opérationnelle ou par une autorité plus élevée, en vue d'exécuter une ou plusieurs missions déterminées. [OTAN]

forcené. *n.m.*

forcer (fenêtre, porte, etc.). *v.t.*

forcer quelqu'un à se trahir. *v.t.*

forces blanches. *n.pl.* - En matière de renseignement relatif aux exercices du Pacte de Varsovie, désignation conventionnelle des unités représentant les forces opposées à celles du Pacte. [OTAN]

deterrent force. *n.*

strike force. *n.*

covering force. *n.* - Any body or detachment of troops which provides security for a larger force by observation, reconnaissance, attack, or defence, or by any combination or these methods. [NATO]

extraction force. *n.*

occupying force. *n.*

multinational force. *n.*

task force. *n.* - 1. A temporary grouping of units, under one commander, formed for the purpose of carrying out a specific operation or mission. - 2. Semi-permanent organization of units, under one commander, formed for the purpose of carrying out a continuing specific task. - 3. A component of a fleet organized by the commander of a task fleet or higher authority for the accomplishment of a specific task or tasks. [NATO]

frenzied barricaded felon. *n.*

pry open (window, door, etc.) (to). *v.t.*

flush someone out (to). *v.t.*

white forces. *n.pl.* - A term used in reporting of intelligence on Warsaw Pact exercises, to denote those units representing opposing forces during such exercises. [NATO]

forces bleues. *n.pl.* - Forces jouant le rôle des alliés dans les exercices de l'OTAN. [OTAN]

forces noires. *n.f.pl.* - En matière de renseignement relatif aux exercices du Pacte de Varsovie, désignation conventionnelle des unités représentant les forces du Pacte. [OTAN]

forces oranges. *n.f.pl.* - Forces jouant de rôle de l'ennemi dans les exercices de l'OTAN. [OTAN]

forces pourpres. *n.f.pl.* - Forces s'opposant à la fois aux forces bleues et orange dans les exercices de l'OTAN. En général, ce terme s'applique aux sous-marins et aux aéronefs. [OTAN]

forces terrestres. *n.f.pl.*

forfait. *n.m.*

Fort Chabrol*. *n.m.*

forte tête. *n.f.*

forum de conversation. *n.m.*

foudroyant(e). *adj.m.(f.)*

fouiller (dans ses poches). *v.t.*

fouiller (dans) (documents). *v.t.*

fouiller (personne ou pièce par exemple). *v.t.*

fouiner*. *v.t.*

fouineur* (-euse*). *n.m.(f.)*

fourmi* (individu transportant tout document classifié en fraude). *n.f.*

fourrer son nez dans les affaires d'autrui. *loc.*

blue forces. *n.pl.* - Those forces used in a friendly role during NATO exercises. [NATO]

black forces. *n.pl.* - A term used in reporting of intelligence on Warsaw Pact exercises, to denote those units representing Warsaw Pact forces during such exercises. [NATO]

orange forces. *n.pl.* - Those forces used in an enemy role during NATO exercises. [NATO]

purple forces. *n.pl.* - Those forces used to oppose both blue and orange forces in NATO exercises. This is most usually applicable to submarines and aircraft. [NATO]

ground forces. *n.pl.*

infamy. *n.*

Fort Apache*. *n.*

tough nut to crack. *n.*

newsgroup. *n.*

striking. *adj.*

rummage (through one's pockets) (to). *v.t.*

rifle (through) (documents) (to). *v.t.*

search (e.g. person or room) (to). *v.t.*

snoop* (to). *v.t.*

snooper*. *n.*

1. donkey* (smuggler of classified material). *n.*

2. mule* (smuggler of classified material). *n.*

pry (to). *v.t.*

foyer (centre). *n.m.*
fragmentation. *n.f.*
franc-tireur. *n.m./adj.*
frappe (bombardement). *n.f.*
frappe aérienne. *n.f.*
frappe chirurgicale. *n.f.*
frappe de représaille. *n.f.*
frappe préventive. *n.f.*
fratrie (grande fratrie des services). *n.f.*
fraude fiscale. *n.f.*
fraudeur fiscal. *n.m.*
frauduleux (-euse). *adj.m.(f.)*
frégate furtive. *n.f.*
frégaton* (capitaine de frégate en argot). *n.m.*
fréquence (ex. : « Libérez ce canal ! »). *n.f.*
fréquence de balayage. *n.f.* - Nombre de lignes de balayage par unité de temps. [OTAN]
fréquence :
   fréquence extrêmement basse (FEB)
   fréquence de la voix (FV)
   très basse fréquence (TBF)
   basse fréquence (BF)
   moyenne fréquence (MF)
   haute fréquence (HF)
   très haute fréquence (THF)
   fréquence ultra haute (FUH)
   fréquence super haute (FSH)
   fréquence extremement haute (FEH). *n.f.*
fréquences radio réservées. *n.f.pl.*

hothouse. *n.*
fragmentation. *n.*
irregular. *n./. adj.*
strike (bombing). *n.*
air strike. *n.*
surgical strike. *n.*
retaliatory strike. *n.*
pre-emptive strike. *n.*
brotherhood (intelligence brotherhood). *n.*
tax evasion. *n.*
tax evader. *n.*
fraudulent. *adj.*
stealth frigate. *n.*
three-striper* (navy commander in slang). *n.*
frequency (e.g. : "Clear this frequency !"). *n.*
scan rate. *n.* - The rate at which individual scans are recorded. [NATO]
frequency:
   Extremely Low Frequency (ELF)
   Voice Frequency (VF)
   Very Low Frequency (VLF)
   Low Frequency (LF)
   Medium Frequency (MF)
   High Frequency (HF)
   Very High Frequency (VHF)
   Ultra High Frequency (UHF)
   Super High Frequency (SHF)
   Extremely High Frequency (EHF). *n.*
dedicated special radio frequencies. *n.pl.*

fréquences radio spéciales. *n.f.pl.*

frères d'armes. *n.m.*

friction entre services (RG contre DST par exemple). *n.f.*

frileux (-euse). *adj.m.(f.)*

frimer*. *v.i.*

frimeur*. *n.m.*

friture* (transmissions). *n.f.*

fromage* (sinécure). *n.m.*

frontière de droit. *n.f.* - Frontière internationale ou limite administrative dont l'existence et la légalité sont reconnues. [OTAN]

frontière de fait. *n.f.* - Frontière internationale ou limite administrative dont l'existence et la légalité ne sont pas reconnues, mais qui constitue pratiquement une séparation entre autorités administratives nationales et provinciales distinctes. [OTAN]

fuite. *n.f.*

fuite des cerveaux. *n.f.*

fuiter* (faire l'objet d'une fuite). *v.t.*

fulminate de mercure. *n.m.*

fureter. *v.t.*

fureteur. *n.m.*

furtif (-ve) (ex. : hélicoptère furtif, intercepteur furtif ou frégate furtive). *adj.m.(f.)*

fusée. *n.f.*

fusible*. *n.m.*

fusible* (bouc émissaire). *n.m.*

special radio frequencies. *n.*

brother-at-arms. *n.*

interagency flap (e.g.: MI5 vs. MI6). *n.*

timid. *adj.*

showboat* (to). *v.i.*

showboat*. *n.*

crackle (communications). *n.*

plum* (sinecure). *n.*

de jure boundary. *n.* - An international or administrative boundary whose existence and legality are recognized. [NATO]

de facto boundary. *n.* - An international or administrative boundary whose existence and legality are not recognized but which is a practical division between separate national and provincial administrating authorities. [NATO]

1. leak. *n.*

2. leakage. *n.*

brain drain. *n.*

leak out (to transpire undesignedly) (to). *v.t.*

fulminate of mercury. *n.*

explore (to). *v.t.*

explorer. *n.*

stealth (e.g.: helicopter, fighter or frigate). *adj.*

rocket. *n.*

lightning rod* (expendable). *n.*

patsy* (scapegoat). *n.*

fusil[1]. *n.m.*	rifle. *n.*
fusil à lunette[1]. *n.m.*	scoped gun. *n.*
fusil à pompe de calibre 12[1]. *n.m.*	twelve-gauge pump-action shotgun. *n.*
fusil équipé d'un projecteur de spot-laser[1]. *n.m.*	laser gun. *n.*
fusil lance-grenades[1] (calibre 37 mm). *n.m.*	grenade launcher (cal. 1.5"). *n.*
fusilier-marin. *n.m.*	marine (USMC motto: "Semper Fidelis")
fusillade. *n.f.*	shooting. *n.*
fusil-mitrailleur[1] (cal. 7,62 mm). *n.m.*	1. Bren gun (. 30 cal.) (UK). *n.* 2. Browning Automatic Rifle (BAR. 30 cal.). *n.*

---

1 - Voir chapitre III, D sur les armes à feu de notre *Dictionnaire de la Police et de la Pègre*.

G

G comme Golf (alphabet phonétique de l'OTAN) — G for Golf (NATO phonetic alphabet)

gâcher. *v.t.* — bungle (to). *v.t.*

gagnable. *adj.m.(f.)* — winnable. *adj.*

gagner. *v.t.* — win (to). *v.t.*

gagner (du temps). *v.t.* — buy (time) (to). *v.t.*

galet (magnétophone). *n.m.* — pinch roller (tape recorder). *n.*

gamme audible (de 20 à 20 000 Hz pour l'oreille humaine). *n.f.* — audible spectrum. *n.*

gangrène. *n.f.* — gangrene. *n.*

garde. *n.f.* — custody. *n.*

garde (de). *adj.m.(f.)* — duty (on). *adj.*

Garde à vous ! — Attention!

garde à vue (ex. : « le suspect est placé en garde à vue »). *n.f.* — custody (e.g.: "the suspect is in custody"). *n.*

garde prétorienne. *n.f.* — praetorian guard. *n.*

garder un profil bas. *loc.* — keep a low profile (to). *phr.*

Gardez le contact à vue (filature) — Keep visual contact (surveillance)

gardien. *n.m.* — custodian. *n.*

gauchiste. *n.m.(f.)* — radical. *n.*

gaz. *n.m.* — gas. *n.*

gaz lacrymogène (monochlorobenzène). *n.m.* — tear gas (e.g.: CN: chloroacetophenone; CS: orthochlorobenzelmalonitrile). *n.*

gaz neurotoxique (composé EMPTA utilisé dans la fabrication du VX, agent neurotoxique mortel). *n.m.* — nerve gas (EMPTA compound used to make the deadly VX nerve agent). *n.*

général d'armée[1] (cinq étoiles). *n.m.*	general (four stars ; USA). *n.*
général de brigade[1] (deux étoiles). *n.m.*	brigadier general (one star ; USA). *n.*
général de corps d'armée[1] (quatre étoiles). *n.m.*	lieutenant general (three stars ; USA). *n.*
général de division[1] (trois étoiles). *n.m.*	major general (two stars ; USA). *n.*
général en chef. *n.m.*	commander-in-chief. *n.*
généralissime. *n.m.*	commander-in-chief. *n.*
générateur. *n.m.*	generator. *n.*
génocide. *n.m.*	genocide. *n.*
géopolitique. *n.f.*	geopolitics. *n.*
géopolitologue. *n.m.*	geopolitical scientist. *n.*
géostratégie. *n.f.*	geostrategy. *n.*
géostratégique. *adj.m.(f.)*	geostrategic. *adj.*
gestapiste. *n.m.*	Gestapo officer. *n.*
gesticulation. *n.f.*	posturing. *n.*
gesticuler. *v.t.*	posture (to). *v.t.*
gicler* (sortir d'un véhicule précipitamment). *v.i.*	bale out* (dash out from a vehicle) (to). *v.i.*
gilet à flottabilité dorsale (plongée). *n.m.*	1. buoyancy compensator (scuba). *n.* 2. stabilizing jacket (scuba). *n.*
gilet pare-balles. *n.m.*	bulletproof vest. *n.*
gilet pare-éclats. *n.m.*	flak jacket. *n.*
gisement. *n.m.* - Dans le domaine maritime et aérien, angle horizontal que fait la direction de l'axe du mobile considéré avec la direction d'un repère. [OTAN]	relative bearing. *n.* - The direction expressed as a horizontal angle normally measured clockwise from the forward point of the longitudinal axis of the vehicle to an object or body. [NATO]
glaive (ex. : « car tous ceux qui dégainent le glaive périront sous le glaive. ») *Évangile selon St. Matthieu 26:52*. *n.m.*	sword (e.g.: "for all they that take the sword shall perish with the sword.") *Matthew 26:52*. *n.*

---

1 - Voir l'équivalence des grades militaires dans les Appendices A et B.

glaner (information). *v.t.*

glasnost (rapprochement entre l'Est et l'Ouest). *n.*

glisser en douce. *v.t.*

go no-go (anglicisme). *adj.* - Condition ou état de fonctionnement d'un composant du système : « go » fonctionne correctement ; « no-go » ne fonctionne pas correctement. [OTAN]

goniométrie. *n.f.*

goniométrique. *adj.m.(f.)*

« Gorge Profonde » (mystérieux informateur ; allusion au scandale du Watergate, 1972). *n.f.*

gorille* (homme de main). *n.m.*

goupille (grenade). *n.f.*

goupille de sécurité. *n.f.* - Système de sécurité qui est placé dans une fusée pour empêcher le démarrage du cycle d'armement tant qu'il est en place. [OTAN]

gouvernement fantoche. *n.m.*

« Gouvernement invisible » (CIA). *n.m.*

grade[1]. *n.m.*

grain de plomb. *n.m.*

grain de sable (dans l'engrenage). *loc.*

« Grand Jeu* » (le renseignement pour Rudyard Kipling *Kim*, 1901, livre de chevet d'Allen W. Dulles, ex-patron de la CIA de 1953 à 1961). *n.m.*

1. cull (information) (to). *v.t.*
2. glean (information) (to). *v.t.*

glasnost (reconciliation between East and West). *n.*

sneak (to). *v.t.*

go no-go. *adj.* - The condition or state of operability of a component or system: "go", functioning properly; or "no-go", not functioning properly. [NATO]

goniometry. *n.*

goniometric(al). *adj.*

"Deep Throat" (mysterious informer, Watergate coverup, 1972). *n.*

knuckle dragger* (goon*). *n.*

safety pin (grenade). *n.*

arming pin. *n.* - A safety device which is inserted into a fuze to prevent the arming cycle from starting until its removal. [NATO]

puppet government. *n.*

"Invisible Government" (CIA). *n.*

rank. *n.*

pellet. *n.*

grain of sand (that upset the applecart). *phr.*

"Great Game*" (intelligence according to Rudyard Kipling, *Kim*, 1901, bedsidebook of Allen W. Dulles, former head of the CIA between 1953 to 1961). *n.*

---

1 - Voir l'équivalence des grades militaires dans les Appendices A et B.

« Grandes oreilles* » (surnom donné aux Renseignements Généraux). *n.f.pl.*

graphisme (ordinateur). *n.m.*

gravats. *n.m.pl.*

grenade. *n.f.*

grenade à main. *n.f.*

grenade à percussion. *n.f.*

grenade fulgurante. *n.f.*

grenade fumigène. *n.f.*

grenade incapacitante. *n.f.*

grenade incendiaire. *n.f.*

grenade lacrymogène. *n.f.*

grenade non explosée. *n.f.*

grenade offensive. *n.f.*

grenade piégée. *n.f.*

grenade sous-marine. *n.f.*

grenouillage*. *n.m.*

grenouiller*. *v.t.*

grésiller (transmissions). *v.i.*

griller* (couverture) [« Un agent grillé* n'a pas mérité d'exister » Beria (1899-1953), patron du NKVD, ancêtre du KGB]. *v.t.*

griller* (sacrifier un agent compromis). *v.t.*

griller* (se faire). *v.pr.*

groupe d'assaut. *n.m.* - Groupement naval subordonné à l'intérieur d'une force opérationnelle amphibie. Il est composé de

Big Ears* (nickname of *Renseignements Généraux*, the French political police)

icon (computer). *n.*

debris. *n.pl.*

grenade. *n.*

hand grenade. *n.*

percussion grenade. *n.*

stun grenade. *n.*

smoke grenade. *n.*

stun grenade. *n.*

incendiary grenade. *n.*

tear-gas grenade. *n.*

live grenade. *n.*

fragmentation grenade. *n.*

trip grenade. *n.*

1. ashcan*. *n.*
2. depth charge. *n.*

skulduggery. *n.*

1. connive (to). *v.t.*
2. indulge in shady dealings (to). *v.t.*

crackle (to) (communications). *v.i.*

blow* (cover) (to). *v.t.*

burn* (to) (sacrifice of an agent who has been compromised). *v.t.*

burned* (to get). *v.i.*

attack group. *n.* - A subordinate task organization of the navy forces of an amphibious task force. It is composed of assault

bâtiments d'assaut et unités d'appui, destinés au transport, à la protection, au débarquement et au soutien initial d'un groupement de débarquement. [OTAN]

groupe de pression. *n.m.*

groupe de saut. *n.m.* - Nombre quelconque de parachutistes sautant par une même issue au cours d'un même passage au-dessus d'une zone de largage. [OTAN]

groupuscule. *n.m.*

guêpier (ex. : « se fourrer dans un guêpier. »). *n.m.*

guérilla. *n.f.* - Actions de combat conduites en principe en territoire tenu par l'ennemi, principalement par des forces militaires ou paramilitaires autochtones. [OTAN]

guérilla. *n.f.* - Troupe de partisans ou de guérilleros ; guerre de coups de main.

guérilla urbaine. *n.f.*

guérillero (a). *n.m.(f.)*

guerre (« La guerre, c'est l'enfer » Général US Grant). *n.f.*

guerre (en). *adj.*

guerre bactériologique. *n.f.*

guerre biologique. *n.f.*

guerre chimique. *n.f.*

shipping and supporting naval units designated to transport, protect, land and initially support a landing group. [NATO]

lobby. *n.*

stick. *n.* - A number of paratroopers who jump from one aperture or door of an aircraft during one run over a drop zone. [NATO]

splinter group. *n.*

hornet's nest (e.g.: "stir up the hornet's nest"). *n.*

guerrilla warfare. *n.* - Military and paramilitary operations conducted in enemy held or hostile territory by irregular, predominantly indigenous forces. [NATO]

guerrilla. *n.* - "An organized band of individuals in enemy-held territory, indefinite as to number, which conducts against the enemy irregular operations, including those of military or quasi-military nature." (OSS definition).

urban guerrilla. *n.*

guerrilla. *n.*

1. war. *n.*
2. warfare (technique). *n.*

war (at). *adj.*

biological warfare. *n.*

biological warfare. *n.*

chemical warfare. *n.*

guerre de mouvement. *n.f.* — war of movement. *n.*

guerre de position. *n.f.* — static war. *n.*

guerre de tranchée. *n.f.* — trench warfare. *n.*

guerre d'embuscade. *n.f.* — guerrilla warfare. *n.*

Guerre des Étoiles (Initiative de Défense Stratégique). *n.f.* — Star Wars (Strategic Defense Initiative). *n.*

guerre des ondes. *n.f.* — radio propaganda warfare. *n.*

guerre des services (ex. : DST contre DGSE). *n.f.* — turf war (e.g.: FBI vs. CIA). *n.*

guerre d'usure. *n.f.* — war of attrition. *n.*

guerre éclair (*blitzkrieg* en Allemagne). *n.f.* — lightning war (*blitzkrieg* in German)

guerre électronique. *n.f.* - Ensemble des mesures militaires comportant l'emploi de l'énergie électromagnétique pour déterminer, exploiter, réduire ou empêcher l'utilisation par l'ennemi du spectre électromagnétique et des mesures qui en assurent l'emploi par les forces amies. [OTAN] — electronic warfare. *n.* - Military action involving the use of electromagnetic energy to determine, exploit, reduce, or prevent hostile use of the electromagnetic spectrum and action to retain its effective use by friendly forces. [NATO]

guerre froide (1947-1989). *n.f.* — Cold War (1947-1989). *n.*

guerre mondiale. *n.f.* — world war. *n.*

guerre non-conventionnelle. *n.f.* - Terme général désignant les opérations conduites en fonction des buts militaires, politiques ou économiques à l'intérieur de la zone occupée par l'ennemi et en utilisant les habitants et les ressources locales. [OTAN] — unconventional warfare. *n.* - General term used to describe operations conducted for military, political or economic purposes within an area occupied by the enemy and making use of the local inhabitants and resources. [NATO]

guerre nucléaire. *n.f.* — nuclear war. *n.*

guerre presse-bouton. *n.f.* — push-button war. *n.*

guerre psychologique. *n.f.* — psychological warfare. *n.*

guerre secrète. *n.f.*
guerrier. *n.m.*
guetteur. *n.m.*
guidage. *n.m.*
guide. *n.m.* - Responsable qui se trouve à bord du véhicule ou élément de tête d'une colonne et qui a été désigné par le chef de celle-ci pour en régler la vitesse de marche. [OTAN]

gyroscope. *n.m.*

secret warfare. *n.*
warrior. *n.*
Eye* (FBI). *n.*
guidance. *n.*
pace setter. *n.* - An individual, selected by the column commander, who travels in the lead vehicle or element to regulate the column speed and establish the pace necessary to meet the required movement order. [NATO]

gyroscope. *n.*

H comme Hotel (alphabet phonétique de l'OTAN)

H 24* (vingt-quatre heures sur vingt-quatre). *adj.*

habilitation. *n.f.*

habilitation au secret défense. *n.f.*

habilitation de sécurité. *n.f.* - Décision officielle de l'autorité nationale compétente, reconnaissant qu'un individu est qualifié, en ce qui concerne la sécurité, pour avoir accès à des informations classifiées. [OTAN]

habiliter. *v.t.*

habillement. *n.m.*

halte au tir. *n.f.* - En artillerie et en appui feu naval, commandement ayant pour but d'arrêter temporairement le tir. [OTAN]

hantise de l'espionnage (*voir* espionnite). *n.f.*

harceler. *v.t.*

harnacher (s'). *v.pr.*

harnais. *n.m.*

hâter. *v.t.*

haut commandement. *n.m.*

H for Hotel (NATO phonetic alphabet)

round-the-clock. *adj.*

1. clearance. *n.*
2. vetting. *n.*

top-level clearance. *n.*

security clearance. *n.* - An administrative determination by competent national authority that an individual is eligible, from a security standpoint, for access to classified information. [NATO]

1. clear (to). *v.t.*
2. vet (to). *v.t.*

suiting up. *n.*

check firing. *n.* - In artillery and naval gun-fire support, a command to cause a temporary halt in firing. [NATO]

obsessive fear of being spied. *n.*

harass (to). *v.t.*

kit out (to). *v.t.*

harness. *n.*

expedite (to). *v.t.*

High Command. *n.*

haut fonctionnaire (ex. : en France, haut fonctionnaire de défense qui conseille le ministre de l'Intérieur, coordonne et anime, au sein du ministère, l'ensemble des services concernés, assure la coopération entre tous les ministères associés à la défense civile). *n.m.*

high ranking official. *n.*

haute technologie. *n.f.* — high technology (hi tech). *n.*

haute trahison. *n.f.* — high treason. *n.*

haut-parleur. *n.m.* — speaker. *n.*

hégémonie. *n.f.* — hegemony. *n.*

hélico* (hélicoptère). *n.m.* — helo* (helicopter). *n.*

hélicoptère. *n.m.* — helicopter. *n.*

hélicoptère armé. *n.m.* — gunship. *n.*

hélicoptère furtif (ex. : le Comanche). *n.m.* — stealth helicopter (e.g.: the Comanche). *n.*

héliox (mélange de gaz). *n.m.* — heliox (gas mix). *n.*

héliport. *n.m.* — helipad. *n.*

hélium (contre le mal des caissons). *n.m.* — helium (against the bends). *n.*

héroïne. *n.f.* — heroine. *n.*

héros. *n.m.* — hero. *n.*

herse (barrage routier). *n.f.* — nail belt (road block). *n.*

hertzien (-enne). *adj.m.(f.)* — Hertzian. *adj.*

heure zulu. *n.f.* - Heure du méridien de Greenwich. [OTAN] — zulu time. *n.* - Greenwich Mean Time (GMT). [NATO]

heure-H. *n.f.* — zero hour. *n.*

heurt. *n.m.* — clash. *n.*

hirondelle* (séductrice professionnelle à la solde d'un SR). *n.f.* — swallow* (female entrapment agent). *n.*

holocauste (nucléaire). *n.m.* — holocaust (nuclear). *n.*

homme de paille. *n.m.* — man of straw. *n.*

homme-grenouille. *n.m.* — frogman. *n.*

hommes de sac et de corde*. *n.m.pl.*

homologue. *n.m.*

honnête. *adj.m.(f.)*
honnêteté. *n.f.*
honneur. *n.m.*
honorable. *adj.m. (f.)* - « L'espionnage est le second plus vieux métier du monde et tout aussi honorable que le premier » Michael J. Barrett, conseiller juridique adjoint de la CIA, dans le *Journal of Defence and Diplomacy*, février 1984.

honorable correspondant (agent non retribué). *n.m.*

hors de propos. *adj.m.(f.)*
hors ondes. *adv.*
hostile (intention). *adj.m.(f.)*
hostilités. *n.f.pl.*
Hôtel de Brienne (Ministère de la Défense 14, rue Saint-Dominique 75007 Paris). *n.m.*

huiles*1. *n.f.pl.*
huis-clos (à). *adv.*
humanitaire. *adj.m.(f.)*
hydravion. *n.m.*
hydrogène (*voir* bombe H). *n.m.*
hydrophone. *n.m.*
hypersonique. *adj.m.(f)* - Qui a ou qui se rapporte à une vitesse

1. boom and bangers* (OSS agents). *n.pl.*
2. cloak-and-dagger boys*. *n.pl.*

1. counterpart. *n.*
2. opposite number. *n.*

honest. *adj.*
honesty. *n.*
honor. *n.*
honorable. *adj.* - "Espionage is the world's second oldest profession and just as honorable as the first" Michael J. Barrett, assistant general counsel of the CIA in *Journal of Defence and Diplomacy*, February 1984

unpaid informer. *n.*

irrelevant. *adj.*
off the air. *adj.*
hostile (intent). *adj.*
hostilities. *n.pl.*
French Ministry of Defense (which controls the DGSE, the French external security service). *n.*

top brass*. *n.*
in camera. *adv.*
humanitarian. *adj.*
sea plane. *n.*
hydrogen (*see* H bomb). *n.*
hydrophone. *n.*
hypersonic. *adj.* - Of or pertaining to speeds equal to, or in excess

---

1 - Voir l'équivalence des grades militaires dans les Appendices A et B.

égale ou supérieure à cinq fois la vitesse du son. [OTAN]

hypothèse conforme* (conditions requises pour l'accomplissement d'une mission). *n.f.*

hypothèse non conforme (conditions entraînant l'annulation d'une mission). *n.f.*

of, five times the speed of sound. [NATO]

go-operation*. *n.*

no-go operation*. *n.*

I

I comme India (alphabet phonétique de l'OTAN)

idée maîtresse. *n.f.*

identification ami / ennemi (IFF). *n.f.* - Système utilisant des émissions électromagnétiques auxquelles le matériel transporté par des forces amies répond automatiquement, en émettant par exemple des impulsions, ce qui les distingue des forces ennemies. [OTAN]

identifier. *v.t.*

identité. *n.f.*

idiot utile [sujet manipulable d'après Lénine (1870-1924)]. *n.m.*

Il m'a repéré (filature)

Il nous a filé* entre les doigts (filature). *loc.*

illégal (e). *adj.m.(f.)*

illégal* (agent opérant à l'étranger sans couverture diplomatique). *n.m.*

illégalement. *adv.*

illégalité. *n.f.*

illicite. *adj.m.f.*

illicitement. *adv.*

imagerie spatiale. *n.f.*

imagerie thermique. *n.f.* - Images produites par la détection et

I for India (NATO phonetic alphabet)

thrust (of an argument). *n.*

identification, friend or foe (IFF). *n.* - A system using electromagnetic transmissions to which equipment carried by friendly forces automatically responds, for example, by emitting pulses, thereby distinguishing themselves from enemy forces. [NATO]

identify (to). *v.t.*

identity. *n.*

useful fool [gullible subject according to Lenin (1870-1924)]. *n.*

He made* me (surveillance)

He slipped the tail* we had on him (surveillance). *phr.*

illegal. *adj.*

illegal* (agent operating abroad without the benefit of official status). *n.*

illegally. *adv.*

illegality. *n.*

illicit. *adj.*

illicitly. *adv.*

space imagery. *n.*

thermal imagery. *n.* - Imagery produced by sensing and recording

l'enregistrement de l'énergie thermique émise ou réfléchie par les objets examinés. [OTAN]

imbroglio. *n.m.*

immersion profonde* (d'un agent). *n.f.*

immiscer (s'). *v.pr.*

immixtion. *n.f.*

immoral(e). *adj.m. (f.)* - « L'espionnage, qui est le second plus vieux métier du monde, est encore plus immoral que le premier » Ian Fleming.

immunité diplomatique (Convention de Vienne, 1963). *n.f.*

impasse. *n.f.*

impénétrable. *adj.m.(f.)*

impitoyable. *adj.m.(f.)*

implacable. *adj.m.(f.)*

implantation. *n.f.*

implication. *n.f.*

impliquer. *v.t.*

impliquer (s'). *v.pr.*

imposteur. *n.m.*

imposture. *n.f.*

imprimante. *n.f.*

imprimante vidéo. *n.f.*

imprimé (ordinateur). *n.m.*

impuissance. *n.f.*

impuissant(e). *adj.m.(f.)*

impunité. *n.f.*

the thermal energy emitted or reflected from the objects which are imaged. [NATO]

imbroglio. *n.*

deep cover* (for an agent). *m.*

interfere (to). *v.t.*

interference. *n.*

immoral. *adj.* - "Espionage is the world's second oldest profession with even fewer morals than the first." Ian Fleming.

diplomatic immunity (Vienna Convention, 1963). *n.*

1. deadlock. *n.*

2. no-win situation. *n.*

3. standoff. *n.*

unfathomable. *adj.*

1. merciless. *adj.*

2. ruthless. *adj.*

relentless. *adj.*

settlement. *n.*

involvement. *n.*

involve (to). *v.t.*

get involved (to). *v.t.*

impostor. *n.*

imposture. *n.*

printer. *n.*

videoprinter. *n.*

printout (computer). *n.*

impotence. *n.*

impotent. *adj.*

impunity. *n.*

incendie. *n.m.* — conflagration. *n.*
incident de parcours. *n.m.* — hitch. *n.*
inconditionnel(-le). *adj.m.(f.)* — unconditional. *adj.*
inconnu. *n.m. / adj.* — unknown. *n. / adj.*
incontournable. *adj.m.(f.)* — unavoidable. *adj.*
incrochetable (serrure). *adj.m.(f.)* — pickproof (lock). *adj.*
incrochetable (serrure). *adj.m.(f.)* — unpickable. *adj.*
inculpation. *n.f.* — charge. *n.*
incursion. *n.f.* —
1. foray. *n.*
2. incursion. *n.*

indéfendable. *adj.m.(f.)* — untenable. *adj.*
indépendance. *n.f.* — independence. *n.*
indépendant(e). *adj.m.(f.)* — independent. *adj.*
indésirable. *adj.m.(f.)* — undesirable. *adj.*
indétectabilité. *n.f.* — undetectability. *n.*
indétectable. *adj.m.(f.)* — undetectable. *adj.*
indicateur de canal d'urgence. *n.m.* — emergency channel indicator. *n.*
indicateur de modulation. *n.m.* — modulation indicator. *n.*
indicateur(-trice) (informateur). *n.m.(f.)* — tipster (informer). *n.*
indicatif (radio). *n.m.* —
1. call letter (radio). *n.*
2. call sign (radio). *n.*

indicatif d'appel. *n.m.* - Toute combinaison de caractères ou mots prononçables servant à identifier une ou plusieurs stations de transmissions, commandements, autorités, organismes ou unités ; est utilisée pour l'établissement et le maintien des communications. [OTAN]
— call sign. *n.* - Any combination of characters or pronounceable words, which identifies a communication facility, a command, an authority, an activity, or a unit; used primarily for establishing and maintaining communications. [NATO]

indicatif d'appel phonie. *n.m.* - Indicatif d'appel prévu principalement pour les transmissions en radiotéléphonie. [OTAN]
— voice call sign. *n.* - A call sign provided primarily for voice communication. [NATO]

indicatif d'appel visuel. *n.m.* - Indicatif d'appel prévu principalement pour les transmissions visuelles. [OTAN]

indicatif de zone (2 chiffres en France). *n.m.*

indiscret (-ète) (ex. : « Je ne voudrais pas être indiscret. »). *adj.m.(f.)*

induire en erreur. *v.t.*

inefficace. *adj.m.(f.)*

inefficacité. *n.f.*

infamie. *n.f.* - « Hier, le 7 décembre 1941, restera une date infâme entre toutes. » (Franklin D. Roosevelt faisant allusion à l'attaque de Pearl Harbor).

infiltrateur. *n.m.*

infiltration. *n.f.* - Technique et procédé de combat ayant pour but d'introduire au sein, ou autour du dispositif ennemi, un certain volume de force, en évitant d'être répéré. [OTAN]

infiltration. *n.f.*

infiltrer. *v.t.*

infiltrer (introduire un agent dans une zone ciblée à l'intérieur d'un pays ennemi). *v.t.*

infiltrer (introduire un agent dans une zone ciblée à l'intérieur d'un pays ennemi). *v.t.*

infirmation. *n.f.*

infirmer. *v.t.*

influence. *n.f.*

influencer. *v.t.*

visual call sign. *n.* - A call sign provided primarily for visual signalling. [NATO]

area code (3 numbers in North America). *n.*

indiscreet (e.g.: "I don't mean to pry."). *adj.*

mislead (to). *v.t.*

inefficient. *adj.*

1. ineffectiveness. *n.*

2. inefficiency. *n.*

infamy. *n.* - "Yesterday, December 7, 1941, a date which will live in infamy." (Franklin D. Roosevelt referring to the attack on Pearl Harbor).

infiltrator. *n.*

infiltration. *n.* - A technique and process in which a force moves as individuals or small groups over, through or around enemy positions without detection. [NATO]

insertion. *n.*

go under (to). *v.i.*

infiltrate (to place an agent in a target area within a hostile country) (to). *v.t.*

insert (to place an agent in a target area within a hostile country) (to). *v.t.*

denial. *n.*

deny (to). *v.t.*

influence. *n.*

influence (to). *v.t.*

influent (e). *adj.m.(f.)* — influential. *adj.*

informateur (« coolie du renseignement »). *n.m.* — informer (*seksot* in Russian). *n.*

information. *n.f.* — information. *n.*

information à ne pas divulguer. *n.f.* — privileged information. *n.*

informatique. *n.f.* — data processing. *n.*

informer. *v.t.* — inform (to). *v.t.*

infra-rouge (missile AM 39 Exocet). *n.m. / adj* — infrared (e.g. "Stinger", an infrared-seeking guided missile). *n.*

infructueux (-se). *adj.m.(f.)* — abortive. *adj.*

ingénieux (-euse). *adj.m.(f.)* —
1. ingenious. *adj.*
2. resourceful. *adj.*

ingéniosité. *n.f.* —
1. ingenuity. *n.*
2. resourcefulness. *n.*

ingérence. *n.f.* —
1. intervention. *n.*
2. meddling. *n.*

ingérer dans (s'). *v.t.* — meddle with (to). *v.t.*

initiative. *n.f.* — initiative. *n.*

inopiné(e). *adj.m.(f.)* — unexpected. *adj.*

inopportun (e). *adj.m.f.* — untimely. *adj.*

inopportunité. *n.f.* — untimeliness. *n.*

inquiétant (e). *adj.m.(f.)* — disquieting. *adj.*

insensible. *adj.m.(f)* - En guerre des mines, état d'une mine qui ne peut être influencée du fait d'un dispositif de réceptivité différée. [OTAN] — dormant. *adj.* - In mine warfare, the state of a mine during which a time delay feature in a mine prevents it form being actuated. [NATO]

insinuer. *v.t.* — infer (to). *v.t.*

insonorisation. *n.f.* — soundproofing. *n.*

insonorisé (e). *adj.m.(f.)* — soundproof. *adj.*

insonoriser. *v.t.* — soundproof (to). *v.t.*

insoumis. *n.m.* — draft dodger. *n.*

insoupçonnable. *adj.m.(f.)*	above suspicion. *n.*
inspecter. *v.t.*	inspect (to). *v.t.*
inspecteur. *n.m.*	inspector. *n.*
inspecteur général. *n.m.*	inspector general. *n.*
inspection. *n.f.*	inspection. *n.*
inspectorat. *n.m.*	inspectorate. *n.*
installer une bretelle. *v.t.*	wiretap (to). *v.t.*
installer un microémetteur. *v.t.*	rig* a wire (to). *v.t.*
instigateur (-trice). *n.m.(f.)*	mastermind. *n.*
insurgé(e). *n.m.(f.)*	insurgent. *n.*
insurrection. *n.f.*	insurrection. *n.*
insurrectionnel (-le). *adj.m.(f.)*	insurrectional. *adj.*
intègre. *adj.m.(f.)*	upright. *adj.*
intégrisme. *n.m.*	fundamentalism. *n.*
intégriste. *n.m. / adj.*	fundamentalist. *n. adj.*
intégrité. *n.f.*	integrity. *n.*
intelligence avec l'étranger (Code Pénal, IV, chap. 1er, II : « Des intelligences avec une puissance étrangère »). *n.f.*	secret dealings with a foreign power. *n.pl.*
intelligence économique. *n.f.*	economic intelligence. *n.*
Intendance. *n.f.*	Supply Corps. *n.*
intensifier. *v.t.*	step up (to). *v.t.*
intensifier (s'). *v.pr.*	escalate (to). *v.t.*
interarmées. *adj.m.(f.)*	interservice. *adj.*
intercepter. *v.t.*	intercept (to). *v.t.*
intercepter (appréhender). *v.t.*	interdict (apprehend) (to). *v.t.*
interception. *n.f.*	interception. *n.*
interception aérienne. *n.f.* - Opération par laquelle un (ou des) aéronef(s) établit (ou établissent) un contact visuel ou électronique avec un (ou plusieurs) autre(s) aéronef(s). [OTAN]	air interception. *n.* - An operation by which aircraft effect visual or electronic contact with other aircraft. [NATO]

intéressé (e). *adj.m.(f.)*

interférence radar. *n.f.* - Signaux, échos ou images indésirables ou parasites sur l'écran du radar, et qui gênent l'observation des signaux recherchés. [OTAN]

intérieur (e). *adj.m.(f.)*

intermédiaire. *n.m. / adj.*

intermédiaire (entre un agent et son officier traitant*). *n.m.*

interne (jargon interne). *adj.m.(f.)*

interopérabilité. *n.f.* - Capacité de plusieurs systèmes, unités ou organismes dont l'organisation et les relations respectives autorisent une aide mutuelle qui les rend aptes à opérer de concert. [OTAN]

interprétation photographique. *n.f.* - Obtention d'informations à partir de photographies ou d'autres images enregistrées. [OTAN]

interprète. *n.m.(f.)*

interpréter. *v.t.*

interrogateur. *n.m.*

interrogatoire. *n.m.*

interrogatoire appuyé*. *n.m.*

interrogatoire musclé*. *n.m.*

interrogatoire sérré*. *n.m.*

interroger. *v.t.*

intervenir. *v.i.*

intervention. *n.f.*

intimité. *n.f.*

intox*. *n.f.*

self-serving. *adj.*

radar clutter. *n.* - Unwanted signals, echoes, or images on the face of the display tube, which interfere with observation of desired signals. [NATO]

domestic. *adj.*

1. go-between. *n.*

2. intermediary. *n. / adj.*

cut-out* (intermediary between an agent and his handler*). *n.*

in-house (in-house lingo). *adj.*

interoperability. *n.* - The ability of systems, units or forces to provide services to and accept services from other systems, units or forces and to use the services so exchanged to enable them to operate effectively together. [NATO]

imagery interpretation. *n.* - The extraction of information from photographs or other recorded images. [NATO]

interpreter. *n.*

interpret (to). *v.t.*

debriefer. *n.*

interrogation. *n.*

in-depth interrogation. *n.*

in-depth interrogation. *n.*

in-depth interrogation. *n.*

1. debrief (to). *v.t.*

2. interrogate (to). *v.t.*

intervene (to). *v.i.*

intervention. *n.*

privacy. *n.*

1. deception. *n.*

2. intoxication. *n.*

intoxication. *n.f.*

intoxiquer. *v.t.*

intrépide. *adj.m.(f.)*

intrigant (e) (qui a recours à l'intrigue pour parvenir à ses fins). *n.m.(f.)*

intriguant (e). *adj.m.(f.)*

intrigue. *n.f.* - ex. : « alors que les services secrets sont une profession se nourrissant de tromperie et d'intrigue, la plupart de ceux qui en font partie sont des hommes au caractère irréprochable. »
Peter Wright, *Spycatcher*.

introduction d'une nouvelle personnalité (lavage de cerveau). *n.f.*

intrus. *n.m.* - Individu, unité ou système d'arme se trouvant à l'intérieur ou à proximité d'une zone opérationnelle ou d'exercice et représentant une menace d'acquisition de renseignement ou d'activité perturbatrice. [OTAN]

intrusion. *n.f.*

intuition. *n.f.* - « L'espionnage est un crime quasiment dénué de preuves ; c'est la raison pour laquelle l'intuition, pour le meilleur ou pour le pire, joue toujours un rôle essentiel dans le succès de son enquête. »
Peter Wright, *Spycatcher*.

inventer (histoire). *v.t.*

1. deception. *n.*
2. intoxication. *n.*

intoxicate (to). *v.t.*

bold. *adj.*

intriguer (person who engages in intrigue). *n.*

intriguing. *adj.*

intrigue. *n.* - e.g.: "while secret service is a profession of deceit and intrigue, many of its practitioners are men of exceptional character."
Peter Wright, Spycatcher.

psychic driving (brainwashing). *n.*

intruder. *n.* - An individual, unit, or weapon system, in or near an operational or exercise area, which presents the threat of intelligence gathering or disruptive activity. [NATO]

1. picks and locks*. *n.pl.*
2. surreptitious entry. *n.*

intuition. *n.* - "Espionage is a crime almost devoid of evidence, which is why intuition, for better or worse, always has a large part to play in its successful detection."
Peter Wright, Spycatcher.

fabricate (story) (to). *v.t.*

invention (mensonge). *n.f.* — fabrication (falsehood). *n.*
investir. *v.t.* — storm (to). *v.t.*
inviolable (code). *adj.m.(f.)* — unbreakable (code). *adj.*
inviolable (système). *adj.m.(f.)* — secure (system). *adj.*
involontaire (agent double). *adj.m.(f.)* — unwitting (double agent). *adj.*
irradiation. *n.f.* — irradiation. *n.*
irradier. *v.t.* — irradiate (to). *v.t.*
irréductibilité. *n.f.* — insurmountability. *n.*
irréductible. *adj.m.(f.)* — indomitable. *adj.*
irréfléchi(e) (« Des propos irréfléchis mettent des vies en danger »). *adj.m. (f.)* — careless ("Careless talk costs lives"). *adj.*
irréprochable (source). *adj.f.* — unimpeachable (source). *adj.*
islamisme. *n.m.* — Islamism. *n.*
islamiste. *n.m.(f.)* — Islamist. *n.*
isolement. *n.m.* — solitary confinement. *n.*
issue prévisible. *n.f.* — foregone conclusion. *n.*
itinéraire. *n.m.* — route. *n.*
itinérant* (agent effectuant une mission précise et limitée : *shtuchnik* en russe). *n.m.* — stringer* (*shtuchnik* in Russian). *n.*

J - K

J comme Juliet (alphabet phonétique de l'OTAN)
J'ai à vue (filature)
J'ai l'objectif à vue
J'ai perdu de vue le sujet

jambisme* (mutilation des rotules à l'aide d'une arme à feu). *n.m.*
janus* (agent double). *n.m.*

jargon technique (ordinateur). *n.m.*
Je me suis fait mordre* (repérer lors d'une filature)
Je répète ! (transmissions)
jeter de l'huile sur le feu. *loc.*

jeu de guerre. *n.m.* - Simulation, par des procédés quelconques, d'une opération militaire impliquant plusieurs adversaires, et appliquant des règles, des données et des méthodes déterminées en vue de représenter une situation concrète, réelle ou imaginaire. (NATO)

jeune loup. *n.m.*
jouable. *adj.m.(f.)*

J for Juliet (NATO phonetic alphabet)
I have a visual (surveillance)
I have a visual contact
1. I have lost eye contact
2. I have lost visual contact
3. I have lost the subject

kneecapping (IRA). *n.*

1. double agent. *n.*
2. double cross. *n.*

technobabble (computer). *n.*
I've been hit* (made*)

Say again! (communications)
1. add fuel to the fire (to). *phr.*
2. add fuel to the flames (to). *phr.*

war game. *n.* - A simulation by whatever means, of a military operation involving two or more opposing forces, using rules, data, and procedures designed to depict an actual or assumed real life situation. [NATO]

young Turk. *n.*
playable. *adj.*

jouer à saute-mouton* (technique consistant à dépasser, ou à doubler le suspect faisant l'objet d'une filature). *loc.*
jouer de* (se). *v.pr.*
jouer d'oreille. *loc.*
jouer son va-tout. *v.t.*
jour-J (6 juin 1944). *n.m.*
jumelles (à infra-rouge). *n.f.pl.*
junte. *n.f.*
jupe de flottaison (char). *n.f.*
jusqu'au-boutisme. *n.m.*
jusqu'au-boutiste. *n.m.(f.)*
justice militaire. *n.f.*

justifier. *v.t.*

leapfrog over* (technical surveillance) (to). *v.t.*

play* someone (to). *v.t.*
play by ear (to). *phr.*
stake one's all (to). *v.t.*
D-Day (June 6, 1944). *n.*
binoculars (infrared). *n.pl.*
junta. *n.*
floatation barrier (tank). *n.*
hard-line policy. *n.*
hard-liner. *n.*
Judge Advocate General's Corps (JAGC). *n.*

warrant (to). *v.t.*

❋ ❋ ❋   ❋ ❋ ❋

K comme Kilo (alphabet phonétique de l'OTAN)
kaguébiste/KGBiste (officier du KGB ; sur le modèle de tchékiste, membre de la Tchéka, 1917-1922). *n.m.*
kaki. *n.m.*
Kapelle. *n.f.*
Kapelle. *n.f.* - À l'origine, la *Rote Kapelle* fut un *Sunderkommando* créé par Hitler pour lutter contre les ennemis du Troisième Reich. En revanche, l'Orchestre rouge regroupait divers mouvements antifascistes opérant dans l'Europe occupée (*voir* réseau).

K for Kilo (NATO phonetic alphabet)

KGB officer. *n.*

olive drab. *n.*
spy ring (*see* network). *n.*
Kapelle. *n.* - The *Rote Kapelle* was originally a *Sunderkommando* created by Hitler to fight the Third Reich's enemies. But the Red Orchestra combined different antifascist movements operating in occupied Europe. (*see* ring)

kidnapper. *v.t.*

kilotonne. *n.f.*

kiosque* (sous-marin). *n.m.*

Krav maga (« combat rapproché » en hébreu : technique de lutte à mains nues mise au point par les services secrets israéliens). *n.m.*

kremlinologue. *n.m.*

kidnap (to). *v.t.*

kiloton. *n.*

conning tower (submarine). *n.*

Krav maga (close combat in Hebrew; technique developed by the Mossad). *n.*

Kremlinologist. *n.*

L

L comme Lima (alphabet phonétique de l'OTAN)

la ligne est sur écoute (table d')

La voie est libre !

labyrinthe. *n.m.*

lacet (vol). *n.m.*

lâche. *adj.m.(f.)*

lâcher la proie pour l'ombre. *loc.*

lâcher*. *v.t.*

lâcheté. *n.f.*

laisser à quelqu'un une grande longe*. *loc.*

lancement. *n.m.*

lance-patates* (fusil lance-grenades)[1]. *n.m.*

lancer. *v.t.*

lancer aux trousses de quelqu'un (se). *v.pr.*

lancer des gaz lacrymogènes. *v.t.*

lancer un avis de recherche. *v.t.*

lancer une bombe incendiaire. *v.t.*

Langley
[QG de la CIA,

L for Lima (NATO phonetic alphabet)

the phone is bugged*

The coast is clear!

labyrinth. *n.*

yaw (flight). *n.*

coward. *adj.*

chase shadows (to). *v.t.*

drop* (to). *v.t.*

cowardice. *n.*

give someone a long leash* (to). *phr.*

launching. *n.*

grenade launcher. *n.*

launch (to). *v.t.*

be on to someone (to). *v.t.*

tear-gas (to). *v.t.*

1. put an APB on the air (All-Point Bulletin) (to). *v.t.*

2. put an APB through (All-Point Bulletin) (to). *v.t.*

fire bomb (to). *v.t.*

Langley
[CIA HQ,

---

1 - Voir chapitre III, D sur les armes à feu de notre *Dictionnaire de la Police et de la Pègre*.

situé à l'ouest de Washington, comté de Fairfax, Virginie (accès par le George Washington Memorial Parkway) Washington D.C. 20505 Téléphone : 00-1-703- 482-1100]

west of Washington, Fairfax County, Virginia (accessed by the George Washington Memorial Parkway) Washington D.C. 20505 Phone: (703) 482-1100]

langue de bois*. *n.f.*

officialese. *n.*

langue de bois*. *n.f.*

gobbledygook. *n.*

larder* quelqu'un de coups de couteau. *v.t.*

stab someone repeatedly (to). *v.t.*

largage. *n.m.* - 1. Sortie hors d'un aéronef en vol des personnels ou des charges transportés. - 2. En termes d'armement aérien, séparation commandée d'une charge tombant par gravité de son système de suspension, dans le dessein de lui faire assurer sa fonction. [OTAN]

1. air drop. - **2**. release. *n.* - Delivery of personnel or cargo form aircraft in flight. In air armament, the intentional separation of a free-fall aircraft store, from its suspension equipment, for purposes of employment of the store. [NATO]

largage en chute libre. *n.m.* - Largage depuis un aéronef, de matériel ou de ravitaillement sans utilisation de parachutes. [OTAN]

free drop. *n.* - The dropping of equipment or supplies from an aircraft without the use of parachutes. [NATO]

largage lourd. *n.m.* - Largage de plates-formes chargées à partir d'un aéronef à ouverture axiale. [OTAN]

platform drop. *n.* - The airdrop of loaded platforms from rear loading aircraft with roller conveyors. [NATO]

lavage de cerveau. *n.m.*

brainwashing. *n.*

Le client* quitte les lieux (filature)

Subject leaving premises (surveillance)

lecteur de disquette. *n.m.*

disk drive. *n.*

lecteur optique. *n.m.*

optical reader. *n.*

lecture (magnétophone). *n.f.*

play (tape recorder). *n.*

légal*(agent en exercice à l'étranger jouissant d'une immunité diplomatique). *n.m.*

legal* (intelligence officer working abroad and enjoying diplomatic immunity). *n.*

légation. *n.f.*

legation. *n.*

légende* (anglicisme : identité fictive). *n.f.*

le petit doigt sur la couture du pantalon. *loc.*

lettre de rançon. *n.f.*

lettre piégée. *n.f.*

leurrage. *n.m.*

leurre. *n.m.* - Imitation (de quelque nature que ce soit) d'une personne, d'un objet ou d'un phénomène. Elle a pour but de tromper les systèmes d'observations adverses et de fausser les évaluations faites par l'ennemi. [OTAN]

levée de bouclier. *n.f.*

lever un lièvre. *loc.*

levier. *n.m.*

liaison. *n.f.*

liasse. *n.f.*

liasse facile* (avoir la). *loc.*

libération. *n.f.*

libérer. *v.t.*

liberté. *n.f.*

libre. *adj.m.(f.)*

libre-arbitre. *n.m.*

lié(e) par le secret. *p.p.*

lieu (neutre). *n.m.*

lieu de rassemblement. *n.m.*

lieu sûr (en). *loc.*

lieutenant. *n.m.*

legend* (false identity). *n.*

spit-and-polish. *adj.*

ransom note. *n.*

letter bomb. *n.*

decoying. *n.*

decoy. *n.* - An imitation in any sense of a person, object or phenomenon which is intended to deceive enemy surveillance devices or mislead enemy evaluation. [NATO]

general outery. *n.*

stumble (up) on something important (to). *phr.*

1. lever. *n.*
2. means of pressure. *n.*

liaison. *n.*

sheaf. *n.*

blow bread* (to). *v.t.*

release. *n.*

release (to). *v.t.*

freedom. *n.*

free. *adj.*

free will. *n.*

bound to secrecy. *p.p.*

venue (neutral). *n.*

staging area. *n.*

harm's way (out of). *phr.*

1. first lieutenant (USA, USAF). *n.*
2. flying officer (RAF). *n.*

lieutenant de vaisseau¹. *n.m.*
lieutenant-colonel¹. *n.m.*

lieux (crime). *n.m.pl.*
lièvre* (porteur de rançon). *n.m.*
ligne (en) (ordinateur). *adj.*
ligne (téléphonique). *n.f.*
ligne sûre. *n.f.*

lignes encombrées. *n.f.pl.*
ligoter. *v.t.*

limier. *n.m.*
limiter les dégâts. *loc.*

lisibilité. *n.f.*
liste. *n.f.*
liste d'objectifs. *n.f.* - Répertoire d'objectifs confirmés ou éventuels, tenu à jour à un niveau quelconque du commandement en vue de fournir des renseignements sur ces objectifs ou de préparer un appui feu. [OTAN]
liste noire. *n.f.*
livraison. *n.f.*
livre de bord. *n.m.*
livrer. *v.t.*
livrer bataille. *v.t.*
logarithme. *n.m.*
loger* (repérer un domicile). *v.t.*
logiciel. *n.m.*

lieutenant (USN). *n.*
1. lieutenant colonel (USA, USAF). *n.*
2. wing commander (RAF). *n.*
scene (crime). *n.*
ransom carrier. *n.*
on-line (computer). *adj.*
line (phone). *n.*
1. clean* phone. *n.*
2. secure telephone. *n.*
locked lines. *n.pl.*
1. hogtie (to). *v.t.*
2. tie up (to). *v.t.*
sleuth. *n.*
exercise some damage control (to). *phr.*
exposure. *n.*
list. *n.*
target list. *n.* - A tabulation of confirmed or suspected targets maintained by any echelon for information and fire support planning purposes. [NATO]

black list. *n.*
delivery. *n.*
log book. *n.*
deliver (to). *v.t.*
wage battle (to). *v.t.*
logarithm. *n.*
spot* (to). *v.t.*
software. *n.*

---

1 - Voir l'équivalence des grades militaires dans les Appendices A et B.

logisticien. *n.m.*

logistique. *n.f.*

loi martiale. *n.f.*

long feu. *n.m.* - Retard anormal dans le fonctionnement d'un dispositif de mise de feu. [OTAN]

long terme. *n.m.*

longueurs d'onde réservées aux forces de l'ordre. *n.f.pl.*

loran. *n.m.* - Système de navigation à longue portée basé sur le décalage de temps entre les émissions à impulsions synchronisées provenant de plusieurs stations fixes (sigle de long range electronic navigation). [OTAN]

lot de destruction. *n.m.* - En démolition, ensemble comprenant l'outillage, les matériaux et les accessoires non-explosifs nécessaires à la mise en œuvre des charges. [OTAN]

Loubianka (la)
(QG de l'ex- KGB,
2 place Dzerzhinsky,
Moscou). *n.f.*

louche* (qui n'est pas net). *adj.m.(f.)*

loufiat* (lieutenant de vaisseau en argot). *n.m.*

loyal(e). *adj.m.(f.)*

loyauté (indéfectible, sans faille). *n.f.*

lunette. *n.f.*

lunette à grossissement x9. *n.f.*

lunette à intensification de lumière. *n.f.*

logistician. *n.*

logistics. *n.*

martial law. *n.*

hang fire. *n.* - An undesired delay in the functioning of a firing system. [NATO]

long haul. *n.*

police bands. *n.*

loran. *n.* - A long-range radionavigation position fixing system using the time difference of reception of pulse type transmissions from two or more fixed stations. This term is derived from the words long-range electronic navigation. [NATO]

demolition tool kit. *n.* - The tools, materials and accessories of a non-explosive nature necessary for preparing demolition charges. [NATO]

Lubianka
(former KGB HQ,
2 Dzerzhinsky Square,
Moscow). *n.*

fishy (improbable story). *adj.*

two-striper* (navy lieutenant in slang). *n.*

loyal. *adj.*

loyalty (unwavering, unflagging). *n.*

scope. *n.*

nine-power scope. *n.*

night scope. *n.*

lunette de vision nocturne. *n.f.*   **1.** night observation device (NOD). *n.*

2. night vision handscope. *n.*

lunettes de vision nocturne. *n.f.pl.*   light-gathering goggles. *n.pl.*

lunettes noires. *n.f.pl.*   shades*. *n.pl.*

lutte féroce. *n.f.*   tug-of-war. *n.*

M comme Mike (alphabet phonétique de l'OTAN)	M for Mike (NATO phonetic alphabet)
maccarthysme (chasse aux sorcières). *n.m.*	McCarthysm (Joseph R. McCarthy GOP senator of Wisconsin, 1908-1957). *n.*
mâcher (ses mots). *v.t.*	mince (words) (to). *v.t.*
machiavélique. *adj.m.(f.)*	Machiavellian. *adj.*
machiavélisme. *n.m.*	Machiavellianism. *n.*
machination. *n.f.*	frameup. *n.*
machine infernale. *n.f.*	infernal machine. *n.*
machisme (par allusion au cri de ralliement des forces spéciales américaines). *n.m.*	"hooh-ah" machismo. *n.*
macro-conflict. *n.m.*	macroconflict. *n.*
magnésium (incendiaire). *n.m.*	magnesium (incendiary). *n.*
magnétophone. *n.m.*	tape recorder. *n.*
magnétophone à cassette. *n.m.*	cassette recorder. *n.*
magouille(s). *n.f.(pl.)*	1. dirty dealings. *n.pl.*
	2. scheming. *n.*
magouiller. *v.t.*	scheme (to). *v.t.*
maillage. *n.m.*	1. netting. *n.*
	2. network. *n.*
mailler. *v.t.*	net (to). *v.t.*
maison refuge* (*yavka* en russe ; maison discrète utilisée pour interroger ou cacher un transfuge). *n.f.*	safehouse* (*yavka* in Russian; inconspicuous house used for interrogating or hiding a defector). *n.*
maison sûre*. *n.f.*	safe house* (a secure compound). *n.*
maître chanteur. *n.m.*	blackmailer. *n.*

maître espion. *n.m.*

maîtrise de l'air. *n.f.* - Degré de supériorité aérienne à partir duquel les forces aériennes adverses sont incapables d'intervenir efficacement. [OTAN]

majuscule. *n.f.*

mal gérer. *v.t.*

mal tourner. *v.t.*

malentendu. *n.m.*

malhonnête. *adj.m.(f.)*

malhonnêteté. *n.f.*

mallette (américaine). *n.f.*

malmener. *v.t.*

malversation. *n.f.*

mandat. *n.m.*

mandat autorisant un branchement d'écoute (délivré par un juge d'instruction en France). *n.m.*

mandoline* (appareil photo). *n.f.*

manger à tous les rateliers. *loc.*

« Manger ou être mangé » (loi de la jungle)

maniaque (du recoupement). *n.m.*

manifeste. *n.m.*

manifeste. *n.m.* - Inventaire détaillé de la cargaison d'un navire précisant les données

master spy. *n.*

air supremacy. *n.* - That degree of air superiority wherein the opposing air force is incapable of effective interference. [NATO]

uppercase. *n.*

mishandle (to). *v.t.*

go bad (to). *v.t.*

misunderstanding. *n.*

dishonest. *adj.*

dishonesty. *n.*

attaché case. *n.*

manhandle (to). *v.t.*

misappropriation. *n.*

mandate. *n.*

wiretap warrant (issued by the D.A. in the USA. To obtain a court-ordered wiretap on someone's phone, affidavit upon affidavit have to be drawn up, each supported by evidence. The draft of these affidavits has to be approved by a District Attorney before going to a judge to obtain the order). *n.*

camera. *n.*

1. have a finger in every pie (to). *phr.*

2. play both sides of the street. *phr.*

"Dog eat dog" (law of the jungle)

stickler (for crosschecking). *n.*

manifesto. *n.*

ocean manifest. *n.* - A detailed listing of the entire cargo loaded into any one ship showing all

nécessaires à son identification immédiate et indiquant où et comment la cargaison est arrimée. [OTAN]

manigance(s). *n.f.(pl.)*

manigance(s). *n.f.(pl.)*

manipulateur(-trice). *adj.mn.m.(f.)*

manipulateur(-trice). *n.m.(f.)*

manipulation. *n.f.*

manipuler. *v.t.*

manœuvre. *n.f.*

manœuvre d'autoprotection. *n.f.*

manœuvrer. *v.t.*

manquement (au devoir). *n.m.*

manquer (à son devoir / son honneur). *v.t.*

mansuétude. *n.f.*

manuel. *adj.*

manuel(-le). *adj.m.(f.)*

maquette. *n.f.*

maquette. *n.f.* - Modèle à l'échelle d'une machine, d'un appareil ou d'une arme. On l'emploie pour des études préliminaires, pour essayer de nouvelles applications ou pour instruire le personnel. [OTAN]

maquiller* (véhicule). *v.t.*

maquis. *n.m.*

pertinent data which will readily identify such cargo and where and how the cargo is stowed. [NATO]

ploy. *n.*

1. scheme. *n.*

2. underhand practices. *n.pl.*

manipulative. *adj.*

manipulator. *n.*

manipulation. *n.*

manipulate (to). *v.t.*

1. drill. *n.*

2. manoeuvre. *n.*

evasive steering. *n.*

1. manipulate (to). *v.t.*

2. manoeuvre (to). *v.t.*

breach (dereliction of duty). *n.*

fail in one's duty / honor (to). *v.t.*

leniency. *n.*

1. manual. *n.*

2. handbook. *n.*

manual. *adj.*

sand table. *n.*

mock-up. *n.* - A model, built to scale, of a machine, apparatus, or weapon, used in studying the construction of, and in testing a new development, or in teaching personnel how to operate the actual machine, apparatus, or weapon. [NATO]

disguise (vehicle) (to). *v.t.*

1. *maquis*. *n.*

2. underground. *n.*

maquisard(e). *n.m.(f.)* — underground member. *n.*

marché gris* (monde trouble du commerce des armes). *n.m.* — grey market* (murky netherworld of arms deals). *n.*

marcher comme sur des roulettes. *loc.* — run like clockwork (to). *phr.*

maréchal[1] (sept étoiles). *n.m.* —
1. marshal (field-) (UK). *n.*
2. General of the Army (five stars, USA). *n.*

marée* (patrouille sous-marine). *n.f.* — submarine patrol. *n.*

marge de manœuvre. *n.f.* — leeway. *n.*

mariage blanc. *n.m.* — sham marriage. *n.*

marionnette. *n.f.* — puppet. *n.*

marionnettiste. *n.m.* — puppeteer. *n.*

marsouin* (soldat de l'ex-infanterie de marine). *n.m.* — leatherneck* (US marine). *n.*

masque à gaz. *n.m.* — gas mask. *n.*

masque de plongée. *n.m.* — dive mask. *n.*

massacre. *n.m.* — massacre. *n.*

massacrer. *v.t.* — slaughter (to). *v.t.*

masse (gros maillet). *n.f.* — sledge hammer. *n.*

massif (sous-marin). *n.m.* — sail (submarine). *n.*

mataf* (matelot). *n.m.* — swabbie* (sailor). *n.*

matériaux composites (tels que : Kevlar, carbone, résine). *n.m.pl.* — composite materials (such as: Kevlar, carbon, resin). *n.pl.*

matériel. *n.m.* —
1. matériel. *n.*
2. hardware. *n.*

matériel de cryptographie. *n.m.* - Tout matériel, comprenant les documents, les dispositifs, les équipements et les appareils indispensables au chiffrement, au déchiffrement ou à l'authentification des télécommunications. [OTAN] — crypto material. *n.* - All material, including documents, devices or equipment that contains crypto information and is essential to the encryption, decryption or authentification of telecommunications. [NATO]

---
1 - Voir l'équivalence des grades militaires dans les Appendices A et B.

Classé en France parmi les armes de guerre 2ᵉ catégorie (article 1ᵉʳ, décret du 12 mars 1973)

matraquage (publicitaire). *n.m.*	hype (advertising). *n.*
matraque[1]. *n.f.*	cosh. *n.*
matricule. *n.m.*	serial number. *n.*
mauvaise foi. *n.f.*	bad faith. *n.*
mauvaise foi (de). *adj.*	bad faith (in). *adj.*
maximiser. *v.t.*	maximize (to). *v.t.*
mécanisme de retardement. *n.m.*	1. timer. *n.* 2. timing device. *n.*
mécène. *n.m.*	patron. *n.*
mèche. *n.f.*	fuse. *n.*
mèche (être de). *loc.*	be hand and glove with (to). *phr.*
mèche lente. *n.f.*	slow fuse. *n.*
mèche lente. *n.f.* - Cordon de poudre contenue dans une gaine souple et étanche, brûlant à une vitesse lente et constante, et servant à transmettre la flamme à un détonateur avec un certain retard. [OTAN]	safety fuze. *n.* - A pyrotechnic contained in a flexible and weather-proof sheath burning at a timed and constant rate, used to transmit a flame to the detonator. [NATO]
mécontent(e). *adj.m.(f.)*	disgruntled. *adj.*
médiateur. *n.m.*	troubleshooter. *n.*
médiation. *n.f.*	mediation. *n.*
méfait. *n.m.*	wrongdoing. *n.*
méfiance. *n.f.*	mistrust. *n.*
méfier (se). *v.pr.*	mistrust (to). *v.t.*
mégaphone. *n.m.*	megaphone. *n.*
meilleur scénario. *n.m.*	best case scenario. *n.*
mêlée. *n.f.*	fray. *n.*
mémorisateur. *n.m.*	call return. *n.*
menace. *n.f.*	threat. *n.*

---

1 - Voir chapitre III, C sur le bâton de notre *Dictionnaire de la Police et de la Pègre*.

menacer. *v.t.*

menées. *n.f.pl.*

mener (opération). *v.t.*

mener quelqu'un en bateau. *loc.*

mensonge. *n.m.* - « À l'appât de vos mensonges mord la carpe de la vérité, Ainsi, nous les sages, les gens de ressource, En chassant à bon vent, en donnant de l'effet, Trouvons indirectement la bonne direction. » Shakespeare, *Hamlet*, II, 1, 69-72, (Traduction de François Maguin).

mercenaire. *n.m.*

mercenaire (ex. : « Les mercenaires ne meurent jamais, ils finissent en enfer pour s'y regrouper. »). *n.m.*

merdier*. *n.m.*

message. *n.m.* - Pensée ou idée exprimée d'une manière concise dans un langage clair ou secret et rédigée dans une forme adaptée à la transmission par un quelconque procédé de télécommunication. [OTAN]

message déchiffré. *n.m.*

message intercepté. *n.m.*

message téléphonique. *n.m.*

messager (*bodel* dans le Mossad). *n.m.*

messager de poche. *n.m.*

messager numérique. *n.m.*

mesure anti-insurrectionnelle. *n.f.* - Mesure militaire, paramilitaire, politique, économique, psychologique ou civile destinée à combattre les menées insurrectionnelles. [OTAN]

threaten (to). *v.t.*

manoeuvres. *n.pl.*

conduct (an operation) (to). *v.t.*

play someone for a fool (to). *phr.*

falsehood. *n.* - "Your bait of falsehood takes this carp of truth, And thus do we of wisdom and of reach, with windlasses and with assays of bias, By indirections find directions out." Shakespeare, *Hamlet*, II, 1, 69-72.

mercenary. *n.*

merc* (e.g.: "Mercenaries never die, they just go to hell to regroup."). *n.*

bloody mess*. *n.*

message. *n.* - Any thought or idea expressed briefly in a plain, coded, or secret language, prepared in a form suitable for transmission by any means of communication. [NATO]

decrypt. *n.*

intercept. *n.*

phone message. *n.*

courier (*bodel*, a Mossad term). *n.*

pager. *n.*

pager. *n.*

counter-insurgency. *n.* - Those military, paramilitary, political, economic, psychological, and civic actions taken to defeat insurgency. [NATO]

mesure d'interdiction. *n.f.* - Toute mesure prise pour interdire à l'ennemi l'occupation d'une zone de terrain, l'utilisation du personnel ou d'installations : enlèvement, destruction, contamination, mise en place d'obstacles, etc. [OTAN]

mesure de survie en zone de combat. *n.f.* - Toute mesure à prendre par le personnel des forces armées involontairement isolé des forces amies pendant le combat. Ces mesures comprennent celles qui doivent permettre de rester en liberté en territoire ennemi, les méthodes et procédés d'évasion, ainsi que la conduite à tenir après avoir été fait prisonnier. [OTAN]

mesures actives (synonyme de « désinformation » en russe). *n.f.pl.*

mesures de représailles. *n.f.pl.*

mesures de sécurité exceptionnelles. *n.f.pl.*

mesures passives (camouflage). *n.f.pl.*

métropole. *n.f.*

mettre au secret. *v.t.*

mettre des bâtons dans les roues. *loc.*

mettre en déroute. *v.t.*

mettre en page. *v.t.*

mettre en place un dispositif de filature rapprochée. *v.t.*

mettre en position (se). *v.pr.*

mettre en scène. *v.t.*

mettre la puce à l'oreille. *loc.*

denial measure. *n.* - An action to hinder or deny the enemy the use of space, personnel, or facilities. It may include destruction, removal, contamination, or erection of obstructions. [NATO]

combat survival. *n.* - Those measures to be taken by service personnel when involuntarily separated from friendly forces in combat, including procedures relating to individual survival, evasion, escape, and conduct after capture. [NATO]

active measures (Russian synonym for "disinformation"). *n.pl.*

retaliatory measures. *n.pl.*

heavy security. *n.*

passive measures (camouflage). *n.pl.*

mainland. *n.*

hold incommunicado (to). *v.t.*

put a wrench in the works (to). *phr.*

rout (to). *v.t.*

format (to). *v.t.*

set up close surveillance (to). *v.t.*

position oneself (to). *v.i.*

fabricate (to). *v.t.*

start someone thinking (to). *phr.*

mettre le doigt sur. *v.t.*	pinpoint (to). *v.t.*
mettre quelqu'un au parfum*. *loc.*	fill someone in* (to). *v.t.*
mettre quelqu'un sur la sellette. *loc.*	put someone in the hot seat (to). *phr.*
mettre sa vie en jeu. *v.t.*	put one's life on the line (to). *v.t.*
mettre sous le boisseau. *loc.*	keep something in the dark (to). *phr.*
mettre sur écoute une ligne téléphonique. *v.t.*	wiretap (to). *v.t.*
mettre sur écoute(s). *v.t.*	wiretap (to). *v.t.*
micro (microphone). *n.m.*	mike (microphone). *n.*
micro directionnel. *n.m.*	directional mike. *n.*
micro-caméra fixée sur casque. *n.f.*	Helmet-Cam. *n.*
micro-conflit. *n.m.*	microconflict. *n.*
microémetteur. *n.m.*	1. homer. *n.*
	2. Kel transmitter. *n.*
	3. listening device. *n.*
	4. tracer. *n.*
	5. tracking device. *n.*
	6. wire*. *n.*
microémetteur (micro-espion). *n.m.*	bug* (electronic device used to eavesdrop). *n.*
microfilm. *n.m.*	microfilm. *n.*
micro-fléchette. *n.m.*	dart bug*. *n.*
micro-ondes. *n.f.*	microwave. *n.*
microphone. *n.m.*	microphone. *n.*
microphone à haute fréquence. *n.m.*	high impedence microphone. *n.*
microphone incorporé. *n.m.*	built-in microphone. *n.*
micropoint (inventé par Walter Zapp ; 8/10 de mm). *n.m.*	microdot (German: micropunkt, invented by Walter Zapp; 8/10 mm). *n.*

microprocesseur. *n.m.*

microscope électronique à balayage. *n.m.*

microter* (dissimuler un micro-émetteur). *v.t.*

militaire. *adj.*

militaire. *n.m.*

militaire. *n.f.*

militant(e). *n.m.(f.)*

militantisme. *n.m.*

militarisation. *n.f.*

militariser. *v.t.*

militarisme. *n.m.*

militariste. *adj.m.*

militariste. *n.m.*

mine. *n.f.* - En guerre des mines sur terre, explosif ou autre matière, généralement dans une enveloppe, destiné à détruire ou endommager les véhicules, embarcations ou aéronefs, ou encore à blesser, tuer ou à provoquer certaines incapacités parmi le personnel. Elle peut être actionnée par la victime elle-même, par un dispositif à retard ou des procédés de commande à distance. [OTAN]

mine à fragmentation. *n.f.*

mine à rebond. *n.f.*

mine antipersonnel. *n.f.*

mine magnétique. *n.f.*

mine papillon. *n.f.*

miniaturisation. *n.f.*

miniaturiser. *v.t.*

1. microchip. *n.*
2. microprocessor. *n.*

scanning electron microscope. *n.*

bug* (to). *v.t.*

military. *adj.*

serviceman. *n.*

servicewoman. *n.*

militant. *n.*

militancy. *n.*

militarization. *n.*

militarize (to). *v.t.*

militarism. *n.*

militaristic. *adj.*

militarist. *n.*

mine. *n.* - In land mine warfare, an explosive or material, normally encased, designed to destroy or damage ground vehicles, boats or aircraft, or designed to wound, kill, or otherwise incapacitate personnel. It may be detonated by the action of its victim, by the passage of time, or by controlled means. [NATO]

fragmentation mine. *n.*

bounding mine. *n.*

antipersonnel mine. *n.*

limpet mine. *n.*

butterfly mine. *n.*

miniaturization. *n.*

miniaturize (to). *v.t.*

ministère

ministère (ex. : ministère de l'Intérieur, ministère des Affaires étrangères). *n.m.*

ministère (ex. : ministère des Affaires étrangères, ministère de la Défense, ministère de la Justice). *n.m.*

Ministère des Affaires étrangères ; « Quai » (d'Orsay) 75007 Paris. *n.f.pl.*

ministre (monsieur le Ministre). *n.m.*

ministre (monsieur le Ministre ; madame la Ministre). *n.m.*

minorer. *v.t.*

minuscule. *n.f.*

minutage. *n.m.*

minutieux(-se). *adj.m.(f.)*

miroir. *n.m.*

miroir sans tain. *n.m.*

mise à feu. *n.f.*

mise au point. *n.f.*

mise de fonds. *n.f.*

mise en cocon. *n.f.* - Pulvérisation ou application en couche sur un aéronef ou un équipement d'une substance (par exemple : plastique) constituant une enveloppe (cocon) de protection contre l'action des agents atmosphériques. [OTAN]

mise en garde. *n.f.*

mise en page. *n.f.*

mise en scène. *n.f.*

missile. *n.m.*

missile. *n.m.* - Véhicule sans pilote autopropulsé dont la tra-

ministry [(UK) e.g.: Home Office, Foreign Office]. *n.*

Department [(USA) e.g.: *State Department, Department of Defense, Department of Justice*]. *n.*

Foreign Office (UK); [State Department (USA); External Affairs (CDN)]. *n.pl.*

minister (UK) (Minister). *n.*

secretary (USA) (Mr. Secretary; Madam Secretary). *n.*

downplay (to). *v.t.*

lowercase. *n.*

timing. *n.*

thorough. *adj.*

mirror. *n.*

two-way mirror. *n.*

ignition. *n.*

clarification. *n.*

seed money. *n.*

cocooning. *n.* - The spraying or coating of an aircraft or equipment with a substance, e.g., a plastic, to form a cocoon-like seal against the effects of the atmosphere. [NATO]

caveat. *n.*

formatting. *n.*

fabrication. *n.*

missile. *n.*

guided missile. *n.* - An unmanned self-propelled vehicle whose

jectoire en vol est guidée. [OTAN]

missile air-air. *n.m.* - Missile lancé d'un aéronef vers un objectif aérien. [OTAN]

missile air-surface. *n.m.* - Missile lancé à partir d'une plate-forme aérienne et utilisé contre des objectifs de surface. [OTAN]

missile antimissile. *n.m.*

missile autoguidé. *n.m.*

missile balistique. *n.m.*

missile de croisière. *n.m.*

missile de longue portée. *n.m.*

missile de moyenne portée. *n.m.*

missile sol-air. *n.m.*

missile sol-sol. *n.m.*

missile surface-air. *n.m.* - Missile lancé de la surface vers un objectif aérien. [OTAN]

missile surface-surface. *n.m.* - Missile lancé à partir de la surface et utilisé contre des objectifs de surface. [OTAN]

missile tactique antichar (ex. : « Milan »). *n.m.*

missilier. *n.m.*

mission. *n.f.*

mission clandestine. *n.f.* - Opération liée au renseignement et à d'autres activités similaires, organisée ou conduite de façon à en assurer le secret. [OTAN]

trajectory or course, while in flight, is controlled. [NATO]

air-to-air guided missile. *n.* - An air-launched guided missile for use against air targets. [NATO]

air-to-surface guided missile. *n.* - An air-launched guided missile for use against surface targets. [NATO]

antimissile missile. *n.*

self-guiding missile. *n.*

ballistic missile. *n.*

cruise missile. *n.*

intercontinental missile. *n.*

intermediate-range missile. *n.*

ground-to-air missile. *n.*

ground-to-ground missile. *n.*

surface-to-air guided missile. *n.* - A surface-launched guided missile for use against air targets. [NATO]

surface-to-surface guided missile. *n.* - A surface-launched guided missile for use against surface targets. [NATO]

tactical missile (e.g.: "Stinger"). *n.*

missile manufacturer. *n.*

1. assignment. *n.*

2. mission. *n.*

clandestine operation. *n.* - An activity to accomplish intelligence, counter-intelligence, and other similar activities sponsored or conducted in such a way as to assure secrecy or concealment. [NATO]

mitrailler (au sol). *v.t.*   strafe (to). *v.t.*

mitraillette[1]. *n.f.*   submachine gun. *n.*

mitrailleuse[1] (inventée en 1889 par Hiram Stevens Maxim ; 600 coups / minutes). *n.f.*   machine gun (small arm able to deliver a rapid and continuous fire as long as the trigger is pressed). *n.*

mobile. *n.m.*   motive. *n.*

modem (modulateur + démodulateur). *n.m.*   modem (modulator + demodulator). *n.*

moment choisi. *n.m.*   timing. *n.*

moment critique (au). *loc.*   when push comes to shove. *phr.*

moments difficiles (dans les). *n.m.pl.*   when the chips are down. *phr.*

monnaie d'échange (otage). *n.f.*   bargaining chips (hostage). *n.pl.*

montage* (coup monté*). *n.m.*   1. setup* (entrapment operation). *n.*
2. sting operation*. *n.*

monter au filet*. *loc.*   stick one's neck out (to). *v.t.*

monter la garde. *v.t.*   mount guard (to). *v.t.*

monter le ton. *loc.*   up the ante (to). *phr.*

monter quelque chose en épingle. *loc.*   blow something up of all proportion (to). *phr.*

monter un coup*. *v.t.*   set up a score* (to). *v.t.*

monter un dossier. *v.t.*   build up a dossier (to). *v.t.*

monter une opération (to). *v.t.*   mount an operation (to). *v.t.*

monter une planque*. *v.t.*   set up surveillance (to). *v.t.*

monter*. *v.t.*   1. frame* (to). *v.t.*
2. plan (to). *v.t.*

monter* (piéger). *v.t.*   entrap (to). *v.t.*

montrer meilleur tacticien que (se). *v.pr.*   outmanoeuver (to). *v.t.*

montrer plus malin que (se). *v.pr.*   outwit (to). *phr.*

montrer quelque chose sous de fausses couleurs. *loc.*   show something in a false light. *phr.*

---

1 - Voir chapitre III, D sur les armes à feu de notre *Dictionnaire de la Police et de la Pègre*.

moral. *adj.m.(f.)*	moral. *adj.*
moral. *n.m.*	morale. *n.*
moratoire. *n.m.*	moratorium. *n.*
mordre à l'hameçon. *loc.*	bite the bait (to). *phr.*
mordre* (se faire) (repérer). *v.pr.*	burned* (to get). *v.i.*
mort suspecte. *n.f.*	foul play. *n.*
mortier. *n.m.*	mortar. *n.*
Mortier* (DGSE : 141, Boulevard Mortier 75020 Paris)	DGSE Headquarters (French external security service, under the control of the Ministry of Defense)
mot code. *n.m.* - 1. Mot auquel on a donné une classification et un sens caché dans le but de protéger les information relatives à un projet ou une opération classifié. - 2. Mot dont le sens caché sert à identifier des informations classifiées. [OTAN]	code word. *n.* - 1. A word which has been assigned a classification and a classified meaning to safeguard intentions and information regarding a classified plan or operation. - 2. A cryptonym used to identify sensitive intelligence data. [NATO]
mot de passe. *n.m.* - Mot secret ou son particulier utilisé pour répondre à une sommation. [OTAN]	password. *n.* - A secret word or distinctive sound used to reply to a challenge. [NATO]
mot de passe (*parol* en russe). *n.m.*	password (*parol* in Russian). *n.*
mot-clé. *n.m.*	keyword. *n.*
Motus, bouche cousue ! *loc.*	My lips are sealed! *phr.*
mouchard* (balise). *n.m.*	beeper*. *n.*
mouchard* (microémetteur). *n.m.*	bug*. *n.*
mouchard* électronique (ordinateur). *n.m.*	cookie* (computer). *n.*
mouiller*. *v.t.*	mix up* (to). *v.t.*
mouilleur de mines. *n.m.*	minelayer. *n.*
mousqueton (escalade). *n.m.*	carabiner (scaling). *n.*
mousqueton à virole. *n.m.*	locking carabiner. *n.*
moustache* (variante de barbouze*). *n.f.*	spook* (legal*). *n.*

mouvance. *n.f.*
moyen de pression. *n.m.*
moyen terme. *n.m.*
mur (« Les murs ont des oreilles »). *n.m.*
Mur de Berlin (érigé le 12 juin 1961 et détruit le 9 novembre 1989). *n.m.*
museler (radio). *v.t.*
musicien* (opérateur radio en argot russe). *n.m.*
mutation. *n.f.*
muter. *v.t.*
mythomane. *n.m.(f.)*

fringe group. *n.*
leverage. *n.*
medium haul. *n.*
wall ("The walls have ears"). *n.*
Berlin Wall (erected on June 12, 1961 and destroyed on November 9, 1989). *n.*
silence (to) (radio). *v.t.*
musician* (radio operator in Russian slang). *n.*
transfer. *n.*
transfer (to). *v.t.*
1. compulsive liar. *n.*
2. mythomaniac. *n.*

N

N comme November (alphabet phonétique de l'OTAN)

nacelle (avion). *n.f.*

nageur de combat. *n.m.*

napalm. *n.m.*

napalmiser*. *v.t.*

narcose. *n.f.*

nation commanditaire (exemples de commanditaires présumés du terrorisme : Iran, Libye, Soudan). *n.f.*

nation de soutien. *n.f.*

nationalisme. *n.m.*

nationaliste. *n.m.(f.) / adj.m.(f.)*

nationalité. *n.f.*

naviguer à vue. *v.t.*

navire suiveur. *n.m.* - Unité maritime observant et maintenant un contact (parfois intermittent) avec un objectif. Ces activités peuvent être ouvertes ou camouflées. [OTAN]

navire-piège. *n.m.* - Navire camouflé en non-combattant disposant d'armements et d'autres équipements de combat dissimulés, ainsi que de moyens appropriés pour démasquer ses armes rapidement. [OTAN]

N for November (NATO phonetic alphabet)

pod (plane). *n.*

combat swimmer. *n.*

napalm (to). *v.t.*

napalm (to). *v.t.*

narcosis. *n.*

sponsoring nation (allegedly sponsoring terrorism such as: Iran, Libya, Sudan). *n.*

supporting nation. *n.*

nationalism. *n.*

nationalist. *n. adj.*

nationality. *n.*

fly visually (to). *v.t.*

shadower. *n.* - A maritime unit observing and (not necessarily continuously) maintaining contact with an object; shadowing may be carried out either overtly or covertly. [NATO]

decoy ship. *n.* - A ship camouflaged as a non-combatant ship with its armament and other fighting equipment hidden and with special provisions for unmasking its weapons quickly. Also called "Q-ship". [NATO]

Ne le lâchez pas d'une semelle* ! (filature). *loc.*

1. Cover him like a blanket !* (surveillance) *phr.*
2. Stay on top of him like glue!*

Ne le lâchez pas !* (filature). *loc.*

Don't lose him!* (surveillance). *phr.*

ne pas être en odeur de sainteté. *loc.*

be out of favour (to). *phr.*

Ne te fais pas détroncher !* (repérer)

Don't spook* him!

Ne te fais pas mordre!* (repérer)

Don't spook* him!

nécrologie. *n.f.*

obituary. *n.*

négatif. *n.m.*

negative. *n.*

Négatif ! (transmissions)

1. Negative! (communications)
2. Negatory! (communications)

négatif(-ve). *adj.m.(f.)*

negative. *adj.*

négligence (sécurité). *n.f.*

laxity (security). *n.*

négligent(e) (sécurité). *adj.m.(f.)*

lax (security). *adj.*

négociabilité. *n.f.*

negotiability. *n.*

négociable. *adj.m.(f.)*

negotiable. *adj.*

négociateur. *n.m.*

1. mouth marine*. *n.*
2. negotiator. *n.*

négociation. *n.f.*

negotiation. *n.*

négocier. *v.t.*

negotiate (to). *v.t.*

Nélaton*
(DST :
7 rue Nélaton,
75015 Paris)

DST Headquarters
(French domestic security service, under the control of the Ministry of the Interior)

néoprène. *n.m.*

neoprene. *n.*

népotisme. *n.m.*

nepotism. *n.*

nerf de la guerre (argent). *n.m.*

sinews of war (money). *n.*

nettoyage. *n.m.* - Élimination des restes de la résistance ennemie dans une zone encerclée ou isolée, ou au travers de laquelle d'autres unités amies sont

mopping up. *n.* - The liquidation of remnants or enemy resistance in an area that has been surrounded or isolated, or through which other units have passed

passées sans réduire toute résistance active. [OTAN]

nettoyer* (éliminer les pastilles*). *v.t.*

nettoyer* (ôter toute pastille*). *v.t.*

nettoyer* (une pièce). *v.t.*

neutraliser une bombe. *v.t.*

neutraliser* (assassiner). *v.t.*

neutraliseur électrique. *n.m.*

neutralité. *n.f.*

neutre. *adj.m.(f.)*

nid de mitrailleuse. *n.m.*

nid d'espions. *n.m.*

nid d'hirondelle* (domicile piégé* d'une hirondelle*). *n.m.*

nitroglycérine (trinitrate de glycérine : $C_3 H_5 (NO_3)_3$). *n.f.*

nitrox (mélange de gaz). *n.m.*

noir* (agent travaillant en apnée*). *adj.m.*

nom conventionnel. *n.m.* - Combinaison de deux mots brefs distincts que peut, à titre officiel ou non, attribuer n'importe quelle autorité compétente, dans un but de commodité ou de référence mais non de protection de l'information, à un événement, un projet, une activité, un lieu, un accident topographique ou un équipement. [OTAN]

nom de code. *n.m.*

nom de guerre. *n.m.*

non confirmé(e). *adj.m.(f.)*

non conforme. *adj.m.(f.)*

without eliminating all active resistance. [NATO]

debug* (to). *v.t.*

fumigate* (a room) (to). *v.t.*

sweep* (a room) (to). *v.t.*

disable a bomb (to). *v.t.*

neutralize* (assassinate) (to). *v.t.*

stun gun (6,000-120,000 volts). *n.*

neutrality. *n.*

neutral. *adj.*

machine gun nest. *n.*

spy nest. *n.*

swallow's nest* (bugged* swallow's love nest*). *n.*

nitroglycerin ($C_3 H_5 (NO_3)_3$). *n.*

nitrox (EAN: Enriched Air Nitrox). *n.*

black* (agent operating under deep cover*). *adj.*

nickname. *n.* - Two short separate words which may be formally or informally assigned by any appropriate authority to an event, project, activity, place name, topographical feature, or item of equipment for convenience of reference but not for the security of information. [NATO]

code name. *n.*

nom de guerre. *n.*

uncorroborated. *adj.*

incongruent. *adj.*

non divulgué(e). *adj.m.(f.)* — undisclosed. *adj.*

non-dit. *n.m.* — unspoken. *adj.*

non-pertinence. *n.f.* — irrelevance. *n.*

note blanche* (terme des RG : note anonyme dénuée d'en-tête de service). *n.f.* — unsigned note (devoid of any letterhead which no copy is filed). *n.*

nouvelle donne. *n.f.* — new deal. *n.*

nouvelles (inquiétantes). *n.f.pl.* — news (threatening). *n.pl.*

noyauter. *v.t.* — infiltrate (to). *v.t.*

noyer le poisson. *loc.* — duck the question (to). *v.t.*

nucléaire. *n.m. / adj.m.(f.)* — nuclear. *adj.*

numérique. *adj.m.(f.)* — digital. *adj.*

numéro de téléphone. *n.m.* — phone number. *n.*

numéro d'équilibriste. *n.m.* — balancing act. *n.*

numéro rouge (figurant sur la liste rouge). *n.m.* — unlisted number. *n.*

numéro vert (0-800 en France). *n.m.* — toll free number (1-800 in North America). *n.*

O

O comme Oscar (alphabet phonétique de l'OTAN)

O for Oscar (NATO phonetic alphabet)

obéissance (règle des Jésuites imposée par Ignace de Loyola en 1534 : *perinde ac cadaver*, ainsi qu'un cadavre). *n.f.*

obedience (Jesuits' oath imposed by Ignatius de Loyola in 1534: *perinde ac cadaver*, just like a corpse). *n.*

obérer. *v.t.*

weigh down on (to). *v.t.*

objectif. *n.m.*

objective. *n.*

Objectif en vue (filature)

I have subject in view (surveillance)

obligation de réserve. *n.f.*

oath of secrecy. *n.*

obliger (ex. : « le devoir m'oblige à révéler mes sources »). *v.t.*

force (e.g.: "I'm duty-bound to reveal my sources") (to). *v.t.*

obscurité totale. *n.f.*

1. blackout. *n.*
2. pitch-black. *adj.*

observation. *n.f.*

observation. *n.*

observer. *v.t.*

observe (to). *v.t.*

obtenir (information). *v.t.*

elicit (to) (information). *v.t.*

obtention. *n.f.* - Acquisition d'informations obtenues d'une personne sans que son interlocuteur ne dévoile le but de la rencontre.

elicitation. *n.* - The acquisition of intelligence from a person when the collector does not disclose the intent of the interview.

obtention (information). *n.f.*

elicitation (information). *n.*

obus. *n.m.*

shell. *n.*

obusier. *n.m.*

howitzer. *n.*

Occident. *n.m.*

West. *n.*

Occidental(e). *n.m. (f.)*

Westerner. *n.*

occultation. *n.f.*

masking. *n.*

occulte. *adj.m.(f.)*	hidden. *adj.*
occulter. *v.t.*	mask (to). *v.t.*
occupation. *n.f.*	occupation. *n.*
occupé(e). *adj.m.(f.)*	busy. *adj.*
octet. *n.m.*	byte. *n.*
octet (groupe de binaires). *n.m.*	bit (group of binary digits). *n.*
offensif(-ve). *adj.m.(f.)*	offensive. *adj.*
offensive. *n.f.*	offensive. *n.*
officiellement. *adv.*	on the record. *adv.*
officier (civil). *n.m.*	agent. *n.*
officier (militaire)[1]. *n.m.*	officer. *n.*
officier de liaison. *n.m.*	liaison officer. *n.*
officier de liaison de l'armée de terre. *n.m.* - Officier ayant reçu une formation particulière relative à la reconnaissance aérienne et/ou aux activités liées à l'appui aérien. Ces officiers font normalement partie d'équipes placées sous le contrôle du commandement terrestre approprié en vue d'assurer la liaison avec les unités aériennes et navales participant à des exercices ou des opérations. [OTAN]	ground liaison office. *n.* - An officer especially trained in air reconnaissance and/or offensive air support activities. These officers are normally organized into teams under the control of the appropriate ground force commander to provide liaison to air force and navy units engaged in training and combat operations. [NATO]
officier de marine. *n.m.*	naval officer. *n.*
officier de permanence. *n.m.*	duty officer. *n.*
officier de réserve. *n.m.*	reserve officer. *n.*
officier de sécurité. *n.m.*	security officer. *n.*
officier du chiffre. *n.m.*	cipher officer. *n.*
officier marinier[1]. *n.m.*	petty officer (USN). *n.*
officier traitant* (*katsa* dans le Mossad). *n.m.*	case officer (*katsa* in Mossad). *n.*
officiers supérieurs[1]. *n.m.pl.*	top brass*. *n.*

---

1 - Voir l'équivalence des grades militaires dans les Appendices A et B.

officieusement. *adv.*

officine. *n.f.*

ombre (combattants de l'ombre). *n.f.*

omission. *n.f.*

On a pris des mesures de sécurité exceptionnelles

On laisse tomber ! (filoche* / planque*)

On nous suit !

onde (courte, moyenne, longue). *n.f.*

onde de choc. *n.f.* - Ébranlement créé dans un milieu par l'établissement brutal et instantané d'une surpression à la suite d'une explosion aérienne, sous-marine ou souterraine, et qui s'y propage d'une manière continue. [OTAN]

11° Choc. *n.m.* - Demi-brigade de parachutistes, créée le 1er septembre1946, unité d'élite susceptible d'intervenir dans l'heure pour servir les intérêts cachés de la nation.

Onzième commandement* (« Tu ne te feras point prendre »). *n.m.*

opacité. *n.f.*

opaque. *adj.m.(f.)*

opérateur* (*voir* traitant*). *n.m.*

opération. *n.f.* - Action militaire ou exécution d'une mission militaire de caractère stratégique ou tactique, de soutien, d'instruction ou logistique ; conduite du combat comprenant les mouvements, ravitaillements, manœuvres défensives

off the record. *adv.*

agency. *n.*

shadow (shadow warriors). *n.*

oversight. *n.*

Security is tight

Let's call it a wrap! (surveillance, stake out)

We're being followed!

wave (short, medium, long). *n.*

shock wave. *n.* - The continuously propagated pressure pulse formed by the blast from an explosion in air, underwater or underground. [NATO]

French shock troops. *n.pl.* - Half brigade of paratroopers, not unlike the SAS in Great Britain.

Eleventh commandment* ("Thou shalt not get caught"). *n.*

opaqueness. *n.*

opaque. *adj.*

handler* (*see* case officer*). *n.*

operation. *n.* - A military action or the carrying out of a strategic, tactical, service, training, or administrative military mission; the process of carrying on combat, including movement, supply, attack, defence and manoeuvres needed to gain the

ou offensives, nécessaires à la conquête d'objectifs dans toute bataille ou campagne. [OTAN] ; ex. : opération « Overlord » (6 juin 1944).

opération amphibie. *n.f.* - Opération conduite à partir de la mer, mettant en œuvre des forces maritimes et terrestres, exécutée sur une côte tenue par l'adversaire ou qui pourrait être le siège d'une menace. [OTAN]

opération arma* (Armaggedon). *n.f.*

opération biologique. *n.f.* - Emploi délibéré d'agents biologiques en vue de provoquer maladies ou décès parmi les êtres humains et les animaux, de détruire la végétation ou de détériorer certains matériels. Désigne aussi les mesures de défense contre l'emploi de tels agents. [OTAN]

opération chimique. *n.f.* - Emploi délibéré d'agents chimiques en vue de tuer, blesser ou diminuer l'efficacité des hommes ou des animaux pendant un certain temps et d'empêcher ou de rendre plus difficile l'utilisation des matériels, des installations ou du sol. Défense contre un tel emploi d'agents chimiques. [OTAN]

opération contre-guérilla. *n.f.* - Opération ou activité menée par des forces armées, des forces para-militaires ou par des organismes non militaires et dirigée contre des guérillas. [OTAN]

opération d'intervention. *n.f.*

objectives of any battle or campaign. [NATO]. e.g.: operation "Overlord" (June 6, 1944).

amphibious operation. *n.* - An operation launched from the sea by naval and landing forces against a hostile or potentially hostile shore. [NATO]

sabotage operation. *n.*

biological operation. *n.* - Employment of biological agents to produce casualties in man or animals and damage to plants or materiel; or defence against such employment. [NATO]

chemical operation. *n.* - Employment of chemical agents to kill, injure, or incapacitate for a significant period of time, man or animals, and deny or hinder the use of areas, facilities or materiel; or defence against such employment. [NATO]

counter-guerrilla warfare. *n.* - Operations and activities conducted by armed forces, paramilitary forces, or nonmilitary agencies against guerrillas. [NATO]

tactical operation. *n.*

opération homo* (homicide). *n.f.*

1. executive action* (assassination). *n.*
2. executive operation* (assassination). *n.*
3. wet affairs* (*mokrie dela* in Russian). *n.pl.*
4. wet job* (*mokrie dela* in Russian). *n.pl.*
5. wet work* (assassination). *n.*

opération obs* (observation). *n.f.* — observation mission. *n.*

opérationnel(-le). *adj.m.(f.)* — operational. *adj.*

opérations psychologiques. *n.f.pl.* - Activités psychologiques planifiées, s'adressant en temps de paix comme en temps de guerre à des publics hostiles, amis ou neutres, et visant à influencer des attitudes et des comportements affectant la réalisation d'objectifs politiques et militaires. Elles englobent des activités psychologiques de consolidation et des activités psychologiques du champ de bataille. [OTAN] — psychological operations. *n.pl.* - Planned psychological activities in peace and war directed to enemy, friendly and neutral audiences in order to influence attitudes and behaviour affecting the achievement of political and military objectives. They include strategic psychological activities, consolidation psychological operations and battlefield psychological activities. [NATO]

opportun(e). *adj.m.(f.)* — timely. *adj.*

opportuniste. *n.m.(f.)* — free rider. *n.*

opportunité. *n.f.* — timeliness. *n.*

opposer une fin de non-recevoir. *loc.* — turn down someone's request (to). *phr.*

opposition. *n.f.* — opposition. *n.*

optimiser. *v.t.* — maximize (to). *v.t.*

option. *n.f.* — option. *n.*

optoélectronique. *n.f.* - Technologie englobant des composants, appareils et systèmes susceptibles de provoquer une interac- — electro-optics. *n.* - The technology associated with those components, devices and systems which are designed to interact

tion entre l'état électromagnétique (optique) et l'état électrique (électronique). [OTAN]

optronique (optique + électronique). *n.f.*

orbite. *n.f.*

orchestre* (*voir* chapelle*). *n.m.*

orchestrer. *v.t.*

ordinateur. *n.m.*

ordinateur de bureau. *n.m.*

ordinateur de poche. *n.m.*

ordinateur portable. *n.m.*

ordre de bataille (ODB). *n.m.* - Identification, effectifs, structure de commandement et disposition du personnel, des unités et des matériels d'une force militaire. [OTAN]

ordre de grandeur. *n.m.*

ordre de route. *n.m.*

ordre du jour (ex. : « non inscrit à l'ordre du jour »). *n.m.*

ordre mondial. *n.m.*

ordre permanent. *n.m.* - Ordre diffusé qui demeure en vigueur jusqu'à ce qu'il ait été éventuellement modifié ou abrogé. [OTAN]

ordres de route. *n.m.pl.*

oreille indiscrète. *n.f.*

organigramme (ordinateur). *n.m.*

organisme de renseignement. *n.m.* - Organe ou organisation engagé(e) dans la recherche ou

between the electro-magnetic (optical) and the electric (electronic) state. [NATO]

optronics (optics + electronics). *n.*

orbit. *n.*

spy ring (also known as orchestra*). *n.*

orchestrate (to). *v.t.*

computer. *n.*

desktop computer. *n.*

1. hand-held computer. *n.*

2. palmtop computer. *n.*

laptop computer. *n.*

order of battle (OB). *n.* - The identification, strength, command structure, and disposition or the personnel, units, and equipment of any military force. [NATO]

ball park. *n.*

marching orders. *n.pl.*

agenda (e.g.: "hidden agenda"). *n.*

world order. *n.*

standing order. *n.* - A promulgated order which remains in force until amended or cancelled. [NATO]

sailing orders. *n.pl.*

eavesdropper. *n.*

flowchart (computer). *n.*

agency. *n.* - In intelligence usage, an organization or individual engaged in collecting and/or

l'exploitation des renseignements bruts. [OTAN]

Orient. *n.m.*

Oriental(e). *n.m. (f.)*

orion* (écoute téléphonique). *n.m.*

oscillateur. *n.m.*

oscilloscope. *n.m.*

osé(e). *adj.m.(f.)*

ostracisme. *n.m.*

otage. *n.m.(f.)*

ouï-dire. *n.m.*

ourdir (complot). *v.t.*

outre-mer. *adj.*

outrepasser (son mandat). *v.t.*

ouvert* (milieu). *adj.*

ouverture. *n.f.*

ouverture illégale du courrier (*perlyustratsiya* en russe). *n.f.*

ouvrir illégalement le courrier. *v.t.*

ouvrir le parapluie*. *loc.*

oxyger (circuit fermé). *n.m.*

processing information. [NATO]

East. *n.*

Easterner. *n.*

bugging* (wiretap). *n.*

oscillator. *n.*

oscilloscope. *n.*

daring. *adj.*

ostracism. *n.*

hostage. *n.*

hearsay. *n.*

hatch (plot) (to). *v.t.*

overseas. *adj.*

overstep (one's mandate) (to). *v.t.*

1. open*. *adj.*

2. overt*. *adj.*

3. white*. *adj.*

overture. *n.*

1. flaps and seals* (*perlyustratsiya* in Russian). *n.pl.*

2. mail tampering (*perlyustratsiya* in Russian). *n.*

tamper with mail (to). *v.t.*

take cover* (to). *phr.*

rebreather (closed circuit). *n.*

P - Q

P comme Papa (alphabet phonétique de l'OTAN)
P for Papa (NATO phonetic alphabet)

P.C. mobile (poste de commandement). *n.m.*
mobile command center. *n.*

pacifisme. *n.m.*
pacifism. *n.*

pacifiste. *n.m.(f.)*
pacifist. *n.*

pacifiste (terme péjoratif). *n.m.(f.)*
peacenik*. *n.*

pacte. *n.m.*
pact. *n.*

pacte de non-agression. *n.m.*
non-aggression pact. *n.*

pacte de Varsovie (signé en 1955 entre l'U.R.S.S., la Bulgarie, la Hongrie, la Pologne, la RDA, la Roumanie et la Tchécoslovaquie, dissous en 1991). *n.m.*
Warsaw Pact (signed in 1955 between the USSR, Bulgaria, Hungary, Poland, GDR, Romania and Czechoslovakia, disbanded in 1991). *n.*

pactiser. *v.t.*
collude with (to). *v.t.*

paillettes. *n.f.pl.* - Rubans de clinquant, de fil métallique ou de fibre de verre métallisée, de longueur correspondant à une fréquence donnée, destinés à réfléchir l'énergie électromagnétique, habituellement largués par avion, ou dispersés au moyen d'obus ou de roquettes, pour servir de contre-mesure radar. [OTAN]
chaff. *n.* - Strips of frequency-cut metal foil, wire, or metallized glass fibre used to reflect electromagnetic energy, usually dropped from aircraft or expelled from shells or rockets as a radar countermeasure. [NATO]

paix. *n.f.*
peace. *n.*

palanquée (plongée). *n.f.*
team of divers. *n.*

palier (plongée). *n.m.*
decompression stop (diving). *n.*

palme (plongée). *n.f.*
fin (diving). *n.*

paluche* (caméra miniaturisée). *n.f.*
microcamera. *n.*

panier de crabes (c'est un véritable). *loc.*

panique. *n.f.*

paniquer. *v.i.*

panneau de commande du terminal de phonie. *n.m.*

panneau de contrôle du terminal de transmission de données. *n.m.*

panoplie. *n.f.*

panser ses blessures. *loc.*

paperasse. *n.f.*

paperasserie. *n.f.*

papier accordéon. *n.m.*

par le fer et par le feu. *loc.*

par le travers. *adv.* - Gisement voisin de 090° ou 270°. C'est-à-dire : direction sensiblement perpendiculaire à l'axe longitudinal d'un élément mobile. [OTAN]

parachutage. *n.m.* - Mise à terre de personnel ou de matériels à partir d'un aéronef en vol avec emploi de parachutes. [OTAN]

parachute. *n.m.*

parachute de freinage. *n.m.*

parachutiste. *n.m.*

parade (riposte). *n.f.*

paradis fiscal. *n.m.*

paralyseur. *n.m.*

paramètre. *n.m.*

paramilitaire. *n.m.(f.) / adj.*

be always at each other's throats (to). *phr.*

panic. *n.*

1. freak out* (to). *v.i.*
2. panic (to). *v.i.*

voice terminal command panel. *n.*

data transmission terminal control panel. *n.*

full array. *n.*

lick one's wounds (to). *phr.*

paperwork. *n.*

red tape. *n.*

fanfold paper. *n.*

by fire and sword. *phr.*

abeam. *adv.* - Bearing approximately 090° or 270° relative; at right angles to the longitudinal axis of a vehicle. [NATO]

paradrop. *n.* - Delivery by parachute of personnel or cargo from an aircraft in flight. [NATO]

chute (parachute). *n.*

1. drag parachute. *n.*
2. tail chute. *n.*

paratrooper. *n.*

retort. *n.*

tax haven. *n.*

stun gun (6,000-120,000 volts). *n.*

parameter. *n.*

paramilitary. *n. / adj.*

paranoïa. *n.f.* | paranoia. *n.*

paranoïaque. *n.m.(f.) / adj.* | paranoid. *adj.*

parapente. *n.f.* | paragliding. *n.*

parapluie* (outil servant à crocheter une serrure). *n.m.* | burglar's tool. *n.*

parasite (ordinateur). *adj.* | spurious (computer). *adj.*

parasites (transmissions). *n.m.pl.* | statics (communications). *n.pl.*

parcours de sécurité* (destiné à déjouer d'éventuelles filatures). *n.m.* | doubling back on oneself* (a countersurveillance practice) (to). *v.t.*

parcours du combattant. *n.m.* | obstacle course. *n.*

pare-balles. *adj.m.(f.)* | bulletproof. *adj.*

pare-feu (ordinateur). *n.m.* | firewall (computer). *n.*

parer. *v.t.* | ward off (to). *v.t.*

paria. *n.m.* | pariah. *n.*

parler sérieusement. *v.t.* | talk turkey (to). *v.t.*

partie émergée de l'iceberg. *n.f.* | tip of the iceberg. *n.*

partie intégrante. *n.f.* | integral part. *n.*

partie prenante (être). *loc.* | directly involved (to be). *phr.*

partition. *n.f.* | partitioning. *n.*

passage de bombardement. *n.m.* - En bombardement aérien, partie du vol qui commence normalement à partir d'un point initial, avec l'approche vers l'objectif, comprend l'acquisition de l'objectif et se termine normalement au point de largage de l'arme. [OTAN] | bombing run. *n.* - In air bombing, that part of the flight that begins, normally from an initial point, with the approach to the target, includes target acquisition, and ends normally at the weapon release point. [NATO]

passe-droit. *n.m.* | privilege. *n.*

« Passe-moi la rhubarbe, je te passerai le séné » (échange mutuel de services) (cf. Molière, *L'Amour médecin* et *Le Malade imaginaire*). *loc.* | "Scratch my back and I'll scratch yours" (mutual exchange of favors). *phr.*

passe-muraille (titre d'un roman de Marcel Aymé, 1943). *n.m.*

ninja (the consummate secret agent practicing the art of "ninjutsu"). *n.*

passe-partout. *n.m.*

passkey. *n.*

passeport. *n.m.*

passport. *n.*

passeport bidon*. *n.m.*

shoe* (bogus passport in Russian). *n.*

passeport diplomatique. *n.m.*

diplomatic passport. *n.*

passer au crible. *v.t.*

screen (to). *v.t.*

passer en fraude. *v.t.*

smuggle (to). *v.t.*

passer l'éponge*. *v.t.*

let's bygones be bygones. *phr.*

passer sous les Fourches Caudines. *loc.*

admit defeat (to). *v.t.*

passerelle (navire). *n.f.*

bridge (ship). *n.*

passeur (réfugiés). *n.m.*

1. smuggler (refugees). *n.*

2. coyote*. *n.*

Passez-le moi ! (téléphone)

Patch him through! (telephone)

passif (-ive). *adj.m.(f)* - En surveillance, adjectif s'appliquant à des actions ou équipement n'exigeant pas d'émission d'énergie détectable. [OTAN]

passive. *adj.* - In surveillance, an adjective applied to actions or equipments which emit no energy capable of being detected. [NATO]

pastille* (microémetteur). *n.f.*

bug* (miniature transmitter). *n.*

pastille* émettrice. *n.f.*

bug* (microémetteur). *n.*

pastille* n'émettant plus. *n.f.*

dead bug*. *n.*

patriote. *n.m.(f.)*

patriot. *n.*

patriotisme. *n.m.*

patriotism. *n.*

patrouille. *n.f.* - Élément de forces terrestres, navales ou aériennes, envoyé dans le but de recueillir des informations ou d'effectuer une mission de destruction, de harcèlement, de nettoyage ou de sécurité. [OTAN]

patrol. *n.* - A detachment of ground, sea, or air forces sent out for the purpose of gathering information or carrying out a destructive, harassing, mopping up, or security mission. [NATO]

patrouille anti-sous-marine. *n.m.* - Exploration systématique et ininterrompue d'une zone ou le long d'une ligne pour détecter ou gêner les sous-marins. On utilise les patrouilles anti-sous-marines lorsqu'il est possible de déterminer la direction de déplacement du sous-marin.

patrouille de reconnaissance. *n.f.* - Patrouille chargée d'obtenir du renseignement tactique de préférence à l'insu de l'ennemi. [OTAN]

patrouiller. *v.t.*

paumer* (semer). *v.t.*

pause. *n.f.*

pavillon de complaisance (ex. : Bahamas, Chypre, Libéria, Malte, Panama). *n.m.*

pays au ban des autres nations. *n.m.*

pays du « champ ». *n.m.(pl.)*

peaufiner. *v.t.*

peine de mort (abolie en France en 1981). *n.f.*

pellicule. *n.f.*

peloton d'exécution. *n.m.*

pénétrable. *adj.m.(f.)*

pénétration. *n.f.*

pénétration par agent. *n.f.*

pénétrer. *v.i.*

Pentagone
(Ministère de la Défense ; États-Unis

antisubmarine patrol. *n.* - The systematic and continuing investigation of an area or along a line to detect or hamper submarines, used when the direction of submarine movement can be established.

reconnaissance patrol. *n.* - For ground forces, a patrol used to gain tactical information preferably without the knowledge of the enemy. [NATO]

patrol (to). *v.t.*

dump* (tail*) (to). *v.t.*

1. letup. *n.*

2. pause. *n.*

flag of convenience (e.g.: Bahamas, Cyprus, Liberia, Malta, Panama). *n.*

rogue nation. *n.*

Francophone Africa. *n.*

hone (to). *v.t.*

death penalty (no death penalty for espionage in peacetime). *n.*

film. *n.*

firing squad. *n.*

penetrable. *adj.*

penetration. *n.*

live penetration. *n.*

1. make entry (to). *v.t.*

2. penetrate (to). *v.t.*

Pentagon
(Established 1942 in Arlington VA; nicknamed: the "Puzzle

The Pentagon, 20301
Tél. : 00-1-703-697-5737). *n.m.*

penthotal (sérum de vérité). *n.m.*
penthrite (explosif). *n.m.*
percée. *n.f.*
percer (complot). *v.t.*
peredychka (répit). *n.f.*
perestroika (réorganisation). *n.f.*
périmètre. *n.m.*
périmètre de surveillance. *n.f.*
périmètre extérieur. *n.m.*
périmètre intérieur. *n.m.*
périphérique. *n.m.*
permanence. *n.f.*
permanencier. *n.m.*
permanent(e). *adj.m.(f.)*
permis de tuer (007). *n.m.*
permission (congé accordé à un militaire). *n.f.*
permission (MN). *n.f.*
perplexe. *adj.m.(f.)*
perplexité. *n.f.*
persona non grata. *n.f.*
personnalité protégée. *n.f.*
personne déplacée. *n.f.* - Civil se trouvant involontairement hors des frontières nationales de son pays. [OTAN]
personne enlevée. *n.f.*
personne qui écoute aux portes. *n.f.*
personnel (accès uniquement réservé au personnel autorisé). *n.m.*

Palace";
The Pentagon 20301
Phone: (703) 697-5737). *n.*

penthotal (truth serum). *n.*
penthrite (explosive). *n.*
breakthrough. *n.*
uncover (a plot) (to). *v.t.*
peredychka (respite). *n.*
perestroika (reorganization). *n.*
perimeter. *n.*
surveillance grid. *n.*
outer perimeter. *n.*
inner perimeter. *n.*
device. *n.*
duty. *n.*
duty officer. *n.*
standing. *adj.*
licence to kill (James Bond). *n.*
liberty. *n.*

shore leave (USN). *n.*
puzzled. *adj.*
puzzlement. *n.*
persona non grata. *n.*
protectee. *n.*
displaced person. *n.* - A civilian who is involuntarily outside the national boundaries of his country. [NATO]
kidnap(p)ee. *n.*
eavesdropper. *n.*

personnel (authorized personnel only). *n.*

personnel féminin. *n.m.*

pertes. *n.f.pl.*

pertinence. *n.f.*

pertinent(e). *adj.m.(f.)*

pervers(e). *adj.m.(f.)*

perversement. *adv.*

perversité. *n.f.*

pesanteur. *n.f.*

pétrolier. *n.m.*

phalange. *n.f.*

phase (ex. : « Phase 2 en cours »). *n.f.*

photocopie. *n.f.*

photocopier. *v.t.*

photocopieuse. *n.f.*

photoélectrique (mine). *adj.m.(f.)*

photogrammétrie. *n.f.* - Technique permettant d'obtenir des mesures valables par l'étude d'images photographiques. [OTAN]

photographe. *n.m.(f.)*

photographie. *n.f.*

photographie aérienne oblique. *n.f.* - Photographie aérienne prise avec un appareil dont l'axe optique est dirigé entre l'horizontale et la verticale. On distingue : **a. l'oblique haute** : photo sur laquelle figure l'horizon apparent ; **b. l'oblique basse** : photo sur laquelle l'horizon apparent ne figure pas. [OTAN]

servicewoman. *n.*

1. casualties. *n.pl.*
2. fatalities. *n.pl.*

pertinence. *n.*

pertinent. *adj.*

perverse. *adj.*

perversely. *adv.*

perversity. *n.*

gravity. *n.*

tanker. *n.*

phalanx. *n.*

phase (e.g.: "Phase 2 underway"). *n.*

xerox copy. *n.*

xerox (to). *v.t.*

xerox machine. *n.*

photoelectrical (mine). *adj.*

photogrammetry. *n.* - The science or art of obtaining reliable measurements from photographic images. [NATO]

1. photographer. *n.*
2. smudger*. *n.*

photograph. *n.*

oblique air photograph. *n.* - An air photograph taken with the camera axis directed between the horizontal and vertical planes. Commonly referred to as an "oblique". **a. High Oblique.** One in which the apparent horizon appears, and **b. Low Oblique.** One in which the apparent horizon does not appear. [NATO]

photographie aérienne verticale. *n.f.* - Photographie aérienne prise lorsque l'axe optique de l'appareil de prise de vues est normal à la surface terrestre. [OTAN]

photographie anti-camouflage. *n.f.* - Technique de photographie utilisant des films spéciaux (généralement sensibles à l'infrarouge) et permettant de détecter les zones ou les points camouflés. [OTAN]

photographie d'écran radar. *n.f.* - Enregistrement photographique des échos sur un écran radar. [OTAN]

photographie d'objectif. *n.f.* - Photographie, obtenue par reproduction directe ou par agrandissement, qui fournit la meilleure image possible d'un objectif déterminé. [OTAN]

photographie d'un objectif ponctuel. *n.f.* - Photographie unique ou couple stéréoscopique d'un objet ou objectif spécifique. [OTAN]

photographie de contrôle d'attaque. *n.f.* - Photographie aérienne prise lors d'une attaque aérienne. [OTAN]

photographie en défilement continu. *n.f.* - Photographie d'une bande de terrain, l'image restant ininterrompue sur toute sa longueur dans le sens de la route parcourue par l'aéronef. [OTAN]

photographie par bandes spectrales. *n.f.* - Technique photographique dans laquelle les

vertical air photograph. *n.* - An air photograph taken with the optical axis of the camera perpendicular to the surface of the earth. [NATO]

camouflage detection photography. *n.* - Photography utilizing a special type of film (usually infrared) designed for the detection of camouflage. [NATO]

radar scope photography. *n.* - A film record of the returns shown by a radar screen. [NATO]

target illustration print. *n.* - A single contact print or enlarged portion of a selected area from a single print, providing the best available illustration of a specific installation or pin-point target. [NATO]

pin-point photograph. *n.* - A single photograph or a stereo pair of a specific object or target. [NATO]

strike photography. *n.* - Air photographs taken during an air strike. [NATO]

continuous strip photography. *n.* - Photography of a strip of terrain in which the image remains unbroken throughout its length, along the line of flight. [NATO]

spectrozonal photography. *n.* - A photographic technique whereby the natural spectral

émissions des objets sont filtrées sélectivement de façon à ne faire apparaître que les objets émettant dans une bande spectrale donnée. Cette technique permet d'éliminer les fonds parasites. [OTAN]

photographie topographique aérienne. *n.f.* - Prise de photographies aériennes et exploitation de ces photographies pour dresser des cartes. [OTAN]

pianiste* (opérateur radio en argot russe). *n.m.*

piano* (émetteur radio en argot russe). *n.m.*

pied de guerre. *n.m.*

piège. *n.m.*

piège (ex. : « le piège est en place »). *n.m.* - Dispositif, explosif ou non, ou tout autre objet placé de façon à infliger des pertes en personnel à l'occasion du déplacement d'une chose en apparence inoffensive ou de l'accomplissement d'un geste normalement sans danger. [OTAN]

piège. *n.m.* - Selon John Le Carré : « Le plus vieux piège du métier consiste à croire que le monde du secret est capable de rectifier les imperfections du monde des réalités ».

piège à cons* (engin piégé). *n.m.*

piéger*. *v.t.*

piéger* un téléphone. *v.t.*

emissions of all objects are selectively filtered in order to image only those objects within a particular spectral band or zone and eliminate the unwanted background. [NATO]

air survey photography. *n.* - The taking and processing of air photographs for mapping and charting purposes. [NATO]

pianist* (radio operator in Russian slang). *n.*

piano* (radio transmitter in Russian slang). *n.*

war footing. *n.*

trap. *n.*

booby trap (e.g.: "the trap is set"). *n.* - An explosive or nonexplosive device or other material, deliberately placed to cause casualties when an apparently harmless object is disturbed or a normally safe act is performed. [NATO]

trap. *n.* - According to John Le Carré, "the oldest trap in the trade is the belief that the real world's imperfections can be redressed by the secret world."

booby trap*. *n.*

1. booby-trap* (to). *v.t.*
2. frame up* (to). *v.t.*
3. snare (to). *v.t.*

bug* a phone (to). *v.t.*

piéger* une crèche*. *n.f.* — rig* a joint* (to). *v.t.*
pigeon voyageur. *n.m.* — carrier pigeon. *n.*
pigeon*. *n.m.* —
1. fall guy*. *n.*
2. patsy*. *n.*

pile. *n.f.* — battery. *n.*
pillage économique. *n.m.* — technological looting. *n.*
pilleur (ordinateur). *n.m.* — cracker (computer). *n.*
pilonner. *v.t.* — shell (to). *v.t.*
pilote. *n.m.* — pilot. *n.*
piloter. *v.t.* — pilot (to). *v.t.*
pince monseigneur. *n.f.* — jimmy. *n.*
pion. *n.m.* — pawn. *n.*
pirate de l'air. *n.m.* —
1. hijacker. *n.*
2. skyjacker. *n.*

pirate informatique. *n.m.* — hacker. *n.*
pirater. *v.t.* —
1. hack (to). *v.t.*
2. pirate (to). *v.t.*

pire scénario. *n.m.* —
1. worst casing. *n.*
2. worst case scenario. *n.*

Piscine* (Surnom donné à la DGSE : 141, boulevard Mortier 75020 Paris) — DGSE Headquarters (French foreign intelligence agency, under the control of the Ministry of Defense)

piste. *n.f.* — lead. *n.*
pister*. *v.t.* —
1. bird-dog* (to). *v.t.*
2. shadow* (to). *v.t.*
3. tag* (to). *v.t.*

pister* quelqu'un. *v.t.* —
1. get on someone's tail* (to). *v.i.*
2. put a tag* on someone (to). *v.i.*

pisteur*. *n.m.* — shadow*. *n.*
pistolet mitrailleur[1] (ex. : Heckler & Koch MP-5, calibre 9mm). *n.m.* — submachine gun (e.g. 9 mm Heckler & Koch MP-5). *n.*

---
1 - Voir chapitre III, D sur les armes à feu de notre *Dictionnaire de la Police et de la Pègre*.

place (en). *adj.*
placer sous surveillance. *v.t.*
plaisanter (ne pas). *v.t.*
plan. *n.m.*
plan B. *n.m.*
plan de contingence. *n.m.* - Plan correspondant à des éventualités pouvant être raisonnablement prévues dans une zone de responsabilité. [OTAN]

plan de recherche. *n.m.* - Plan destiné à recueillir les renseignements bruts à partir de toutes les sources disponibles, en vue de répondre à des besoins en renseignement et de transformer ces besoins en ordres de recherche et demandes de renseignements adressés aux organismes de recherche appropriés. [OTAN]

planer. *v.t.*
planeur. *n.m.*
planque de repli*. *n.f.*
planque*. *n.f.*

planque* (être en). *loc.*
planque* (*yavka* en russe). *n.f.*
planquer*. *v.i.*

planquer* (être en planque*). *v.t.*
planquouser*. *v.t.*

position (in). *adj.*
surveil (to). *v.t.*
mean business (to). *v.t.*
plan. *n.*
plan B. *n.*
contingency plan. *n.* - A plan for contingencies which can reasonably be anticipated in the area of responsibility. [NATO]

collection plan. *n.* - A plan for collecting information from all available sources to meet intelligence requirements and for transforming those requirements into orders and requests to appropriate agencies. [NATO]

glide (to). *v.t.*
glider. *n.*
safehouse*. *n.*
1. plant*. *n.*
2. stakeout*. *n.*
3. stash* (cache). *n.*
surveillance duty (to be on). *phr.*
safe house* (*yavka* in Russian). *n.*
1. plant* (to). *v.t.*
2. plant on someone* (to). *v.t.*
3. sit on a plant* (to). *v.i.*
4. stake out* (to). *v.t.*
stakeout* (to be on a). *v.i.*
stakeout* (to). *v.t.*

planter*. *v.t.*

plaque C.D. (Corps Diplomatique). *n.f.*

plaque du Corps Diplomatique. *n.f.*

plaque tournante. *n.f.*

plaquette. *n.f.*

plastic (explosif). *n.m.*

plastiquage. *n.m.*

plastiquer. *v.t.*

plastiqueur(-euse). *n.m.(f.)*

plate-forme d'hélicoptère. *n.f.*

pleurage (ordinateur). *n.m.*

plombier* (cambrioleur). *n.m.*

plongée statique. *n.f.* - Manœuvre au cours de laquelle un sous-marin se tient stabilisé en immersion dans une position fixe ou approximativement fixe par rapport à une position géographique donnée. [OTAN]

plonger. *v.t.*

plonger en apnée* (infiltrer). *loc.*

plongeur. *n.m.*

plot air. *n.m.* - À bord des bâtiments de guerre, tableau représentatif qui indique les positions et les déplacement des objets aériens par rapport au navire. [OTAN]

plutonium-239. *n.m.*

pochette (disquette). *n.f.*

poignée d'ouverture (parachute). *n.f.*

point de non-retour. *n.m.* - Point sur la route d'un aéronef au-delà duquel son autonomie ne lui permet pas de rallier sa base ou une des bases de déploiement. [OTAN]

ditch* (to). *v.t.*

DPL plate. *n.*

diplomatic license plate. *n.*

nerve center. *n.*

chip. *n.*

plastic (explosive). *n.*

bombing. *n.*

blow up (to). *v.t.*

bomber. *n.*

helipad. *n.*

flutter (computer). *n.*

plumber* (burglar). *n.*

hovering. *n.* - A self-sustaining manoeuvre whereby a fixed, or nearly fixed, position is maintained relative to a spot on the surface of the earth or underwater. [NATO]

dive (to). *v.t.*

go undercover* (to). *phr.*

diver. *n.*

air plot. *n.* - Within ships, a display which shows the positions and movements of an airborne object relative to the plotting ship. [NATO]

plutonium-239. *n.*

jacket (diskette). *n.*

ripcord (parachute). *n.*

point of no return. *n.* - A point along an aircraft track beyond which its endurance will not permit return to its own or some other associated base on its own fuel supply. [NATO]

point de ralliement. *n.m.*

point de regroupement. *n.m.* - Rencontre concertée, à un moment donné, en un lieu déterminé vers lequel on doit se rendre après une opération. [OTAN]

point de séparation. *n.m.* - Position à laquelle un navire détaché d'un convoi ou une section à détacher d'un convoi quitte le convoi principal pour faire route vers une destination différente. [OTAN]

point sensible. *n.m.* - Site ou installation dont la destruction ou la capture affecterait sérieusement l'effort de guerre ou le succès des opérations. [OTAN]

pointe (de). *adj.m.(f.)*

pointe du progrès. *n.f.*

pointue* (mission). *adj.f.*

poison. *n.m.*

poisson pilote* (éclaireur). *n.m.*

poisson-coffre (tetrodotoxine : poison mortel). *n.m.*

polémique. *n.f.*

Politburo (bureau politique). *n.m.*

politique étrangère. *n.f.*

politique intérieure. *n.f.*

politiquement correct. *adj.*

pomper* (tout renseignement utilisable). *v.t.*

pont aérien (Berlin, 1948-1949 ; Kosovo, 1999). *n.m.*

pont d'envol (porte-avions). *n.m.*

rendezvous point. *n.*

rendezvous. *n.* - A pre-arranged meeting at a given time and location from which to begin an action or phase of an operation, or to which to return after an operation. [NATO]

break-off position. *n.* - The position at which a leaver or leaver section breaks off from the main convoy to proceed to a different destination. [NATO]

key point. *n.* - A concentrated site or installation, the destruction or capture of which would seriously affect the war effort or the success of operations. [NATO]

state-of-the-art. *adj.*

state of the art. *n.*

sensitive (assignment). *adj.*

poison. *n.*

point man*. *n.*

puffer fish (tetrodotoxin: lethal poison). *n.*

controversy. *n.*

Politburo (political bureau). *n.*

foreign policy. *n.*

1. domestic policy. *n.*

2. home front. *n.*

politically correct. *adj.*

bleed* (every information that can be obtained) (to). *v.t.*

air lift (Berlin, 1948-1949; Kosovo, 1999)

flight deck (aircraft carrier). *n.*

pont de bateaux. *n.m.*   pontoon bridge. *n.*

pont de singes*. *n.m.*   rope bridge. *n.*

populisme. *n.m.*   populism. *n.*

populiste. *adj. m. (f.)*   populist. *adj.*

portable. *n.m.*   cellular. *n.*

porte-à-faux. *adv.*   awkward position. *n.*

porte-avions. *n.m.*   1. aircraft carrier. *n.*
    2. flat top*. *n.*

porté disparu. *p.p.*   missing in action (MIA). *n.*

portée. *n.f.*   range. *n.*

portées de fréquences radio   radio frequencies range:
- fréquence extrêmement basse (FEB) (30-300 hertz) ;   - Extremely Low Frequency (ELF) (30-300 hertz);
- fréquence vocale (FV) (300-3 000 hertz) ;   - Voice Frequency (VF) (300-3 000 hertz);
- très basse fréquence (TBF) (3-30 kilohertz) ;   - Very Low Frequency (VLF) (3-30 kilohertz);
- basse fréquence (BF) (30-300 kilohertz) ;   - Low Frequency (LF) (30-300 kilohertz);
- moyenne fréquence (MF) (300-3 000 kilohertz) ;   - Medium Frequency (MF) (300-3 000 kilohertz);
- haute fréquence (HF) ;   - High Frequency (HF);
- très haute fréquence (THF) ;   - Very High Frequency (VHF);
- fréquence ultra haute (FUH) ;   - Ultra High Frequency (UHF);
- fréquence super haute (FSH) ;   - Superhigh Frequency (SHF);
- fréquence extrêmement haute (FEH). *n.f.pl.*   - Extremely High Frequency (EHF). *n.pl.*

porte-parole. *n.m.*   spokesman. *n.*

porter garant de (se). *v.pr.*   vouch for (to). *v.t.*

porter le chapeau*. *loc.*   leave someone holding the bag* (to). *phr.*

porter un microémetteur (dissimulé sur soi). *v.t.*   wear a wire* (to). *v.t.*

porteur de rançon (*voir* lièvre*). *n.m.*   ransom carrier. *n.*

porteur de valise. *n.m.*   suitcase carrier. *n.*

porte-voix. *n.m.*   1. bull horn. *n.*
    2. loud hailer. *n.*

portique de sécurité. *n.m.*

poser une bretelle* (sur une ligne téléphonique). *v.t.*

poser une écoute. *v.t.*

poser* (se) (ex. : « le sujet s'est posé* »). *v.pr.*

poseur(-euse) de bombes. *n.m.(f.)*

positif(-ve). *adj.m.(f.)*

position. *n.f.*

positon (gouvernement). *n.f.*

post-combustion. *n.f.* - 1. Le fait, pour certains moteurs-fusée, de continuer à fonctionner irrégulièrement pendant un certain temps après que la combustion principale a cessé. - 2. Procédé qui consiste à injecter et à faire brûler le carburant dans la tuyère d'échappement d'un turbo-réacteur (après le passage des gaz dans la turbine). [OTAN]

poste. *n.m.*

poste (être en). *v.t.*

poste à clavier (téléphone). *n.m.*

poste central. *n.m.*

poste d'observation. *n.m.*

poste d'écoute. *n.m.*

poste sans cordon. *n.m.*

metal detector. *n.*

put a tap* on a telephone line (to). *v.t.*

install a wiretap (to). *v.t.*

land* (to) (e.g.: "the subject has landed*"). *v.t.*

bomber. *n.*

positive. *n.*

position. *n.*

stance (government). *n.*

afterburning. *n.* - 1. The characteristic of some rocket motors to burn irregularly for some time after the main burning and thrust has ceased. - 2. The process of fuel injection and combustion in the exhaust jet of a turbojet engine (aft or to the rear of the turbine). [NATO]

1. post. *n.*

2. posting. *n.*

3. station. *n.*

4. tour of duty. *n.*

1. posted (to be). *v.t.*

2. stationed (to be). *v.t.*

touch tone phone. *n.*

1. central communications. *n.*

2. central dispatch. *n.*

observation post. *n.*

listening post. *n.*

cordless phone. *n.*

poster (se). *v.pr.*
pot aux roses (découvrir le). *loc.*
pot-de-vin*. *n.m.*

potentiel (militaire). *n.m.*
poubellologie* (néologisme : action consistant à trier les poubelles d'une cible*). *n.f.*

poudrière. *n.f.*
pourparlers. *n.m.pl.*
poursuite. *n.f.* - 1. Opération offensive conçue pour rattraper ou isoler un élément adverse cherchant à s'échapper, dans le but de le détruire. - 2. Détermination précise et continue de la position d'objectifs par moyens radar, optiques ou autres. [OTAN]
poursuivre la surveillance. *v.t.*
pouvoir destructeur. *n.m.*
pouvoirs publics. *n.m.pl.*
pratique. *adj.m.(f.)*
pré carré. *n.m.*
préempter. *v.t.*
pré-emptif (-ve). *adj.m.(f.)*
Premier ministre (fédéral). *n.m.*
Premier ministre (province canadienne). *n.m.*
première ligne (zone de combat). *n.f.*
prendre à partie. *v.t.*
prendre contact avec. *loc.*
prendre d'assaut. *v.t.*

position oneself (to). *v.pr.*
get to the bottom of things (to). *phr.*
1. payoff*. *n.*
2. payola*. *n.*

potential (military). *n.*
1. garbagology*. *n.*
2. trash cover* (FBI) (neologism: the act of sifting through a target's garbage). *n.*

powder keg. *n.*
talks. *n.pl.*
pursuit tracking. *n.* - 1. An offensive operation designed to catch or cut off a hostile force attempting to escape, with the aim of destroying it. [NATO]. - 2. Precise and continuous position-finding of targets by radar, optical, or other means. [NATO]

maintain the surveillance (to). *v.t.*
juggernaut. *n.*
authorities. *n.pl.*
no-nonsense. *adj.*
preserve. *n.*
preempt (to). *v.t.*
preemptive. *adj.*
Prime Minister (federal). *n.*
Premier (Canadian province). *n.*

frontline (combat zone). *n.*

come to task (to). *v.t.*
establish contact (to). *v.t.*
storm (to). *v.t.*

prendre ses jambes à son cou. *loc.*	beat a hasty retreat (to). *phr.*
preneur(-euse) d'otage(s). *n.m.(f.)*	hostage taker. *n.*
préparer le terrain. *v.t.*	lay the groundwork (to). *v.t.*
prescription. *n.f.*	statute of limitation. *n.*
présentation tête haute. *n.f.* - Visualisation par superposition optique dans le champ de vision normal du pilote de différentes informations relatives au vol, à la navigation, à l'armement, etc. [OTAN]	head-up display. *n.* - A display of flight, navigation, attack, or other information superimposed upon the pilot's forward field of view. [NATO]
présidence (comité, société). *n.f.*	chairmanship (committee, company). *n.*
présidence (des États-Unis). *n.f.*	presidency (of the United States). *n.*
président (comité, société). *n.m.*	chairman (committee, company). *n.*
président (des États-Unis). *n.m.*	president (of the United States). *n.*
présider. *v.t.*	chair (to). *v.t.*
presser (la détente) (sans coup sec). *v.t.*	squeeze (to) the trigger (never yank it). *v.t.*
pression. *n.f.*	pressure. *n.*
pression des gaz vers l'arrière[1]. *n.f.* - Type de fonctionnement d'une arme dans lequel la force des gaz en expansion s'exerçant vers l'arrière contre la paroi de la culasse fournit toute l'énergie nécessaire pour amorcer le cycle complet de fonctionnement de l'arme. Une arme qui utilise ce mode de fonctionnement se caractérise par l'absence de tout mécanisme de verrouillage de culasse ou de culasse mobile. [OTAN]	blowback. *n.* - Type of weapon operation in which the force of expanding gases acting to the rear against the face of the bolt furnishes all the energy required to initiate the complete cycle of operation. A weapon which employs this method of operation is characterized by the absence of any breech-lock or bolt-lock-mechanism. [NATO]
présumé(e). *adj.m.(f.)*	alleged. *adj.*

---

[1] - Voir chapitre III, D sur les armes à feu de notre *Dictionnaire de la Police et de la Pègre*.

prête-nom. *n.m.*

prétention (vaine). *n.f.*

prêter serment. *v.t.*

preuve. *n.f.* - « À l'inverse de tout autre crime, l'espionnage ne laisse aucune trace et il est impossible d'en établir la preuve, à moins qu'un espion n'avoue, ou ne soit pris en flagrant délit. » Peter Wright, *Spycatcher.*

prévarication. *n.f.*

préventif(-ive). *adj.m.(f.)*

prévision. *n.f.*

prévoir. *v.t.*

prévoyance. *n.f.*

priorité. *n.f.* - Indication portée sur un message par l'autorité d'origine pour indiquer au personnel des transmissions l'ordre dans lequel il faut acheminer le message, et aux destinataires l'ordre dans lequel il doit être exploité. [OTAN]

prise d'otage(s) (Le 18 octobre 1907, la convention de la Haye a condamné les prises d'otages). *n.f.*

prise d'armes. *n.f.*

prise de casque. *n.f.*

prise de guerre. *n.f.*

prise de microphone. *n.f.*

prise de pouvoir. *n.f.*

prise téléphone. *n.f.*

privation sensorielle. *n.f.*

figurehead. *n.*

claim (hollow). *n.*

be under oath (to). *v.t.*

1. evidence. - **2.** proof. *n.* - "Unlike any other crime, espionage leaves no trace, and proof is virtually impossible unless a spy either confesses or is caught in the act." Peter Wright, *Spycatcher.*

breach of trust. *n.*

1. preventive. *adj.*

2. proactive. *adj.*

1. forecast. *n.*

2. prediction. *n.*

predict (to). *v.t.*

foresight. *n.*

precedence. *n.* - A designation assigned to a message by the originator to indicate to communication personnel the relative order of handling and to the addressee the order in which the message is to be noted. [NATO]

hostage taking (The Hague Convention banned hostage taking on October 18, 1907). *n.*

parade. *n.*

headphone jack. *n.*

spoil of war. *n.*

microphone jack. *n.*

takeover. *n.*

telephone input jack. *n.*

sensory deprivation. *n.*

privilégier (piste). *v.t.*

probabilité de destruction. *n.f.* - Estimation de la probabilité de la destruction d'un objectif. [OTAN]

problème secondaire. *n.m.*

problème urgent. *n.m.*

procédé d'identification. *n.m.* - Tout procédé employé par un individu ou une unité pour s'assurer du caractère ami ou ennemi, ou de l'identité d'un autre individu ou unité. [OTAN]

professionnalisme. *n.m.*

professionnel(-le). *adj.m.(f.)*

profil. *n.m.*

profil psychologique. *n.m.*

profiteur. *n.m.*

programmeur. *n.m.*

programme. *n.m.*

programmer. *v.t.*

progression par bonds. *n.f.* - Forme de mouvement au cours duquel des éléments (tels que des éléments de soutien) se déplacent suivant un même axe en se rejoignant ou en se dépassant successivement les uns les autres. [OTAN]

proie. *n.f.*

projet. *n.m.*

prolifération. *n.f.*

promesse (vaine). *n.f.*

promotion. *n.f.*

promouvoir. *v.t.*

favour (lead) (to). *v.t.*

kill probability. *n.* - A measure of the probability of destroying a target. [NATO]

backburner issue. *n.*

front-burner issue. *n.*

challenge. *n.* - Any process carried out by one unit or person with the object of ascertaining the friendly or hostile character or identity of another. [NATO]

professionalism. *n.*

professional. *adj.*

profile. *n.*

psych profile. *n.*

profiteer. *n.*

programer. *n.*

program. *n.*

program (to). *v.t.*

leap-frog. *n.* - Form of movement in which like supporting elements are moved successively through or by one another along the axis of movement of supported forces. [NATO]

quarry. *n.*

project. *n.*

proliferation. *n.*

promise (empty). *n.*

promotion. *n.*

promote (to). *v.t.*

propagande. *n.f.* - La propagande est dite « noire » si elle donne à penser qu'elle émane d'une source différente de la source authentique (*voir* désinformation), « grise » si elle échappe à toute sorte d'identification, « blanche » si elle émane d'une source connue ou facilement identifiable.

propulser. *v.t.*

propulseur. *n.m.*

propulseur d'appoint. *n.m.* - Propulseur auxiliaire et temporaire fixe ou éjectable, pour faciliter le décollage d'un aéronef, ou d'un missile, ou pour lui communiquer une accélération momentanée. [OTAN]

propulsion. *n.f.*

protection civile. *n.f.* - Comprend la mobilisation, l'organisation et la direction de la population civile, en vue de réduire au minimum, par des mesures de défense passive, les effets de l'action ennemie contre toutes les formes de l'activité civile. [OTAN]

protection lointaine. *n.f.*

protection rapprochée. *n.f.*

protection renforcée. *n.f.*

protectorat. *n.m.*

protéger. *v.t.*

protocole (ordinateur). *n.m.*

prouver. *v.t.*

prouver la fausseté. *v.t.*

propaganda. *n.* - "black" propaganda purports to emanate from a source other than the true one (*See* disinformation); "grey" propaganda does not specifically identify any source; "white" propaganda is disseminated and acknowledged by the sponsor or by an accredited agency thereof.

propel (to). *v.t.*

propellant. *n.*

booster. *n.* - An auxiliary or initial propulsion system which travels with a missile or aircraft and which may or may not separate from the parent craft when its impulse has been delivered. [NATO]

propulsion. *n.*

civil defence. *n.* - Mobilization, organization, and direction of the civil population, designed to minimize by passive measures the effects of enemy action against all aspects of civil life. [NATO]

distant protection. *n.*

close protection. *n.*

heavy guard. *n.*

protectorate. *n.*

1. protect (to). *v.t.*

2. secure (to). *v.t.*

handshake (computer). *n.*

prove (to). *v.t.*

disprove (to). *v.t.*

provocateur (-rice). *adj.m.(f.)*

provocateur (*voir* agent provocateur). *n.m.*

provocation (*provokatsiya* en russe). *n.f.*

provoquer. *v.t.*

prudence (« prudence est mère de sûreté »). *n.f.*

pseudo(nyme). *n.m.*

psychose. *n.f.*

psychose traumatique. *n.f.*

psychotique. *n.m.(f.) adj.*

publication enregistrée. *n.f.* - Publication classifiée portant un numéro d'enregistrement, ainsi qu'un titre entier et un titre abrégé, et soumise à un inventaire périodique. [OTAN]

publication non-enregistrée. *n.f.* - Publication ne portant pas de numéro d'enregistrement et pour laquelle un inventaire périodique n'est pas exigé. [OTAN]

puce (ordinateur). *n.f.*

puce pirate. *n.f.*

puissamment armé(s). *p.p.*

puissance. *n.f.*

puissance (armement). *n.f.*

puissance de feu. *n.f.*

puissance de feu supérieure à (avoir une). *loc.*

pupitre de commande. *n.m.* - Meuble groupant les commandes, les moyens de contrôle

provocative. *adj.*

provocateur (*see* agent provocateur). *n.*

provocation (*provokatsiya* in Russian). *n.*

provoke (to). *v.t.*

caution ("safety is born of caution"). *n.*

alias. *n.*

psychosis. *n.*

1. battle exhaustion. *n.*

2. battle fatigue. *n.*

psychotic. *n. adj.*

registered publication. *n.* - A classified publication bearing a register number as well as a long and short title, and for which periodic accounting is required. [NATO]

non-registered publication. *n.* - A publication which bears no register number and for which periodic accounting is not required. [NATO]

chip (computer). *n.*

clipper chip. *n.*

heavily armed. *p.p.*

1. might. *n.*

2. power. *n.*

payload (armament). *n.*

fire power. *n.*

outgun (to). *v.t.*

console. *n.* - A grouping of controls, indicators, and similar electronic or mechanical equip-

et les équipements électroniques ou mécaniques similaires utilisés pour le contrôle de la disponibilité et /ou le contrôle des fonctions spécifiques d'un système. (ex. : vérification d'un missile, compte à rebours, opérations de lancement) [OTAN]

pur et dur. *adj.m.*

purge. *n.m.*

purge (*yezhovchina* en russe, d'après Yerzhov, chef brutal du NKVD de 1936 à 1938). *n.f.*

purification ethnique. *n.f.*

putsch. *n.m.*

putschisme. *n.m.*

putschiste. *n.m.*

ment, used to monitor readiness of, and/or control specific functions of, a system, such as missiles check-out, countdown, or launch operations. [NATO]

hardliner. *n. / adj.*

purge. *n.*

purge (*yezhovchina* in Russian, after Yezhov, ruthless head of the NKVD from 1936 to 1938). *n.*

ethnic cleansing. *n.*

putsch. *n.*

putschism. *n.*

putschist. *n.*

✼ ✼ ✼

Q comme Québec (alphabet phonétique de l'OTAN)

qualité de réception :
UN SUR CINQ : Incompréhensible,
DEUX SUR CINQ : Compréhensible de temps en temps,
TROIS SUR CINQ : Difficilement compréhensible,
QUATRE SUR CINQ : Compréhensible,
CINQ SUR CINQ : Parfaitement compréhensible. *n.f.*

quarantaine. *n.f.*

quartier des ambassades. *n.m.*

quatre grandes questions*.
n.f.pl. - Les quatre seules questions qui, d'après la Convention de Genève, peuvent être posées par l'ennemi : matricule, grade, nom, date de naissance.

✼ ✼ ✼

Q for Quebec (NATO phonetic alphabet)

readability scale:
ONE BY FIVE : Unreadable,
TWO BY FIVE : Readable now and then,
THREE BY FIVE : Readable with difficulty,
FOUR BY FIVE : Readable,
FIVE BY FIVE : Perfectly readable. *n.*

quarantine. *n.*

embassy row. *n.*

Big Four*. *n.* - The only four pieces of information which, under the Geneva Convention, an enemy is allowed to ask for: serial number, rank, name, date of birth.

question enregistrée. *n.f.* - Toute question classifiée, ordinairement enregistrée par numéro, et faisant l'objet d'un inventaire périodique. [OTAN]

Qui est en voltigeur ?

registered matter. *n.* - Any classified matter registered, usually by number, and accounted for periodically. [NATO]

Who's on point?

R

R comme Romeo (alphabet phonétique de l'OTAN)

rabatteur. *n.m.*

rabattre. *v.t.*

radar. *n.m.*

radar aéroporté à antenne latérale. *n.m.* - Radar aéroporté dont le champ d'émission est perpendiculaire à l'axe du véhicule, ce qui lui permet de fournir une représentation du terrain ou d'objectifs en mouvement. [OTAN]

radar de couverture complémentaire. *n.m.* - Radar utilisé pour compléter la couverture obtenue par des radars principaux là où celle-ci est insuffisante. [OTAN]

radiac. *adj.* - Sigle anglais dérivé des mots « radioactivity, detection, indication and computation » (détection, indication et évaluation de la radioactivité) et utilisé comme terme générique désignant différents types d'instruments et d'équipements de mesure radiologique. [OTAN]

radiation. *n.f.*

radier. *v.t.*

radio (par). *loc.*

R for Romeo (NATO phonetic alphabet)

canvasser. *n.*

canvas (to). *v.t.*

radar. *n.*

side looking airborne radar. *n.* - An airborne radar, viewing at right angles to the axis of the vehicle, which produces a presentation of terrain or moving targets. [NATO]

gap filler radar. *n.* - A radar used to supplement the coverage of the principal radar in areas where coverage is inadequate. [NATO]

radiac. *adj.* - An acronym derived from the words "radioactivity, detection, indication and computation" and used as an all-encompassing term to designate various types of radiological measuring instruments or equipment. [NATO]

radiation. *n.*

strike off (to). *v.t.*

mobile (on the). *phr.*

radioactif(-ve). *adj.m.(f.)*

radioactivité (utilisée pour détecter les encres sympathiques). *n.f.*

radiobalise de repérage de détresse. *n.f.* - Terme générique désignant tous les émetteurs radio servant au repérage de détresse. [OTAN]

radiobalise individuelle de repérage. *n.f.* - Émetteur-récepteur, porté par l'équipage ou placé dans son équipement de survie, capable d'émettre des signaux de guidage pour faciliter les opérations de recherche et de sauvetage et permettant les communications en phonie. [OTAN]

radioélectrique. *adj.m.(f.)*

radiogoniométrie. *n.f.* - Radiorepérage permettant seulement de déterminer la direction d'une station radio au moyen de ses émissions. [OTAN]

radiomessagerie. *n.f.*

radiotélémétrie. *n.f.* - Détermination par radio de la distance d'un objet au moyen de ses émissions radio, qu'elles soient indépendantes, réfléchies ou retransmises (sur une longueur d'onde identique ou différente). [OTAN]

rafale (ordinateur). *n.f.*

raffiné(e). *adj.m.(f.)*

rafiot*. *n.m.*

ragot. *n.m.*

raid. *n.m.* - Opération, généralement de faible envergure, comportant une incursion rapide en

radioactive. *adj.*

radioactivity (used in detecting secret writing). *n.*

emergency locator beacon. *n.* - A generic term to all radio beacons used for emergency locating purposes. [NATO]

personal locator beacon. *n.* - An emergency radio locator beacon with a two-way speech facility carried by crew members, either on their person or in their survival equipment, and capable of providing homing signals to assist search and rescue operations. [NATO]

radioelectrical. *adj.*

radio direction finding. *n.* - Radiolocation in which only the direction of a station is determined by means of its emissions. [NATO]

pager. *n.*

radio range finding. *n.* - Radiolocation in which the distance of an object is determined by means of its radio emissions, whether independent, reflected, or retransmitted on the same or other wavelength. [NATO]

burst (computer). *n.*

urbane. *adj.*

bucket*. *n.*

gossip. *n.*

raid. *n.* - An operation, usually small scale, involving a swift penetration of hostile territory

territoire ennemi pour recueillir des renseignements, semer la confusion chez l'adversaire ou détruire ses installations. Elle se termine par un repli préparé après exécution de la mission reçue. [OTAN]

raid amphibie. *n.m.* - Opération amphibie comportant une brève incursion en profondeur ou l'occupation temporaire d'un objectif, suivie d'un repli planifié. [OTAN]

raid commando. *n.m.*

raid éclair. *n.m.*

raison d'État. *n.f.*

ralliement. *n.m.*

rallier. *v.t.*

ramarrer* (reprendre la filature). *v.t.*

rampe de lancement de missile. *n.f.*

rançon. *n.f.*

rançonner. *v.t.*

rapatriement. *n.m.*

rapatrier. *v.t.*

rappel (escalade). *n.m.*

rappeler. *v.t.*

rapport (*spravka* en russe). *n.m.*

rapporteur. *n.m.*

rapt. *n.m.*

rase-mottes (vol). *n.m.*

raser (entièrement). *v.t.*

rassemblement (troupes). *n.m.*

to secure information, confuse the enemy, or destroy his installations. It ends with a planned withdrawal upon completion of the assigned mission. [NATO]

amphibious raid. *n.* - A type of amphibious operation involving swift incursion into or temporary occupation of an objective followed by a planned withdrawal. [NATO]

wham'n scram* raid. *n.*

hit-and-run raid. *n.*

executive privilege. *n.*

rally. *n.*

rally (to). *v.t.*

pick up the tail* (to). *v.t.*

missile launcher site. *n.*

ransom. *n.*

ransom (to). *v.t.*

repatriation. *n.*

repatriate (to). *v.t.*

1. abseil (scaling). *n.*

2. rappel (scaling). *n.*

call back (to). *v.t.*

report (*spravka* in Russian). *n.*

reporter. *n.*

kidnap(p)ing. *n.*

nap-of-the earth flight. *n.*

raze (to the ground) (to). *v.t.*

buildup (troops). *n.*

Rassemblement ! — Fall in!
rassembler ses forces. *v.t.* — brace for (to). *v.t.*
ratissage. *n.m.* — combing. *n.*
ratisser. *v.t.* — comb (to). *v.t.*
ravisseur (-euse). *n.m.(f.)*
 1. abductor. *n.*
 2. captor. *n.*
 3. kidnap(p)er. *n.*

ravitaillement. *n.m.* — refueling. *n.*
ravitaillement à la mer. *n.m.* - Ensemble des opérations nécessaires pour assurer le transfert de personnel ou de matériel en mer. [OTAN] — replenishment at sea. *n.* - Those operations required to make a transfer of personnel and/or supplies when at sea. [NATO]
ravitaillement en vol. *n.m.* — aerial refuelling. *n.*
ravitailler. *v.t.* — refuel (to). *v.t.*
rayon d'action. *n.m.* - Distance maximale qu'un navire, aéronef ou véhicule, portant une charge de combat normale, peut couvrir à partir de sa base et dans une direction donnée et revenir sans se ravitailler en combustible en cours de route, tout en respectant entièrement les facteurs de sécurité et les règles d'emploi. [OTAN] — radius of action. *n.* - The maximum distance a ship, aircraft, or vehicle can travel away from its base along a given course with normal combat load and return without refuelling, allowing for all safety and operating factors. [NATO]

razzia. *n.f.* — foray. *n.*
réacteur. *n.m.* — reactor. *n.*
réactif(-ve). *adj.m.(f.)* — reactive. *adj.*
réactionnaire. *n.m.(f.) / adj.* — reactionary. *n. / adj.*
réactiver. *v.t.* — reactivate (to). *v.t.*
réactiver* (dormant*). *v.t.* — awaken* (sleeper*) (to). *v.t.*
réalisable. *adj.m.(f.)* — achievable. *adj.*
réaliser. *v.t.* — achieve (to). *v.t.*
realpolitik. *n.f.* — realpolitik. *n.*

réarmement. *n.m.*

réarmer. *v.t.*

rebelle. *n.m.f./adj.*

rébeller (se). *v.pr.*

rébellion. *n.f.*

rebondissement. *n.m.*

recel (documents volés). *n.m.*

recéler. *v.t.*

recéleur. *n.m.*

récepteur. *n.m.*

réception. *n.f.*

recevoir. *v.t.*

recevoir. *v.t.* - « Est-ce-que vous me recevez ? ; Comment me recevez-vous ? ; Je vous reçois ! »

recevoir (transmissions). *v.t.*

rechargeur. *n.m.*

recherche. *n.f.*

rechercher. *v.t.*

recherche anti-sous-marine. *n.f.* - Exploration systématique d'une zone particulière dans le but de localiser un sous-marin dont on connaît ou soupçonne la présence quelque part dans la zone. Certains types de recherche sont aussi utilisés pour la localisation d'un cas de détresse. [OTAN]

recherche blanche*. *n.f.*

rearmament. *n.*

rearm (to). *v.t.*

rebel. *n.*

rebel (to). *v.t.*

1. insurgency. *n.*
2. rebellion. *n.*

1. development. *n.*
2. new turn of events. *n.*

possession (stolen documents). *n.*

possess (to). *v.t.*

fence*. *n.*

receiver. *n.*

readability. *n.*

receive (to). *v.t.*

read (to). *v.t.* - "Do you read me ?; How do you read ?; I read you !"

copy (to) (communication). *v.t.*

charger. *n.*

1. research. *n.*
2. retrieval. *n.*

retrieve (to). *v.t.*

antisubmarine search. *n.* - Systematic investigation of a particular area for the purpose of locating a submarine known or suspected to be somewhere in the area. Some types of search are also used in locating the position of a distress incident. [NATO]

overt intelligence. *n.*

recherche et sauvetage. *n.f.* - Mise en œuvre d'aéronefs, d'embarcations de surface, de sous-marins, d'équipes de sauvetage et d'équipements spécialisés pour rechercher et secourir le personnel en détresse sur terre ou en mer. [OTAN]

recherche noire* (magie*). *n.f.*

récompense (prime). *n.f.*

recomposer (téléphone). *v.t.*

reconnaissance. *n.f.*

reconnaissance. *n.f.* - Détermination, par un moyen quelconque du caractère ami ou ennemi ou de l'identité d'autrui, ou d'éléments tels qu'aéronefs, navires ou chars, ou encore de phénomènes tels que des émissions radioélectriques. [OTAN]

reconnaissance. *n.f.* - Mission entreprise en vue d'obtenir, par observation visuelle ou par d'autres modes de détection, des informations sur les activités et les possibilités d'un ennemi actuel ou en puissance ; ou d'acquérir des données concernant les caractéristiques météorologiques ou géographiques d'une zone particulière. [OTAN]

reconnaissance. *n.f.* - « Sans reconnaissance, pas un pas » (dicton de l'Armée rouge). *Razvedka* en russe qui signifie aussi renseignement.

reconnaître. *v.t.*

reconstituer (indices). *v.t.*

search and rescue. *n.* - The use of aircraft, surface craft, submarines, specialized rescue teams and equipment to search for and rescue personnel in distress on land or at sea. [NATO]

covert intelligence. *n.*

bounty. *n.*

redial (to) (telephone). *v.t.*

recce*. *n.*

recognition. *n.* - The determination by any means of the friendly or enemy character or of the individuality of another, or of objects such as aircraft, ships, or tanks, or of phenomena such as communications-electronics patterns. [NATO]

reconnaissance. *n.* - A mission undertaken to obtain, by visual observation or other decision methods, information about the activities and resources of an enemy or potential enemy; or to secure data concerning the meteorological, hydrographic, or geographic characteristics of a particular area. [NATO]

recon (reconnaissance). *n.* - *Razvedka* in Russian also used for intelligence.

reconnoiter (to). *v.t.*

piece together (to) (clues). *v.t.*

recoupement. *n.m.*	crosschecking. *n.*
recouper. *v.t.*	crosscheck (to). *v.t.*
recrudescence. *n.f.*	outbreak. *n.*
recrudescent(e). *adj.m.(f.)*	mounting. *adj.*
recrue. *n.f.*	recruit. *n.*
recrutement. *n.m.*	recruiting. *n.*
recruter (*zaverbovat* en russe). *v.t.*	recruit (to) (*zaverbovat* in Russian). *v.t.*
recruteur. *n.m.*	recruiter. *n.*
rectificatif. *n.m.*	correction. *n.*
recueil. *n.m.*	collection. *n.*
recueillir. *v.t.*	1. collect (information) (to). *v.t.*
	2. gather (information) (to). *v.t.*
reculer. *v.i.*	back off (to). *v.i.*
récupération. *n.f.*	taking over. *n.*
récupérer. *v.t.*	1. salvage (to). *v.t.*
	2. take over (to). *v.t.*
reddition. *n.f.*	surrender. *n.*
redéploiement. *n.m.*	1. redeployment. *n.*
	2. reorganization. *n.*
redéployer. *v.t.*	1. redeploy (to). *v.t.*
	2. reorganize (to). *v.t.*
redistribuer. *v.t.*	deal again (to). *v.t.*
redistribution des cartes. *n.f.*	new deal. *n.*
réel (-le). *adj.m.(f.)*	factual. *adj.*
réfléchir longuement. *v.t.*	mull over (to). *v.t.*
refoulement (doctrine de Truman, 1947). *n.m.*	rollback (Truman doctrine, 1947). *n.*
refuge. *n.m.*	sanctuary. *n.*
réfugiés. *n.pl.* - Personnes qui, pour éviter une menace réelle ou supposée, se déplacent de leur propre chef, en violation ou	refugees. *n.pl.* - Persons who, because of real or imagined danger, move of their own volition, spontaneously or in viola-

non de consignes leur enjoignant de rester chez elles. Elles peuvent se déplacer à l'intérieur de leur propre pays (réfugiés nationaux) ou par-delà les frontières (réfugiés internationaux). [OTAN]

réfuter. *v.t.*

regain (de tension). *n.m.*

régalien (pouvoir). *adj.m.*

régime (politique). *n.m.*

réglage de volume (magnétophone). *n.m.*

règlement. *n.m.*

règlement de comptes. *n.m.*

règlement intérieur. *n.m.*

régler. *v.t.*

régler (problème). *v.t.*

régler quelques détails. *v.t.*

réglo* (être). *adj.m.(f.)*

regrouper (se) (ex. : « Les mercenaires ne meurent jamais, ils finissent en enfer pour s'y regrouper. »). *v.pr.*

réhabilitation. *n.f.*

réhabiliter. *v.t.*

rejeter la responsabilité d'un acte. *v.t.*

rejeter (rapport). *v.t.*

relâcher (otage). *v.t.*

relais. *n.m.*

relation(s). *n.f.pl.*

relations diplomatiques. *n.f.pl.*

relayer. *v.t.*

tion of a stay put policy, irrespective of whether they move within their own country (national refugees) or across international boundaries (international refugees). [NATO]

refute (to). *v.t.*

renewal (of tension). *n.*

kingly (power). *adj.*

regime (political). *n.*

volume control (tape recorder). *n.*

settlement. *n.*

settling of scores. *n.*

standing orders. *n.pl.*

settle (to). *v.t.*

sort out (problem) (to). *v.t.*

tie up loose ends (to). *v.t.*

on the up and up* (to be). *adj.*

regroup (to) (e.g.: "Mercenaries never die, they just go to hell to regroup."). *v.t.*

clearing. *n.*

clear (to). *v.t.*

responsibility (to disclaim). *v.t.*

dismiss (report) (to). *v.t.*

release (hostage) (to). *v.t.*

relay. *n.*

connection(s). *n.pl.*

diplomatic relations. *n.pl.*

relay (to). *v.t.*

relayer (transmissions). *v.t.*	patch (communications) (to). *v.t.*
remaniement. *n.m.*	shuffle. *n.*
remanier. *v.t.*	shuffle (to). *v.t.*
remettre (documents). *v.t.*	hand over (documents) (to). *v.t.*
remettre les pendules à l'heure*. *loc.*	get things straight* (to). *phr.*
remise (documents). *n.f.*	handing over (documents). *n.*
remise (prisonniers). *n.f.*	handover (prisoners). *n.*
remise de rançon. *n.f.*	ransom drop. *n.*
remonter (filière). *v.t.*	trace a network right through to the man at the top. *v.t.*
remords. *n.m.*	remorse. *n.*
rempart. *n.m.*	bulwark. *n.*
remugles. *n.m.pl.*	stench. *n.*
rencontre. *n.f.*	sitdown. *n.*
rencontre (avec l'ennemi). *n.f.*	encounter (with the enemy). *n.*
rencontrer. *v.t.*	sitdown (to). *v.t.*
rencontrer (l'ennemi). *v.t.*	encounter (the enemy) (to). *v.t.*
rendement (d'un agent). *n.m.*	agent assessment. *n.*
rendez-vous. *n.m.*	meet. *n.*
rendez-vous. *n.m.* - En guerre sur terre, endroit facilement identifiable, où les visiteurs d'unités, de quartiers généraux ou autres installations sont reçus par le personnel de l'élément visité. [OTAN]	rendezvous. *n.* - In land warfare, an easily found terrain location at which visitors to units, headquarters or facilities are met by personnel from the element to be visited. [NATO]
rendre (se). *v.pr.*	1. surrender (to). *v.t.*
	2. turn oneself in (to). *v.ref.*
rendre (se) (en un lieu donné). *v.pr.*	proceed (to). *v.i.*
rendre compte. *v.t.*	report in (to). *v.t.*
renégat(e). *n.m.(f.)*	renegade. *n.*
rênes courtes*. *n.f.pl.*	short leash*. *n.*
rênes longues*. *n.f.pl.*	long leash*. *n.*

renforcer les dispositifs de sécurité. *v.t.*

renfort. *n.m.*

renfort (agent). *n.m.*

renoncer à (mission). *v.t.*

renseignement. *n.m.* - Résultat de l'exploitation des renseignements bruts concernant les nations étrangères, les forces armées ennemies ou pouvant le devenir, les zones où des opérations sont effectivement menées ou pourraient l'être. Le terme s'applique aussi aux activités d'élaboration du renseignement et aux organismes qui s'y consacrent. [OTAN]

renseignement. *n.m.* - Résultat de la collecte, de l'évaluation et de l'interprétation de l'information ; razvedka en russe, qui signifie aussi reconnaissance.

renseignement acoustique. *n.m.* - Renseignement obtenu en recueillant et en exploitant des phénomènes acoustiques. [OTAN]

renseignement actif. *n.m.*

renseignement brut. *n.m.* - Donnée non traitée de toute nature qui peut être utilisée pour l'élaboration du renseignement. [OTAN]

renseignement brut de combat. *n.m.* - Données d'une validité souvent éphémère, recueillies au combat par les unités ou qui leur sont directement communiquées.

beef up security (to). *v.t.*

1. backup. *n.*
2. reinforcement. *n.*

backup man. *n.*

scrap (mission) (to). *v.t.*

intelligence. *n.* - The product resulting from the processing of information concerning foreign nations, hostile or potentially hostile forces or elements, or areas of actual or potential operations. The term is also applied to the activity which results in the product and to the organizations engaged in such activity. [NATO]

intelligence. *n.* - The product of the collection, evaluation and interpretation of information; *razvedka* in Russian also used for reconnaissance.

acoustic intelligence. *n.* - Intelligence derived from the collection and processing of acoustic phenomena. [NATO]

active intelligence. *n.*

information. *n.* - In intelligence usage, unprocessed data of every description which may be used in the production of intelligence. [NATO]

combat information. *n.* - That frequently perishable data gathered in combat by, or reported directly to, units which may be immediately used in battle or in assessing

Elles peuvent être immédiatement utilisées pour les opérations et l'appréciation de la situation. Ces données appropriées entreront en même temps dans les circuits de renseignement. [OTAN]

renseignement confidentiel. *n.m.*

renseignement d'ambiance*. *n.m.*

renseignement de base. *n.m.* - Renseignement sur tout sujet, pouvant permettre d'établir une documentation de référence, utilisable pour la planification et pour l'évaluation de renseignements bruts ultérieurs. [OTAN]

renseignement de combat. *n.m.* - Renseignement sur l'ennemi, les conditions atmosphériques et géographiques nécessaire au commandement pour la préparation et la conduite des opérations de combat. [OTAN]

renseignement de sécurité. *n.m.* - Renseignement sur la nature, les possibilités et les intentions d'organisations ou d'individus hostiles, qui sont ou pourraient être engagés dans les activités d'espionnage, de sabotage, de subversion ou de terrorisme. [OTAN]

renseignement de situation. *n.m.* - Renseignement qui décrit la situation actuelle au niveau stratégique ou tactique. [OTAN]

renseignement de théâtre. *n.m.*

renseignement géographique militaire. *n.m.* - Tout renseignement géographique qui est nécessaire à l'établissement des plans et aux opérations. [OTAN]

the situation. Relevant data will simultaneously enter intelligence reporting channels. [NATO]

inside information. *n.*

rumint* (rumor+intelligence). *n.*

basic intelligence. *n.* - Intelligence, on any subject, which may be used as reference material for planning and in evaluation subsequent information. [NATO]

combat intelligence. *n.* - That intelligence concerning the enemy, weather, and geographical features required by a commander in the planning and conduct of combat operations. [NATO]

security intelligence. *n.* - Intelligence on the identity, capabilities and intentions of hostile organizations or individuals who are or may be engaged in espionage, sabotage, subversion or terrorism. [NATO]

current intelligence. *n.* - Intelligence which reflects the current situation at either strategic or tactical level. [NATO]

combat intelligence. *n.*

military geographic information. *n.* - Geographic information which is necessary for planning and operations. [NATO]

renseignement humain. *n.m.* - Catégorie de renseignement découlant de renseignements bruts recueillis et fournis par une source humaine. Aussi appelé « HUMINT ». [OTAN]

renseignement opérationnel. *n.m.*

renseignement stratégique. *n.m.*

renseignement stratégique. *n.m.* - Renseignement nécessaire à l'élaboration de la ligne de conduite et des plans militaires à l'échelon national et international. [OTAN]

renseignement sur l'objectif. *n.m.* - Indication permettant de caractériser et de localiser un objectif ou un ensemble d'objectifs, d'en connaître la vulnérabilité et l'importance relative. [OTAN]

renseignement tactique. *n.m.* - Renseignement nécessaire à l'établissement des plans et à la conduite des opérations tactiques. [OTAN]

renseignement technique. *n.m.* - Renseignement relatif aux développements technologiques à l'étranger, aux performances et aux possibilités opérationnelles des matériels étrangers qui font ou pourraient faire l'objet d'applications militaires, aussi appelé TECHINT. [OTAN]

renseigner. *v.t.*

renverser (régime). *v.t.*

renvoi automatique (téléphone). *n.m.*

human intelligence. *n.* - A category of intelligence derived from information collected and provided by human sources. Also called "HUMINT". [NATO]

operational intelligence. *n.*

national intelligence. *n.*

strategic intelligence. *n.* - Intelligence which is required for the formation of policy and military plans at national and international levels. [NATO]

target intelligence. *n.* - Intelligence which portrays and locates the components of a target or target complex and indicates its vulnerability and relative importance. [NATO]

tactical intelligence. *n.* - Intelligence which is required for the planning and conduct of tactical operations. [NATO]

technical intelligence. *n.* - Intelligence concerning foreign technological developments, and the performance and operational capabilities of foreign materiel, which have or may eventually have a practical application for military purposes, also called TECHINT. [NATO]

inform (to). *v.t.*

topple (regime) (to). *v.t.*

call forwarding (telephone). *n.*

renvoyer l'ascenseur*. *loc.*	return somebody a favour (to). *phr.*
repérage. *n.m.*	1. detecting. *n.*
	2. spotting. *n.*
repérage*. *n.m.*	casing*. *n.*
répercuter. *v.t.*	relay (to). *v.t.*
repérer. *v.t.*	1. detect (to). *v.t.*
	2. spot (to). *v.t.*
	3. case* (to). *v.t.*
repérer (filature). *v.t.*	make* (surveillance) (to). *v.t.*
repérer la filature. *v.t.*	make the tail* (to). *v.t.*
repérer une filature. *loc.*	pick up a tail* (to). *v.t.*
répit. *n.m.*	1. breather. *n.*
	2. letup. *n.*
	3. respite. *n.*
repli. *n.m.*	falling back. *n.*
répondeur automatique (téléphone). *n.m.*	answering machine (telephone). *n.*
répondre (transmissions). *v.t.*	catch (communications) (to). *v.t.*
répondre (ex. : « Il ne répond pas ! »). *v.i.*	pick up (e.g.: "He isn't picking up!") (to). *v.t.*
Repos !	1. At ease!
	2. As you were!
	3. Stand easy!
représailles. *n.f.pl.*	reprisals. *n.pl.*
représenter un risque. *v.t.*	security risk (to be a). *phr.*
répressif(-ve). *adj.m.(f.)*	1. reactive. *adj.*
	2. repressive. *adj.*
répression. *n.f.*	repression. *n.*
reprogrammer. *v.t.*	reprogram (to). *v.t.*
république bananière. *n.f.*	banana republic. *n.*
réquisitionner. *v.t.*	commandeer (to). *v.t.*
réseau. *n.m.*	1. network. *n.*
	2. spy ring (*argentura* in Russian). *n.*

réseau. *n.m.* - « C'est une organisation [formée à l'étranger] et créée en vue d'un travail militaire précis, essentiellement le renseignement, accessoirement le sabotage, fréquemment aussi l'évasion de prisonniers de guerre et surtout de pilotes tombés chez l'ennemi. » (Claude Bourdet).

ring. *n.m.* - An organized group of people who work together in a dishonest or unethical way, such as a spy ring.

réseau radar. *n.m.* - Ensemble fourni par plusieurs radars reliés à un centre unique en vue de fournir une information intégrée. [OTAN]

radar netting. *n.* - The linking of several radars to a single centre to provide integrated target information. [NATO]

réserve. *n.f.*

reserve. *n.*

réserve (obligation). *n.f.*

oath of secrecy. *n.*

réservée* (affaire). *adj.f.*

reserved* (case). *adj.*

réserves. *n.f.pl.*

stockpiles. *n.pl.*

réserviste (sous-officier). *n.m.*

reserve NCO. *n.*

réserviste (officier). *n.m.*

reserve officer. *n.*

résidence (*rezidentura* en russe ; siège des officiers de renseignement en poste à l'étranger). *n.f.*

residency (*rezidentura* in Russian). *n.*

résolution (image). *n.f.*

resolution (picture). *n.*

résolution (détermination). *n.f.*

resolve. *n.*

résonance grave. *n.f.*

boominess. *n.*

résoudre (énigme). *v.t.*

solve (riddle) (to). *v.t.*

respect de juridiction (entre la DST et la DGSE par exemple). *n.m.*

no-poaching agreement (between MI5 and MI6 for example). *n.*

respecter un délai. *v.t.*

meet a deadline (to). *v.t.*

responsabilité. *n.f.*

accountability. *n.*

responsable. *adj.m.(f.)*

accountable. *adj.*

ressortissant(e). *n.m.(f.)*

national. *n.*

rester en arrière. *v.i.*	hang back (to). *v.i.*
restreinte (diffusion). *adj.*	restricted. *adj.*
restructuration. *n.f.*	shakeup. *n.*
retapisser* (reconnaître). *v.t.*	get an eyeball on* (to). *v.i.*
retard. *n.m.*	delay. *n.*
retard (accumulation de travail en retard). *n.m.*	backlog (accumulation of unfinished work). *n.*
retardateur. *n.m.*	delaying. *adj.*
retarder. *v.t.*	delay (to). *v.t.*
rétention (information). *n.f.*	withholding (information). *n.*
réticence. *n.f.*	reluctance. *n.*
réticent(e). *adj.m.(f.)*	reluctant. *adj.*
réticule. *n.m.*	cross-hairs. *n.pl.*
retirer (se). *v.pr.*	1. move out (to). *v.t.*
	2. withdraw (to). *v.t.*
retombées. *n.f.pl.*	fallout. *n.*
retombées (économiques). *n.f.pl.*	spillover (economic). *n.*
rétorsion. *n.f.*	1. retaliation. *n.*
	2. retortion. *n.*
retour de bâton* (opération qui se retourne contre celui qui l'a déclenchée). *n.m.*	blowback* (an operation which ends up rebounding against its creator). *n.*
retour d'expérience. *n.m.*	debriefing. *n.*
retourner sa veste. *loc.*	turn one's coat (to). *phr.*
retourner* (contraindre un agent étranger à changer de camp). *v.t.*	1. double back* (to). *v.t.*
	2. play back* (to). *v.t.*
	3. turn* (over) (force a foreign agent to switch sides) (to). *v.t.*
retrait. *n.m.*	withdrawal. *n.*
retrait (troupes). *n.m.*	pullout (troops). *n.*
retraite. *n.f.*	retreat. *n.*
retrancher (se). *v.pr.*	dig in (to). *v.t.*
rétrogradation. *n.f.*	demotion. *n.*

rétrograder. *v.t.*	demote (to). *v.t.*
réunion. *n.f.*	get-together. *n.*
réunir (se). *v.pr.*	get-together. *v.i.*
revanche. *n.f.*	revenge. *n.*
révélateur. *n.m.*	1. developer. *n.*
	2. Litmus paper. *n.*
révélateur (-trice). *adj.m. (f.)*	telltale. *adj.*
révélation. *n.f.*	1. disclosure. *n.*
	2. exposé. *n.*
	3. revelation. *n.*
révélation (stupéfiante). *n.f.*	revelation (stunning). *n.*
révéler. *v.t.*	1. disclose (to). *v.t.*
	2. expose (to). *v.t.*
	3. reveal (to). *v.t.*
revendication. *n.f.*	demand. *n.*
revendiquer. *v.t.*	demand (to). *v.t.*
revendiquer un acte. *v.t.*	responsibility (to claim). *v.t.*
revenir sur ses aveux. *v.t.*	recant (to). *v.t.*
revenir sur ses pas. *v.i.*	backtrack (to). *v.i.*
revers. *n.m.*	reverse. *n.*
revirement. *n.m.*	about-face. *n.*
revirement (transfert de loyauté). *n.m.*	switching (switching of loyalties). *n.*
révisionnisme. *n.m.*	revisionism. *n.*
révisionniste. *n.m.(f.) / adj.*	revisionist. *n. / adj.*
révolution. *n.f.*	revolution. *n.*
révolutionnaire. *n.m.(f.) / adj.*	revolutionary. *n. / adj.*
révulsif. *n.m.*	revulsant. *n.*
ricin (poison mortel extrait des grains de la plante de ricin). *n.m.*	ricin (deadly poison derived from the seeds of the castor-oil plant). *n.*
« Rideau de fer » (Winston Churchill, 5 mars 1946). *n.m.*	"Iron Curtain" (Winston Churchill, March 5, 1946). *n.*

Rien à signaler ! (R.A.S.)	Business as usual!
riot gun[1] (fusil à pompe de calibre 12). *n.m.*	riot gun. *n.*
riposte. *n.f.*	retaliation. *n.*
riposte (foudroyante). *n.f.*	counterattack (thundering). *n.*
riposter. *v.i.*	retaliate (to). *v.i.*
risque calculé. *n.m.*	calculated risk. *n.*
risqué(e). *adj.m.(f.)*	dicey. *adj.*
risques du métier. *n.m.pl.*	occupational hazard. *n.*
robot mobile d'intervention (R.M.I.). *n.m.*	television-equip(p)ed remote mobile investigator (RMI). *n.*
rocambolesque. *adj.m.(f.)*	James Bondesque*. *adj.*
roméo* (séducteur professionnel à la solde d'un SR). *n.m.*	raven* (male entrapment agent). *n.*
Rompez (les rangs) !	Fall out!
rompre (liens diplomatiques). *v.t.*	sever (diplomatic ties) (to). *v.t.*
rompre du poste de combat (Marine nationale). *v.t.*	secure from general quarters (to). *v.t.*
ronflement (magnétophone). *n.m.*	hum (tape recorder). *n.*
roquette. *n.f.*	rocket. *n.*
rotor (hélicoptère). *n.m.*	rotor (helicopter). *n.*
rotor (machine à chiffrer). *n.m.*	cipher disk (cipher machine). *n.*
roulage (avion). *n.m.*	taxiing (plane). *n.*
roulement à billes. *n.m.*	ball bearing. *n.*
rouler (avion). *v.t.*	taxi (airplane) (to). *v.t.*
roulette de queue (aéronef). *n.f.*	tail wheel (aircraft). *n.*
roulette du nez (aéronef). *n.f.*	nose wheel (aircraft). *n.*
royaume (« *Regnum Defende* » : devise du MI5). *n.m.*	realm ("*Regnum Defende*" : MI5 motto). *n.*
rumeur. *n.f.*	rumor. *n.*
ruse. *n.f.*	ruse. *n.*
ruser. *v.t.*	fox (to). *v.t.*

---

1 - Voir chapitre III, D sur les armes à feu de notre *Dictionnaire de la Police et de la Pègre*.

S

S comme Sierra (alphabet phonétique de l'OTAN)

saborder. *v.t.*

sabotage (Code Pénal, IV, titre 1ᵉʳ, IV, art. 411-9). *n.m.*

saboter. *v.t.*

saboteur. *n.m.*

sac à viande* (sac de couchage). *n.m.*

sac de nœuds*. *n.m.*

saccager. *v.t.*

sacrifice. *n.m.*

sacrifier. *v.t.*

saint des saints. *n.m.*

saisie (données). *n.f.*

saisir (ordinateur). *v.t.*

saison de chasse. *n.f.*

salle des missiles. *n.f.*

salle des opérations (sous-sol de la Maison Blanche). *n.f.*

salle d'interrogatoire. *n.f.*

salmonelle. *n.f.*

salmonellose. *n.f.*

salve. *n.f.*

S for Sierra (NATO phonetic alphabet)

scuttle (to). *v.t.*

1. monkey wrenching*. *n.*
2. sabotage. *n.*

sabotage (to). *v.t.*

saboteur. *n.*

maggot* (sleeping bag). *n.*

can of worms*. *n.*

ransack (to). *v.t.*

sacrifice. *n.*

sacrifice (to). *v.t.*

1. holy of holies. *n.*
2. inner sanctum. *n.*

entry (data). *n.*

enter (computer) (to). *v.t.*

open season. *n.*

missile room. *n.*

1. Situation Room (nerve center of the White House). *n.*
2. war room. *n.*

1. debriefing room. *n.*
2. grinder*. *n.*

salmonella. *n.*

salmonella poisoning. *n.*

salvo. *n.*

sanction. *n.f.*

sanctionner. *v.t.*

sanctuaire. *n.m.*

sang froid. *n.m.*

sangle de sauvetage. *n.f.* - Partie d'un équipement de sauvetage qui, placée autour de la poitrine d'une personne, permet de l'attacher à une ligne de sauvetage ou au câble du treuil d'un hélicoptère. [OTAN]

saper. *v.t.*

sarbacane. *n.f.*

sarin (gaz neurotoxique). *n.m.*

sas. *n.m.*

sas de décompression. *n.m.*

sas d'évacuation (sous-marin). *n.m.*

satellite. *n.m.*

satellite espion (« Hélios » et « Spot » en France). *n.m.*

sauf-conduit. *n.m.*

saut en chute libre. *n.m.*

saut en commandé. *n.m.* - Manœuvre de parachute au cours de laquelle celui-ci est ouvert, soit par commande manuelle, soit automatiquement, à une altitude prédéterminée. *Voir* HALO dans les sigles. [OTAN]

sauter en chute libre. *v.t.*

sauvage*. *adj.m.(f)*

sanction. *n.*

take disciplinary actions against (to). *v.t.*

sanctuary. *n.*

composure. *n.*

rescue strop. *n.* - A piece of rescue equipment which is placed around a person's chest to secure that person to a rescue line or helicopter hoist cable. [NATO]

undermine (to). *v.t.*

blowgun. *n.*

sarin (nerve gas). *n.*

hatch. *n.*

decompression chamber. *n.*

escape trunk (submarine). *n.*

satellite. *n.*

1. spybird* ("Corona" and "Samos" in the USA). *n.*
2. spy satellite ("Corona" and "Samos" in the USA). *n.*

safeconduct. *n.*

sky diving. *n.*

free fall. *n.* - A parachute manoeuvre in which the parachute is opened, either manually or automatically, at a predetermined altitude. [NATO]

skydive (to). *v.t.*

illegal. *adj.*

sauvé(e). *adj.m.(f.)*	home free. *adj.*
sauvegarder (ordinateur). *v.t.*	save (to) (computer). *v.t.*
sauver la face. *v.t.*	save face (to). *v.t.*
sauvetage. *n.m.*	rescue. *n.*
savoir tenir sa langue (ne pas) (« Les propos imprudents envoient les navires par le fond »). *loc.*	have a loose tongue (to) ("Loose lips sink ships"). *phr.*
savoir-faire. *n.m.*	know-how. *n.*
sbire. *n.m.*	henchman. *n.*
scandale. *n.m.*	scandal. *n.*
scandaliser. *v.t.*	scandalize (to). *v.t.*
scanner. *n.m.*	1. scanner. *n.*
	2. scanning radio (50 channels including 800 MHz and AM aircraft band; monitoring 800 MHz transmissions). *n.*
scanner. *v.t.*	scan (to). *v.t.*
scanner rétinien. *n.m.*	eye scanner. *n.*
sceau du secret (sous le). *loc.*	pledge of secrecy (under the). *phr.*
scénario. *n.m.*	scenario. *n.*
scénario catastrophe. *n.m.*	scare scenario. *n.*
schizophrène. *adj.m.(f.)*	schizophrenic. *adj.*
schizophrène. *n.m.*	schizophrene. *n.*
schizophrénie. *n.f.*	schizophrenia. *n.*
schtroumpfage. *n.m.* - « Le schtroumpfage est une technique de blanchiment de fonds employée par les trafiquants de stupéfiants afin de fractionner une transaction bancaire portant sur un montant très élevé en plusieurs opérations portant sur de petites sommes. Le trafiquant remet de petites quantités de narco-dollars à un grand	smurfing - "[...] is a money-laundering technique used by drug traffickers to break up huge bank transactions into many single operations of small amounts. The trafficker provides a large number of couriers, or "smurfs" with small quantities of drug money. Each one proceeds to various banks and purchases cashiers' cheques or money orders, which

nombre de passeurs ou « schtroumpfs », qui obtiennent chacun des chèques de caisse ou des mandats de poste de plusieurs banques et les remettent ensuite à un autre individu qui les dépose sur des comptes bancaires. Ainsi le trafiquant contourne l'obligation de déclarer des transactions bancaires portant sur des sommes importantes et en même temps il empêche que les passeurs de fonds puissent encaisser les chèques ou les mandats eux-mêmes. » *Lebende Sprachen*, 1/95.

scintillement. *n.m.*

séance tenante. *adv.*

second couteau* (agent de seconde zone). *n.m.*

secret. *adj.m.*

secret (« Il n'est point de secrets que le temps ne révèle ». Racine, *Britannicus*, IV, 4). *n.m.*

secret. *n.m.* - « Le secret est aussi essentiel au renseignement que les vêtements sacerdotaux et l'encens le sont pour la messe, ou l'obscurité pour une séance de spiritisme ; il doit être maintenu à tout prix sans jamais chercher à en comprendre l'utilité. » Malcolm Muggeridge (1903-1990).

secret (au). *adv.*

secret absolu. *n.m.*

secret de Polichinelle. *n.m.*

secret des dieux. *n.m.*

secret d'État. *n.m.*

he then turns over to someone else for deposit into bank accounts. Thus, the trafficker circumvents the reporting requirements for large bank transactions and at the same time makes sure that the money couriers themselves cannot cash the cheques or orders." *Lebende Sprachen*, 1/95.

snow. *n.*

forthwith. *adv.*

second whip* (low-ranking operative). *n.*

secretive. *adj.*

secret. *n.*

secrecy. *n.* - "Secrecy is as essential to Intelligence as vestments and incense to a Mass, or darkness to a spiritualist séance, and must at all costs be maintained, quite irrespective of whether or not it serves any purpose." Malcolm Muggeridge (1903-1990).

in solitary (confinement). *adj.*

top secret. *n.*

open secret. *n.*

the powers that be. *phr.*

official secret. *n.*

SECRET-DÉFENSE
(second degré de la classification établie par les articles 4 et 5 du Décret n° 81-514 du 12 mai 1981 en France. Classification reservée aux informations dont la divulgation est de nature à nuire à la défense nationale et à la sûreté de l'État). *adj.*

SECRET
(designation applied to information and material, the unauthorized disclosure of which could reasonably be expected to cause serious damage to national security - Executive Order 12356). *adj.*

secrètement (en secret). *adv.*

sub rosa. *adv.*

secte (ces « extrémistes de l'occulte » se regrouperaient en 173 diverses sectes, ou « mouvements culturels coercitifs » en France). *n.f.*

sect. *n.*

secteur (géographique). *n.m.*

desk. *n.*

section. *n.f.*

section (*otdel* in Russian). *n.*

sécuriser (site). *v.t.*

secure (site) (to). *v.t.*

sécuritaire. *adj.m.(f.)*

secure. *adj.*

sécurité. *n.f.*

security (*See* Glossary of English Abbreviations and Acronyms: COMSEC; DIPSEC; ELSEC; OPSEC). *n.*

sécurité. *n.f.* - État réalisé lorsque les informations, les matériels, les personnels, les activités et les installations sont protégés contre l'espionnage, le sabotage, la subversion, le terrorisme, la perte ou la divulgation. Le terme s'applique également aux mesures nécessaires pour obtenir ce résultat et aux organismes responsables de la mise en application de ces mesures. [OTAN]

security. *n.* - The condition achieved when designated information, materiel, personnel, activities and installations are protected against espionage, sabotage, subversion and terrorism, as well as against loss or unauthorized disclosure. The term is also applied to those measures necessary to achieve this condition and to the organizations responsible for those measures. [NATO]

sécurité physique. *n.f.* - Aspect de la sécurité qui traite des mesures physiques prises pour sauvegarder le personnel, empêcher tout accès non auto-

physical security. *n.* - That part of security concerned with physical measures designed to safeguard personnel, to prevent unauthorized access to equip-

risé aux équipements, installations, matériels et documents et à les protéger contre l'espionnage, le sabotage, les détériorations et le vol. [OTAN]

séide. *n.m.*

seigneur (« Le métier du renseignement est un métier de seigneurs. » Amiral Canaris, 1887-1945). *n.m.*

seigneur de guerre. *n.m.*

sélecteur. *n.m.*

sélecteur de canal d'urgence. *n.m.*

sélecteur de canaux

sélecteur de puissance. *n.m.*

semer* (déjouer une filature). *v.t.*

ment, installations, material and documents, and to safeguard them against espionage, sabotage, damage, and theft. [NATO]

henchman. *n.*

lord ("*Nachrichtendienst ist ein Herrendienst.*" Admiral Canaris, 1887-1945). *n.*

warlord. *n.*

call screen. *n.*

emergency channel selector. *n.*

channel selector. *n.*

power selector. *n.*

1. ditch* (elude surveillance) (to). *v.t.*

2. lose* (elude surveillance) (to). *v.t.*

3. shake a tail* (elude surveillance) (to). *v.t.*

4. shake off* (elude surveillance) (to). *v.t.*

semer* quelqu'un. *loc.*

semeur de merde*. *n.m.*

semonce (Marine nationale). *n.f.*

Semtex (explosif fabriqué en Tchéquie). *n.m.*

sens politique. *n.m.*

sensibilité. *n.f.*

sensible. *adj.m.(f.)*

sentinelle. *n.f.*

séparatisme. *n.m.*

séparatiste. *n.m.(f.)*

give someone the slip* (to). *phr.*

shit disturber*. *n.*

order from a ship to submit to board and search. *n.*

Semtex (Czech-manufactured explosive). *n.*

political savvy. *n.*

sensitivity. *n.*

sensitive. *adj.*

1. sentinel. *n.*

2. sentry. *n.*

separatism. *n.*

separatist. *n.*

séquences (cinématographiques). *n.f.pl.* — footage (movie). *n.*

séquestration. *n.f.* — forcible confinement. *n.*

séquestration arbitraire. *n.f.* — illegal confinement. *n.*

séquestrer. *v.t.* — confine illegally (to). *v.t.*

sérail (*voir* « enfant du sérail »). *n.m.* — corridors of power. *n.pl.*

sergent[1]. *n.m.* — sergeant. *n.*

serment. *n.m.* — oath. *n.*

serrure à combinaison. *n.f.* — combination lock. *n.*

sérum de vérité (penthotal). *n.m.* — truth serum (penthotal). *n.*

serveur (ordinateur). *n.m.* — server (computer). *n.*

service. *n.m.* — service. *n.*

service de déminage. *n.m.* — Explosives Disposal Unit. *n.*

service sœur. *n.m.* — sister service. *n.*

service(s) de renseignement. *n.m.(pl.)* — intelligence service. *n.*

services frères* (membres d'un autre SR appartenant au même pays). *n.m.pl.* — siblings* (members of another intelligence service of the same country). *n.*

services secrets. *n.m.pl.* — secret service. *n.*

seuil. *n.m.* — threshold. *n.*

seuil d'audibilité. *n.m.* — threshold of audibility. *n.*

sexpionnage* (anglicisme : « mot-valise » combinant sexe et espionnage, d'après le livre de David Lewis, publié en 1976). *n.m.* — sexpionage* ("portmanteau word": sex + espionage, after the book by David Lewis, published in 1976). *n.*

shrapnel. *n.m.* — shrapnel. *n.*

signal erratique (ordinateur). *n.m.* — blip (computer). *n.*

signature (« empreinte » radar / infrarouge / électromagnétique émise par un aéronef, un véhicule ou un navire). *n.f.* — signature (radar / infrared / electromagnetic "fingerprint" created by aircraft, vehicle or vessel). *n.*

signe d'authentification. *n.m.* - Lettre, chiffre ou groupes de — authenticator. *n.* - A letter, numeral, or group of lettres or

---

1 - Voir l'équivalence des grades militaires dans les Appendices A et B.

lettres ou de chiffres, ou les deux, certifiant l'authenticité d'un message ou d'une transmission. [OTAN]

silencieux¹ (arme à feu). *n.m.* — silencer (firearm). *n.*

silicium. *n.m.* — silicon. *n.*

sillage. *n.m.* — wake. *n.*

silo (missile). *n.m.* — silo (missile). *n.*

sionisme. *n.m.* — Zionism. *n.*

sioniste. *n.m. (f.) / adj.* — Zionist. *n. / adj.*

siphonner* (information). *v.t.* — pump dry* (information) (to). *v.t.*

siphonner* (transfuge). *v.t.* — milk* (to) (defector). *v.t.*

site de lancement (engin). *n.m.* — launch site (missile). *n.*

situation (délicate). *n.f.* — situation (sticky). *n.*

situation bloquée. *n.f.* — stalemate. *n.*

situation désespérée. *n.f.* — plight. *n.*

situation explosive. *n.f.* — tinderbox. *n.*

situer*. *v.t.* — sourcing*. *v.t.*

société de couverture. *n.f.* — proprietary* company (conduit for CIA money so that its clandestine source cannot be traced). *n.*

société écran. *n.f.* — umbrella company. *n.*

société fantôme. *n.f.* — ghost company. *n.*

socle (téléphone). *n.m.* — base (telephone). *n.*

soldat de 2ᵉ classe. *n.m.* — private. *n.*

solde (être à la). *loc.* — payroll (to be on the). *phr.*

solide (renseignement). *adj.m.* — hard (information). *adj.*

sonar. *n.m.* — sonar. *n.*

sonar remorqué (sous-marin). *n.m.* — towed array sonar (submarine). *n.*

sonnerie (téléphone). *n.f.* — ringer (telephone). *n.*

sonnette* (source). *n.f.* — source*. *n.*

sonorisé* (être). *p.p.* — wired* (to be). *p.p.*

---

1 - Voir chapitre III, D sur les armes à feu de notre *Dictionnaire de la Police et de la Pègre*.

sonoriser* (installer une écoute). *v.t.* — wire* (to). *v.t.*
sonoriser* quelqu'un. *v.t.* — wire* someone up (to). *v.t.*
sophistiqué (armement). *adj.m.* — sophisticated (weaponry). *adj.*
sortie de lecture (ordinateur). *n.f.* — readout (computer). *n.*
sortie(s). *n.f. (pl.)* — output. *n.*
sortir sain et sauf. *loc.* — escape with one's life (to). *phr.*
sortir* (affaire). *v.t.* — clear* (case) (to). *v.t.*
souche (virus). *n.f.* — strain (virus). *n.*
souci. *n.m.* — concern. *n.*
souffle (bombe). *n.m.* — blast (bomb). *n.*
soulever* (enlever). *v.t.* — snatch* (kidnap) (to). *v.t.*
soum* (sous-marin* : fourgonnette banalisée). *n.m.* — trailer*. *n.*
soupçon. *n.m.* — suspicion. *n.*
soupçonner. *v.t.* — suspect (to). *v.t.*
source. *n.f.* - En matière de renseignement, personne ou objet dont on peut tirer des renseignements bruts. [OTAN] — source. *n.* - In intelligence usage, a person from whom or thing from which information can be obtained. [NATO]
source bien informée. *n.f.* — 1. highly-placed source. *n.*
2. reliable source. *n.*

source humaine*. *n.f.* — humint* (human + intelligence). *n.*
source technique*. *n.f.* — techint* (technical + intelligence). *n.*
sourcer*. *v.t.* — source* (to). *v.t.*
souricière*. *n.f.* — stakeout*. *n.*
sous le sceau du secret. *loc.* — under the seal of secrecy. *phr.*
sous-classification. *n.f.* — underclassification. *n.*
souscrire qu'en paroles (ne). *v.t.* — pay lip service (to). *v.t.*
sous-entendu. *n.m.* — innuendo. *n.*
sous-estimation. *n.f.* — underestimation. *n.*
sous-estimer. *v.t.* — underestimate (to). *v.t.*
sous-marin (seconde Guerre mondiale). *n.m.* — 1. pigboat* (WW II). *n.*
2. submarine. *n.*

sous-marin à propulsion nucléaire. *n.m.*

sous-marin de poche. *n.m.*

sous-marin de sauvetage. *n.m.* - Sous-marin utilisé pour les opérations de sauvetage dans une zone qui ne peut être convenablement couverte par des moyens de sauvetage aérien ou de surface en raison de l'opposition ennemie ou de l'éloignement des bases amies, ou pour d'autres raisons. Il est stationné à proximité de l'objectif ou, quelque fois, sur la route suivie par les avions d'assaut. [OTAN]

sous-marin*. *n.m.*

sous-marin* (fourgonnette d'observation équipée d'un verre sans tain en guise de périscope). *n.m.*

sous-marin* (variante de taupe). *n.m.*

sous-marinier. *n.m.*

sous-officier[1]. *n.m.*

sous-officier réserviste. *n.m.*

soustraire à la vue. *v.t.*

sous-traitance. *n.f.*

sous-traiter. *v.t.*

sous-traiteur. *n.m.*

soutenir. *v.t.*

soutenu (effort). *adj.m.*

soutien. *n.m.*

souverain(e). *adj.m.(f.)*

soviétologue. *n.m.(f.)*

spécieux(-euse). *adj.m.(f.)*

spécifications. *n.f.pl.*

nuclear-powered submarine. *n.*

midget submarine. *n.*

life-guard submarine. *n.* - A submarine employed for rescue in an area which cannot be adequately covered by air or surface rescue facilities because of enemy opposition, distance from friendly bases, or other reasons. It is stationed near the objective and sometimes along the route to be flown by the strike aircraft. [NATO]

unmarked truck. *n.*

surveillance van. *n.*

plant* (mole*). *n.*

submariner. *n.*

non-commissioned officer (NCO). *n.*

reserve NCO. *n.*

secrete (to). *v.t.*

subcontracting. *n.*

subcontract (to). *v.t.*

subcontractor. *n.*

support (to). *v.t.*

unrelenting (effort). *adj.*

support. *n.*

sovereign. *adj.*

Sovietologist. *n.*

spurious. *adj.*

1. specifications. *n.pl.*

2. specs*. *n.pl.*

---

1 - Voir l'équivalence des grades militaires dans les Appendices A et B.

spectre. *n.m.*	spectre. *n.*
Spetsnatz (troupes spéciales russes) *Chasti Spetsiel' nogo Naznacheniya*. *n.m.pl.*	Spetsnatz (Russian special forces) *Chasti Spetsiel' nogo Naznacheniya*. *n.m.*
sphinx. *n.m.*	sphinx. *n.*
SR-71 *Habu* (avion de reconnaissance stratégique américain dépassant Mach 3). *n.m.*	*Blackbird* aircraft (American strategic reconnaissance aircraft topping Mach 3). *n.*
stabilité. *n.f.*	stability. *n.*
stable. *adj.m.(f.)*	stable. *adj.*
stand de tir. *n.m.*	shoothouse. *n.*
standardiste. *n.m.(f.)*	operator. *n.*
station d'écoute. *n.f.*	listening station. *n.*
station de radio. *n.f.*	radio station. *n.*
statoréacteur. *n.m.* - Moteur à réaction ne comprenant ni compresseur ni turbine et dont le fonctionnement dépend de la compression de l'air résultant du mouvement vers l'avant du moteur. [OTAN]	ramjet. *n.* - A jet-propulsion engine containing neither compressor nor turbine which depends for its operation on the air compression accomplished by the forward motion of the engine. [NATO]
stay-behind (anglicisme : réseau). *adj.*	stay behind (network). *adj.*
stéganographie (écriture cachée). *n.f.*	steganography (concealed writing). *n.*
stipulation. *n.f.*	proviso. *n.*
stockage. *n.m.*	stockpiling. *n.*
stockage. *n.m.*	storage. *n.*
Storno (marque hollandaise de magnétophone). *n.m.*	Kel transmitter. *n.*
storno* (émetteur-récepteur portatif pour liaisons rapprochées). *n.m.*	wire*. *n.*
stratagème. *n.m.*	stratagem. *n.*
stratège. *n.m.*	strategist. *n.*
stratégie. *n.f.*	**1.** game plan. *n.*
	2. strategy. *n.*

stratégie militaire. *n.m.* - Composante d'une stratégie nationale ou multi-nationale, qui traite de la façon dont la puissance militaire doit être développée et appliquée dans l'intérêt de la nation ou du groupe de nations. [OTAN]

stratégique. *adj.m.(f.)* - *L'Office of Strategic Services* (OSS), ancêtre de la CIA.

subir un test de detecteur de mensonges. *v.t.*

subodorer. *v.t.*

subodorer quelque chose de pas très catholique*. *loc.*

subreptice. *adj.m.(f.)*

subrepticement. *adv.*

substitution (*voir* code). *n.f.*

subterfuge. *n.m.*

subversif(-ve). *adj.m.(f.)*

subversion. *n.f.* - Action ayant pour but d'affaiblir la force militaire, la puissance économique ou la volonté politique d'un pays en minant le moral, la loyauté de ses citoyens ou la confiance qu'on peut leur accorder. [OTAN]

succès. *n.m.*

succès retentissant. *n.m.*

sucre* (microémetteur). *n.m.*

sueur (« La sueur épargne le sang » ; devise des forces spéciales). *n.f.*

suivi. *n.m.*

military strategy. *n.* - That component of national or multi-national strategy, presenting the manner in which military power should be developed and applied to achieve national objectives or those of a group of nations. [NATO]

strategic. *adj.* - The Office of Strategic Services (OSS), the forerunner of the CIA.

flutter* (to). *v.t.*

scent (to). *v.t.*

smell a rat (to). *phr.*

surreptitious. *adj.*

surreptitiously. *adv.*

substitution (*see* code). *n.*

subterfuge. *n.*

subversive. *adj.*

subversion. *n.* - Action designed to weaken the military, economic or political strength of a nation by undermining the morale, loyalty or reliability of its citizens. [NATO]

success. *n.*

1. smashing success. *n.*

2. unqualified success. *n.*

1. block* (concealed microphone). *n.*

2. bug* (hidden microphone). *n.*

sweat ("Sweat spares blood"; motto of special forces). *n.*

followup. *n.*

suivre. *v.t.* - 1. Marquer ou enregistrer les positions successives d'un objet mobile ; ou encore : verrouiller un équipement de détection électromagnétique sur un écho afin de l'utiliser pour un guidage. - 2. Maintenir une arme ou un appareil de visée correctement pointé sur un objectif mobile. [OTAN]

suivre à la trace (pastille émettrice). *v.t.*

sujet. *n.m.*

sujet classifié. *n.m.* - Information officielle ou objet de quelconque nature ou forme dont la protection est jugée nécessaire du point de vue de la sécurité de la nation. [OTAN]

sulfate. *n.m.*

sulfure d'éthyle (*voir* ypérite). *n.m.*

supercalculateur. *n.m.*

supercalculateur (« Cray », États-Unis). *n.m.*

supercherie. *n.f.*

superpuissance. *n.f.*

supersonique. *adj.m.(f.)*

supprimer. *v.t.*

supprimer (d'un dossier). *v.t.*

sur les ondes. *adj.*

sûr(e). *adj.m.(f.)*

surarmement. *n.m.*

surbine* (filature). *n.f.*

surcharge. *n.f.*

track (to). *v.t.* - 1. To display or record the successive positions of a moving object; also to lock on to a point of radiation and obtain guidance therefrom. - 2. To keep a gun properly aimed, or to point continuously a target-locating instrument at a moving target. [NATO]

bird-dog (to). *v.t.*

subject. *n.*

classified matter. *n.* - Official information or matter in any form or of any nature which requires protection in the interests of national security. [NATO]

sulphate. *n.*

ethyl sulfide (*see* mustard gas). *n.*

cruncher*. *n.*

supercomputer ("Cray", USA). *n.*

trickery. *n.*

superpower. *n.*

supersonic. *adj.*

delete (to). *v.t.*

expunge (from a file) (to). *v.t.*

on the air. *adj.*

1. safe. *adj.*
2. secure. *adj.*

overkill. *n.*

tail* (surveillance). *n.*

1. overload. *n.*
2. override. *n.*

surcharger. *v.t.*

surclassification*. *n.f.*
surestimation. *n.f.*
surestimer. *v.t.*
sûreté. *n.f.*

sûreté. *n.f.* - Ensemble cohérent de mesures défensives mises sur pied et appliquée à tous les échelons du commandement dans le but d'obtenir et de maintenir la sécurité. [OTAN]

sûreté de l'État. *n.f.*
surmonter. *v.t.*
surpression (bombe). *n.f.*
surveillance. *n.f.*

surveillance. *n.f.* - Observation systématique de l'espace, des surfaces terrestres, aéromaritimes et des zones sous-marines, des lieux, des personnes ou des objets, à l'aide de moyens visuels, acoustiques, électroniques, photographiques ou autres. [OTAN]

surveillance aérienne. *n.f.* - Observation systématique dans un espace aérien donné par des moyens électroniques, visuels ou autres, dans le but d'identifier et de déterminer dans cet espace aérien, les mouvements des aéronefs et missiles amis ou ennemis. [OTAN]

surveillance électronique. *n.f.*
surveillance fixe. *n.f.*

1. overload (to). *v.t.*
2. override (to). *v.t.*

overclassification. *n.*
overestimation. *n.*
overestimate (to). *v.t.*
1. safety. *n.*
2. security. *n.*

protective security. *n.* - The organized system of defensive measures instituted and maintained at all levels of command with the aim of achieving and maintaining security. [NATO]

national security. *n.*
ride out (to). *v.t.*
overpressure (bomb). *n.*
monitoring. *n.*

surveillance. *n.* - The systematic observation of aerospace, surface or subsurface areas, places, persons, or things, by visual, aural, electronic, photographic, or other means. [NATO]

air surveillance. *n.* - The systematic observation of air space by electronic, visual, or other means, primarily for the purpose of identifying and determining the movements of aircraft and missiles, friendly and enemy, in the air space under observation. [NATO]

electronic surveillance. *n.*
fixed surveillance. *n.*

surveillance maritime. *n.f.* - Observation systématique de la surface et des profondeurs des espaces maritimes par tous les moyens utilisables disponibles dans le but essentiel de localiser, d'identifier et de déterminer les mouvements des navires, sous-marins, et autres véhicules, amis ou ennemis, naviguant sur ou sous la surface des mers et océans. [OTAN]

surveillance mobile. *n.f.*

surveille* (filature). *n.f.*

surveiller (sous surveillance vidéo). *v.t.*

survie. *n.f.*

survivant(e). *n.m. (f.)*

survol. *n.m.*

susceptibilité. *n.f.* - Indique la vulnérabilité d'une audience-cible à certaines formes d'opérations psychologiques. [OTAN]

suspect. *n.m.*

suspentes (parachute). *n.f.pl.*

symbole clé. *n.m.* - Employé dans le cadre d'opérations psychologiques, désigne un élément simple, suggestif et répétitif (rythme, signe, couleur, etc.) qui a un effet immédiat sur une audience-cible et qui contribue à créer un climat favorable à l'acceptation d'un thème psychologique. [OTAN]

sympathisant. *n.m.*

sympathiser. *v.t.*

synchronisation. *n.f.*

sea surveillance. *n.* - The systematic observation of surface and sub-surface sea areas by all available and practicable means primarily for the purpose of locating, identifying and determining the movements of ships, submarines, and other vehicles, friendly and enemy, proceeding on or under the surface of the world's seas and oceans. [NATO]

moving surveillance. *n.*

tail* (surveillance). *n.*

monitor (TV-monitored) (to). *v.t.*

survival. *n.*

surviver. *n.*

overflight. *n.*

susceptibility. *n.* - The vulnerability of a target audience to particular forms of psychological operations approach. [NATO]

suspect. *n.*

suspending ropes (parachute). *n.pl.*

key symbol. *n.* - In psychological operations, a simple, suggestive, repetitive element (rhythm, sign, colour, etc.) which has an immediate impact on a target audience and which creates a favourable environment for the acceptance of a psychological theme. [NATO]

sympathizer. *n.*

sympathize (to). *v.t.*

timing. *n.*

syndrome d'Angleton* (espionnite aiguë). *n.m.*

synergie. *n.f.*

synthèse. *n.f.*

synthèse. *n.f.* - En terme de renseignement, étape dans la phase d'exploitation du cycle du renseignement au cours de laquelle l'information analysée est sélectionnée puis placée dans un schéma d'ensemble dans la perspective de sa production comme renseignement élaboré. [OTAN]

système d'arme(s). *n.m.* - Ensemble comportant une ou plusieurs armes, ainsi que l'équipement, le matériel, les services, le personnel, les moyens de déplacement (au besoin) et de lancement nécessaires à son autonomie. [OTAN]

système d'éjection commandée. *n.m.* - Système par lequel le pilote d'un aéronef ou l'occupant d'un autre siège peut déclencher l'éjection de tous les occupants. [OTAN]

système d'éjection indépendant. *n.m* - Système dont le fonctionnement est indépendant de tout autre système d'éjection installé à bord d'un même aéronef. [OTAN]

système de diffusion publique. *n.m.*

système de haut-parleurs. *n.m.*

système de navigation à inertie. *n.m.* - Système de navigation autonome, utilisant des détecteurs inertiels, qui fournit auto-

Angleton syndrome* (overly security-conscious mentality). *n.*

synergy. *n.*

synthesis. *n.*

integration. *n.* - In intelligence, a step in the processing phase of the intelligence cycle whereby analysed information is selected and combined into a pattern in the course of its production as intelligence. [NATO]

weapon(s) system. *n.* - A combination of one or more weapons with all related equipment, materials, services, personnel and means of delivery and deployment (if applicable) required for self-sufficiency. [NATO]

command ejection system. *n.* - A system in which the pilot of an aircraft or the occupant of the other ejection seat(s) initiates ejection resulting in the automatic ejection of all occupants. [NATO]

independent ejection system. *n.* - An ejection system which operates independently of other ejection systems installed in one aircraft. [NATO]

PA system (Public Address system). *n.*

public-address system. *n.*

inertial navigation system. *n.m.* - A self-contained navigation system using inertial detectors, which automatically provides

matiquement la position d'un véhicule, son cap et sa vitesse. [OTAN]

système de navigation par satellite. *n.m.*

système marqueur d'objectif à laser. *n.m.* - Système utilisé pour diriger un rayon laser sur une cible. Le système consiste en un marqueur laser avec son écran et les composants de contrôle nécessaires à détecter la cible et à diriger le rayon laser. [OTAN]

vehicle position, heading and velocity. [NATO]

global positioning system (GPS). *n.*

laser target designating system. *n.* - A system which is used to direct (aim or point) laser energy at a target, The system consists of the laser designator or laser target marker with its display and control components necessary to acquire the target and direct the beam of laser energy thereon. [NATO]

T

T comme Tango (alphabet phonétique de l'OTAN)

tableau de chasse. *n.m.*

tableau de fournitures* (questionnaire). *n.m.*

tabou. *n.m.*

tacan. *n.m.* - Système de navigation travaillant en ultra-hautes fréquences. Il fournit une indication continue du gisement et de la distance (oblique) de la station tacan et ces éléments sont utilisés pour la détermination des éléments de navigation nécessaires (distance à parcourir et relèvements). Le mot est une abréviation du terme anglais : *tactical air navigation* (navigation aérienne tactique). [OTAN]

tâche. *n.f.*

tâche redoutable. *n.f.*

tacticien. *n.m.*

tactique. *adj.m.(f.)*

tactique. *n.f.*

Taliban (« séminaristes » : fondamentalistes afghans). *n.m.*

talkie-walkie. *n.m.*

T for Tango (NATO phonetic alphabet)

tally of kills. *n.*

tasking list*. *n.*

taboo. *n.*

tacan. *n.* - An ultra-high frequency electronic air navigation system which provides a continuous indication of bearing and distance (slant range) to the tacan station, common components being used in distance and bearing determination. The term is derived from tactical air navigation. [NATO]

task. *n.*

daunting task. *n.*

tactician. *n.*

tactical. *adj.*

tactics. *n.*

Taliban (Afghani fundamentalists). *n.*

1. hand-held radio. *n.*

2. miter* (CDN). *n.*

3. two-way radio (dual band). *n.*

4. walkie-talkie (radio). *n.*

talon d'Achille. *n.m.*

tamponner* (contacter). *v.t.*

tante Minnie*. *n.f.* - Photographie apparemment anodine dont le premier plan, en général flou, représente un quidam, mais dont l'arrière-plan net se révèle être une installation du plus haut intérêt pour un service de renseignement.

tapir (se). *v.pr.*

taupe*. *n.f.* - Dans une biographie du roi Henry VII, publiée en 1622, Francis Bacon nous apprend que ce souverain : « était soigneux et habile pour se procurer des renseignements de qualité en provenance de tous les royaumes étrangers. Il disposait pour cela d'un réseau de taupes constamment affairées à un travail de sape pour son compte. »

technique de l'échiquier (filature en diagonale). *n.f.*

technique du « bambou fendu » (glissé dans une enveloppe afin d'enrouler la lettre qui s'y trouve). *n.f.*

technolecte. *n.m.*

technologie de décryptage. *n.f.*

télécharger an amont (ordinateur). *v.t.*

télécharger en aval (ordinateur). *v.t.*

télécommande. *n.f.*

télécopie. *n.f.*

télécopier. *v.t.*

Achilles' heel. *n.*

contact (touch base) (to). *v.t.*

aunt Minnie*. *n.* - An innocuous-looking photograph of a blurred individual standing in front of a sharp background revealing a facility of great interest to an intelligence agency.

hunker down (to). *av.t.*

mole*. *n.* - Francis Bacon published in 1622 a biography of King Henry VII in which we learn that: "Hee was careful and liberall to obtaine good Intelligence from all parts abroad. He had such Moles perpetually working and casting to undermine him."

blacksquaring* (technical surveillance). *n.*

"slit bamboo" technique (inserted inside an envelope to roll up the enclosed letter). *n.*

technolect. *n.*

encryption technology. *n.*

upload (to) (computer). *v.t.*

download (to) (computer). *v.t.*

remote control. *n.*

fax (facsimile). *n.*

fax (to). *v.t.*

télécopieur. *n.m.*
téléguider. *v.t.*
télématique. *n.f.*
télémètre à laser. *n.m.* - Appareil qui utilise l'énergie laser pour déterminer la distance le séparant d'un endroit ou d'un objet. [OTAN]
télémétrie. *n.f.* - Détermination des distances par procédés acoustiques, optiques, radar, etc. [OTAN]
téléphone arabe*. *n.m.*
téléphone cellulaire. *n.m.*
téléphone rose. *n.m.*
téléphoner en P.C.V. *v.t.*
télésurveillance. *n.f.*
témoigner. *v.t.*
témoin. *n.m.*
témoin oculaire. *n.m.*
temporisation. *n.f.*
temporiser. *v.i.*
temps réel (heure par heure). *n.m.*
tenants et aboutissants. *n.m.pl.*
tendre des rets. *v.t.*
tendre l'oreille. *loc.*
teneur (message). *n.f.*
tenir en embuscade (se). *v.pr.*
tenir en joue. *v.t.*
tenir jusqu'au bout. *v.t.*
tenir prisonnier. *v.t.*
tenir quelqu'un à bout de gaffe. *loc.*

fax (machine). *n.*
mastermind (to). *v.t.*
teleprocessing. *n.*
laser range-finder. *n.* - A device which uses laser energy for determining the distance from the device to a place or object. [NATO]
ranging. *n.* - The process of establishing target distance. Types of ranging include echo, intermittent, manual, navigational, explosive echo, optical, radar, etc. [NATO]
grapevine*. *n.*
cellular phone. *n.*
900 numbers. *n.pl.*
call collect (to). *v.t.*
TV monitoring. *n.*
testify (to). *v.t.*
witness. *n.*
eye witness. *n.*
procrastination. *n.*
procrastinate (to). *v.i.*
real time (as it happened). *n.*
nuts and bolts. *n.pl.*
ensnare (to). *v.t.*
eavesdrop (to). *v.t.*
content (message). *n.*
lie in ambush (to). *v.t.*
hold at gunpoint (to). *v.t.*
stay the course (to). *v.t.*
hold captive (to). *v.t.*
keep someone at arm's length (to). *phr.*

tenir quelqu'un otage. *v.t.* — hold someone hostage (to). *v.t.*

tenir* (chantage). *v.t.* — hold* (balckmail) (to). *v.t.*

tension. *n.f.*
1. tension. *n.*
2. voltage. *n.*

tentative. *n.f.* — attempt. *n.*

tenter. *v.t.* — attempt (to). *v.t.*

tenue camouflée (tireur d'élite). *n.f.*
1. cammies. *n.pl.*
2. ghillie suit (snipers motto: "one shot, one kill"). *n.*

terme trompeur. *n.m.* — misnomer. *n.*

terminal à écran. *n.m.* — display screen terminal. *n.*

terminal de phonie. *n.m.* — voice terminal. *n.*

terminal de transmission de données (fixe). *n.m.* — fixed data transmission terminal. *n.*

terminal de transmission de données version véhicule (mobile). *n.m.* — mobile data terminal. *n.*

terminal filaire. *n.m.* — line terminal. *n.*

terminal léger embarqué. *n.m.* — mobile data terminal (MDT). *n.*

terminal radio. *n.m.* — radio terminal. *n.*

terminal vidéo. *n.m.* — VDT (Video Display Terminal). *n.*

terminer (communication). *v.t.* — log off (to). *v.t.*

terrain (sur le). *adj.* — field (in the). *adj.*

terre brûlée (politique). *n.f.* — scorched earth (policy). *n.*

terre-à-terre. *adj.m.(f.)* — bread-and-butter. *adj.*

terrer (se) (taupe). *v.pr.* — burrow (mole) (to). *v.t.*

terreur. *n.f.* — terror. *n.*

terrorisme. *n.m.* - On définit le terrorisme comme l'emploi illégal, ou la menace d'emploi de la force ou de la violence contre des personnes ou des biens dans le but d'intimider un gouvernement ou de faire pression — terrorism. *n.* - Terrorism is defined as the unlawful use or threatened use of force or violence against persons or property to intimidate or coerce a government, the civilian population, or any segment thereof, to further

sur lui, ou sur la population civile, dans son ensemble ou en partie, afin de promouvoir un objectif politique ou social.

terrorisme psychologique. *n.m.*

terroriste. *n.m.(f.) / adj.*

T'es haché !* (transmissions)

test de détecteur de mensonges. *n.m.*

tétanos. *n.m.*

tête chercheuse* (recruteur). *n.f.*

tête de pont. *n.f.* - Zone située en territoire occupé ou menacé par l'ennemi qui doit être tenue ou du moins contrôlée dans le but :
– d'assurer la continuité d'un débarquement, d'un embarquement, d'un franchissement ;
– de garantir l'espace de manœuvre nécessaire à la poursuite des opérations. [OTAN]

tête enregistreuse. *n.f.*

tête nucléaire. *n.f.*

texte non classifié. *n.m.* - Texte officiel dont la conservation ou la manipulation n'exige pas l'application de règles du secret, mais dont la diffusion peut être soumise à un contrôle pour d'autres raisons. [OTAN]

thallium (poison minéral). *n.m.*

tir allié. *n.m.*

tir d'interdiction. *n.m.* - Tir mis en place sur une zone ou sur un point en vue d'en interdire l'utilisation par l'ennemi. [OTAN]

political or social objectives.

scare tactics. *n.*

terrorist. *n. / adj.*

You're breaking up!* (communications)

1. flutter*. *n.*

2. lie-detector test. *n.*

tetanus. *n.*

talent spotter* (recruiter). *n*

beachhead. *n.* - An area of ground, in a territory occupied or threatened by the enemy, which must be held or at least controlled, so as to permit the continuous embarkation, landing or crossing of troops and materiel, and / or to provide manoeuvre space requisite for subsequent operations. [NATO]

recording head. *n.*

nuclear warhead. *n.*

unclassified matter. *n.* - Official matter which does not require the application of security safeguards but the disclosure of which may be subject to control for other reasons. [NATO]

thallium (mineral poison). *n.*

friendly fire. *n.*

interdiction fire. *n.* - Fire placed on an area or point to prevent the enemy from using the area or point. [NATO]

tir de harcèlement. *n.m.* - Tir destiné à troubler le repos des troupes ennemies, à restreindre leurs déplacements, et du fait de la menace des pertes, à abaisser leur moral. [OTAN]

tir de neutralisation. *n.m.* - Tir déclenché pour gêner ou interrompre un mouvement ou le tir d'armes adverses. [OTAN]

tir rasant. *n.m.* - Tir approximativement parallèle au sol pour lequel l'axe du cône de tir ne s'élève pas à plus d'un mètre du sol. [OTAN]

tirailleur. *n.m.*

tirer. *v.t.*

tirer à tuer. *v.t.*

tirer des conclusions hâtives. *v.t.*

tirer les ficelles. *loc.*

tirer son épingle du jeu. *loc.*

tireur d'élite. *n.m.*

tireur embusqué. *n.m.*

titane (ex. : fuselage du SR-71 *Blackbird*, avion de reconnaissance américain). *n.m.*

tohu-bohu. *n.m.*

tolite (base TNT). *n.f.*

tollé. *n.m.*

tomber dans le panneau. *loc.*

tomber sur un os*. *loc.*

tonalité (téléphone). *n.f.*

top secret. *n./adj.*

harassing fire. *n.* - Fire designed to disturb the rest of the enemy troops, to curtail movement and, by threat of losses, to lower morale. [NATO]

neutralization fire. *n.* - Fire which is delivered to hamper and interrupt movement and/or the firing of weapons. [NATO]

grazing fire. *n.* - Fire approximately parallel to the ground where the centre of the cone of fire does not rise above one metre from the ground. [NATO]

skirmisher. *n.*

shoot (to). *v.t.*

shoot to kill (to). *v.t.*

jump to conclusions (to). *v.t.*

pull the strings (to). *phr.*

pull out (to). *v.t.*

1. marksman. *n.*

2. sharpshooter (motto: "one shot, one kill"). *n.*

sniper. *n.*

titanium (e.g.: fuselage of SR-71 *Blackbird* US reconnaissance aircraft). *n.*

pandemonium. *n.*

tolite (TNT base). *n.*

1. outcry. *n.*

2. uproar. *n.*

fall for it (to). *phr.*

hit a snag* (to). *phr.*

signal (telephone). *n.*

hush-hush. *n./adj.*

Top ! — Mark!

topographe. *n.m.(f.)* — topographer. *n.*

topographie. *n.f.* — topography. *n.*

torpédo* (auteur d'une mission précise et limitée). *n.f.* — stringer* (author of a precise and limited assignment). *n.*

torpille. *n.f.* — torpedo. *n.*

tortionnaire. *n.m.* — torturer. *n.*

torture. *n.f.* — torture. *n.*

torturer. *v.t.* — torture (to). *v.t.*

Totem (bourse d'échange d'informations stratégiques entre services amis). *n.m.* — Totem (exchange of intelligence between friendly services). *n.*

toucher* (pots-de-vin). *v.t.* — on the take* (bribes). *adj.*

tour de passe-passe. *n.m.* — sleight of hand. *n.*

tour d'horizon. *n.m.* — survey. *n.*

tourmente. *n.f.* — firestorm. *n.*

tournant. *n.m.* — watershed. *n.*

Tous les coups sont permis. *loc.* — No holds barred. *phr.*

toxicité. *n.f.* — toxicity. *n.*

toxicologie. *n.f.* — toxicology. *n.*

toxicologue. *n.m.(f.)* — toxicologist. *n.*

toxine (ex. : toxine de crustacé : Gonyandax tamarensis). *n.f.* — toxin (e.g.: shellfish toxin: *Gonyandax tamarensis*). *n.*

toxique. *adj.m.(f.)* — toxic. *adj.*

tracer (appel). *v.t.* — trace (call) (to). *v.t.*

tractations (secrètes). *n.f.pl.* — negotiations (secret). *n.pl.*

trafic d'armes. *n.m.* — arms deal. *n.*

trafic d'influence. *n.m.* — influence peddling. *n.*

trafiquant. *n.m.* — trafficker. *n.*

trafiquant d'armes. *n.m.* — 1. arms dealer. *n.*
2. gunrunner. *n.*

trafiquer* (ex. : falsifier une bande magnétique). *v.t.* — doctor* (e.g. tamper with a tape) (to). *v.t.*

trahir. *v.t.*

trahison (Code Pénal, IV, chap. 1er «de la trahison et de l'espionnage», art. 411-1 à 411-11). *n.f.*

traînard. *n.m.* - Bâtiment en retard sur son convoi de plus de 5 miles nautiques faute de pouvoir s'y maintenir et incapable de le rallier avant la nuit ou en retard de plus de 10 miles nautiques, qu'il soit ou non capable de rallier avant la nuit. [OTAN]

trait (arbalète). *n.m.*

traitant* (*voir* officier traitant). *n.m.*

traité d'extradition (ex. : absence de traité d'extradition entre l'Argentine ou les Philippines et la France). *n.m.*

traitement (de texte). *n.m.*

traiter. *v.t.*

traiter*. *v.t.*

traiteur de texte. *n.m.*

traître. *n.m. / adj.*

traîtrise (un climat de traîtrise hantait les couloirs). *n.f.*

tranchée (individuelle). *n.f.*

transcription (écoute). *n.f.*

transfuge. *n.m.* - Personne qui renie son pays dès qu'elle a réussi à échapper à sa juridiction ou à son pouvoir. [OTAN]

transitoire (ordinateur). *n.m.*

transmettre. *v.t.*

betray (to). *v.t.*

1. betrayal. *n.*
2. treason. *n.*

straggler. *n.* - A ship separated from its convoy by more than 5 nautical miles, through inability to keep up, and unable to rejoin before dark, or over 10 nautical miles from its convoy whether or not it can rejoin before dark. [NATO]

bolt (crossbow). *n.*

handler* (*see* case officer). *n.*

extradition treaty (e.g. no extradition treaty exists between Venezuela and the US). *n.*

processing (word). *n.*

process (to). *v.t.*

handle* (to). *v.t.*

word processor. *n.*

1. traitor. *n.*
2. quisling (Vidkun Quisling, Norwegian traitor, 1887-1945). *n.*

treachery (treachery stalked the corridors). *n.*

foxhole (individual). *n.*

transcript (wiretap). *n.*

defector. *n.* - A person who repudiates his or her country when beyond its jurisdiction or control. [NATO]

glitch (computer). *n.*

transmit (to). *v.t.*

TRÈS SECRET-DÉFENSE

transmission(s). *n.f. (pl.)*

communication(s) (*See* "Glossary of English Abbreviations and Acronyms": COM/NAV; COMSEC; CRITCOM; EUROMILSATCOM; SATCOM). *n.*

transparence. *n.f.*

1. openness. *n.*

2. transparency. *n.*

transplexion. *n.f.* - Système de déception imitative consistant à recevoir les signaux radio de navigation et à les retransmettre sur la même fréquence pour perturber la navigation. Les stations de transplexion introduisent des erreurs dans les relèvements obtenus par les aéronefs ou les stations au sol. [OTAN]

meaconing. *n.* - A system of receiving radio beacon signals and rebroadcasting them on the same frequency to confuse navigation. The meaconing stations cause inaccurate bearings to be obtained by aircraft or ground stations. [NATO]

transpondeur. *n.m.* - Émetteur-récepteur qui transmet un signal de réponse lorsqu'il est convenablement interrogé. [OTAN]

transponder. *n.* - A receiver-transmitter which will generate a reply signal upon proper interrogation. [NATO]

transposition (*voir* chiffre). *n.f.*

transposition (*see* cipher). *n.*

traque. *n.f.*

tracking. *n.*

traquenard. *n.m.*

pitfall. *n.*

traquer. *v.t.*

1. hunt down (to). *v.t.*

2. track down (to). *v.t.*

traqueur d'espions. *n.m.*

spycatcher. *n.*

travaux forcés. *n.m.pl.*

hard labor. *n.*

treff* (contact de travail ou lieu de rencontre en russe). *n.m.*

treff* (meeting place in Russian). *n.*

treillis (militaire). *n.m.*

1. fatigues* (army). *n.pl.*

2. greens* (army). *n.pl.*

TRÈS SECRET-DÉFENSE (troisième degré de la classification établie par les articles 4 et 5 du Décret n° 81-514 du 12 mai 1981

TOP SECRET (designation applied to information and material, the unauthorized disclosure of which could reason-

en France. Classification réservée aux informations dont la divulgation est de nature à nuire à la défense nationale et à la sûreté de l'État.). *adj.*

trésor de guerre. *n.m.*

trève. *n.f.*

tri. *n.m.*

triangulation. *n.f.*

tricoche* (détective privé). *n.f.*

trié(e) sur le volet. *adj.m.(f.)*

trier. *v.t.*

trimix (mélange : hydrogène + hélium + oxygène). *n.m.*

tripatouillage*. *n.m.*

tripatouiller*. *v.t.*

trompe-l'œil. *n.m. / adj.*

tromper. *v.t.*

tromperie. *n.f.*

trophée. *n.m.*

trouble. *adj.m. (f.)*

troubles publics. *n.pl.* - Actes collectifs de violence et désordres contraires à la loi et préjudiciables à l'ordre public. [OTAN]

troufion* (bidasse*). *n.m.*

troupe. *n.f.*

troupes d'assaut. *n.f.*

trucs de métier. *n.m.pl.*

truffer* (dissimuler un microémetteur). *v.t.*

Truie argentée* (surnom donné à l'avion ravitailleur KC-135Q). *n.f.*

ably be expected to cause exceptionally grave damage to national security - Executive Order 12356.). *adj.*

war chest. *n.*

truce. *n.*

sorting. *n.*

triangulation. *n.*

tail* (private eye). *n.*

handpicked. *adj.*

1. sift through (to). *v.t.*

2. sort (out) (to). *v.t.*

trimix (hydrogen + helium + oxygen). *n.*

tampering. *n.*

tamper with (to). *v.t.*

window dressing. *n.*

trick (to). *v.t.*

trickery. *n.*

trophy. *n.*

murky. *adj.*

civil disturbance. *n.* - Group acts of violence and disorder prejudicial to public law and order. [NATO]

grunt*. *n.*

rank and file. *n.*

storm troops. *n.*

tradecraft. *n.*

bug* (to). *v.t.*

Silver Sow* (nickname of KC-135Q). *n.*

truquer les comptes. *v.t.*

Tu colles trop. Ralentis ! (filature)

tuba (plongée). *n.m.*

tube d'air (sous-marin). *n.m.*

tué au combat. *adj.m.* - Combattant tué sur le champ ou décédé des suites de ses blessures, ou d'autres atteintes, avant d'avoir rallié une formation médicale. [OTAN]

tueur. *n.m.*

tularémie (maladie infectieuse fébrile). *n.f.*

turbin* (coup monté*). *n.m.*

turpitudes. *n.f.pl.*

tuyau*. *n.m.*

tuyau* anonyme. *n.m.*

tuyau bidon*. *n.m.*

cook books* (to). *v.t.*

You're too close. Back off! (surveillance)

snorkel (diving). *n.*

snorkel (submarine). *n.*

killed in action (KIA). *adj.* - A battle casualty who is killed outright or who dies as a result of wounds or other injuries before reaching a medical treatment facility. [NATO]

1. bone maker* (hired killer). *n.*

2. wet boy* (*mokruchnik* in Russian). *n.*

tularemia (infectious disease also known as rabbit fever). *n.*

frameup* (setup*). *n.*

depravity. *n.*

tip*. *n.*

anonymous tip*. *n.*

bum tip*. *n.*

U - V

U comme Uniforme (alphabet phonétique de l'OTAN)

U for Uniform (NATO phonetic alphabet)

ultimatum. *n.m.*

ultimatum. *n.*

ultraléger. *adj.m.*

microlight. *adj.*

ultra-secret. *adj.m.*

most secret (UK). *adj.*

ultrason. *n.m.*

ultrasound. *n.*

ultrasonique. *adj.m.(f.)*

ultrasonic. *adj.*

ultra-violet. *adj.m.*

ultraviolet. *adj.*

un des nôtres (*nashi* en russe signifiant l'un de nos agents). *n.m.*

one of ours (*nashi* in Russian meaning one of our agents). *n.*

une vraie partie de plaisir. *n.f.*

a walk in the park. *n.*

union (« l'union fait la force » : devise des nageurs de combat américains fonctionnant en binôme). *n.f.*

unity (unity is strength; "Two is one, one is none": motto of the US Navy SEALs). *n.*

unité centrale (ordinateur). *n.f.*

mainframe (central processing unit). *n.*

unité de choc. *n.f.*

crack unit. *n.*

unité de combat. *n.f.*

fighting unit. *n.*

uranium appauvri (obus). *n.m.*

depleted uranium (shell). *n.*

uranium enrichi. *n.m.*

enriched uranium. *n.*

uranium-235. *n.m.*

uranium-235. *n.*

urée. *n.f.*

urea. *n.*

urgence. *n.f.*

emergency. *n.*

urgent(e). *adj.m.(f.)*

urgent. *adj.*

usure. *n.f.*

attrition. *n.*

usurpation. *n.f.*

usurpation. *n.*

usurpateur. *n.m.*

usurper (titre). *v.t.*

usurper. *n.*

usurp (wrongfully assume) (to). *v.t.*

✖ ✖ ✖

✖ ✖ ✖

V comme Victor (alphabet phonétique de l'OTAN)

V for Victor (NATO phonetic alphabet)

vaccin. *n.m.*

vaccine. *n.*

vague. *n.f.* - Formation composée de forces, bâtiments, engins de débarquement, véhicules amphibies ou aéronefs devant débarquer ou atterrir sur une plage presque au même moment. Elle peut être baptisée d'après son type, sa mission ou son numéro d'ordre :
a. vague d'assaut ;
b. vague d'embarcations ;
c. vague d'hélicoptères ;
d. vague numérotée ;
e. vague sur demande ;
f. vague à l'horaire. [OTAN]

wave. *n.* - A formation of forces, landing ships, craft, amphibious vehicles or aircraft, required to beach or land about the same time. Can be classified as to type, function or order as shown:
a. Assault wave;
b. Boat wave;
c. Helicopter wave;
d. Numbered wave;
e. On-call wave;
f. Scheduled wave. [NATO]

vague d'attentats à la bombe. *n.f.*

wave of bombings. *n.*

vague de plastiquages. *n.f.*

wave of bombings. *n.*

valise diplomatique. *n.f.*

diplomatic pouch. *n.*

valise piégée. *n.f.*

suitcase bomb. *n.*

va-t-en guerre*. *n.m.*

hawk*. *n.*

vecteur (tête nucléaire). *n.m.*

vehicle (atomic warhead). *n.*

veille radio. *n.f.* - Écoute continue, un émetteur étant réglé et disponible, mais pas nécessairement prêt à une utilisation immédiate. [OTAN]

cover. *n.* - The act of maintaining a continuous receiver watch with transmitter calibrated and available, but not necessarily available for immediate use. [NATO]

veilleuse (en). *adv.*

back burner (on the). *adv.*

vendetta. *n.f.*

blood feud. *n.*

vendre la mèche. *loc.* 1. blow the whistle (voluntarily) (to). *phr.*
2. let the cat out the bag (to) (involuntarily). *phr.*

vendre* (se). *v.pr.* — sellout* (to). *v.i.*

venger. *v.t.* — avenge (to). *v.t.*

venger de (se). *v.pr.* — get revenge (to). *v.t.*

venimeux (-euse). *adj.m.(f.)* — poisonous (*see* venenous). *adj.*

venimeux (-euse). *adj.m.(f.)* - Le poison des serpents venimeux appartient à l'une de ces deux catégories principales : neurotoxique (famille des « elapidés ») ou hémolytique (famille des « vipéridés » et des « crotalidés »). Un serpent des mers d'Asie l'*hydrophis belcheri* est le plus venimeux au monde car son venin est 100 fois plus toxique que celui du redoutable taïpan australien *(oxyuranus scutellatus)*. Le mamba vert *(dendroaspis viridis)*, ainsi que le mamba noir *(dendroaspis angusticeps)*, tous deux arboricoles, sont les plus rapides. Le cobra indien *(naja naja)* occasionne plus de 30 000 morts par an, alors que le cobra royal *(ophiopagus)* est le plus long de tous. Le continent américain abrite plusieurs espèces venimeuses dont la vipère fer-de-lance *(bothrops atrox)*, le mocassin *(agkistrodon contortrix)*, le serpent corail *(micrurus corallinus)* et le crotale *(crotalus horridus)*.

— venomous. *adj.* - Snake poison falls into two main categories: neurotoxic (elapidae family) or hemolytic (viperinae and crotalinae families). An Asia sea snake, *hydrophis belcheri*, is the most poisonous of all as its poison is 100 times more toxic than that of the fearsome Australian taipan, *oxyuranus scutellatus*. Green and black mambas, *dendroaspis viridis* and *dendroaspis angusticeps*, both tree dwellers, are the fastest of their kind. The Indian cobra, *naja naja*, is responsible for more than 30 000 deaths each year and the king cobra, *ophiopagus*, is the longest of them all. The American continent houses several venomous snakes among which the fer-de-lance, *bothrops atrox*, the moccasin, *agkistrodon contortrix*, the coral snake, *micrurus corallinus*, and various species of the rattle snake, *crotalus horridus*.

venin. *n.m.* — venom. *n.*

ventiler (documents). *v.t.* — disseminate (documents) (to). *v.t.*

ventre mou. *n.m.*

véracité. *n.f.*

véridique. *adj.m.(f.)*

vérifiable. *adj.m.(f.)*

vérifier. *v.t.*

vérité. *n.f.* - « Vous connaîtrez alors la vérité et la vérité vous rendra libres. » Évangile selon St. Jean 8 :32 (Plaque apposée sur la façade du QG de la CIA).

vérité. *n.f.* - « Dire la vérité est utile à celui à qui on la dit, mais désavantageux à ceux qui la disent, parce qu'ils se font haïr. » (Pascal, *Pensées*).

verrouillage radar. *n.m.* - État d'un système de poursuite ou de recherche d'objectifs qui poursuit continuellement et automatiquement un objectif suivant une ou plusieurs coordonnées (par exemple : portée, azimut, site). [OTAN]

verrouiller. *v.t.*

verser le sang. *v.t.*

vêtement de pressurisation. *n.m.* -
a. Partielle : Vêtement collant qui n'enferme pas complètement le corps mais qui est capable d'exercer une pression sur la majeure partie du corps afin de s'opposer à une augmentation de la pression d'oxygène dans les poumons.
b. Complète : Vêtement qui enferme complètement le corps dans lequel peut être entretenue une pression gazeuse assez supé-

soft underbelly. *n.*

truthfulness. *n.*

truthful. *adj.*

verifiable. *adj.*

verify (to). *v.t.*

truth. *n.* - "And ye shall know the truth, and the truth shall make you free." John 8:32 (Plaque on the façade of the CIA Headquarters).

truth. *n.* - "Speak the truth, but leave immediately after." (Slovenian proverb)

lock on. *n.* - Signifies that a tracking or target seeking system is continuously and automatically tracking a target in one or more co-ordinates (e.g., range, bearing, elevation). [NATO]

1. lock down (to). *v.t.*

2. lock in (a bandit*) (to). *v.t.*

spill blood (to). *v.t.*

pressure suit. *n.* -
a. Partial. A skin tight suit which does not completely enclose the body but which is capable of exerting pressure on the major portion of the body in order to counteract an increased intrapulmonary oxygen pressure.
b. Full. A suit which completely encloses the body and in which a gas pressure, sufficiently above ambient pressure for

rieure à la pression ambiante pour que le maintien des fonctions puisse être assuré. [OTAN]

vêtement humide (plongée). *n.m.*

vêtement sec (plongée). *n.m.*

viabilité. *n.f.*

viable. *adj.m.(f.)*

vibreur acoustique. *n.m.*

vice* (avoir du) (connaissance de première main des aspects sordides de la vie en milieu urbain). *loc.*

vice-amiral[1] (trois étoiles). *n.m.*

vice-amiral d'escadre[1] (quatre étoiles). *n.m.*

vice-consul. *n.m.*

victime d'un chantage. *n.f.*

victoire. *n.f.*

victoire à la Pyrrhus. *n.f.*

victorieux (-se). *adj.m.(f.)*

vidéosurveillance. *n.f.* - Établissement placé sous vidéosurveillance. Loi n° 95-73 du 21/01/95, décret n° 96-926 du 17/10/96.

vieille garde. *n.f.*

vigilance. *n.f.*

vigilant (-e). *adj.m.(f.)*

viol de correspondance. *n.m.*

violation. *n.f.*

violation du secret professionnel. *n.f.*

violer (le secret-défense). *v.t.*

maintenance of function may be sustained. [NATO]

wet suit (diving). *n.*

dry suit (diving). *n.*

viability. *n.*

viable. *adj.*

acoustical vibrator. *n.*

streetwise* (to be) (practical familiarity with the sordid aspects of modern urban life). *phr.*

rear admiral (USN). *n.*

vice admiral (USN). *n.*

vice consul. *n.*

blackmailee. *n.*

victory. *n.*

hollow victory. *n.*

victorious. *adj.*

TV monitoring. *n.*

old guard. *n.*

vigilance. *n.*

vigilant. *adj.*

mail tampering. *n.*

1. breach. *n.*

2. violation. *n.*

breach of professional secrecy. *n.*

breach (the Official Secrets Act) (to). *v.t.*

---

[1] - Voir l'équivalence des grades militaires dans les Appendices A et B.

virer casaque. *loc.*	turn coat (to). *phr.*
virginité* (se refaire une). *loc.*	forge oneself a new reputation (to). *phr.*
virus de la variole. *n.m.*	pox virus. *n.*
visa. *n.m.*	visa. *n.*
visibilité. *n.f.*	exposure. *n.*
visite domiciliaire* (cambriolage). *n.f.*	1. black bag job* (burglary). *n.* 2. picks and locks*. *n.pl.*
voie diplomatique. *n.f.*	diplomatic channel. *n.*
voie hiérarchique. *n.f.*	chain of command. *n.*
voir juste. *v.i.*	be dead on (to). *v.i.*
voisinage. *n.m.*	vicinity. *n.*
voisins* (*sosedi* en russe : appellation humoristique des officiers du SVR pour désigner leurs collègues du GRU). *n.m.pl.*	neighbors* (*sosedi* in Russian: GRU officers so nicknamed by their SVR colleagues). *n.pl.*
voiture de tête (filature). *n.f.*	lead car (surveillance). *n.*
voiture piégée. *n.f.*	1. car bomb. *n.* 2. car trap. *n.*
voiture suiveuse (filature). *n.f.*	follow car (surveillance). *n.*
volatile (situation). *adj.m.(f.)*	volatile (situation). *adj.*
voler. *v.t.* - « Votre tâche consiste à voler des secrets... Nous nous efforçons de dissimuler ces actes aux yeux des autres. Voilà notre mission. » R. James Woolsey, ex-directeur de la CIA.	steal (to). *v.t.* - "You are in the job of stealing secrets... We do our very best to hide these acts from all and sundry. That is what we are about." R. James Woolsey, former CIA Director.
volt. *n.m.*	volt. *n.*
voltigeur. *n.m.*	1. light infantryman. *n.* 2. point man. *n.*
vouloir à tout le monde (en). *loc.*	chip on one's shoulder (to have a). *v.t.*
Vous ne le lâchez pas d'une semelle !* (filature)	Stick to him like cheap cologne!* (surveillance)

vrai (le) et faux (le). *n.m.* — truth and falsehood. *n.*
vrai(e). *adj.m. (f.)* — true. *adj.*
vraie partie de plaisir (une). *n.f.* — walk in the park (a). *n.*
vulnérabilité. *n.f.* — vulnerability. *n.*
vulnérable (cible de choix pour être recrutée). *adj.m. (f.)* — vulnerable (prime target for recruitment). *adj.*

W - Y - Z

W comme Whiskey (alphabet phonétique de l'OTAN)

wagon* (moyen de transport appartenant à la DGSE). *n.m.*

walk-in*. *n.m.* - Personne qui, de son plein gré, offre ses services à une centrale de renseignement en « franchissant » littéralement le seuil d'une ambassade adverse sans avoir été recrutée au préalable.

wild weasel. *n.m.* - Aéronef spécialement modifié pour pouvoir identifier, localiser, détruire ou annihiler les systèmes au sol de défense aérienne ennemis qui emploient des détecteurs émettant de l'énergie électromagnétique. [OTAN]

❈ ❈ ❈

Y comme Yankee (alphabet phonétique de l'OTAN)

ypérite (gaz de combat vésicant à base de sulfure d'éthyle). *n.m.*

❈ ❈ ❈

W for Whiskey (NATO phonetic alphabet)

proprietary company*(CIA-financed transportation). *n.*

1. dangle*, 2. walk in*. *n.* - Person who volunteers his services to an espionage agency by literally "walking into" an enemy embassy without prior recruitment.

wild weasel. *n.* - An aircraft specially modified to identify, locate, and physically suppress or destroy ground based enemy air defence systems that employ sensors radiating electromagnetic energy. [NATO]

❈ ❈ ❈

Y for Yankee (NATO phonetic alphabet)

mustard gas (chemical warfare agent producing burns, blindness and death: dichlorodiethyl sulfide). *n.*

❈ ❈ ❈

Z comme Zulu (alphabet phonétique de l'OTAN)

Z for Zulu (NATO phonetic alphabet)

Z* (rapport d'écoutes téléphoniques). *n.*

eletronic surveillance report. *n.*

zinc* (avion). *n.m.*

bird* (plane). *n.*

Zodiac (canot pneumatique gonflable). *n.m.*

1. Zodiac (inflatable rubber dinghy). *n.*

2. rubber dinghy. *n.*

zone. *n.f.*

zone. *n.*

zone de combat. *n.f.*

war zone. *n.*

zone de défense. *n.f.* -
En France : au nombre de neuf, plus cinq outre-mer, correspondant aux circonscriptions militaires de défense :
1. Nord (Lille)
2. Ouest (Rennes)
3. Paris (Paris)
4. Centre-Ouest (Orléans)
5. Centre-Est (Dijon)
6. Est (Metz)
7. Sud-Est (Lyon)
8. Sud (Marseille)
9. Sud-Ouest (Bordeaux)
Cinq commandements supérieurs des forces armées :
a - Guyane (chef-lieu : Cayenne)
b - Martinique et Guadeloupe (chef-lieu : Fort-de-France)
c - Nouvelle-Calédonie (chef-lieu : Nouméa)
d - Réunion (chef-lieu : Saint Denis)
e - Polynésie Française (chef-lieu : Papeete)

defense zone (France is divided into nine metropolitan zones and three overseas zones). *n.*

zone de largage. *n.f.* - Zone déterminée dans laquelle sont largués des troupes aéroportées, du matériel ou des ravitaillements. [OTAN]

drop zone. *n.* - A specified area upon which airborne troops, equipment, or supplies are airdropped. [NATO]

zone démilitarisée. *n.f.*

zone de responsabilité. *n.f.*

zone de responsabilité de renseignement. *n.f.* - Zone sur l'étendue de laquelle le chef est responsable du renseignement avec les moyens mis à sa disposition. [OTAN]

zone de sécurité. *n.f.* - Zone (terrestre, maritime ou aérienne) destinée à permettre aux forces amies d'effectuer des opérations autres que des opérations de combat. [OTAN]

zone d'exclusion aérienne (survol interdit). *n.f.*

zone d'ombre (radar). *n.f.*

zone interdite. *n.f.* - 1. Espace aérien, de dimensions définies, au-dessus du territoire ou des eaux territoriales d'un État, dans les limites duquel le vol des aéronefs est interdit. - 2. Zone définie sur les cartes et à l'intérieur de laquelle la navigation ou l'ancrage sont interdits sauf autorisation expresse d'une autorité habilitée. [OTAN]

zone interdite (ex. : Cuba, Chine). *n.f.*

zone réglementée. *n.f.* - 1. Espace aérien, de dimensions définies, au-dessus du territoire ou des eaux territoriales d'un État, dans les limites duquel le vol des aéronefs est subordonné à certaines conditions spécifiées. - 2. Zone dans laquelle des mesures restrictives spéciales

demilitarized zone (DMZ). *n.*

area of responsibility. *n.*

area of intelligence responsibility. *n.* - An area allocated to a commander, in which he is responsible for the provision of intelligence, within the means at his disposal. [NATO]

safety zone. *n.* - An area (land, sea or air) reserved for non-combat operations of friendly aircraft, surface ships, submarines or ground forces. [NATO]

no-fly zone (banning overflight). *n.*

blind zone (radar). *n.*

prohibited area. *n.* - 1. An airspace of defined dimensions, above the land areas or territorial waters of a state, within which the flight of aircraft is prohibited. - 2. An area shown on charts within which navigation and / or anchoring is prohibited except as authorized by appropriate authority. [NATO]

denied area (e.g. Cuba, China). *n.*

restricted area. *n.* - 1. An airspace of defined dimensions, above the land areas or territorial waters of a state, within which the flight of aircraft is restricted in accordance with certain specified conditions. - 2. An area in which there are special restrictive measures employed to pre-

sont prises afin d'éviter ou de limiter les interférences entre des forces amies. - 3. Zone sous juridiction militaire dans laquelle des mesures de sécurité spéciales sont prises afin d'éviter une entrée non autorisée. [OTAN]

zone sinistrée. *n.f.*

zone tampon. *n.f.*

zonzon* (écoute clandestine). *n.m.*

zonzon* (interception de sécurité). *n.m.*

zonzonner* (effectuer un branchement téléphonique). *v.t.*

zozor* (interception de sécurité). *n.m.*

vent or minimize interference between friendly forces. - 3. An area under military jurisdiction in which special security measures are employed to prevent unauthorized entry. [NATO]

disaster area. *n.*

buffer zone. *n.*

bug*. *n.*

bugging* (wiretap). *n.*

bug* (to). *v.t.*

bugging* (wiretap). *n.*

GLOSSAIRE DES SIGLES ET ACRONYMES FRANÇAIS

A

ABC	1. Armée Blindée Cavalerie.
	2. Atomiques, Bactériologiques, Chimiques (armes).
Abwehr	Service de renseignement de l'armée allemande au cours de la Seconde Guerre mondiale.
	Signifiant « défense », l'*Abwehr*, créé en 1921, fut dirigé par l'amiral Wilhelm Canaris de 1935 à 1944. L'adresse de son QG à Berlin était : 76-78 Tirpitzufer.
ADAC	Avion à Décollage et Atterrissage Courts.
ADAV	Avion à Décollage et Atterrissage Verticaux.
ADL	Au-delà de la Durée Légale.
ADM	Armes de Destruction Massive.
AECIC	Affaires Étrangères et du Commerce International Canada (ministère des).
AEDPA	*Antiterrorism and Effective Death Penalty Act.*
	Loi adoptée par les États-Unis en 1996 stipulant qu'il est illégal de fournir une aide matérielle ou des ressources à toute organisation terroriste étrangère désignée.
AELE	Association Européenne de Libre-Échange.
AEN	Agence pour l'Énergie Nucléaire.
	Entité semi-autonome de l'Organisation de Coopération et de Développement Économiques (OCDE) créée à la fin des années 1950 sous le nom d'Agence Européenne pour l'Énergie Nucléaire (AEEN) et renommée Agence pour l'Énergie Nucléaire en 1972 afin d'y admettre des pays non européens. En sont membres l'Australie, l'Autriche, la Belgique, le Canada, le Danemark, l'Espagne, les États-Unis, la Finlande, la France, l'Allemagne, la Grèce, l'Islande, l'Irlande, l'Italie, le Japon, le Luxembourg, la Norvège, les Pays-Bas, le Portugal, la République de Corée, le Royaume-Uni, la Suède, la Suisse et la Turquie. Ses objectifs sont de promouvoir la coopération entre les gouvernements membres en matière de sécurité et d'économie. D'après ses statuts, l'Agence doit chercher à prévenir la prolifération des dispositifs nucléaires explosifs, mais elle n'a aucune obligation directe à cet égard.
AFAT	Auxiliaire Féminine de l'armée de Terre.
AGATHA	*Air Ground Antijam Transmission from Helicopter or Aircraft* (sous-système HORIZON).

AIEA	Agence Internationale de l'Énergie Atomique. Créée en 1957 à Vienne, en Autriche. L'ONU a reconnu l'AIEA comme organisme responsable des activités internationales visant à utiliser l'énergie atomique à des fins pacifiques. Compte 122 États membres.
AIS	Armée Islamique du Salut.
ALAT	Aviation Légère de l'Armée de Terre.
ALENA	Association de Libre-Échange Nord-Américain (Canada, États-Unis et Mexique).
ALFOST	Commandement opérationnel de la Force Océanique Stratégique.
ALINDIEN	Commandement dans l'océan Indien.
ALN	Armée de Libération Nationale.
ALNC	Armée de Libération Nationale Corse (1983).
ALPAC	Commandement dans l'océan Pacifique.
ALS	Armée du Liban Sud.
ALT	Avion Léger Télépiloté.
AMAN	*Agaf Modi'in*. Service de renseignement militaire israélien créé le 14 mai 1948.
AMD	Arme Moyenne Défense.
AML	AutoMitrailleuse Légère.
AMT	Assistance Médicale Technique.
AMX	Atelier d'Issy-les-Moulineaux (fabrique d'automitrailleuses).
ANAIS	ANAlyse et Interprétation des Signaux (CGE / 44e RT).
AN/ALQ-151 QUICKFIX II EH-60	Hélicoptère UH-60.
AN/MLQ-34 TACJAM	Brouillage VHF.
AN/MSQ-103A TEAMPACK	Capte des émissions autres que celles de communications et détermine l'emplacement de l'émetteur.
AN/PPS-5	Détection du personnel à 6 kilomètres et des véhicules à 10 kilomètres.
AN/PPS-15	Détection du personnel à 1,5 kilomètres et des véhicules à 3 kilomètres.
ANSEA	Association des Nations du Sud-Est Asiatique.
AN/TLQ-17A TRAFFICJAM	Brouillage AM, FM, CW, SSB (*voir* ces sigles anglais).
AN/TRQ-32 TEAMMATE	Capte des émissions radiotéléphoniques et détermine l'emplacement de l'émetteur.
AN/TSQ-114A TRAILBLAZER	Capte des émissions VHF et UHF et détermine l'emplacement de l'émetteur.

APRF	Arrêté Préfectoral de Reconduite à la Frontière.
AQUILA	Drone équipé de capteurs à infrarouge.
ARB	Armée Révolutionnaire Bretonne.
ARC	Alliance Révolutionnaire Caraïbe (1975).
AS	Armée Secrète.
ASA	Artillerie Sol-Air.
ASALA	Armée Secrète de Libération de l'Arménie.
ASE	Agence Spatiale Européenne.
ASIO	*Australian Security and Intelligence Organisation.* SR australien basé à Canberra.
ASIS	*Australian Secret Intelligence Service.* Service de contre-espionnage australien basé à Canberra.
ASSDN	Amicale des Anciens des Services Spéciaux de la Défense Nationale.
AST	Antenne de Surveillance du Territoire (avant 1944).
ASTOR	*Airborne STand-Off Radar* (programme de radar de surveillance du sol aéroporté britannique).
ATF	Avion de Transport du Futur.

B

BAC	Brigade Anti-Commando (Préfecture de Police de Paris).
BAM	Brigade AéroMobile.
BC	Brigade Criminelle (Préfecture de police de Paris).
BCN	Bureau Central National. Antenne de l'OIPC-Interpol dans chacun des 178 États membres.
BCP	Bureau du Conseil Privé (Canada).
BCR	Bureau de Centralisation des Renseignements.
BCRA(M)	Bureau Central de Renseignement et d'Action (Militaire) [1942-1944].
BCRCI	Brigade Centrale pour la Répression de la Criminalité Informatique (9ᵉ DCPJ).
BDA	*Bomb Damage Assessment.* Évaluation des dommages après bombardement.
BDR	Bulletin De Renseignement.

BEP	Bureau des Études Prospectives (DRM).
BERD	Banque Européenne pour la Reconstruction et le Développement.
BF	Brigade Financière (Préfecture de Police de Paris).
BfV	*Bundesamt für Verfassungsschutz.* Agence de contre-espionnage allemand créée en 1950 et basée à Cologne.
BI	Brigades Internationales.
BIA	Bataillon d'Infanterie Alpine.
BIS	*Bezpecnosti a Informacni Sluzba.* Service de renseignement tchèque.
BKA	*BundesKriminalAmt.* Police criminelle allemande créée en 1951 ; QG à Wiesbaden et Meckenheim.
BLACKHAWK	Capable de brouillage, de capter des émissions et de déterminer l'emplacement de l'émetteur.
BLAT	Bureau de Liaison AntiTerroriste.
BLM	Boîte aux Lettres Morte (destinée à remettre des documents aux agents sans contact physique).
BLU	Bande Latérale Unique.
BLV	Boîte aux Lettres Vive / Vivante (contact physique entre agents).
BMA	Bureau des Menées Antinationales.
BNAT	Bureau National Anti-Terroriste.
BND	*BundesNachrichtenDienst.* (Agence fédérale allemande de renseignement créée en 1956, basée à Pullach et opérant à l'étranger).
BOFOST	Base Opérationnelle de la Force Océanique Stratégique (Brest).
BPC	Bataillon Parachutiste de Choc.
BQ	Bulletin Quotidien.
BQI	Bulletin Quotidien d'Information.
BQR	Bulletin Quotidien de Renseignement.
BRB	Brigade de Répression du Banditisme (Préfecture de Police de Paris).
BRC	Brigades Révolutionnaires Corses (1982).
BRGE	Brigade de Renseignement et de Guerre Électronique (4 000 hommes répartis dans trois régiments).
BRI	Brigade de Recherche et d'Intervention (datant de 1965, la Brigade « anti-gang » dépend de la Préfecture de Police de Paris).

BRIF	Brigade de Recherche et d'Investigations Financières (10ᵉ Cabinet de délégations judiciaires).
BROMURE	BROuilleurs MUlti-RÉseaux (54ᵉ RT).
BRRI	Bureau Renseignement / Relations Internationales (EMAT, dissous).
BST	Brigade de Surveillance du Territoire (une par région militaire, au nombre de neuf dans l'Hexagone).
BST	Brigade de Surveillance du Territoire (avant 1944).
BTGE	Bataillon Tactique de Guerre Électronique (54ᵉ RT).
BVD	*Binnen Landse VeiligheidsDienst.* SR hollandais.
BVS	*BundesVerfassung Sschutz.* Services de la Protection de la Constitution de la République d'Allemagne.

C

C3I	*Command, Control, Communications and Intelligence.*
C4I	Command, Control, Communications, Computers and Intelligence.
C46	Interception de sécurité (argot des RG : mis pour « code 46 »).
CA	Corps d'Armée.
CAB	Convention sur les Armes Biologiques. Interdit la mise au point, la fabrication et le stockage des armes bactériologiques (biologiques) ou à toxines. Les pays doivent (au plus tard neuf mois après l'entrée en vigueur de la Convention) détruire ou utiliser à des fins pacifiques tout agent, toxine, arme, matériel et vecteur. Signée le 10 avril 1972 et en vigueur depuis le 26 mars 1975. Réunit 124 États membres. Le traité est de durée illimitée.
CAECA	Compagnie d'Appui Électronique de Corps d'Armée.
CAFDA	Commandement Air des Forces de Défense Aérienne.
CANCERT	*CANadian Computer Emergency Response Team* (Équipe canadienne d'intervention d'urgence en informatique). Équivalent canadien de la FedCERT aux États-Unis. Organisme privé chargé d'enquêter sur les cyberattentats terroristes ou le sabotage de réseau.

CAP	Centre d'Analyse et de Prévision (Quai d'Orsay).
CASD	Comité d'Action Scientifique de Défense.
CASSIC	Commandement Air des Systèmes de Surveillance et de Communication.
CCC	Cellules Communistes Combattantes (Belgique).
CCEM	Comité des Chefs d'État-Major.
CCI	Centre de Coordination Interarmées (guerre d'Algérie).
CCL	Compagnie de Commandement et de Logistique.
CCSE	Comité pour la Compétitivité et la Sécurité Économique (créé en 1995).
CD	Confidentiel-Défense.
CD	Corps Diplomatique.
CDAOA	Commandement de la Défense Aérienne et des Opérations Aériennes.
CDN	Canada.
CDST	Centre de Documentation Scientifique et Technique.
CE	Contre-Espionnage.
CEA	Commissariat à l'Énergie Atomique (1945).
CEA	Centre d'Enseignement de l'Allemand de la Gendarmerie des FFA (dissous).
CEAA	Commandement des Écoles de l'Armée de l'Air.
CEAM	Centre d'Expériences Aériennes Militaires.
CEB	Service de renseignement belge.
CECLANT	Commandement en Chef pour l'Atlantique.
CECMED	Commandement en Chef pour la Méditerranée.
CED	Communauté Européenne de Défense.
CEDOCAR	CEntre de DOCumentation de l'ARmement.
CEE	Communauté Économique Européenne.
CEGS	Centre d'Entraînement à la Guerre Spéciale (DGSE).
CEHD	Centre d'Études d'Histoire de la Défense.
CEI	Communauté des États Indépendants. La CEI a été créée en 1991 après le démantèlement de l'Union soviétique. Elle compte 12 États membres : Arménie, Azerbaïdjan, Bélarus, Géorgie, Kazakhstan, Kirghizistan, Moldavie, Ouzbékistan, Russie, Tadjikistan, Turkménistan et Ukraine.
CEIC	Direction de l'immigration de la Commission de l'Emploi et de l'Immigration du Canada.

	Administre la *Loi sur l'immigration* de 1976 et son règlement ainsi que les procédures d'admission des immigrants, des réfugiés et des visiteurs dans l'intérêt économique, social et culturel du Canada.
CEIS	Centre d'Exploitation de l'Imagerie Satellitaire (Hélios / UEO).
CEMA	Centre d'Études Marines Avancées.
CEMA	Chef d'État-Major des Armées (poste créé en 1962).
CEMP	Chef d'État-Major Particulier (Élysée).
CEP	Centre d'Étude et de Prospective (organisme de l'EMAT).
CEP	Centre d'Expérimentation du Pacifique.
CEPIA	Centre Expérimental de Photo-Interprétation des Armées (ETCA).
CER	Comité d'Évaluation du Renseignement. Coordonne le renseignement et produit des rapports d'analyse et des évaluations à l'intention du Premier ministre, des ministres et des hauts fonctionnaires.
CERM	Centre d'Exploitation du Renseignement Militaire (*voir* DRM).
CERN	Centre Européen de Recherches Nucléaires.
CERP	Centre d'Entraînement des Réservistes Parachutistes (DGSE).
CERST	Centre d'Exploitation des Renseignements Scientifiques et Techniques.
CERVP	Centre d'Entraînement des Réserves Volontaires Parachutistes.
CESC	Centre d'Entraide Sociale et Culturelle (DGSE).
CESD	Centre d'Études Scientifiques de Défense.
CF31	Centre de Formation et d'Interprétation Interarmées de l'Imagerie (rattaché à la DRM).
CFAT	Commandement de la Force d'Action Terrestre.
CFIR	Centre de Formation Interarmées du Renseignement (dissous).
CFR	Centre de Formation au Renseignement (Police Nationale).
CFRE	Centre de Fusion du Renseignement Électronique (54e EET).
CG	Centre de Gravité (aéronef).
CGA	Commandement du Génie de l'Air.
CGC	Convention sur la Guerre Chimique. Elle interdit la mise au point, la fabrication, le stockage et l'utilisation des armes chimiques. De plus, chaque État membre est tenu de détruire toutes les armes chimiques et installations de production d'armes chimiques dont il est propriétaire ou qui se trouvent sur son territoire ou sous son contrôle, ainsi que toutes les armes

chimiques qu'il a abandonnées sur le territoire d'un autre État. Depuis le 13 janvier 1993, 159 États l'ont signée et 24 l'ont ratifiée. Elle est entrée en vigueur 180 jours après le dépôt du 65e instrument de ratification, mais n'a pris effet que deux ans après qu'elle a été prête à être signée.

CGE	Centre de Guerre Électronique (44e RT/54e ERA).
CGI	Commissariat Général de l'Information. Service de contre-espionnage espagnol basé à Madrid.
CGST	Contrôle Général de la Surveillance du Territoire.
CHEAR	Centre des Hautes Études de l'Armement.
CHEM	Centre des Hautes Études Militaires.
CIA	Central Intelligence Agency (Centrale de renseignement des États-Unis créée en 1947 et baseé à Langley, à l'ouest de Washington, en Virginie).
CIA	Collectif d'Intervention Autonome.
CIC	Centre Interministériel de Contrôle (*voir* GIC).
CIC	Citoyenneté et de l'Immigration Canada (ministère de la).
CID	Collège Interarmées de Défense (École militaire).
CIE	Centre d'Information et d'Études.
CIEEMG	Commission Interministérielle pour l'Étude des Exportations de Matériels de Guerre.
CIG	Centre d'Information Gouvernemental.
CIGE	Centre d'Instruction de Guerre Électronique (54e EET).
CILAT	Comité Interministériel de Lutte AntiTerroriste. Réunit autour du ministre de l'Intérieur, ou du Premier Ministre, des représentants de la présidence, de Matignon, des ministères concernés et les chefs des services participant à la lutte antiterroriste.
CILDI	Cellule Interministérielle de Lutte contre la Délinquance Itinérante.
CINC	Centre d'Instruction des Nageurs de Combat (DGSE, dissous).
CIPC	Centre d'Information de la Police Canadienne.
CIPCG	Centre d'Instruction de la Préparation à la Contre-Guérilla.
CIR	Comité Interministériel du Renseignement (1959).
CIRA	Centre d'Interprétation et de Reconnaissance Acoustiques.
CIREM	Centre d'Information sur les Rayonnements ÉlectroMagnétiques (rattaché à la DRM).
CIRIP	Centre d'Instruction du Renseignement et d'Interprétation Photographique (dissous).

CIRVP	Centre d'Instruction des Réserves Volontaires Parachutistes.
CISR	Comité Interministériel de la Sécurité et des Renseignements. Chargé de faire le point sur les questions de sécurité et de renseignement et d'assurer un soutien interministériel aux ministres (Canada).
CIT	Centre Interministériel de Traduction.
CLAT	Centre de Lutte AntiTerroriste.
CLEEM	Centre de Langues et d'Études Étrangères Militaires (dissous).
CLR	Compagnie Légère de Renseignement (1er RI, dissoute).
CM	Certificat Militaire.
CMD	Chef de Mission Diplomatique.
CMO	Centre de Mise en Œuvre (BRGE).
CMP	Centre de Maintien à Poste (Hélios).
CMPER	Comité Mixte Permanent de l'Examen de la Réglementation (Canada).
CNC	Contre-Nageur(s) de Combat (grenade sous-marine).
CNCS	Centre National de Coordination de la Sécurité. Chargé de documenter les incidents terroristes au Canada à des fins publiques.
CNCIS	Commission Nationale de Contrôle des Interceptions de Sécurité (1991).
CNEC	Centre National d'Entraînement Commando (1er régiment de choc).
CNES	Centre National d'Études Spatiales.
CNEXO	Centre National pour l'Exploitation des Océans.
CNI	Carte Nationale d'Identité.
CNIL	Commission Nationale Informatique et Libertés (créée en 1978 et composée de trois sages).
CNO	Centre National des Opérations (GRC). Chargé d'assurer un soutien au commissaire et à la haute direction de la GRC.
CNR	Conseil National de la Résistance.
CNRS	Centre National de la Recherche Scientifique.
COCONA	Conseil de Coopération Nord-Atlantique.
CODISC	Centre Opérationnel de la Direction de la Sécurité Civile.
CODO	Comité Liquidant ou Détournant les Ordinateurs (Action Directe).
COFACE	Compagnie Française d'Assurance pour le Commerce Extérieur.

COG	Centre Opérationnel de Gendarmerie.
COGEMA	COmpagnie GÉnérale des MAtières nucléaires.
COLP	Communistes Organisés pour la Libération Prolétarienne.
COMBOFOST	Commandant la Base Opérationnelle et l'Escadrille des SNLE.
COMFORMISC	COMmandement des FORmations MIlitaires de la Sécurité Civile.
COMINT	*COMmunication INTelligence* : renseignement par interception des communications radio-intelligibles.
COS	Commandement des Opérations Spéciales (créé en 1992).
COTAM	COmmandement du Transport Aérien Militaire.
CP	Code Pénal (Le Code Napoléon, qui remontait à 1810, a fait objet d'une révision le 1er mars 1994).
CP	Commando Parachutiste (ex-CRAP).
CPEOM	Centre Parachutiste d'Entraînement aux Opérations Maritimes.
CPES	Centre Parachutiste d'Entraînement Spécialisé.
CPHE	Centre Principal Hélios Espagnol.
CPIS	Centre Parachutiste d'Instruction Spécialisée.
CPHF	Centre Principal Hélios Français.
CPHI	Centre Principal Hélios Italien.
CPM	Cabinet du Premier Ministre (Canada).
CPR	Comité Permanent du Renseignement.
CR	Cadre de Réserve.
CR	Commission Rogatoire.
CRA	Centre de Renseignement Avancé (1re Armée, dissous).
CRA	Coordination de la Résistance Armée.
CRAE	Compagnie de Renseignement et d'Appui Électronique (54e RT).
CRAP	Commando de Recherche et d'Action dans la Profondeur (rebaptisé CP).
CRECA	Compagnie de Reconnaissance Électronique et de Combat de l'Avant (54e RT).
CRH	Compagnie de Recherche Humaine.
CRI	Centre de Réception d'Images (Hélios).
CRI	Commission Rogatoire Internationale.
CRS	Compagnies Républicaines de Sécurité. (corps créé le 8 décembre 1944, comprenant quelque 16 000 hommes répartis en 63 compagnies ; 1 compagnie = 140 hommes ; chaque compagnie comprend 6 sections).

CSARS	Comité de Surveillance des Activités du Renseignement de Sécurité. Organisme externe réglementaire d'examen du Service Canadien du Renseignement de Sécurité.
CSCE	Conférence sur la Sécurité et la Coopération en Europe (*voir* OSCE).
CSD	Conseil Supérieur de Défense.
CSDN	Commission du Secret de Défense Nationale.
CSI	Conseil de la Sécurité Intérieure.
CSID	*Centro Superior de Información de la Defensa.* Service de renseignement espagnol basé à Madrid.
CSM	Service de renseignement tchadien.
CSPPA	Comité de Solidarité avec les Prisonniers Politiques Arabes (du Moyen-Orient).
CSR	Comité du Service du Renseignement (Canada).
CST	Centre de la Sécurité des Télécommunications. Service du ministère de la Défense nationale chargé de surveiller et d'analyser les télécommunications extérieures à des fins de sécurité (Canada).
CST	Contrôle de Surveillance des Territoires (avant 1944).
CT	Conteneur Technique (reconnaissance aérienne).
CT	Collectivité Territoriale.
CTAA	Commandement des Transmissions de l'Armée de l'Air.
CZ	Cellules Révolutionnaires ouest-allemandes.

D

DA	Directeur Adjoint.
DA	Division Alpine.
DAI	Direction des Affaires Internationales.
DAM	Direction des Affaires Militaires.
DAM	Direction des Applications Militaires.
DAM	Division AéroMobile.
DAMI	Détachement d'Assistance Militaire et d'Instruction.
DAO	Détachement d'Assistance Opérationnelle.

DASA	Daimler-Benz AeroSpace AG.
DASS	Direction de l'Action Sanitaire et Sociale.
DAT	Défense Aérienne Tactique.
DATE-DATO	Détachement Avancé des Territoires Est-Ouest.
DB	Décibel.
DBPC	Demi-Brigade de Parachutistes de Choc.
DC	Direction Centrale (au nombre de quatre au sein de la Direction Générale de la Police Nationale : DCPJ, DCRG, DCSP, DST).
DC	Document(s) Centralisé(s).
DCN	Direction des Constructions Navales (Lorient, Brest).
DCPJ	Direction Centrale de la Police Judiciaire.
DCRG	Direction Centrale des Renseignements Généraux.
DCSP	Direction Centrale de la Sécurité Publique.
DDA	Direction Départementale de l'Agriculture.
DDE	Direction Départementale de l'Équipement.
DETEX	Détecteur d'Explosif (mallette).
DFCQR	Délégation Française du Comité Quadripartie d'Études et du Renseignement.
DG	Directeur Général / Direction Générale.
DGA	Délégation Générale pour l'Armement (ex-DMA ; créée en 1962).
DGAC	Direction Générale de l'Aviation Civile.
DGD	Direction Générale de Documentation.
DGDDI	Direction Générale des Douanes et des Droits Indirects (ministère de l'Économie et des Finances).
DGER	Direction Générale des Études et Recherches [1944-1946] (transformée en SDECE).
DGGN	Direction Générale de la Gendarmerie Nationale.
DGI	Direction Générale des Impôts.
DGPN	Direction Générale de la Police Nationale.
DGSE	Direction Générale de la Sécurité Extérieure. Centrale de renseignement ayant succédé, en 1982, au SDECE ; Caserne des Tourelles, 141, Boulevard Mortier 75020 Paris ; surnommée la « Piscine ». Relevant directement du ministre de la Défense, la DGSE, avec ses 4 000 fonctionnaires civils et militaires, est chargée du renseignement (politique, économique, financier, industriel, scientifique, technologique et stratégique) à l'étranger, ainsi que du contre-terrorisme. Ses actions « musclées »

	sont confiées au service « Action », fort de 500 à 600 hommes, appartenant presque tous au 11ᵉ régiment parachutiste de choc (11ᵉ RPC) de Cercottes (Loiret).
DGSN	Direction Générale de la Sécurité du Renseignement. Chargée de coordonner la réponse fédérale au terrorisme et de définir les priorités nationales en matière de lutte contre le terrorisme.
DGSS	Direction Générale des Services Spéciaux (créée en 1951).
DICCILEC	Direction Centrale du Contrôle de l'Immigration et de la Lutte contre l'Emploi des Clandestins (rebaptisée Police Aux Frontières ; *voir* PAF).
DIM	Division d'Infanterie de Montagne.
DIMa	Division d'Infanterie de Marine.
DISSI	Délégation Interministérielle pour la Sécurité des Systèmes d'Information.
Div	Division.
DL	Détachement de Liaison.
DLB	Détachement Léger Blindé.
DLEM	Détachement de Légion Étrangère à Mayotte (Comores).
DLEME	Division Langues et Études Militaires Étrangères (EIREL).
DMA	Délégation Ministérielle pour l'Armement (*voir* DGA).
DME	*Distance Measuring Equipment*.
DMT	Division Militaire de Défense.
DNAT	Division Nationale Anti-Terroriste (créée en 1998, ex - 6ᵉ DCPJ)
DNED	Direction Nationale des Enquêtes Douanières.
DNRED	Direction Nationale des Recherches et des Enquêtes Douanières (créée le 1ᵉʳ septembre 1993) (650 agents des douanes répartis entre Paris et huit « échelons » régionaux).
DOC	Disque Optique Compact.
DOM-TOM	Département(s) d'Outre-Mer / Territoire(s) d'Outre-Mer.
DOP	Détachement Opérationnel de Protection (guerre d'Algérie).
DOT	Défense Opérationnelle du Territoire (mission de la Gendarmerie Nationale).
DP	Division Parachutiste.
DPN	Département Propulsion Nucléaire.
DPSD	Direction de la Protection et de la Sécurité de la Défense. Anciennement dénommée Sécurité Militaire (SM), la DPSD, créée en 1981, qui relève directement du ministre de la Défense et qui réunit 1 700 fonctionnaires civils et militaires, veille dans les garni-

	sons et sur les personnels de la défense, de même qu'elle contribue à garantir le secret-défense et qu'elle réprime le trafic d'armes.
DR	Diffusion Restreinte.
DR	Directeur du Renseignement (DGSE).
DRE	Division Relations Extérieures (EMA).
DRM	Direction du Renseignement Militaire. Sous l'autorité du chef d'état-major des Armées, la DRM, avec un état-major de 650 experts, exploite le renseignement militaire à caractère directement opérationnel, comme les ordres de bataille des armées étrangères et leurs matériels. Elle a repris à son compte le travail du Centre d'Exploitation du Renseignement Militaire (CERM) et des anciens 2ᵉ Bureaux.
DRMI	Division Renseignement Militaire Interarmées (EIREL).
DRO	Division du Renseignement Opérationnel (EIREL).
DRS	Direction du Renseignement et de la Sécurité. Service du renseignement algérien.
DRTa	Division Renseignement Tactique (EIREL).
DRU	Diffusion Régionale Urgente.
DSM	Direction de la Sécurité Militaire (transformée en DPSD).
DSPS	Département de Sûreté et de Protection du Secret (CEA).
DSR-SM	Direction des Services de Renseignement et de Sécurité Militaire.
DST	Direction de la Surveillance du Territoire. Service de contre-espionnage créé le 16 novembre 1944 et opérant sur le territoire français. Placée après l'affaire Dreyfus sous le contrôle du ministre de l'Intérieur, la Direction de la Surveillance du Territoire a compétence pour lutter avec ses 2 000 hommes, dont 1 237 policiers, dans l'Hexagone contre des activités inspirées, engagées, ou soutenues par des puissances étrangères et de nature à menacer la sécurité de la France. Installée 7, rue Nélaton, dans le XVᵉ arrondissement de Paris, la DST est composée de quatre sous-directions spécialisées : les services centraux (chargés du recrutement, de la direction administrative et de la documentation), le service de communication (qui s'occupe des écoutes radio, de la surveillance des téléphones), le contre-terrorisme et, enfin, le service de contre-espionnage industriel. Dans la réalité, la DST agit également hors du territoire national, notamment afin d'obtenir des renseignements dans les affaires de terrorisme.
DSU	Division des Services d'Urgence. Relève de la Direction générale des services médicaux de Santé

	Canada. Se spécialise en protection civile et en gestion des conséquences des situations d'urgence graves.
DTCM	Direction Technique des Constructions Navales.
DTER	Division Technique d'Exploitation du Renseignement (EIREL).
DTI	Direction Technique et Industrielle.
DVQS	Drone à Vol Quasi-Stationnaire (Aérospatiale).

E

EDS	Direction de l'Évaluation et de la Documentation Stratégique (SGDN, dissoute).
EE	1. Escadrille Électronique (54ᵉ EET).
	2. Étranger Expulsé.
EED	Escadron d'Éclairage Divisionnaire (*voir* EEI).
EEE	Espace Économique Européen.
EEI	1. Engin Explosif Indéterminé.
	2. Escadron d'Éclairage et d'Investigation (ex-EED).
EEM	Escadron Électronique Mobile (54ᵉ ERA).
EERE	Escadrille Électronique de Recueil et d'Exploitation (54ᵉ EET).
EES	Escadron Électronique Sol (54ᵉ EET).
EET	Escadre Électronique Tactique.
EHOR	Escadrille HORizon.
EHR	Escadrille d'Hélicoptères de Reconnaissance.
EIES	Équipe d'Inspection et d'Évaluation de la Sécurité (CDN). Service de la GRC chargé d'analyser la vulnérabilité des systèmes informatiques des ministères fédéraux.
EIREL	École Interarmées du Renseignement et des Études Linguistiques (basée à Strasbourg et rattachée à la DRM).
EIRGE	Escadron d'Instruction au Renseignement et à la Guerre Électronique (54ᵉ ERA).
ELEBORE	Ensemble de Localisation, d'Écoute et de Brouillage des Ondes Radioélectriques Ennemies (44ᵉ RT).
ELI	Équipe Légère d'Intervention (Gendarmerie Nationale).
ELINT	*ELectronic INTelligence* : renseignement par interception des signaux radar.

ELODEE	Ensemble de LOcalisation par Densité des Émissions Ennemies (sous-systèmes SGEA).
ELR	Escadron Léger de Recherche (RBRR).
EMA	État-Major des Armées.
EMAA	État-Major de l'Armée de l'Air.
EMAT	État-Major de l'Armée de Terre.
EMCTA	École Militaire du Corps Technique et Administratif (Coëtquidan, Morbihan).
EMERAUDE	Ensemble Mobile d'Écoute et de Recherche Automatique des Émissions (sous-système SGEA).
EMIA	École Militaire InterArmes (Coëtquidan, Morbihan).
EMILIE	Ensemble Mobile d'Interception et de Localisation Informatisé des Émissions (44e RT).
EMM	État-Major de la Marine.
EN	École Navale (remontant à 1840, elle est implantée à Lanvéoc-Poulmic, Finistère).
ENSOAN	École Nationale des Sous-Officiers d'Active (Saint-Maixent, Deux-Sèvres).
EOP	Équipes d'Observation dans la Profondeur (régiments d'artillerie).
EOR	Élève Officier de Réserve.
EPIGN	Escadron Parachutiste d'Intervention de la Gendarmerie Nationale.
EPNdB	*Effective Perceived Noise decibel.*
ER	Escadre de Reconnaissance.
ER	Escadron de Reconnaissance.
ERA	Escadre de Renseignement Air.
ERB	Escadron de Recherche Blindé (RBRR).
ERS	Environmental Radar Satellite.
ERS	Escadron de Reconnaissance Stratégique.
ESERA	Escadron de Soutien et d'Entraînement au Renseignement Air (54e ERA).
ESGE	Escadron Spécialisé de Guerre Électronique (54e ERA).
ESGI	École Supérieure de Guerre Interarmées.
ESI	Étranger (-ère) en Situation Irrégulière.
ESI	*European Satellite Industries.*
ETA	*Euzkadi Ta Azkatasuna* (« Le Pays basque et sa liberté ») Mouvement autonomiste basque né au Venezuela en 1959.
ETA-M	ETA branche militaire (crée en 1959, plus terroriste que le FLNK)

ETCA	Établissement Technique Central de l'Armement.
EUROPOL	Organisme de coopération policière des pays de l'Union Européenne, dont le rôle est de permettre l'échange d'informations opérationnelles. P.O. Box 90850 NL. 2509 La Haye Tel : 19 31 70 302 53 02
EXJAM	Brouilleur dans obus de 155 mm, dispersé en vol.

F

FAC	1. Fonds d'Aide et de Coopération. 2. Force Aérienne de Combat.
FAFM	Forces Auxiliaires Franco-Musulmanes.
FALN	Forces Armées de Libération Nationale.
FAMAS	Fusil automatique, surnommé « clairon », équipant les forces armées françaises, cal. 5,56 mm (Manufacture d'Armes de Saint-Étienne).
FAP	Force Aérienne de Projection.
FAPSI	Agence fédérale pour les communications gouvernementales et l'information. Service russe chargé du renseignement électronique.
FAR	Force d'Action Rapide (dissoute).
FARC	Forces Armées Révolutionnaires de Colombie.
FARL	Fractions Armées Révolutionnaires Libanaises (1981).
FAS	Forces Aériennes Stratégiques.
FATac	Force Aérienne Tactique (devenue FAC).
FBI	*Federal Bureau of Investigation* (créé en 1935). Service de contre-espionnage américain : 9th Street & Pennsylvania Ave., NW Washington, D.C. 20535 USA Tél : 00-1-202-324-3000.
FC	Forces Canadiennes.
FCE	Frais Commerciaux Extérieurs / Exceptionnels (commissions occultes).

FD	Fonctionnaire de Défense.
FedCERT	*Federal Computer Emergency Response Team* (États-Unis). Intervient en cas de cyberattentats ou de sabotage de réseau touchant des infrastructures critiques.
FELIN	Fantassin à Équipement et Liaisons Intégrées. Centre d'essais de la Délégation Générale pour l'Armement à Angers, Maine-et-Loire.
FEMA	*Federal Emergency Management Agency.* Organisme fédéral américain créé en 1979 pour coordonner les interventions en cas d'incident terroriste et fournir un secours fédéral en cas de catastrophe. Offre, en collaboration avec d'autres organismes fédéraux, une formation sur les armes de destruction massive (ADM) aux intervenants de première ligne des États et des municipalités.
FFA	Forces Françaises en Allemagne.
FIRST	*Forum for Incident Response Teams.* Coalition internationale des spécialistes en analyse de vulnérabilité et des équipes d'intervention en cas d'incident informatique des secteurs public et privé.
FIS	Front Islamique de Salut.
FLB	Front de Libération de la Bretagne (1963).
FLEC	Front de Libération de l'Enclave de Cabinda.
FLIR	*Forward Looking InfraRed* (système de vision nocturne utilisant l'infrarouge thermique).
FLN	Front de Libération Nationale.
FLNC	Front de Libération Nationale de la Corse (quelque 600 cagoulards corses).
FLNKS	Front de Libération Nationale Kanake et Socialiste.
FLQ	Front de Libération du Québec.
FM	Fusil-Mitrailleur.
FMI	Fonds Monétaire International.
FN	Facteur de Neutralisation.
FNLA	Front National de Libération de l'Angola.
FN-FAL	Fabrique Nationale -Fusil d'Assaut Léger.
FNS	Force Nucléaire Stratégique.
FNSL	Front National de Salut Libyen.
FOPAC	Fonds Provenant d'Activités Criminelles.
FORPRONU	FORce de PRotection de l'ONU.

FOST	Force Océanique Stratégique.
FPLP	Front Populaire de Libération de la Palestine.
FRAP	Front Révolutionnaire d'Action Prolétarien.
FRR	Force de Réaction Rapide.
FSB	*Federalnaya Sloujba Bezopasnoti.* Service de renseignement intérieur russe (ayant remplacé le FSK en 1995).
FSK	*Federalnaya Sloujba Kontrarazvedki* Service de renseignement intérieur russe (établi en janvier 1994).
FUMACO	Fusilier Marin Commando.

G - H

GAAT	Groupe Action AntiTerroriste.
GAEL	Groupe Aérien d'Entraînement et de Liaison (*voir* GLAM).
GAFI	Groupe d'Action Financière sur le Blanchiment des Capitaux (créé en 1989).
GAL	Groupe Antiterroriste de Libération.
GARI	Groupes d'Action Révolutionnaire Internationaliste.
GB	Guerre Biologique. Consiste en général à propager des maladies dans le but de tuer ou de contaminer des populations, des aliments ou du bétail.
GC	Guerre Chimique.
GCMA	Groupement de Commandos Mixtes Aéroportés.
GCHQ	*Government Communications HeadQuarters* (SIGINT britannique). Créé en 1942 en remplacement du *Government Code and Cypher School* (GC & CS) 1919-1940 et situé à Bletchley Park, à 50 miles au nord de Londres.
GCIP	Groupe Consultatif Interministériel en matière de Politique. Réunit les sous-groupes consultatifs des opérations, des communications publiques et de la politique, et est responsable de la préparation des documents d'information sur la politique et les opérations à l'intention des divers responsables des questions de sécurité et de renseignement.
GCP	Groupement de Commandos Parachutistes.

GCR	Groupement des Contrôles Radio-Électroniques. (chargé de contrer les écoutes étrangères). Géré par la DGSE et fort de quelque 600 spécialistes, le GCR est chargé d'intercepter et – éventuellement – de brouiller les communications gouvernementales des pays étrangers.
GD	Gendarmerie Départementale (surnommée la « blanche » – présente dans les 96 départements métropolitains ainsi que dans les 5 départements d'outre-mer).
GER	1. Groupe des Enquêtes Réservées (Renseignements Généraux). 2. Groupe d'Enquête et de Recherche (RG). 3. Groupe d'Études et de Recherches.
GERMaS	Groupe d'Entretien et de Réparation des Matériels Spécialisés (54e ERA).
GERS	Groupe d'Études en Recherches Sous-marines.
GESSI	Groupe d'Évaluation de la Sécurité des Systèmes d'Information.
Gestapo	*Geheime Staatspolizei.* Police secrète allemande du IIIe Reich formée par Hermann Göring en 1933 et dirigée par Heinrich Himmler.
GEVI	Gestion des Violences (fichier des RG).
GFCA	Groupement des Fusiliers-Commandos de l'Air.
GFO	Groupe de Forces Ouest (équivalent à GFSA, dissous).
GFSA	Groupe de Forces Soviétiques en Allemagne (équivalent à GFO, dissous).
GIA	1. Groupe Inter-forces Antiterroriste. 2. Groupe Islamique Armé.
GIAT	Groupement Industriel d'Armements Terrestres.
GIC	Groupement Interministériel des Communications. Placé depuis le 28 mars 1960 sous l'autorité du Premier Ministre et dirigé par un général de l'Armée de terre aidé de 360 agents. Le GIC, service des écoutes téléphoniques, travaille pour le compte de la DGSE, de la DST, de la PJ, et des RG. 51 bis, boulevard de la Tour-Maubourg 75007 Paris.
GIE	Groupement d'Intérêt Économique.
GIFAS	Groupement des Industries Françaises Aéronautiques et Spatiales.
GIGN	Groupe d'Intervention de la Gendarmerie Nationale.
GIN	Groupe d'Intervention Nationaliste (militants de l'ex-OAS).

GIPN	Groupement d'Intervention de la Police Nationale (six groupes implantés à Bordeaux, Lyon, Marseille, Nice, Rennes, Strasbourg).
GIT	Groupe d'Intervention Tactique (Sûreté du Québec). Dans la plupart des grandes forces policières au Canada, les GIT sont chargés d'intervenir en cas d'incident terroriste, de prise d'otages et autres situations de violence ou de menace de violence.
GLAM	Groupe de Liaisons Aériennes Ministérielles (composé de 6 jets : 2 Falcon 900, 2 Mystère 50, 2 Mystère 20 et de trois hélicoptères Super Puma et Dauphin ; remplacé par le GAEL).
GLI	Groupe Léger d'Intervention.
GMINBC	Groupe Mixte d'Intervention en cas d'Incident Nucléaire, Biologique ou Chimique. Composé de membres des FC et de la GRC et chargé de coordonner les interventions en cas d'incident NBC. Les FC jouent un rôle de soutien et d'évaluation de l'incident terroriste, alors que la GRC s'occupe des opérations, de la formation du personnel et de l'enquête sur la menace terroriste.
GM11	Groupement de Marche du 11ᵉ choc.
GN	Gendarmerie Nationale. Quelque 98 000 militaires placés sous l'autorité du ministre de la Défense en France.
GO	Grandes Ondes.
GOULAG	*Glavnoe Upravlenie Lagerie.* Direction d'État des camps créée en 1917 par Lénine.
GPR	Groupe de la Politique du Renseignement. Principale tribune pour la coordination de la politique et des opérations avec le milieu de la sécurité et du renseignement. Présidé par le Secrétaire adjoint du Cabinet, Sécurité et Renseignement, il se réunit deux fois par semaine (Canada).
GPS	Guidage Par Satellite.
GPS	*Global Positioning System.* Constellation de 24 satellites américains servant à établir les coordonnées précises d'une position quelconque sur la terre. Aussi appelé Navstar. Les satellites émettent des signaux sous deux formes : en code P à des fins militaires, avec une exactude de 10 m, et en code Y à des fins civiles, avec une exactitude horizontale de 100 m et une exactitude verticale de 140 m.
GPS	Groupe de Pelotons de Sécurité (GN, 1998-1999).

GPS	Groupe Permanent de Situation (SGDN, dissous).
GQG	Grand Quartier Général.
GRAPO	Groupe de Résistance Antifasciste du Premier Octobre.
GRC	Gendarmerie Royale du Canada. Fondée en 1873. Les effectifs de la GRC s'élèvent à quelque 20 000 gendarmes. La GRC est placée sous les ordres du Solliciteur général du Canada ; devise : « Maintiens le droit ». Chargée du renseignement intérieur jusqu'en 1984, date de création du SCRC (*voir* SCRC).
GRU	*Glavnoye Razvedyvatelnoye Upravlenie.* Service de renseignement militaire russe créé par Léon Trotski le 21 octobre 1918.
GSEM	Groupe Spécial de l'Évaluation de la Menace. Comité interministériel chargé d'évaluer les menace nucléaires, biologiques ou chimiques (Canada).
GSG-9	*Grenzchutzgruppe-9.* Brigade d'intervention fédérale allemande créée le 26 septembre 1972.
GSIGN	Groupement de Sécurité et d'Intervention de la Gendarmerie Nationale (mis sur pied le 1er janvier 1984).
GSN	Groupe de la Sécurité Nationale (GRC).
GSPR	Groupe de la Sécurité de la Présidence de la République.
GSTAD	Groupe de Surveillance des Traitements Automatisés de Données (DPSD).
GTA	Gendarmerie des Transports Aériens.
GTI	Groupe Tactique d'Intervention (Gendarmerie Royale du Canada).
GTPI	Groupe de Travail sur la Protection des Infrastructures (Canada).
GUO	Service de protection du président russe.
Guoanbu	Service de contre-espionnage chinois.

✵ ✵ ✵

HAGV	Haute Altitude, Grande Vitesse (catégorie de drones).
HAHO	*High Altitude High Opening* : infiltration sous voile
HALE	High Altitude, Long Endurance (catégorie de drones).
HALO	*High Altitude Low Opening* : chute libre classique.
HC	Honorable Correspondant. (DGSE).

HCR	Haut-Commissariat des Nations-Unies pour les Réfugiés.
HEPA	*High Eficiency Particle Arrestor.* Filtre capable de retenir une particule de la taille d'un virus ou d'une bactérie avant qu'elle n'atteigne les poumons.
HET	Hélicoptère ELINT Technique (54ᵉ EET).
HF	*High Frequency* : haute fréquence (3-30 MHz).
HFD	Haut Fonctionnaire de Défense (ayant rang de préfet, il coiffe tous les services de défense civile. La France est divisée en neuf zones métropolitaines de défense et trois zones d'outre-mer.)
HORIZON	Hélicoptère d'Observation Radar et d'Investigation sur ZONe (*voir* ORCHIDEE).
HP	Haute(s) Personnalité(s).
HPA	Heure Probable d'Arrivée.
HPD	Heure Probable de Départ.
HRV	Haute Résolution Visible (sous-système SPOT-1).
HRVIR	Haute Résolution dans le Visible et l'InfraRouge (sous-système SPOT-4).
HS	Hors Service.
HUMINT	*Human Intelligence* renseignement de source humaine (patrouilles profondes, interrogation des prisonniers de guerre, clandestins, etc).

I - J

IAI	*Israel Aircraft Industries*
IAM	Identification des Appels Malveillants.
IAO	Interprétation Assistée par Ordinateur.
IDS	Interdiction De Séjour.
IDT	Interdiction de Territoire. Un arrêté de reconduite à la frontière, pris par le préfet, concerne un étranger en situation irrégulière n'ayant pas commis d'autres infractions. Un arrêté d'expulsion est pris par le ministre de l'Intérieur si la présence d'un étranger « constitue une menace grave pour l'ordre public » – notamment si un délit de droit commun ou un crime a été commis.
IERS	Institut d'Études et de Recherches pour la Sécurité.

IF	Identité Fictive.
IFOR	*Implementation FORce* (force de maintien de la paix en Bosnie).
IFR	*Instrument Flight Rules* (vol aux instruments).
IFREMER	Institut Français de Recherche pour l'Exploitation de la Mer.
IG	Inspecteur Général / Inspection Générale.
IGA	Inspecteur Général de l'Administration / Inspection Générale de l'Administration.
IGPN	Inspection Générale de la Police Nationale.
IGS	Inspection Générale des Services (« police des polices » de la Préfecture de Police de Paris).
IHEDN	Institut des Hautes Études de Défense Nationale (rattaché au SGDN).
IHESI	Institut des Hautes Études de la Sécurité Intérieure 19, rue Péclet 75015 Paris. Téléphone : 01.45.30.50.70.
ILS	*Instrument Landing System.* Système comportant deux balises radio, placées à proximité de la piste, pour donner aux avions en approche la trajectoire idéale vers la piste.
INIST	INstitut de l'Information Scientifique et Technique.
INRA	INstitut National de la Recherche Agronomique.
INRIA	Institut National de Recherche en Informatique et Automatique.
INSEE	Institut National de la Statistique et des Études Économiques.
INSERM	Institut National de la Santé et de la Recherche Médicale.
INTRA	Interprétariat-Transmissions (Marine Nationale).
IPB	*Intelligence Preparation of the Battlefield.* Préparation « renseignement » du champ de bataille (*voir* PRB).
IPSN	Institut de Protection et de Sûreté Nucléaire.
IR	Identité Réelle.
IRA	*Irish Republican Army.*
IRCGN	Institut de Recherches Criminelles de la Gendarmerie Nationale.
IR-EM	InfraRouges et ÉlectroMagnétiques (contre-mesures).
IRIA	Institut de Recherche d'Information et d'Automatique.
IRIS	Institut des Relations Internationales et Stratégiques.
IRM	Image par Résonance Magnétique.
IS	*Intelligence Service*

ISID	*Inter Service Intelligence.* SR pakistanais.
IT	1. Injonction Thérapeutique.
	2. Interdiction de Territoire.

✗ ✗ ✗

JCR	Jeunesses Communistes Révolutionnaires.
JSTARS	*Joint Surveillance Target Attack Radar System* (radar de surveillance du sol aéroporté américain).
JTUAV	*Joint Tactical UAV* (drone tactique interarmées américain).
Judex	Système Judiciaire de Documentation et d'Exploitation. Réseau informatisé créé en 1986 et utilisé par la Gendarmerie nationale.
JVN	Jumelles de Vision Nocturne (intensification de lumière résiduelle).

K - L

KCCPC	KGB chinois (remplacé par le *Guoanbu*).
KEMPEITAI	ex-SR japonais [1881-1945] (remplacé par le *Naisho*).
KGB	*Komitet Gosudarstvennoy Beznopasnosti.* Comité de la Sécurité d'État (1954-1991). Centrale de renseignement soviétique devenue le SVR (*voir* SVR).
KYP	Services spéciaux grecs.
KZO	*Kleinfluggerät fur ZielOrtung* (acronyme allemand désignant le Brevel).

✗ ✗ ✗

LIX	Laboratoire d'Informatique de Polytechnique.
LORAN	LOng-RANge Navigation. Système de radionavigation à grande portée qui utilise la comparaison automatique entre les signaux émis du sol par trois stations en liaison les unes avec les autres.

M

MAB	Manufacture d'Armes de Bayonne (Pyrénées-Atlantiques).
MAC	Manufacture d'Armes de Chatellerault (Vienne).
MAC	Mission d'Aide et de Coopération.
Mach	Le nombre de Mach est le rapport entre la vitesse réelle de l'avion et la vitesse locale du son. Cette dernière variant avec la température, et donc l'altitude, un nombre de Mach donné ne correspond pas toujours à la même vitesse réelle.
MAD	*Militärischer AbschirmDienst.* Service de renseignement de l'armée allemande.
MAGLOCLEN	*Middle Atlantic Great Lakes Organized Crime Law Enforcement Network.* Créé en 1981, c'est un des six réseaux régionaux d'échange d'informations qui aident les autorités policières américaines et canadiennes à enquêter sur le crime organisé, le narcotrafic et le crime en col blanc.
MAP	*Movimentu Armartu Sardu.* Mouvement nationaliste proche du FLNC.
MARMAR	Marine Marchande (surnommé « Marine russe »).
MART	Mini-Avion de Reconnaissance Télépiloté.
MAS	Manufacture d'Armes de Saint-Étienne (Loire).
MASINT	*Measurement And Signature INTelligence* : renseignement concernant les paramètres de trajectoire des missiles.
MAT	Manufacture d'Armes de Tulle (Corrèze).
MBB	*Messerschmitt-Blkow-Bölohm.* Société industrielle allemande.
MCMN	Marché Commun de la Mer Noire.
MDN	Ministère de la Défense Nationale (Canada).
MEB	Microscope Électronique à Balayage.
MESREG	MESsagerie RÉGlementaire.
MI5	*Military Intelligence n°5* (1909). Contre-espionnage britannique. (*voir* également SS).
MI6	*Military Intelligence n°6* (1909). Service de renseignement extérieur britannique. (*voir* également SIS).
MIL	Mouvement Ibérique de Libération.
MILINT	Renseignement militaire *(Military Intelligence)*.

MINREM	Moyens Interarmées de Renseignements Électroniques (navires espions français : *Bougainville, Isard*).
Missoum	Missilier de sous-marin.
MISTIGRI	*Mobile Integrated Surveillance of Tactical Informations Gathered by Remote Informants* (sous-système HORIZON).
MIT	*Milli Istihbarat Teskilati* SR turc.
MJIB	Service de contre-espionnage de Taiwan.
MLS	Microwave Landing System (système de guidage en approche remplaçant l'ILS).
MMA	Mouvement Militant Mauricien.
MMC	Mission Militaire de Coopération.
MN	Marine Nationale (surnommée « la Royale »).
MNA	Mouvement Nationaliste Algérien.
MOLICA	Mouvement de Libération du Cabinda.
MOSSAD	*Ha Mossad Le modi'in Ule Tafkidim Meyvhadium.* Institut du Renseignement et des Opérations Spéciales. Service de renseignement israélien créé le 1er avril 1951.
MPLA	Mouvement Populaire de Libération de l'Angola.
MSBS	Mer-Sol Balistique Stratégique.
MSG	Ministère du Solliciteur Général (Canada).
Mt	Mégatonne, équivalant de 1 million de tonnes d'explosifs.
MTA	Mission Technique de l'Armement.
MURAT	Munitions à Risques Atténués.

N - O

NAISHO	Services secrets japonais.
NAP	Noyaux Armés Prolétariens (Italie).
NAPAP	Noyaux Armés pour l'Autonomie Populaire.
NBC	Nucléaire, Biologique, Chimique.
NC	Nageur de Combat.
NDB	*Non Directional Beacon* (radiophare non directionnel).
NDC	Nageur De Combat.

NEDEX	Neutralisation, Enlèvement et Destruction des Explosifs.
NG	Nouvelle Génération.
NIPC	*National Infrastructure Protection Center.* Relève du FBI américain. Son rôle est de déceler les intrusions illicites dans les réseaux informatiques publics et privés, de les prévenir, de faire enquête le cas échéant et d'intervenir en conséquence.
NOCS	*Nucleo Operativo Central di Sicurezza.* Brigade d'intervention italienne.
NP	Non Protégé (mention de non-classification d'un document).
NRO	*National Reconnaissance Office* (organisme américain de reconnaissance par imagerie).

✖ ✖ ✖

OACI	Organisation de l'Aéronautique Civile Internationale (basée à Montréal).
OAS	Organisation Armée Secrète (créé en février 1961 et dissoute peu après la fin de la guerre d'Algérie).
OC	Ondes Courtes.
OCAPI	Outil Conversationnel d'Aide à la Photo-Interprétation (logiciel PIAO de FLEXIMAGE).
OCC	Organisation Communiste Combattante.
OCDE	Organisation de Coopération et de Développement Économiques. Groupe consultatif politique créé en 1961, réunissant 53 États d'Europe, d'Asie centrale et d'Amérique du Nord.
OCL	Organisation Communiste Libertaire.
OCRB	Office Central pour la Répression du Banditisme.
OCRIEST	Office Central chargé de la Répression de l'Immigration irrégulière.
OCRGDF	Office Central de Répression contre la Grande Délinquance Financière (9e Division de la DCPJ).
OCRTAEMS	Office Central pour la Répression du Trafic des Armes, des Explosifs et des Matières Sensibles (6e Division de la DCPJ).
OCRTEH	Office Central pour la Répression de la Traite des Êtres Humains (DCPJ).
OCRTIS	Office Central pour la Répression du Trafic Illicite des Stupéfiants (DCPJ).
OCSS	Office Central des Statistiques et Sondages (RG).

OCT	Organisations Criminelles Transnationales.
ODB	Ordre De Bataille.
OEA	Organisation des États Américains.
OFEMA	Office Français d'Exportation de Matériel Aéronautique.
OFPRA	Office Français de Protection des Réfugiés et Apatrides.
OGA	Office Général de l'Air.
OGD	Observatoire Géopolitique des Drogues.
OIAC	Organisation pour l'Interdiction des Armes Chimiques. Prend effet avec l'entrée en vigueur de la CGC. Siégeant à La Haye, l'Organisation convoquera tous ses membres à la Conférence des États parties, son principal organe, au plus tard 30 jours après l'entrée en vigueur de la Convention. Elle se réunira une fois l'an et convoquera des séances spéciales au besoin.

OIPC	Organisation Internationale de Police Criminelle. Le célèbre « Interpol » fondé en 1923, dont le siège se trouve au :
	    50, quai Achille-Lignon
	    B.P. 6041,
	    69411 Lyon Cédex 06,
	    France
	est un organisme de coopération entre les polices de 178 États.

OLP	Organisation de Libération de la Palestine (1964).
OM	Organisation Militaire (OAS).
OMD	Organisation Mondiale des Douanes (basée à Bruxelles et regroupant 147 États-membres).
OMON	*Otdel Militsii Naznachenyia* Forces spéciales russes d'intervention.
OMS	Officier Militaire de Sécurité.
OMS	Organisation Mondiale de la Santé.
ONG	Organisation Non Gouvernementale.
ONI	Office National d'Immigration.
ONU	Organisation des Nations Unies (créée en 1949 et établie à New York).
OPA	Offre Publique d'Achat.
OPEX	Opération(s) Extérieure(s).
OPFRA	Office de Protection des Réfugiés et des Apatrides.
OR	Officier de Renseignement.
ORCHIDEE	Observatoire Radar Cohérent Héliporté d'Investigation Des Éléments Ennemis (devenu HORIZON).
ORCT	Officier « Renseignement » de Corps de Troupe.

ORSEC	ORganisation des SECours (loi votée le 5 février 1952).
ORSTOM	Office de la Recherche Scientifique et Technique d'Outre-Mer.
ORO	Organisation Renseignement Opérations (OAS).
ORP	Officier de Relations Publiques.
OS	Opérations Spéciales.
OS	Organisation Spéciale.
OSCE	Organisation pour la Sécurité et la Coopération en Europe (ex-CSCE ; créée en 1994).
OTAN	Organisation du Traité de l'Atlantique Nord. Basée à Bruxelles, créée en avril 1949 et regroupant 19 nations.
OTASE	Organisation du Traité de l'Asie du Sud-Est.
OTE	Organisation Terroriste Étrangère, telle que définie dans le *Anti-terrorism and Effective Death Penalty Act* des États-Unis.
OV-1D MOHAWK	Surveillance aérienne par radar ou caméra.

P

PA	Pistolet Automatique (en fait semi-automatique).
PAF	Police de l'Air et des Frontières (rebaptisée Police Aux Frontières).
PAPOP	Polyarme Polyprojectile (fusil d'assaut français du XXIe siècle).
PAT	Plongeur de l'Armée de Terre.
PC	Poste de Commandement.
PCM	Poste de Commandement Mobile.
PCNO	Poste Central de Navigation Opérations (sous-marin nucléaire).
PCO	Poste de Commandement Opérationnel (véhicule équipé de radio, téléphone, caméscope, ordinateur et télécopieur).
PDL	Pendant la Durée Légale.
PDM	Personne De Marque (CDN).
PE	Protocole d'Entente.
PESC	Politique Extérieure et de Sécurité Commune.
PET	*Politiets Efterretnongs Tjeneste*. SR danois basé à Copenhague.
PGP	*Pretty Good Privacy*. Très puissant logiciel d'encodage impénétrable.

PIAO	Photo-Interprétation Assistée par Ordinateur.
PIAPE	Premier Interrogatoire au Point d'Entrée (Canada).
PIDE	*Policia Internal de Defesa do Estado.* Service de renseignement portugais.
PIVER	Programmation et Interprétation des Vols d'Engins de Reconnaissance (système d'exploitation du drone CL-289).
PJ	Police Judiciaire.
PKK	*Partisi Korkaren Kurdistan.* Parti des Travailleurs du Kurdistan.
PLD-CT	Pod de désignation Laser - Caméra Thermique.
PLR	Peloton Léger de Recherche (RBRR).
PM	Pistolet-Mitrailleur.
PMA	Poste Médical Avancé. Lieu de prise en charge et de médicalisation des blessés sur le lieu d'une catastrophe.
PN	Police Nationale (réorganisée par la loi du 31 juillet 1966).
PNB	Parti National Basque.
PNLT	Plan National de Lutte contre le Terrorisme (Canada).
PNR	Plan National de Renseignement.
PO	Petites Ondes.
POT	*Politiets Overvakingsttjeneste.* Service de la Sûreté Territoriale SR norvégien implanté à Oslo.
PP	Préfecture de Police (au nombre de sept en France : Paris, Ajaccio, Lille, Lyon, Marseille, Nice, Toulouse).
PPI	Personnes jouissant d'une Protection Internationale.
PR	Président / Présidence de la République. Palais de l'Élysée, surnommé « le Château », 55-57, rue du Faubourg-Saint-Honoré 75008 Paris, France. Tél : 01.42.61.51.00.
PR	Procureur de la République.
PRB	Peloton de Recherche Blindé (RBRR).
PRB	Préparation Renseignement du champ de Bataille (*voir* IPB).
PREMAR	Préfet / Préfecture maritime (Cherbourg, Brest, Toulon).
PRG	Plan de Renseignement Gouvernemental.
PSIG	Peloton de Surveillance et d'Intervention de la Gendarmerie.
PSIRP	Poste Sécurité Industrielle en Région Parisienne (DPSD).
PVB	Portée Visuelle de Piste.

Q

QG	Quartier Général.
QHS	Quartier(s) de Haute Sécurité (aboli par le décret du 26 février 1982).
QNH	Pression au niveau de la mer dans le code international.
QRSO	Qualification « Renseignement » Sous-Officier.
QSR	Quartier(s) de Sécurité Renforcée (ayant remplacé le QHS).

R

RA	Recherche Aéroportée (13ᵉ RDP).
RA	Régiment d'Artillerie.
RAF	*Rote Armee Fraktion* (Fraction Armée Rouge, créée en 1968).
RAID	Unité de Recherche, Assistance, Intervention, Dissuasion. Brigade d'intervention de la Police Nationale. Créé en 1985, le RAID est constitué de 80 super-flics surnommés « raiders ». Le RAID a choisi la panthère noire comme emblème : B.P. N° 8 95570 Bièvres, France.
RAM	*Random Access Memory* Mémoire vive.
RAM	Régiment d'Artillerie de Montagne.
RAMa	Régiment d'Artillerie de Marine.
RAP	Renseignement, Action, Protection.
RAPAS	Recherche AéroPortée / Action Spécialisée (filière 1ᵉʳ RPIMa).
RAPHAEL	RAdar de PHotographie Aérienne Électrique.
RAS	Rien À Signaler.
RASIT	RAdar de Surveillance des InTervalles.
RATAC	Radar de Tir pour l'Artillerie de Campagne.
RATIS	Recherche, Analyse et Traitement des Informations sur les Systèmes (logiciel Aérospatiale).
RAW	Contre-espionnage indien (basé à New Delhi).
RBRR	Régiment Blindé de Recherche du Renseignement (*voir* BRGE).
RDP	Régiment de Dragons Parachutistes (rattaché à la BRGE)

REFORGER	*REinforcement of FORces in GERmany.*
REI	Régiment Étranger d'Infanterie.
REP	Régiment Étranger Parachutiste.
RG	Renseignements Généraux. Police de renseignement et des jeux créée en 1951. Service de police spécialisé du ministère de l'Intérieur (situé au 11, rue des Saussaies 75008 Paris), les RG sont traditionnellement chargés de recueillir le renseignement dans les domaines politique, économique et social. Sur les quelque 4 000 fonctionnaires des RG, 800 sont affectés à la Préfecture de Police de Paris, 500 au service central et le restant dans les autres départements français.
RGPP	Direction régionale des Renseignements Généraux (relevant de l'autorité du Préfet de Police de Paris).
RH	Régiment de Hussards.
RHP	Régiment de Hussards Parachutistes.
RIR	Réserve d'Intervention Rapprochée.
RITA	Réseau Intégré de Transmissions Automatisées.
RM	Région Militaire (au nombre de neuf dans l'hexagone).
RMI	Robot Mobile d'Intervention.
RMSS	Réunion des Ministres sur la Sécurité et le Renseignement. Présidée par le Premier ministre. Rencontre des ministres des ministères et organismes responsables de la politique et des opérations de sécurité et de renseignement (Canada).
RNIS	Réseau Numérique à Intégration de Services. Réseau numérique utilisé pour des besoins en communication intensive. Dans sa version de base, le réseau RNIS offre aux utilisateurs deux canaux de transmission des informations à 64Kb/s chacun (Kilobits par seconde) – canaux B –, et un canal D à 16Kb/s. Les deux canaux B servent à la communication et le canal D au contrôle de la communication.
ROEM	Renseignement d'Origine ÉlectroMagnétique (englobe COMINT, ELINT et SIGINT).
ROM	*Read-Only Memory* : Mémoire morte.
ROS	Renseignement d'Origine Spatiale.
RPC	Régiment Parachutiste de Choc.
RPIMa	Régiment de Parachutistes d'Infanterie de Marine. Ce régiment (ex-colonial) est composé de « marsouins ».
RPV	*Remotely Piloted Vehicle* : véhicule télépiloté (drone).
RRA	Régiment de Renseignement Aéromobile.

RRA	Régiment de Recherche et d'Acquisition.
RRCA	Régiment de Reconnaissance de Corps d'Armée.
RT	Régiment de Transmissions.
RTC	Réseau Téléphonique Commuté. Réseau analogique français utilisé pour le téléphone ; transport de la voix, données et télécopies.
RTPC	Réseau Téléphonique Public Commuté (Canada).
RU-21H ou RC-12D GUARDRAIL V	Avion capable de capter des émissions HF, VHF et UHF, et de déterminer l'emplacement de l'émetteur.
RV-ID MOHAWK QUICKLOOK	Détermination de l'emplacement des émetteurs autres que de communications.

S

SA	Service Action (*voir* DGSE). Officialisé par le général de Lattre de Tassigny le 7 avril 1951.
SAC	Service d'Action Civique (1958-1975).
SAEPO	*Saekerhetspolisen.* SR suédois basé à Stockholm.
SAM	Sol-Air-Missile.
SAMRO	SAtellite Militaire de Reconnaissance Optique.
SAMU	Service d'Aide Médicale en Urgence.
SAR	*Synthetic Aperture Radar.* Radar à ouverture synthétique.
SARA	Station Aérotransportable de Reconnaissance Aérienne.
SARIGUE	Système Aéroporté de Recueil d'Informations de GUerre Électronique.
SAS	*Special Air Service.* Groupe d'intervention anti-terroriste britannique créé en 1941 et dont la devise est : « Who Dares Wins » (Qui ose gagne) – QG implanté à Hereford.
SAT	Section AntiTerroriste. Cette section, qui remonte à 1978, dépend de la Brigade Criminelle et comprend cinq groupes ; elle est placée sous les ordres d'un commissaire principal au : 36, quai des Orfèvres 75001 Paris, France.

SAT	Service d'Assistance Technique.
SB	*Sluzba Becpieczenstwa.*
	(Ex-SR polonais ; *voir* UOP)
SBNPA	*Security Bureau National Police Agency.*
	SR japonais (*voir* Naisho).
SCE	Service de Contre-Espionnage.
SCLAT	Section Centrale de Lutte Anti-Terroriste (14ᵉ section du Parquet de Paris).
SCPC	Service Central de Prévention de la Corruption (1993).
SCPRI	Service Central de Protection contre les Rayonnements Ionisants.
SCR	Service de Centralisation des Renseignements.
SCRC	Service Canadien de Renseignements Criminels.
SCRS	Service Canadien du Renseignement de Sécurité.
	Service de renseignements intérieur Canadien crée le 16 juillet 1984.
SCSSI	Service Central de Sécurité des Systèmes d'Information.
SCTIJ	Service Central de Traitement de l'Information Judiciaire.
SCTIP	Service de Coopération Technique Internationale de la Police.
SD	Sous-Direction / Sous-Directeur.
SD	Secret-Défense.
SD	*SicherheitsDienst.*
	Service de renseignement des SS.
SDECE	Service de Documentation Extérieure et de Contre-Espionnage. Ex-centrale de contre-espionnage français opérant à l'étranger (1946-1982) surnommée le « guignol » par le général de Gaulle (*voir* DGSE).
SDCJ-DCRG	Sous-Direction des Courses et des Jeux - Direction Centrale des Renseignements Généraux.
SDRG	Service Départemental des Renseignements Généraux.
SEA	Service des Essences des Armées.
SEALS	*Sea, Air, Land.*
	Commando marine des États-Unis créé en 1962 et basé à Coronado, en Californie.
Securitate	SR roumain (*voir* SRE).
SEDI	Section d'Étude de Documentation et d'Images (dissoute).
SEGURIMI	SR albanais.
SER	Secrétariat de l'Évaluation du Renseignement (Canada).
SER	Section d'Éclairage Régimentaire.

SER	Surface Équivalente Radar.
SGDN	Secrétariat Général de la Défense Nationale : bd de la Tour-Maubourg 75007 Paris Créé le 7 janvier 1959 et dépendant du Premier ministre.
SGEA	Système de Guerre Électronique de l'Avant.
SHAT	Service Historique de l'Armée de Terre.
SHF	*Super High Frequency* : super haute fréquence (3-30 GHz).
SHIN BETH	*Sherut Habitachou Haklali*. Service de contre-espionnage israélien créé le 30 juin 1948.
SIC	Systèmes d'Information et de Commandement.
SICOSC	Système Informatique de Communications Opérationnelles de la Sécurité Civile (Valabre, Var).
SIDPC	Service Interministériel de Défense et de Protection Civile.
SIECA	Société d'Intelligence Économique et Concurrentielle Appliquée.
SIG	Système d'Information Géographique (logiciel de PIAO OCAR).
SIGINT	*SIGnal INTelligence* (regroupement du COMINT et de l'ELINT, équivalent de l'acronyme français ROEM).
Sinn Fein	Mouvement politique républicain pour la réunification de l'Irlande (créé en 1905 ; devise signifiant : « nous-mêmes »).
SIPG	Section d'Interrogation des Prisonniers de Guerre.
SIR	Système d'Information Réglementaire.
SIRPA	Service d'Information et de Relations Publiques des Armées.
SIS	*Secret Intelligence Service*. Service de renseignement extérieur britannique ; ex-MI6.
SISDE	*Servizio per le Informazioni e la Sicurezza Democratica*. Service de renseignement italien (créé en 1977).
SISMI	*Servizio per le Informazioni e la Sicurezza Militare*. Services secrets militaires italiens (créé en 1977).
SM	Sécurité Militaire (1961-1981) ; remplacé par la DPSD. (*voir* DPSD).
SMERSH	*Smert sphionam* (« mort aux espions »). Ex-service de renseignement militaire soviétique (1941-1946).
SMUR	Service Mobile d'Urgence et de Réanimation.
S(M)NA	Sous-Marin Nucléaire d'Attaque.
SNLE	Sous-marin Nucléaire Lanceur d'Engins.
SNP	Sans Nom Patronymique.
SNPE	Société Nationale de Poudres et Explosifs.
SOA	Sangle Ouverture Automatique.
SOTGH	Saut Opérationnel à Très Grande Hauteur.

SPETSNATZ	*Chasti Spetsiel' nogo Naznacheniya.* Forces spéciales russes.
SPHP	Service de Protection des Hautes Personnalités (ex-VO).
SPOT	Système Probatoire d'Observation de la Terre.
SQ	Sûreté du Québec (police provinciale).
SR	Service de Renseignement(s).
SRA	Service de Renseignement et d'Action (créé en 1943).
SRA-D	Service de Renseignements Automatisés-Douanes. (CDN).
SRC	Service de Renseignements Criminels (GRC).
SRE	Services de Renseignement Extérieur (ex-*Securitate* roumain).
SRE	Service du Renseignement sur les Épidémies. Relève du Laboratoire de lutte contre la maladie. Chargé d'enquêter sur les foyers de maladie (Canada).
SRI	Section de Recherche de l'Information (URI).
SRO	Service de Renseignement Opérationnel.
SRPJ	Service Régional de Police Judiciaire (19 en France métropolitaine).
SS	Security Service (nouvelle appellation du service de renseignement intérieur britannique ; ex-MI5).
SS	*SchutzStaffel* (garde personnelle d'élite d'Adolf Hitler).
SSM	Service de Sécurité Militaire (dissous).
SST	Secteur de Surveillance du Territoire (avant 1944).
ST	Surveillance du Territoire. (décret d'août 1899).
STAIR	Système Tactique d'Acquisition et d'Identification de Radars (54e RT).
STAPO	*Staatspolizei.* SR autrichien basé à Vienne.
START	Système Tactique Automatisé de Reconnaissance Technique (54e RT).
Stasi	*Staatssicherheitsdienst.* Ex-service de renseignement est-allemand.
STAT	Section Technique de l'Armée de Terre.
STB	*Statni Tajna Bezpecnost.* (SR tchèque).
STIC	Système de Traitement de l'Information Criminelle.
STS	Direction Scientifique et des Transferts Sensibles (SGDN, dissoute).
SVR	*Sloujba Vnechoi Razvedki.* Service de renseignement extérieur russe ayant succédé au KGB en 1991 ; ex-direction n°1 du KGB.

T - U

TAAF	Terres Australes et Antarctiques Françaises.
TAIGA	Traitement Automatique de l'Information Géopolitique d'Actualité.
TCHEKA	*Tcheresvitchnaïa Komissia* créée par Lénine (1917-1922).
TEWU	Services secrets de la Chine populaire.
TGI	Tribunal de Grande Instance.
TI	Transmetteur Individuel.
TLET	Tigres Libérateurs de l'*Eelam* Tamoul.
TNP	Traité sur la Non-Prolifération des armes nucléaires. Traité visant à prévenir la prolifération des armes nucléaires, adopté par l'Assemblée générale de l'ONU le 12 juin 1968 et signé le 1er juillet 1968 à Londres, à Moscou et à Washington. Depuis lors, la plupart des pays l'ont signé sauf l'Inde, Israël et le Pakistan. En 1995, vingt-cinq ans après son entrée en vigueur, on a ouvert la porte à sa prorogation indéfinie en prévoyant une conférence d'examen tous les cinq ans.
TNT	Trinitrotoluène.
TOE	Théâtre d'Opérations Extérieures.
TPI	Tribunal Pénal International (créé en mai 1993 et siégeant à La Haye).
TR	Travaux Ruraux.
TRACFIN	TRaitement de Renseignement et d'Action contre les Circuits FINanciers clandestins.
TREVI	Terrorisme, Radicalisme, Extrémisme, Violence Internationale. Ce groupe TREVI, créé en 1976, est chargé de coordonner les efforts de lutte antiterroriste au sein de la CEE.
TSD	Très Secret-Défense.
TSE	Techniques Sensibles et Exportations. Sous-direction dissoute du SGDN.
TSS	Transport Supersonique.

✕ ✕ ✕

UAV	*Unmanned Aerial Vehicle.* Engin aérien sans pilote (drone).
UCLAT	Unité de Coordination et de Lutte AntiTerroriste. Organisme permanent placé sous l'autorité du Directeur Général

de la Police Nationale. Coordonne l'ensemble du dispositif antiterroriste, notamment les services de renseignement – DGSE, DST, RG et de police judiciaire. Parmi ces derniers, la 6ᵉ division de la DCPJ et la section antiterroriste – SAT – de la PJ à la Préfecture de Police de Paris jouent un rôle clef. Il existe six antennes européennes de l'UCLAT implantées à : Bonn, Bruxelles, Londres, Madrid, Rome, Wiesbaden.

UCRAM	Unité de Coordination et de Recherche Anti-Mafia.
UDEA	SR yougoslave.
UDE	Unité Drogue Europol.
	Basée à La Haye, Europol n'a pas de compétence opérationnelle ; elle est constituée de fonctionnaires originaires des polices des Quinze et a pour objectif d'échanger, recouper et mettre en perspective leurs informations et analyses en matière de trafic des stupéfiants et de blanchiment d'argent sale.
UDSD	Unité des Déversements de Substances Dangereuses (Canada).
UE	Union Européenne.
UEO	Union de l'Europe Occidentale.
UFL	Unité de Force Locale.
UHF	*Ultra High Frequency.*
	Ultra haute fréquence (300-3 000 MHz).
UIISC	Unité d'Instruction et d'Intervention de la Sécurité Civile.
UIP	Unité d'Interprétation Photographie (EIREL, dissoute).
UKUSA	Accord entre le Royaume-Uni, les États-Unis, l'Australie, le Canada et la Nouvelle-Zélande, établissant en particulier les obligations de chacun de ces pays en matière de surveillance des communications soviétiques et de partage de renseignements électromagnétiques.
ULM	Ultra Léger Motorisé (paramoteur).
UNIR	Unité d'Interception et de Recherche (CGE/44ᵉ RT).
UOP	*Urzad Ochrony Panstwa* : Office de protection de l'État.
	SR polonais ayant remplacé le SB.
URCA	Unité de Recherche de Corps d'Armée.
URH	Unité de Recherche Humaine.
URI	Unité de Recherche de l'Information (BRGE, tout d'abord dénommée URIEx pour désigner son caractère expérimental).
USOM	Unité de Sauvetage des Otages Militaires.
	Unité des Forces canadiennes chargée de fournir une aide armée à la GRC à la demande du Solliciteur général du Canada.
UTB	Unité Territoriale Blindée.

V - W - Z

VAB	Véhicule de l'Avant Blindé.
VASI	*Visual Approach Slope Indicator.*
VBL	Véhicule Blindé Léger.
VHF	*Very High Frequency.* Très haute fréquence (30-300 MHz).
VIGIPIRATE	VIGIlance contre les actions PIRATEs.
VLIIP	Véhicule Léger d'Investigation et d'Intervention Ponctuelle.
VLRA	Véhicule Léger de Reconnaissance et d'Appui.
VO	Voyages Officiels (*Voir* SPHP).
VOA	Véhicule d'Observation de l'Artillerie.
VOR	*Visual Omni Range* (radiophare omnidirectionnel).
VPRG	Voie Publique des Renseignements Généraux.
VRF	*Visual Flight Rules* (vol à vue).
VST	Veille Scientifique et Technologique (sous-direction dissoute du SGDN).

※ ※ ※

WWW	*World Wide Web.* Concept de présentation de l'information sur Internet en mode Hyper Text. Les documents **WWW** peuvent regrouper du texte, des images, du son, de la vidéo ou des adresses menant vers d'autres sites.

※ ※ ※

ZCE	Zone de Compétence Exclusive. Zones rurales françaises qui sont du ressort exclusif de la Gendarmerie Nationale.
ZEE	Zone Économique Exclusive (200 milles nautiques au large des côtes nationales).
ZI	Zone d'Intérêt.

ZPE	Zone de Police d'État. Zones urbaines françaises qui sont du ressort exclusif de la Police Nationale.
ZR	Zone de Responsabilité.
ZS	Zone Sensible.

BIBLIOGRAPHIE

ABTEY, Jacques et Dr. Fritz Unterberg GIBHARDT, *2ᵉ Bureau contre Abwehr*, La Table Ronde, Paris, 1967.

ADLER, Laure, *L'Année des adieux*, Flammarion, Paris, 1995.

ALEXANDRE, Philippe, *Plaidoyer impossible pour un vieux président abandonné par les siens*, Albin Michel, Paris, 1994.

ALEM, Jean-Pierre, *L'Espionnage et le Contre-espionnage*, coll. "Que sais-je ?", PUF, Paris, 1980.

ALEM, Jean-Pierre, *L'Espionnage : histoire, méthodes*, Lavauzelle, Paris, 1987.

ALSOP, Stewart et Thomas BRADEN, *L'OSS, l'Amérique et l'espionnage*, Fayard, Paris, 1964.

AMOUROUX, Henri, *La Grande Histoire des Français sous l'occupation, 1939-1945*, Fayard, Paris, 1977-1983.

ANDREW, Christopher et O. GORDIEVSKY, *Le KGB dans le monde*, Fayard, Paris, 1990.

ANGELIER, Jean-Pierre, *Le Nucléaire*, La Découverte / Maspero, Paris, 1983.

ARENDT, Hannah, *Penser l'événement*, Belin, Paris, 1989.

ARGOUD, Antoine, *La Décadence, l'imposture et la tragédie*, Fayard, Paris, 1974.

ARON, Raymond, *Dimensions de la conscience historique*, Plon, Paris, 1961.

ARON, Raymond, *L'Âge des empires et l'avenir de la France*, Plon, Paris, 1980.

ARON, Raymond, *Paix et Guerre entre les nations*, Calmann-Lévy, Paris, 1982.

ARON, Raymond, *La République impériale*, Calmann-Lévy, Paris, 1973.

ASSOULINE, Pierre, *Monsieur Dassault*, Balland, Paris, 1982.

ATTALI, Jacques, *Verbatim I (1981-1986), Verbatim II (1986-1988), Verbatim III (1988-1991)*, Fayard, Paris,1993-1995.

AUBERT, Jacques, Michel EUDE, Claude GOYARD *et al*, éds. *L'État et sa police en France, 1789-1914*, Genève, 1979.

AURIOL, Vincent, *Journal du septennat, 1947-1954*, vol. I : *1947*, Armand Colin, Paris, 1970.

BARON, John, *Enquête sur le KGB*, Fayard, Paris, 1984.

BARRIL, Paul, *Missions très spéciales*, Presses de la Cité, Paris, 1984.

BARRIL, Paul, *Guerres secrètes à l'Élysée*, Albin Michel, Paris, 1996.

BARTHÉLEMY, Chef de bataillon, *L'Officier de renseignement outre-mer*, DOC 9593, SHAT, Vincennes, 1958.

BASSO, Jacques A., *Les Groupes de pression*, Presses Universitaires de France, Paris, 1983.

BAUCHARD, Philippe, *Les Technocrates et le pouvoir*, Arthaud, 1966.

BAUD, Jacques, *Encyclopédie du renseignement et des services secrets*, Lavauzelle, Paris, 1997 (2ᵉ édition 1998).

BEAU, Francis, *Renseignement et société de l'information*, Fondation pour les Études de Défense, Paris, 1997.

BERGIER, Jacques, *L'Espionnage industriel*, Hachette, Paris, 1969.

BERNET, Philippe, *Roger Wybot et la bataille pour la DST*, Presses de la Cité, Paris, 1975.

BERNET, Philippe, *SDECE, Service 7*, Presses de la Cité, Paris, 1980.

BERTRAND, Gustave, *Enigma ou la plus grande énigme de la guerre, 1939-1945*, Plon, Paris, 1973.

BÉRY, Jean, *Le SR Air*, Éditions France-Empire, Paris, 1979.

BESSON, Bernard et Jean-Claude POSSIN, *Du renseignement à l'intelligence économique*, Dunod, Paris, 1996.

BITERLIN, Lucien, *Nous étions tous des terroristes : L'histoire des « barbouzes » contre l'OAS en Algérie*, Éditions du Témoignage chrétien, Paris, 1983.

BLANC, Hélène, *Le Dossier noir des mafias russes*, La Griot, Montréal, Balzac, 1998.

BLOCH, Alain, *L'Intelligence économique*, Economica, Paris, 1996.

BODARD, Lucien, *La Guerre d'Indochine*, vol. I : *L'enlisement*, Gallimard, Paris, 1963.

BODINIER, Gilbert, *Indochine 1947 : Règlement politique ou solution militaire, textes et documents*, SHAT, Vincennes, 1989.

BONANATE, Luigi, *Le Terrorisme international*, Casterman, Paris, 1994.

BONELLO, Yves-Henri, *Le Secret*, PUF, Paris, 1998.

BORCHERS, Major, *Abwehr contre Résistance*, Amiot-Dumont, Paris, 1949.

BOUCART, Robert, *Les dessous de l'espionnage 1939-1959*, Éditions Descamps, Paris, 1958.

BOURDREL, Philippe, *La Cagoule*, Albin Michel, Paris, 1992.

BOUVIER, Jean, René GIRAULT et Jacques THOBIE, *Impérialisme à la française : 1914-1960*, La Découverte, Paris, 1986.

BOUVIER, Jean et René GIRAULT, *L'impérialisme français d'avant 1914*, Menton, Paris, 1976.

BOUYSSONNIE, Jean-Pierre, *Au cœur de la bataille électronique*, Éd. Jean Picollec, Paris, 1982.

BOZZU-GENTILE, Jean-François, *L'Affaire Gladio*, Albin Michel, Paris, 1994.

BRAMLY, Serge, *Le Réseau Melchior*, Jean-Claude Lattès, Paris, 1996.

BRANDEL, Fernand, *L'Identité de la France*, Arthaud-Flammarion, Paris, 1986.

BRANDT, Willy, *De la guerre froide à la détente*, Gallimard, Paris, 1976.

BREDIN, Jean-Denis, *L'Affaire*, Julliard, Paris, 1983.

BRODEUR, Jean-Paul, « La Police : mythes et réalités », *Criminologie*, XVII, 1984.

BRUNET, Jean-Paul, *Dictionnaire de la Police et de la Pègre*, La Maison du Dictionnaire, Paris, 1990 (2ᵉ édition 2000).

BRUNET, Jean-Paul, *La Police de l'ombre, Indicateurs et provocateurs dans la France contemporaine*, Seuil, Paris, 1990.

BUCHEIT, Gert, *Secrets des services secrets : Missions, méthodes, expériences*, Arthaud, Paris, 1974.

BURDAN, Daniel, *DST : Neuf ans à la division antiterroriste*, Laffont, Paris, 1990.

BUTON, Philippe, *Les Lendemains qui déchantent : Le Parti communiste français à la Libération*, Presses de la Fondation Nationale des Sciences Politiques, Paris, 1994.

CALMITT, Arthur, L' « OCM », *Organisation Civile et Militaire : Histoire d'un mouvement de Résistance de 1940 à 1946*, Presses Universitaires de France, Paris, 1961.

CALVI, Fabrizio et Olivier SCHMIDT, *Intelligences secrètes : Annales de l'espionnage*, Hachette, Paris, 1988.

CALVI, Fabrizio, OSS. *La Guerre secrète en France : Les Services spéciaux américains, la Résistance et la Gestapo, 1942-1945*, Hachette, Paris, 1990.

CARLIER, Claude, *L'Aéronautique française : 1945-1975*, Lavauzelle, Paris, 1983.

CARRIAS, Eugène, *Les Renseignements de contact*, Charles-Lavauzelle, Paris, 1937.

CARRIAS, Eugène, *La Pensée militaire française*, Presses Universitaires de France, Paris, 1948.

CASSIRER, Ernst, *L'Idée de l'Histoire*, CERF, Paris, 1988.

CASTELLAN, Georges, *Le Réarmement clandestin du Reich, 1930-1935, vu par le 2e Bureau de l'État-major français*, Plon, Paris, 1954.

CASTENET, Jacques, *Déclin de la Troisième : 1931-1938*, Hachette, Paris, 1962.

CÉCILE, Jean-Jacques, *Le Renseignement français à l'aube du XXIe siècle*, Lavauzelle, Paris, 1998.

CHAIROFF, Patrice, *Dossier B... comme barbouzes : Une France parallèle, celle des basses-œuvres du pouvoir en France*, Alain Moreau, Paris, 1975.

CHALET, Marcel et Thierry WOLTON, *Les Visiteurs de l'ombre*, Grasset, Paris, 1991.

CHARVIN, Robert et Jacques VIGNET-ZURZ, *Le Syndrome Kadhafi*, Albatros, Paris, 1987.

CHATENET, Aymar du et Bertrand COQ, *Mitterrand de A à Z*, Albin Michel, Paris, 1995.

COHEN, Samy, *La Monarchie nucléaire*, Hachette, Paris, 1986.

COHEN-TANUGI, Laurent, *La Métamorphose de la démocratie*, Éd. Odile Jacob, Paris, 1989.

COLARD, Daniel, Jacques FONTANEL et Jean-François GUILHAUDIS, *Le Désarmement pour le développement ; dossier d'un pari difficile*, Les Cahiers de la Fondation pour les Études de Défense nationale, Paris, 1981.

COLOMBANI, Jean-Marie et Hugues PORTELLI, *Le Double Septennat de François Mitterrand*, Grasset, Paris, 1995.

COLOMBANI, Jean-Marie, *Mitterrand, le roman d'une vie*, Éditions Mille et une Nuits, Paris, 1996.

CORDIER, Danier, *Jean Moulin : L'Inconnu du Panthéon*, vol. III : *De Gaulle, capital de la Résistance*, J.-C. Lattès, Paris, 1993.

COURRIÈRE, Yves, *Les Fils de la Toussaint*, Fayard, Paris, 1968.

COURRIÈRE, Yves, *La Guerre d'Algérie : l'heure des colonels*, Fayard, Paris, 1970.

COUVE DE MURVILLE, Maurice, *Le Monde en face*, Plon, Paris, 1989.

CROZIER, Brian *et al.*, *Le Phénix rouge*, Éditions du Rocher, Paris, 1995.

DANIEL, Jean, *Les Religions d'un président*, Grasset, Paris, 1988.

DANSEL, Michel, *Carnet de mémoire d'un espion*, Éditions Résidence, Paris, 1999.

DAUDET, Léon, *L'Avant-guerre : Études et documents sur l'espionnage juif-allemand en France depuis l'affaire Dreyfus*, Nouvelle Librairie nationale, Paris, 1925.

DAUDET, Léon, *Magistrats et policiers*, Grasset, Paris, 1935.

DEBRAY, Régis, *Tous azimuts*, Éd. Odile Jacob, Paris, 1989.

DEBRAY, Régis, *Loués soient nos seigneurs*, Gallimard, Paris, 1996.

DELARUE, Jacques, *OAS contre de Gaulle*, Fayard, Paris, 1981.

DEROGY, Jacques et Jean-Marie PONTAUT, *Enquête sur trois secrets d'État*, Laffont, Paris, 1986.

DEROGY, Jacques, *Les Grandes Énigmes de notre temps : l'affaire Greenpeace*, Éditions de Crémille, Genève, 1990.

DESPUECH, Jacques, *Le Trafic des piastres*, La Table Ronde, Paris, 1974.

DEWERPE, Alain, *Espion, une anthropologie historique du secret d'État contemporain*, Gallimard, Paris, 1994.

DIAMANT, Commissaire, *Les Réseaux secrets de la police*, Éditions la Découverte, Paris, 1993.

DOBRY, Michel, *Sociologie des crises politiques*, Presses de la Fondation Nationale des Sciences Politiques, Paris, 1986.

DOISE, Jean et Maurice VAISSE, *Diplomatie et Outil militaire : 1871-1969*, Imprimerie nationale, Paris, 1987.

DOLENT, Jean et Thomas DAQUIN, *La Sécurité militaire*, Éditions du Cerf, Paris, 1981.

DROZ, Humbert, *L'Œil de Moscou à Paris*, Juillard-Archives, Paris, 1964.

DUFOURG, Jean-Marc, *Section manipulation : De l'antiterrorisme à l'affaire Doucé*, Michel Lafon, Paris, 1991.

DUROSELLE, Jean-Baptiste, *L'Abîme : 1939-1945*, Imprimerie nationale, Paris, 1980.

DUROSELLE, Jean-Baptiste, *Tout empire périra*, série internationale, Publication de la Sorbonne, Paris, 1981.

DUROSELLE, Jean-Baptiste, *La Décadence : 1932-1939*, Publication de la Sorbonne, Paris, 1985.

DUROSELLE, Jean-Baptiste, *Enjeux et Puissances*, Publication de la Sorbonne, Paris, 1986.

DUVERGER, Maurice, *La Démocratie sans le peuple*, Éd. du Seuil, Paris, 1967.

ELMER, Alexander, *L'Agent secret de Napoléon, Charles-Louis Schulmeister*, Payot, Paris, 1932.

FALIGOT, Roger et Rémi KAUFFER, *Au cœur de l'État, l'espionnage*, Autrement, Paris, 1983.

FALIGOT, Roger, *Markus, espion allemand*, Temps actuels, Paris, 1984.

FALIGOT, Roger et Pascal KROP, *La Piscine, Les services secrets français de 1944 à 1984*, Seuil, Paris, 1985.

FALIGOT, Roger et Rémi KAUFFER, *Kang Sheng et les services secrets chinois*, Robert Laffont, Paris, 1987.

FALIGOT, Roger et Rémi KAUFFER, *Les Résistants : De la guerre de l'ombre aux allées du pouvoir, 1944-1989*, Fayard, Paris, 1990.

FALIGOT, Roger et Pascal KROP, *Éminences grises*, Fayard, Paris, 1992.

FALIGOT, Roger et Rémi KAUFFER, *Histoire mondiale du renseignement*, 2 vol., Robert Laffont, Paris, 1993.

FALIGOT, Roger, *Naisho : Enquête au cœur des services secrets japonais*, La Découverte, Paris, 1997.

FALIGOT, Roger et Pascal KROP, *DST police secrète*, Flammarion, Paris, 1999.

FAVIER, Pierre et Michel MARTIN-ROLAND, *La Décénnie Mitterrand*, vol. I : *Les Ruptures, 1981-1984*, Seuil, Paris, 1990 et vol.II : *Les Épreuves*, Seuil, Paris, 1991.

FERRO, Marc, *Pétain*, Fayard, Paris, 1987.

FIJNAUT, Cyrille, « Origines de l'appareil policier moderne en Europe de l'Ouest continentale », *Déviance et Société*, vol. 4, n°1, 1980.

FLEURY, Georges et Bob MALOUBIER, *Nageur de combat*, La Table Ronde, Paris, 1996.

FONTANEL, Jacques, *L'Économie des armes*, La Découverte, Paris, 1984.

FONTANEL, Jacques, *L'Effort économique de défense*, Ares, Paris, 1985.

FORSYTH, Frederick, *Chacal*, Mercure de France, Paris, 1971.

FOUCAULT, Michel, *Surveiller et punir*, Gallimard, Paris, 1975.

FOURCADE, Marie-Madeleine, *L'Arche de Noé : Réseau « Alliance » 1940-1945*, Plon, Paris, 1989.

FOURNIER, Nicolas et Edmond LEGRAND, *E... comme espionnage*, Alain Moreau, Paris, 1978.

FRANCINI, Philippe, *Les Guerres d'Indochine*, 2 vols, Pygmalion, Paris, 1988.

FRENAY, Henri, *La Nuit finira : Mémoire de Résistance 1940-1945*, Laffont, Paris, 1973.

GALBRAITH, John Kenneth, *Anatomie du pouvoir*, Le Seuil, Paris, 1985.

GAMELIN, Général Maurice, *Servir*, 3 vols, Plon, Paris, 1946-47.

GARDER, Michel, *La Guerre secrète des services spéciaux français, 1935-1945*, Plon, Paris, 1967.

GAUCHÉ, Général, *Le Deuxième Bureau au travail (1935-1940)*, Amiot-Dumont, Paris, 1953.

GAULOIS, Jean, *Notre défense en mal d'une politique*, Éd. Economica, Paris, 1988.

GENESTAR, Alain, *Les Péchés du prince*, Hachette, Paris, 1992.

GEORGE, Susan, *Jusqu'au cou*, La Découverte, Paris, 1988.

GERDAN, Éric, *Dossier A... comme armes*, Alain Moreau, Paris, 1975.

GÉRÉ, François, *La Guerre psychologique*, Economica, Bibliothèque stratégique, Paris, 1997.

GIESBERT, Franz-Olivier, *Le Président*, Le Seuil, Paris, 1990.

GIESBERT, Franz-Olivier, *François Mitterrand, une vie*, Le Seuil, Paris, 1996.

GIESBERT, Franz-Olivier, *Le Vieil Homme et la mort*, Gallimard, Paris, 1996.

GILLOIS, André, *Histoire secrète des Français à Londres de 1940 à 1944*, Hachette, Paris, 1973.

GIRARDET, Raoul, *Problèmes militaires et stratégiques contemporains*, Dalloz, Paris, 1989.

GIRAUD, Henri-Christian, *De Gaulle et les communistes*, vol. I : *L'Alliance : juin 1941-mai 1943*, Albin Michel, Paris, 1988 ; vol II : *Le Piège : mai 1943-janvier 1946*, Albin Michel, Paris, 1989.

GIVIERGE, Marcel, *Au service du chiffre : 18 ans de souvenirs, 1907-1925*, NAF, Bibliothèque Nationale, Amiens, 1930.

GOFFMAN, Erwing, *Asiles*, Minuit, Paris, 1968.

GOLDSCHMIDT, Bertrand, *Le Complexe atomique*, Fayard, Paris, 1980.

GOLDSCHMIDT, Bertrand, *Pionniers de l'atome*, Stock, Paris, 1987.

GOUZE, Roger, *Mitterrand par Mitterrand*, Le Cherche-Midi, Paris, 1994.

GRAS, Yves, *Histoire de la guerre d'Indochine*, Plon, Paris, 1978.

GROUSSARD, Georges A., *Service secret, 1940-1945*, La Table Ronde, Paris, 1964.

GROUSSARD, Georges, A., *Chemins secrets*, Bader-Dufour, Paris, 1948.

GROUSSET, René, *Bilan de l'Histoire*, Libraire Académique Perrin, Paris, 1974.

GUBLER, Docteur, *Le Grand Secret*, Plon, Paris, 1996.

GUERIN, Alain, *Les Gens de la CIA*, Éd. Sociales, Paris, 1980.

GUICHARD, Marie-Thérèse, *Le Président qui aimait les femmes*, Robert Laffont, Paris, 1993.

GUILLAUME, Gilbert, *Mes Missions face à l'Abwehr*, 3 vols, Plon, Paris, 1973.

GUISNEL, Jean et Bernard VIOLET, *Services secrets : Le Pouvoir et les services de renseignement sous François Mitterrand*, Éditions de la Découverte, Paris, 1988.

GUISNEL, Jean, *Services secrets et Internet : Guerres dans le cyberespace*, La Découverte, Paris, 1995.

HAMON, Alain et Jean-Claude MARCHAND, *Action directe, Du terrorisme français à l'euroterrorisme*, Seuil, Paris, 1986.

HALLIER, Jean-Edern, *L'Honneur perdu de François Mitterrand*, Les Belles Lettres - Le Rocher, Paris, 1996.

HAMON, Alain et Jean-Claude MARCHAND, *Dossier P... comme police*, Alain Moreau, Paris, 1983.

HARSTRICH, Jacques et Fabrizio CALVI, *RG : 20 ans de police politique*, Calmann-Lévy, Paris, 1991.

HEBERT, Jean-Paul, *Les Ventes d'armes*, Syros/Alternatives, Paris, 1988.

HENKINE, Cyrile, *L'Espionnage soviétique : le cas Rudolph Abel*, Fayard, Paris, 1982.

HENNEZEL, Marie de, *La Mort intime*, Robert Laffont, Paris, 1995.

HENRI, Brigitte, *Le Renseignement, Un enjeu de pouvoir*, Éditions Economica, Paris, 1998.

HOFFMANN, Stanley, *La Nouvelle Guerre froide*, Berger-Levrault, Paris, 1983.

HOY, Claire et Victor OSTROVSKY, *Mossad-Un agent des services secrets parle*, Presses de la Cité, Paris, 1990.

JACQUARD, Roland, *La Guerre du mensonge*, Plon, Paris, 1986.

JACQUIN, Henri, *La Guerre secrète en Algérie*, Olivier Orban, Paris, 1977.

JACQUIN, Henri, *Guerre secrète en Indochine*, Olivier Orban, Paris, 1979.

JARDIN, André, *Histoire du libéralisme politique*, Hachette, Paris, 1985.

JAUFFRET, Jean-Charles, *La Guerre d'Algérie par les documents*, vol. I : *L'Avertissement, 1943-1946*, SHAT, Vincennes, 1990.

JOURNES, Claude, *Police et politique*, Presses Universitaires de Lyon, Lyon, 1988.

JOYAUX, François, *La Nouvelle Question d'Extrême-Orient*, Payot, Paris, 1985.

JUBELIN Frank et Roch PESCADÈRE, *Le commando Hubert*, Éd. Roch-Productions, Paris, 1999.

JULIEN, Claude, *Le Suicide des démocraties*, Grasset, Paris, 1972.

KAHN, Jean-François, *Complot contre la démocratie*, Flammarion, Paris, 1977.

KAUFFER, René, *Service B*, Fayard, Paris, 1985.

KAUFFER, René, *OAS : Histoire d'une organisation secrète*, Fayard, Paris, 1986.

KENNAN, George F., *Le Mirage nucléaire*, La Découverte, Paris, 1984.

KENNEDY, William (Col.), *La Guerre secrète moderne*, Bordas, Paris, 1984.

KISSINGER, Henry, *À la Maison-Blanche : 1968-1973*, Fayard, Paris, 1979.

KOSTINE, Sergueï, *Bonjour Farewell*, Robert Laffont, Paris, 1997.

KROP, Pascal, *Les Secrets de l'espionnage français*, Payot, Paris, 1993.

LACOSTE, Pierre (amiral) et Alain-Gilles MINELLA, *Un Amiral au secret*, Flammarion, Paris, 1997.

LACOURBE, Roland, *Nazisme et Seconde Guerre mondiale dans le cinéma d'espionnage*, Henry Veyrier, Paris, 1983.

LACOUTURE, Jean, *De Gaulle : Le Rebelle, 1890-1944*, Seuil, Paris, 1984.

LACOUTURE, Jean, *De Gaulle : Le Politique, 1944-1959*, Seuil, Paris, 1985.

LACOUTURE, Jean, *De Gaulle : Le Souverain, 1959-1970*, Seuil, Paris, 1986.

LADOUX, Georges, *Les Chasseurs d'espions : Comment j'ai fait arrêter Mata-Hari*, Éditions du Masque, Paris, 1932.

LADOUX, Georges, *Marthe Richard : Espionne au service de la France : août 1914-octobre 1917*, Éditions du Masque, Paris, 1932.

LADOUX, Georges, *Mes Souvenirs*, Les Éditions de France, Paris, 1937.

LANG, Caroline (sous la direction de), *Le Cercle des intimes : François Mitterrand par ses proches*, La Sirène, Paris, 1995.

LAURENT, Frédéric, *L'Orchestre noir*, Stock, Paris, 1978.

LEBLANC, Michel et Raymond DEMATTEIS, *Haute Surveillance, six présidents, vingt ministres*, Éditions Michel Lafon, Paris, 1995.

LE CLÈRE, Marcel, *La Police*, Presses Universitaires de France, Paris, 1972.

LESTER, Normand, *Enquêtes sur les services secrets*, Les Éditions de l'Homme, Montréal, 1988.

LEVY, René, *La « Police », une notion piégée*, C.E.S.D.I.P., Paris, 1987.

LUTTWAK, Edward N., *Le Paradoxe de la stratégie*, Éd. Odile Jacob, Paris, 1989.

MADELIN, Philippe, *La France mafieuse*, Le Rocher, Paris, 1994.

MAMENT, Pierre, *Tocqueville et la nature de la démocratie*, Julliard, Paris, 1982.

MARCELLIN, Raymond, *La Guerre politique*, Plon, Paris, 1985.

MARCHETTI, Victor et John D. MARKS, *La CIA et le culte du renseignement*, Robert Laffont, Paris, 1975.

MARION, Pierre, *Le Pouvoir sans visage*, Calmann-Lévy, Paris, 1990.

MARION, Pierre, *La Mission impossible : À la tête des services secrets*, Calmann-Lévy, Paris, 1991.

MARION, Pierre, *Mémoires de l'ombre*, Flammarion, Paris, 1999.

MARRUS, Michel, *Les Juifs en France à l'époque de l'affaire Dreyfus*, Calmann-Lévy, Paris, 1972.

MARSEILLE, Jacques, *Empire colonial et capitalisme français*, Albin Michel, Paris, 1984.

MARTIN, David C., *KGB contre CIA*, Presses de la Renaissance, Paris, 1981.

MARX, Gary T., « La Société de sécurité maximale », *Déviance et Société*, vol. 12, n°2, 1988.

MASSIP, Roger et Jean DESCOLA, *Il y a quarante ans Munich*, Plon, Paris, 1978.

MASSON, Philippe, *Histoire de la Marine*, Lavauzelle, Paris, 1981.

MASSU, Jacques, *La Vraie Bataille d'Alger*, Plon, Paris, 1971.

MELNIK, Constantin, *Mille Jours à Matignon*, Grasset, Paris, 1988.

MELNIK, Constantin, *Des Services « très » secrets*, Éditions de Fallois, Paris, 1989.

MELNIK, Constantin, *Un Espion dans le siècle*, Plon, Paris, 1994.

MELNIK, Constantin, *La Mort était leur mission*, Plon, Paris, 1996.

MICHEL, Chef de bataillon FL, *Cours de renseignement*, Section de documentation militaire d'outre-mer, doc. 8428, SHAT, Vincennes, 1955.

MICHEL, Henri, *Jean Moulin l'unificateur*, Hachette, Paris, 1964.

MICHEL, Henri, *Bibliographie critique de la Résistance*, Institut Pédagogique National, Paris, 1964.

MICHELETTI, Éric, *Le Commandement des opérations spéciales*, Éd. Histoire et Collections, Paris, 1999.

MINART, Colonel Jacques, *PC Vincennes : Secteur 4*, Berger-Levrault, Paris, 1945.

MINC, Alain, *La Grande Illusion*, Grasset, Paris, 1989.

MITTERRAND, Danielle, *En toutes libertés*, Ramsay, Paris, 1996.

MITTERRAND, François, *Le Coup d'État permanent*, Plon, Paris, 1965.

MITTERRAND, François, *Mémoires interrompus*, Odile Jacob, Paris, 1996.

MODINE, Youri Dumovitch, *Mes camarades de Cambridge*, Robert Laffont, Paris, 1994.

MOLHO, Danièle, *François Mitterrand*, éd. Milan, Paris, 1996.

MONET, Jean Claude, *Police-État-Société : Essai de redéfinition de la problématique*, C.E.S.D.I.P., Paris, 1987.

MONJARDET, Dominique, « Police et sociologie : questions croisées », *Déviance et Société*, vol. XI, n°4, 1985.

MONJARDET, Dominique, *Police et politique : les Renseignements Généraux en France*, non publié, 1987.

MONJARDET, Dominique et René LEVY, *Les Pratiques policières masquées en France : éléments de description et d'analyse*, Communication à la Conférence Internationale de Loi et Société, Amsterdam, juin 1991.

MONTALDO, Jean, *Lettre ouverte d'un « chien » à François Mitterrand au nom de la liberté d'aboyer*, Albin Michel, Paris, 1995.

MONTALDO, Jean, *Mitterrand et les 40 voleurs*, Albin Michel, Paris, 1994.

MONTALDO, Jean, *Rendez l'argent*, Albin Michel, Paris, 1995.

MORÉAS, Georges, *Un Flic de l'intérieur*, Éditions n°1, Paris, 1985.

MORÉAS, Georges, *Écoutes et espionnage*, Stock, Paris, 1990.

MOREAU, Alain, *Dossier E... comme espionnage*, Alain Moreau, Paris, 1978.

MORIN, Henri, *Service secret : À l'écoute devant Verdun*, G. Durasse, Paris, 1959.

MOULTON, Harold et Louis MARILO, *Le Désarmement de l'Allemagne et du Japon*, Brentano's, New York, 1945.

MULLE, Raymond et Éric DEROO, *Services spéciaux : Armes, Techniques, Missions, GCMA-Indochine 1950/54*, Éditions Crépin-Leblond, Paris, 1992.

MUELLE, Raymond et René BAIL, *Le Centre national d'entraînement commando, 1ᵉʳ régiment de choc*, Lavauzelle, Paris, 1997.

NADOULEK, Bernard, *L'Intelligence stratégique*, CPE Étude, Paris, 1988.

NAVARRE, Henri, *Le Service de renseignements, 1871-1944*, Plon, Paris, 1978.

NAVARRE, Henri, *Agonie de l'Indochine, 1953-1954*, Plon, Paris, 1956.

NAVARRE, Henri, *Le Temps des vérités*, Plon, Paris, 1979.

NAY, Catherine, *Le Noir et le Rouge*, Grasset, Paris, 1984.

NAY, Catherine, *Les Sept Mitterrand*, Grasset, Paris, 1988.

NIXON, Richard M., *1999 : La Victoire sans la guerre*, Ergo Press, Paris, 1988.

NOGUÈRES, Henri, *Histoire de la Résistance en France*, 5 vols, Laffont, Paris, 1967-81.

NOGUÈRES, Henri, *La Vie quotidienne des résistants de l'Armistice à la Libération*, Hachette, Paris, 1984.

NORD, Pierre (pseudonyme du Colonel Brouillard), *Mes Camarades sont morts*, 3 vols, Librairie des Champs-Élysées, Paris, 1947-49.

NORD, Pierre, *La Guerre du renseignement*, 3 vols, Fayard, Paris, 1947.

NORD, Pierre, *Le 13ᵉ suicidé*, Flammarion, Paris, 1970.

NORD, Pierre, *L'Intoxication : Arme absolue de la guerre subversive*, Fayard, Paris, 1972.

OCKRENT, Christine et MARENCHES (Comte de), *Dans le secret des princes*, Stock, Paris, 1986.

OTAN, *Termes et définitions approuvés OTAN en français*, OTAN, Bruxelles.

PAILLAT, Claude, *1919 : les illusions de la gloire*, Robert Laffont, Paris, 1979.

PAILLOLE, Paul, *Services spéciaux (1935-1945)*, Laffont, Paris, 1975.

PAILLOLE, Paul, *Notre espion chez Hitler*, Laffont, Paris, 1985.

PALÉOLOGUE, Maurice, *Journal de l'affaire Dreyfus, 1894-1899*, Plon, Paris, 1958.

PAQUET, Charles, *Études sur le fonctionnement interne d'un 2ᵉ Bureau en campagne*, Berger-Levrault, Paris, 1923.

PAQUET, Charles, *La Défaite militaire de l'Allemagne en 1918*, Berger-Levrault, Paris, 1925.

PAQUET, Charles, *Dans l'attente de la ruée : Verdun (janvier-février 1916)*, Berger-Levrault, Paris, 1928.

PASSY, *Souvenirs : 10 Duke Street, Londres (le BCRA)*, Raoul Solar, Monte-Carlo, 1947.

PASSY, *Missions secrètes en France : Souvenir du BCRA, novembre 1942 - juin 1943*, Plon, Paris, 1951.

PAYNE, Ronald et Christopher DOBSON, *L'Espionnage de A à Z*, Londreys, Paris, 1985.

PÉAN, Pierre, *Affaires africaines*, Fayard, Paris, 1983.

PÉAN, Pierre, *Secret d'État : la France du secret, Les secrets de la France*, Fayard, Paris, 1986.

PÉAN, Pierre, *La Menace*, Fayard, Paris, 1987.

PÉAN, Pierre, *L'Argent noir*, Fayard, Paris, 1988.

PÉAN, Pierre, *L'Homme de l'ombre : Éléments d'enquête autour de Jacques Foccart, l'homme le plus mystérieux et le plus puissant de la Ve République*, Fayard, Paris, 1990.

PÉAN, Pierre, *Les Deux Bombes*, Fayard, Paris, 1992.

PÉAN, Pierre, *Vol UTA 772*, Stock, Paris, 1992.

PÉAN, Pierre, *Le Mystérieux Docteur Martin, 1895-1969*, Fayard, Paris, 1993.

PÉAN, Pierre, *Une Jeunesse française*, Fayard, Paris, 1994.

PÉAN, Pierre, *L'Extrémiste : François Genoud, de Hitler à Carlos*, Fayard, Paris, 1996.

PEDRONCINI, Guy, éd., *Histoire militaire de la France*, vol.III : *De 1871 à 1940*, Presses Universitaires de France, Paris, 1992.

PERRAULT, Gilles, *L'orchestre rouge*, Arthur Fayard, Paris, 1947.

PERRAULT, Gilles, *Le Dossier 51*, Arthur Fayard, Paris, 1973.

PILLEUL, Gilbert, éd., *Le Général de Gaulle et l'Indochine*, Plon, Paris, 1982.

PLANCHAIS, Jean, *Une Histoire politique de l'armée*, vol. II : *1940-1962 : De Gaulle à de Gaulle*, Seuil, Paris, 1967.

PLENEL, Edwy, *Mourir à Ouvéa*, La Découverte, Paris, 1988.

PLENEL, Edwy, *La Part d'ombre*, Stock, Paris, 1992.

POMATEAU, Jacques, *L'État et l'école en France*, Payot, Paris, 1985.

PONTAUT, Jean-Marie, *Les Secrets des écoutes téléphoniques*, Presses de la Cité, Paris, 1978.

PONTAUT, Jean-Marie et Jacques DEROGY, *Enquête sur un Carrefour dangereux*, Fayard, Paris, 1987.

PONTAUT, Jean-Marie et Dominique PRIEUR, *Agent secrète*, Fayard, Paris, 1995.

PONTAUT, Jean-Marie et Jérôme DUPUIS, *Les Oreilles du président*, Fayard, Paris, 1996.

PONTAUT, Jean-Marie et Jérôme DUPUIS, *Enquête sur l'agent Hernu*, Fayard, Paris, 1997.

PORCH, Douglas, *Histoire des services secrets français : de l'affaire Dreyfus au Rainbow Warrior*, Albin Michel, Paris, 1997.

PRADINAUD, Bernard, *Nos années Mitterrand*, Éditions n°1, Paris, 1995.

PRANGE, Gordon W., *Le Réseau Sorge*, Pygmalion, Paris, 1987.

PRINGLE, Peter et James SPIGELMAN, *Les Barons de l'atome*, Le Seuil, Paris, 1982.

RÉMY (pseudonyme de Gilbert Renault-Roulier), *Le Refus, Mémoires d'un agent secret de la France libre*, France-Empire, Paris, 1998.

RICHARD, Marthe, *Ma Vie d'espionne au service de la France*, Éditions de la France, Paris, 1938.

RIVIÈRE, P.-Louis, *Un Centre de guerre secrète : Madrid 1914-1918*, Payot, Paris, 1936.

ROBRIEUX, Philippe, *Histoire intérieure du Parti communiste*, 4 vols, Fayard, Paris, 1980-84.

ROCHET, Jean, *cinq ans à la tête de la DST, 1967-1972, La Mission impossible*, Plon, Paris, 1985.

RONDEAU, Daniel, *Mitterrand et nous*, Grasset, Paris, 1994.

ROUANET, Pierre, *Mendès-France au pouvoir*, Robert Laffont, Paris, 1965.

ROUGELET, Patrick, *RG, La machine à scandales*, Albin Michel, Paris, 1997.

RUBY, Marcel, *La Guerre secrète*, France-Empire, Paris, 1997.

RUFFIN, Raymond, *Résistance PTT*, Presses de la Cité, Paris, 1983.

SAPIR, Jacques, *Le Système militaire soviétique*, La Découverte, Paris, 1988.

SAUTTER, Christian, *Les Dents du géant*, Éd. Olivier Orban, Paris, 1987.

SAVANT, Jean, *Les Espions de Napoléon*, Hachette, Paris, 1957.

SCHMIDT, Helmut, *Des puissances et des hommes*, Plon, Paris, 1987.

SCHWEIZER, Peter, *Les Nouveaux espions : Le pillage technologique des USA par leurs alliés*, Grasset, Paris, 1993.

SEGUÉLA, Jacques, *La Parole de Dieu*, Albin Michel, Paris, 1995.

SILBERZAHN, Claude, *Au cœur du secret*, Fayard, Paris, 1995.

SIMONNOT, Philippe, *Les Nucléocrates*, Presses Universitaires de Grenoble, 1978.

SOUDOPLATOV, Pavel et Anatoli, *Missions spéciales, Mémoires du maître-espion Pavel Soudoplatov*, Seuil, Paris, 1994.

SOUSTELLE, Jacques, *Envers et contre tout*, vol. I : *De Londres à Alger, 1940-1942*, Laffont, Paris, 1947 ; Vol.II : *D'Alger à Paris, 1942-1944*, Laffont, Paris, 1950.

SPARTACUS, Colonel, *Opération Manta*, Plon, Paris, 1985.

STEHLIN, Paul, *La France désarmée*, Calmann-Lévy, Paris, 1974.

STIEBER, Wilhelm, *Espion de Bismarck*, Pygmalion, Paris, 1985.

SUN TZU, *L'Art de la guerre*, Flammarion, Paris, 1972.

TATU, Michel, *Gorbatchev : l'U.R.S.S. va-t-elle changer ?* Le Centurion, Paris, 1987.

TENNESSON, Stein, *1946 : déclenchement de la guerre d'Indochine*, L'Harmattan, Paris, 1987.

THOMAS, Bernard, *Les Provocations policières*, Fayard, Paris, 1972.

THOMPSON, Edward, *L'Exterminisme*, Presses Universitaires de France, Paris, 1982.

THYRAUD DE VOSJOLI, Philippe, *Le Comité*, Éditions de l'Homme, Montréal et Bruxelles, 1975.

TRASATTI, Sergio, *Vatican - Kremlin : Les secrets d'un face à face*, Payot, Paris, 1995.
TREPPER, Leopold, *Le Grand Jeu*, Albin Michel, Paris, 1975.
VALLÉ, Eugène, *Le Cabinet noir*, Presses Universitaires de France, Paris, 1950.
VERALDI, Gabriel, *Le Roman d'espionnage*, P.U.F., Paris, 1983.
VERINES, Colonel Guy, *Mes Souvenirs du réseau Saint-Jacques*, Charles-Lavauzelle, Paris, 1990.
VILLELUME, Paul de, *Journal d'une défaite*, Fayard, Paris, 1976.
VILLEMAREST (de), Pierre, *G.R.U. : Le plus secret des services secrets soviétiques 1918-1988*, Stock, Paris, 1988.
VIOLET, Bernard, *Carlos : Les Réseaux secrets du terrorisme international*, Seuil, Paris, 1996.
VOLKOFF, Vladimir, *Le Retournement*, Presses Pocket, Paris, 1981.
VOLKOFF, Vladimir, *Le Montage*, Presses Pocket, Paris, 1983.
VOLKOFF, Vladimir, *La Guerre des pieuvres*, Presses Pocket, Paris, 1983.
VOLKOFF, Vladimir, *L'Interrogatoire*, LGF, Paris, 1989.
VOSLENSKY, Michaël, *Les Nouveaux secrets de la Nomenklatura*, Plon, Paris, 1995.
WARNSFEL, Bernard, *Contre-espionnage et protection du secret, histoire, droit et organisation de la sécurité nationale de France*, Lavauzelle, Paris, 1999
WILLEMS, Jan, *Dossier Gladio*, Epo., Bruxelles, 1991.
WISE, David, *La Stratégie du soupçon*, Plon, Paris, 1994.
WISE, David, *Un Espion disparaît*, Olivier Orban, Paris, 1988.
WOLF, Markus, *L'Homme sans visage*, Plon, Paris, 1998.
WOLTON, Thierry, *Le KGB en France*, Grasset, Paris, 1986.
WOLTON, Thierry, *Les Écuries de la Ve République*, Grasset, Paris, 1989.
WOLTON, Thierry, *Le grand recrutement*, Grasset, Paris, 1993.
ZAMPONI, Francis, *Les RG à l'écoute de la France, Police et politique de 1981 à 1997*, Éditions de la Découverte, Paris, 1998.

À consulter également :

- *Le Monde du renseignement*, publié par le Groupe Indigo (10 rue du sentier, 75002 Paris).

Ainsi que la revue
- *Renseignements & Opérations spéciales*, publié par l'Harmattan (5-7, rue de l'École Polytechnique, 75005 Paris).

APPENDICES

APPENDIX A / APPENDICE A

U.S. MILITARY RANKS / GRADES MILITAIRES AMÉRICAINS

	Grade	ARMY	NAVY/COAST GUARD	MARINE CORPS	AIR FORCE
Commissioned Officers	O-10	General	Admiral	Same as U.S. Army	Same as U.S. Army
	O-9	Lieutenant General	Vice Admiral	"	"
	O-8	Major General	Rear Admiral (U)	"	"
	O-7	Brigadier General	Commodore/Rear Admiral (L)	"	"
	O-6	Colonel	Captain	"	"
	O-5	Lieutenant Colonel	Commander	"	"
	O-4	Major	Lieutenant Commander	"	"
	O-3	Captain	Lieutenant	"	"
	O-2	First Lieutenant	Lieutenant (JG)	"	"
	O-1	Second Lieutenant	Ensign	"	"
Warrant Officers	W-4	Chief Warrant	Chief Warrant	"	"
	W-3	Chief Warrant	Chief Warrant	"	"
	W-2	Chief Warrant	Chief Warrant	"	"
	W-1	Warrant Officer	Warrant Officer	"	"

Grade	ARMY	NAVY/COAST GUARD	MARINE CORPS	AIR FORCE
E-9	Sergeant Major	Master Chief Petty Officer	Sergeant Major	Chief Master Sergeant/ First Sergeant
E-8	Cmd. Sergeant Major Master Sergeant	Senior Chief Petty Officer	First Sergeant	Senior Master Sergeant/ First Sergeant
E-7	First Sergeant Sergeant 1st Class	Chief Petty Officer	Master Sergeant Gunnery Sergeant	Master Sergeant/ First Sergeant
E-6	Staff Sergeant	Petty Officer 1st Class	Staff Sergeant	Technical Sergeant
E-5	Sergeant	Petty Officer 2nd Class	Sergeant	Staff Sergeant
E-4	Corporal	Petty Officer 3rd Class	Corporal	Sergeant/Senior Airman
E-3	Private 1st Class	Seaman	Lance Corporal	Airman 1st Class
E-2	Private	Seaman Apprentice	Private, 1st Class Marine	Airman

(Enlisted Personnel)

*In the U.S. Army there are two higher ranks than general: General of the Army (5 stars), and General of the Armies. The latter has only been awarded twice – to George Washington and John J. Pershing – and has no prescribed insignia.

APPENDIX B / APPENDICE B
FRENCH MILITARY RANKS / GRADES MILITAIRES FRANÇAIS

	ARMEE DE TERRE	MARINE NATIONALE	ARMEE DE L'AIR
Officiers généraux	Général d'armée Général de corps d'armée Général de division Général de brigade	Amiral Vice-amiral d'escadre Vice-amiral Contre-amiral	Général d'armée aérienne Général de corps aérien Général de division aérienne Général de brigade aérienne
Officiers supérieurs	Colonel Lieutenant-colonel Chef de bataillon / Chef d'escadron	Capitaine de vaisseau Capitaine de frégate Capitaine de corvette	Colonel Lieutenant-colonel Commandant
Officiers subalternes	Capitaine Lieutenant Sous-lieutenant Aspirant	Lieutenant de vaisseau Enseigne de vaisseau de 1re classe Enseigne de vaisseau de 2e classe Aspirant	Capitaine Lieutenant Sous-lieutenant Aspirant
Sous-officiers / (Officiers mariniers, MN)	Major Adjudant-chef Adjudant Sergent-chef / Maréchal des logis chef Sergent / Maréchal des logis A.D.L.* Sergent / Maréchal des logis P.D.L.*	Major Maître principal Premier maître Maître Second maître A.D.L.* Second maître P.D.L.*	Major Adjudant-chef Adjudant Sergent-chef Sergent A.D.L.* Sergent P.D.L.*
Hommes du rang / Quartiers-maîtres et Marins (MN)	Caporal-chef / Brigadier-chef Caporal / Brigadier 1re classe	Quartier-maître de 1re classe Quartier-maître de 2e classe Matelot breveté	Caporal-chef Caporal 1re classe

*A.D.L. Au-delà de la Durée Légale / *P.D.L. Pendant la Durée Légale

APPENDIX C / APPENDICE C

WORLD'S SPECIAL OPERATIONS FORCES
FORCES SPÉCIALES ÉTRANGÈRES

Country	Unit	Role
AUSTRALIA	*Army Commando Companies*	Party of Citizen's Military Force (Army Reserve). Roles: reconnaissance, raids, special assault tasks and training indigenous forces. Some NCOs and officers were attached to the American Civilian Irregular Defence Program during the Vietnam War.
	Special Air Service	Roles: strategic and operational intelligence gathering (LRRPs and LRSP), harassing the enemy in depth with raids and ambushes, combat-rescue operations and counter-terrorism.
	Regional Surveillance Units	NORFORCE, the Pilbara Regiment and the 51 Far North Queensland Regiment are Army Reserve units trained to conduct surveillance and reconnaissance operations and fight in a stay-behind capacity.
BELGIUM	*Para-Commando Regiment*	Formed in 1952 to amalgamate the army Commando Regiment and the 1st Parachute Regiment SAS. Acts as rapid reinforcement for NATO while maintaining specialist reconnaissance, maritime and mountain warfare units. The Para-Commandos also provide support for counter-terrorist operations.
	Special Intervention Squadron	National intervention unit drawn from the para-military police or *Gendarmerie Royale*.
CANADA	*Special Service Force*	Rapid reaction force trained for international operations and internal defence. Also provides support for counter-terrorist operations.
	Emergency Response Teams	Royal Canadian Mounted Police national intervention teams.

Country	Unit	Role
COMMONWEALTH OF INDEPENDENT STATES (FORMERLY, THE USSR)	*Forces of Special Designation (Spetsnaz) Russian Army (2nd Directorate of Military Intelligence)*	1) Independent Companies attached to each army. 2) Long Range Reconnaissance Regiments. 3) 16 Special Operations Brigades attached to each Group of Forces or Military District. Each Brigade has a headquarters company of elite professional troops for sensitive missions.
	Russian Navy	Four Naval Spetsnaz Brigades attached to each of the Northern, Baltic, Black Sea and Pacific Fleets. Each consists of a headquarters company (special operations), midget submarine group, three combat-swimmer battalions, a parachute battalion, a signals company and technical support units.
	Ministry of Internal Affaires (MVD)	Dzerzhinskiy Special Operations Motor Rifle Division - internal security.
	Committee of State Security (KGB)	1) Spetsnaz forces, probably drawn from elements of the KGB Border Guards. 2) Alpha Teams. Counter-terrorism and special operations. Transport and technical support provided by Border Guards Directorate and controlled by the Urgent Action Crisis Headquarters in Moscow.
FRANCE	*2nd Foreign Legion Parachute Regiment*	N° 1 Coy - urban warfare, night and helicopter operations, including commando raids. N° 2 Coy - mountain warfare. N° 3 Coy - maritime operations. N° 4 Coy - sabotage, demolitions and stay-behind operations. Commandos de Renseignement et de l'Action en Profondeur - special operations. The *2e Régiment Étranger de Parachutistes* was virtually wiped out during the siege of Dien Bien Phu (Indo-China) and reformed for the Algerian War.

Country	Unit	Role
	Groupe d'Intervention de la Gendarmerie Nationale	GIGN, the French national intervention team, is drawn from the *Gendarmerie Nationale*.
Germany	*Fernspahetruppen*	The Bundeswehr deployed three LRRP companies, which drew many of their recruits from the airborne and alpine divisions. Since the reunification of Germany, these have presumably been joined by East German Special Forces such as the 40th (Willi Sanger) Parachute Battalion.
	Grenzschutzgruppe 9	GSG-9 is the German national intervention team and, like many European counterparts, is drawn from a para-military police force: the Federal Border Police.
Holland	*Royal Netherlands Marine Corps*	Rapid reaction force which supports NATO under the command of Britain's 3 Commando Brigade. Also provides the national intervention team or Marine Close Combat Unit.
Israel	*Naval Commandos*	Maritime raids and reconnaissance.
	Sayeret units	Reconnaissance.
	Sayeret Matkal	Foreign special operations.
	Yaman	Border police national intervention force.
	Shal-dag	Technical and intelligence-support.
Italy	*San Marco Marine Battalion*	Amphibious and rapid reaction force operations.
	Commando Reggrupamento Subacqueri ed Incursori	Underwater warfare.

Country	Unit	Role
	Folgore Brigade	Parachute-trained assault and sabotage force.
	Groupe Interventional Speciale	National intervention team drawn from parachute-trained elements of the para-military police or *Carabinieri*. Also specializes in underwater or 'Incurson' operations.
	Nucleo Operativo Central di Sicurezza	National intervention team.
Philippines	*Army Special Warfare Brigade*	Modelled on US forces, the Brigade consists of Scout Ranger battalions (reconnaissance / raiding), Special Operations Group (urban warfare) and Home Defence Forces (village and regional militia).
	Special Action Force	Philippine Constabulary commandos organized into mobile strike forces.
	Special Warfare Group	Naval unit modelled on US Navy's SEAL teams.
	Aviation Security Commando	Air Force counter-terrorist team.
The Republic of Korea	*Ranger Battalions*	Modelled on US Rangers.
	Army Special Warfare Command	The training of indigenous forces and special operations. 707th Special Mission Battalion deploys national intervention teams.
South Africa	*Reconnaissance Commando*	Reconnaissance, tracking and sabotage operations.
	South African Police Special Task Force	Primary national intervention force.
	Special Task Force of the South African Rail and Harbour Police	Transport intervention team.

Country	Unit	Role
UNITED KINGDOM	22nd SAS Regiment	Full spectrum of special operations including providing the national intervention teams.
	23 SAS (V)	Combat-rescue and intelligence gathering.
	21 SAS (V)	Intelligence gathering.
	264 SAS	Regular Signals Squadron.
	63 SAS	V Signals Squadron.
	Special Boat Service (RM)	Royal Marines maritime operations unit of swimmer/canoeists. Specialize in operations lending themselves to seaborne insertion, undersea warfare and maritime terrorism.
OTHER UK SPECIALIST UNITS	Mountain and Arctic Warfare Cadre	Royal Marine cold weather and mountain specialists. Roles: LRRPs, pathfinding, specialized cliff assaults and the provisions of instructors to the Royal Marine Commandos.
	Commancchio Group (RM)	Royal Marine unit tasked with the defence of Britain's oil rigs and nuclear arsenal.
	Pathfinder Platoon	Parachute Regiment's airborne pathfinder and reconnaissance specialists.
UNITED STATES	United States Special Operations Command	1) US Army Special Operations Command: Five regular and four reserve Special Forces Groups, 75th Ranger Regiment, Special Operations Aviation Brigade, 160th Aviation Battalion, 4th PSYOP Group (four battalions), 122nd Signal Battalion and 96th Civil Affairs Group. 1st Special Forces Operational Detachment (Delta Force) - intervention, counter-revolutionary warfare tactics and aggressive special operations.

Country	Unit	Role
		2) Navy Special Warfare Command: Two Naval Special Warfare Groups consisting of Sea-Air-Land (SEAL) Teams (amphibious and underwater commandos), Special Boat Squadrons (specialized maritime craft), SEAL Delivery Vehicle Teams and the Inshore Undersea Warfare Groups (surveillance and protection of beaches, anchorages and harbors against enemy special forces). SEAL Teams Five and Six - naval component of Delta Force. 3) Air Force Special Operations Command: 1st Special Operations Wing provides five Special Operations Squadrons of fixed and rotary-wing aircraft for special and psychological operations, fire-support and long-range low-level night troop movements. 4) Joint Special Operations Command: Doctrine, techniques and requirements of all services and overseas the command and control of all multi-service special operations.
OTHER SPECIALIST US UNITS	*Intelligence Support Activity*	Intelligence support for counter-terrorist and special operations. Part of Intelligence and Security Command.
	Technical Analysis Team	Electronic counter-surveillance and security of US Army bases and American defence facilities. Rapid reaction support for counter-intelligence teams. Part of Department of Defence Technology Management Office.
	Seaspray	Clandestine US Army/ CIA aviation unit.
	Long Range Surveillance Companies	Assigned to armored battalions as part of Military Intelligence Brigade's Combat Electronic Warfare Intelligence Effort.

Country	Unit	Role
	Long Range Surveillance Detachments	Attached to armored cavalry squadrons.
	Eskimo Scouts	Regional surveillance (Alaska's Army National Guard).
	10th Mountain Division (Light Infantry)	Stay-behind operations.
	US Marine Corps: Reconnaissance Battalions	Conduct LRRPs for Marine battalions. Pathfinding and reconnaissance for amphibious landings and intervention operations.
US National Intervention Teams	Treasury Department's Secret Service	Executive Protection Division provides bodyguard teams for the president.
	Nuclear Emergency Search Teams (Energy Department)	The recovery of nuclear weapons or weapons-grade fuel stolen or illegally obtained by terrorist groups.
	Federal Bureau of Investigation	The FBI deploys one national Hostage Response Team and smaller counter-terrorist teams in each US state.
	US Marshal's Service	Intervention team.
	US National Park Police	Intervention team.
	The US Secret Service	Provides close personal protection for the US president.

TABLE DES MATIÈRES

English-French dictionary 11
Glossary of English
  Abbreviations and Acronyms 253
Bibliography 297
Dictionnaire français-anglais 317
Glossaire des sigles et
  acronymes français 561
Bibliographie 605
Appendices 619

Achevé d'imprimer en avril 2000
dans les ateliers de Normandie Roto Impression s.a.
61250 Lonrai

N° d'imprimeur : 000939
Dépôt légal : mai 2000
Imprimé en France